U0512477

王振忠著作集

袖中东海一编开

域外文献与清代社会史研究

王振忠——著

上海人民出版社

日本人手绘的十九世纪东亚地图（见《萨摩风土记》）

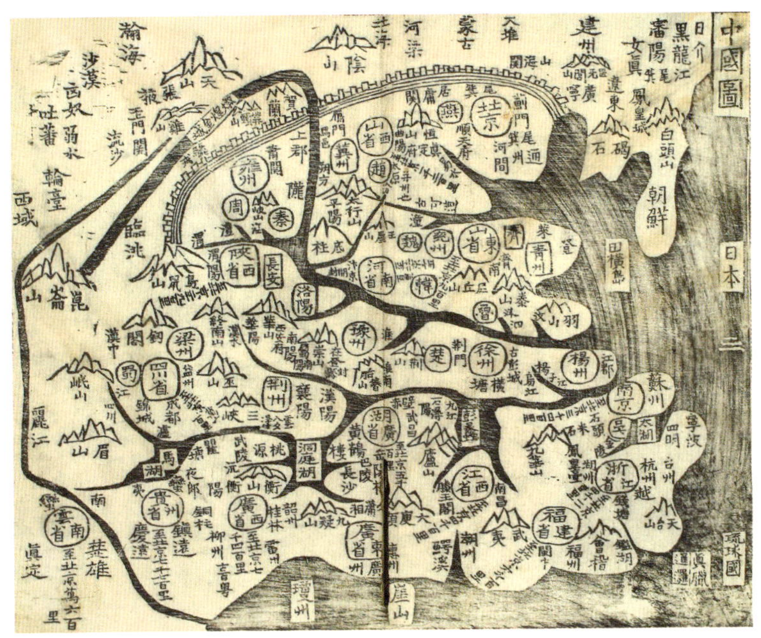

朝鲜古地图中的东亚诸国（日本早稻田大学图书馆收藏）

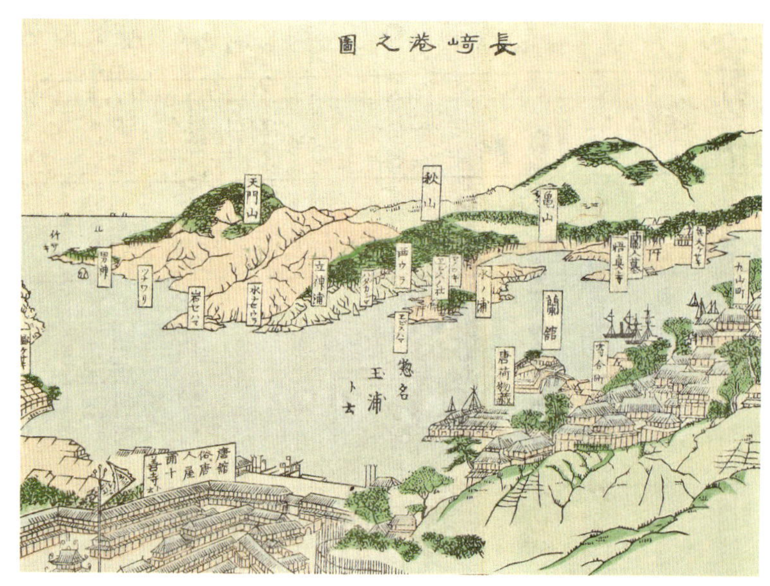

长崎港之图

长崎版画（日本长崎历史文化博物馆收藏）

《长崎游观图绘》(亦名《长崎杂览》，抄本，日本京都大学图书馆收藏)

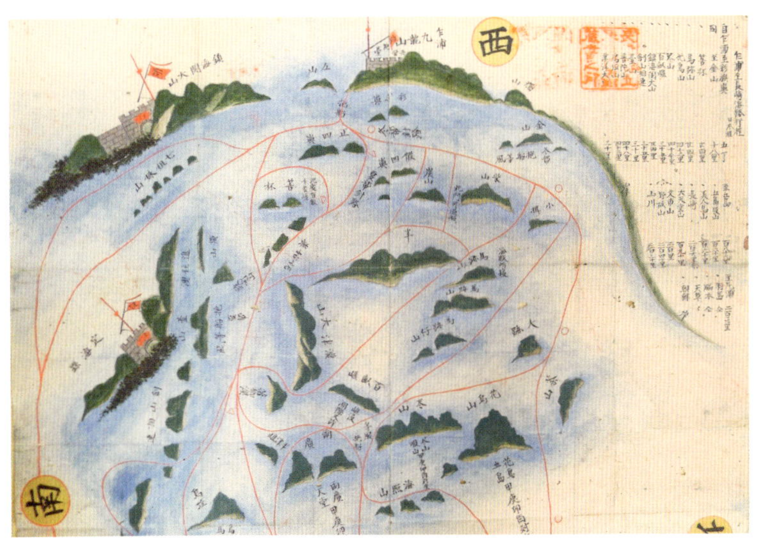

《乍浦至长崎海路行程》(局部，日本长崎历史文化博物馆收藏)

《唐馆内贸易之图》(局部，日本长崎历史文化博物馆收藏)

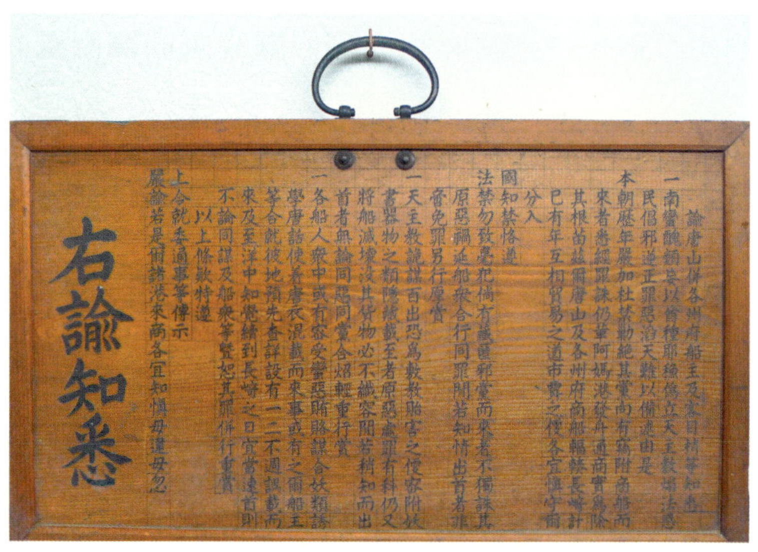

严禁天主教的高札(长崎大浦天主堂收藏)

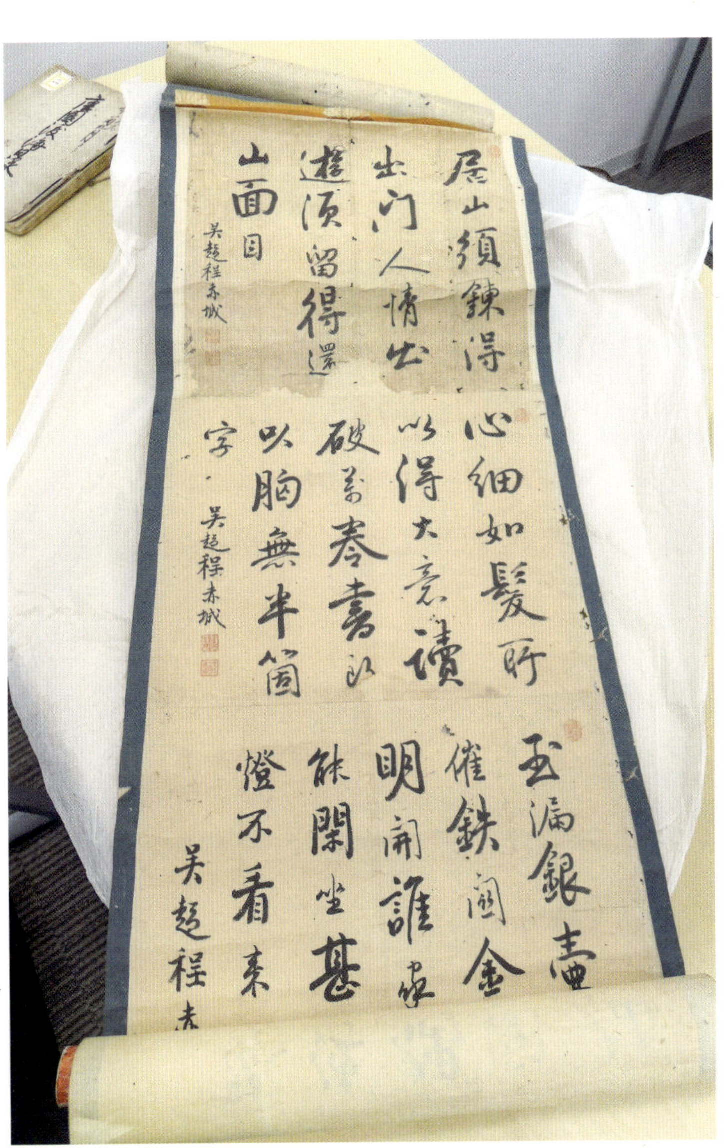

清代苏州徽商《程赤城书交帖》(长崎历史文化博物馆收藏)

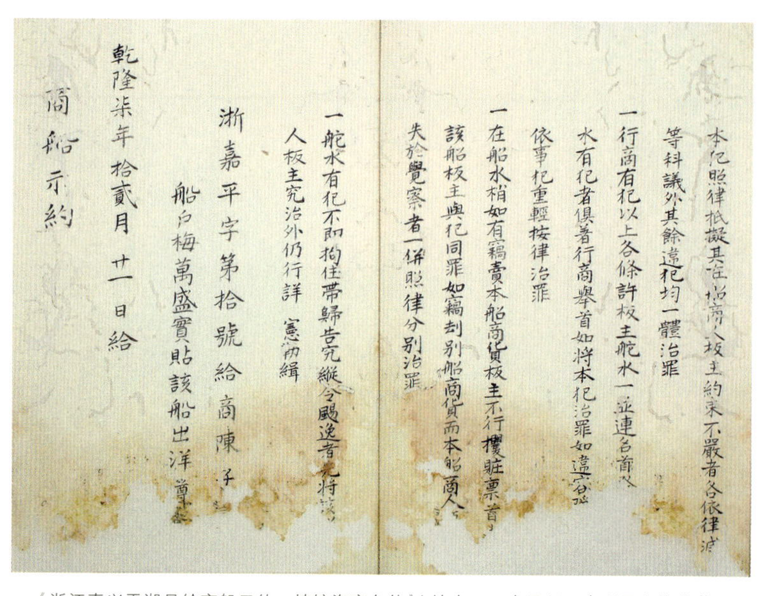

本犯照律抵擬其在船商人板主約束不嚴者各依律減
等科議外其餘違犯均一體治罪

一行商有犯以上各條許板主舵水一並連名首[illegible]
水有犯者俱着行商舉首如將本犯治罪如違[illegible]
依事犯重輕按律治罪

一在船水梢如有竊賣本船商貨板主不行攔阻禀首[illegible]
該船板主與犯同罪如竊剗別船商貨而本船商人[illegible]
失於覺察者一併照律分別治罪

一舵水有犯不即拘住帶歸告究縱令颺逸者究將該
人板主究治外仍行詳　憲通緝

浙嘉平字第拾號給商陳子[illegible]
船戶梅萬盛實貼該船出洋[illegible]

乾隆柒年拾貳月廿一日給

商船示約

《浙江嘉兴平湖县给商船示约、崎馆海商条约》（抄本，日本早稻田大学图书馆收藏）

唐船水手的行李（《长崎港南京贸易绘图》，日本早稻田大学图书馆收藏）

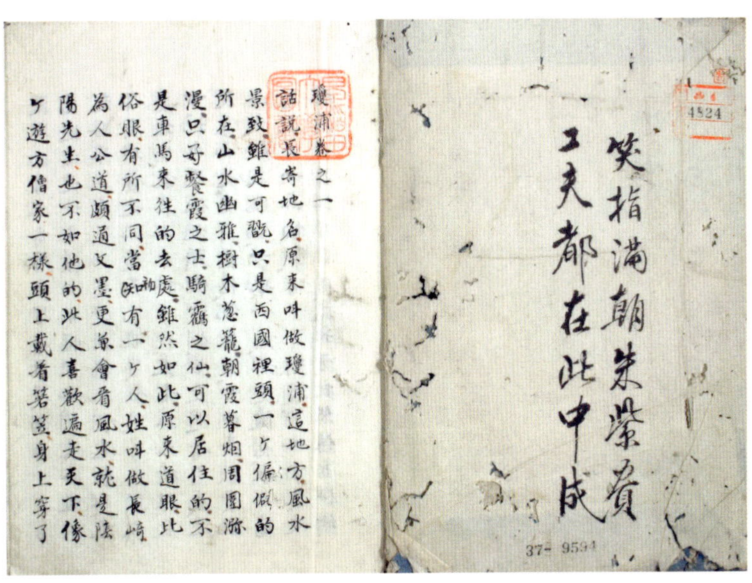

笑指滿朝朱紫貴
工夫都在此中成

瓊浦巻之一
話說長崎地名原來叫做瓊浦這地方風水
景致雖是可觀只是西國裡頭一ヶ偏僻的
所在山水幽雅樹木葱蘢朝霞暮烟周圍遊
漫只好餐霞之士騎鶴之仙可以居住的不
是車馬來往的去處雖然如此原來道眼比
俗眼有所不同當初有一ヶ人姓叫做長崎
為人公道頗通文墨更兼會看風水就是陸
陽先生也不如他的此人喜歡遍走天下像
ヶ遊方僧家一樣頭上戴着箬笠身上穿了

《琼浦（佳话）》（抄本，日本早稻田大学图书馆收藏）

更兼求神拜佛燒了好香獻了好花聽
你怎么樣許願心也是没相干雖然如此
請先生不得不仔細若是醫書大不明白
診候疑難的土郎中託他調治配錯了藥
豈不是死于非命
有一條街上有一ヶ寡婦替和尚私通起
初是人家不曉得原來做好人眼前雖然
失了些便宜到后來天可憐見討个大便
宜做不好人眼下縱或討些便宜后來天
理照彰到失了便宜譬如做了醜事東廰
西藏怎么樣要掩飾也掩飾不來這是天
理昭彰的所在因為常言說的好有麝自
然香不必當風立這个寡婦通姦的事情
不知那个透風滿街上的人都曉得没有
一个說他好一人傳兩兩人傳三只管傳
開來不知不覺吹到兒子耳朵裏兒子曉
得十分怕羞心裏想說道我的娘々做了
這樣歹事壞了門風被人恥笑若是在家
人還好看些偏生替出家人私通醜上加
醜人々都取笑說硬要我向後有什么臉

《唐话（长短拾话）》（抄本，长崎历史文化博物馆收藏）

據我看來目下長崎的後生家擔了個通事的虛名不去務本只看得頑耍要緊不但賦詩做文折不來連唐話竟不會講穿領長衣捧把好刀只說自己上等的人東也去耍子西也去遊々蕩々買酒買肉只曾花費銀子撒潑得緊這个大々不是了說莫說唐話是通事家的本等了王家給他大々俸祿教他做職事難道特[illegible]送他花哄上用掉了不成要是教他養父母養妻養子了倘若唐話也透徹明白書也讀得爛熟肚裏大通不消自己做門路人々引薦自然

《唐通事心得》（抄本，长崎历史文化博物馆收藏）

琉球馆旧址——福州市台江区新港街道琯后街 21 号（王振忠摄）

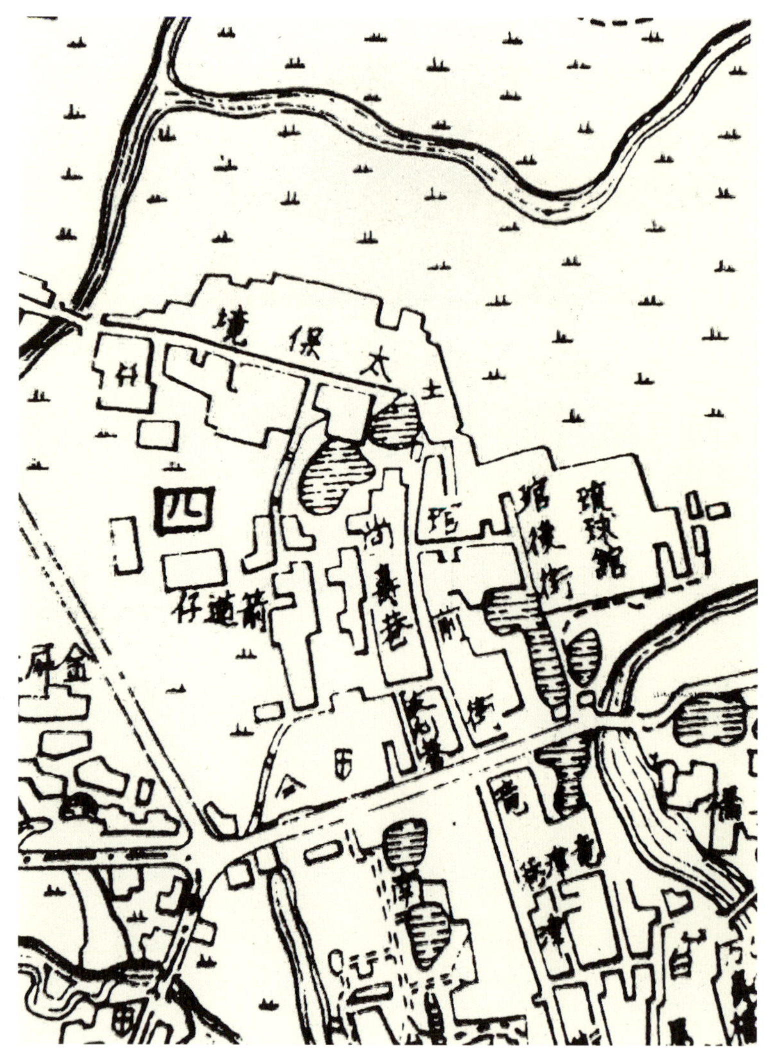

民国地图所见琉球馆及周遭形势图

琉球人笔下的福州琉球馆图及周遭形势图

福州的琉球墓群（王振忠摄）

清代驻北京的琉球都通事郑和桥

中韩交流史料《铁桥集》(日本著名学者藤冢邻之“望汉庐”抄本，美国哈佛燕京图书馆收藏)

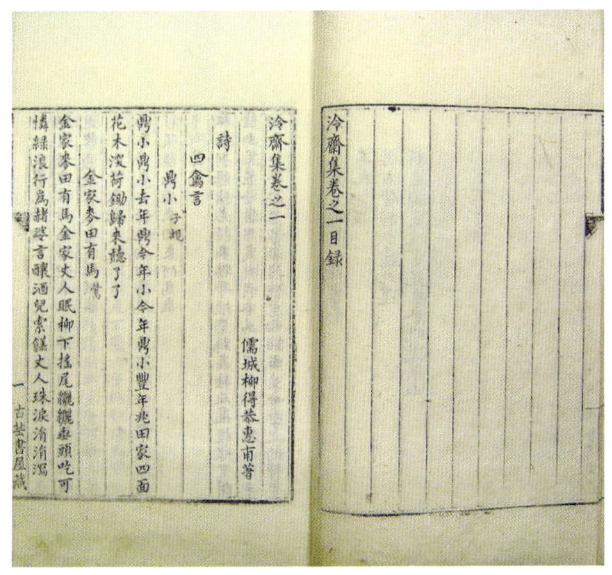

泠齋集卷之一目録

泠齋集卷之一

儒城柳得恭惠甫著

詩

四禽言

鴞小 子規

鴞小鴞小去年鴞今年小今年鴞小豐年兆田家四面

花木淡荷鋤歸來聽了了

金家麥田有馬 鶯

金家麥田有馬金家丈人眠柳下搖尾纚纚垂頭吃可

憐綠浪行處耕婆言釀酒兒索餅丈人珠淚滴滴瀉

一 古芸書屋藏

柳得恭《泠斋集》(哈佛燕京图书馆收藏)

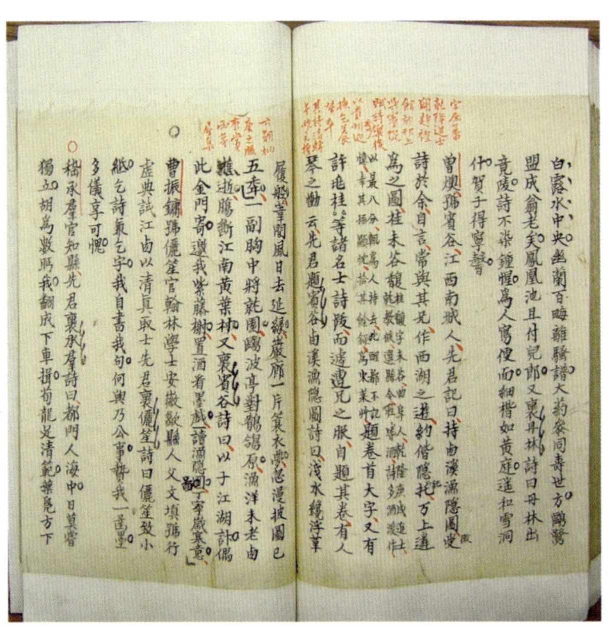

《缟纻集》（抄本，哈佛燕京图书馆收藏）

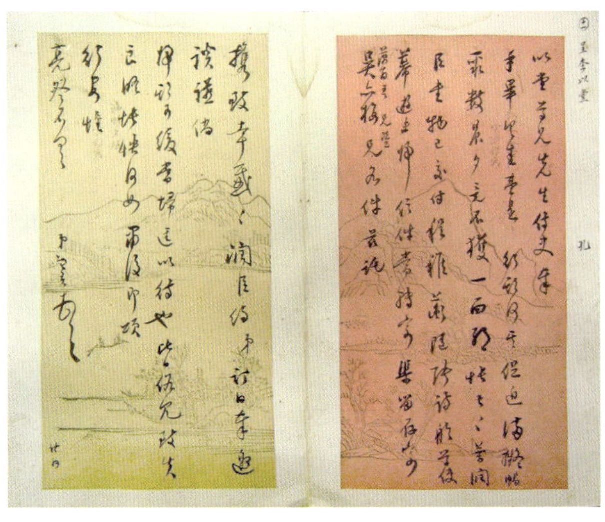

反映中韩文化交流的书信原件——《鸿爪留痕》（哈佛燕京图书馆收藏）

清代朝鲜燕行使者笔下的北京琉璃厂

[日]西川如见辑、山村子明订:《订正四十二国人物图说》,

享和元年(1801年,清嘉庆六年)大槻茂质序

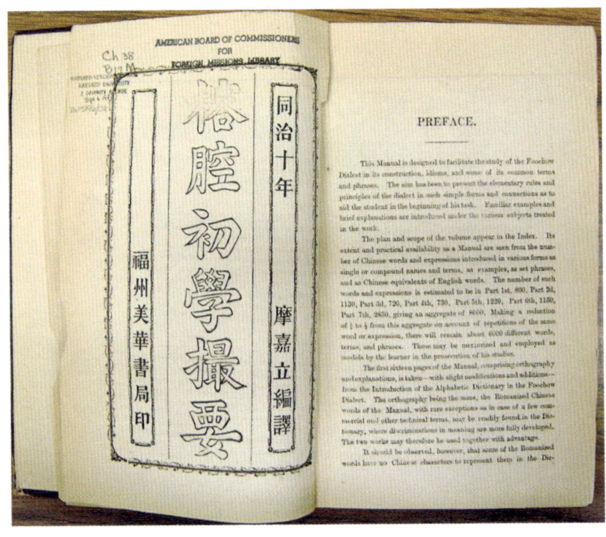

同治十年

榕腔初學撮要

摩嘉立編譯

福州美華書局印

PREFACE.

This Manual is designed to facilitate the study of the Foochow Dialect in its construction, idioms, and some of its common terms and phrases. The aim has been to present the elementary rules and principles of the dialect in such simple forms and connections as to aid the student in the beginning of his task. Familiar examples and brief explanations are introduced under the various subjects treated in the work.

The plan and scope of the volume appear in the Index. Its extent and practical availability as a Manual are seen from the number of Chinese words and expressions introduced in various forms as single or compound names and terms, as examples, as set phrases, and as Chinese equivalents of English words. The number of such words and expressions is estimated to be in Part 1st, 800, Part 2d, 1130, Part 3d, 720, Part 4th, 730, Part 5th, 1220, Part 6th, 1150, Part 7th, 2850, giving an aggregate of 8600. Making a reduction of ½ to ⅓ from this aggregate on account of repetitions of the same word or expression, there will remain about 6000 different words, terms, and phrases. These may be memorized and employed as models by the learner in the prosecution of his studies.

The first sixteen pages of the Manual, comprising orthography and explanations, is taken—with slight modifications and additions—from the Introduction of the Alphabetic Dictionary in the Foochow Dialect. The orthography being the same, the Romanized Chinese words of the Manual, with rare exceptions as in case of a few commercial and other technical terms, may be readily found in the Dictionary, where discriminations in meaning are more fully developed. The two works may therefore be used together with advantage.

It should be observed, however, that some of the Romanized words have no Chinese characters to represent them in the Dic-

《榕腔初学撮要》(哈佛燕京图书馆收藏)

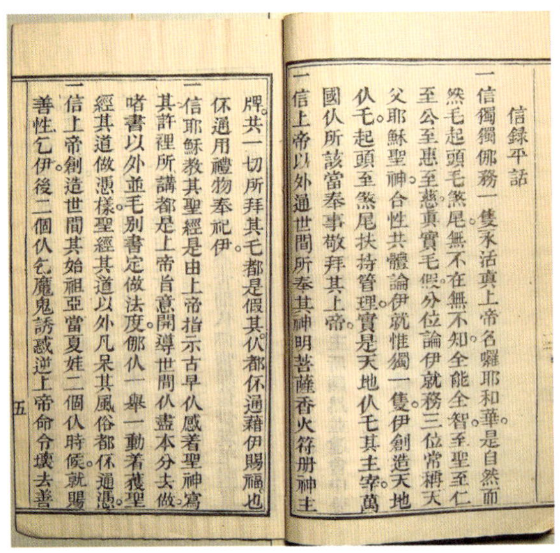

信録平話

一信獨獨佛務一隻永活真上帝名𡀔耶和華。是自然而然毛起頭毛煞尾。無不在無不知。全能全智。至聖至仁至公至恵至慈。真實毛假。分位論伊就務三位。常稱天父耶穌聖神。合性共體論伊就惟獨一隻。伊創造天地仈毛。起頭至煞尾扶持管理。實是天地仈毛其主宰。萬國仈所該當奉事敬拜其上帝。

一信上帝以外通世間所奉其神明菩薩香火符册神主牌。共一切所拜其毛都是假其。仈都伓通藉伊賜福。也伓通用禮物奉祀伊。

一信耶穌教其聖經是由上帝指示古早仈感着聖神寫其。許裡所講都是上帝旨意開導世間仈盡本分去做。啫書以外並毛別書定做法度。儸仈一舉一動着獲聖經其道做憑樣。聖經其道以外凡呆其風俗都伓通憑。

一信上帝創造世間其始祖亞當夏娃二個仈時候。就賜善性。乞伊。後二個仈乞魔鬼誘惑逆上帝命令壞去善

五

"榕腔"文献《救主堂会规》(哈佛燕京图书馆收藏)

目录

前　言

（一）

“世界史”抑或“全球史”，对于二者之源起、旨趣及其异同，虽然学界仍有不同的解说，但近年来总体的趋势之一是——历史研究的视野不当囿于国别，而应以具有相互联系的一些区域作为论述的空间，探讨跨国家和跨区域的技术传播、贸易及其相关的诸多交往。

在历史上相当长的一段时期，东亚诸国（除中国之外，还有日本、朝鲜、琉球和越南等），有着相近的文化要素，其主要表现为：汉字文化、儒学、律令、佛教以及相关的科技。其中，汉字是东亚邻国与中国交流得以实现的共同背景，再加上传统上各方频繁的贸易、文化等诸多方面的交流，鉴此，可以将东亚视作一个具有相互联系的空间单位加以探讨。

在传统时代，中国东部沿海素有悠久的海洋文明传统，出于生计上的追求，不少民众“以海为田”，很早就有了向海外拓展的经历。在这些流动人群的心目中，国与国之间的界限或许并不像当代史家想象的那样严密。十六世纪在日本五岛一带活动的中国海商首领、“徽王”王直就曾疾声力呼：“吾侪孰与海外徜徉？何沾沾一撮土也！”① 当时，前往海外闯荡的中国人，通过各种方法频繁出入日本、越南和暹罗等国，与所在国的各色人等合作，展开商业贸易与文化交流，并形成复杂的社会关系网络②。因此，不以国家为单位，而以活跃在东亚的人群为主体，可能更合乎彼时的实际情状，这是将事件和人物放回到历史情境的一种方法。

（二）

在以往“中外关系史”或“中外文化交流史”的框架内，域

---

① 万历《歙志·载记》卷1，第12页下。

② 对此，明代著名旅行家谢肇淛在《五杂组》卷4《地部二》中有相当精彩的描述：“今吴之苏、松，浙之宁、绍、温、台，闽之福、兴、泉、漳，广之惠、潮、琼、崖，驵狯之徒，冒险射利，视海如陆，视日本如邻室耳，往来贸易，彼此无间，我既明往，彼亦潜来。”又曰：“海上操舟者，初不过取捷径，往来贸易耳，久之渐习，遂之夷国。东则朝鲜，东南则琉球、旅［吕］宋，南则安南、占城，西南则满剌迦、暹罗，彼此互市，若比邻然。又久之，遂至日本矣。夏去秋来，率以为常，所得不赀，什九起家。于是射利愚民辐辏竞趋，以为奇货。”（上海书店出版社2001年版，第80页、第69页）

外文献对于中国区域社会研究之重要性难以凸显。而今，随着视角的转换，在中国区域研究中，此类文献必将得到充分的利用。

譬如，透过明清时代朝鲜燕行使者留下的大批《朝天录》《燕行录》，我们对燕行路线途经的东北、华北之区域社会、人文景观和商况市景等，有了诸多颇为深入的了解。而浩繁无数的朝鲜汉籍，亦为中国史研究提出了不少新的问题。以《缟纻集》为例，该书记叙了十八世纪朝鲜"北学派"代表朴齐家与百余名中国学人的交际唱酬。其中收录的罗聘佚信，提及这位"扬州八怪"之一当时寓居北京的琉璃厂观音阁①。而另一位仅在《扬州画舫录》中有一简略小传的中国古董商人程嘉贤，却因1791年在琉璃厂与朝鲜燕行使者金士龙的邂逅，而在后者所撰的《燕行日记》中有大篇幅的记录②。这些新史料，都让我们重新审视江南繁华都会与北方政治中心在文化上的联系，思考由江南到北京再到域外的文化交流。除此之外，清代《燕行录》中对琉璃厂以及中朝书籍贸易连篇累牍的大量描述，使我们不仅对琉璃厂有了更多的了解，而且，对于由此带来的书籍贸易线路及其社会影响，亦有了进一步的认识。从中可见，乾隆时代在北京琉璃厂与江南各地存在着图书流通的网络。倘若我们将中朝各类文献综合考察，便可清晰地把握汉籍流播的一个重要走向——亦即江南藏书家以湖州书贾船只为媒介，由镇江通过运河，经通

① 王振忠:《朝鲜汉籍中的一封罗聘佚信》,《文汇报》"笔会", 2006年4月18日。

② 王振忠:《琉璃厂徽商程嘉贤与朝鲜燕行使者的交往》,《中国典籍与文化》2005年第4期。

州张家湾运到北京琉璃厂，并从那里输入朝鲜①。倘若再结合同时期朝鲜文集的记载，更可看出此种书籍贸易对朝鲜社会的重要影响。

上述的罗聘、程嘉贤皆出自皖南的徽州。徽州虽僻处内陆，但因其商人活动之活跃，而亦可置诸更大的地理空间中加以论述。前述的“徽王”王直，即经新安江一水东下进入长江三角洲，在宁波双屿港建立据点，并由那里前往日本、暹罗等地。此后，王直作为“倭寇”头目虽被镇压，但包括徽商在内的中国海商与东亚的贸易并未消歇。及至清代，长崎贸易中的主角，还有不少是徽州商人。江户时代幕臣宫崎成身的《视听草》中，就收录了一份《唐土门簿》，根据我的研究，那是前往日本贸易的中国商人带往长崎的通讯录，内容记录的是苏州的批发商人，其中，有不少都是侨寓苏州的徽商②。该份资料，可以与长崎唐通事的教科书以及《惜字帖》(森岛中良编)、《艺海余波》(松平齐民编)等日方史料比照而观，从而勾勒出中国商品生产、运输及消费的完整图像。

1774年日人平沢元恺与中国徽州海商汪鹏的长崎对话——《琼浦偶笔》，不仅涉及江户时代长崎唐人贸易及其相关风俗，反

① 王振忠:《朝鲜燕行使者所见十八世纪之盛清社会——以李德懋的〈入燕记〉为例》，载 Yoon Choong Nam（尹忠男）编《哈佛燕京图书馆所藏朝鲜资料研究》(*Studies on the Korean Materials in the Harvard-Yenching Library*)，“哈佛燕京图书馆学术丛刊”第三册（Harvard-Yenching Library Studies, No.3），韩国，景仁文化出版社2004年版。

② 王振忠:《〈唐土门簿〉与〈海洋来往活套〉——佚存日本的苏州徽商资料及相关问题研究》，载《江淮论坛》1999年第2期、第3期、第4期。

映当时东亚各国以及东西洋的文化交流，而且亦触及同时代中国区域社会的诸多问题，颇值得我们关注。平沢元恺与大阪豪商、江户时代著名收藏家木世肃（木村孔恭）之交往，尤其耐人寻味。而与平沢元恺对话的汪鹏，另作有《袖海编》，这篇被时人誉作“见闻亦似《吾妻镜》，史馆他年好取材”的文字，不仅为中国人的第一部日本通史——翁广平之《吾妻镜补》所频繁征引，而且还被收入《昭代丛书》，在十九世纪中叶为俄罗斯驻北京布道团所获得，并被茨韦特科夫翻译成俄文——《中国人关于长崎的笔记》而得以在欧洲传播。其中，尚有不少问题值得进一步探讨。

稍早于平沢元恺与汪鹏的长崎对话，1764年，朝鲜通信使亦与日本医官山田正珍有过一段交流，这就是他们的笔谈记录——《桑韩笔语》[①]。笔谈的双方都具有较好的汉文修养，双方讨论的话题除了涉及日韩之外，中国文化始终成为他们共同的话题。在笔谈中，他们讨论了语言、音乐、佛法、医药等方面的问题。其中，涉及朝鲜的人参制法，而这对于东亚物质文化交流与社会生活史的研究极具史料价值。在十八世纪，朝鲜人参在东亚颇受青睐。当时人认为人参能调和身体诸器官之功能，镇精补髓，为通治百病的灵丹妙药。日人撰著的《和汉人参考》就认为：“人参者，回生起死之神草。”而朝鲜人所作的《和国志》亦指出：“人参为其国万病通治之药，名之曰灵药，而恃之为性命之关，不独日本为然也。海中诸国皆来买取于日本，故日本之

① 关于该书，笔者所见者为哈佛燕京图书馆藏本。

人，又蓄此为奇货。长崎通路后，亦有自南京至者……”①江户时代，长崎成为日本人参贸易的重要码头。关于长崎贸易中的人参贸易，唐通事教科书《译家必备》中就提及由唐船带来的凤凰城人参。凤凰城位于中朝边境，此一地名在清代几乎所有的《燕行录》中均曾提及。而根据中国史籍《文房肆考》的记载，“凤凰城货虽地道，所出不一。……五、六月即可掘采，九、十月贾人便至苏城开价矣……此种低货，惟行销洋广、江西。”②书中有“苏行分等”“苏行秤兑”等记载，反映出苏州系当时中国人参集散的一个中心，鉴于该处同时又是赴日采买铜斤的中心，显然，其中相当多的人参就销往日本。可见，苏州与长崎的相互联系与交流特别值得重视。

众多的唐通事相关文献，不仅是有关长崎华商研究的资料，而且也是研究中国东南沿海海商活动及江南社会经济的重要史料。例如，出自唐通事之手的《浙江嘉兴平湖县给商船示约、崎馆海商条约》(早稻田大学藏抄本)，就反映了清朝政府、中国海商对长崎贸易中下层水手日常生活的管理，这是对江户幕府“正德新令”的一种必要补充，反映了中、日政府及商人之间的相互默契。当时，不仅清政府时刻以警惕的目光注视着日本的动向，而且在民间，也有一些人提出对长崎贸易中海商水手的生活状态予以重视，以防止“无赖”之出现，避免重蹈明代“倭寇”之乱的覆辙，此种焦虑，实际上折射出十六世纪生灵涂炭之“倭乱”

① ［韩］元重举:《和国志》卷3《医药》，李佑成编“栖碧外史海外搜佚本”30，亚细亚文化社1990年版，第401页。

② ［清］唐秉钧:《文房肆考图说》卷7。

留给江南士大夫的痛苦记忆。

有关长崎唐通事的语言史料，提供了中国江南与日本海外贸易的诸多关键性线索。例如，徽墨输往长崎的交易，这一提示可以与日本学者永积洋子的唐船输入品之统计比照而观。由此可见，当时输入日本的中国墨，主要应是徽墨。揆诸史实，自公元十世纪以来，中国墨业的中心即转移至歙州（亦即北宋末年以后的徽州）。十六世纪以还，徽州墨商的营销网络广泛分布于江南各地。徽墨不仅输入日本，而且在苏州等地的徽州墨商，还通过前往长崎的中国海商，与日本的古梅园墨商松井元泰有着密切的交流。透过《古梅园墨谱》等域外文献，我们对徽墨之海外流通及与之相关的文化交流，有了更多的了解。

除了徽墨之外，自十二世纪以来，“徽严生漆”（徽州以及浙江严州之漆）就由新安江下行，运往长江三角洲。从十六世纪开始，徽州歙县等地的漆器制作水平高超，达到了明朝皇家制作的工艺水平，漆器制品也有一些输往日本。在当时的江南，徽漆与倭漆技法相互吸收，彼此交融。中国现存最早的古代漆工专著《髹饰录》，其作者黄成（号大成）即出自徽州。该书于 1625 年经江南漆工杨明逐条加注并撰写序言，其手抄孤本于江户时代流入日本，为东瀛著名鉴藏家木村孔恭所收藏。及至十八世纪，从长崎史料来看，既有中国漆器运销日本的记录，又有倭漆流行于江南等地的记载。除了中日间的交流之外，漆器还通过荷兰商船大批输往欧洲。有关这方面的交流，由于中、日等国的史料较为分散，具体的细节还不太明晰，显然需要进一步的综合性探讨。

十六世纪以还，徽商在江南一带大规模地收集文物，曾经引起整个社会鉴赏时尚的变迁。一般认为，徽州人大量收购古玩字画，主要是出于对士大夫生活方式的盲目模仿，在文人士大夫眼中，他们不过是些附庸风雅的暴发户，收购和鉴赏古玩，一向被认为是富裕了的徽商不事生业、玩物丧志的一种表现（许多人认为，这是最终导致徽州盐商衰落的一个重要原因）。其实，倘若从东亚的宏观视野去考察，便不难看出，日本的古玩鉴赏风尚是与中国江南一带的时尚变迁密切相关。明人沈德符《万历野获编》就曾描述当时中国国内的鉴藏风尚："玩好之物，以古为贵，惟本朝则不然，永乐之剔红，宣德之铜，成化之窑，其价遂与古敌。……始于一二雅人赏识摩挲，滥觞于江南好事缙绅，波靡于新安耳食，诸大估曰千曰百，动辄倾橐相酬，真赝不可复辨，以至沈、唐之画，上等荆、关，文、祝之书，进参苏、米，其敝不知何极！"而日人浅野长祚在《漱芳阁书画铭心录》中，亦对其国内的"书画好尚，岁改月变"多所记载，其中提及："五十年前专尚文、祝、沈、唐，不重宋元之迹，是宋元之迹所以湮没不多传也。后文、祝、沈、唐真迹，渐又并澌灭。于是明末清初诸名迹，始重于世……"相较之下，二者之间存在着重要的关联，由此不难看出：徽商大规模地搜集古玩字画，即使是赝品亦在所不惜，应当并不是人们通常所以为的那样——是暴发户不识货、附庸风雅的表现，而真正的目的实际上仍然在于盈利。换言之，追求文人趣味的江户日本人（可能还有朝鲜、越南等汉文化圈内人）才是此类赝品真正的消费者。因此，徽州人"近雅"或附庸风雅的背后，实际上有着深层的商业动机。进而言之，从中外文化交流的角度来看，清代扬州等地的徽州商人招养食客，资助文人，校雠书籍，从而在淮、扬、苏、杭一带形成了“郁郁乎文哉”的文化气氛，除了自身的慕悦风雅之外，应当也与这层商业动机息息相关。太平天国以后，江南一带“提倡风雅绝无人”，亦与海外贸易及鉴藏风气之嬗变有关。因此，研究江南社会文化，应当置诸整个东亚乃至东西洋贸易的背景中去考察①。

（三）

二十世纪七十年代以还，以区域取向探析和理解中国社会的历史过程，在中国史研究领域蔚然成风。此后，文化史，特别是“眼光向下”的社会史、历史人类学之发展，更促进了当代史学的演进。在区域研究的视角下，东北、华北、江南、徽州、福建、珠江三角洲等，虽然大小不一，但都可视作自成一体的区域社会，其发展和演进颇受学界重视。区域社会史的研究方法，将各种门类的资料熔于一炉，综合运用，因此，域外的诸多文献均可纳入此一视野。除了关注政治史、贸易史之外，还有社会文化史的诸多方面都将受到更多的重视。换言之，区域研究的方法，亦为域外汉籍提供了新的视角。

在东亚视域中，国与国之间的经济、文化交流，其主体不再

---

① 王振忠:《〈唐土门簿〉与〈海洋来往活套〉——佚存日本的苏州徽商资料及相关问题研究》，载《江淮论坛》1999 年第 2 期、第 3 期、第 4 期。

是笼统的“日本人”“中国人”或“朝鲜人”。而是随着研究单位的转换，诸如中韩、中日关系，亦便还原而为具体人群之间的交流，政治史、贸易史以及广义的文化史可以转向社会史的研究，这对域外汉籍史料的利用，提供了一个新的区域视角，使得相关的研究得以更为深入。

例如，十四世纪以还，福州府人群在东亚的贸易及文化交流中有着重要的影响。明初，太祖朱元璋将闽人三十六姓赐与琉球，使得福州与琉球国之间形成了天然的纽带。此外，在福建与日本萨摩的早期贸易中，福州人亦扮演着重要的角色。而在江户时代，长崎世袭的唐通事在60家以上，其中第一代能判明出生地的有30家。个中，福建人占了23家，而福州人（指福州府各县籍人）又占到10家，占全部的三分之一①。这些，都为我们解读彼时彼地的文献，提供了重要的区域文化背景。由于琉球与福州人天然的渊源，以及十五世纪以后福州成了琉球人入贡中国的中转站，因此，从他们所留下的官话课本可以看出——琉球人以琉球馆为中心，生动地描绘了福州城市的社会生活，其中涉及的诸多侧面，可以从一个独特的角度了解清代中小城市民众的日常生活。此外，透过对官话课本所见中国社会生活的研究，也可以更好地理解琉球官话课本本身。类似的情形，亦见于长崎的唐话课本。关于这一点，抄本《唐通事心得》如斯曰：

① 刘序枫：《清代前期の福建商人と长崎贸易》，载《九州大学东洋史论集》16，九州大学文学部东洋史研究会1988年版。

> 大凡学了福州话的人，舌头会得掉转，不论什么话都会讲，官话也讲得来，漳州话也打得来。壁［譬］如先学了官话，要你讲漳州话，口里软头软脑，不像个下南人的口气。先学了漳州话，要你说官话，舌头硬板板，咬钉嚼铁，像个鞑子说话一样的不中聆。这个正真奇得狠，唐人是生成的，自然如此，连日本人也是这样了。若是外江人遇着下南人，或者遇见了福建人，讲官话自然相通。原来官话是通天下中华十三省都通得了，童生秀才们要做官的，不论什么地方的人，都学讲官话，北京朝廷里头的文武百官都讲官话，所以晓得官话，要东就东，要西就西，到什么地方去再没有不通的了，岂不是便当些？但是各处各有乡谈土语，苏州是苏州的土语，杭州是杭州的乡谈，打起乡谈来竟不通，只好面面相觑，耳聋一般的了。

《唐通事心得》抄本现藏于长崎历史文化博物馆，该书最早为日本学者木津祐子所发掘和整理[①]。进一步的比勘不难发现，该份有趣的资料亦即另一种唐通事教科书《唐话（长短拾话）》中的一部分。对于语言学者关注的此类文献，尚未引起历史学界的重视。揆诸实际，此处提及三种语言：一是福州话，二是官话，三是福建漳州话。另外还提到三类人：一是外江人，二是下南人，三是福建人。“外江人”也就是福建之外的江南人，“下

① ［日］木津祐子：《〈唐通事心得〉译注稿》，载《京都大学文学部研究纪要》39，京都大学大学院文学研究科・文学部，2000年3月。

南人”即漳州人，而“福建人”实指省会所在的福州人。从中可见，说福州话的人自我感觉特别良好。《唐通事心得》接着提到：

有一个漳州通事，年纪不过二十二岁，做人慷慨，志气大得紧，聪明是不消说，百伶百俐，问一知十，凭你怎么样琐碎的事情，半吞半吐，略略说把他听，他就会意了明白，像个经过手的一样。这几天，到我家里来学官话，他的主意，自己虽然会讲漳州话，有公干出去，见了外江人，说话不大通的时节，纵或有胆量，敢作敢为，会料理事情，也是碍手碍脚，未免做得不停当了，所以他学官话，他不过这两日才学起来的，不但是讲得大好，他学了一日，倒赛过别人家的学一年了。我（教）导他第一句话，第二句是他就自家体谅得出，只当猜猛［哑］谜一样的了。

从行文口气来看，这显然是以福州人为中心的现身说法。其中提及的漳州通事“到我家里来学官话”，明显是在暗示说“下南话”的漳州人绝非《唐通事心得》的作者。这也从一个侧面反映出，《唐通事心得》应为福州人所撰写。事实上，不仅《唐通事心得》，《译家必备》《琼浦佳话》等唐通事教材也基本上可以判定是出自福州人之手。

不仅是方言，其他的风俗也影响到了长崎。《唐话（长短拾话）》中提及长崎的端午等节俗均源自中国，并说：江户时代长崎几十万户的人家中，有“一半是唐种，先祖都是唐山人”，当地四时八节的人情礼貌，“都学唐山的规矩”。“唐山”也就是指中国，鉴于长崎与中国长期的经济文化交流，长崎唐通事的描摹应当并非空穴来风。日人佐藤成裕在《中陵漫录》中亦指出：江户时代前来长崎的海船大抵是闽中之人。众多福州人来到日本，将闽中的不少风俗带到了长崎。迄今，长崎的寺庙、饮食及版画等，在在皆留有中国文化的印迹。仍以唐话课本为例，江户时代日本“华音之名师”冈岛冠山所编的《唐话纂要》中，有一汉文小说《孙八救人得福》，说的是长崎人孙八，营救了一位被“光捆”(地痞光棍)困窘的少年三木龟松。对此，龟松之父治平感恩戴德，他让孙八与龟松“契为兄弟”“同帐而睡”……而这其实是明代以来福州府同性恋风俗——“契兄契弟”的一种反映，这虽然是一种源于海上贸易的畸俗，但在当时，却被东亚各国视作中土盛行的风流韵事。关于这一点，在琉球官话课本中亦有颇多生动的反映。诸如此类的例子，也只有在中国区域社会的历史脉络下方能得到准确的诠释。

(四)

综上所述，从东亚的视域中去考察中国区域社会的诸多问题，有利于将各种原本孤立的现象加以综合分析，从而缀合出更为完整的社会文化图景，并进而对诸多历史问题做出更为客观、真实的评价。

东亚视域中的贸易、风俗与社会生活

一、十八世纪东亚海域国际交流中的风俗记录——兼论日、朝对盛清时代中国的重新定位及其社会反响

“崇祯登天，弘光陷虏，唐、鲁才保南隅，而鞑虏横行中原，是华变于夷态也”。[①]十七世纪中叶明清之际的鼎革，不仅是中国史上的一件大事，而且也使得东亚各国渐行渐远，[②]这当然是个大的趋势。

不过，在十八世纪，随着新政权迈入盛清时代，此一强盛的大国，促使东亚邻国对于清朝的态度发生了微妙的转变。虽然“华夷”的确切内涵各取所需，但不管怎样，中国始终都是东亚各邻国不可或缺的重要参照。日、朝两国在重新定义“华夷”的

---

① 日本内阁文库本《华夷变态》卷1《序》，转引自［日］浦廉一《华夷变态解题——唐船风说书の研究》，见［日］榎一雄编《华夷变态》，“东洋文库丛刊”第十五上，东洋文库，昭和五十六年（1981年）再版本，第46页。

② 葛兆光：《从“朝天”到“燕行”——17世纪中叶后东亚文化共同体的解体》，载《中华文史论丛》第81辑，2006年第1期。

同时，亦不得不重新审视大清。他们都用自己独特的方式，对盛清时代的中国作了新的解释。这使得此一时期中国的物质文化、风俗习惯受到东亚邻国的高度重视，由此在社会上形成的“慕华”心理以及相关的“雅俗观”，至乾隆时代达到顶峰状态，并引发日、朝两国国内强烈的反弹。

（一）十八世纪东亚各国彼此间的风俗记录

（1）清人对朝、日两国的描述

乾隆十六年（1751 年），清高宗降谕要求沿边各督抚，将各自管辖域内的少数民族以及所接触到的外国人之衣冠服饰绘成图像，送交军机处，并由大学士傅恒领衔，于乾隆二十六年（1761 年）编辑而成《皇清职贡图》。《皇清职贡图》一书共绘制有各类男女服饰图像 99 幅，图像后附有简要说明，扼要介绍了各该民族的史略、生活习俗以及与清廷的关系。全书共 9 卷，卷 1 为域外各国，卷 2 为西域各族，卷 3 为关东以及福建、湖南各族，卷 4 为两广各族，卷 5 为甘肃各族，卷 6 为四川各族，卷 7 为云南各族，卷 8 为贵州各族，卷 9 为补遗。① 其中的卷 1，首列“朝鲜国夷官”“朝鲜国官妇”“朝鲜国民人”和“朝鲜国民妇”，这显然反映了朝鲜与中国关系之密切。其文字说明有二，分别对夷官、官妇和民人、民妇作了状摹，除了称朝鲜国民人为“高丽棒子”（俗呼）外，中国官方对于朝鲜的描述颇为正面。从《皇清职贡图》的排列顺序来看，朝鲜之后，依次排有琉球、安南、暹

① 〔清〕傅恒等编著：《皇清职贡图》，辽沈书社 1991 年版。

逻、苏禄、南掌（老挝）和缅甸。此后，则是大、小西洋各国以及英吉利、法兰西、喘国，然后才是“日本国夷人”“日本国夷妇”。其中除了提及明代倭寇的劫掠外，对于清代日本的描写，基本上亦颇为正面。其日本国夷人之形象，也一改明代中国日用类书中倭寇的形象。

虽然在康熙年间，清廷曾派杭州织造乌林达莫尔森前往长崎，但中国没有像日本、朝鲜那样由中央或地方政府组织，开展连续、详细的异域风俗调查和记录①。只是在地方志中，一般都有相关的外国资料。以福建为例，明代的《闽书》中就有“岛夷”，及至清代，道光《厦门志》中专列《番市略》，提及东洋（朝鲜、日本、琉球）、东南洋、南洋和西南洋。这些描述，应当主要来自从事海外贸易的中国商人。

江户时代幕臣宫崎成身所编的《视听草》中，就收录了一些中国商人抄录的有关日本的描述。譬如，吴绣琥《崎阳赋并诗》曰：

> 天临若木，地近扶桑，有灵山焉……分繁华于中土，擅灵秀于东方。……于是筑唐人之馆，立高木之王，萃远商之异物，聚贾客之余艎。……柔远而慕华风，通商而开市道。……访五寺之烟霞，雅堪遁世；寻四街之花柳，差许问津……

以下是大段对长崎游女的铺张描摹，反映了商人狎邪的兴

① 清朝官员中稍显重要的长崎贸易调查，是雍正年间苏州知府童华所撰的《长崎纪闻》，关于这一点，参见日本学者松浦章《清代雍正期の童華『長崎紀聞』について》一文，载《关西大学东西学术研究所纪要》33，2000年。

趣。此首《崎阳赋并诗》末署“甲寅新秋录吴绣琥长崎赋并诗于崎馆清远阁，苕溪费晴湖书”。另据天头注，费晴湖为雍正时人。“甲寅”当为1734年（雍正十二年，日本享保十九年）。

上述《崎阳赋并诗》，见《视听草》续二集之六。同卷还收录了1734年（雍正十二年，日本享保十九年）在长崎的魏允焾所书之《日本记》，该文对朝鲜和日本长崎都作了记录。事实上，此段文字与陈伦炯《海国闻见录》中的《东洋记》一文相近。伦炯字资斋，同安人。父昂，康熙二十一年（1682年）从靖海侯施琅平定台湾。后施琅又令其搜捕余党，出入东西洋五年，叙功授职，官至广东副都统。伦炯少从其父，熟谙海道形势。及袭父荫，复由侍卫历任澎湖副将、台湾镇总兵官，移广东高、雷、廉以及江南崇明、狼山诸镇，又为浙江宁波水师提督，这些任官之职，所辖均属滨海之地。他以平生闻见为基础，撰著了此书。陈伦炯的家族颇具商人色彩，而且其本人曾于1710年（清康熙四十九年，日本宝永七年）亲自到过日本，因此，他笔下的《东洋记》颇为真实可靠。《海国闻见录》于1730年以后出版，其中的《东洋记》在大约四年之后即传到日本（此即魏允焾的《日本记》）。

在《东洋记》传入日本之后三十年，出现了杭州徽商汪鹏的《袖海编》，该文记载的是乾隆甲申（二十九年，1764年）他在长崎唐馆的观感，较此前的记录都更为全面，兹将全文内容列表概述：

表 1　汪鹏《袖海编》所记长崎唐馆

序号	内　容	说　明
1	唐馆	《袖海编》得名由来
2	唐馆	唐馆外围的地理形势
3	唐馆	唐馆之结构、居住者及管理者
4	馆中宴会	特别是宴妓酒
5	妓、花街	详细谈及长崎的妓女
6	长崎七十二街、町	
7	货库	船运惯例
8	丢票	交易惯例
9	（日本）王家	自日本都会奉使而来，专事通商之事
10	（日本）高木王	世职之王而守土地
11	（日本）别岛之王	
12	（日本）使院所属之官、公堂	
13	（日本）街官房、五甲头	
14	清客出馆手续	
15	（日本）官员插刀	
16	入馆后宴守番之例	
17	天后宫	
18	土地祠	
19	观音堂、关帝阁	
20	相公庙	
21	狐狸庙	
22	换心山、落魂桥	“言唐人经此则心变魂销，挥金如土矣”
23	（日本人）席地而坐、吸烟、食具、行酒、赋性和缓	
24	（日本）屋内器具、男女服装	
25	（日本）恋爱风俗、发式	
26	（日本）丧俗	

续表

序号	内　容	说　明
27	（日本）家庭继承制度	
28	（日本）君臣主仆之义	
29	（日本）医药	
30	（日本）贫富问题	“日本为海东富强之国”
31	红毛船	
32	购买汉籍	
33	文化水准	
34	日本贡墨	
35	圣庙、天主教	
36	九使庙	
37	唐馆香火三大寺	兴福、崇福、福济
38	稻佐山吾真寺	唐人瘗孤之所
39	半爿山	郑成功故事
40	花街妓女	
41	稻麦等粮食供给	
42	雪	
43	天气	
44	肉食者绝少	食用动物情况
45	菜	
46	水族	“抵货入中国，惟海参、鱼翅、鳆鱼、海带、鰇鱼、牛毛菜，又有戛子鱼段而干之，是为土产，近亦抵货”
47	鱼	
48	四时之花	
49	水果	
50	盆玩	
51	大鹰、鸦	

以上是根据《小方壶斋舆地丛钞》第十帙《袖海编》之自然分段列表显示，从中可见，汪鹏有着强烈的中华自我中心意识，他在评价日本人大批购买中国汉籍时指出："唐山书籍历年带来颇夥，东人好事者不惜重价购买，什袭而藏，每至汗牛充栋，然多不解译读，如商彝汉鼎，徒知矜尚而无适用也。"对于日本人的文化水准，他这样说道："国无制举，故不尚文，间有一二束修自爱者，亦颇能读圣贤，博通经史，学中华所为韵语古作之类，如和泉王家者，颇知宝贵宋元人妙翰，每向客求得其一二件，珍如珙璧。又有松延年、林海卿、柳德夫皆渊雅绝俗，外此如《兰京先生集》暨僧《昨非集》，皆裒然成帙，所为诗颇仿唐音，无宋元浇薄气。又平子行号三思，善行草书，殊近香光一路。"这段文字颇为耐人寻味，如果我们假设状摹的对象是在中国境内，那么，汪鹏看待日本的方式，其实与中原人观察边疆少数民族（如土司）地区并无多大的差别——以对汉字的接受程度以及汉文修养之高低，来判断一个民族文明的高下，这自然是充满了汉文化的优越感。这与《皇清职贡图》将境外各国与国内少数民族并列的做法，如出一辙。

当然，此种文化优越感，可能并非杭州徽商汪鹏个人的想法。康熙年间扬州人石成金所著的《传家宝全集》中有《快乐原》一卷，其中提及的"一生快乐"，第一条便是"乐生中华国"：

人常自想：倘生于海外遐荒之地、严寒酷暑之乡，草衣木食，野居穴处，远于王化，不齿人伦，虽生世间，却与禽兽无异。我今幸生中国，房屋饮食，文物衣冠，受福无量，快乐极矣！①

在中国人眼里，日本虽非“严寒酷暑之乡”，亦不至于“草衣木食，野居穴处”，但毕竟是“远于王化，不齿人伦”，如汪鹏所说“五伦中惟君臣主仆之义最严，其他则蔑如也”，当然无法与“文物衣冠”的中华国相提并论。

（2）日本人眼中的“鞑国”及其内涵转变

江户时代的日本，有一首《和汉年代歌》，② 该诗比较了中日历史的发展进程，其诗末曰：

（汉）大明太祖朱为姓，故君宽仁起布衣，定鼎南京龙序地。成祖北京开帝闱，三百年间文物盛，能学唐诗修古辞。

（和）甚矣应仁天正乱，中原逐鹿竞相驰，将军十五世尸职，二百卅年黔首悲。四海一归丰太阁，远伐朝鲜大出师，猛威三十有余岁，浪华城郭独空遗。君不见霸业竟成天授位，开原一战太平基。又不见元和元年偃革后，四方风定不鸣枝。二百年来名故所，康衢击壤乐熙熙，邻国望风聘东武，远夷向化凑长崎。

① 《快乐原》，中州古籍出版社 2000 年版，第 1 页。

② ［日］宫崎成身编：《视听草》六集之二，日本“内阁文库所藏史籍丛刊特刊”第三，汲古书院 1984 年版，第 153—154 页。

（汉）何意明亡还左衽，鞑国流风鼠辨姿。

（和）看我东方君子国，人皇百廿鼎无移，二千四百四十岁，日月高悬无尽期。

该诗凡162句，共11韵，题作“常北逸民松江卢玄淳撰”，文中充满了大和民族的自豪。另有一首《汉土历代歌》，曰：“三皇五帝及三王，秦汉蜀晋宋齐梁，陈隋唐季宋元明，只今鞑靼号为清。”①

“鞑靼”为中国古代北方少数民族之总称，所指非一，但其作为对野蛮人的贬称，却是始终如一的。②在清初，“鞑靼”是日本人对清朝的习惯性称呼。顺治三年（1646年）十二月十日，朝鲜国王曾向清朝通报“倭情”，就有一份《报岛倭书契误称鞑靼字咨》，根据朝鲜人与日本人的交涉，日本人回答说：“明朝则或云江南，朝鲜则或云高丽，清朝则或云鞑靼，此乃俺国通称之语，实非有意于其间。”③

不过，日本人对于清朝的称呼，随着盛清时代的来临而发生了微妙的变化，朝鲜人李德懋有一篇《日本尊周》的文章指出：

……《和汉三才图会》（日本良安尚顺撰）曰：大清皇帝

① ［日］宫崎成身编：《视听草》六集之二，第154页。

② ［韩］尹廷琦：《东寰录》卷2“蒙古”条：“北胡之俗，常服韦皮，所以名鞑靼，鞑靼者韦皮也。”《茶山学团文献集成》，成均馆大学校大东文化研究院2008年版，第307页。

③ ［韩］郑昌顺：《同文汇考》原编卷78，珪庭出版社有限公司1978年版，第10册，第5816—5817页。

鞑靼人（案：鞑靼蒙古也，日本人不能辨）构城于北京，称清皇帝，僭年号改顺治，剃南京民鬓发，为鞑靼风俗。永历十五年，清帝薨，太子即位，统天下，今号康熙。（案：日本人始许康熙统一）①

此处提及的两点颇值得注意：一是日本人分不清“鞑靼”与“满洲”的区别；二是到了康熙时代，日本人才真正认同清廷的统治。

序于1714年（日本正德四年，康熙五十三年）的《肆拾贰国人物图说》（长崎人西川如见著），颇类似于中国的《皇清职贡图》，其中首列“大明”“大清”“鞑靼”图。“大明”图中的男子手上拿着一个折扇，女子则手持团扇。而“大清”图中的男子，右手亦持一折扇，旁边的童子则手捧一函线装书，此一画面极具文化意涵。此时的清人已是从容优雅，颇具文化素养。②下一幅的“鞑靼”，则仍是弯弓射大雕的形象。将“大清”与“鞑靼”

---

① ［韩］李德懋：《青庄馆全书》卷59，《韩国文集丛刊》第259册，民族文化推进会2000年版，第53页。

② 日人西川如见另作有《增补华夷通商考》，其中亦有“明朝人物像”和“清朝人物像”。前者中的大明男、女，亦分别各持折扇、团扇；而后者中的大清男子则右手仍持折扇，旁边的妇人手捧一函线装书，同样也极为儒雅。（西川如见著，饭岛忠夫、西川忠幸校订《日本水土考·水土解弁·增补华夷通商考》，岩波书店1997年版，第70—71页）《增补华夷通商考》卷5《外夷增附录》中列有“鞑靼国”，注明其分布是离“唐土”北京百里或二百里、三百里各处。（第171页）另据《日本风土考》，该书卷首有《亚细亚大洲图》，除了中国部分标出北京、南京、福州、广东外，在北京以北标出“鞑靼”。（第17页）

列为二国，说明“清人”与“鞑子”已大有区别，[①] 显示出十八世纪的日本人，对于清朝的总体印象已与十七世纪中叶的清初大不相同。

这一时期，日本不仅通过长崎的商人，而且还通过萨摩和对马，从与中国关系密切的琉球人和朝鲜人那里，感受到盛清时代中国的繁荣昌盛。1721 年（享保六年，清康熙六十年）九月，幕府将军德川吉宗令室鸠巢、荻生徂徕等翻译从琉球而来的《六谕衍义》，此一举措颇具重要的象征意义。《六谕》原是明初朱元璋为教化民众所作的教训，及至清初，顺治加以普及，康熙皇帝为此作《圣谕》。此时，江户幕户下令作和译的《六谕衍义大意》，并于 1722 年（享保七年，清康熙六十一年）刊行，作为寺子屋（平民子弟之初等学校）的教科书使用。尽管荻生徂徕认为“胡清虽非正统，亦奉三代之道”，但从理念上，日本人不得不接受

① 《中华并外国土产》辽东条下：“或曰北边鞑靼之堺，北京之附属也。”这里，也将鞑靼另立。《视听草》四集之十，有宽政九年二月《具呈王局己二番南京船主沈敬赡为祈转启申报事》：“切有贵国难民三人，漂到鞑子国吉林属下伊皮鞑子地界，由该地丙辰年八月递解到北京……”其后的日本文书中，两处均将“鞑国”与“唐国”分列。（第 172 页）据此，“鞑国”或“鞑子国”应指中国的东北地区（原满族人的发源地）。至此，日本人已将清朝分成发源地和中国本部两个部分，将他们视作两种文明形态。美国哈佛大学燕京图书馆收藏有一幅彩色的手绘地图，内容是日本人绘制的中国及周边地图，图上标明各处铸造的货币。中国之外，涉及的国家除“大日本”外，另有琉球、朝鲜和安南。盛京部分有顺治、康熙字样，而北京部分有雍正、乾隆字样，其他部分最晚提及的年号也是乾隆。据此可知，此图应绘于乾隆年间或乾隆以后。在北京东北方有鞑靼，注明：“鞑靼贝勒王，明万历四十六年始テ北京ニ入，国号大清，改元天命，天命通宝ヲ铸。”由图上可见，鞑靼是介于东北和内外蒙古之间，“鞑靼国”无论从地理上还是从人群上看，都是臆造出的一个满蒙之混合体。

了满族当权者在中国的统治地位[①]，在他们的心目中，当时的清朝除了高度发达的物质文化之外，精神文化方面也颇有值得效仿之处。

收录在《视听草》中的《乾隆帝江南苏州府游幸街道图》，[②]由来舶长崎的清人带来，并与在长崎的商人（如鸳湖程荣春、福唐邓元禄）共同回忆而最终形成。此图的出现与传播，让日本人直接感受到盛清时代的朝廷礼仪以及江南商业之繁盛。该图前有宽政八年（1796 年）三月近藤守重的序，此人参与了《清俗纪闻》的编纂。

宽政十一年（1799 年，清嘉庆四年），《清俗纪闻》由东都书林堂出版。主持调查及出版者是曾为长崎奉行的中川忠英，他派近藤守重等人四出询问来舶长崎的清商“其国之俗习”，随笔记录，并令石崎融思、安田素教在清商的确认下，详细绘制了各种图像。《清俗纪闻》卷首有几个序文，其中宽政十一年幕府大学头林衡（号述斋，1768—1841）所撰之序指出：当时“先王礼文冠裳悉就扫荡，辫发腥膻之俗已极沦溺，则彼之土风俗尚置之不问可也。而子信之有斯撰，自有不得已者也”。考虑到林衡的身份，这样的言论自然并不令人诧异。但应当看到，及至十八世纪末期，日本方面不少人的态度已有了微妙的变化。同是《清俗

---

① 成书于康雍时期的唐通事教科书《琼浦佳话》卷 2，记录有一份“唐船风说书”，个中曾藉长崎“问信通事”之口说道：“向来听见康熙皇帝仁心广大，圣德全备，今日听你的话，果然名不虚，就是一个正命天子了。既有这般举动，有赏有罚，人家怎么不甘服？可敬！可敬！”

② ［日］宫崎成身编：《视听草》续三集之七，第 202—209 页。《乾隆帝江南苏州府游幸街道图》有多种版本，日本静嘉堂文库亦有抄本。

纪闻》，继林衡之后的第二篇序文（黑泽惟直撰）就指出：“今斯编所载清国风俗，以夏变于夷者十居二三，则似不足以贵重。然三代圣王之流风余泽延及于汉唐宋明者，亦未可谓荡然扫地也。又，清商之来琼浦者多系三吴之人，则其所说，亦多系三吴之风俗及六朝以来故家遗俗确守不变者，就斯编亦可见其仿佛也。”这里谈到大清国的风俗虽然有一些属于辮发腥膻之俗，但仍然有不少是自三代以来延及汉唐宋明的华夏遗俗。而且，此段文字还特别从长崎贸易中地域商人的角度，谈及三吴一带仍系六朝遗风，中土风俗未尝完全以夏变夷，仍有可取之处。此外，《清客纪闻》序三，亦引清客所言曰：

> 臣等小人，生长闽浙，其所能诵特闽、浙之俗耳，名物象数亦唯闽、浙矣。若夫清之广莫，方不同俗，俗不同物，恶能其他之及哉！北京、盛京之间民俗名物，其为满也纯矣。西南方，或大满而小汉矣。其小满而大汉、可以观唐宋遗风者，独有闽、浙而已……

因来舶长崎的清人，以江南、闽、浙一带居多，故他们强调南方的风俗仍然是“小满而大汉”，也就是说，尽管是在清政权统治之下，但南方的风俗并没有受到多少影响，仍然是汉人风俗之正宗。

宽政己未（1799 年）冬十月中川忠英在《清俗纪闻》跋中列入“与此役者姓名”，除了日本的大、小通事，画工外，还有中国的商人：

清国苏州　孟思泰，蒋恒，顾镇

湖州　费肇阳

杭州　王恩溥，周恒祥

嘉兴　任瑞

其中的费肇阳（晴湖），也就是雍正年间在长崎抄录《崎阳赋》者。

此一时期的日本，已将作为“蛮夷”的统治者，与地理上的“中华”区别看待。到十八世纪，以“唐土”为名的著作颇为流行，对于清朝的观感亦在发生悄然的变化。明和六年（1769年，乾隆三十四年），《唐土行程记》在日本出版。此书系明代朝鲜人崔溥《漂海录》之日文译本，该书总目录的前两条是：“朝鲜国起本”和“朝鲜奉唐土正朔”。虽然翻译者清田君和在《唐土行程记》卷首附言第六条中指出：“职原抄中在玄蕃寮，可见吾国古来亦称唐土为蕃戎。因何今人亦自鄙吾国为倭俗，尊称彼之曾称蕃戎之国为中华、中夏，可谓违背吾国法令之甚。”但在现在出版的《唐土行程记》中，还是加入了原《漂海录》所没有的附图，如海鳅图、西湖图、扬子江图、黄河图、无支祈图、孔林图、阙里形胜、北京和点苍山，这些，都反映了江户时代日本人对于中国名胜古迹的向往。“孔林图”中，轩辕寿陵、鲁公墓、周公庙、曲阜、孔庙、尼山、泰山、孟庙、孟子墓等一一标明，“阙里形胜”中亦有诸多著名的景点（如孔林等），这些，似乎都暗示着尽管清政府入主中原，但唐土名胜与三代之道宛然俱在。虽然此时一些日本人不再尊称“中华”“中夏”（当然，此类称呼仍时有所见，因人而异），但也不再以贬义的“韃靼”相称，而是使用相对比较中性的“唐土”一词（如《唐土门簿》《唐土名胜图会》《唐土训蒙图汇》和《唐土俗谣》等）。

这里要特别提及十九世纪初出版的《唐土名胜图会》，该书虽然出版于十九世纪初，但书中明确注明是“故蒹葭堂木世肃先生遗意”。木世肃为江户时代著名的巨商大贾，朝鲜燕行使者李德懋曾指出：“日本人通江南，故明末古器及书画、书籍、药材辐凑于长崎，日本蒹葭堂主人木世肃藏秘书三万卷，且多交中国名士，文雅方盛，非我国之可比也。”① 木世肃卒于1802年，因此，此书反映出的思想倾向仍然可以算在十八世纪，书中的《唐土皇舆图解说》中有一段话颇为耐人寻味：

> 如今的清，就是东北蒙古、满洲的夷。但以讨伐明朝神宗、熹宗的不道，并消灭闯贼而称义，抚万民，遂继中国的正统，奠定万代的基础。②

翻阅《唐土名胜图会》，一个强烈的印象便是，除了清朝特殊的衣冠服饰外，先王的礼仪俱在，这是一个继承了中国传统典章制度的王朝。

---

① ［韩］李德懋：《青庄馆全书》卷63《天涯知己书》，《韩国文集丛刊》第259册，第131页。

② ［日］冈田玉山等编绘：《唐土名胜图会》上册《唐土皇舆图解说》，北京古籍出版社1985年版，第1页。

（3）朝鲜燕行使者对清代中国风俗的连续记录

1636年（明崇祯九年，清崇德元年），清人在两度征讨朝鲜之后，正式将后者列为自己的属国。此后，朝鲜对清恪行“事大”之礼，与此同时，仍与日本维持着“交邻”的关系。三国之间的来往频繁，由此形成的敕谕贡表等颇为浩繁。有鉴于此，朝鲜正祖八年（1784年，清乾隆四十九年），礼曹判书郑昌顺等人开始编纂《同文汇考》，并于正祖十一年（清乾隆五十二年）完成。《同文汇考》收录有使行录、事大文书式、诏敕录和迎敕仪节等，并将使臣别单、闻见录、译官手本等资料收录为补编。使臣别单（含书状官闻见事件、译官手本等），约有370种之多，系朝鲜赴清使臣归国后，将使行中的所见所闻记录而成，其内容主要是反映其时中国的政治、社会现状。其中，有不少是有关风俗方面的描述。这些资料，与《燕行录》可以相互参证（当然，有的就是《燕行录》的组成部分）。

在有关中国风俗的记载方面，自以燕行文献最为重要。康熙中叶以后，朝鲜的皇亲国戚及文人学士，或假名正官，或以闲员身份借机赴中国游览、交际，不少人将其见闻及交际情形详细记录，遂留下卷帙浩繁的《燕行录》(或《燕行记》)。其中，就有诸多生动有趣的中国风俗史料。笔者曾以《燕行录全集》为中心，将十七世纪末至十九世纪初《燕行录》中的风俗记录列表显示，从中可见，比较系统的风俗记录，始于1686年（康熙二十五年六月）吴道一（1645—1703）之《西坡集》卷26《杂识》。另外，朝鲜学者以偏裨名义随使入华观光第一人为进士金昌业（号稼斋），他于康熙五十一年（1712年）随兄冬至正使金昌集入燕，著《稼斋燕行录》，通称“稼记”。《稼斋燕行录》中有《山川风俗总录》，虽然比较简单，但对于清俗的记载已较平实。①

朝鲜英祖四十一年（1765 年，清乾隆三十年），北学派之先驱洪大容的叔父洪檍作为冬至兼谢恩使书状官赴燕时，他以“子弟军官”的身份随行，其后所著的《燕记》，收录于《湛轩书外集》：

表 2　洪大容《燕记》部分篇目

卷帙	篇　　目
卷 7	……铺商……藩夷殊俗
卷 8	……沿路记略，京城记略
卷 9	……隆福市，琉璃厂，花草铺……元宵灯炮……
卷 10	方物入阙，幻术，场戏，市肆，寺观，饮食，屋宅，巾服，器用，乐器，畜物，留馆下程，财赋总略，路程

洪大容熟读过《稼斋燕行录》，他以亲身见闻去认识一个真实的大清国，肯定了清朝的百年之盛以及清军入主中原的正当性，树立了全新的对清观，从而为其后的北学派奠定了实践基础。②

乾隆四十三年（1778 年，朝鲜正祖二年），李德懋与朴齐家偕使臣入燕。四月十九日，使团一行入旧辽东城，但见“左右市肆栉比鳞次，恍惚玲珑，无物不有，老少森立，拱手而观，人皆秀俊，直亘五里”，李德懋“回想汉阳云从街市，目瞠口噤，茫然自失”。使团中的舌官（翻译）说：“若见盛京、山海关、通

① 《燕行录全集》卷 32，韩国东国大学校出版社 2001 年版，第 315—336 页。

② 祁庆富、［韩］权纯姬：《朝鲜“北学”先驱洪大容与中国友人的学谊》，载朱诚如主编《清史论集——庆贺王钟翰教授九十华诞》，紫禁城出版社 2003 年版，第 632—640 页。

州、皇城诸处繁华壮丽，愈往愈胜，见此一边县而倾倒乃尔耶？"的确，随着使团的逐渐西行，北中国城镇景观展现出愈益繁盛的图景。中国的富庶繁华，给朝鲜人以极大的震撼，① 也促使他们对盛清时代予以重新定位。朴齐家后著有《北学议》一书：

表 3　朴齐家《北学议》篇目

卷帙	篇　　目
内编	车、船、城、甓、瓦、瓷、簟、宫室、窗户、阶砌、道路、桥梁、牛、马、驴、鞍、槽、市井、商贾、银、钱、铁、材木、女服、场戏、汉语、译、药、酱、印、毡、塘报、纸、弓、铳矢、尺、文房之具、古董书画
外编	田、粪、桑果、农蚕总论、科举论、科举论二、官论、禄则、财赋论、通江南浙江商舶议、葬论、兵论、尊周论、北学辨、应旨进北学议疏、车、田、粪、桑、农器、铁、种稻、谷名、地利、水田、水利、老农、区田、注秧、种藷、末利、汰儒、屯田之费、浚河三则、筑仓二则、五行汨陈之义、樊迟许行、祈天永命

《北学议》对于十八世纪的清朝风俗及物质文化，有着多方面的记录和分析。其中的《北学辨》一文指出：

> 夫载籍极博，理义无穷，故不读中国之书者，自画也，谓天下尽胡也者，诬人也。中国固有陆王之学，而朱子之嫡传自在也。……余自燕还，国之人士踵门而请曰：愿闻其

① 参见王振忠《朝鲜燕行使者所见十八世纪之盛清社会——以李德懋的〈入燕记〉为例》，载 Yoon Choong Nam（尹忠男）编《哈佛燕京图书馆所藏朝鲜资料研究》（*Studies on the Korean Materials in the Harvard-Yenching Library*），"哈佛燕京图书馆学术丛刊"第三册（*Harvard-Yenching Library Studies*, No.3），韩国景仁文化出版社 2004 年版，第 135—171 页。

俗。余作而曰：子不见夫中国之缎锦者乎，花鸟龙文，闪烁如生，咫尺之间，舒惨异态，见之者不识织之至于斯也，其与我国之绵布经纬而已者，何如也！物莫不然，其语文字，其屋金碧，其行也车，其臭也香，其都邑、城郭、笙歌之繁华，虹桥、绿树殷殷訇訇之去来，宛如图画。其妇人皆古髻长衣，望之亭亭，不似今之短衣广裳，犹袭蒙古也。皆茫然不信，失所望而去，以为右袒于胡也。[①]

对于朴齐家《北学议》等的重要意义，日本学者藤塚邻曾指出："北学之名，见《孟子》楚之陈良北学于中国，盖以此取义，朴齐家敬慕华夏之热烈，其心情亦可想见。《北学议》分器具、建筑、动物、商业、经济、兵事、文化各门，多所论究，眼光犀利，判断明敏，有快刀斩乱麻之概。其《通江南浙江商舶议》颇具经世之卓见。《尊周论》为侮蔑清廷、不解清廷文化者当头棒喝。"[②]

朴齐家之后，燕行使者对于清俗的记录大多更为正面。1782年（乾隆四十七年），洪良浩（1724—1802）在《皇都即事》诗中写道：

羽畎珠崖入版图，山河万里抚庭衢，燕中自古兴王地，天下于今拱帝都。节制八旗恢远略，铺张四库盛文儒，（诗

① ［韩］朴齐家：《贞蕤集（附北学议）》"北学议外编"，"韩国史料丛书"第十二，探求堂1974年版，第438页。

② ［日］藤塚邻：《清代乾隆文化与朝鲜李朝学者之关系》，杨鼎甫译，《正风半月刊》第四、五、六、七期，1935年。

注：时皇帝大聚天下书，分经、史、子、集，名为《四库全书》，合数万卷，募士民有文笔者，给禄缮写，故云。）升平五纪超前代，只是衣裳异典谟。①

至此，从"皇都""皇帝""帝都"的行文措辞，对《四库全书》之描摹，以及"升平五纪超前代"的赞叹来看，此时的中国，只有衣裳与前代颇有所异，其他的一切都已让朝鲜人心悦诚服。

如何解释此一变化？洪良浩归程途经盛京，他写道：

白头山下射雕归，黄草岭前万马肥，大漠飞腾龙虎气，雄城睥睨帝王畿。云生黑水成丰沛，天送长星入紫微，席卷八荒高一榻，福陵梓树已成围。②

这首题作《盛京》的诗歌，于"大漠飞腾龙虎气"之下注曰："明末东北方常有气如火，盖是清人将兴之兆，故云。"在传统时代，人们对气运盛衰的描摹，往往关乎天命之移转。凡是涉及于此者，往往是对既有事实的认定，尽管其中颇多"形势比人强"的无奈，但由此亦可见朝鲜燕行使者从心底里认为清朝的统治已然稳固。③

① ［韩］洪良浩：《燕云纪行》，载《燕行录全集》卷41，第269页。

② 同上书，第289页。

③ 十多年后，洪良浩《向沈阳》诗曰："天运人谋各一时，沈阳肇创帝王基，指挥诸夏提三尺，鞭挞群雄用八旗。志士于今空自老，骚人到此遂无诗，华儿莫问东韩使，白首重来长鬓丝。"（《燕云续咏》，载《燕行录全集》卷41，第319页）

1794年（乾隆五十九年），洪良浩再度来华，《入境三日记所见所闻（二首）》吟咏道：

> 百年休养验升平，万国梯航拱上京，交广名香来栅市，天津垂柳接边城。牛羊满谷行成队，鸡犬归栖宿不惊，觇国由来先视野，里闾无闻索租声。
>
> 万里车书厂四封，穷瀛绝漠尽朝宗，耕夫不见牛穿鼻，月令新颁尘出茸。王会职方犹未悉，兽蹄鸟舌亦相逢，琉球近日浮青海，贡使新添九译重。[①]

此外，《途中望见抚宁、昌黎诸山文明之气，真是中华世界，诗以赋之》提及：

> 包山络野壮藩垣，天限华夷此一门，海内无如冀州大，域中方识帝乡尊。文峰日映昌黎县，岱岳云深阙里村，风气由来随地变，长城内外异寒暄。[②]

另有《白沙河驿路傍多大树漫吟》写道：

> 百年中国报升平，生老乡庐不见兵，路畔树多连□寿，里中人少弊衣行。始知汉法元从简，方信天心在好生，天下

① ［韩］洪良浩：《燕云续咏》，载《燕行录全集》卷41，第316—317页。
② 同上书，第325—326页。

本来无个事，至今君子恨熙宁。①

还有《远游记怀》论及：

中华自是大门闾，海外偏区等阖庐，少日曾怀四方志，远游胜读十年书。东方三月文犹足，屈子九州览有余，赤县山河今再涉，须看元气尚扶舆②。

此类观感，在同时代的朝鲜燕行使者中并不罕见。乾隆五十五年（1790年），为贺清高宗八旬寿诞，徐浩修（1736—1799）以副使身份历热河、北京，他曾感叹："今边尘不警，车书同化，冠盖相望，坦途无梗，真太平世界也！"③

及至嘉庆六年（1801年），李基宪的《燕行纪异》④对于北中国的状摹，完全是非常平实的实态描述，与清初纪燕行风俗的诗歌大相径庭，⑤这当然反映了朝鲜人心态的调整和变化。

总体而言，从十七世纪中叶的明清鼎革至十八世纪的盛清时代，朝鲜燕行使者对中国的描述之变化可以从两个方面看出：

一是对沿途自然及人文景观观感的变化。朝鲜正祖十五年

---

① ［韩］洪良浩：《燕云续咏》，载《燕行录全集》卷41，第317页。

② 同上书，第341页。

③ 《热河纪行》，载《燕行录全集》卷52，第238页。

④ 《燕行录全集》卷64，第419—425页。

⑤ 由《燕行录全集》来看，反映燕行风俗最早的诗歌，大约见于1686年（康熙二十五年），为崔锡鼎（1646—1715）《丙寅燕行日乘》中的《风俗通联句五十韵》，这些文字，大多表达的是"中华礼乐无由睹，回首风尘眼欲枯"的感伤。

（1791 年，乾隆五十六年），朝鲜燕行使者金士龙在出使中国的沿途，饱览辽蓟燕京的山川胜景，将沿途的名胜分为“壮观”、“奇观”和“古迹”三类：①

表 4　金士龙《燕行日记》所记载的名胜

分类	景　　点
壮观	正阳车马、琉璃厂市肆、海甸灯戏、卢桥石栏、虎圈、象圈、辽野、渤海、山海关、会仙亭
奇观	万佛楼、五龙亭、观音全身、天游阁、通州夜市、宁远牌楼、桃花石窟
古迹	华表塔、安市城、望夫石、补天石、射虎石、孤竹寺、紫市庙、大学石鼓、辟雍老槐

嘉庆三年（1798 年），徐有闻《戊午燕录》中亦列有“沿路壮观”：

> 凤城之奇玩，望海亭之高爽（在山海关），医巫闾之大观，长城之铁瓮，鹤野之广阔，采薇祠之清绝，蓟州野之虚海，潞河之帆樯（通州江），天坛之环玮，城楼之宏杰，宫庙之尊严，市廛之繁华，皇都之巨丽，士马之精强，省署之弘敞，镇堡之排布，寺观之奇绝，北镇之佳气，金台之古迹，西山之胜景。②

无论是将沿途景观分成“壮观”“奇观”“古迹”，还是只将之

① ［韩］金士龙：《燕行日记》，载《燕行录全集》卷 74，第 547 页。
② 《燕行录全集》卷 62，第 254 页。

单独列为“沿途壮观”，其实都反映出朝鲜人对中国形象的重新定位——虽然是满族贵族统治入主中原，但中国的山川自然景观依旧，并没有因为清朝的统治而改观。这一点同十九世纪初日本人的《唐土名胜图会》之出版，颇有异曲同工之妙。

二是从风俗记录来看，朝鲜人先是胡汉完全不分，将北中国一概视作夷狄之地，接着是在风俗状摹中，逐渐将胡、汉分别叙述，到最后则是对“先王遗风余俗”的平实记录。对此，朝鲜“广明居士”的《雪岫外史》卷1中有一段对话，极为生动：

> 余五入中原，犹有眷眷不忘之意，人以此多讥之。
>
> 或问之曰：子之慕中国亦已甚矣，未知所益何事，愿闻其说。
>
> 余曰：一则先王之遗风余俗也，二则山川之胜宫阙之壮也，三则人物之好文章之盛也，四则书画古器金石珍异之物。其余可则可效可爱可乐可嗜可玩，难以尽记。平生之愿，梦寐长往，吾何能忘也！
>
> 或抵掌大笑曰：有是哉？子之迂也！今之中原，非古之中原也，神州陆沈［沉］，犬戎充斥，已至数百年之久，礼义尽亡，彝伦倒坠，于何以见先王之遗风余俗也？若夫山川之胜，宫阙之壮，百经风尘，荡成戎马之场，穹庐之所居，佃猎之所驰，腥臊之秽，昏罩遗墟，古之幽、冀之州，尽为朔漠之地。人物则王、谢氏族化为夷狄，语音侏僪，衣冠殊制，绒帽蹄袖，唯以弓力为事，驰射为

业，安有文章之可观？诗道之可论？至于书画金石，既无文人爱惜，飘荡殆尽，不过为厨婢槽件覆酱糊笼之资，而鼎彝敦卣视同村缶，埋没市廛，更谁有宣和清秘之藏护哉？

余曰：君徒知其一，未知其二也。今之满人之来处中国也，异于君之所闻，吾当以喻言之：古之有一大家，哲妇贤夫，屡世相承，治家井井有法度，后孙虽已陵替，先德所及，守其旧规。一朝大盗骤至，主人弃家逃去，适有远方之人勇力绝伦，大呼挥剑，逐其大盗，因率其妻子来处其家，见其堂宇高大，轩墀华敞，至于房闼之内，器皿尊俎，位置齐整，又见婢仆辈事主旧规，迭然有序。其人自度：吾初居远方，乡曲蒙昧，未知治家之有法，此可以为效。因其旧贯，大小凡例，一不变更，只遵旧主人之约，但束衣服，则此是故土所制，如若艳慕旧主，卒然改易，或恐他日事变一出，旧主乃返，吾当还归故土，大袖长裾，已失本色，且妨于事为，而无异于章甫之适越，亦不可易也。胁命婢仆脱其旧衣，易以新制。婢仆慑于威令，姑为从命，而有时涕泣冤呼，每思旧主，全是衣服之异旧也。由是观之，满人之于中国，不敢弛张损益于其间，有若行客暂寓逆旅，常有鞍马听鸡、束装将发之意。是故上自尧舜禹汤，文武周孔，汉唐宋明，礼乐刑政律，度量衡，车马器用，宫室城郭，山川谣俗，人物文章，市朝繁华，书画金石，以至士农工商利用厚生之道，百世传授，至今犹有存者，欲求先王之法，舍中国而其谁与也？[1]

这一以广屋大厦主人、家法之变迁递嬗，来形容明清鼎革对于中国社会的影响，比喻真是巧妙！这位“广明居士”曾五度前往中国，他以一则寓言比喻当时中国的现状。文中的“或”，代表了一些以小中华自居的朝鲜人的想法，后者有着极为强烈的华夷想象。而洪大容、朴齐家、柳得恭等人则通过自己的亲身体验说明：明清鼎革，虽然天崩地坼、神州陆沉，但先王之法犹有存焉，在满族贵族的统治下，北中国并没有完全向着夷狄方向退化，美丽山川亦未全然变作腥膻之邦。这一点，与日本《清俗纪闻》序中所反映出的思想倾向颇为类似。

（4）朝鲜通信使与朝鲜的《和国志》《蜻蛉国志》

十八世纪后期编纂而成的《同文汇考》卷78《倭情》记载：“自洪武初，日本与我国修好，我国间或遣使，而每其国使至，则依例接待而已。万历壬辰以后，更为通和。自是羁縻不绝。若值关白新立或生子之时来请信使，则辄许差遣，时具咨礼，至今遵以为例。”[2]朝鲜的通信使在日期间，与日本人有着较为广泛的接触，通过这些接触而对日本社会有相当深入的观察和了解。1764年（朝鲜英祖四十年，乾隆二十九年，日本宝历十四年、明和元年）随同正使出访的书记元重举，后来著有《和国志》，集中反映了朝鲜人对日本的了解：

---

① ［韩］李佑成编：《雪岫外史（外二种）》，“栖碧外史海外蒐佚本”，亚细亚文化社，1986年版，第13—17页。

② 《同文汇考附编》卷8《通信一》，第13册，第1705页。

表 5　元重举《和国志》篇目

卷帙	篇　　目
卷 1	八道六十六州分图、日本天下之东北、日本与我大小、形局地脉、山少水亦少、天文、节候、地理、道里、人物、风俗、徐福庙、倭皇本末、伪年号、源赖朝本末、秀贼本末、武州本末、对马守本末、壬辰入寇时贼情、中国通使征伐、罗济丽通使战伐
卷 2	关白宗室录、各州城府、各州氏族、武州内官职、氏姓之异、文字之始、学问之人、异端之人、诗文之人、倭字、谚文、片假名、神祠、前后入中国名僧、四礼、衣服、饮食、澡浴、言语、拜揖、舆马、宫室、种树、器用、农作、蚕织、货币、道路、桥梁、舟楫
卷 3	医药、赋税、兵制、兵器、治盗、讯囚、奴婢、节目、倭皇官职、方音、饮食之名、禽兽、我朝征倭录、国初倭人来朝、我朝通信、倭馆事实、季忠武遗事、诸万春传、安龙福传

李德懋亦作有《蜻蛉国志》，其中有对日本风俗、器服和物产的详细观察。① 此外，在燕行文献中，也偶尔可见对日、朝、中三国风俗之比较。② 无论是日朝两国比较，还是中朝日三国的比较，中国风俗文化总是不可或缺的共同背景。

（二）异国风俗与东亚社会

此一时期，日本对中国社会造成的最大问题是宽永通宝的流入。宽永通宝又称宽永钱，江户时代由宽永至幕末铸造的货币之总称，因始铸于宽永年间（1624—1643 年）而得名。③ 宽永通宝

① 《青庄馆全书》卷 64—65，“韩国文集丛刊”第 259 册，第 147—195 页。

② 如李在学《燕行记事》，见《燕行录全集》第 59 册，第 124 页。

③ 洪景海《随槎日录》中提及宽永钱：“适见倭钱，如我国小钱，背书宽永通宝，腹无字，而或书文字、元字，九十六文为一两，直银一钱云。”（《燕行录全集》卷 59，第 299 页）

在清代乾隆年间曾大批流入中国，乾隆十七年（1752年）七月，中国官方下令禁止使用日本宽永钱，并严禁商船携带进口。除此之外，清代东南地区如苏州等地，市面上的东洋货颇为流行。①但这些都没有在多大程度上影响到清朝社会的稳定。相比之下，中国风俗文化对于日、朝两国则有较大的影响。

（1）模仿西土

日本学者藤塚邻曾指出："当乾隆时代朝鲜诸李朝学者入燕，见其文化之伟大，均相惊讶，而于朝鲜之学术，渐觉短浅，遂各自发奋改变旧习，努力新学之输入，而尊慕当时之鸿儒硕学多与往还，以图知识之吸收，又购置大批书籍，以启发国人之智识，其影响所及，遂使乾隆学界受一种刺激，以致新学兴起，奎运日相。其尤可特笔者，伏处本国未出国门一步之学者，均已看破旧学之弊窦，而于实事求是之朴学，愿奋志研究者不少。"②

除了学术文化之外，中国的风俗亦对朝鲜产生重要的影响。嘉庆六年（1801年），柳得恭于三月初三日随谢恩使一行渡鸭绿江，四月初一日入燕京，五月初三日返归，在通州过端午节。其时，他所作的《通州》诗曰："饼索浓纤点碗汤，通州城里作端阳。满街看卖菖蒲本，风物依依似故乡。"端阳日的浓浓节意，令他不禁有"风物依依似故乡"之感。柳得恭作有《京都杂志》，对朝鲜的岁时风俗颇为关注。该书的五月端午条这样写道："小

① 赖惠敏：《苏州的东洋货与市民生活（1736—1795）》，《"中央研究院"近代史研究所集刊》第63期，2009年3月。

② ［日］藤塚邻：《清代乾隆文化与朝鲜李朝学者之关系》，杨鼎甫译，《正风半月刊》第四、五、六、七期，1935年。

儿女著红绿新衣，菖蒲汤颒面，又削菖蒲根作簪，点朱砂插髻，号端午妆。闾巷妇女盛为秋千戏。按《宛署杂记》：燕都自五月初一日至五日，饰小闺女尽态极妍，已出嫁之女亦各归宁，号是日为女儿节。我东与燕中不甚远，故风俗往往相袭。”①他的《古芸堂笔记》卷 5 中，也有“岁时风俗”一条，认为“我东岁时风俗，往往沿燕中故事”。柳得恭列举了许多例证，其中端午一条，亦引沈榜的《宛署杂记》。另曰：“端午俗名戍衣，小儿女着红绿新衣，菖蒲蘸水颒面，又削菖蒲根作簪，点朱砂插髻，号为戍衣妆。有一种艾名戍衣，翠叶椭圆背白，曝干，可碎作火绒，又可烂捣入糕发绿色，为端午时食。”②

与朝鲜相似，此一时期的日本人亦热衷于将本邦风情比附于中国习俗。③1676—1685 年间，京都儒者、医师黑川道祐所编的《日次纪事》一月条：“凡疫疠春初多流行，若然，则民间大小儿各鸣钲鼓而追疫鬼，或以绿树条作小船，舍郊外而归。或以生刍并生草造偶人，舍野外而归，是亦驱疫之一术，而中华造纸船之类乎？”又：“《五杂俎》曰：闽中俗元日不除粪土，至初五日輂至郢地，取石而返，云得宝。则古人唤如愿之意也，本朝亦如

① ［韩］柳得恭：《京都杂志》卷 2“端午”条，见韩国学研究院编《东都岁时记、京都杂志、洌阳岁时记、农家月令歌》(合本)，大提阁 1987 年版，第 248 页。洪锡谟《东国岁时记》亦有类似的记载。(同上书，第 153—154 页)

② ［韩］柳得恭：《古芸堂笔记》卷 5，见《雪岫外史（外二种）》，第 123—124 页。

③ 关于中国文化对日本的影响，日本学者中村久四郎作有《近世支那に及ぼしたる势力影响》(载《史学杂志》第 25 编第 7 号，1914 年 7 月）等文，对此颇多论述，唯其偏重于学术文化方面，此处则以笔者所见的日本汉籍资料，从社会史的角度作一些探讨。

此之类间又多。”[①] 西岛长生《坤斋日抄》中，亦有诸多相近的内容，如：

> 邦俗中元祭祖先，必供鸡冠花，唐土亦然。《枫窗小牍》云：鸡冠，汴中谓之洗手花，中元节前，儿童唱卖以供祖先。《梦粱录》七月十五日条下云：鸡冠花供养祖宗，谓之洗手花。
>
> ……
>
> 邦俗以方幅系小儿领下，谓之涎挂，唐俗亦有之。《乡谈杂字》有领折、涎衣、涎袖、遗湿诸名。又《言鲭》云：帏涎，以方幅系小儿领下，谓之涎衣。《舜水谈绮》又有护涎之名。[②]

综上所述，当时的日本人，热衷于用中国的典籍，考证本邦的诸多名物与中华民俗相似。日本贞享四年（1687 年，康熙二十六年）《谱法》，[③] 反映了日本人对于中国族谱编纂的认识和摹仿。而朝鲜族谱，则更是受到中国谱法的影响。[④]

从总体上来看，日、朝两国对于中国风俗的记录，基本上均具有浓厚的官方色彩。诚如《清俗纪闻》宽政十一年（1799 年）

---

① 《日本庶民生活史料集成》第 23 卷，三一书房 1985 年版，第 26—27 页。

② ［日］宫崎成身编：《视听草》续六集之三，第 29—31 页。

③ 日本早稻田大学藏线装书。

④ 常建华：《朝鲜族谱研究》，天津古籍出版社 1995 年版。

大学头林衡所撰之序指出的那样：

> 我邦之于清国也，壤地不接，洋溟为阻，不通使聘，各为一区域。则其土风之异，俗尚之殊，何预我耶？然闽、浙之民航海抵崎，贸易交市，以彼不足资我有余，国家亦不禁焉。朱明以还，因仍已久，其间不能无黠贾奸商干纪之虞，则不可委之小吏也。于是官特置司以治之，岂得已乎？是故，承斯任者，非知彼土风俗以洞晓利害情伪之所在，则亦无以宣我之政而服彼之心焉，此则其所当留意也。

上述这段文字，字里行间的防范心态昭然若揭。另外，序三亦指出《清俗纪闻》编纂的目的："西陲之政回易莫重焉，清之客犹我之民矣，非审其风俗，明其好恶，察其情伪，不可得而治也。斯书而成，后之奉职者，长官小吏，咸将知所向焉。"由此可见，《清俗纪闻》编纂之主要目的在于：一是有助于监督与清商的贸易；二是为对当时漂流到长崎的华人加以讯问作必要的知识储备。《清俗纪闻》序三还指出，编纂该书的另一目的是："诵法圣贤、究博致远、细大弗遗者，民俗名物固不可以不参诸后世，而草野琐屑罔有详载，不亦阙事乎！斯书而成，后之学者其或捃什一于千百焉。……夫清客通于我，居址不一，而闽、浙之民实什之九，则吏者之用闽、浙而足矣。民俗名物可以参于经传者要在唐宋，则书生之需亦闽、浙而足矣。纯满、大满我于何有？夫如斯，使君今日之求，果不他及也，客之不能他及，亦复奚伤！”显然，该书的形成及其传播，也为日本人阅读中国经典、理解中国社会，提供了重要的帮助。

（2）本国的反弹

在广泛吸收中国文化的同时，乾隆以还，在日、朝两国先后分别出现了《称呼辨正》和《雅言觉非》，对中国文化表现出强烈排拒的倾向。

十八世纪是中国的康雍乾盛世，当时，中国文化在东亚有着重要的影响。日本人通过来舶长崎的清朝商船了解到中国的政治、社会和文化。1799年出版的《清俗纪闻》一书，反映了十八世纪末日本人对中国风俗的了解。而朝鲜人则通过络绎不绝的燕行使者，以及源源不断输入海东的中国书籍，了解康乾时代中国的繁华富庶。这一时期，两国对中国文化的吸收和模仿也达到了登峰造极的地步。宽政十一年（1799年）大学头林衡所撰之序指出：

> 余观之右族达官贵游子弟，或轻佻豪侈是习，而远物珍玩是贵。即一物之巧，寄赏吴舶；一事之奇，拟模清人，而自诧以为雅尚韵事，莫此为甚。吁，亦可慨矣！窃恐是书一出，或致好奇之癖滋甚，轻佻之弊益长，则大非子信之志也。

这段感慨，极大程度上反映了十八世纪的实际情状。在日本，人们称中国为“西来正脉”。而在朝鲜，随着《北学议》的出现，朝鲜人对清朝的态度大为改观。对于中国文化的艳羡，使得两国都出现了对中国风俗殚精竭虑的模仿。[①]而随着中国文化的影响，在日、朝两国，出现了一种新的雅俗观念——在不少人的心目中，凡是与中华文明相符的即是“雅”的，而本国的则为“俗”的。宝历甲戌（四年，1754年，乾隆十九年）冬十一月，日人梁田邦美指出：

> 顾本邦姓氏，复十七八，单则仅仅矣，单似雅而复嫌于俗也。大氏文儒之癖，尚雅斥俗，甚者面目眉发倭，而其心肠乃齐鲁焉，燕赵焉，沾沾自喜，其势不得不削复为单也。

其时尚雅斥俗的日本人，虽然长相是日本人，但他们的内心却是以在齐鲁燕赵一带而沾沾自喜。因此，当时不少人都削复为单，将自己的日本复姓改作中国的单姓，“俨然汉人”。梁田邦美自己起初也是冒为泷氏，省水为龙，后复本姓梁田，去田称梁。除了姓氏外，“诗用地名，铸俗于雅”，更成了普遍的风尚。这

---

① 此一时期有不少中国的民间娱乐亦传入日本，九连环即是一例。关于这一点，参见日本学者浅井忠夫：《唐人呗と看看踊（附田边尚雄述〈九连环之曲と看看踊〉）》，载《东亚研究讲座》第54辑，东亚研究会1933年12月发行，日本东京国立音乐大学图书馆藏书；青木正儿：《本邦に传入られたる支那の俗谣》，载《青木正儿全集》第二卷，第253—265页；王振忠：《九连环》（上、下），载《读书》2000年第一、二期，后收入《日出而作》，生活·读书·新知三联书店2010年版。

些，都引起了日、朝两国国内一些人的担心，他们认为：改复姓与革地名，“蔑祖先，紊舆志，罪莫大焉”。因此，在两个国家先后出现了拨乱反正的著作，即在日本的《称呼辨正》和在朝鲜的《雅言觉非》。

① 日本留守友信的《称呼辨正》[①]

《称呼辨正》卷首即曰：

> 盖称呼失其实，名分紊其伦，先圣既有不觚之叹，其所关系岂少哉！虽然今世因袭之讹不可猝变，学者当改其可改者也。而于其不可猝改者，则姑曲从以待他日可也。文人从事华藻之末，忘其本实，猥改其不当改者，强拟异方之制，亦何心哉！因辑先儒洎今世所见闻诸说，附以管见，为同志讲究之资云。宽延二年己巳春三月，友信书于浪华侨居。

日本的宽延二年即清乾隆十四年（1749 年），浪华也就是日本的大阪。“不觚”典出《论语·雍也》：“子曰：‘觚不觚，觚哉！觚哉！’”觚原是有棱角的酒器（一说木简），孔丘时的觚已失去棱角，所以孔丘说：“觚不像觚，还算觚吗！还算觚吗！”以此为喻，发泄他对当时社会变革的不满。留守友信笔下的“先圣既有不觚之叹”，实际上也反映了他对中国强势文化影响下日本社会文化变迁的担忧。

---

① 日本早稻田大学藏和装本 2 卷。朝鲜人李德懋《青庄馆全书》卷 58《日本文献》：“大坂人留守友信字退藏，号希斋。”（《韩国文集丛刊》第 259 册，第 39 页）

《称呼辨正》一书分上、下两卷，篇目如下表所示：

表6 《称呼辨正》篇目

卷　帙	篇　目	条　数
上卷	国郡乡里第一（附宫殿）	15
	中国夷狄第二	5
	官爵职掌第三	3
	姓尸氏族第四	15
	假名实名第五	13
下卷	五伦九族第六	34
	神号人事第七	8
	存名神讳第八	9
	神主题号第九	10
	公私谥号第十	15

上述各部分，均首先引证中国程朱理学家的语录，接着罗列日本国内学者的看法，对当时的风俗文化变迁提出了自己的看法。如《国郡乡里第一（附宫殿）》下，先是引程子曰："君子处世，事之无害于义者，从俗可也；害于义，则不可从。"（《经说》）又曰："名分正，则天下定。"接着引用《朱子语类》的一段话，再接着引日人浅见絅斋的话说：

名分之学不明，则事无体制，纲纪随坏。凡所以理国正家，制行修辞皆苟焉而已矣。且若近世诸称呼讹谬尤多，如我国都自桓武皇帝由南都迁于今山城爱宕郡，命号曰平安城，以后历朝因之，未尝有革，则是今日通行不易之定称也。然世作词章、裁简牍，率称曰洛阳，曰长安，虽承袭之久，全无意义。周成王都河南洛水之北，因号曰洛阳，犹汾阳、河阳之类，特异国一处之地名，而历代仍之耳。至长安，则宜如可通称也。然是亦关西都号本乡名，而汉高祖取以名咸阳，与洛阳相对，实有方地可指，岂可以此称于别都耶？况我国乎？其他如以桃花铜驼称条路之类，皆假托失实，殊非名分之正也。近来又有居鸭川之东、西，称为河东、河西及江东、江西者，居堀川东、西者亦然。大抵其乡里宅舍边才有一水，便要以江河表之，比拟异国地名，甚可鄙矣！尤可笑者，凡书诸国号，必以“阳”字带之，如摄津为摄阳，播磨为播阳，筑紫为紫阳，大坂为坂阳，其余皆然。其意以为是则美称也，殊不知阳本对阴，乃山南水北之谓，如华阳、岳阳及前所云洛阳、汾阳之类，而若无山水可指标者，则虽大都通津，亦不可以阳呼也。山北水南谓之阴，亦同。其他疏妄，如以唐名称官名，称国守为诸侯，以假名为讳，以实名为字，呼学者为秀才之属，不可胜数。而至于相称为君为公，则又可谓无忌惮矣。又有约省姓名，模仿异国人，或直以伯某、仲某自命字者，与彼被深衣、蒙幅巾以奉祭祀为同一流，而其乱名实、异文轨孰甚乎！是此皆始乎陋儒俗学，无稽无识，衒奇骇俗之所为，而卒教举世之人承讹踵误，不知自犯名教之罪焉，可悲也夫！

此后，书中还列举了山崎闇斋、伊藤东涯等人的相关论述，对此作了进一步的阐述。①

② **朝鲜丁若镛的《雅言觉非》**

《雅言觉非》②的作者丁若镛，字美镛，号茶山，朝鲜罗州人，英祖三十八年（1762 年）壬午生，正祖十三年（1789 年）己酉文科，官承旨。③

丁若镛有感于“流俗相传，语言失实，承讹袭谬，习焉弗察”，他“偶觉一非，遂起群疑，正误反真，于斯为资”，遂作《雅言觉非》三卷。在《雅言觉非》中，他指出：

> 长安、洛阳，中国两京之名，东人取之为京邑之通名，诗文书牍用之不疑。盖昔高句丽始都平阳，厥有二城：东北曰东黄城，西南曰长安城。长安冒称，疑自此始。洛阳之称，益无可据。至京曰戾洛，还京曰归洛，洛下亲朋、洛中学者，皆习焉而弗察。尝见日本人诗集，亦犯此忌。

---

① 除了《称呼辨正》之外，类似的反省在江户时代还有一些。譬如，《视听草》九集之六中，就有尾藤孝肇（与林述斋同时）的《称谓私言》，该文亦有类似的言论：“谓江户为东都，可。谓京师为西京，不可。韩人《谀闻琐录》记本土地理，有谓东海道十五州，镰仓殿后所居，国人谓之东都，镰仓亦有东都称可知。（今来聘者呼平安曰皇京，呼江户曰东都）”（第 476 页）《氏族博考》中亦称：“今之称复姓者，皆从省文。如司马则曰马，诸葛则曰葛，欧阳则曰欧，鲜于则曰于，如此之类甚多，相承不已，复姓又将混于单姓矣。唐永贞元年十二月，淳于改为于，以音与宪宗名同也，至今二于无复可辨。如豆卢，盖唐大族，钦望、琢革皆尝为相，而此姓今不复见，其殆混于卢耶。平野、平泽为平氏之类，是混于单姓也。木田、木村为木氏之类，则异姓混而难别，省文不可容易。”（第 483 页）

② “朝鲜丛书”，朝鲜光文会发刊，美国哈佛大学燕京图书馆藏。

③ 吴世昌：《槿域书画征》，亚细亚文化社 1981 年版，第 205—206 页。

丁若镛指出，朝鲜的情况与日本相似，也使用中国的地名，以长安、洛阳作为京邑的通名。使用中国的典故，如戾洛、归洛、洛下亲朋、洛中学者等。《楚辞》曰："如戾洛师而怅望兮，聊浮游以踌躇。"戾，止也。洛师，也就是洛阳，故以戾洛表示至京。关于这一点，丁若镛在《题〈雅言觉非〉后》指出：

长安洛阳：京邑之通称长安、洛阳，钱牧斋最犯此忌。《农岩杂识》论其误，未可专咎东人也。钱诗追咏弘光时事云：奸佞不随京洛尽，尚留余毒螫丹青。是以南京为洛阳也。《升平旧事》云：长安九九消寒夜，黑褥丹衣叠几层。是以北京为长安也。至于碑志亦然，尤觉不典。

除了长安、洛阳之外，京口也是朝鲜人常用的地名：

京口者，里名也，在晋陵丹徒县，晋宋之际，始为名城，《晋书》云义熙元年刘裕出镇京口，即此地也。《南史》云宋武帝微时徙居丹徒之京口里，尝游京口竹林寺，亦此地也。吾东忽以京口为京江之口，凡从京华来者谓之京口来，误矣。梁简文帝诗云：客行只念路，相争渡京口。岑参《送王昌龄赴江宁》诗云：君行到京口，正是桃花时。诗人不核，偶见此等诗句，误用如是也。《老学庵笔记》云：京口子城西南有万岁楼，京口人以为南唐时节度使每登此楼，西望金陵。

揆情度理，在当代幅员辽阔的中国版图中，其各个部分，在历史时期成为中国的一部分之时间并不完全相同，各地的地名也存在汉化或雅化的过程①。作为汉文化圈的日本和朝鲜，现在虽然是异邦，但在当时，就学习主流文化的情形来看，与大清国各地有着本地方言的地区并没有多少差异。地名是中国文化的重要组成部分，地名与诗意是联系在一起的，学习中国文化自然不能将地名排除在外。

在东北亚，这个时期出现了大批汉诗，而要撰写汉诗，就必须使用中国的典故，因为中国的地名有许多是与典故联系在一起的，故此需要将日、朝的地名改换成中国的地名，才能写出优美的汉诗。宝历四年（1754 年，乾隆十九年）冬十一月日人梁田邦美指出：

> 诗用地名，铸俗于雅。陈国称宛丘，燕京称长安，虽异方亦然。此方谓武藏为武昌，播磨为播阳，箱根为函关，若是类斧凿无痕，假用入歌诗可也。目黑称骊山，染井称苏迷，芝门称以司马门，御云称五陵，天满称天马，则小大不伦，名实俱亡，可谓儿戏已！

朝鲜人丁若镛也指出：

> 刘氏之替久无，而至今语中国者，必曰汉家，曰汉人，

① 关于地名的雅化，参见拙文《历史地名变迁的社会地理背景——以明清以来的皖南低山丘陵为中心》，载郑培凯、陈国成主编：《史迹 · 文献 · 历史：中外文化与历史记忆》，广西师范大学出版社 2008 年版。

文字相沿，自古有之，诗律假借，尤无所害。但金石简策之文，则不可用耳。庆州古亦号徐菀，自新罗建都以后，遂为京都之称，今人只知汉阳为徐菀，而不复识有庆州矣。尝欲以“徐菀”二字入于诗句，而无古人吐辞为法之力量，终不敢焉。

可见，丁若镛虽然也想将“徐菀”这样的朝鲜地名嵌入诗句，但却因无法达到诗文的美感，而不得不放弃这样的努力。

不过，地名的称呼，不仅只是文人的雅玩，有时亦会涉及君臣名分，故而引起严重的关注：

文人称江户曰武昌，或曰武陵，其他住吉为墨水，西宫（摄津国）为西陵，纪州为冀州，金泽为金陵之类，列国各自改其地名，读其书者，不知为何地，可谓乱名实，败国典矣！

《称呼辨正》又曰：

凡称都者，指天子所居，其他列国不能称焉。异方亦后世专称王者之所居，然往昔各国称都，虽下邑有庙则称，此其所以异也。近世文人指江户称东都，或曰江都，又指平安称为西都，或称西京。西是对东之词，如两分天下者，甚无谓也。恭惟霸府世尊王室，王室至矣，每嗣立之际，必俟将军宣下而后位定焉，君臣名分之义，确乎不可拔也。夫如是，然儒者反乱之，岂不怪哉！甚者如太宰纯称天子曰山城，天皇敕使曰聘使。（记云：诸侯使大夫问于诸侯曰聘）其意盖比汉代诸侯、王子，悖逆之贼，其罪不容于死必矣！《义人录》亦谬称敕使为聘使。

这些，实际上涉及日本天皇与幕府将军之间的微妙关系。

揆诸史实，东亚各国的不少制度都源自中国，但亦不尽相同，故而引起了诸多的问题。在十八世纪，随着华化的高潮，在日本和朝鲜先后出现了《称呼辨正》和《雅言觉非》这样的著作。而无论是日本的《称呼辨正》还是朝鲜的《雅言觉非》，都将地名之嬗变列为最为重要的变化。《称呼辨正》上卷开门见山即列有《国郡乡里第一（附宫殿）十五条》，他们不约而同地对地名称呼表达出担忧。日本宝历七年（1757 年，清乾隆二十二年）三月留守友信的门人桑原典靖在《称呼辨正序》中指出：

今夫有润下而水焉，有炎上而火焉，举天下之物，莫不皆然。名实相须，而后其理自定矣。今世斯文之行于海内，盛则盛矣，然顾俗儒之徒所为，大率不过相如之俳，武库之癖，而礼以防其伪，学以稽其弊者，仅仅未之见也。是以异端邪说，相共出入其隙，而无父无君之说，悖天侮圣之术，燎原襄陵，无一所忌惮焉。其自称读圣贤之书者，亦犹假古学以行其私，徒知详其事，而不知详其理。知择其名，而不知择其真，饰华废实，竟趣时利。忘修身之道，而求众人之誉，于是流俗成而正道坏矣。虽朝诵夜习，亦复何益？

显然，桑原典靖等人将中国强势文化影响下地名等的变迁，视若洪水猛兽，认为那些现象均是异端邪说、无父无君之说、悖天侮圣之术。对此，宝历四年（1754年，乾隆十九年）梁田邦美的《称呼辨正序》亦曰：

> 称呼者，名之所存也，称呼必得其实，而后名正矣。苟名不正则言不顺，其弊遂至礼乐不兴，刑罚不中而止，是故圣人正名之学，不可一日不讲明也。留守子括囊《称呼辨正》，盖欲辨其不正而归诸正也。

可见，留守友信《称呼辨正》一书，主旨实为拨乱反正。二书的出现，反映了朝、日两国学者在中华强势文化影响下的自我反省。

（三）结语

汉字是维系中华文明数千年绵延不衰最为重要的因素，幅员辽阔的帝国之所以能够保持大一统的格局，汉字的传播功莫大焉。可以说，中国疆域内的不同地区（如东南、西南），是随着汉字的传播（当然还有其他相关的礼乐制度）而逐渐“中国化”的，这是一个非常漫长的历史过程。就十八世纪而言，清朝人看待周边国家以及境内少数民族的文明程度，也是以对方汉字修养之深浅为依据，这从《皇清职贡图》中对东亚各国的排列顺序以及徽商汪鹏的描述中，可以非常清楚地看出。

十八世纪中国人对日本的认识，已由明代的倭寇转变而为颇为正面的形象。对于日本（确切地说是长崎），总体的印象有几点：比较整洁，少盗贼，男子佩刀，等等。由于现存文献的写作者基本上都是商人，他们有着特别的关注点，如对长崎游女着墨颇多，并借由与游女的交往，对“倭”的含义作出特别的解释。这与其说是反映了中日男子生理上的差异，毋宁说是十八世纪中日文化的强弱异势所致。从中国商人的描述中可以看出，中华本位的优越感随处可见。由于与日本交流的担当者及其活动的地域相当有限，故而当时的中国人对于日本的认识极不全面。相对于日本，十八世纪中国人对于朝鲜的认识更为正面，但迄今留下的对朝鲜之记载寥寥无几，这与朝鲜人撰写的燕行文献之丰富自然不可同日而语。一般说来，对于对方关切的程度，其实也反映了彼此在对方心目中的地位。

综前所述，面对日益强盛的大清国，日、朝两国在坚持各自的华夷观之外，亦不得不重新定位盛清中国。在日本，一些人将满族统治者的发源地——东北地区，与原明朝统治的部分割裂开来，将它们分别称为“大清国”和“鞑子国”，分开加以认识。而在朝鲜，则通过将满族统治者与汉族的礼乐制度分而视之，认为尽管统治者是异族之人（夷），但在中国推行的仍然是“华”的制度。这些，便是“华夷观”在不同国家的不同表现。而之所以做出这样的解释，主要是因应新的形势而作的心态调整，这是日、朝两国对于十八世纪中国政治变动的重新诠释。

此一时期，中、日、朝三国的交流极为频繁，汉字是彼此交流的重要工具。江户时代的日本，他们所接触到的主要是一些中国的商人（其中有一些是弃儒从商的下层文人）。而在李朝时代的朝鲜，他们为了全面搜集中国的情报，接触到的中国人更为广泛，但其中也有很大比例是商人和下层文人。这使得朝鲜对于中国的了解颇为深刻，他们除了看到乾嘉时代的繁华外，也常能更多地倾听到市井百姓对于朝政、社会的种种议论。日本学者藤塚邻曾经指出：

> 清代文化东渐，一由海上自水路经长崎至日本本州，一由陆路入朝鲜。其流入之方式，接受之反响，与消化之力量，在两国近代文化上所赍之结果，大相径庭。取而比较之，在近世文化史上，实为一极重要之问题。
>
> 昔时日本儒者物徂徕，移居于品川芝浦时，欣然以为与西方圣人之国接近者数里，其崇拜中国，似不免失之夸张，然观徂徕心事，确非虚伪。当时景仰中国者，不独徂徕一人，恐德川时代之儒者，皆有此共通之思想，往来于胸中。当时日本国禁颇严，不许往游中国，只能读中国之书，而不能足履其地，偶闻文人商贾或画工，来自江浙，即争相投刺请见，聊慰其积年之想慕，或乞删削诗文，自鸣得意……
>
> 反观朝鲜学者，如使臣随员，每年一二次入燕，其所至之地，即文明中心学者渊薮之北京，相与交欢者，多学界名流，比之日本德川时代之先儒，其遭遇确较优胜。①

---

① ［日］藤塚邻：《清代乾隆文化与朝鲜李朝学者之关系》，杨鼎甫译，《正风半月刊》第4期，1935年。藤塚邻收集、抄录有不少朝鲜的抄本，现存美国哈佛大学燕京图书馆，其中朴齐家之子朴长馣《缟纻集》(哈佛燕京图书馆所藏善本，TK 2259. 8 /4372)，即是朝鲜人与中国交往的实录。

在相互交流中，亦造成了一定的困扰，此种困扰，在不同国家形成影响的程度并不相同。在中国，日本的洋铜、宽永通宝以及其他的东洋货大批流入，其中的宽永通宝泛滥，曾引发官方的强令禁止。而在日本、朝鲜，大批书籍以及其他商品的流入，促成了两国的“慕华”心态。由于文化的强弱异势，相较而言，日本宽永钱之流入，对中国只是造成局部性的困扰。而中国文化的传播，对于日本、朝鲜则影响颇为巨大。朝鲜与中国的政治体制较为接近，日本的幕藩体制则与中国的中央集权专制差别极大，中国文化的强势传入，引发了日本社会的不安似乎颇为强烈。而随着中国文化的传播，两国都有一些人担心国内的文化认同发生混乱。这种情况，在乾隆以后达到了顶峰状态，故而在两国先后分别出现了《称呼辨正》和《雅言觉非》等书，力图拨乱反正。

二、契兄、契弟、契父、契子、契友——日本汉文小说《孙八救人得福》的历史民俗背景解读

明清时代，随着各区域社会经济结构的变化，社会流动的空前频繁，各地人群为了在生存竞争中取胜，纷纷调整彼此之间的人际关系。其中，“金兰之契”便是一种重要的人际契约关系。此种人际契约关系，在不同的人文背景下，呈现出了各异的区域类型。如“无徽不成镇”背景下为追逐商业利益的相互结拜，[①]“无绍不成衙”之隐性权力网络架构下绍兴师爷的结缔叙齿、互拜金兰，[②]海外贸易背景下福建人的契兄、契弟，依托珠江三角洲蚕丝等业商品经济发达而出现的女子“金兰会”，[③]

① 参见拙文《晚清民国时期徽州文书中的“兰谱”》，载《安徽史学》2000 年第 3 期。

② 参见拙文《十九世纪华北绍兴师爷网络之个案研究——从〈秋水轩尺牍〉、〈雪鸿轩尺牍〉看“无绍不成衙”》，《复旦学报》1994 年第 4 期。

③ 〔清〕梁绍壬《两般秋雨庵随笔》卷 4“金兰会”条：“广东顺德村落女子，多以拜盟结姊妹，名‘金兰会’。女出嫁后归宁，恒不返夫家，至有未成夫妇礼，必俟同盟姊妹嫁毕，然后各返夫家。若促之过甚，则众姊妹相约自尽。此等弊习，虽贤有司弗能禁也。”（上海古籍出版社 1982 年版，第 222 页）另参见陈遹曾、黎思复、邬庆时《自梳女与不落家》，载香港中原编辑部编《广东风情录》（中原出版社 1991 年重版本）。

等等。各种人际契约关系，均与当地的人文传统、社会经济结构息息相关。

本文通过对江户时代日本译家冈岛冠山小说中的一个情节之解析，指出：此情节演绎自福建特别是福州府“契兄契弟”之畸俗，它源于明清时代当地海外贸易背景下的人际契约关系，但又因海外贸易的生活实况而发生变态，并由此对于明清时代的“南风”北渐及日本社会，都产生了不同程度的影响。

（一）“契为兄弟”故事情节之解析

《孙八救人得福》见冈岛冠山《唐话纂要》卷6。[①]《孙八救人得福》说的是以前在长崎有个叫孙八的人，“膂力过人，游侠自得，后有事故，而被官逐放，……流落京师，旅宿于五条桥边卖烟为生，每有少许钱钞，则沽酒邀客，定欲尽醉，未尝有顾后窥前，而拘于小节也”。七月十三夜盂兰盆节，孙八酒后瞌睡，忽然梦见“状貌端严、衣冠整齐”的官人（天满天神），让他去营救一位被“光捆”（即地痞光棍）所困窘的少年。于是，孙八便赶紧前去挥刀行侠，救下了被困少年——三木龟松。对此，龟松的父亲三木治平感恩戴德——

治平对孙八曰：“我虽然家计颇富，而别无不足，但恨

① 《唐话纂要》见《唐话辞书类纂》第6集，古典研究会编辑，1972年发行，长泽规矩也解说。管见所及，日本白话小说研究中提及《孙八救人得福》故事的，如志村良治《唐话与洒落本》（载源了圆编《江户后期の比较文化研究》，ぺりかん社1990年版），该文主要是从语音学入手，与本文从风俗地理的角度研究有别。

连丧几个儿女，而止留此一个孩儿，因父母爱之如手中之宝，似掌上之珍，凡事随其性以自在之，故不告父母而远游，险然死于非命也。况彼容貌不甚丑，年纪未为大，因屡有是非不尴不尬，教爹娘竟放心不下，以故常通诚于天满天神，以祷其保佑小儿身上永无灾殃。”孙八闻之，嗟叹不已。治平又曰：“吾有心腹事，敢托足下，未知尊意若何？”孙八曰：“事已至此，便是蹈河而入火，亦不敢辞。大丈夫一言，驷马难追耳！”治平大喜曰：“然则自今夜为始，教小儿与足下契为兄弟，而永靠其教训，请勿有辞。”遂令龟松契之。孙八事出意外，慌失计较，只得满面通红。治平又唤出夫人及大小管家，与孙八相见，一一把盏，尽皆酩酊大醉。因夜阑，夫人会意，乃命龟松与孙八同帐而睡。此其佳会，令人钦羡不已。好事先生有诗为证：

有缘千里忽相逢，义重情深为一双。

今夜帐中谈喜处，五更残月照纱窗。

自此龟松与孙八情意投合，义气沈［沉］重，或花或月，或愁或喜，无不共之，而传为京中奇谈……

上引这段故事，启人疑窦之处颇多。三木治平称龟松“容貌不甚丑，年纪未为大，因屡有是非不尴不尬，教爹娘竟放心不下”，令人颇感费解——何为“是非不尴不尬”？说自己的儿子“容貌不甚丑”，颇有几分女性化的描述。事实上，从前述主人公挥刀行侠之时，孙八眼中的龟松，就是个颇具娘娘腔特征的人物：

孙八在人丛中视此少年，约年十六七，花块面貌，玉砌身躯，气色和顺，妆扮风流，真男中美人也！

解围后三木龟松解释遭困的原因，说“一伙光捆定欲引小人去酒楼与酌，小人断然不从，故事发如此”。联系前后文的意思，言下之意是因为自己长得漂亮，所以一伙地痞要让他去陪酒，为之所峻拒，这应当就是“不尴不尬”之事吧。而三木治平的一番话，则颇像是将掌上明珠、二八千金托付终身的样子。他要孙八与自己的儿子“契为弟兄”，孙八竟至“满面通红”，显得颇为踯躅——根据通常的理解，“契为兄弟”亦即两人结为金兰之契，脸红什么？紧接着，“夜阑夫人会意”，所会何“意”？而末尾的这首诗更是暧昧，它不仅堆砌了“有缘”“情深”“一双”“帐中谈喜”“五更残月”等绮词，还加上了神秘兮兮的“纱窗”，显得颇为诡秘，它简直令人想起中国明清小说中对洞房花烛夜的描述。①

---

① 明清小说时调中，月上纱窗（或“月入纱窗”，或“月照纱窗”）似有特殊的涵义。如：1. 清王廷绍编述《霓裳续谱》卷 6 有《喜只喜今宵夜》：“喜只喜今宵夜，愁只愁明日离别。今夜晚，鸳鸯揉碎梅花，卸［御］谯楼上鼓打三更，交半夜。月照纱窗，影儿西斜，恨不得双手托定天边月，恨不能双手托定天边月。”（《明清民歌时调集》下，上海古籍出版社 1987 年版，第 292 页）2. 日人星岩梁纬《琼浦杂咏》写长崎游女与唐人：“海禽信断玉人遥，一度相思魂一销。月入纱窗风入户，今宵又是可怜宵。”（见《日本竹枝词集》，竹东散史校辑，伊藤信编辑、校订，1939 年版，藏早稻田大学高田早苗纪念图书馆）3. 大约成书于康熙年间的《巫山艳史》第 8 回：“俄而月上纱窗，照在身体上，光艳润泽，浑如一团软玉，有趣之极，欲心愈炽。……”（《思无邪汇宝》贰拾，台湾大英百科股份有限公司 1995 年版，第 87 页）便是对男女缱绻交欢的描述。有鉴于此，“月上纱窗”当系一种男女交欢的意象。

揆诸实际，此段故事的关键之处，在于日本人对于“契为兄弟”的理解上。江户时代中国漂流船史料中，有一部极为有名的《得泰船笔语》，其中就有下述的一段对话：

> （日本儒官）秋岳云：闻及汉土断袖之癖，古今成风，甚者其爱过于妇人，未知古今孰盛孰衰？
>
> （中国商人）柳桥云：我邦京师及官（引者按：当作“宦”）游远客，不能携带妇女者，往往以龙阳为消遣。闽省地方人人皆好，过于女子，故谚有“契兄契弟”之说。[①]

记载安永年间（1772—1778年，清乾隆三十七年至四十三年）长崎贸易史的《琼浦偶笔》一书中，作者平沢元恺也曾与徽商汪鹏谈及闽人的“龙阳之风”[②]。另外，收录了不少福州方言词汇的《琉球官话集》中，亦有“契弟”的记载[③]。

日本人对契兄契弟的描述，除了源自亲自向中国人询问之外，还有的应当是从明清的随笔、笔记中阅读而得。[④]而明清

---

① “关西大学东西学术研究所资料集刊”十三一二，《文政九年远州漂着得泰船资料——江户时代漂着唐船资料二》，田中谦二、松浦章编，关西大学出版部1986年版，第517—518页。

② 《琼浦偶笔》卷2，“海表丛书”卷6，更生阁书店1928年版，第73页。

③ 抄本影印件《琉球官话集》“二字官话”中，有“契弟”一词，在该页上方另标出“南风，北京话”字样；“五字官话”中，有“南风的人”，见《宫当良壮全集》（第一书房刊1981年版）第10页，第52页，第126页。

④ 日人对中国风俗的了解，多有源自笔记者。《得泰船笔语》中日人野田笛浦曰：“广西地方极多烟瘴，女子生而有毒，与男子交媾，将毒传于男子，男子毒发腐烂而死。余二三年前读稗官记之，今逸其书名。”见《文政九年远州漂着得泰船资料》，第506页。

随笔、笔记中状摹“契兄契弟”最早且最为详细的，管见所及，大概要首推沈德符的《万历野获编补遗》卷3《风俗》“契兄弟”条：

> 闽人酷重男色，无论贵贱妍媸，各以其类相结：长者为契兄，少者为契弟。其兄入弟家，弟之父母抚爱之如婿；弟后日生计及娶妻诸费，俱取办于契兄。其相爱者，年过而立，尚寝处如伉俪。至有他淫而告讦者，名曰要奸。要字不见韵书，盖闽人所自撰。其昵厚不得遂意者，或相抱系溺波中，亦时时有之。此不过年貌相若者耳。近乃有称契儿者，则壮夫好淫，辄以多赀娶姿首韶秀者，与讲衾裯之好，以父自居。诸少年于子舍，最为逆乱之尤。闻其事肇于海寇，云大海中禁妇人在师中，有之辄遭覆溺，故以男宠代之。而酋豪则遂称契父……①

《万历野获编》于何时最早传入日本不得而知，但仅文政十二年（1829年，道光九年）丑五番船，就一下子传入日本十三部。②而且，序于天保七年（1836年，清道光十六年）的《柳桥诗话》（日人加藤良白著）卷上就已引用了此书。③

---

① 中华书局1959年版，下册，第902—903页。

② 《江户时代における唐船持渡书の研究》“资料编·书籍元帐·直组帐·文政十二年丑二番船书籍直组帐”，“关西大学东西学术研究所研究丛刊”，大庭脩著、编辑，关西大学出版部1981年版，第584页，第585页。

③ 国分高胤校阅，芦洲池田四郎次郎编：《日本诗话丛书》第6卷，凤出版1972年版，第334页。

值得注意的是，沈德符在上述不仅讲到“契兄”“契弟”，而且还谈到“契儿”“契父”。并且指出，此事与“海寇”有关，这是耐人寻味的一种现象。

（二）“契兄——契弟”“契父——契子”之原型——拟亲制下的人际契约关系

揆诸史实，无论是契兄、契弟，还是契父、契子，原本都应是一般契约下正常的人际关系。如契弟，原本是“结义的弟弟”之义。明崔时佩、李景云《西厢记金兰判袂》曰：“下官姓杜名確，字君实，幼年与契弟张君瑞同窗。”① 由此可见，“契弟”之“契”，原本应当是“金兰之契”的意思。② 清代绍兴师爷许思湄《秋水轩尺牍》中有一封《复黄馥堂秦云阶订盟》，曰：

> 莺啼红树，求友声殷，喜萍水之乍投，即金兰之交契。③

“金兰”是指契合的友情或深交，也作“结义兄弟”解。这一点，在当代编撰的《福州方言词典》中也有反映：

---

① 转引自罗竹凤主编：《汉语大词典》缩印本，汉语大词典出版社 1997 年版，上卷，第 1388 页。

② 〔南朝宋〕刘义庆：《世说新语·贤媛》：“山公与嵇、阮一面，契若金兰。”

③ 《秋水轩尺牍、雪鸿轩尺牍》，上海书店 1986 年版，第 158 页。参见拙文《十九世纪华北绍兴师爷网络之个案研究——从〈秋水轩尺牍〉、〈雪鸿轩尺牍〉看“无绍不成衙”》，载《复旦学报》1994 年第 4 期。敦煌文书中就有结义文书，如《丙子年（九七六?）敦煌僧随愿与李福绍结为兄弟凭》，载张传玺主编：《中国历代契约会编考释》（上），北京大学出版社 1995 年版，第 692 页。

（契，读音为kie），因托养或拜认关系而成为亲属：契郎罢（义父）、契囝（义子）、契诸侬囝（义女）。①

"郎罢"和"囝"，见唐顾况《囝》诗，分别是闽人对父亲和儿子的称呼。"契"是约定、定约的意思，《变文集》卷8勾道兴的《搜神记》中有"出入同游，甚相敬重，契为朋友，誓不相遗"的记载。②"契郎罢"即契父，"契囝"也就是契子。

在八十年代初以前，福州市大规模的城市建设尚未展开，城市的外来流动人口相当有限，整个社会还比较封闭和稳定，故而许多风俗与古典文献中所描摹的明清时代之城市风情，均似曾相识。在这种背景下，福州方言也还没有受到外来语（外地语言）的大规模冲击。当时，在人们的口头禅中，仍然时常可以听到"契兄""契弟"这样的语汇，也就是"把兄弟"或"结拜兄弟"的意思。从历史文献及晚近的现实③来看，此种契兄契弟之

---

① 李如龙、梁玉璋、邹光椿、陈泽平编，福建人民出版社1994年版，第171页。

② 转引自江蓝生、曹广顺编著：《唐五代语言词典》，上海教育出版社1997年版，第294页。

③ 十数年前，研究生时代的同窗Z君（现居美国）曾告知，中小学时代（七十年代）他生活在福州市长乐县农村，曾与几位小伙伴结为"契兄""契弟"。据他讲述，其时举行过仪式，彼此跪着面对大海，说些"不能同年同月同日生，但愿同年同月同日死"之类的话。他跟我讲述时，觉得这很可笑。不过，这显然是模仿成人"契为兄弟"的做法。在这里，"契为兄弟"应当是一种拟亲式的人际契约关系，而绝不是它的变态。长乐县（今改市）直到现代还是福建省的一个侨乡，从历史上迄至当代，当地人一直有赴日本谋生的习惯。另外，据鄙所博士生L君数年前告知，契兄、契弟之俗在福建省霞浦县广泛存在。该县是渔民众多的地区，此俗仅存在于蛋户（渔民）之中，山上人（陆上人）无此习俗。契兄弟是一帮人，彼此之间是把兄弟（不是同性恋）的关系，过年节及结婚时，契兄必须出钱资助契弟。

习俗，应当可以结合海外贸易的背景来考察。

在江户时代的日本长崎，福州人（指说福州方言的人，除了福州省城人外，还包括福清、长乐等地）与闽南的漳州人都有着相当大的势力。两地人群虽然在方言、习俗上差异颇多，但在八闽文化的大背景下，不少风俗仍然是彼此相通的。例如，人名多冠以“官”字（详下文），以及收继关系和结拜兄弟等习俗。以郑成功的父亲——郑芝龙（一官）为例，他就曾在长崎与其他几个人结为“契友”①。据清人江日昇《台湾外纪》卷1记载：

> 一官举高贯武艺超群，并余祖、方胜、许妈、黄瑞郎、唐公、张寅、傅春、刘宗赵、郑玉等共二十八人，于六月十五日大结灯采[彩]，香花牲仪，列齿序行，以郑一官为尾弟，祷告天地“虽生不同日，死必同时”之誓语。毕，烧化纸钱。众拜振泉为盟主，大开筵席，畅饮而散。自此之后，亲契友爱，胜于同胞……

上述的二十八人，既然是“亲契友爱，胜于同胞”，一官又

---

① 关于“契友”，古代有金兰契（指至交、深厚的友谊）和金兰友（指情义相投的朋友）的说法，契友当是“金兰契友”的省称，亦称“金兰契”“金兰友”（前引勾道兴《搜神记》有“契为朋友”的说法），原本是结拜兄弟的意思，后来亦为同性恋朋友之代称。周一良、赵和平著《唐五代书仪研究》：“北京大学图书馆藏有一部《如面谈新集》十卷，署‘丰城赞廷李光祚纂注’，明人著作，书中包含不少可以考见明代社会风俗的史料。辟有‘丰情’一门，列有‘邀约契友（即清代所谓‘相公’）’、‘挑动情妇’之类的信札。”（中国社会科学出版社1995年版，第99—100页）

是“尾弟”，显然可以互称为“契兄”“契弟”。①

除了契兄、契弟外，契父和契子，也应是一般契约下正常的人际关系。日本长崎幕府传来本《崎港见闻录》② 在列举唐山（即中国）人的亲属关系时，有：

……妹夫，连襟，同门，亲家，契父，契子，令尊，令尊翁，家父……

而冈岛冠山所撰《唐话纂要》卷五“亲族”，亦有：

……亲父，养父，亲母，养母，继母，晚妻，亲生儿子，亲生女儿，同胞，过房儿子，螟蛉之子，先父，先母，亲家公……

从上述的胪列中，两相对照，我们可以看出，“契父”（养父）和“契子”（螟蛉之子），应当是与“亲家”“令尊”之类的称呼，同属一种正常情况下的人际关系。

前文《万历野获编》在叙述“契兄契弟”之后，沈德符还指出：

---

① 道光《厦门志》卷 15《风俗记·俗尚》：“造大船费数万金，造船置货者曰财东，领船运货出洋者曰出海，司舱者曰舵工，司桅者曰斗手，亦曰亚班，司缭者曰大僚，相呼曰兄弟。”（〔清〕周凯修、凌翰等纂，道光十九年（1839 年）刊本，“中国方志丛书”，台湾成文出版社 1967 年版，第 323 页）契兄契弟，推其原始，船员之间原本就互称为兄弟。

② 《崎港闻见录》（约成书于雍正以后），见长泽规矩也编《唐话辞书类纂》（古典研究会发行，1971 年版）第 4 集，第 472 页。

……但契父亦有所本。嘉靖间，广西上冻州土知州赵元恩者，幼而失父，其母尚盛年，与太平州陆监生私通，久之，遂留不去。元恩因呼陆为契父，事之如严君。其尊称与闽寇同，第其称谓之故，大不相侔耳。

根据当代民俗学的调查，目前在广西壮族地区，仍然流行着“拜契”的风俗。即：

婴儿出世后，由父母（或祖父母）选定家风及为人都较好的夫妇作为孩子的契父契母，形成一种非血缘的亲戚关系，双方互称契亲。这种契亲必须是契父与生父同年，或契母与生母同年，或孩子的命需要契父、契母的“八字”帮补……①

对照上文，则可能早在明代嘉靖以前，广西就盛行这种“契亲”的风俗。赵元恩将母亲的相好称作“契父”，实际上不过是“契亲”关系的一种变态。

笔者以为，“契父”和“契子”的关系，其原型应是广泛盛行于福建的螟蛉习俗。对此，傅衣凌先生在研究明代福建海商社会时，曾经征引海澄的例子：

海澄有番舶之饶，行者入海附赀，或得窭子弃儿，抚如己出。长使通夷，其存亡无所患苦。生女有不举者，间或以

① 《中国风俗辞典》，上海辞书出版社 1990 年版，第 312 页。

他人子为子，不以窜宗为嫌。其在商贾之家，则使之挟赀四方，往来冒霜露，或出没巨浸，与风涛争顷刻之生，而己子安享其利焉。

另外，周凯《厦门志》卷15《风俗略·俗尚》亦曰："闽人多养子，即有子者，亦必抱养数子，长则令其贩洋，赚钱者，则多置妻妾以羁縻之。"傅先生认为："这养子之俗，实可说是一种变相的奴隶制。"[①] 这种收继关系，可以从明清时代的尺牍范本中找到例证。日本学者波多野太郎所编《中国语学资料丛刊尺牍编》第三卷（1986年6月不二出版），收有星源（徽州婺源）汪文芳所辑的《增补书柬活套》，该书卷3录有三份文书，其一为《承继红绿文书》：

立承继文书（某人）同妻（某氏），今因贫病相连，难以度日，情愿凭媒（某人）说合，将亲生第（几子某官）行年（几岁）出继于（某客、某人）为子，当收得茶礼银（若干）。自继之后，听凭恩父母更姓改名，抚养成人，永承（某）姓后嗣，习业婚配，不异亲生。（某人）并无异说。倘有寿夭天数，各无干涉，此亦两相情愿，并无反悔。恐后无凭，立此过房养子文书存照。

年　月　日立过房承继文书（某人）押　同妻（某氏）押

官媒（某人）押，中保（某人）押

① 傅衣凌：《明清时代商人及商业资本》之四"明代福建海商"，人民出版社1980年版，第144页。

按：上述括号中的内容为原件中的小字。其二为《买男女文书》：

> 立卖（男、女）契（某人）同妻（某氏），今因（年荒无食或钱粮无纳），央中（某人）情愿将亲生第（几子某官、女某姐）行年（几）岁，卖到（某）府为（仆、婢）……（下略）

其三是《靠身文书》：

> 立靠身文契（某人），行年（几岁），系（某）府（某）县人，因家贫无食，央中（某人），情愿投靠到（如有妻则云同妻某氏投靠到）某府为（义男、仆妇）……（下略）

上述的第一、二份文书中，出继者或被卖者，男孩均叫“某官”，而这是在福建一带常见的一种命名方式。[①] 而第三份文书

---

① 《新增书柬活套》卷3《学业关书》中，也有“子某官”的字样。（第384页）明代《折梅笺》(载魏同贤主编：《冯梦龙全集》，上海古籍出版社1993年版）卷5《契帖类》，就有“卖养男契”，其中只作“亲生男子立名某”，（见第307页）故《增补书柬活套》中“子某官”的字样，似可反映《新增书柬活套》所谈及的地域特色。据波多野太郎的解题：“《增补书柬活套》：四卷四册，汪文芳编，扫叶山房刊，刊行年月不明。”作者汪文芳为徽州婺源人。而且，同书中还收有一份“海洋来往活套”，（第382页）当与其时活跃于中日贸易中的徽州海商有关。由此推断，此书反映了海外贸易的情形。当时，在长崎，除了包括徽州人在内的三江帮外，还有就是福州帮和漳州帮。在长崎的徽州人中，也有叫“某官”者（见长崎墓志）。不过，我们从徽州文献及契约文书中得到的印象，在徽州本土很少有这样的命名方式，故而长崎徽州人之“某官”，可能是受了福建人的影响。因此，笔者以为，《新增书柬活套》中，“某官”的冠名方式及契约的内容，反映了福建的习俗。

则是投身为义男（契子）的文书。

显然，从人际契约关系来看，无论是傅先生笔下的“变相的奴隶制”，还是《新增书柬活套》中的出继者或被卖者，上述的场合中，契父、契子之人伦关系仍然是比较正常的——我以为，这应当是契父、契子的常态。

不过，由人际契约关系形成的契父、契子以及前述的契兄、契弟之常态，后来却在海上贸易的背景下发生了逆转和变态。

明清时代是男风炽盛的时代，沈德符对于男风抱有一种比较宽容的看法。他指出：“宇内男色有出于不得已者数家”，也就是有几种不得已而为之的情况。比如“西北戍卒，贫无夜合之资，每于队伍中自相配合。……孤苦无聊，计遂出此，正与佛经中所云五处行淫者相符，虽可笑亦可悯矣”，海上贸易的情形大概也与此颇相类似。《得泰船笔语》中有日本人与中国商人的对话，这些对话颇堪玩味：

> 启堂云：先生何故郁陶不乐？
>
> 秋岳云：三舱内受苦，殆如在土狱中，且不能沐浴者，将近双月，一搔皮肤，尘垢满爪，岂无柳仪曹之叹乎！
>
> 圣孚云：浙江十一月初一日动行，未得土气者已过半年矣，如上岸之日，两腿难行动。
>
> ……
>
> 圣孚云：冬节出乍浦，洋中遇飓风，性命在于呼吸。而来经一百多日，泪从腹中落。即满面愁态，烦闷难遣……
>
> ……

秋岳云：刘兄何以昼寝？

柳桥云：我等心中烦闷，起居没有宁刻，纵令扁鹊起于今日，（复）亦将望而走矣，倘有良法，赐教！

秋岳云：是其病生于四百四病外者，扁鹊不治我治之。

柳桥云：虽以先生之才，轩岐之术，恐非其所长，而自谓扁鹊不治我治之，何其喙之长也！

秋岳云：没难！没难！患人愁态满面，病从五内起，宜以“和心悦色汤”主治之：

顺风（三钱） 好书（二钱五分） 美酒（一钱五分） 弈棋（一钱） 佳景（二钱）

取顺潮水煎服，其证［症］（治）以和悦为主。而今不用名妓者，其药材不但船内不携带，恐服之功效甚捷而伤损元气。要之，治本证［症］，余症自除。如弈子者，解郁散闷故也。

其中，所谓“而今不用名妓者，其药材不但船内不携带，恐服之功效甚捷而损伤元气”，这对于我们理解沈德符所说的契父、契儿——“闻其事肇于海寇，云大海中禁妇人在师中，有之辄遭覆溺，故以男宠代之，而酋豪则遂称契父”，或许不无裨益。当时的下层水手主要是福建人，[①]而对于这些下层水手而言，笛浦

① 《安永九年安房千仓漂着南京船元顺号资料——江户时代唐船资料集五》：“沈敬赡、顾宁远作密札与余曰：‘……本船水主等，皆是闽省边土顽民，只身游荡，目无法纪，不识分量，焉知礼义？而我用之者，江、浙二省无民习船者，苟欲飘风踔千里，势不得弗取彼，我非得已而不已也。’”见“关西大学东西学术研究所资料集刊”十三——五，关西大学出版部1991年版，第（转下页）

开出的“和心悦色汤”，除了“顺风三钱”可以受用外，其他的如“好书”“美酒”“弈棋”和“佳景”等，恐怕并非其人所得鉴赏或消受。可能正是因为海外贸易生活中如此无聊烦闷的实态，才使得原本正常的人际契约关系发生了逆转和变态，出现了所谓“境遇性的同性恋”或“偶发性同性恋”。① 这对于个人而言虽然是“境遇性”或“偶发性”的，然而，在持续不断的海外贸易背景下，这种风气一旦长期并广泛地盛行，就会恶性循环，很容易积淀而为某一区域社会之顽固的畸俗。对此，《闽政领要》卷中“风俗·民风好尚”条在指出福建省锢婢、械斗、买凶、抗租和停葬五大敝俗之外，又谈到了这种“契弟”之风：

> 更有甚者，闽省积习淫靡，漳、泉为甚，采兰赠芍之风，恬不为怪。且不论绅庶，群尚俊童，俗呼契弟。甚有良家子弟亦不免为匪人所诱，以致失身者。殷富之家，大都以贩洋为业，而又不肯以亲生之子令彼涉险。因择契弟之才能者，驱之危地，利则归我，害则归人。在贫者则藉此希图致

（接上页）16页。这虽然是一艘船的情况，但实际上却说明了江户时代唐船水手的总体情况。陈希育《清代的海外贸易商人》（载《海交史研究》1992年）一文引《通航一览》卷233、卷226，说1780年一艘南京船赴日本，在78名可以查到籍贯的船员中，67位是福建人，占全部人数的85%。1807年一艘宁波船去日本，福建人59名，占全船88人中的62%。另，关于福建水手在唐船中的地位，参见松浦章：《清代福建的海外贸易》，译文载《中国社会经济史研究》1986年第1期；刘序枫：《清代前期の福建商人と长崎贸易》，载《九州大学东洋史论集》16，九州大学文学部东洋史研究会1988年版。

① 参见史楠：《中国男娼秘史》，中国华侨出版社1994年版。

富。是以贫者之父母兄弟，不以契第［弟］之称为可耻，而反以此夸荣里党。若此，有关风俗人心者甚大。①

于是，契兄、契弟、契友、契父、契子，都成了同性恋的代名词。在清代的一些俗语词典中，对契兄、契弟、契父、契子有如下的记录：

1. 契父：正呼，干儿子。

2. 契兄：正呼，大老子。

3. 契弟：正呼，小官子。②

4. ……王八僎、溜沟子、舔眼子的、契弟、唆肌肌的、捱臊的……③

第 1、2 例之释义令人有点费解④；第 3 例称“契弟”为“小官（子）”的俗称，第 4 例则夹杂在一系列极为猥亵的骂人脏话中，由此可以看出“契弟”的角色定位。特别是契弟，在福州方言中颇为常见。李如龙等所编的《福州方言词典》称：

契弟：读音 kiela，有两种涵义：“（1）男性同性恋者，

① 《闽政领要》卷中“风俗 · 民风好尚”，第 29 页上—下。清刻本一册，藏复旦大学图书馆特藏部。

② 《（新刻）官话汇解便览》下卷《人品称呼》，〔清〕蔡奭撰，蔡本桐校，蔡观澜订，清末霞漳颜锦华刊本，二册。见长泽规矩也编：《明清俗语辞书集成》，上海古籍出版社 1989 年版，第 1588 页。

③ 清高某（静亭）《正音撮要》，清道光十四年（1834）学华斋刊本，四册。见《明清俗语辞书集成》第 1390 页。

④ 第 1 例“契父”的“正呼”，似当作“乾（干）父亲”；而第 2 例的“大老子”，则不知何谓。

恋（娈）童；（2）淫乱之事：做契弟（干淫乱之事）。”[①]

当代福州方言中仍有“（野）契弟”的说法，意为不上路、很差劲，是一种比较轻微语气的骂人口头禅。“做契弟”现在逐渐成为遭殃、倒霉或捣鬼的意思。

值得注意的是，作为把兄弟涵义上的“契弟”（kiedie）与娈童涵义上的“契弟”（kiela），在读音上有着明显的不同。这是否说明“契兄——契弟”之间存在着常态及其变态？

关于福州的契兄、契弟。清人施鸿保《闽杂记》卷7《胡天保胡天妹》：

> 省中尚向有胡天保、胡天妹庙，男女淫祀也。胡天保亦曰“蝴蝶宝”，其像二人：一稍苍，一少晰，前后相偎而坐。凡有所悦姣童，祷其像，取炉中香灰，暗撒所悦身上，则事可谐。谐后，以猪肠油及糖涂像口外，俗呼其庙为“小官庙”。……道光甲午，南海吴荷屋方伯访得其像，悉毁之，仍出示严禁，然民间尚有私祀者，盖庙祝据为利薮也……[②]

据福州乡土史家徐吾行的说法，“……胡天保亦有写作胡田

① 李如龙、梁玉璋、邹光椿、陈泽平编：《福州方言词典》，福建人民出版社1994年版，第171页；参见同书第327页“做契弟”条；另，李乔说：“解放前广州语中仍以‘契弟’称像姑，骂人辄曰‘契弟’。像姑即相公讹音。”《中国行业神崇拜》，“中国本土文化丛书”，中国华侨出版公司1990年版，第447页。

② 福建人民出版社1985年版，第105页。

宝，别谐为蝴蝶宝，并误作蝴蝶牡。此一邪神无专祀而附于乌石山道山观。……所谓胡天保（两人）即是男性同性恋的象征。”①

明清时代的福州，作为省城所在，乌石山上的诸多神祀，皆源自福建省特别是福州府所辖各县的民间传说及乡土信仰。

值得注意的是，“契兄契弟”的淫祀——胡天保庙，也称“小官庙”。而“小官”又是“契弟”的另一种表述，那么，“小官”的称呼又是从何而来？这可能也与福建特别是福州府的乡土背景有关，以下试加分析。

（三）“某官”与“小官”——人际契约关系的变态与明清时代的“南风”北渐

福建人的名字后面多加“官”字②，这一点早就为中外史学

① 徐吾行：《福建神道迷信》（打印稿）第五章第三节，第41—42页，稿藏福建省图书馆特藏部。另，李乔引梁绍壬《两般秋雨庵随笔》卷1“世俗诞妄”条载：“汲县有纣王庙，凡龙阳胥祷于是。颍之卫灵公庙，闽之吴天保庙，亦然。”李乔又引清袁枚《子不语》卷19“龟儿神”条：“国初御史某，年少科第，巡按福建。有胡天保者，爱其貌美，每升舆坐堂，必伺而睨之。……巡按巡他邑，胡竟偕往，阴伏厕所窥其臀。……巡按大怒，毙其命于枯木之下。逾月，胡托梦其里人曰：‘……今阴官封我为兔儿神，专司人间男悦男之事，可为我立庙招香火。’闽俗原有聘男子为‘契弟’之说，闻里人述梦中语，争醵钱立庙，果灵验如响。凡偷期密约，有所求而不得者，咸往祷焉。”李乔认为，“胡、吴音谐，胡天保与吴天保当为一神。”（《中国行业神崇拜》下编十六“娼赌游民类”像姑条，第445—447页）此说可从。

② 〔清〕赵翼：《陔余丛考》卷37“官”：“世俗以行相呼曰几官，此亦最古。”（栾保群、吕宗力校点，河北人民出版社1990年版，第670页）另，太仓顾张思雪亭编《土风录》卷17“大官二官”条：“以行次称人曰几官。”（《中国民俗方言谣谚丛刊初编》，江苏广陵古籍刻印社1989年版，第89页）则当时以行第呼为某官，似较普遍。

界所知晓。不过，对于它的解释，却有不同的看法。1937年国立编译馆出版的《广东十三行考》，作者梁嘉彬认为：

> 十三洋行商人中，有十二人原籍福建，只易元昌（孚泰行）一人为广东土著。又以行商概名为某官（Quan，Qua），为因福建以“官”作普通称呼云云，均属武断。十三行商原籍多为福建，诚属事实，然据余所知，在彼所举之十三人中，有三人本为广东籍，一人原为安徽籍者。至“官”字原属尊称之辞。中国自元明以后，凡豪富之家以金捐官爵者，人多称之为“某官”，而行商原为钦准性质，有专揽对外贸易特权，其人本称“官商”（The Mandarin's Merchants），其行则称官行（Kwang' Hong），初与福建之称谓无关，且行商中大都获有职衔者也。

显然，梁氏认为，不是因为福建人以“官”作普通称呼而影响了十三洋行商人的称谓；相反，而是因为有了洋行商人的身份，才使得这批人的名字中有“官”的字样。要言之，人名中“官”的称谓，与福建的地域特色无关。

揆诸史实，梁氏的说法似可斟酌。由日本长崎奉行中川忠英监修、成书于十八世纪九十年代（日本宽政年间，中国乾隆时代）的《清俗纪闻》卷之二《居家·应对》曰：

> 福建等（地）称“某一官”、“某二官”，江南、浙江等

（地）称“某相公”，山东或徽州等地称某朝奉。（意译）①

与《清俗纪闻》年代差相同时的《崎港闻见录》（约成书于雍正以后），亦曰：

人名之下，泉、漳州某某舍、某某官，福州某某使，南京某某相公。（意译）②

另外，从乡土史料来看，冠以“官”字的情形，在福州府普

① 《清俗纪闻》，孙伯醇、村松一弥编，平凡社，1982年版，第91页。萨摩守岛津重豪《南山考讲记》中，有“大相公”和“大老官”二词（见长泽规矩也《唐话辞书类纂》第5集，1971年版，第264页）。另外，近代梅兰芳常演的打花鼓戏中，亦有“大相公，皇帝老官也有草鞋亲”之台词。

② 长泽规矩也编《唐话辞书类纂》第4集，第483页。傅衣凌曾指出：“明太祖亦喜养子，使典军队，称为某舍。”（《晚唐五代义儿考》，见《傅衣凌治史五十年文编》，厦门大学出版社1989年版，第71页）《土风录》卷17：“某舍：‘呼下等人曰某舍。’”见［日］长泽规矩也编：《明清俗语辞书集成》1，上海古籍出版社1989年版，第369页。“某某使”，天保六年（1835年，道光十五年）未十一月日船主沈耘穀，全船共117人，其中名“某某使”的有50人，占近一半。（见箭内健次编《通航一览续辑》卷15《唐国总括部八》，清文堂出版，1968年版，第254—255页）关于“使”的涵义，不知何谓。推测其意，观江户时代长崎职官中多有“某某使”的称呼，如当年差使、行年司小使、内通小使、唐年行司小使、通事小使、馆内町官小使和王小使等（以上俱见翁广平《吾妻镜补》），汪鹏《袖海编》亦曰：“有使院，秩视二千石，自日本都会奉使而来，专事通商之事……”，则福州人之称“某某使”，“使”或当与“官”同义。另，《通航一览续辑》卷29《唐国总括部二十二》，有福建人傅狗使（第480页）；泷沢马琴著：《禹园小说外集》（日本随笔大成第二期，第406页），载漂流唐船116人，有26人名作“某某使”，其中有作“陈九使”者。按：狗使即九使，可能与福州的“九使”民间信仰有关（关于“九使”，详后文）。

遍存在：

（1）郑仲孚《福州歌谣六首》引福州歌谣“……我伲婿，十六官，今旦去谥面只青！……”（我的女婿十六官，今天何故面色惨白？）“十六官”也就是女婿在家排行之称呼。

（2）邱清濂《福州童谣二十一首》第17《女子出阁》：“……上轿少娘仔（闺女），下轿一官娘（作人妻之谓）。”（上轿时还是小姑娘，下轿就已成了一官的老婆）。“一官”是新郎之名。

上述是一般人以“官”为普通称谓的例子。另外，福州人称公公为官郎、老官①，岳父称爹官、依官、吓官②。据笔者所知，

---

① 关于老官，福州郊区琅岐《新人添花诗》：“……新人吃鸡肝，孝顺台家和老官。……”老官，即公公。（《琅岐民间文学三集成》，福州市郊区琅岐乡民间文学三集成编委会，1988年版，第111页）郑仲孚《福州歌谣六首》引福州歌谣“……萨尾陶杖拍老倌……”（最后拿棍棒打公公），原注：“老倌——丈夫之父。”老倌亦作老官，媳呼翁曰“老官”，参见林同鈢《福州城语言之起源及其递变》，载《福建文化》第2集第11期，福建协和大学福建文化研究会。关于官郎，民谣《红鸡角，白鸡脚》：“红鸡角，白鸡脚，讨其媳妇卖当家。……也没一块分官郎；……”意思是媳妇自己煮了肉，没有分给公公吃。原注：“官郎，丈夫的爸爸。”（《龙田民间故事》，福建省福清县龙田镇民间文学三集成编委会，1989年版，第299—300页）

② 关于吓官：笑话《四女婿拜寿》中，四女婿曰：“吓官在堂上，逍遥自在……”原注：“吓官：福清话，女婿对岳父称呼。”（《龙田民间故事》福建省福清县龙田镇民间文学三集成编委会，1989年版，第262页）魏应麒《福州歌谣甲集》七八《天光早》：“天光早，扒起梨，澎，澎，澎，‘是俤仈？’——‘依奶吓，姐夫梨’。‘我女婿’。‘我一官’”。“靠俤面只青？”“僬是昧食早？叫妗煮粉干，瘦瘦蹄，泡脆块”。“多谢丈奶多谢官。”原注一：“此歌形容丈人关爱女婿之状。天光早，即早晨也。”（国立中山大学，1929年版，第65页，福建省图书馆藏书）值得注意的是，女婿自称为“一官”，而称岳父则作“官”。关于爹官：《闹房诗》之三《挂帐》：“笊篱弯弯，孝顺爹官。”原注：“爹翁，家翁。”（《中国民间歌谣三集成·福建卷·罗源分卷》，罗源县民间文学集成编委会，1989年版）

当代福州人七十岁以上叫“某官”的人比较普遍，五六十岁的人尚有不少，此后呈锐减趋势。这与福州城区的逐渐扩大，以及郊县的城镇化发展有关①。由此可以逆推，在传统时代的乡土社会，某官应当是极为普遍的命名方式。道光《厦门志》卷15《风俗记·俗尚》曰：

> 闽俗呼人曰“郎”，呼公子公孙曰“舍”，呼有体面者曰“官”(讹官为观，遂多以观为名者)。

这种情形，与皖南山区之“徽州朝奉”的称呼极为相似。徽州有老朝奉、太朝奉、小朝奉的说法。②无论是“官”还是“朝奉”，都是受人尊敬的意思。不过，其间的区别也是显而易见的：徽州人对主仆血缘非常重视；而福建风俗则不同。尽管如此，由老朝奉、小朝奉的称呼中，似乎也让人得到一个启发——福建人既有“老官”的称呼，那么次一辈的称呼中，是否会有“小官”的称呼呢？联系到福建广泛盛行的螟蛉习俗，“某官”与“小官”之间，是否存在着一种拟制的亲子关系？如果后者成立，那么，“某官——小官”，是否是“契父——契子”原型的另一种表述。

“小官”在明清时代是同性恋(小唱、相公)的意思，而后来的“相公”，则与戏剧演员相关。在江户时代的长崎，中国戏

---

① 现在长乐设市，城镇化的速度急剧增大，尽管从商店名称中仍然可以看到这样的名称，如“云官茶店”之类的名称，但大部分告别乡村生活的人们毕竟不太愿意再取这么土气的名称。

② 参见拙文《“徽州朝奉”的俗语学考证》,《中国社会经济史研究》1996年第4期。

剧演出十分盛行。日人石崎融思就曾画过《馆内唐人躍之图》，“馆”指长崎的唐馆（亦即唐人屋敷），上面搭着戏台，演员穿着清人的服装在演戏。[①]《清俗纪闻》中，也有“戏台”图。《得泰船笔语》中的中国船主杨启堂就曾请日人野田笛浦（即秋岳）到唐馆看戏，当日上演的剧目有《八仙祝王母寿》《天官赐福》《财神》《团圆》和《私下三关》等。[②]对于长崎的中国戏剧表演，乾隆年间在长崎贸易的徽商汪鹏，在其所撰的《袖海编》[③]中指出：

> 闻馆内前有敬神演剧之事，习梨园者因共构相公庙，相公之传，自闽人始。旧说为雷海青而祀以其姓，去雨存田，称田相公……

对于“田相公”，福州乡土史家郑丽生的《福州风土诗》“元

① 饶田西畴文、打桥竹云图《长崎名胜图绘》卷2下，角川书店，1983年版，第115页。另，长崎县立图书馆藏《长崎纪闻》坤中，有“唐人踊舞台の图”和“仝踊狂言仕组”（3张）；长崎市小川水路藏有“唐馆芝居の图”，载增田廉吉编《长崎南蛮红毛史迹》第2辑，长崎史迹探究会发行，1928年版，图55。

② 《长崎名胜图绘》卷2下，长崎奉行筒井和泉守（自文化十四年十月至文政三年十月）《唐馆观戏》：“酒气满堂春意深，一场演剧豁胸衿。同情异语难畅达，唯有咲容通款心。”（第115页）另有《元夕观剧》：“金银世界繁华地，锦绣乾坤富贵春。照夜星辰通月窟，清宵歌舞彻花晨。秦云路渺浮槎迴，郢曲情多举爵频。戏马台前蓬鬓在，风雨万种且娱人。”（第115页）按：“郢曲”见《长崎名胜图绘》卷1，第51页，“演剧场”条。参见渡边库辅《唐人芝居》，载《江户长崎谈丛》夏季号4-2。

③ 王锡祺编：《小方壶斋舆地丛钞》第10帙，杭州古籍书店1985年版。

帅诞”条曰：“会乐宗师最少年，打拳唱戏两精专。如何当日雷供奉，统领天兵易姓田。”其下自注曰：

> 学习拳曲者，祀田元帅，尊之曰“会乐宗师”。闻神为雷海青，去雨存田，见汪鹏《袖海编》。二十三日为元帅诞，优伶觞祝甚盛。①

所谓“会乐宗师最少年”，显然是指田元帅被塑造成一个年轻人，这与宗师的身份形成了强烈的反差。②此其一。其二，福州除了“元帅诞”外，还有“老郎诞”。《福州风土诗》曰：“天宝流风余泽长，梨园犹谙旧霓裳。诸姬数典难忘祖，侑酒行歌寿老郎。”自注云：

> 倡门祀老郎爷，相传神即唐明皇。十一日，为其嵩降之辰，侑酒行歌，蔚称盛典。

显然，在福州，“老郎诞”是倡门的节日，唐明皇为娼妓所祀；而小官（相公）有“元帅诞”，男性演员顶礼膜拜的则是田元帅（雷海青）。在本地，男女各有不同的行业神崇拜。而在异乡长崎，由于女人不能出海，所以人们供奉的只是男性演员之行业神——田元帅。沈德符所说闽人自撰的“要奸”二字，对照此

---

① 1963年福州春檗斋写本。俞樾《茶香室丛钞》卷15亦引汪鹏《袖海编》。

② 林庆熙等编注《福建戏史录》“戏神雷海青”条，福建人民出版社1983年版，第6—9页；参见李乔《中国行业神崇拜》。

处的“去雨存田”，似乎正是“以田为女”之义。

值得注意的是，《得泰船笔语》中的杨启堂，曾为日本人野田笛浦演唱《彩云开》《九连环》二曲。其中的《九连环》曲作：

> 蝴蝶夜飞来是夜夜游，情人吓送我九连环，九九连环，拿把刀儿割不断，儿时夜夜游，夜夜游。①

九连环原是中国的一种铜制或铁制的玩具，在江户时代的长崎一带大概非常流行。②《九连环》曲则是当时的小曲之一种，据民国时人李家瑞所编的《北平风俗类征·游乐》“小曲”条：

> 一闻“沟调”便开颜，无《绣荷包》不算班。更爱舌尖声韵碎，上场先点《九连环》。③

“舌尖声韵”即滚舌音，俗称花腔。李家瑞引道光时杨掌生所记《京华琐簿》曰：“北道邮亭，抱琵琶入店小女子，唱九连环，带‘都鲁’，每卸装，酤村酿解乏，听之亦资笑乐。”他认为，“带都鲁”亦即花腔，“是女子唱的东西，男子唱滚舌音是一定不受听的，况且这种福建调里还有‘咿呀儿哟，咿呀咿呀儿哟’

---

① 《文政九年远州漂着得泰船资料》，第 514 页。

② 日人相良半佃诗曰：“半年萍迹入秋还，琼浦繁华梦寐间。喜见五娘皆健在，探囊分与九连环。”琼浦即长崎，转引自长崎市役所《长崎市史·风俗编》第三节“衣食住”，第 716 页。

③ 上海文艺出版社影印本，第 348 页。

的虚腔，也不是男子唱的。”①

《九连环》原曲据说来自福建，李家瑞说：“福建调或称九连环调，也是以一曲之名代表全类，而福建调里亦以《九连环》一种为最著名”。②从上引《得泰船笔语》来看，《九连环》是当时中日贸易商船上常见的娱乐方式。此曲自中国传来之后，形成日本式的九连环——“看看踊”或“蛇踊”，在江户时代的日本各地均极为盛行。文化、文政之交由长崎经京都、大阪一直流行到了江户等地。文政三年（1820年，清嘉庆二十五年）四月，“看看踊”在大阪开始流行。及至七月，在名古屋出演“长崎蛇踊”的演员，都带有中国化的艺名，如长崎贰官、长崎三官、长崎四官、长崎九官、长崎右官、长崎宋官、长崎治官、长崎重官、长崎田官和长崎寒官等。③这些“长崎蛇踊”的演员虽然都是日本人，但他们的命名方式显然都是中国式的，更确切地说应当是福建式的（这也与“九连环曲”被称作“福建调”恰相吻合）。显然，他们从表演到艺名应当都是模仿福建人的做法。结合沈德符的记载，应当不难推断，当时的福建船主在海上贸易过程中，可能就带有一些年轻貌美的娈童自娱自乐，如果将前者视作沈氏所谓的“契父”（即某官），那么，后者的身份便是“契子”，自然

① 《北平俗曲略》，国立中央研究院历史语言研究所1933年1月版，上海文艺出版社1990年影印本，第75页。

② 国立中央研究院历史语言研究所1933年版，上海文艺出版社1990年版，第75页。

③ 引自浅井忠夫《唐人呗と看看踊》（附田边尚雄述《九连环の曲と看看踊》），载东亚研究讲座第54辑，东亚研究会1933年12月发行，东京国立音乐大学图书馆藏书。参见《青木正儿全集》第2卷，二十五，本邦に传入られたる支那の俗谣，第253—265页。

便可称为“小官”了。① 而这些小官除了貌美外，伎能主要是歌舞戏剧。② 从这个意义上来说，长崎的“相公庙”，也就是徐吾行笔下的“小官庙”。只是因《袖海篇》的作者汪鹏为著籍杭州的徽州人，故按其本土（江南、浙江）的习惯，将福建的“小官”称为“相公”。

不仅在海外，“契兄契弟”之风，对中国国内的风俗嬗变也有重大的影响。沈德符《万历野获编》卷24《风俗》“男色之靡”条曰：

---

① 唐代宫廷乐师雷海青被誉为“忠烈乐官”，他是福建演员的祖师爷，故后者被称作“小官”应当并不奇怪。在福建，类似这样的小官有不少：“福州以下，兴、泉、漳诸处，有‘七子班’。然有不止七人者，亦有不及七人者，皆操土音，唱各种淫秽之曲。其旦穿耳傅粉，并亦有裹足者，即不演唱，亦作女子装，往来市中，此假男为女者也。”（施鸿保《闽杂记》卷7《假男假女》条）“七子”之名颇为耐人寻味，班中演员既不一定非七人不可，何以名之“七子”？“七子”与“契子”音相近，不知是否有关？另外，张际亮《南浦秋波录》卷3：“谓优童曰戏旦。”戏旦，以福州方言快读，与契弟（kiela）颇相接近。

② 福州阿凡提、徐渭式的人物郑堂即有男风之好。里人何求《闽都别记》第284至288回“说郑唐好男色，图谋前之美少年，费不尽心机，花了若干银钱，才得成事”：他先是找了一个美少年—— 一凤，其人“男假女妆，且本人娇媚，再加涂抹茶粉，胜过西子、昭君”，“以男作女，如行时之小旦”，一凤“曾学过儒家戏，所有曲介无不通晓”。郑堂后来又找了五个美少年（即五里），“唐日间乃令（五里）读书作课，……诗毕，遂教唱昆腔生旦风流曲……”后来这些人逐渐长大，携带郑唐所赠之银回家娶亲。这与沈德符所说的契兄、契弟之间的情形——“弟后日生计及娶妻诸费，俱取办于契兄”颇相类似。清游戏主人辑《笑林广记》卷七《世讳部》“夫夫”条：“有与小官契厚者，及长与之娶妻。讲过通家不避。一日闯入房中，适亲家母在，问女曰：‘何亲？’女答曰：‘夫夫。’”（《中国历代笑话集成》第4卷，时代文艺出版社1996年版，第155页）“小官”与“契厚”放在一起，颇为耐人寻味。

至于时尚成俗，如京中“小唱”，闽中“契弟”之外，则得志士人致娈童为厮役，钟情年少，狎丽竖若友昆，盛于江南而渐染于中原。

籍隶长乐（此处是赴日商舶中水手出生地最多的县份）、世居福州城乌石山下的明人谢肇淛对此颇为不满，他指出：

今天下言男色者，动以闽、广为口实，然从吴越至燕云，未有不知此好者也。……今京师有小唱，专供缙绅酒席，盖官伎既禁，不得不用之耳。其初皆浙之宁、绍人，近日则半属临清矣，故有南、北小唱之分……。①

清代福建建宁人张际亮亦曾指出：

顽童始见于《尚书》，大淫于六朝。至近代，则皆谓闽、粤尤尚此习，然都下亦不减闽、粤也。②

此处的“近代”，当指明清时代。抄本影印件《琉球官话集》中，也有很多反映福州方言的词汇。其中所列的“二字官话”中，就有“契弟”一词。而在同页上方，则另标出“南风，北京话”字样，这或许正可说明福州之“契弟”与“南风”北渐的关系。

---

① 《五杂组》卷8《人部四》，第146页。

② 《南浦秋波录》卷3《琐事记》，福建省图书馆特藏部藏书。

"小官"后来成为同性恋的代名词，并为"相公"所取代。据研究："大约在乾隆中后期，'小唱'、'小官'等称呼逐渐消失，尤其是在京城，对伶旦形成了一个相对固定的称呼——相公，并一直沿用了百余年。"① 不过，虽然"小官"的名称消失，但"某官"的名称仍然在演艺界中长期存在。乾隆年间李斗《扬州画舫录》卷9《小秦淮录》：

……若夫歌喉清丽，技艺共传者，则不能枚举。……赵大官、赵九官、大金二官、小金二官、陈银官、巧官、麻油王二官、杨大官、杨三官、吴新官、汪大官、闵得官、闵二官、沈四官、沈大二官、赵三官、陆爱官、佟凤官、夏大官……蒋大官、蒋二官、张三官、王大官、小脚陈三官、大脚陈三官，此皆色技俱佳，每舟游湖上，遇者皆疑为仙至。若面店王三官者，则又开扬州苏浜之鼻祖者矣。以技艺见重，不以色也。其妾五官娟好，……徐九官与之齐名，……南门高二官、李二官、兴化李二官……②

可见，在扬州的演艺界中，"官"的称呼盛行不衰。这是否受到福建的影响尚难确证，不过，由于娱乐界历来从事的就是流行文化之传播，这种可能性应当是存在的——如明代的"小唱"，开始主要是绍兴和宁波人充当，但随着"绍兴三通行"（绍兴师

① 关于清代的"南风"，吴存存作有《清代相公考略》，《中国文化》第14期，第183—184页。

② 江苏广陵古籍刻印社本，第193页。

爷、绍兴酒和绍兴话的流行)，北方人也模仿宁绍口音。① 有鉴于此，明清时代娱乐圈内“小官”及“某官”名称的盛行，可能与福建“契兄契弟”之变态及其传播有关。

倘若这个事实成立，则明清时代北渐之“南风”，实与东南沿海持续的海外贸易有关。

(四)福州风俗与冈岛冠山——《孙八救人得福》产生的民俗背景

最后必须回答的一个问题是——在明清或江户时代，既然人们都认为“断袖分桃，难免掩鼻而愧”(里人何求《闽都别记》语)的一种畸俗，冈岛冠山何以会将它演绎成“传为京中奇谈”的日本佳话?这当然应当从当时长崎的“华化”谈起。②

宽政十一年(1799年，清嘉庆四年)秋八月，江户后期的儒者林述斋所撰《清俗纪闻》序文曰：

> 我邦(按：指日本)之于清国也，壤地不接，洋溟为阻，屹然相峙，不通使聘，各为一区域，则其土风之异，俗

---

① 参见拙文《明清时期“绍兴刀笔”与绍兴乡土习俗的传播》,《原学》第一辑，北京广播电视出版社1994年版。

② 日本江户时代是“华化的时代”，关于这一点，见：台湾学者方豪《日本华化的最高时期》一文，载《大陆杂志》第二卷第四期，1951年2月，收入《方豪六十自定稿》(台湾学生书局1980年版)；日本学者中村久四郎《近世支那に及ぼしたる勢力影响》,《史学杂志》第25编第2号；冯佐哲《清代前期中日民间交往与文化交流》，原载《九州学刊》1990年9月，3卷4期，后收入氏著《清代政治与中外关系》，中国社会科学出版社1998年版，第53—84页。

尚之殊，何预我耶？然闽、浙之民航海抵崎，贸易交市，以彼不足，资我有余，国家亦不禁焉。朱明以还，因仍已久。……观今之右族达官，贵游子弟，或轻佻豪侈是习，而远物珍玩是贵。即一物之巧，寄赏吴舶；一事之奇，拟模清人。而自诧以为雅尚韵事，莫此过焉。[①]

在江户时代的日本人心目中，“唐土的人，心思闲静，不忙于生计，琴棋诗酒，消遣韶光。秋天水边玩明月，春日游山看海棠。三月节关（按钱稻孙译注曰：三月初二是一年第一次结账之日，故称三月节关）都不知道，是不理生计的唐人风俗”。[②]因此，许多人都恨不得自己是唐土之人。《得泰船笔语》中的日本人野田笛浦，就流露出对中国文化的艳羡：

天若使我身生羽翼，则翱翔二京十三省之间，以一洗胸中磊块。恨与斥鷃莺鸠，不过纷飞于蓬篱之下。[③]

“二京十三省”指明代的行政区划，即两京十三布政使司，也就是中华大地的代称。小栗宪一著《丰绘画史》卷中第三“田竹田”条：

---

① 中川忠英辑，日本宽政己未（1799 年）刻本，6 册，复旦大学图书馆特藏部善本书。

② 《井原西鹤选集》的《日本致富宝鉴》(即《日本永代藏》) 卷 5 之一《制钟表三代心血》，“日本文学丛书”，人民出版社 1987 年版，第 428 页。

③ 《文政九年远州漂着得泰船资料》，第 504 页。

山阳之在京，自负其才，睥睨一世，于先生（按：指田竹田）之画，特推赏不措。先生一日作《仙洞烧丹图》，携示之。山阳方就褥而卧，抬头瞠目，霍然而起，把先生肘曰："华人，华人，真个华人！"①

"先生"是指丰后儒员田村宪，他"以文人画名于海西"。②赖山阳是江户时代的大儒者，他的表现极为典型。在这种一切以"华人"为指归的氛围中，中国文化的一切都是好的，也都值得模仿。以姓氏为例，《称呼辨正》梁田邦美序曰：

本邦姓氏，复十七八，单则仅仅矣。单似雅，而复嫌于俗也。大氏［抵］文儒之癖，尚雅斥俗，甚者面目眉发倭，而其心乃齐鲁焉，燕赵焉。沾沾自喜，其势不得不削复为单也……③

这段话的意思是——身体发肤虽然是大和族人，但内心却希望成为齐鲁或燕赵大地上的中国人。而中国人的姓绝大多数为单姓，这使得许多日本人纷纷"削复为单"，变夷姓以为诸夏。因此，《孙八救人得福》故事中的主人公"孙八"，这个名字相当耐人寻味。他显然是生活于京都的日本长崎人，但却像是一个中

① 早稻田大学中央图书馆藏本，第12页上—12页下。

② ［日］小畑行简《诗山堂诗话》，自序于嘉永庚戌（1850年，道光三十年），《日本诗话丛书》卷2，第489页。

③ 留守友信《称呼辨正》上卷叙，早稻田大学中央图书馆藏和装本。

国人的名字。当时日本人盛行的是排行加上虚拟的官名（如左卫门、右卫门之类），此与中国福建沿海“某一官、某二官”式的情形极为相似。例如，台湾学者李献璋在《长崎唐人の研究》一书中曾指出：译长（唐通事）冯六，即始平六官（按：始平是冯氏的中古郡望，非以往不少学者所认为的中国原籍）；何三官，也就是何三右卫门。[①] 因此，从理论上来讲，孙八之“八”后面可以是“官”，也可以是“左卫门”、“右卫门”之类的字样。[②]

另外，弥漫在长崎的异国情调中，福州乡土习俗的影响相当广泛。根据刘序枫的统计，长崎世袭的唐通事有60家以上，其中第一代能判明出生地的有30家。个中，福建人占了23家，福州人又占到10家，占全部的三分之一。[③] 日人佐藤成裕（1762—1848）所著的《中陵漫录》卷2《异朝风俗》说，当时来崎阳

---

① 李献璋：《长崎唐人の研究》本篇“长崎唐人の研究”第一，“唐通事の设置とその变迁”，第82页；第五“主要住宅唐人の系谱（三江帮）”。“亲和文库”第16号，1993年再版本。

② 关于此点，《称呼辨正》（早稻田大学所藏和装本图书）有比较详尽的论述，今略引如下：“国古有名而无字，……稍闻其字，自中叶以还，尤失其义。至于今日，其弊不可胜言矣。或以官为字（如左右卫门、左右兵卫、大夫等是也）。”江户时代在日本非常流行的一种糖叫“陈三官糖”，在江户的广告中亦作“陈三宦”。江邨绥《日本诗史》（自序于明和庚寅，1770年，乾隆三十五年）凡例：“我邦多复姓，操觚之士，或以为不雅驯，于是往往减为单姓，不翅代北九十九姓。”太宰纯《斥非》（延享二年新刻，明和四年再刻，相当于乾隆年间）：“此方人大抵皆复姓，虽有单姓者，则百中一二耳，至有连三字、四字者，乃夷狄之俗也。今之操觚者流，称人自称，丑其复姓，不拘上下，摘其一字以为称，是学中国而私拟其风俗。”（《日本诗话丛书》卷3，第641页）

③ 刘序枫《清代前期の福建商人と长崎贸易》，此数据据宫田安《唐通事家系论考》及《补遗唐通事家系论考》和《续补唐通事家系论考》作成。

（即长崎）的海船，大抵是闽中之人。众多的福州人来到日本，也将不少福州风俗带到了长崎。日人梦亭东聚《鉏雨亭随笔》卷中：

> 辛未春夏之际，南岛疫疠盛行。父老云：八九十年来未曾有之事。日夕村民相聚，击钟鼓驱疫鬼，以纸糊船送之海上，其所过路次，户户皆闭，人烧线香随之，颇有闽俗之风。[①]

喜多村筠庭编著《嬉游笑览》[②]卷8《方术·送疫鬼》引《日次纪事》：

> 凡疫病，春初多流行。若然，民间大人、小儿，每鸣钲鼓而追疫鬼。或以绿树枝作小船，舍郊外而归；或以生蒭并生草造偶人，舍郊外而归：是亦驱疫之一术。而唐土造纸船之类乎？纸船は，《五杂俎》云："闽俗最可恨者，瘟疫之疾一起，即请邪神，朝夕拜礼，以纸糊船，送之水际……"

上述引文略有删节，《五杂俎》原文作"又令巫作法事，以纸糊船，送之水际。此船每以夜出，居人皆闭户避之"。[③]此外，日人北静庐著《梅园日记》卷2《送疫鬼》[④]、天野信景著《盐尻》

① 《日本诗话丛书》卷2，第329页。
② 《日本随笔大成》别卷，吉川弘文馆出版，第331—332页。
③ 参见拙著《近600年来自然灾害与福州社会》之三"自然灾害与福州的民间信仰"，福建人民出版社1996年版，第136—170页。
④ 《日本随笔大成》第3期第12卷，第78页。

卷 45[①]，均引《五杂俎》之文字，与日本风俗相比较。

谢肇淛及其《五杂俎》在江户时代的日本非常有名，为日本人所撰的随笔、笔记及方志所大量引证，由此显见《鉏雨亭随笔》所述“闽俗之风”为不诬。另外，谢肇淛笔下“送纸船”之风俗中祀奉的神明，系在福州最具势力的“五圣”（即五帝）。[②]而五帝部下一长一短两鬼役——七爷和八爷，从江户时代迄至现代，在由长崎福州寺（崇福寺）举办的“中国盆会”（普度、兰盆胜会）中，一直以“人形”（即木偶）的形象出现，其形象与近年来在福州复活的社境组织中所见之偶像极为相似。长崎当地称“七爷八爷（ちーやぱーゃ）”或长身爷（ろぉーや）和矮爷（ええや），[③]名称及读音皆完全相同。不仅神明及鬼役照搬自福州，甚至连举行仪式所用的线香，也是由福州人传入日本长崎的。据日人菊冈沾凉《本朝世事谈绮》（序于享保十八年，1733年，雍正十一年）卷 5《人事》“线香”条：

> 宽文七年（按：即 1667 年，康熙六年），叫五岛一官的人从福州传来。子一官在长崎始制。子一官，后号清川久右卫门……（意译）[④]

---

① 《日本随笔大成》第 13 至 18 卷，第 424 页。

② 参见拙文《谢肇淛》，载谭其骧主编《中国历史地理学家评传》第 3 册，山东教育出版社 1993 年版；《近 600 年来自然灾害与福州社会》，第 136—170 页。

③ 《长崎事典》风俗文化编，长崎文献社 1988 年版，第 238 页。

④ 《日本随笔大成》第 2 期第 12 卷，第 538 页。参见寺尾善雄《中国文化传来事典》“民俗篇——风习”，河出书店 1995 年版，第 187 页。《长崎古今集览名胜图绘》有“线香制造之图”，见“长崎文献丛书”第 2 集第 1 卷，长崎文献社 1975 年版，第 284—285 页。

此外，福州“祭九使”的风俗，也传到了日本。张际亮《南浦秋波录》卷3《习俗记》：

> 会城最多淫祀，诸姬家尚有一种邪鬼，曰狗使，凡祀之此鬼之家，客与其家人狎，辄迷恋不悟。

该书卷3《岁时记》又曰：“九月重九日，诸姬家祭神，曰九使”，或云“狗使”即“九使”。[①] 赴日船中祀狗使者颇不乏人。九使信仰也传到了日本长崎。《崎港闻见录》中，就有“九使庙”一词的出现。[②] 汪鹏《袖海编》中，更提及了长崎的九使庙：

> 九使庙规模宏壮，典礼尊隆。或曰：其神福州人，林姓，祀不知所自始，道家主之，其品级与镇府同，唐馆有香火例金，年请看茶一次。

乾嘉道年间的翁广平（1760—1843）所著《吾妻镜补》中，

---

① 郑丽生《福州风土诗》“祭九使”条：“何须弄首与衿姿，色不迷人人自迷。九日儿家祭九使，个中诡秘总难知。”其下自注曰：“九使为倡门淫祀之神，象犬首而人身，俗又称狗使，九日祭之。相传凡祀九使者，宾客至其家，辄迷恋不悟。其象常以布蒙之，伎伺客熟寝，取其布蒙客面一次，客即流连不舍。又云另有符箓化灰，杂酒食中，使客吞之。此等诡秘，人不得而知也。”早在万历年间，福州民众就以九使神庙为中心，密谋抢粮。见中谷刚《万历二二年福州府の食粮暴动について——都市下层民の心性》，载《山根幸夫教授退休记念明代史论丛》，汲古书院1990年版。

② 见长泽规矩也编《唐话辞书类纂》第4集，第463页。

即有一份给各寺庙的礼单，名曰“长崎送寺礼连匹头”，其中有“九使庙礼二色”①，正可作上述汪鹏所谓“香火例金”之注脚。

另外，长崎当地还有“唐话会”。其中，福州人扮演了重要的角色。据日人筱崎东海《朝野杂记抄》卷4所载“长崎通事唐话会”②：

> 问（福州话）：先生红毛船里去了没有。（河间幸太郎）
>
> 答：从来未曾上去看。（彭城八右卫门）
>
> 问：我也未曾下去看。
>
> 答：想必是未曾，唐船样头尾乌乌的，叫造夹板船，料也各样不得发漏。造的坚固，使船自由自在，真真能干。
>
> ……

“河间”“彭城”都是中国中古的郡望，是归化了的中国人为了“从和俗”所取的日式姓氏。③从理论上来说，“彭城八右卫门”也就是“刘八”，或“刘八官”（当然，实际上行辈并不对应，如彭城八右卫门，可能会取刘一官的名字）。

上述的红毛船也就是荷兰船。唐通事的唐话，有南京口、福

---

① 〔清〕翁广平：《吾妻镜补》卷17《则例》，见王宝平编著《吾妻镜补——中国人による最初の日本通史——》，“古典丛刊之四”（杭州大学日本文化研究所研究丛刊之一），朋友书店1997年版，第352页。

② 转引自［日］石崎又造《近世における支那俗语文学史》第一节“长崎贸易と唐通事”，弘文堂书房1940年版，第15页。

③ 《长崎事典》风俗文化编，“中国风の姓”条，长崎文献社1988年版，第123页。

州口和漳州口三种方言。[①] 这一段对话是用福州话问答，其中的“头尾乌乌的叫造夹板船”，也就是“船体黑黑的叫做夹板船”，[②]“头尾”“乌乌”“叫造”“夹板船”和“使（驶）船”，与当代的福州方言仍然完全相同。

《孙八救人得福》的作者冈岛璞，正是生活在上述的“华化”氛围中。此人字玉成，号冠山，又号明敬，长崎人，是江户时代日本最杰出的“华音之名师”。他的老师是国思靖，据《先哲丛谈续编》卷 3：

> （其人）最善华音，旁暨杭、闽之方言土语，悉咸记得。与舶来清客对话，不用通词，当时以译闻于崎（长崎）者，多皆系于授受者。[③]

国思靖其人通晓杭州、福建方言，与舶来的清代商人对话，可以不用翻译。当时长崎著名的翻译，多是出自他的门下，冈岛

① ［日］六角恒广：《日本中国语教育史研究》，王顺洪译，北京语言学院出版社 1992 年版，第 270 页。《东音谱序》曰：“……延及明季，吴越闽广人往来相踵，以迄于今，如其方音，皆有异同，（日本）学者疑焉。”另《五十母字音释》：“东音即此方言，今所用字，皆取《旧事本纪》、《古事记》、《日本书纪》等所用，而与本音相近者，杭（州）、泉（州）、漳（州）、福（州）各府州音，并系长崎港市舶务都通事所填者。”见《新井白石全集》第四，第 396 页，第 399 页。

② 福州俗有“乌橹”的说法，指一种出海的大帆船。参见李如龙、梁玉璋、邹光椿、陈泽平编《福州方言词典》，第 297 页。

③ 转引自中村久四郎《唐音の意义功用及び“华音之名师”冈岛冠山について》，《東洋史論叢：桑原博士還暦記念》，弘文堂書房，1931 年版，藏早稻田大学津田文库。

冠山便是其中之一。后者“始以译士仕荻侯，寻而家居，专修性理学，尝应户田侯聘，来于江户，受学于林整宇，无几致仕，至浪华，以讲说为事，又至江户，至平安，尤好稗官，学精华音，从游甚多。与物徂徕及藤东野、太宰春台交。徂徕读稗史有疑，辄质诸玉成。享保三年卒于平安，年五十五”。据伊藤东涯说：

> 冠山子生乎肥，长乎肥，肥会同之地，故多与闽广、吴会之人交，善操华音[①]。

肥，指长崎所在的肥前国。《唐话纂要》序亦曰：

> 玉成，崎阳人。……一起一坐，一笑一咳，无不肖唐。尝在崎阳，与诸唐人相聚谭论，其调戏谩骂，与彼丝发不差，旁观者惟辨衣服，知其玉成。

日本学者青木正儿认为，冈岛冠山的中国话，是南方语音，这是因为室町以来与中国的交流，主要就是南方的福建、杭州一带。现在从其书中所见，可以判断得出为南方语音。事实上，从冈岛冠山的诸多表述中，我们似乎也能看出闽地方言的痕迹。冈

---

① 友野焕辑：《锦天山房诗话》上册，《日本诗话丛书》卷 8，第 515—516 页。关于冈岛冠山，参见：中村久四郎《唐音の意义功用及び“华音之名师”冈岛冠山について》，同氏《唐音考》(《史学杂志》第 28 编第 11 号、第 12 号，大正六年)《唐音考续篇》第 1 回、第 2 回、第 3 回 (《史学杂志》第 29 编第 10 号、11 号、12 号)，《青木正儿全集》第 2 卷，二十七《冈岛冠山与支那白话文学》，石崎又造《近世における支那俗语文学史》第 3 章第 4 节。

岛冠山有一次与朝鲜通信使的谈话，非常有趣：

> 玉成（按：即冈岛冠山）：曾闻长兄会说北京话，果如此么？
>
> 昌周：略略晓得。长兄会讲南京话，难得！难得！
>
> 玉成说曰：我本长崎人，我长崎原来南京人来得多，所以晓得南京话。今日和你讲唐话，另外有趣！
>
> ……
>
> 玉成：今日我们说唐话，心里快活，没有疲倦。
>
> 玉成：松浦兄十年前到长崎来，学唐话，那时节尚且会做诗文，如今越发做得妙。每到六月炎天，拿出肚子来晒，只当晒书一般，正是满腹文章哩！①

所谓“满腹文章”，福州人说“石腹老都是书”，②六月天怕发霉，要拿出来曝（晒）。故而冈山此言，让人颇感似曾相识。

从上面的诸多方面来看，冈岛冠山将福州府的畸俗写入自己的小说并加演绎，应当说是不足为怪的。

---

① 《缟纻风雅集》，“关西大学东西学术研究所资料集刊”十一——《雨森芳洲全书》，关西大学出版部1979年版，第102页。参见李元值《朝鲜通信使访日与笔谈唱和》，见东京韩国研究院发行《韩》，通卷第110号，1988年。

② 参见拙文《再说“石腹文章”》，《读书》1994年第10期。《唐音三体诗译读》享保十一年（1726年，清雍正四年）秋冈田白驹序曰：“冠山冈君自幼娴于华音，曲分雅俗，博识南北，能兼华人所难兼也。听其官话乡谈，则若明州缩来，倘在华人之傍，音形手容，一口便作百千情态。……”（转引自石崎又造《近世における支那俗语文学史》，第88页）

三、清代前期对江南海外贸易中海商水手的管理——以日本长崎唐通事相关文献为中心

近十数年来，中国社会史的研究愈益活跃，无论是研究议题还是论述的深度，都较此前大有拓展。此一发展，也为域外汉籍之利用与明清以来中国史研究的深入，带来了不少新的刺激。例如，就清代中日贸易相关问题的研究而言，此前学界的成果已相当丰硕，举凡华侨史、海洋史[①]、

① 与海洋史相关的研究源远流长，尤其是国内外海外交通史的研究学术积淀深厚，专业性的杂志《海交史研究》于1978年创刊。在台湾，“中央研究院”中山人文社会科学研究所自1983年起，便以“中国海洋发展史”作为研究重点，每2年举办一次中国海洋发展史学术研讨会，并出版了多辑的《中国海洋发展史论文集》。关于海洋史研究，同样也引起大陆学界的重视。自20世纪90年代以来，厦门大学杨国桢教授大力倡导“海洋社会经济史”研究以及建立“海洋史学”乃至“海洋人文社会科学”的构想（参见氏撰《论海洋人文社会科学的兴起与学科建设》,《中国经济史研究》2007年第3期）。2010年，广东省社会科学院、广东海洋研究中心主办的《海洋史研究》第1辑（李庆新主编，社科文献出版社），收入了中外学者撰写的专题论文、笔谈和书评共14篇，集中探讨了15—18世纪东亚海域及其周边地区的海上交通、海洋贸易、海商与海盗等重要问题，此后该刊持续出版，并已成为海洋史研究方面的重要期刊。此外，近期出版的孟晓旭所著《漂流事件与清代中日关系》(中国社会科学出版社2010年版)、孙文所著《唐船风说：文献与历史——〈华夷变态〉初探》(商务印书馆，2011年版）等书，亦涉及相关的问题。

贸易史[①]（包括朝贡贸易[②]和海上私人贸易[③]等）、文化交流史[④]（特别是书籍传播[⑤]、语言接触[⑥]）等方面的研究，可谓硕果累累。

① ［日］山脇悌二郎：《長崎の唐人貿易》，吉川弘文館 1964 年版；［日］中村質：《近世長崎貿易史の研究》，吉川弘文館 1988 年版。［日］大庭脩：《江户时代日中秘话》，徐世虹译，中华书局 1997 年版；［荷兰］包乐史著：《看得见的城市：东亚三商港的盛衰浮沉录》，赖钰匀、彭昉译，浙江大学出版社 2010 年版。

② 有关这方面的学术积淀亦相当深厚，相关论著不胜枚举。近十数年来的成果，如日本学者滨下武志的《近代中国的国际契机：朝贡贸易体系与近代亚洲经济圈》，朱荫贵、欧阳菲译，"中国近代史研究译丛"，中国社会科学出版社 1999 年版。

③ 如林仁川于 1987 年出版有《明末清初海上私人贸易》（华东师范大学出版社），对私人海上贸易发展的历史背景、私人海上贸易商人反海禁的斗争以及海上私人贸易集团的形成，等等，都作了细致的研究。

④ ［日］木宫泰彦著、胡锡年译：《日中文化交流史》，商务印书馆 1980 年版；長崎縣教育委員會編：《中國文化と長崎縣》，長崎縣教育委員會，1989 年版；王晓秋、大庭脩主编：《中日文化交流史大系・历史卷》，浙江人民出版社 1996 年版。［日］大庭脩：《德川吉宗と康熙帝：锁國下での日中交流》，大修館 1999 年版。松浦章：《江户時代唐船による日中文化交流》，思文閣出版 2007 年版。

⑤ 这方面的研究，当然首推日本学者大庭脩所撰的《江户时代における中国文化受容の研究》（日本同朋舍，1984 年版；中译本《江户时代中国典籍流播日本之研究》，戚印平、王勇、王宝平译，杭州大学出版社 1998 年版）；严绍璗：《汉籍在日本的流布研究》，江苏古籍出版社 1992 年版。近期的成果主要有：巴兆祥著《中国地方志流播日本研究》，上海人民出版社 2008 年版；王勇著《书籍之路与文化交流》，上海辞书出版社 2009 年版；周振鹤撰《持渡书在中日书籍史上的意义——以〈戌番外船持渡书大意书〉为说》，载《复旦学报》2007 年第 3 期，修订稿收入氏著《长水声闻》，复旦大学出版社 2010 年版。

⑥ 刘铭恕：《明清两代日本长崎之中国语学的色色》，载《师大月刊》第 6 卷第 22 期（1935 年）、第 7 卷第 26 期（1936 年）；鲁宝元、吴丽君编：《日本汉语教育史研究——江户时代唐话五种》，外语教学与研究出版社 2009 年版。此外，日本学者的研究尤其值得关注，这方面的研究成果，如：六角恒广著《日本中国语教育史研究》，王顺洪译，北京语言学院出版社 1992 年版；［日］木津祐子：《〈唐通事心得〉译注稿》，载《京都大学文学部研究纪要》第 39，京都大学大学院文学研究科・文学部，2000 年 3 月；《唐通事の心得——ことばの伝承》，载《興膳教授退官記念中国文学論集》，汲古書院，2000 年 3 月；［日］奥村佳代子：《唐话的文体——长崎资料的唐话和冈岛冠山》，关西 （转下页）

不过，倘立足于中国社会史研究，加大对域外汉籍的利用，则仍有不少议题可以进一步探讨。

以清代海商研究为例①，此前的论著主要聚焦于海商的贸易活动，而对与海商相关的其他问题，尚有不少进一步开拓的空间。譬如，对海商的管理方面，以往的不少成果集中探讨了海船税收、出洋船只手续等方面的管理②，而对海商水手日常生活方面的规范和制约，则尚未见有专文涉及。上个世纪末，笔者曾综合中、日两国的相关文献，撰有《〈唐土门簿〉与〈海洋来往活套〉——佚存日本的苏州徽商史料及相关问题研究》③、《契兄、

（接上页）大学亚洲文化交流研究中心第4届国际研讨会、世界汉语教育史研究学会第2届大会《"16—19世纪西方人的汉语研究"会议论文集》（打印稿），关西大学亚洲文化交流研究中心，2007年，第171—175页；［日］松浦章：《海难难民与当地官民的语言接触——从嘉庆年间漂到朝鲜、中国的海难事例看周边文化交涉的多重性》，《中华文史论丛》2008年第2辑；奥村佳代子编著有《（関西大学図書館長沢文庫所蔵）唐話課本五編》，"关西大学东西学术研究所资料集刊"三十，关西大学出版部2011年版。

① 日本学者松浦章出版有《清代海外貿易史の研究》（朋友书店，2002年版）、《中国的海商与海贼》（山川出版社2003年版）等。近年来，他的论著陆续有中译版面世。其中，《清代帆船东亚航运与中国海商海盗研究》（上海辞书出版社2009年版）、《明清时代东亚海域的文化交流》（江苏人民出版社2009年版）、《清代帆船与中日文化交流》（上海科学技术文献出版社2012年版），都是海商研究方面的重要著作。

② 关于这方面的研究，代表性的论文参见：郭孟良：《清代前期海外贸易管理中的具结现象》，《中国边疆史地研究》2002年第2期；刘序枫：《清政府对出洋船只的管理政策（1684—1842）》，载刘序枫主编《中国海洋发展史论文集》第9辑，"中央研究院人文社会科学研究中心专书"53号，"中央研究院"人文社会科学研究中心2005年版。

③《江淮论坛》1999年第2、3、4期，后收入王振忠著《徽州社会文化史探微——新发现的16至20世纪民间档案文书研究》，上海社会科学院出版社2002年版。

契弟、契友、契父、契子——〈孙八救人得福〉的历史民俗背景解读》[①]等文，就中日贸易涉及的相关社会文化问题展开探讨。后者主要揭示了明清时代东南一带同性恋畸俗及其在长崎唐话课本中的反映，而前者则指出：研究江南社会文化，应当置诸整个东亚乃至东西洋贸易的背景中去考察。该文除了贸易史的探讨之外，亦涉及徽商对身后之物——尸骸的处理，从中反映出江南与日本密切的联系。最近，笔者重新阅读一批日本汉籍史料，深感不少重要的唐通事资料尚未得到应有的重视，倘若结合图像资料及中国方面的相关文献，或许可以从一些独特的角度作诸多新的探讨。

（一）关于抄本《浙江嘉兴平湖县给商船示约、崎馆海商条约》

日本元禄二年（1689 年，清康熙二十八年），幕府在长崎建造了唐人屋敷（亦即唐馆，有的也写作“唐人屋铺”[②]）的居住区，赴日贸易的中国商人被集中居住于此。正德五年（1715 年，清康熙五十四年），幕府又颁布了“正德新令”，其中的一份谕令提及：

一、凡唐人在馆之日，照其每船人数，各给腰牌挂带，

---

① 台湾《汉学研究》第 18 卷第 1 期，2000 年 6 月。

② 关于唐人屋铺，不仅见于当时的长崎地图，而且，翁广平的《吾妻镜补》卷 13《地里志》亦载：“正南曰茂木道，其西之地曰十善寺，村中如城而四方者，曰唐人屋铺。”（第 246 页）唐人屋铺即在十善寺御药园上建造。“长崎称中国人为唐人，故其公馆曰唐人屋铺，亦曰唐人公馆。”（卷 30《附庸国志》，第 577—578 页）详细的研究，参见日人山本紀綱：《長崎唐人屋敷》，東京：謙光社 1983 年版；横山宏章：《长崎唐人屋敷の谜》，集英社 2011 年版。

但牌上注具柁名，且有烙印，慎毋错带；

一、凡唐人在崎之际，大小通事、问讯访察通事及唐馆挂主、五甲头等，其所指挥，切不可有背违。虽学通事所分付，亦不得轻慢答话。若夫起货，凡百事务之所，尤为至要。其视学通事之分付，亦如大小通事之指挥而听从之。然诸执事之于唐人，其所指挥，若有非理相加，不妨即具事故，投之头目者，固所许也；

一、凡目梢等在馆，平日买办杂物，闻之或有强夺之弊，甚不是也！向后倘有迹涉抢夺者，即据腰牌而究治。

以上条款，各船人众具呈甘结，务要恪遵，如有背违，决不姑贷。

正德伍年捌月贰拾伍日[①]。

上述的条款规定，在唐馆内暂时居住的中国人，应佩带反映个人身份的腰牌。在长崎期间，应听从唐通事、唐馆挂主、五甲头等人的指挥。对此，清代嘉庆、道光时人程岱葊在其所撰的《长崎略》中指出："倭通称华人为唐人，……于长崎岛设唐人馆，聚寓其处，环山筑城，巡逻甚密，唐人言语，凭通事转译呈头目。"[②]"唐船挂主"应指中国海商船主，而"五甲头"则是日本的职事人，关于这一点，乾隆时代徽商汪鹏所著的《袖海编》中

---

① ［日］菅俊仍辑：《和汉寄文》一，大庭脩编著《享保时代の日中关系资料——近世日中交涉史料集二》，"关西大学东西学术研究所资料集刊"九之二，关西大学出版部1986年版，第114页。

②〔清〕程岱葊：《长崎略》，《野语》卷8《语屑》，清道光十二年（1832年）刻、道光二十五年（1845年）增修本。

亦提及："公堂之外有街官房，其为官三，次第入直。又有五甲头副之，皆所以弹压防御而通客之款曲，凡薪蔬鱼米之入，必经阅焉。"可见，五甲头是三位街官之副手，负责唐馆的治安以及沟通，每逢食品运入唐馆，必须经街官和五甲头检查。对此，长崎唐话课本《琼浦佳话》① 卷1记载："各街上，各有一个街管，三个五甲头，一个防财副，一个总管，这六个人昼夜小心照管一条街。"此书系抄本，凡"官"字多写作"管"，故该处的"街管"，亦即前述的街官。关于街官，在中文文献中亦有"町长"之表述。嘉庆时人翁广平所著的《吾妻镜补》卷18《职官志》中即有"町长"条，曰："客舟至，则町长主之。按《东洋客游略》：长崎街谓之町，町长者，土人呼为街官也。《海国见闻录》：每年佥举一街官，街者，乡保也，岁给赡养五十金。"② 由此可见，"正德新令"规定——居住在长崎唐馆内的中国海商水手，应接受唐通事、中国船主和日本街官（町长）等的三重管理。

与此相对应，清朝方面也在日本颁布正德新令后不久，指定一些总商负责管理对日贸易，并由接受清政府指令的官商和承包铜输入之额商从事对日商贸活动③。可以说，此一时期，双方都

① 《琼浦佳话》亦作《琼浦》及《小说琼浦佳话》，本文所据为早稻田大学图书馆所藏写本，书末有"时安政六年四月，何良英珍藏"字样。关于《琼浦佳话》，目前的研究成果可参见：［日］石田义光：《小说琼浦佳话解题》，东北大学《图书馆学研究报告》第1号，1968年；许丽芳：《长崎唐通事教材〈琼浦佳话〉之研究》，载《彰化师大国文学志》第20期，彰化师范大学国文学系，2010年6月。

② 〔清〕翁广平：《吾妻镜补》卷18《职官志》，第365页。

③ 参见［日］山脇悌二郎著《长崎の唐人贸易》第2章《唐人贸易の推移》，吉川弘文馆1972年版，第175—196页。

加强了对长崎贸易的管理。

揆诸史实，乾隆七年（1742年）十二月二十一日，浙江嘉兴府平湖县就出台了一份商船示约，题作《浙江嘉兴平湖县给商船示约》①，由长崎唐通事官梅三十郎、林幸三郎翻译成日文。该份商船示约这样写道：

> 浙江嘉兴府平湖县为怜情鞠讯事。蒙府行蒙藩、臬二司会议，闽、粤、浙省商船出洋贸□［易？］，严禁舵水人等滋事，设法约束缘由，详奉总督福建、浙江等处地方军务、兼理粮饷、兵部右侍郎、□［都？］察院右副都御史、加二级纪录四次、镇国将军宗室德批□详转饬遵照，并将违犯治罪条例摘刊示单，于船只□口之时，给发该船商贵贴船内，晓谕一体稽察，实力永遵。仍候浙抚都院批示缴，并奉前抚都院批如详，饬行遵照，仍候督部院批示录报，并另详咨明江苏抚都院一体饬遵缴，等因，奉此，合给刊示饬遵，为□仰该船行商、舵水人等知悉，出洋贸易，务须遵照□□宪行后开刊示各条，恪守法纪，毋得违犯治罪，特示。

《浙江嘉兴平湖县给商船示约》和《崎馆海商条约》合为一书，系抄本，书中多虫蚀漶漫之处，凡遇残缺难以辨认者，引文均以“□”指代。文中的“行商”应指海商船户，而“舵水”与前述的“目梢”等，则主要是指船上的水手。“官梅”是原籍福

① 写本1册，藏日本早稻田大学图书馆。

建福州的长崎通事林道荣所获得的赐号，林氏一族，此后世代充当唐通事，其中，官梅三十郎于日本宝永二年（1705年，清康熙四十四年）成为小通事，享保二年（1717年，清康熙五十六年）成为大通事[①]。而林幸三郎，则为长崎的稽古通事。关于唐通事，乾隆、嘉庆、道光时人翁广平的《吾妻镜补》指出：

> 凡交易必有人传语，犹中国之主人，谓之通事。通事之家，常请中华人宴饮，间有几家用台椅座之类，颇精致古雅。盖日本国人，书画饮食，倭用矮几，无高桌者，因怪而问之，答曰：我上世中国人也。并出其祖先画像，视之，有元明人题咏。其所藏字画，亦自宋元人真迹。盖为通事须通华夷之语，既系中国人，自不忘土音，居之既久，则能习夷音也。……明时通商多闽人，到彼为通事，遂家焉，故至今有中华人也[②]。

上述的官梅一系，就是来自福州的长崎通事。这些通事通过居间摆渡，获得可观的利益。“长崎各项街费目例”中，就提到包括“官梅翁”（即官梅一系）在内的唐通事所获得的收益[③]。而各类与唐

---

① 《长崎事典·历史篇》，长崎文献社1988年第2版，第163页。参见：罗晃潮著《日本华侨史》，广东高等教育出版社1994年版，第121页。更为详尽而专门的研究，可参见：［日］宫田安著《唐通事家系论考》，长崎文献社1979年版；李献璋：《长崎唐人の研究》，亲和銀行，1991年版；［日］林陆朗著《长崎唐通事：大通事林道荣とその周边》，吉川弘文馆2000年版，该书于2010年另由長崎文献社修订出版。

② 〔清〕翁广平：《吾妻镜补》卷30《附庸国志》，第591页。

③ 〔清〕翁广平：《吾妻镜补》卷17《通商条规》，第353—355页。

船相关的交涉文书，也就是由这批唐通事负责草拟、翻译而成。

上揭的此份商船示约，是发给乾隆七年十二月二十一日（1743 年 1 月 16 日）出航的“浙嘉平字第拾号商陈子□、船户梅万盛实贴”的一份文件。该船也是从浙江嘉兴府平湖县乍浦港出发，前往日本长崎贸易。商船示约共列有六条，其具体内容是：第一条为行商办货出洋贸易，必须协同板主，谨慎挑选那些诚实、没有过错的水梢，并有实在的花名、年貌，不许顶替捏冒，违者照律治罪。第二条是在船水梢都必须接受船舵板主、总管约束，不许胡作非为，否则，容许板主在进口时指名禀究。倘若行商板主纵容生事，一旦发觉，则共同治罪。第三条是商人舵水无论在洋还是在船，均不得私带赌具赌博，不许嫖妓争奸和酗酒打降等事，倘若因此闹出人命的，除照律处罚本人之外，在船商人板主也要因约束不严，依律减等科议，其余违犯者，也都要一体治罪。第四条是要求行商、板主、舵水等人，一旦有以上各种情形发生，必须相互揭发。第五条是在船水梢，如有窃卖本船商货，板主不行攫脏告发，该船板主与犯人同罪。如果盗窃和抢劫别船商货，而本船商人失于觉察者，也一并照律分别治罪。第六条是舵水犯有各类罪行，没有马上将其拘住带归告究，而是故意放纵让其逃逸者，要将板主究治，并加以通缉。

根据《浙江嘉兴平湖县给商船示约》，乾隆八年（1743 年）闰四月，在长崎唐馆的戌、亥两年（即清乾隆七年、八年，1742 年、1743 年）各番海商，共同订立了《崎馆海商条约》：

今奉江、浙、闽、粤四省各上宪颁示严禁在馆各船人等条例，倘有不遵，许行商、板主、总管等举首，回唐以便严究，等因。此乃各上宪洞悉在洋之弊，重则人命攸关，轻则累及公司，以及纠缠别□，俯惜愚蒙，谆谆颁示。为此我等同人，各皆仰体宪仁，是于四月望日，齐集亥一番库内，公同参定条禁五款，永为格式。自此之后，倘有犯以后条款，而本公司故为隐匿不举，而并有护短者，各船鸣鼓共攻，庶无逼勒人命之虞，又不累及公司以及各项人等。俾我各船人等永远遵行，回棹起身之日，非独无累，而且囊中宽裕，种种有益，难以尽言。

此处提及的“公司”一词颇堪玩味。关于“公司”，已故的田汝康教授曾指出，公司系粤、闽农村一种传统的经济组合之通称，族姓人员轮流管理公产的制度，称之为“公司”。而在海上贸易活动中，渔民和航海人员对所积累的公积金，也称为“公司”①。在此基础上，日本学者松浦章教授根据中日史料，作了进一步的研究，他认为：“公司”一词的起源，可以追溯到清初的十七世纪，而海船经营方面的公司例子，与海船之职务构成密切相关，也就是说，当时海外贸易船只由船主以下众多人员组成，其组织足以与今天的一个企业相匹敌②。揆情度理，田汝康的说

① 田汝康：《十八世纪末期至十九世纪西加里曼丹的华侨公司组织》，《厦门大学学报》1985 年第 1 期，收入氏著《中国帆船贸易与对外关系史论集》，浙江人民出版社 1987 年版。

② ［日］松浦章：《清代“公司”小考》，《清史研究》1993 年第 2 期。关于这一点，张忠民在其《艰难的变迁：近代中国公司制度研究》一书中，有专节详细讨论前近代“公司”的存在形式。（上海社会科学院出版社 2002 年版，第 44—57 页）

法，可能更符合“公司”一词由以产生的原始含义，而松浦章的看法，则主要着眼于中日贸易的实态[①]。上揭这段话，主要是说明长崎唐馆海商订立条约的目的所在——在海商方面，避免受累于财务及人命纠纷，而对下层水手而言，则是希望他们能携带所赚的血汗钱，平安回到故土。

《崎馆海商条约》计有五条，以下逐一解说、分析。

(1)《崎馆海商条约》的第一条曰：

> 在馆赌钱，原系私事。初赌之时，如兄如弟，既赌之后，追索输□，□虎如狼，少欠一分，轻则捶打，重则取命。欠钱之人，畏其蛮狠，□□藏躲，即公然炒至公司，向船主、总管要人。回棹之时，公司正务竟不能料理，以致正务账目，与崎人大相□远，行商回唐受累无限。船主、总管或有被其炒闹不过者，无奈托人寻觅输钱之人。观其景况，谅不能藏，或致悬梁自经，或刎颈投井，或命殒其拳脚之下，死者不计其数。原此情形，真属可怜！今幸蒙上宪颁示前来，为此遵宪禁定例，在馆人等，不得以钱较胜，□相赌博，倘有不遵，仍相聚赌，起身之日，不得闹到公司，以□□□捶打致死人命等情。倘有等情，肆恶之人，本船主即当出呈赶口，并具禀回唐究治。如本船主护短隐匿者，通馆各商公同举报，不得徇私，各相推委[诿]。

① 〔清〕程岱葊：《长崎略》则曰：“倭通称华人为唐人，称商舶上下为公司。”另外，《译家必备》等书中也有不少例子，可供进一步的研究。

在前述的《浙江嘉兴平湖县给商船示约》中，官方就曾明令禁止“私带赌具赌博”。不过，中国人好赌似乎是天性[①]，而前往长崎的海商更是如此。雍正年间苏州知府童华在其所撰的《长崎纪闻》中就曾指出：“在岛（引者按：指长崎）不嫖赌，即为实商。”[②]许多人因在长崎狂嫖滥赌，从而荡尽财产。因此，凡是不嫖不赌者，往往即是殷实商人。而在日本人笔下，几乎所有的长崎唐馆图中，都见有中国人赌钱的场面[③]。关于中国人之赌博，唐话课本《琼浦佳话》卷1就曾提及：

> ……唐人一来客居冷静，二来生意顺溜，心下高兴起来，跑到兴头上，竟不惜费，便请三朋五友来，着棋对局，或者睹［赌］博撷钱，也有赌东西，也有赌高兴。……也有赌钱赌输了，输得精光，被赢家讨钱，催逼不过，要躲债也没处躲债，要赖他也赖不得，没做道理，只得放着胆，相骂起来，倒把赢家打个半死，或者造出极陈极腐的套话来，凑赢家的巧，左支右吾，胡赖过去，板害平人，弄得七差八缠，撤开不来。那时节，连主人也主张不来，连忙告诉当年

① 此种情形，亦见于东南亚。反映清代巴达维亚华人生活的《咬噹吧总论》中，对此也有反映。见尚德者（Medhurst, Walter Henry，即著名的传教士麦都思）所纂《特选撮要每月纪传》，美国哈佛大学燕京图书馆藏。

② 《长崎纪闻》，见《童氏杂著》五种六卷，清乾隆刻本，收入《北京图书馆古籍珍本丛刊》第79册“子部·丛书类”，书目文献出版社1988年版，第798页。按：《长崎纪闻》对于商人困境之描述，颇有夸大其辞的说法。

③ ［日］大庭脩：《长崎唐馆图集成——近世日中交涉史料集（六）》，关西大学出版部2003年版。另参见《（石崎融思笔）唐馆图兰馆图绘卷》，长崎县立美术博物馆藏，原田博二解说，长崎文献社2005年版。

通事，当年通事就把赢家、输家都叫了来，当面对执［质］，当年替他判断。那几年是唐年行司有两分体面，大凡唐人有甚口角是非，就来帮衬当年，一同坐在公堂，听讼明决。他那弟兄，原来没有一些主意，竟不思前虑后，一口咬定，硬说鬼话，东遮西护，支吾过去，讲得鬼话连天，一味抵赖。唐年行司看见这般光景，便大怒说道："乌鸦飞过是黑的，鹭鸟飞过是白的，况且有了漫大的日头照在头上，你心下想得滑碌碌的一条路，天那［哪］里随你走？你既有这样苟且的勾当，那［哪］一个不知道？到这个田地，还要口强抵赖，赖到那［哪］里去？"说罢，吩付［咐］走差，把输家绑缚起来，把板子拷打。那时弟兄叫天叫地，喊将起来，叫苦不迭，不勾［够］吃几杯茶时辰，受刑不过，像一块硬铁溶做热汁一般，不敢陷害平人，只得招出实情来说道：某月某日输了多少钱，几月几日输了几匹绉纱，张家的糖少了半包，李家的钱欠了几千，一五一十都说出来。那时节，打的是打，安慰的是安慰，讨钱的是讨钱，算张［账］的是算张［账］，无偏无党，判断明白，方才撒开来。

文中的"唐年行司"属广义的唐通事，是较为低级的唐通事。上述的这段描述，生动地展示了因赌博引发的纠纷，以及长崎唐通事对此的处理方法。一些唐话课本也指出，在有的情况下，赌钱还经常引发人命案件，对此，《琼浦佳话》卷3亦曾状摹：

（唐馆中的中国水手）也有撒泼放肆的，不嫖便是赌钱，每日到晚间，点个亮来，照耀如昼，或者十来个人，或者五六个人，各库里走拢来，擲钱耍子。怎么样叫做擲钱？或者八个，或者六个，擲出来，或字或背，一色的叫做“浑成”，也有七个，也有五个，擲出来，一背一字，间花儿的去，叫做“背间”。赌得你输我赢，争论起来，输急的是输急，欢喜的是欢喜，打的打，走的走，偷的偷，抢的抢，好不炒闹！或者输得精赤条条，无银低［抵］债，被赢家催逼不过，一个铁桶一般的唐馆，没处去躲债，只得去寻死路。一头哭，一头捡起一条汗巾，走到房下，掇个凳子垫脚，把汗巾搭在梁上，做个圈儿，把头套进去，两脚登空，就是呜呼哀哉！那时两个守办，慌慌张张走出来，通知街官同内通头，一口气跑将进去，寻个柄刀来把汗巾割断了，抱起来抱在床上，轻轻儿解开来喉间的死结，嘴对嘴打气，接连打了十数口气，一些也不转，手脚冰冷，牙关紧闭，救醒不得，早已长伸脚去了。大家没法，只得把衣服遮盖尸首。当晚无话，到弟［第］二日，本馆街官禀知王上，王上即刻发两个头目来，查验尸首，验得明白，船主替他备办后事，衣衾棺材，都是准备收拾入殓过了。船主、财副、骨血亲眷、街官、五甲头共写一张字儿，把他死的始末写在字上，各人打个花押，送上头目收下，回府，留下小头目送丧。原来，长崎有一个乡村，叫做对山，有一场寺院，叫做悟慎寺，唐人买了几间空地，做个埋骨的所在，当日在悟慎寺，掘开地土，埋葬了。又备了羹饭祭奠他，焚花［化］纸钱，大家悲恸不已，一头拭泪，一头回馆。可怜一个好汉，被钱逼死，做个他乡之鬼。

这一段描摹，正是对上揭《崎馆海商条约》第一条的一个绝佳注脚。文中的“王上”亦作“王家”，是长崎使院的尊称，“官有使院，秩视二千石，专司两国通商之事，带理崎政，一年而代，通称曰王家”。①“擨”系跌之意，也就是将几个铜钱掷下，看其向背决定输赢②，这在长崎唐馆图中有诸多刻画。文中的“悟慎寺”亦即悟真寺，位于长崎唐馆对岸的稻佐山，寺后有平地数十亩，由中国商人捐金购得，作为瘗孤之所，“凡梢人同侣之死，无所归者，悉汇葬于此，各为立石标识，登之簿籍，春秋祭扫，无失其时”③。

（2）《崎馆海商条约》的第二条是：

> 酗酒打降，在唐原有严禁，□［唐？］馆中乃系海外，所以每有相争相打，甚则聚众行凶，种种恶状，难以枚举。今蒙上宪颁示严禁到洋，足见宪鉴昭昭，难以隐瞒。为此公定，俟后倘有不合于理者，宜申之总管，以理而论。倘总管徇情，以曲作直，然后诉知船主，自有公论，曲直即分，不

① 〔清〕翁广平：《吾妻镜补》卷18《职官志》，第365页。

② 〔明〕冯梦龙：《醒世恒言》卷34《一文钱小隙造奇冤》：“怎的样擨钱？也有八个六个，擨出或字或背，一色的谓之浑成。也有七个五个，擨去一背一字间花儿去的，谓之背间。”（海峡文艺出版社1991年版，第641页）

③ 〔清〕汪鹏：《袖海编》，载王锡祺辑《小方壶斋舆地丛钞》第10帙，杭州古籍书店1985年版，第272页上。关于长崎悟真寺，可参见日人竹内光美、城田征义所著《长崎墓所一览（悟真寺国际墓地篇）》，长崎文献社出版平成二年（1990年）版。

得擅自行凶争打。倘有不听约束，敢于行凶者，本船主即当赶逐，具禀回唐究治。如本船主□报，各船公同禀报可也。

“打降”是清代的通俗常言，清人郝懿行《证俗文》六卷：“俗谓手搏械斗为打降，降，下也，打之使降服也，方语不同，字音遂变。或读为打架，盖降声之转也。”① 这一条约，是针对中国船员经常酗酒打架而言。

揆诸史实，中国海商前往长崎贸易虽然具有厚利可图，但海上航行的旅程却极为艰辛。在江户时代中国漂流船史料中，有一部颇为著名的《得泰船笔语》，其中的一位中国财副刘圣孚就曾说过，海上航行，长期“未得土气”，“上岸之日，两腿难行动”，在洋中遭遇飓风，“性命在于呼吸”，当时的感觉是“泪从腹中落”，所以是“满面愁态，烦闷难遣”②。从中可见，在海上贸易中，无论是商人还是水手，心理上的压力都相当巨大。对此，日人野田笛浦故作轻松地戏拟“和心悦色汤”加以调治，其中之一即是“美酒”。文化十二年（1815 年，清嘉庆二十年）二月廿二日，豆州漂着南京永茂船船主就提出：“京酒必须要四桶，但本船开行之际，日夜目侣人数多要食之，必须要四桶。”③ 另一位中

① 转引自岳国钧主编《元明清文学方言俗语辞典》，贵州人民出版社 1998 年版，第 403 页。

② ［日］野田希一：《得泰船笔语》卷上，见田中谦二、松浦章编著《文政九年远州漂着得泰船资料——江户时代漂着唐船资料集二》，“关西大学东西学术研究所资料集刊”十三之二，关西大学出版部 1986 年版，第 506 页、第 509 页。

③ 《清舶笔话》，见松浦章编著《文化十二年豆州漂着南京永茂船资料——江户时代漂着唐船资料集九》，关西大学出版部 2011 年版，第 136—137 页。

国海商汪晴川亦指出："我等吃酒，每日三餐，前有好酒存在仓廪中，不能取出，此处之酒，实勉强吃之，以解闷怀。"① 可见，在海上航行中，酒是能暂时调剂海商、水手心理状态的一种重要饮料。而一旦上岸，为了犒劳自己长途奔波之艰辛，水手显然更会放纵自己。对此，唐话课本《琼浦佳话》卷1就指出：

> （一些唐人）每日吃酒，猜三[手?]豁拳，行令唱曲。……譬如今日在李家吃酒，明日便在张家豁拳，后日又在郑家唱歌儿，只管轮流去顽耍，镇日来往不断。自古道：酒中不语真君子，财上分明大丈夫。大凡人家，有酒德的人是少，没酒德的人是多，这一班客人里头，船主、财副、货客等样人，还有些体面，不敢撒拨[泼]，他那一字不通的弟兄们，不识廉耻，不管好歹，吃了酒，吃得烂醉，撒酒风，相打相脑[恼]，十分喧嚷。

此处描述的，是尚未建造唐馆前的生活场景。及至唐馆建造以后，这种情形仍然有过之而无不及。关于清代前期中国海商在长崎唐馆中的日常生活，乾隆时代的徽商汪鹏在《袖海编》中指出：

> 唐馆外四山环绕，烟火万家，紫翠迷离，锦纷绣错，海

① 《宽政十二年远州漂着船万胜号资料——江户时代漂着唐船资料集六》，"关西大学东西学术研究所资料集刊"十三之六，关西大学出版部1997年版，第130页。

门别开屏嶂，雄奇峭拔，轩敞高华，如十洲三岛，可望而不可即，允为巨观，不同凡境。

馆周遭仅一里有半，土垣竹茨如棘，然库不满二十，街分三路，附而屋者曰棚子。库必有楼，棚则惟平屋而已。库制楼数楹，舟主及掌财赋者各居其半，下则梢人杂处。棚子之构，始自搭，客梢人之稍丰者，别营以居，今多架楼，颇尚精洁。而库之为楼，俱开拓宏敞，添设前后露台，或翼其左右，靡丽铺张，与初创时大不侔矣。库属正办，有官派执役者三人，名曰守番，棚则无有也。

从上述的描述以及下引的其他史料可以看出，长崎的风景极为美丽，但唐馆内的生活却并不十分自由。自从元禄二年（1689年，清康熙二十八年）唐人屋敷建立以后，日本方面对于唐馆有着极为严格的控制。正像《琼浦佳话》卷3所说的那样：

原来这唐馆，造得铁桶铜墙一般，滴水也不漏，周围土墙，高有百尺，四方角落头，各有一个守办的房子，夜不收在里头，昼夜看守，纵或有个飞檐走壁的手段，也过墙不得。门口也有插刀手，寸步不离，日夜看守，但凡买一尾鱼，买一根菜，都要经他查验，方可进馆。街官房里，也有街官、五甲头、财副、部官等样人，轮流值日，通事房也如此，但凡唐人有甚事故，替他料理了。他那街官，一夜三次，通馆巡消［哨?］一回，千叮万嘱，不许唐人炒闹、打架，火烛小心……

在这种极受限制的唐馆生活中，中国船员往往除了嫖妓赌博，便是以酒买醉。汪鹏在《袖海编》中就指出："馆中宴会极繁，交相酬答，有上办下办酒，有通办酒，有饮福酒，有春酒，有宴妓酒，有清库、出货酒等，寻常醵饮，尤多珍错杂陈，灯明烛灿，殆无虚日。"由此可见，在馆唐人觥筹交错，夜夜笙歌。关于这一点，《琼浦佳话》亦记载：

再说唐人在馆中，虽有大鱼大肉好受用，原是一个客居，究竟不中意。常言道：在家千日好，出外半时难。又说道：他乡酒不如故乡水。不拘什么事情，比不得在家，所以客边见了知己，只当嫡亲骨肉一般，愈加亲切。三朋五友聚拢来，讲讲谈谈，赋诗作文，递相唱和，或者收拾几盘肴馔，买备几样时新果子，排了酒席，吃酒儿顽耍，或者猜三［手］豁拳，或者行令唱曲，也有叫几个妓女来，娼帮吹弹歌舞，品竹调丝，你吹我唱，杯来盏去，吃到天亮，方才散的[①]。

这些，都反映了中国海商在唐馆中的日常生活实态。另外，唐馆中还有天后宫，"每逢神诞，盛陈供筵，张灯设宴者三日，馆客集群妓会饮于此，午夜酒阑，行歌而返"。从此类的描述中可见，日本妓女与中国海商总是如影随行。除了海商之外，下层水手之嫖妓亦相当普遍[②]。《和汉寄文》三中，有"唐馆ニ而游女

① 《琼浦佳话》卷3。

② 关于中国海商水手在长崎与妓女的交往，可参见日本学者古賀十二郎著、長崎学会编《丸山遊女と唐紅毛人》，长崎文献社1969年版。

卒死口上之写”：

> 口供：第二十四番广东船水手陈捷卿，嫖得寄合町丰后屋仪平楼妓女金山，昨进馆，同寄住在别库，不料今日早辰［晨］回本库，忽闻发病，立即赶到，业已身故。但昨夜至今朝不见病症，并无异情，所报是实。
>
> 享保十二年正月　日第二十四番船水手许捷卿。

该口供由长崎小通事颍川弥藤太翻译，其后有中国船主郭裕观、财副黄天渥的口供，唯其下署作“享保十一年正月”①。寄合，翁广平《吾妻镜》写作“奇合”，为长崎五条花街之一（其他四条为附町、丸山、半斤、倾城）②。此一口供即是下层水手嫖妓的一个例子。

在当时，酒过三巡，高声喧哗、打架斗殴之事时常可见。此种情形，在江户时代日本的一些图像中颇有所见③。对于唐人的酗酒打降，日本幕府方面的管理极为严格。据《唐通事会所日录》记载，早在宽文七年（1667 年，清康熙六年），“百凡是非恣肆放逸，以及嫖赌、生端不法之虞，皆自醉狂而致。兹值新春年节，未免各有杯罇来往，是为狂放之基，若不节之，必有害己之患，

---

①［日］菅俊仍辑：《和汉寄文》三，大庭脩编著《享保时代の日中关系资料一——近世日中交涉史料集二》，第 239 页。

②〔清〕翁广平：《吾妻镜补》卷 13《地里志》，第 253 页。

③ 如日本关西大学东西学术研究所收藏的《唐人喧哗の图》（见《长崎唐馆图集成》，第 233 页），亦作《唐人争论图》。（见《宽政十二年远州漂着船万胜号资料》，第 218 页）

以及刀杖殒命，未可知也。各永立自宜体遵法度，船中头目、水梢等，繜谕使知，切勿令其成群作队侣，惹是非，不论党伙之间，及与日本人争斗、扑打者，查出即时禀上，重处罪款，各毋悔之，各船主先自谨遵毋忽”①。此段记载，是指新春时节中国海员水手因酗酒而惹出的种种麻烦。因此，长崎当局对于中国船员酗酒滋事常常是严加管束。《呈词翻案》②中就有一个例子，其中提及：“本船水手四人，于昨日下炮手之际，相帮出去，只因喜酒多吃两杯，不觉乘醉闲走街上，即蒙揖［缉？］捕监牢。”③

幕府方面除了加强对酗酒打降之中国船员的处理之外，还要求确立总管对船员的负责制度。因此规定，中国船员彼此之间一旦发生纠纷，首先应当报告总管来处理。所谓总管，其具体职责是“主水手等人众事”④。倘若总管有所偏袒，无法公正地处理纠纷，那么就应当诉诸船主，根据当时的记载，“船主，非货主也，赊载货主之物件，交易取其利者”⑤。可见，《崎馆海商条约》的第二条，显然就是针对此一状况所作的自我约束。

（3）《崎馆海商条约》的第三条是：

在馆开张店业，此原以本求利，愿买愿卖，原无争竞，

---

① 《唐通事会所日录》一，东京大学史料编纂所编纂《大日本近世史料》，东京大学出版会刊行，1984 年覆刻本，第 87 页。

② 该书系午六番南京船归国途中漂流至日本大隅国种子岛的相关记录，见大庭脩编著《江户时代日中关系资料——近世日中交涉史料集五》，“关西大学中西学术研究所资料集刊九”之五，关西大学出版部 1997 年版，第 198 页。

③ ［日］大庭脩编著：《江户时代日中关系资料——近世日中交涉史料集五》，第 198 页。

④⑤ ［日］平沢元愷：《琼浦偶笔》卷 6，第 117—118 页。

但赊欠一项，在开店之人起身之日，收取本利，理直气壮，但欠钱之人一名辛工有限，或因浪费过度，到此之时，分文乌有，纵使拳打脚踢，逼□（勒？）其人，有何益哉？今现奉上宪，严禁在洋打驾［架］，为此我等公同酌定，俟后总以现钱买卖，不得私相赊欠。倘若通情私相赊欠，起身时无还，亦不得逼勒，致死人命。倘有不遵，本船主首报，回唐究处。

在当时，馆内唐人设肆陈列各种日用货品，极为常见，这些下层水手，藉此赚些蝇头小利。对此，唐话课本《琼浦佳话》中就有："再说弟兄在馆中，各自开小店，出卖杂色东西，务本营生，也有守些本分的。"而《译家必备》[①]之开首为《初进馆》，其内容是一位见习唐通事者第一次前往会馆，向唐船的船主们作

① 《译家必备》有多种版本，静嘉堂文库本作："《译家必备》全部，予祇役于长崎，使译司抄写之／藏一本于家塾／宽政七季八月　近藤守重。"可见，此书应在 1795 年（清乾隆六十年）前便已形成。该书亦作《译家秘备》，关西大学内藤文库有藏，收入大庭脩编著的《江户时代日中关系资料——近世日中交涉史料集五》。经笔者整理及标点，《译家必备》共计 6 万余言，是研究唐通事及中日交流的重要史料。关于《译家必备》，迄今日本学界的研究主要有：奥村佳代子：《〈訳家必備〉とその語彙について：写本資料からみた唐話の一端》，《關西大學中國文學會紀要》25《坂出祥伸教授退休記念号》，2004 年，第 15—32 页。《江戸時代における唐話資料と"白話風"小説：〈訳家必備〉、〈忠臣蔵演義〉と〈海外奇談〉》，《關西大學中國文學會紀要》（26），2005 年，第 55—73 页；《唐話資料〈和漢俗語呈詩等雑事一、二 漢文一〉所収"長短話"と〈訳家必備〉——個々の資料に見られる関連性》，関西大学アジア文化交流研究センター《アジア文化交流研究》（3），2008 年，第 131—146 页；喜多田久仁彦《唐通事の職掌について——〈譯家必備〉から見る職務の一端》，《京都外国語大学研究論叢》（76），2010 年，第 173—182 页。

自我介绍，进而初次步入唐馆内的情景。当时为其领路的中国海商陈三官，就提到沿途所经处，有“几个蓬［篷］子开店的，卖杂货、做糕饼、做裁缝、卖烧酒、卖面食”。关于这些搭篷开店卖小商品的，在各种长崎唐馆图中亦有展示。在长崎唐馆图中，篷子小店旁各有招幌，招幌上所写的内容并不一致，有的标着“出卖”“有酒”，有的则写作“烧酒”“上好香饼”等。但无论如何，这些小商品，应当都是卖给馆内其他中国人的。对此，《译家必备》中有一段唐馆中中国船主与见习唐通事的对话：

（唐通事）：“有茶，请教唐山茶叶有几样？”

（清船主）：“也不多，叫做珠兰茶，就是于今老爹用的。还有雨前茶、松罗茶、武夷茶，这武夷茶是福建武夷山的出产，会清火，吃得有益了。烟叶是蒲［浦］城的好，也倒不如东洋的有香气好吃。”

一回茶也过了，排出点心来，点心也不止一样，白扁豆、莲子、龙眼、荔枝、珠粉、西国米。过了点心，就排起卓子来，菜数也多，燕窝、鸡鸭小炒肉、东坡肉、烧鸡、烧肉、羊肉、羊脯、火腿肉、猪头、猪肝、鸡肝、鸭羹、蟹羹、肉圆、鱼圆、鱼糕、鱼肚、鹿筋团、河鳗、七星蛋、鲤鱼、鲫鱼、海参、鲍鱼、鱼翅、江摇【瑶】柱、浇头，也有几样香菰、海粉、榆肉、木耳、松菰、冬笋、干笋、大蒜、青葱、葱白、青菜、落花生、韭菜、金针菜。若问小菜的名色，肚蛈、虾米、淡菜、盐小鱼、盐螺、蚶子、蛤子、虾酱、笋丝、盐菜、甜酱、春不老。老船主叫一声：“上菜。”

客人（唐通事）说：“不用了，小弟今日头一遭进来，拜识长兄，多蒙错爱，更蒙赐这样美品佳肴，酒醉肉饱，实在当不得，不必再费心。”

（清船主）：“老爹说那［哪］里话？晚生费什么心？馆里没有什么新鲜的好菜蔬，不过是照常的印板菜，没什么可口的东西，怠慢得狠！看见老爹酒总不吃，味薄了，不好请。”

（唐通事）：“岂敢？不妨得，照小弟一样量浅的人，热酒难当，冷的倒好吃，这一杯干了，请收杯。”

（清船主）：“这那［哪］里使得？晚生看见老爹量好，况且唐山酒是味淡薄了，多用几杯，也不醉人了，再要筛一杯。”

……

席散了，小公司捧出一个面盆，盛满了温温儿的汤，放在椅子上，请老爹洗手，过了一歇，就排出几十样果品来，看见夹砂糕、桂花糕、眉公饼、太史饼、明糖、明姜、黄梨、桔饼、泡糖、荔枝、红枣、黑枣、青果、胡桃、松子、榛子、瓜子、雪梨、荸荠、佛手柑、冬瓜糖、牛皮糖、云片糕、水云片、麻饼、芝麻糖。又排起酒来，船主说：“老爹拘缩了，不好坐，请宽外套、裤子。”

……

（唐通事）——“不要见笑，于今日子，也要晚了，要告别罢。”

（清船主）——“不妨得，日子还高，宽心坐坐。老爹唐山酒吃不惯，这个是小店拿进来的京酒，再用几杯。”

从明代以来的文牍来看，“老爹”是百姓对官员的尊称，这一点，也保留在晚近的福州方言之中。而在此处，船主嘴里口口声声的“老爹”，则是指长崎的唐通事。上述提及的各类食品相当丰富，除了来自日本人定期提供的“水菜”（详下文）之外，还有两个来源，其一是在唐馆大门与二门之间日本人卖与唐人的食材，另一则来自唐人自开的小店。而从《崎馆海商条约》的记录来看，这些开店之人，应即唐馆内的水手，他们或将从中国带来的商品带到日本（详下文），或在唐馆内做糕饼等，卖给其他的中国人。当时，船员水手从中国带来的物品极为广泛，以食品为例，有的是从中国带来活的家畜家禽。如《长崎港南京贸易绘图》中，就有中国水手搬运行李的场景，从中可见，中国水手从本土带来公鸡和活猪。而在《长崎游观图会》中，还画有唐馆内中国人杀猪的场景。当然，这些绘图可能反映了较早的情形。唐通事教科书《译家必备·本船起货》中，有一段唐通事与中国总管的对话，一定程度上反映了前后的变化：

唐通事：“总管，船上有活猪带来没有？”

总管：“船头第一个舱两边盖板底下有三口活猪。”

唐通事：“这个为何到于今还没有宰呢？当年也不曾通知你么？于今活猪是不许你带进馆，你们拿进去，养在里头污秽了地方，所以一概禁他，不许带进馆，前番几个船带来的活猪，也赶出外头去了。”

总管：“晚生不晓得，昨日当年老爹也没有什么话，若是早晓得这样的缘故，昨日就宰了。”

唐通事："既然这样，今日且带进馆，明日就杀了罢了。"

在长崎唐馆图中，经常可见散养猪、羊、鸡的图景，一般来说，此类的场景应当反映了乾隆时代以前的情形。这是因为，《译家必备》当在日本宽政七年（1795年，清乾隆六十年）便已成书，按照上揭的描述，至少在《译家必备》成书前夕，长崎当局应当便已开始禁止中国海商在唐馆内圈养活猪。不过，也应当考虑到另一种情况，图像资料未必完全反映历史真实。特别是猪这种食用性动物，在江户时代，实际上成为日本画家用以烘托中国情调的一种要素。

除了食材之外，船员水手亦从中国（特别是乍浦等港口）带来不少现成的食品。从江户时代遗留下来的中国商标、广告和包装纸等来看[①]，当时抵达长崎的船商水手，就从江南各地带来了不少中国的糕点。如一份访帖中，就有如下的文字：

嘉善吴鼎盛号茶食老店，历年久远，志书所载，首推第一，……荤素油酥，悉用洁料精工，不惜本费，创造式样，仿书画琴……异，挑选果品，构浙闽川广之珍奇，青黄红白，色泽各……寒暑春秋，韵味俱臻其妙，是以名驰各

① 目前保留下来的江户时代之中国清代商标、广告，主要有江户中期兰学者森岛中良的《惜字帖》和江户末期美作津山藩主松平齐民的《艺海余波》，关于这一点，数年前，台湾学者刘序枫曾作有《清代外销商品的市场流通：以输日商品的"商标"与"广告"为线索》的演讲，为"东亚文化意象之形塑"系列演讲之一（2009年2月20日），目前仅见有简要的演讲提纲，未有更为详细的研究论文。

省，声布京都。……馈送，绅宦进呈，俱来小铺取货。自戊寅岁，分在嘉兴西……甲申岁又分姑苏阊门街一店，屡次恩叨上用，及内府亦来贸易，非敢自誉炫名，实由货高致信。丙戌岁，又分杭城鼓楼大街城隍牌坊南首四十余家门面，店内雕刻四趣、四爱、金厨门、金葫芦招牌为记，价不二言，货不俯就。近有仝业甘为人后之徒，套用本号印帖，竟将次货混充欺骗，损人利己，殊属昧良！伏望赐顾，认明糕上字号，匣内访帖，方是嘉善鼎盛茶食，不致被误。如寄航船交易，开票示下，或荤或素，或篮或匣，装法庶无差误。倘装书匣、文柜、磁瓶、瓦罐、木匣、篓斗，其价另算。

人物云片每斤二百廿六文，荤糕等货每斤五十二文，荤月饼每斤五十六文，

水晶云片每斤五十二文，素糕等货每斤四十五文，素月饼每斤五十二文，

大方雪片每斤四十五文，面货小饼每斤五十二文，宫饼雪饺每斤五十六文，

砂仁小片每斤四十五文，柿霜玉露每斤四十五文，鸡蛋糕每斤五十二文，

芝麻燥片每斤四十二文，糖枣琢洲每斤四十五文，鸡蛋条每斤五十六文，

洋酥浇切每斤五十二文，录豆百果每斤四十五文，鸡蛋团每斤六十三文，

白玉兰片每斤五十二文，满洲点心每斤五十二文，鸡蛋

卷每斤七十文，

寸金酥糖每斤五十二文，白莲藕粉每斤八十四文，荤桃酥每斤五十二文，

郁金香酒每埕三百零二，合锦小菜每斤二百十二文，金钱饼每斤四十二文，

法制豆豉每斤五十六文，合锦糖色【包?】每斤一百二十文，丁头糕每斤三十二文，

糖风鱼每斤一百六十八文，杂色蜜饯每斤一百六十八文，三合粉每斤廿八文，

糟鹅蛋每个八十四文，古京茶膏每斤一千一百廿文，薄荷软糕每斤三十二文，

制醉蟹每斤一百十二文，参贝陈皮每斤五百六十文，火炙元糕每斤二十六文，

卤虾爪每斤一百四十文。其余货繁不及细载。

该访帖略有残损，开首即注明“价高不二”。嘉善吴鼎盛号，自称在嘉兴、苏州和杭州均有分店。关于苏州、杭州的分号，另有三份访帖，其一曰：“吴鼎盛，江浙第一，今在姑苏阊门内上岸，独造书画人物云片、白莲藕粉、荤素茶食。”其二曰：“吴鼎盛，江浙首推第一老店，今在姑苏阊门内乐桥西首上岸，独造人物云片、白莲藕粉，满汉荤素茶食。”其三曰：“吴鼎盛茶食：吴鼎盛号，首推第一驰名，志载老店，前分至杭城鼓楼大街城隍牌坊上南四十余家，坐西朝东门面，独造人物云片、白莲藕粉、糖色小菜、荤素茶食，倘各省仕商赐顾，请认店内四趣、四爱、金

橱门为记。”其中还特别提到：“如寄航船交易，开票示下”，这说明它是一家面向海外的茶食店。关于此类的茶食店，位于乍浦南门外的周庆芳号，也专门提到“发客出洋”[①]，可见并非绝无仅有的例子。

从文献上看，唐馆内小店的经营方式应主要是赊欠，因此有着一定的风险。因为那些开店之人也是唐馆内的水手，他们也必须在规定的时间内随各番的海船返回中国。而在离开长崎唐馆之前，这些店主自然需要收回先前所卖出商品的货值。但他们的主顾，并非完全是同一番船的中国海商、水手。一般说来，卖给像上揭船主那样的大主顾，自然没有蚀本的风险；但如果对象是下层水手，则可能因后者在长崎使费过度，届时身无分文而完全讨不到钱。在这种情况下，各类的纠纷就在所难免。因此，《崎馆海商条约》规定，此后的买卖，应当现钱买卖，不得私相赊欠。但能否真地做到这一点，显然是有疑问的。

在长崎的船员，欠债的情形多种多样。譬如，有的因赌博而欠债（已如前述），有的则以买物赊欠而欠下债务，等等。《呈词翻案》中就有一个相当典型的例子，当年的十番船主朱心如讲述，“本船水手李寿弟，在门内将钱六百文，交与门外人，即蒙查问。据供，原有馆内欠债，欲在馆中算还，别有许多讨债，不

① 该份访帖全文作：“周庆芳号住乍浦南门外总管衖内第二家门面，佳制异品，发客出洋，荤素茶食，人物云片，白莲藕粉，雨前名山芽茶，各色俱全。凡士商赐顾者，须认本号招牌为记，不误。”此类的茶食店之经营者，可能就是中国海商的亲戚朋友。如“复兴斋：按时茶点。费胜高住乍浦理事衙门东首，坐北朝南。”从中日贸易的史料来看，湖州费氏在赴长崎商船中时常出现，故推测可能是从湖州直接移往嘉兴府。

能周到。但该戊二番船水手原有厚情，不得不算还，幸有在门看伙食，看其无人，暗地交付，已被人员看出，在公暑［署］门私交等事，甚属惶恐等……”[①] 可见，此案中的那位水手李寿弟，身欠多人之债，以至于他只能根据与自己关系的远近选择性地还债。当然，此一债务究竟是赌债还是购物赊账所欠下之债，我们难以确知，不过，类似于此而发生的纠纷应当相当之多。从《崎馆海商条约》的第三条来看，因赊欠讨债，也曾引发过逼勒致死人命的案件。

（4）《崎馆海商条约》的第四条是：

> 菜场买办，原系通馆各船日日所用，崎人送至馆中，自应各认纸签番数，原无抢夺争闹费气等情。今因崎人不肯体谅我等，□□所求者十，彼只付其五，用度不够，以致水菜造馆，即尔抢我夺，至骂詈打驾［架］，大亵我中华一体。今奉上宪，严禁打驾［架］，为此我等参酌商议，此一款实乃打驾【架】起衅之端，所以参定，俟后凡有水菜进馆，各认崎人写定各船番数而收，不得持［恃］凶抢夺。倘有等情，船主、总管饬谕。倘不遵本船主，无论□司买办伙食内，买办不得用其人，另换人买办可也。

从唐通事教材《译家必备》来看，这是清商初至长崎进港

① ［日］大庭脩编著：《江户时代日中关系资料——近世日中交涉史料集五》，第187页。

时必知的二十个条款之一[①]。所谓水菜，原本一般是指新鲜蔬菜，而此处则指船员在船上或馆中所需的日常补给品。唐船进港时，长崎唐通事要求中国财副开出水菜单，而后者开具的水菜单包括：水三儎，柴火二十担，鲜肉一百斤，蚶子一斗，鸡、鸭共十只，鸡蛋一百个，龙虾五十尾，青葱十斤，蛤子五斤，馒头三百，青菜五十斤，大蒜十斤，面粉三十斤，鲜鱼五十斤。关于这一点，《译家必备》中接着的一段是船主与唐通事的对话：

船主："老爹替晚生催催水菜，快送下来。"

唐通事："就要送来。"

船主："船上一点水也没有，今晚就没有烧饭的水，菜也都吃尽了，不要担阁［耽搁］，要紧！要紧！"

唐通事："晓得，吩咐本街就送过来。"

---

① 《译家必备·唐船进巷［港］》。按：此二十个条款，应源自正德五年（1715年，清康熙五十四年）八月的十三款。其中有："一、禁甲船人众过搭乙船，况又前番之人诡迹淹滞，至于舟楫毕开际者乎？倘有背违者，不特本人及本船不许再贩，而彼受搭一船人众，亦如其罪。……一、起货查验行李，可照前约，然有物件果系隐藏无疑者，依例没官。一、起货之后，其空船及杠具等内，或自唐深藏固匿而来，或假修理燂洗之便，以致藏匿，法在严禁。凡系所藏物件，无论看船者及外人，但有搜得，即以其物归之其人。至若安插街坊，亦照此例。……一、失火之患，尔等虽在唐馆，岂可不小心哉？而无知下辈，因一时之忿怨，不能却顾远虑，以致放火者，间或有之，向后若有失火，审得实，罪止其本人，或及一船，自有明断。"（［日］新井白石：《来舶新例谕文》谕汉文，抄本，早稻田大学图书馆收藏）关于这些条款，亦见［日］菅俊仍辑《和汉寄文》一，正德伍年捌月贰拾伍日，由向井元成、彭城素轩等翻译，共十三条。唐人称之为"宪谕十三款"。（第116—117页）此外，还有"严谕三款"。（页114）详见后文的分析。

另外，在《译家必备·巡船，河下送水菜、柴火》中，还有一段相关的对话：

唐通事："总管老大，你们船上没有什么事情么？"

总管："老爹来得正好，晚生船上几天没有鱼菜吃，已经写字两回，至今没有回头，这里又要写一张字儿，催老爹替晚生拿去，那字儿上写：

一、大马鲛　五十尾　　一、白米　　三十担

一、海鳗　　五十斤　　一、菜头　　一百斤

一、一字鲞　五十斤　　一、虾酱　　二十斤

一、粉干　　二十斤　　一、一日示　一百斤

一、青菜　　六十斤。

以上立等应用，速速送下为感。"

唐通事："这不用你的字，你写字给我，是我不得拿去，规矩留在番船上，小头目递送王府里去。前日你写过来的鱼菜单，我们收过了，已经吩咐本街晓得。因这三四天有风有雨，没有新鲜鱼，所以不曾送下来，我回去再催他，不是今日就是明朝，准有的，你放心！放心！"

总管："老爹，晚生船上要一百担柴火。"

唐通事："叫本街明天送下来。"

水菜单亦叫鱼菜单。关于这一点，另一段对话这样写道：

唐通事："送下鱼菜来了，看你前日开出的单子上，要

山羊一只，猪肺一副，这两样一时间没处买，再等三五日才有的，但是你只管催我送鱼菜，所以且把先有的带来了，你照这个收了，账后写个'收'字，写法是不过'以上鱼菜收明'六个字，打印板把他。本街问你，昨日送下来的五仪水，那一宗银额，会在那［哪］一番呢？"

船主："也是会在二十船番算。"

唐通事："个么你写一张会票把他，明日好做凭据。"

船主："好了，我写给他就是了。"

水菜或鱼菜由各番唐船所对应的"本街"提供，而购买水菜的费用平常是以赊欠的方式，等到唐船离开长崎时，才由中国船主与日本街官对账。《译家必备》中，就专门列有"对账"一目。从中可见，在唐船离开长崎时，由会馆的职事人在街官房内，与唐船主携带的"抵账"对账。其中提及："三月十七日送水两仪，连船夫二两六钱二分，送柴九千斤，连船十两零七钱，……柴火一万斤，连船夫二十三两四钱，……进港鱼菜二十四两四钱五分五厘，顺风水三仪，连船夫三两六钱三分，顺风柴五千斤，连船夫廿两零七钱五分，下番米二十担，该银一百二十五两，十一番船会来水三仪，三两零五分，送水船夫一两二钱……"对于水菜的费用，"唐人买一根草，都是唐馆里，街管［官］的财副，开在账簿上，一厘一毫，也苟且不得"[1]。关于水菜等日常生活的消费，中国史料也有相关的描述。对此，苏州知府童华在《长崎纪

① 《琼浦佳话》卷2。

闻》中指出："长崎食物之贵，倍蓰内地，稻米每石卖价十两，鹅、鸭每只二三两，鸡每只、肉每斤卖银五钱，皆故昂其价以病商人。岛中有街八十余条，每街分值一船，船到，其街人运货上岸，日给薪水，皆取重值，街人终岁之需，俱出于商，商人住岛一年，计用千金以上，住日久则商日困矣。"揆诸实际，童华的描述，所依据的是赴长崎贸易之江南铜商提供的讯息，而后者出于财不外露之韬光养晦，也往往会刻意夸大在长崎生活的日常消费成本。不过，从他的描述中，亦可约略窥见昔日长崎各街为唐船提供的水菜及其消费状况。

正像唐人携带的随身行李中往往混杂入不少其他的物品、远远超过自身日用所需的那样，他们所开出的水菜单，也有类似的情形。揆情度理，消费必需额度之外多出的部分，显然可以用于唐馆内的交易。以上揭唐船进港时中国财副所开出的水菜单为例，其中的鲜肉、蚶子、鸡鸭、鸡蛋、龙虾、青葱、蛤子、馒头、青菜、大蒜、面粉和鲜鱼等，除了日常必须的消费之外，多余部分，经过中国人的巧手，便可制成各种可口的食品，供在唐馆内的零星小卖。可能正是因为这个原因，日本人对于中国船商所开出的水菜单并不完全予以满足，而只是选择性地部分提供。在此背景下，遂引发了很多的争执，具体表现是——原本规定给某番的水菜，常常会被其他的海员所抢夺。此种你争我夺的现象可能频频发生，以至于具有一定身份的唐商船主，深感如此作为，实在有损于"中华"形象，故而公议予以禁止。

（5）《崎馆海商条约》的第五条是：

> 换番一事，原为亏欠，不得开交，求换在馆。讵料迁延日久，负欠更深，及水落石出，以致有越墙事，累及公司。今奉宪示，不许顶替，为此公定，嗣后不许换番，在亏欠之人亦易于归结，又不累及公司。倘有暗自偷换者，即当具禀，回唐究治。本公司徇情，察出公罚。

根据乾隆时代汪鹏所撰的《袖海编》记载："船又曰某番，以年之次第计之，如申年首到则为申一番，次到则为申二番。"从当时的惯例来看，每年的船只以地支冠名，首先到达的为一番，其次的为二番，以此顺序类推。原则上看，某番的船员或船客必须在当番原船返回中国，但也有一些例外。例如，有的船员或船客突然生病，只能留待下番离开长崎：

> 具公呈酉年各港船主高承厚，为恳祈转启恩准暂留养病事。切有客龚紫兴，因患血疾，前经恳求暂留调养，但今病势沉重，现在医药，实在不能回唐。厚等目击伤心，情关桑梓，为此公恳暂留，下帮船回棹之日，俟紫兴病体稍痊，即令伊回，伏乞当年老爹转启王上恩准所求，其感恩不特紫兴一人，则厚等亦衔结不朽矣[①]。

① 《呈词翻案》，见［日］大庭脩编著《江户时代日中关系资料——近世日中交涉史料集五》，第228—229页。

这是由船主出具的“公呈”，其中声称一位叫龚紫兴的船客因病不能返回中国，所以让他暂时居留唐馆，等病体康复后再行离境。这是船客的例子，而船员也有类似的情形。如《译家必备》中就有描述：

唐船总管：“个么相恳老爹一件要紧事情——本船一个弟兄患病，病重得狠，船上药料也没有，又没有人伏侍他将息，老爹禀禀王家，给他进馆，吃吃些药，调养好了，等公司下番一起下来。”

唐通事：“既然如此，实在要紧！你快写一张呈子，我替你拿去，就要禀禀，叫他进馆。”

此处的“弟兄”，也就是指船上的船员水手。接着，唐船总管就出具了一张呈子：

具呈某年某番船总管某，为恳祈转启事。切有本船工社某人，在船患病，日加沉重，意欲暂留馆内，延医调摄，候公司下尾番日一同下船，不敢擅便，为此伏乞当年老爹，转启王上恩准所求，则感不浅矣！

年　月　日　　某年某番船总管某[①]。

此一呈子，其中多处出现“某”字样，显然是一种文书活

① 《译家必备·巡船，河下送水菜、柴火》。

套，对照前述的“公呈”，两者大同小异，而该二者，都是生病的特例。不过，从《崎馆海商条约》第五条来看，当时也有一些船员，则是为了避免亏欠，以各种借口要求与他人换番，以达到长期滞留唐馆的目的。

对于换番，日本方面有诸多的禁令。早在正德五年（1715年，康熙五十四年）八月，日本方面就有“禁甲船人众过搭乙船，况又前番之人诡迹淹滞，至于舟揖［楫］毕开际者乎？倘有背违者，不特本人及本船不许再贩，而彼受搭一船人众，亦如其罪”①。当时，每当唐船进港时，由唐通事交给船主、财副的“唐船通商之法”二十条款中，就有一条这样规定：“原船之人，不在原船归去，原船开时，诡迹淹滞，在后私相顶替等弊，一概禁止，仍照旧例，原船之人原船载回，倘有背违者，不特本人及本船不许再贩，而彼受搭一船人众，亦如共罪。”②不过，虽然制度规定得相当严密，但违反的情况仍然时有发生。《呈词翻案》中就记录：“前于十三日晚，唐馆闻有跳墙私进者，一人于墙外捕获，一人潜遁馆中以及街市乡邑等处，络续排搜，至今并无踪迹。莫非在留之人内，或有错意匿留者，疑语纷纷，须当再为严查。现今如能捕获，不问稽迟之责，获者当有奖赏。若再隐匿，日后发觉，定当本人累及船主，均受其责，务宜合馆人众谕以利害，百般查访，以释诸人孤［狐］疑可

① ［日］菅俊仍辑：《和汉寄文》一，大庭脩编著《享保时代の日中关系资料——近世日中交涉史料集二》，第116页。

② 《译家必备·唐船进巷［港］》。

也。”[①] 另外，《译家必备》中也提到对违反禁令者的处置——唐船离开长崎的那一天，“副当年（引者按：指唐通事）进馆，将那跳墙的两个人、藏货的三个人，念名叫出来，叫他跪在头目面前，当年手里展开了一张谕文，念把他听，说道：‘王令你要知道，你此番过墙，犯了法纪，所以将来禁革你不许再来，晓得么？’。”日本方面对于越墙者的处罚，是要求中国船主，不许他们再带这些人前来长崎，而且还要求唐船船主回中国后，也通知其他走洋的各船主，亦不可再误带他们前来[②]。倘若偷偷将这些禁革之人再次带到长崎，则船主必须面临罚减铜斤一千斤的处罚[③]。

（二）中国海商水手的生活实态及其日常管理

颁布《浙江嘉兴平湖县给商船示约》的浙江平湖县，是清代前往日本最为重要的港口——乍浦所在的县份。成书于日本宽政年间、由长崎奉行中川忠英监修的《清俗纪闻》中，收录有乾隆六十年（1795 年）的“平湖县印照”“粘县牌挂号之图”“浙海关商照”“浙海关商船照”和“宪牌”等[④]，这些，都与平湖乍浦直接有关。迄今，在日本长崎，仍保存有《従唐国乍浦至日本崎港海程図》和《乍浦至长崎海路行程图》，这显然是当年海外贸

① ［日］大庭脩编著：《江户时代日中关系资料——近世日中交涉史料集五》，第 172 页。

② 《译家必备·开船、搬库、领牌》。

③ 《译家必备·唐船进巷［港］》。

④ ［日］中川忠英编著：《清俗纪闻》卷 10《羁旅行李》，方克、孙玄龄译，中华书局 2006 年版，第 444—454 页。

易的真实写照[①]。关于清代前期的长崎贸易，翁广平在其所撰的《吾妻镜补》中指出：

> 国朝康熙五十四年，日本正德五年，议定于长崎交易。长崎属肥州，土瘠民贫，其海口便于泊船，中外商贾尽集于此，其民亦得沾其利而自给矣。江、浙两省之采办，从前亦无定额，其船数十，大小不等，自康熙六十年间定例，于苏州立官、民两局，其领帑银以采办铜者曰官局，其以己财货物易铜，而转售宝苏局以资鼓铸者曰民局。各造四大船，每船约容万斛，于嘉兴乍浦所开船，每船办铜千箱，其余出洋之货，与明时颇有异同……[②]

清代前期，日本江户幕府与清王朝，不约而同地加强了对中国海商的管理，不过，两者的着眼点并不完全相同。

就《崎馆海商条约》而言，上述五条主要针对的对象都是唐船上的水手，这些人占赴日贸易唐船人员中的绝大多数。关于唐船人员的内部构成，《译家必备》中有一份人名册（亦作年貌册）：

---

① 除此之外，尚见有《長崎和蘭支那海針路誌》，虽然年代不详，但其中的彩图“自宝船厂开船，从龙江关出水，直抵外国诸番图”（此图即明代的《郑和航海图》），亦画有乍浦。应当说明的一点是，“支那”一词虽然晚近使用较多，带有贬义，但日人以“支那”称呼中国，早在西川如见生活的时代即已如此。故不能仅以该词的出现，就断定《長崎和蘭支那海針路誌》出自晚近。

② 〔清〕翁广平：《吾妻镜补》卷16《食货志》，第331—332页。

寅年第九番厦门船主高隆［陞］元，今将通船人数、年貌、住址，开列于后：

计开：

船主高隆（陞）元，年五十岁，有须，上海人，祀妈姐【祖】；

财副冯吉利，年四十二岁，须，闽州人，祀三官。

总管王大发，年五十一岁，微麻，长须，长乐人，祀观音。

夥长陈长茂，年五十岁，白须，湖州人，祀关帝。

舵工刘必中，年七十岁，有须，长［泉］州人，祀灶君。

板主林之荣，年五十一岁，微须，苏州人，祀观音。

工社方得福，年二十一岁，无须，仁和人，祀准提。

游壮观，年四十八岁，微须，宁波人，祀妈姐【祖】。

姜如辣，年二十三岁，无须，闽县人，仝，祝准提。

潘思姜，年七十一岁，有须，闽县人，仝，祝【祀】妈祖。

卢茂国，年四十九，有须，崇明人，祀三官。

谢有禄，年三十岁，无须，苏州人，仝。

朱如华，年二十岁，无须，苏州人，祀三官。

郑思利，年七十一岁，有须，苏州人，福清，仝。

许有金，年五十岁，有须，福清人，仝。

董永吉，年十九岁，无须，钱唐人，宁波，仝，祝【祀】妈祖。

赵远来，年十八岁，无须，宁波人，钱塘，祀妈姐【祖】，祝【祀】三官。

邹如飞，年七十五岁，微须，苏州人，仝，祝【祀】妈祖。

余三观，年四十岁，有须，苏州人，仝。

张祐弟，年五十岁，有须，苏州人，仝。

金五弟，年三十七岁，有须，苏州人，仝。

褚得利，年三十岁，有须，苏州人，仝。

欧亦安，年四十岁，有须，苏州人，仝。

胡有性，年三十四岁，无须，苏州人，仝。

黄星拱，年三十七岁，有须，苏州人，仝。

郁时连，年三十岁，有须，泉州人，仝。

郭兆观，年四十七岁，有须，泉州人，闽县，祀三官，祝【祀】观音。

郭洋观，年三十四岁，无须，闽县，泉州，祀观音。

牛子钝，年三十一岁，有须，闽县人，仝。

李白裔，年二十九岁，无须，闽县人，仝。

随使杜非甫，年十三岁，苏州人，祀三官，妈祖。

宋旺使，年十五岁，苏州人，祀妈姐【祖】，三官。

以上共三十二人。

类似的人名册，在翁广平《吾妻镜补》中亦作“人数册”或“面貌册”，其内容不外是人名、年岁、有须无须、身长身短，吃何斋等方面的情况。倘若我们对照现存的江户时代之漂流船资料，可以看出，除了人数略少[①]之外，作为唐通事教材，上述的名单有其典型性，可以看作唐船人员构成的一般概况。从中可见，这些船员来自五湖四海，方言南腔北调，年岁亦长幼不一，在管理上存在一定的困难，显然并不难想见。日人平泽元恺有《唐船互市杂记》，其中提到："唐山互市，每岁定额十三只，……置货于榷场，迟留待番，此往彼来，源源含尾，无有虚月，其留在馆者，常不下三百口。"[②]此处的"三百口"只是个约数，但如何管理这三百口的船员，也就成了中日两国官、商的要务。

关于这批船员，人员的素质高下不一，据唐话课本描述："这一班客人里头，船主、财副、货客等样人还有些体面，不敢撒拨［泼］，他那一字不通的弟兄们，不识廉耻，不管好歹。"[③]所谓弟兄们，就是对船员水手的称呼。这里指出，没有多少文化的船员水手，如何管理颇为棘手。《得泰船笔语》中，就有不少内容涉及水手与船主、总管间的冲突：

> （文政九年三月九日，财副）刘圣孚云：本船水手，恨总管要出巷［港］，现在风色不好，水手等举而打之，以致哭。

---

① 从"平湖县印照"印照来看，乾隆六十年（1895年）前往长崎的范三锡船中，舵工水手只有28名，较《译家必备》提供的人名册中的人数更少。（［日］中川忠英编著：《清俗纪闻》卷10《羁旅行李》，第445页）台湾学者刘序枫在《清政府对出洋船只的管理政策（1684—1842）》一文中，曾列表显示清代赴日贸易中国船之船员数之变化，从康熙二十六年（1687年）至咸丰二年（1852年）间，单艘船只最少人数为24人，最多的则要超过120人。

② ［日］平沢元愷：《琼浦偶笔》卷6，第121页。

③ 《琼浦佳话》卷1。

秋岳云：总管毕竟无势，是所以致目侣侵凌，请劝伊放大须①。

文中的秋岳，为日人野田笛浦之号。从上述的对话中可见，得泰船的水手因不满总管出港的决定，竟然出手殴打，以至于总管深感受辱而哭泣。对此，野田笛浦极为感叹："目侣倡［猖］獗，贵邦、日本皆然，不可当。"②对于目侣之难以管束，野田笛浦还说："目侣易致骚扰"③，"从来渠伊下贱，撒漫的性儿，漂泊经许多日子，自然放肆，不受约束。"④

有时，因船上伙食不好，水手们也会吵闹不休。文政九年（1826年，清道光六年）三月二十五日，"总管告仓兄云：吾本船人多食用多，所以船主不敢日日取讨食物。本船第一为要者盐鱼，每日桶盘上要排鱼五十一盘之数，倘若缺少，目侣人等必生争竞，如前日所给付鲄四百尾，未至三日已食尽，故时给鱼菜。"⑤四月十七日，野田笛浦云："闻及本船鱼菜乏了，连日目侣抄［吵］闹，昨半夜因无食物均起气，碗、筷一齐抛下海面，不知有此事么？"圣孚云："此事稍有。吾等赧颜告于公，惟时时吩咐总管，使目侣禁戒，而目侣人可恶，诚不可恕！"⑥由上述的

① ［日］野田希一：《得泰船笔语》卷上，见田中谦二、松浦章编著《文政九年远州漂着得泰船资料——江户时代漂着唐船资料集二》，第422页。
② 同上书，第423页。
③ 同上书，第428页。
④ 同上书，第424页。
⑤ 同上书，第431页。
⑥ 同上书，第443页。

这些对话可见，水手因不满伙食而发生争吵，与长崎唐馆内因争夺水菜而引发的纠纷一样，让船主、总管等极感头疼。

面对船上水手的桀骜不驯，一些船主、总管等内心颇感厌恶。野田笛浦即曾多次表示："唐船大篷以外之水手，多蠢恶之人。"对此，刘圣孚深有同感："此言极是，吾等亦有此意。"[①] 所以，船主、财副等对水手往往多加戒备。如刘圣孚就曾经说过："目侣恶，须手执木棍者至本船看守，今日有乎无乎，今日手持木棍役人，可有得至本船者否？"而野田笛浦亦云："仓兄云，今日目侣人上本船，须吩咐总管，严紧目侣，不许争闹。"[②] 有时，船只发生事故，目侣也很不听从指挥，甚至哄抢货物。野田笛浦就曾指出：

> 本船于三月初九日起牵，至四月廿四日申刻，已抵平户田助浦剥岛，不料潮水甚浅，以致搁舵。港门窄狭，风狂浪急，目侣各人收拾物件，不肯上前扯篷拉舵，抛下三椗，一门未曾吃住。船身逼近山脚触礁，目侣（人）等跳上山峰，搬运各物，并持斧到舱凶抢小伙。某等及各小司逃到山顶，惶急之际，唯取信牌、账目，衣袱诸件，立［且］不暇顾[③]。

其实，类似于这样的困境，并非得泰船一只所独有。安永九年（1780 年，清乾隆四十五年）安房千仓漂着南京船元顺号上

---

① ［日］野田希一：《得泰船笔语》卷上，田中谦二、松浦章编著《文政九年远州漂着得泰船资料——江户时代漂着唐船资料集二》，第 449 页。

② 同上书，第 451 页。

③ 同上书，第 520 页。

的中国船主就曾说过："本船水主等，皆是闽省边土顽民，只身游荡，目无法纪，不识分量，焉知礼义？而我用之者，江、浙二省无民习船者，苟欲飄踔千里，势不得弗取彼，我非得已而不已也。"① 福建沿海素有"以海为田"之传统，当地水手很早就活跃在东亚的帆船贸易活动中，考虑到乍浦与福建等地频繁的经济交流，许多闽籍水手为乍浦商船所雇佣②，显然并不令人奇怪。

当时，唐船进港时，例需宣读告示及行"踏绘"。对此，苏州知府童华指出："倭人以铜板镂天主像，置海岸，唐商至岛，俱令跣足践铜板，恐其有受天主教者也。"③ 而徽商汪鹏亦描述："唐山船至，例有读告示、踏铜板二事，告示中大略叙天主邪说

---

① ［日］儿玉琮：《漂客纪事》，见大庭脩编《安永九年安房千仓漂着南京船元顺号资料——江户时代漂着唐船资料集五》，"关西大学东西学术研究所资料集刊"十三之五，关西大学出版部 1991 年版，第 16 页。

② 在平湖乍浦一带的方志中，经常可以看到闽籍水手的记载。如光绪《平湖县志》卷末《外志续遗 · 丛记》："林松鹤，闽人，居乍浦，充采办铜斤船驾长……"（第 2601—2602 页）光绪《平湖县志》卷 2《地理下 · 风俗 · 市舶》："乍浦贾舶麇至，三山、鄞江、莆阳并设会馆，宾至如归。"（第 189 页）福建余正健所撰的《三山会馆碑记》，于康熙四十八年（1709 年）立在三山会馆内。（光绪《平湖县志》卷 24，第 2405 页）。《乍浦备志》卷 36《杂志》："闽贾买蹷园建三山会馆，以祀天后。"（第 476 页）唐船上的水手，除了来自乍浦之外，也有的则是在长崎临时雇佣。如［日］菅俊仍辑《和汉寄文》三中，有一唐船主委托当年通事与四位船主雇一伙长。其委托书曰："字禀当年老爹：晚生船上缺一伙长，日夜忧闷，晚生无奈，已有字相恳馆中四位船主，代为请一伙长，即舟包工或头椗亦可，为此叩乞老爹进馆，与四位船主相商，必得一人，感恩不尽，种种拜渎，有费清心，通船人众项［顶］戴无既，激切上恳当年老爹台电，上当年老爹收。"（大庭脩编著《享保时代の日中关系资料一——近世日中交涉史料集二》，第 272—273 页）

③ 〔清〕童华：《长崎纪闻》，见《童氏杂著》五种，载《北京图书馆古籍珍本丛刊》第 79 册，书目文献出版社 1988 年版，第 799 页。

之非，煽人之巧，恐船中或有夹带来，而丁宁至再，铜板则以铜铸天主像，践履之，以示摈也。”① 这些，都提及当时的唐通事如何告诫中国人“入国知禁”，向中国人宣传日本禁绝天主教之意，并让唐船人员践踏镶有耶稣基督和玛利亚画像的木板，以示自己并非教徒。关于读告示，《琼浦佳话》卷 2 写道：

> 小头目、插刀手先上船来，后来各职事人随后上船，家老、大头目到落在搭落末，走上来，先将告示挂在大桅上，叫财副高声朗诵，念起来把众人听。那时吩付大家，不可喧嚷。原来水手们卑污下贱，那［哪］里晓得什么道理？正是叫做对牛弹琴，一些文字也不通，大家探头探脑，看东看西，并没有一个人留心听。通事看见，便责骂一顿，方才猛然省得，抬着头，倒着耳，假意认真听。约有一回【会】，告示才念完了，叫船主、财副、总管，立在头目面前，大通事便立起身来，打扫喉咙，像个昆腔戏子唱谩调一般，高声吩咐道：你们多年走洋，料想晓得本朝的犯禁，南蛮丑类，败坏纲常，日本大所嫌忌，众人里头，或者南蛮和尚、南蛮人，或者天主教的书带来，须要速速报出来。倘或东遮西护，掩人家的耳目，隐满［瞒］过去，日后有人出首，本人何消说，连累通船人众，一体问成大罪。若有毒药材、假药

① 〔清〕汪鹏：《袖海编》，王锡祺辑《小方壶斋舆地丛钞》第 10 帙，第 271 页下。《日本碎语》与此文字略有不同：“俗禁天主教甚峻，唐船初至，例有读告示、踏铜板二事，告示叙说天主邪教煽惑人心，虑客有挟之而来者，故遍谕之，铜板铸天主像，践踏以明无习教之人。”（见清梁玉绳《瞥记》卷 7，清嘉庆刻《清白士集》本）

材，脱皮换骨，混杂而带来，私下贩卖，其罪同邪教的人，问成一体，大家须要递相查点，若有一点私情弊，可疑的，即忙出首，不可掩饰，弄得后来，受人家的累。

关于“踏绘”，在唐通事课本中，均写作“躧铜板”[①]。由于大部分人没有受过多少教育，而且一向自由散漫惯了，中国船员水手在听告示及“躧铜板”时，往往显得吊儿郎当，有鉴于此，唐通事常常要告诫说：

告示挂在大桅下底下，财副，你去念起来，把大家听听，也要仔细，不要糊涂，你们众人听告示，留心听听，不要胡乱看东看西，说说笑笑。头目看见，在这里没有规矩，不好意思……

躧铜板，也是要紧，不可乱来，一个一个，除帽脱鞋，正正经经躧过去。原来你们躧铜板的规矩狠不好，你我挤来挤去，各人争先，竟不像样子，一边躧铜板，一边点人，一齐去，不便点了，一个一个，慢慢去！总管在傍［旁］边，叫大家齐齐整整，不要乱走乱来！

此处的唐通事话语，虽然我们听不到声音，但单单从文字上看，就颇能想象出其时的混乱场景。

念告示和“躧铜板”之后，唐通事还会出示有关“唐船通商

---

① 《译通类略》卷下《神佛类》，明治年间抄本，见古典研究会编辑《唐话辞书类集》第 19 集，汲古书院 1975 年版，第 188 页。

之法”的二十个条款，其中有不少就直接针对唐船水手日常生活中的种种弊端：

（1）“唐船通商之法”中的一条说：“凡目梢在馆，平日买办杂物，闻之或有强夺之弊，甚不是也。向后倘有迹涉抢夺者，即据卖主识认，立行究治。又有目梢等无事之人，妄出二门之外，游手闲走，或挤在大门公署之前，妨碍出入之搜检，或径到大门口张望，如此等弊，固在杜禁所不容也。”

关于目梢买办杂物的强夺之弊，前文已经涉及。至于目梢等无事之人，随便走出二门游手闲走，这在长崎唐馆图中多有反映。关于这一点，《琼浦佳话》中说：

> ……只因后来唐人替妓女私通，私下做欺公犯法的事情，所以大门口，或出或入，把妓女的通身摸摩，解带脱衣，无所不搜，看起来，竟不成体面良家的体统，女流一些也没有的了。……也有好的，也有丑的，各人轻盈袅娜，妆出女步，走一步，挨一步，每日进馆，所以那后生的学通事们，巴不得早来一步换番，看看耍子。唐人也吃过晚饭，将近黄昏的时节，都到二门外首来，挨肩擦背，聚将拢来，做一堆儿坐着，看的是看，说的是说，笑的是笑，好不闹热。及至鸟兽散了，方才萍分星散，各自进去[①]。

唐馆的大门与二门之间，有六百多坪的土地，其上有店铺

① 《琼浦佳话》卷3。

107 间，是商人做买卖的场所。二门两侧设有岗哨[①]。唐馆内的海员水手，因生活极其枯燥，黄昏时分聚集在二门外首东张西望，在所难免。

（2）“唐船通商之法”中的另一条规定：“起货查验，行李可照前约，然有物件果系隐藏无疑者，依旧没官。”这是针对船员水手在行李中夹带物品所做的规定。对此，《和汉寄文》一中也有《来往查点行李示谕》：

> 当其起货，行李铺盖什物等项，从宽查验，若有请求结封之物，一概不准，务要打开严查，及其归掉［棹］，一切载回物件，纤细必查，毋容少松。
>
> 正德伍年参［叁］月初五日[②]

水手长程颠簸，到达长崎后住进唐馆，随身需要携带一些行李，以备日常生活不时之需，亦在情理之中。例如，宝历三年（1753 年，清乾隆十八年）八丈岛漂着南京船部分船员所携行李[③]，即如下表所示：

---

① 参见罗晃潮《长崎华侨史》，第 100 页。

② ［日］菅俊仍辑：《和汉寄文》一，大庭脩编著《享保时代の日中关系资料——近世日中交涉史料集二》，第 110 页。此条亦可见翁广平《吾妻镜补》卷 17《通商条规》，第 344 页。二者文字略有小异，据本卷首注：“此本《东洋客游略》”，应是前往长崎贸易的中国商人所抄录而来的。

③ ［日］大庭脩编著：《宝历三年八丈岛漂着南京船资料——江户时代漂着唐船资料集一》，“关西大学东西学术研究所资料集刊”十三之一，关西大学出版部 1985 年版，第 80—81 页。

人　名	身份	行　　李
程剑南	船主	皮箱2个，竹箱1只，板箱1只，小竹箱1只，帽笼1只，账箱1只，铺盖1个，衣包1个
王代显	医	竹箱1只，受百果1个，铺盖1个，衣包1个
周启元	水手	竹箱1只，铺盖1个，衣包1个
钱元珍	不详	竹箱2只，板箱1只，账箱1只，受百果1个，铺盖1个，衣包1个
张义发	不详	竹箱3只，账箱1只，帽笼1只，受百果1个，铺盖1个，衣包1个
黄瑞观	水手	竹箱1只，袋1个，铺盖1个，衣包1个
陈智观（亦作陈知观）	水手	棕箱1只，帽笼1个，铺盖1个，衣包1个
王万来	水手	竹箱1只，铺盖1个

以上八人，随带行李四十二个。更详细的记录，亦见关修龄所辑的《巡海录》①。其中的“受百果”，是一种郊游所携的器具，“一具四器，描金间彩，制作甚精，内盛食物，名曰受百果”②。从汪鹏的描述来看，“受百果”应是日本盛装食物的一种器皿，此时已为中国海员所常备。

当时，船员水手往往以随身行李的名义，夹带诸多物品进入唐馆。对此，《琼浦佳话》卷3就指出：“这两年，行李太多，各人各有一个家伙，这不必说。或者零星药材，散碎什物，又把绉

① ［日］大庭脩编著：《宝历三年八丈岛漂着南京船资料——江户时代漂着唐船资料集一》，第58—60页。

② 〔清〕汪鹏：《袖海编》，王锡祺辑《小方壶斋舆地丛钞》第10帙，第270页下。

纱裁断做七八尺长，取名叫做花胶马，借行李的名色，放在笼箱之内，带进馆中，做伙食发卖，做个私蓄。只因王家许他领进馆，所以弟兄们多用几两本钱，买下杂色等件，带许多来，瓦缝参差，不计其数，好不厌烦。”关于《琼浦佳话》的成书时代，学界有不同的看法。对此，日本学者石田义光主张应成书于清康熙五十七年（1718 年，日本享保三年）左右，台湾学者许丽芳认为应不早于康熙五十八年（1719 年，享保四年），而另一位日本学者石井望则认为可能成书于 1735 年（清雍正十三年，享保二十年）雍正驾崩之后①。此处指出，中国海员的行李愈来愈多，除了必需品之外，水手们将药材、什物、绉纱等均混入行李，带进唐馆以便赢利②。对于此类正常行李之外的夹带物，日本人均称之为私货。关于私货，《琼浦佳话》卷 2 记载：

次日，当年通事又到船上，限番说道："明日王家，叫你起货，大家遵依王令，想来晓得就理，新例以来，法度严紧，私货一件也做不得，若有些货藏在那里，被插刀手搜了

① 《大浦天主堂藏唐文禁教榜辨释》，平成二十一年（2009 年）五月十六日第三回长崎纯心比较文化学会。

② 《残荷物卖拂以仪御免被下度愿书写》："具呈各港船主费赞侯、陈抡三等，为伏祈一视同仁事。切赞等来贩贵国，今生意已竣，感恩不浅，惟有目稍伏【伙】食，止准发卖定额，不敢不遵依，即领进馆已讫。兹者，自辛丑年累次吩咐，伙食不住［准?］多带，但赖格外仁慈，额外伙食亦蒙准卖，各感鸿恩，岂浅鲜哉！而此番目稍伙食物件，尚有所剩，伏愿一视同仁，俯垂慈悲，准赐从宽发卖所剩物件，伏乞本馆街主、当年老爹转启五甲头中王上，裯［稠?］叠恩惠，以准所恳，则感德无涯矣。享保十一年正月　日第十四番南京船主费赞侯、陈抡三等九人。"（［日］菅俊仍辑：《和汉寄文》三，大庭脩编著《享保时代の日中关系资料一——近世日中交涉史料集二》，第 238 页）

> 出来，不但是在藏的货物入官，还要累你船主受气，大没体面，万万不可犯法，须要吩咐弟兄，倘若有些不曾报帐的，明日头目上船的时节，预先报出来，把这个东西，放在外边，便准你结封。倘或故意不说，搜了出来，那时节，求也没干。”说罢，便叫财副写一帐保结，把众人打个花押。当年通事，把保结绌［袖］着，到王府里去，回覆王家。

通常情况下，唐船到达长崎之后，唐通事要求船主出示货册，照单查过，然后将之翻成日文，交与长崎当局。接着，便要到船上，再三告诫船主，不得匿藏私货，以免自取其辱。届时，还要财副出具保结，并画上花押。再过一日起货之时，更是三令五申：

> ……只因这两年，定例不比得当初，国法森严，一许私货，也藏不得。倘若欺公犯法，巧妙多端，藏得些货物，及至验行李搜了出来，其货没官，没得精光了，岂不是颀瓶偷酒一样的道理，倒折本钱了？单把所藏的货物入官，便撒开了手，还算得好，更兼带累船主，永远禁革，连牌照都没官了去，也未见得。所以若有些不曾报帐的，如今明公正气报出来，求头目结封，这还使得。据我看来，你们大家，听我吩咐的时节，假意撇清，满口应承，造出极陈极腐的套话来，凑我的巧说道：大家水清月白，并不敢藏得半根草，着实干净得紧，说来甚是中听，倒［到］底是虚假，作不得准，口不应心，所以，今日反反覆覆，正著一番，说

> 得众人面面相觑，不敢则声。唯独船主，笑堆满脸，不慌不忙，答应道：晚生多蒙王上青目，领张牌照，每年走洋，贵国大禁的事情，都是明白，已写甘结在前，岂有违拗之理？况且在唐山下船的时节，仔细查过一番，那一椿藏货之弊，昨日当年老爹，也来吩咐过的，并没有一些私货，倘若扯了谎，期［欺］公犯法，听凭国法处治，清［情］愿甘罚。那时大通事，转把唐人所回的话，委委曲曲，回覆了一边［遍］①。

从《琼浦佳话》《译家必备》等唐话课本来看，虽然有言在先，三令五申，但日本方面还是常常能在唐人行李中搜出许多私货：

> ……那时节，搜出许多藏货来。藏得巧妙不过，你看怎么样的手段？说来说去，着实惊杀人家，等我分说：把几斤丝线扎紧了，打在索路里头，外面一些也看不出。大家只认做索路，便是梦里也不曾听这般藏法，正是叫做神谋鬼算的了。他那插刀手，眼快不过，但凡搜货，水来土掩，兵来枪当，他这样藏，便这样搜，唐山有百般的藏法，日本也有百般的搜法。当下看见索路太多，就动起疑心来，把一条索子，略略斩将开来，试一试看，那［哪］里得知，露出一些线角来，大家晓得就哩，点头会意，从头至尾，斩做粉

① 《琼浦佳话》卷2。

碎，果然一条索路，通是丝线了。插刀手连忙禀知头目，打张逐条斩断，将要动手的时节，几个水手乱嚷道：我等走洋的人，只靠着几条索路，这个索路，性命相关的东西，倘若逐条斩断，明日怎么起得身？有船没有索路，岂不是无脚蟹，如何走得一步？这是断然做不得，须要求头目宽容，只好开一面之网，求全责备，略见大意就罢了。头目那［哪］里管他三七二十一，便说道：这个说话，分明是掩耳偷铃一样的，究竟偷不过了，大家不可疼热他。说罢，不瞅不采［睬］，不由他分说，逐条斩得粉碎一看，果然三十多条索路，都是丝线，扎得死结，打在里边，信手扯出来，理清了看，约有六千来斤。唐人看见露出破绽来，无言可答，哑口无辨［辩］，心上乱跳起来，眼睁了合不拢来，舌吐出缩不进去，暗暗叫苦不迭……①

“索路”也就是行船用的缆绳，唐人将六千多斤的丝线打在索路之中用以走私，被长崎负责检查的日本插刀手搜出。不仅如此，插刀手见有此斩获，乘胜追击，“无货不搜，无物不斩，逐件逐物，打得七零八落”。结果发现，唐人“还有许多藏货，酒罐里头藏水银，皮箱底下做了重底，藏有人参，灯笼之内，藏了玳瑁，卓子里头，藏了珊瑚珠，都是搜出来”。由此可见，唐船水手在隐匿私货方面，可谓花样百出，不遗余力。关于这一点，《译家必备》中，也有唐通事与中国船主、财副的一段对话：

① 《琼浦佳话》卷3。

唐通事："船主、财副过来，你看这里一个小木箱，一个夹板箱，倒出来打破一看，藏货多得狠，箱子四面连底板挖一个孔，塞满人参。又有才斯打破一个酒担，重底里头都是水银，头目看见了，大大疑心，说这不是弟兄们没有本钱的人所为，一定你们公司里的人。我回覆他说，并不干公司的所为，这总是弟兄们的私弊，头目叫你现要查这个本犯，要报他的名字，来把这本犯寄在你身上，你要留心照管，不要叫他出门，明日王家一定审问。"

船主："正是，老爹说得不错，弟兄煞野的做出这样歹事，累及晚生，老爹周全晚生。"

唐通事："回覆头目，这在我，你放心。我替你禀头目，头目说：据你说公司的人晓得国法，守着本分，但是你做船主的不精细，带了这样歹人来，一个稽察不精的条律是免不得的了，也是看你老实报出来，我禀禀王家，周全你一番，将来要留心，不要胡乱带这样的人来。"

船主："多谢头目好意！"

船主："老爹，又生出一件害晚生的事情来了，本船弟兄有三十包人参，五十斤麝香，在河下该报的不曾报，刚才对晚生说出来，昨日晚生叫通船的人，问他你们有什么不报账的小货，都要报出来，若是私下做个不正经的事情，明日露出马脚来的时节，我做船主的不敢做情一周，到教总管吩咐过了，也不开口，到这个田地，自家没主意才来说。老爹，你说气不气人？老爹看晚生薄面，禀禀头目，他本人初来，不晓得法度，老爹方便，教他报卖。"

唐通事："我禀过了头目，也是一时主意不来，今日且归在库里头，听王家的主意。旧例自诉的人参二八，八分是没官，二分是把你，但不知这一遭怎么样发落，于今还是定不来，连本都没官，也没凭据，你也不要做拿稳的打算。"

在清代，人参被视作"回生起死之神草"，朝鲜人所作的《和国志》即曾指出："人参为其国万病通治之药，名之曰灵药，而恃之为性命之关，不独日本为然也，海中诸国皆来买取于日本，故日本之人又蓄此为奇货。长崎通路后，亦有自南京至者……"此处的"南京"，实指中国的江南。享保十一年（1726年，清雍正四年），水手许捷卿嫖妓，妓女金山突然发病，船主郭裕观等立即赶到，用人参等药，虽已"裎脉绝身故"，但说明在当时人参被当作急救药[①]。在江户时代，长崎成为日本人参贸易的重要码头。宝历三年（1753年，清乾隆十八年）中国海商程剑南所带货物中，就有御用人参一箱，板箱一个（内大人参三斤、参茶二十两），次人参八箱[②]。类似于此的例子，还有相当不少。对此，日本江户后期学者广濑淡窗的一首诗中曾提及："蜀锦吴绫不宜民，广参岭桂乃活人。昆布如山岂用惜，红铜有限休加额。"[③]反映的就是长崎贸易中来自中国的"广参"。

① [日]菅俊仍辑：《和汉寄文》三，大庭脩编著：《享保时代の日中关系资料——近世日中交涉史料集二》，第239页。

② [日]大庭脩编著：《宝历三年八丈岛漂着南京船资料——江户时代漂着唐船资料集一》，第80页。

③ 转引自日本学者上野日出刀《长崎に游ん汉诗人》，中国书店1989年版，第77—78页。

除了销往长崎的中国人参之外，一些海商亦从日本进口高丽参。日人森岛中良的《惜字帖》中，就保留有一份“启事”，其中提及：

具公呈沈敬瞻、刘云台等，为祈转启事。切敬等承办商法高丽参，今将到来上仕，上者二十斤，在包头会所看视，但因比向来所配货品甚为低劣，故禀所拣九斤，此番收回所存之额，断难配收。该高丽参一种，设立商法以来，代包头收回，则上、中、下三宗，祈照从前所给货色，春间二月中旬为则，秋帮八月中旬内预为筹画给付为感，否则有碍装货。一至回棹后到来，一季耽搁，颜色变异，亏折不少，务祈照请预期酌办。至于品色，祈亦照从前者所配货色，给付收回。倘若照此番之货，断难配收，特此预禀，伏乞经管老爹转启王上，恩准所求，采办季候及品色等处，祈照从前办理，则感不浅矣！

宽政十二年八月　申三番船主沈敬瞻。(印)

全五番船主刘云台。(印)

公司尹记。

关于“包头”，在唐通事教科书中时常可见，如《译家必备》中就专有一节《看包头、讲包头、秤包头、装包头、秤添退包头杂色》。细绎其意，所谓包头，应当是指打包运回中国的物品。由此可见，当时的中国海商，亦从事朝鲜高丽参的运销。正是因为人参相当贵重，所以不少水手通过夹带，将此种私货匿藏。

（3）“唐船通商之法”中的一条：“目梢上船装货，并开棹之际，其金银夹带之禁固不待言，且不拘何色，托物贴身，巧藏多端，从馆而出者，向后愈加严查，故预告诫尔等可体此意，若有干法之事，或罪止于本人，或罪及于一船，察其情由，而后施行。”这是针对长崎贸易结束、唐船返归中国时所作的规定，主要是防止水手夹带金银等物。关于这一点，《译家必备》中有一段唐通事与船主的对话：

唐通事：“船主过来，头目有说话［话说］，今日什么样子？做下这样犯法的事情！酒桶里头藏了铜钱，竹笼、板箱里头藏有金片、银子，都验出来了，你进去仔细查查这个本犯，即刻要报出来，都是你做船主的吩咐不严，所以弟兄们这样欺公犯法，王家知道了时，怕不肯宽容，必定连累你通船人吃苦的了。”

船主：“不是晚生咐咐不严，只因这几个煞野的，把晚生的说话听做耳边风，不遵法纪，弄出这样昧天的事情来。晚生看见这个样子，正个呆杀了。仰伏头目怎么样一个方便，周全晚生，极感！极感！”

唐通事：“我替你禀过头目，求他周全，且听王家怎么样发落你。”

船主：“静候！静候！”

唐通事："那本犯的姓名，即刻要你报出来。"

船主："晓得，晚生进去查查，就来回覆老爹。"①

作为唐通事教科书，这当然只是对一般情况的描述。至于具体的例子，某年亥十一番南京船主宋紫岩供称：

具口供亥十一番船工社张石使，切石有亲表兄卢表，亥三番船回去，存有钱九百文，交石收用。其钱系馆内十年前俱用铜钱，余存在馆，但铜钱不能带回唐山，今因本船修理出，意欲带出买栗子、柿子、梨子、烟等，故意报亥八番船工社陈河文，系石原欲逃罪而为捏报，种种冒犯法纪，无言可辩，实为惶恐之至！除此之外，并无别情，为此具供是实。

宝历六年九月　日，具口供亥十一番船工社张石使。

据水手张石使所具口供细加查问，并无差错是实。②

由上述可知，除了金银之外，长崎贸易中的水手夹带铜钱，亦属常见的现象。这些铜钱，应当有不少就是当时的宽永通宝（宽永钱）。宽永通宝始铸于宽永年间（1624—1643 年），由于它较清朝制钱轻薄，掺入中国的铜钱中使用，可以以次充好，赚得其中的差价，故而从事海外贸易的中国海商，纷纷殚思竭虑地贩

① 《译家必备·下头番，竖桅，补蓬［篷］，下搭客，眼桅》。

② ［日］大庭脩编著：《江户时代日中关系资料——近世日中交涉史料集五》，第 231 页。

运宽永钱返归中国牟利，这就造成了乾隆年间日本货币大批流入中国的局面。正是由于宽永钱之泛滥，乾隆十七年（1752 年，日本宝历二年）七月，中国官方下令禁止使用日本宽永钱，并严禁商船携带进口。当年的七月十六日，上谕军机大臣、两江总督尹继善、闽浙总督庄有恭等曰：“向闻滨海地方，有行使宽永钱文之处，乾隆十四年曾经方观承奏请查禁，朕以见在制钱昂贵，未令深究。且以为不过如市井所称翦边、沙板之类，仍属本朝名号耳。乃近日浙省搜获贼犯海票一案，又有行使宽永钱之语，竟系‘宽永通宝’字样。夫制钱国宝，且系纪元年号，即或私铸小钱掺和行使，其罪止于私铸，若别有‘宽永通宝’钱文，则其由来不可不严为查究。又闻江淮以南米市盐场，行使尤多，每银一两所易制钱内，此项钱文几及其半。既铸成钱文，又入市行使，则必有开炉发卖之处，无难查办。著传谕尹继善、庄有恭，令其密饬干员，确查来历，据实具奏。浙、闽濒海郡县，一并令该督抚等密行查办，不可因从前之失于查察，遂尔稍存回护，并宜镇静办理，勿令胥役人等借端滋扰，声张多事。”[①] 从中可见，当时，江淮以南的米市盐场中，使用宽永钱的情况相当普遍。而清政府一开始考虑到国内制钱短缺，对此并未深究。后来发现问题日趋严重，才决定追根溯源。不过，当时对宽永钱之来历茫无头绪，误以为它也是中国国内所铸造，故而要求官员严办“开炉发卖之处”。后来，庄有恭手下著名的“绍兴师爷”汪

① 〔清〕王先谦：《东华续录》乾隆三六，上海古籍出版社 2008 年版，第 397 页。

辉祖，利用朱彝尊《曝书亭集》等书查明：宽永通宝来自东洋，由内地商船带回。当时，江苏上海、浙江宁波、乍浦等海口，使用宽永钱的情况相当普遍[①]。这一方面折射出因清朝国内流通铜钱不足，宽永钱遂得以乘虚而入。但在另一方面，实际上也反映了东南沿海与海外贸易的密切关系。此后，虽然对宽永钱的查禁三令五申，但海商仍然不断地将宽永钱夹带到中国。乾隆三十九年（1774 年），日本萨摩船漂流民在乍浦登船回国之前，居然每人均获赠日本钱若干，以应付不时之需，此一举措曾让日本人感慨万千[②]。直到道光十二年（1832 年），给事中孙兰枝还奏称，浙江乍浦出洋船只，以往虽将宽永钱偷偷输入内地，但为数尚且不多。不过，近年开始，一船所带或数千串或数万串不等。可见，

① 〔清〕汪辉祖：《病榻梦痕录》卷上，乾隆二十年乙亥二十六岁条，道光三十年（1850 年）龚裕刻本。对此，《高宗实录》卷 419 乾隆十七年（1752 年）七月甲申条："寻尹继善、庄有恭等奏，宽永钱文乃东洋倭地所铸，由内地商船带回。江苏之上海，浙江之宁波、乍浦等海口，行使尤多。查宽永为日本纪年，原任检讨朱彝尊集内，载有《吾妻镜》一书，有宽永三年序。又原任编修徐葆光《中山传信录》内，载市中皆行宽永通宝。是此钱本出东洋，并非内地有开炉发卖之处。但既系外国钱文，不应搀和行使。臣等见饬沿海各员弁，严禁商船私带入口，其零星散布者，官为收买，解局充铸。报闻。"（《清实录》第 14 册《高宗纯皇帝实录》(六)，中华书局影印，1986 年版，第 492 页）关于民间对宽永钱的认识，石韫玉《翁氏〈吾妻镜补〉跋》也提到："昔在高宗朝，禁民间私钱，偶得宽永通宝钱，司农不知其所自来，谓中国无此年号，遂令有司者治之，诸封疆大吏无一人知者，守令仓皇，莫知所措。吾乡王慧音先生识为日本钱，以朱竹垞集中《吾妻镜跋》为证，每岁商人向彼国市铜，因以其钱入中国耳。维时桂林陈文恭公巡抚江苏，据其言以入告，由是士大夫始知有《吾妻镜》之名，……。"(《独学庐稿》四稿卷 4)

② 《通航一览》卷 225，关于这一点，见华立《日本漂流民眼中的清代乍浦港》，载《复旦史学集刊》第 3 辑《江南与中外交流》，复旦大学出版社 2009 年版，第 252 页。

宽永钱之输入一直源源不断。清人倪模所撰的《古今钱略》①，罗列了古今中外的诸多钱币。其中的卷 17，列举了“宽永通宝”的各种图案，曰：“日本此钱流入中国者甚多，近日海禁益弛，宽永钱之流行江浙者累钜万，其文有元字、足字、佐字，文字皆不同，不知其为琉球，为日本也。”由于琉球也通行宽永钱，所以宽永通宝的流入，与日本、琉球均有关系。另外，在“宽永通宝”之后，该卷另列有“仙台通宝”铁钱，并注曰：“余初得此品，未知为何国钱，顾千里语余曰：此日本国现在通行用之品，今海滨乍浦诸镇最多。”文中的“顾千里”，亦即苏州清代著名的藏书家顾广圻。可见，清代前期流入中国的日本钱币尚有不少种类。以往，中方文献中所见的宽永钱流入史实，为清史研究者所熟知，但《译家必备》等长崎文献中相对应的史料，则有待于进一步的发掘。

针对夹带宽永钱等违禁物品的严重状况，日本人采取了各种措施，加强对中国水手的严格搜查。《和汉寄文》一中有：

> 历年唐船方其解棹之期，上船人众，搜验其身者，非独为金银，而凡系国禁之物有匿者乎？所以严加查验耳，故查验之间，虽其阴处不得不搜者，盖防其挟带矣。然搜其遍体至于阴处者，似使其无犯而受辱，思有通变之义，故设更换衣裤之法，特令向后上船之际，独搜其衣裤，以明其无所挟带而已。今目梢不解其意，乃谓唐山之法，除犯罪之外，来

① 清光绪倪文蔚刻本。

[未?] 有脱裤之辱，故衣服虽换，至脱其裤，则难于遵依。尔各船主为之具呈，然吾之便换其衣裤者无他，直欲解吾之疑耳，非脱裤使受辱之谓也。且夫止查验其衣裤，与验其遍体，孰荣孰辱？不待其辨可知矣。信能以是理详为告晓，则虽愚者，亦可知其取舍矣。况累年以来，搜捡其身之法，自船主、财副、众客与目梢，本无差别，而目梢独以此番更换下衣为受辱之事，苟如此，则船主众客亦宜与目梢情无异同，乃船主、财副、众客不与目梢同求者，想其能悟我所令之理，而欲遵换裤之法，意已可见矣。抑或船主、财副、众客，其意治与目梢所求无殊，因观望目梢之所求，幸或见许，则已亦欲与目梢一同不换其裤，以受其搜乎？二者其意何居，应须具状，明其所以可也。盖不严搜其身，则不能知其挟带国禁之物与否，然严搜其遍体，则似无罪而受辱，是故设此法，自船主至于目梢，一以施行者，所以寓矜恤之意也，今反目梢等情愿搜捡遍身之法，岂非自取其辱之谓耶？然则吾之所以待之之法，亦当从其便者乎？且目梢等虽或不解其理，然船主、财副、众客克遵此番之谕，则使目梢等亦能从其换衣裤之条乎？尔等其当具词详答。

对此，中国船主等人的回答是：

具公呈各港船主陈启登、财副、诸客等，今承鸿翰下须[颁]，谨陈微志，奉答宪谕事。登等累年回掉[棹]之时，为挟带违禁一事，法令森严，重加搜捡，由来久矣。近蒙王上仁慈，谓我唐人取受搜捡至于阴处者，似使其无犯而受辱，故另制衣裳，令其上船更换，多费宸费［衷?］桑［柔］远之意，感激难各【名?】，理合遵依，恳其所以求免者，依我唐法，搜捡遍体，似自取其辱，此王上之意耶？然而登等却不为辱，应试士子进场之时，遍体衣裳严查，实防挟带文字之弊，只为功名，尚不为辱，而况登等来商贵国，原为蝇头觅利，应试士子且有如此者，何况登等取受搜捡，似不为辱。依我唐法，如有犯科条者，脱换其衣裳，是以为辱也。但目梢上船日期迫急，故此先求，至于登等船主、财副、众客，自当临时再恳，虽云先后之殊，其情与目梢则一也，特恳各位老爹转启王上，俯察下情，登等不胜感激之至！为此具陈谨答。

正德六年二月　　日①

上述的争议，反映了中日两国在文化风俗上的差异。日本方面为防止唐船水手夹带私物，原先是要搜查全身，即使是私处也不放过。后来考虑到此种做法不妥，遂行脱换衣裳之法。不料，却引起中国水手的强烈反弹。后者认为，读书人参加科举考试时，也要搜捡遍体，这在中国人看来并不以为辱。相反，倘若让他们脱换衣裳，则是对付犯人的态度，那会让中国人感到奇耻大辱。双方争论的焦点，背后是否尚有其他方面的隐情则不得

① ［日］菅俊仍辑：《和汉寄文》一，大庭脩编著《享保时代の日中关系资料——近世日中交涉史料集二》，第125—127页。

而知。

（4）“唐船通商之法”中的一条：“火烛之事，尔等在馆，岂可不小心哉！而无知下辈，因一时之忿怒，不能却顾远虑，以致放火者，间或有之。向后若有失火，查核缘由，倘有忽略不谨情状，即据事实，罚令本船出其赎银，罪或止革其本人，或革及一船，自有明断。”这是指在唐馆之内，有的下层水手因一时忿怒放火烧屋。这当然是故意所为，但在正常情况下，无论是在船还是在馆，发生火灾之事总是难以避免。宝永二年（1705 年，清康熙四十四年），唐人屋敷大火。两年后的宝永四年（1707 年，清康熙四十六年），唐人屋敷再次出火①。《呈词翻案》中亦提及船上的失火：“昨念九船上失火，即行查询，据云尔因有修理，出去拜拜妈姐，烧化大金，不料一时风作，延烧大篷、套马，并无别故。然而平日小心火烛，不应无如此疏虞，更且不着风头向背，漫为焚烧，致有失火，甚属慢忽之，恃［特］行谴责。”②“妈姐”即妈祖，这是唐通事教科书中的习惯用语。此段文字是指当时为了拜妈祖，焚烧锡箔，从而引发大火。类似的情形，也会在唐馆之内发生，所以《琼浦佳话》说日本的街官，一夜三次在通馆巡逻，“千叮万嘱，不许唐人炒［吵］闹、打架，火烛小心”。

由于有诸多情弊，故此，《译家必备》中经常出现唐通事要

① 见［日］山胁悌二郎著《长崎の唐人贸易》“略年表”，第 317 页。

② ［日］大庭脩编著：《江户时代日中关系资料——近世日中交涉史料集五》，第 174 页。

求总管等加强管束的对话：

> 唐通事："到了大浦地方了，小头目说：这里不是长崎管下的地方，法度拘缩得狠，你通知弟兄们着实要仔细，倘若放他们众人到人家屋里去吃茶、吃烟，自在放肆，弄出事情来，大大啰唣，你做总管的约束他们，不要胡乱走来走去。"
>
> 总管："晚生晓得的，老爹放心。"①

又如"口外守风"条曰：

> 唐通事："今日王家叫我下来，吩咐你们说，你们船上的弟兄了不得煞野放肆，这几日下了杉板，只顾摇来摇去，动不动上山，借了打水的名目，到人家屋里去顽耍。小头目、插刀手禁你不来，好没规矩，你们也晓得，这里不是长崎管的地方，万一你们也上岸，惹出什么事情，报到长崎来，那时非同小可的关系了。又是那个火药库的地方最要紧，你们决不要到那个所在吃烟，这个是大禁的了，你们不要看得容易！"
>
> 船主："晚生都晓得的。"

当时，各唐船备有小杉板，主要是用以处理日常杂事，如寻

① 《译家必备·修船、燂洗、修杉板、放船、看舵、看修理》。

找淡水补给等。但因水手在船上闲得发慌，故而往往借着打水的名义，呼朋引类地上岸透风。《呈词翻案》中就提到唐人借名打水上岸的案例：

> 今蒙宪谕，△等本船水手人等，擅自摇驶杉板上岸，到人屋里放肆，本应将杉板收去，奈同［因］△等苦求，故暂行宥恕。自今日起，除打水外，一概不许上岸。若借名打水，人多拥簇，擅自上岸者，立拿报官，决不饶恕。其该船主、总管等，拟处罚款，等因，俱已知悉，敢不凛遵。将来倘有再犯，其人任凭捉拿，杉板亦听收去，不敢一言委求，为此具遵上覆①。

无论是在馆还是在船，一旦发生违规情事，则唯船主是问，这在《呈词翻案》中所见颇多。例如，“前于二十一日在货库水仙门傍边藏匿酒杯二十五个，被搜子看出，即为没官。今蒙查问，所有情弊，据实供报，等因，俱已领悉，将其情由开列于后：本船出糖到货库之日，所有小伙酒钟二十五个，意欲与总管相酌，领进馆中，但恐人多遗失不便，放在水仙门傍边，此出不得已之事，并非藏货，仰祈格外开恩宽免，为此具供。天明五年二月，辰十番船水手林岳。”为此，船主保证，“以上水手所供缘由，并无差错，该水手往常为人老实，并非藏匿物件之人，但所贮小伙之内，未曾通知△等，任意带出，殊为不该，亦惶恐无言

① ［日］大庭脩编著：《江户时代日中关系资料——近世日中交涉史料集五》，第186页，参见第187页。

可辩，仰恳厚恩恕免，为此具禀。”①

对于夹带私货，日本方面一旦发现，必将予以惩处。《呈词翻案》中就有一个案例：

> 前于初九日，在本船验出甘草约十二斤，苏木约四十九斤，其隐匿情弊，今蒙查问，上具口供，等谕，俱已领悉，即唤通船人众，一一查纠，实系本船水手△△△，所供缘由，开陈于左：
>
> 辰十番船水手陈兴。
>
> 水手所收辛钱，其实有限，从难以糊口起见，即将甘草、苏木隐藏在船中带来，乘机私带进馆，抵换物件，以济使用。讵料今被验出，倘行自首，谅归小伙卖内，因恐利钱亏少，瞒过不报，其实愚卤所致，懊悔不及。更有船主、财副屡嘱谨守纪纲等语，不肯恪守，殊觉惶恐，无言可辩。除此之外，并无别由，所供是实。
>
> 天明五年二月。
>
> 以上水手所供情由，毫无差错，其不肯遵守国纪，却犯宪纲，无言可辩，惶恐！为此具草上覆②。

天明五年即1785年（清乾隆五十年）。这里指出，因水手收

① ［日］大庭脩编著：《江户时代日中关系资料——近世日中交涉史料集五》，第177—178页。

② ［日］大庭脩编著：《江户时代日中关系资料——近世日中交涉史料集五》，第179页。

入有限，往往夹带私货进入唐馆，用于日常生活中的抵换物件，以备开销。文中提及的“小伙卖”，是指水手在唐船上附搭个人货物，销售后收入归自己所有的商品①。

对于匿藏私货的处罚，《译家必备》中有较为详细的描述，其中提及：唐船离开长崎时，副当年进馆，将那跳墙的两个人、藏货的三个人，念名叫出来，叫他跪在头目面前。届时，当年手里展开一张谕文，对藏货者念道：“你起货那一天，笼箱里头藏了人参，干犯法纪，所以禁革，不许再来。”②可见，对于匿藏私货者的处罚，便是永远不许其人再踏上长崎的土地。

一旦发生藏匿私卖等情形，除了对水手加以处罚外，船主也会被威胁处以减少铜斤加以惩处。《呈词翻案》曰：

> 切因某等来贩各船，将药材以及各宗藏带前来，俱已搜出。不许藏货私卖等由，历来已有谕示，更于申年间，复蒙严谕而不遵守，仍踏故辙。推其致犯之由，必竟船主、财东藐视贵国法令，唐山开船之际，船上查验不周，大为不合。因此，须照申年间所谕，每船五百斤，自当罚减铜斤五百斤缴销，等因。蒙谕之下，俱已知悉，敢不凛遵？不应再行渎告，唯其铜斤一宗，原系官项，若或稍减，不独某等以及财东俱受重责，所有苦悃，笔楮难穷，为此冒渎，务祈罚铜一事，从宽恩免是

① “小伙卖”应是乍浦一带极为通常的惯例。道光《乍浦备志》卷 6《关梁》：“若其杂货，船头之零星带至者，是为小伙货，则另于过塘时计数输税。”（第 149 页）

② 《译家必备·开船、搬库、领牌》。

感。至于所谕状，此番回唐，即行详达财东知悉，将来自行严紧约束，故祈此番照求豁免是感，为此伏乞。①

有时，藏货被搜出，在唐馆的船主共同出面苦苦哀求，祈请免于处罚：

上具公结。亥子各港门船主高山辉、董符宾等，切有此番子四番船隐藏货物在船，干犯法纪，因蒙罚减加头三分，山等公同呈恳恩免，等情。今蒙格外之恩，罚减加头一分，恩免二分，不特吴逸求感激，山等均感不浅。向后倘有仍然不法之船，虽蒙责罚，各船不敢公同求恳，为此公具遵结存证。

宝历六年九月　　日，具公结亥八番宁波船主高山辉

在馆各船主打印板②

宝历六年亦即1756年（清乾隆二十一年）。值得注意的是，这里是在馆各船主共同打印板，也就是画押盖章。

前述的《琼浦佳话》中日本插刀手从唐船索路中搜出六千多斤的丝线，在酒罐里头搜出偷藏的水银，在皮箱底下的重底里找到了所藏的人参，在灯笼之内找到藏着的玳瑁，以及在卓子里头看到所藏的珊瑚珠等等，结果：

① 《呈词翻案》，大庭脩编著：《江户时代日中关系资料——近世日中交涉史料集五》，第199—200页。

② 同上书，第230页。

头目看见如此放肆，忙叫通事，责骂唐人说道："你们领牌的良商，不比得奸商，因［应］该守本分，不该有这样欺罔之举，岂不是有话在前，今朝絮絮叨叨，吩咐了好几十边［遍］，偏生不肯报出来，藏得这许多东西，原来天理昭彰，天不肯替你护短，露出马脚来，如今货已起完了，所以屈法用情，还是惜你的廉耻，存你的体面，今日好端端叫你进馆，改日自有国法处治，或是减派，或者禁革，也不可知，但是其货没官了。"

这一句话骂得船主垂首丧气，脸上红了又白，白了又红，一味赔个不是，答道："晚生已蒙王令，确守新例，怎敢大胆撒拨［泼］，自来送死了？其实不是晚生晓得底里，只因多带几个新来的弟兄，不识好歹，冒渎了王令，着实得罪！怪道带这几个人来，连累众人，弄得不干净。常言道：一失足时千古恨，再回头是百年人。如今说也没干，骂也徒然，千不是，万不是，究竟晚生不是了，相烦老爹好好求头目，说个方便。"①

通常情况下，所藏私货一旦被搜出，船主往往百般辩护：

切本船包蓬［篷］之日，大蓬［篷］上有大黄，拟为藏货，即在本船交收本街。此系起货之际，包破漏散，想必无心，权且收拾大蓬［篷］之上，因一时混杂，仍放该处，非

① 《琼浦佳话》卷3。

巧为施设。况此系正卖之货，虽斤量有限，若或入官，只恐财东知之，以为船主不周，更受其责，恐贴［贻］伊戚，不堪拮据，为此冒渎，务祈格外从权。此番为止，准将该货归入正货收买是感，伏乞[①]。

准情酌理，船主作上述的表态，让人不可不信，但亦不可全信。其间的虚虚实实，可谓一言难尽。对于水手的藏私手法，他未必全部知晓，但也不一定完全不知情。不过，他可能并无法完全能控制手下的水手如此行事。因此，船主不得不倚仗清朝官府的力量加以威慑。

当时，船主、财副等是全体船员的担保人。一旦发生事端，就唯他们是问。《得泰船笔语》文政九年四月廿八日，野田笛浦就指出："你叮咛各寓的伙计们，着实守法要紧，万一弟兄不守法，可不是船主、财副受累了？"[②]关于这一点，《得泰船笔语》卷下中有另外一段对话，亦表达了同样的意思：

秋岳云：目侣却服伙长之喝令，而不服总管、舵工。

（船主杨）启堂云：非也，伙长作主，漂到远江，况今本船搁浅，渠伊心中不服而怀恨，以致总管、舵工喝令不服，无用人而又无势，以致于斯。

---

① 《呈词翻案》，大庭脩编著：《江户时代日中关系资料——近世日中交涉史料集五》，第 222 页。

② 《得泰船笔语》卷上，田中谦二、松浦章编著《文政九年远州漂着得泰船资料——江户时代漂着唐船资料集二》，第 449 页。

秋岳云：贵邦仁俗超越万国，不图目侣之暴至于斯也！

（财副朱）柳桥云：顽梗不服王化，古昔尚然，况现在下贱水手，又何足怪？

秋岳云：船内光棍的水手，何名何州？

启堂云：明［暗］理可恶者，不过同安、长乐人七八名耳，决不宽恕。

秋岳云：漂到以后，目侣怀恨，动怒气相当，伙、总、舵不能严押呵喝，是所以水手之顽犷。倘权归（伙、总、舵）三人，则断无渠伊之滋事。船财三兄，别无法可活乎？

启堂云：回唐后一革去其名，船上永不录用，且送官处治，押解回籍。至途中，我等无处置耳。货物及目侣禁押，我等所管，明日亦对伙总说①。

唐人在唐馆内享有一定程度的自治权，若是在此出现麻烦或轻微罪行，九大通事家族会行使司法权以尝试平息或作出裁决。若事态严重，则要上呈长崎或幕府的高级官员处理。通常情况下，德川当局避免对异国民众施以实刑，犯事者多被强迫遣送归国②。

（三）海商水手、“无赖”与“倭患”：未远的殷鉴与江南民众之痛苦记忆

在清政府方面，之所以接受中国海商的请求，颁布法令，藉

① 田中谦二、松浦章编著：《文政九年远州漂着得泰船资料——江户时代漂着唐船资料集二》，第524页。

② 吴伟明：《十七世纪的在日华人与南洋贸易》，《海交史研究》2004年第1期。

以对海商水手加强管理，实际上与明代的倭患有着密切的关系。从政府层面上看，清政府时刻以警惕的目光注视着日本的动态。日本学者大庭脩就曾指出：“享保十四的二号暹罗船，就是李卫派往日本探听情报的间谍船。……朱来章在参拜唐寺时，曾借福建僧人全岩之力窥测萨摩辖区的区域，清政府以防御倭寇为重点的用心，由此可窥一斑。”① 而在民间，也有不少人提出应关注日本的动态，对日清贸易予以重视，以避免重蹈明代倭寇之乱的覆辙。乾隆时人宋景关纂修的《乍浦志》卷3，即为与防备倭患有关的《武备》。此外，卷6《外纪》指出：澉浦市舶之设，始于南宋淳祐六年（1246年），元代因袭宋制。明初罢市舶司，豪商大贾风流云散，“二镇城民居为之萧然”。不过，当时海上番船往来不绝，他们停泊于沿海的港湾中，与内地豪商从事私人贸易。后双方因财务引发纠纷，一些商人遂愤而干起海盗的勾当，他们勾引倭人入寇，“浙东西大扰”，乍浦也因此遭受惨酷的蹂躏。作者认为，此一段经历“创钜痛深”，每每想起，未尝不令人慨然叹息。及至清代前期，“我朝虽弛洋禁，而稽验控制之法不懈益严，立升平而谈兵燹，沙虫猿鹤，断简残编，固当世得失之林也！”② 有鉴于此，《外纪》征引天启《平湖县志》、《筹海图编》等史籍，详细记录了明朝正统七年（1442年）以后的“倭寇”入侵。除此之外，乾隆《平湖县志》卷10、道光《乍浦备志》卷14等，都专门列有“倭患”或“前明倭变”的内容，这

① 大庭脩：《江户时代日中秘话》，第146—147页。

② 《乍浦志》卷6《外纪》，《中国地方志集成·乡镇志专辑》第20册，上海书店出版社1992年版，第50页。

些，都反映了地方士人对倭患的关注。《乍浦备志》卷21《邱墓》中还提及，当地汤山下天尊庙后有二积骨塔，故老相传，埋葬的是明嘉靖年间民间男女被倭难死者。此外，东门外城脚下另有一塔，也与倭难有关[①]。值得一提的是，该书中还收录了陆棻的《通洋宜防倭患议》[②]，个中提及：

> 前代倭患在嘉靖间，不仅被于湖邑，即以湖邑论，倭屯清溪，不过沈氏两宅，非有楼橹之设、墉堑之防，可以坚守而力拒，即如邑志所记，虚张倭势，不过千人，而召集官兵则有七万三千之众，是以七十三人擒一人而不足，有是理哉？况父老相传，真倭止一十八人耳。徐海以新安无赖，通洋贸易，资本荡然，遂以其党汪直、叶麻辈诱入唱乱，驱煽沿海贫民聚而为寇。吴越财赋之区承平既久，民间累世不睹干戈，岂能单衣而捍锋刃。至于汛师水哨，皆同儿戏，调至客兵、土兵，不谙山川原形势，而且先有凡肉居民之心，无异于贼，将不识兵，兵不识伍，宜乎旷日縻饷，纵贼流毒于数郡数十县之间，酿成东南一大害也，而其原不过起于通洋贸易之徐海一人，甚矣！通洋之利小而害大，利在下而害在上，不可不豫为之忧也！

① 《乍浦备志》卷21《邱墓》,《中国地方志集成·乡镇志专辑》第20册，上海书店出版社1992年版，第328页。

② 亦见乾隆《平湖县志》卷8《艺文·奏议六十六》，中国科学院图书馆选编《稀见中国地方志丛刊》第16册，中国书店1992年版，第338—339页。

陆莱看不到海洋贸易对区域社会经济发展的重要性，却对十六世纪倭患之危害性刻骨铭心。他认为，明代倭患之出现，主要就在于海上贸易中“无赖”的出现。作者在谈完明代的倭患之后，分析了清代的情形。他认为，虽然有人说追逐财富是人的天性，海外贸易也是获得财富的一大途径。那些人呼朋引类，挟赀求赢，以牟取的利润赡养父母妻儿，哪有可能每个人都是徐海？其实不然，大凡人有恒产恒业，通常都会守坟墓、乐廛肆、治田畴，有田的人提供租税，有丁的人提供力役，他们都是些良民。即使是那些追逐末利而从事商贩的，在国内贸易的框架下，南走闽粤，北走燕秦，远的到达滇池、辽海，也足以权子母而获得厚利，何以需要“泛不测之渊，入鲸鲵蛟蜃之窟，以求赢余”？这样做的那些人，一定是“素行无赖”“生计凉薄”，没有多少经商本钱的人。而且，也必然是些“嗜利忘祸，贪狠而不仁”、只求侥幸获利之人，也一定是些没有骨肉亲情的无赖。因此，从事海外贸易的人，本来就非良善之辈。他的分析，充满了个人想当然的诛心之论。接着，他又提及这些从事海外贸易的人在日本的生活状况：

又闻日本风俗，出入佩刀，男女杂沓，饮食之费倍于中国，妓馆博家比比而是，贸易者本少利多，又素性狼藉，不自惜其资，即所获甚饶，而挟妓、呼卢，同胥及溺，是以盈余之财，得于彼仍失于彼，或至尽丧其所有，如向之徐海辈。嗟乎！夫人而嗜利忘祸，轻其身，视父母妻子贪狠不仁，试不测之险以侥幸。一旦之获，则亦何事不可为？且涉大海如衽席，习见夫犷悍佩刀之俗，浮浪倏忽，若鸟兽之聚散，不以故国乡井为念，久相忘于法制禁令之严，又且丧其所有，穷困无归，更何所不为，而尚有忌惮哉！彼徐海者，始不过一通洋贸易之人，非素有不轨之志，乐与岛倭为伍，逞其邪谋，入寇内地，只因贪利而进，丧其所有，穷困无归，乃激而为盗耳。而谓凡今之人通洋贸易，必无若徐海辈者，畴敢信耶？或又以为，倭俗饶于资财，未尝阑入为盗，此亦不可恃也。良楛其产，易地皆然。中国嗜利忘祸之人，可以聚类而往，则彼中桀黠者流交相煽诱，亦可以因导而来，向所云真倭一十八人者，非其故辙耶！然则戢乱于既炽，弭乱于未萌，利害较然可见。庙堂之上，远而未周，身任封疆者不宜晏然而处堂也，封疆大吏周而未悉，各任海滨民社之计者，不宜忽焚如之灾，而待焦头烂额之客也。康熙初年，以海岛游魂既弭，朝廷乃下宽大之诏，复其迁界，许令结筏捕鱼，可以厚民之生矣。而言利者，遂进通商贸易充裕国课之谋，于是洋禁大开，富家巨室，争造货船，游手惰民竞充贩客，微赀所挟，倍息相期，往而获利，则贪进而不肯休，苟失其资，则流荡而不能返，其情其势，不易驱而为徐海辈哉？①

陆菜原名世枋，字次友、义山，号雅坪，浙江平湖县人，生于明崇祯三年（1630 年），卒于清康熙三十八年（1699 年），年七十岁。康熙六年（1667 年）进士，康熙十八年（1679 年）

① 《乍浦备志》卷 32《艺文议》，第 423—424 页。

博学鸿儒一等，授翰林院编修，充《明史》纂修官，撰《成祖本纪》、《漕河水利》诸稿。康熙二十七年（1688年），他曾受聘主纂《平湖县志》。从上述的分析可见，陆棻其人，对于日本风俗及中国海商在长崎日常生活的描述大体上符合事实，但他显然是一个昧于时势的官僚，陆棻错误地认为通洋"利小而害大"，因此主张：今后应只允许海滨细民结筏捕鱼，而禁止所有的通洋船只。这是上策。其次是让那些通洋贸易的人，"取具里长两邻结状，其只身无赖、资本不足者不得偕往"，以防患于未然。

陆棻多次提及的"徐海辈"，主要是指明代中后期徐海等徽州海商。徐海是徽州歙县人，为"徽王"王直部下的大头目，为人生性狡佻，贫困无赖，原为杭州虎跑寺僧，法号"明山和尚"。根据史传，徐海曾为博徒所窘，匿于名妓王翠翘家中。嘉靖年间，徐海与其叔徐惟学、朋友王直、叶宗满等前往岭南做生意，并渡海至日本等国贸易。因经营失利亏本，惟学遂将徐海质于大隅州倭主，后因惟学为广东守备所杀，倭责海偿贷款，海因与倭相约，引导倭寇剽掠沿海财货相偿。嘉靖三十二年（1553年），徐海随倭寇犯嘉兴、海盐、乍浦等地，大掠而去。此后，又多次入侵。嘉靖三十四年（1555年），徐海偕同倭酋辛五郎入寇浙西，据柘林、乍浦。翌年，海又与陈东、麻叶等屯聚柘林、乍浦、乌镇和皂林间，四出劫掠。徐海最后为胡宗宪所诱降，并于沈庄投水自杀。与徐海经历相似的徽州海商尚有不少，如歙县人许栋，偕同其兄许楠、弟许梓等，与葡萄牙人交易，在大泥、满剌加及日本等地经商贸易。后因亏欠商款，开始诱导倭寇骚扰，并派遣同伙到苏、松等地诱骗良民，收购货物至港后，又私下唆使番人强夺其物品，以弥补所欠款值。但在表面上，又假惺惺安慰受害者，允准补偿货款。有些被害人因系贷款经营，遭此变故无以还债，遂不敢归，而随栋、梓等人至日本，向日本岛主诉其原委，岛主怒杀番人，厚待梓等，并让他们返回中国。嘉靖二十七年（1548 年），许栋与李光头等占据浙江双屿，勾结倭寇骚扰东南沿海。浙江巡抚朱纨命麾下突袭双屿港，结果许栋逃逸，与梓亡命南洋。而其余党王直、徐惟学、叶宗满等继续分兵剽掠，以致倭祸愈演愈烈，历十余年始渐平息。前述的海商王直，也是歙县人。嘉靖二十七年许栋为官军击败遁去后，余党推王直为首。他与叶宗满等建造海舶，贩运琉磺、丝棉等违禁物品，前往日本、暹罗及西洋诸国贸易，数年间遂富至巨万，为夷人所信服，被称为“五峰船主”。后因海禁益严，海滨商民乘机赚取倭人财货甚多，倭遂责偿于直，王直无计可施，于是唆使倭人入寇以求补偿。嘉靖二十八年（1549 年），王直勾引倭寇劫掠浙东，此后，三十一年（1552 年）、三十二年（1553 年）、三十四年（1555 年）等又多次入侵。倭寇四散劫掠，而对各通番之家则不相犯，因此，人皆竞趋依附，“杭城歇客之家，明知海贼，贪其厚利，任其堆货，且为之打点护送。如铜钱用以铸铳，铅以为弹，硝以为火药，铁以制刀枪，皮以制甲，及布帛、丝绵、油麻等物，大船装送关津，略不讥盘，明送资贼，继以酒米”①。

---

①〔明〕万表：《海寇议》（嘉靖壬子岁作），《玩鹿亭稿》卷 5《杂著》，明万历万邦孚刻本。

当时，王直“据萨摩洲，僭号曰京，自称徽王”①，直到嘉靖三十六年（1557年）接受诱降，并于翌年在杭州被处斩②。纵观许栋、王直、徐海等人的经历，的确可见因海外贸易失利产生的“无赖”，并由此而引发了倭乱，其间具有相当的关联性。

不过，虽然在中国史籍中，上述诸人都是一些海商“无赖”，但从域外文献来看，其中的一些人，在东亚海上贸易中却是受人尊敬的商人③。纵观世界历史，海商通常都是亦商亦盗的人物，从另一方面来看，事实上，从事海外贸易的一些商人席丰履厚，他们也是有血有肉、重视亲情的人物。至于下层的水手，虽然有不少都挣扎在贫困线上，但与海商相似，他们也并非生来就是十恶不赦的“无赖”。另外，十八世纪与十六世纪的情形亦完全不同。在十六世纪，日本处于战国时代，其时，大名割据，彼此之间征战不休，特别是日、明勘合贸易中断之后，众多浪人在各地大名的支持下，得以勾结中国无藉海商，大肆侵掠中国东南沿海，形成极为严重的倭患。然而，及至十八世纪江户幕府统治时期，“二百年来名故所，康衢击壤乐熙熙”④，那是一个空前统一

① 万历《歙志》载记卷1，万历三十七年（1609年）刻本。

② 关于许栋、王直、徐海与“倭寇”的史料，参见张海鹏、王廷元主编《明清徽商资料选编》，黄山书社1985年版，第423—437页。

③ ［日］松浦章：《徽州海商王直与日本》，《明史研究》第6辑，黄山书社1999年版。后收入周绍泉、赵华富主编《’98国际徽学学术讨论会论文集》，安徽大学出版社2000年版。许栋等人，也具有相当不错的儒学修养，关于这一点，可参见许琦、徐玉基著：《箬岭古道明珠——许村》，合肥工业大学出版社2011年版，第141—142页。

④ 《和汉年代歌》，载［日］宫崎成身编《视听草》六集之二，第153页。

的时代，幕藩体制下严禁日本人前往海外贸易经商。江户时代长崎流传的伊东前往朝鲜走私被处死的故事①，就极为典型地反映了这一点。因此，可以说，江户时代并无形成倭患的外部环境。然而，历史的经验值得总结，这大概是历代统治者共同的心理。“乍浦潮回海气腥，流尸塞岸尽残形，行人掩泪何须问，况是愁中何忍听”②，陆荼的上述剖析，实际上反映了江南民众对于十六世纪生灵涂炭之“倭患”的痛苦记忆。

那么，对于陆荼的建议官府曾有哪些反应呢？对此，我们所知甚少。不过，《清俗纪闻》中的“平湖县印照”，似乎可以提供一个间接的佐证：

① 《唐通事心得》中就有：“原来平户地方是时常唐船来飘流，所以那地方的王家吩咐做公的人发几个哨船夜巡哨河，但凡别处地方的人过往自己管下的所在，不论甚么船都要盘结［诘］，问明白了来头，或者做生意，或者到什么所在去，来历明白，没有私弊端，才许他过去。若是来头不明白，说话里头有半点糊涂、含糊不明白，就拿住他见了官，好不啰唝。闻得说，前遭捉着了做私货的船，船上单单有三个人，一个是对马地方的人，两个是长崎人，船上有几个头盔夜甲、弓箭刀枪，这等的军器，还有朝鲜出的人参五拾斤，这三个人是三年前瞒了人家暗暗的买些军器，到朝鲜去买人参，在那里担［耽］搁了三年，刚刚这遭回来，同路上大着胆，不曾防备，青天白日走过平户港口，被那哨船捉拿了，说便是这等话。……闻得说，几十年前，长崎有一个大财主，姓叫做伊东，原来做私货是这个财主才起头，他也带了军器，到朝鲜去买货，后来有人首告，露出马脚来，被王家问罪了。当初是红毛船、唐船做私货年年有的，朝鲜去做私货的，除了伊东，单单这一遭的三个伙计了，这三个人的罪犯非同小可，重也重到脱底头的了。为何呢？兵器是日本大大犯禁的东西，半盔片甲也不许私下买与唐山人，谅来这三个人明日问了大罪，老大吃苦的了。”关于伊东财主走私的故事，在另一种唐通事教材《琼浦佳话》中有更为详细的描述（见卷1）。

② 〔明〕万表:《闻海警有感二十首》,《玩鹿亭稿》卷2。

平湖县印照

浙江嘉兴府平湖县为请严造船给照之法等事。蒙本府信牌，蒙布政司宪牌，奉总督福浙部院
巡抚都察院宪牌内开准平部咨覆，本部院衙门会陈条议前事，等因。题覆，奉旨允准，钦遵通饬奉行到县，刊刻木榜，竖立城市通衢沿海口岸晓示。又奉单开稽核各条目，又发尺式著书，大张告示通谕，等因。奉此，业经刊刻榜示，并大书告示，通晓在案。今据本县船户范三锡呈报前来，除将该船量烙，并讯取船户、舵水、澳甲、里族、邻佑、保家各供结外，合行给照，为此照给船户，即便赏执，依例驾赴挂验，前往贸易。如敢私行顶替，及夹带违禁硝磺、樟板、钉铁、大桅、□檀、鹿茸、桐油、黄麻、棕片、农器等物，为非作歹情弊，各口汛防暨巡司捕员，五［务］将该船户舵水一并拏送，以凭严究，解宪治罪，毋违，须至护照者。

计开：平字第拾柒号船，梁头壹丈捌尺〇寸〇分，配船户舵工水手共贰拾捌名，又奉宪行，会同　关部额颁尺式，就船头梁木量确一丈八尺〇寸〇分，系归输课。

船只　　　　右照给船户，准此。

乾隆陆拾年玖月　　日给

县　定限对年对月　　日缴换[①]。

① ［日］中川忠英编著：《清俗纪闻》卷10《羁旅行李》，第445页。关于这一点，［日］菅俊仍辑《和汉寄文》二中，有《镇海县牌之写》，即浙江宁波府镇海县康熙五十四年（1715年）的“印照”，见大庭脩编著《享保时代の日中关系资料一——近世日中交涉史料集二》，第207—208页。

上述印照，明显是清代常见的一种官府颁发之执照。文中多次出现有“〇”字样，这说明它应是一份格式活套，反映了平湖县地方政府对长崎贸易中商船管理的一般情况。具体言之，主要有以下几个方面的措施：

一是对出洋船只的体量加以测算（如该份印照中的第十七号船只，船梁头就有一丈八尺零），并加官府的烙印，以加强管理①。

二是要求船户、水手所属的澳甲、里族、邻佑等出具担保。关于这一点，其后的“浙海关商照”中，有更为详细的说明：“柁水连环互结，客商必带有资本、货物，水手必查有家口来历，方许在船。”②这是以连环互结，将海商水手联结于严密的保甲制度之中，从而防止出现“无赖”的制度保证之一③。

三是要求船户依例前往衙门挂验，办理出海手续。出海者不得私行顶替，夹带违禁物品。此类印照中的内容，要求在街衢巷陌及沿海口岸广而告之，切实执行。

“浙海关商照”中提及的“柁水连环互结”、“水手必查有家口来历，方许在船”之类的措施，或许可以视作是对陆莱等人建议的一种回应。

（四）结语

本文利用《浙江嘉兴平湖县给商船示约、崎馆海商条约》、

① 当时的海船征税，主要的根据应为梁头之大小（实际上也就是船只的大小）。《乍浦备志》卷6《关梁》即曰：“因洋舶日增，梁头货税岁额定三万二千余两，解贮藩库，每年赢余无多，内乍浦口址岁额定一万三千余两。”（第147页）

② ［日］中川忠英编著：《清俗纪闻》卷10《羁旅行李》，第450页。

③ 关于与海外贸易相关的保甲之讨论，详见刘序枫《清政府对出洋船只的管理政策（1684—1842）》一文。

《译家必备》、《琼浦佳话》、《呈词翻案》等长崎唐通事史料，结合《琼浦偶笔》、《长崎纪略》、《袖海编》以及长崎唐馆图像资料，通过逐条解读《崎馆海商条约》，对江南海商水手的社会生活作了较为细致的揭示。从中可见，《浙江嘉兴平湖县给商船示约、崎馆海商条约》之出现，是中国和日本官方以及中国海商出自各自的需要，相互协调的产物。对于商人而言，当然是为了倚仗官府声威，加强对船员的管理，而中国官府则是出于对明代历史的警觉，力图防患于未然。清雍正四年（1727年），闽浙总督高其倬曾指出："福、兴、漳、泉、汀五府，皆地狭人稠，本地所产，不敷食用。……民之稍富者为船主，为商人；其贫者为头舵，为水手。一船几及百人，一年往还一次，多者得千余金或数百金。即水手之类，亦每人可得二三十金。其本身既一年不食本地米粮，又得银而归养其家，下及手艺之人，皆大有生业。洋船一回，开行设铺，又足养商贾之家……"[①]因此，正常情况下，水手也有二三十两的收入，这被当时人视作"开洋之利"。不过，在长崎，水手们往往难以自我控制，嫖妓、赌博等层出不穷，常常将自己辛苦所得挥霍一空。有鉴于此，清朝地方政府不失时机地介入，希望对他们在海外的社会生活加以约束，以期避免"无赖"之出现，并进而引发类似于明代那样的倭乱。

① 乾隆《福州府志》卷46《名宦一》，"中国方志丛书"，成文出版社1967年版，第940页。高其倬的估计颇为准确，亦得到当时人的确认。《得泰船笔话》卷下，日人野田笛浦曾问及唐船"每帮所得几金"，中国海商朱柳桥答曰："或六七百金，或八九百金，然不等也。"（田中谦二、松浦章编著《文政九年远州漂着得泰船资料——江户时代漂着唐船资料集二—》，第505页）可以与此比照而观。

朝鲜燕行使者眼中的中国社会

一、乾嘉时代柳得恭的中国纪行——哈佛燕京图书馆所藏抄本《泠斋诗集》研究

清乾隆五十五年（1790年），朝鲜国王遣使至北京恭贺乾隆八旬大寿。此行的副使徐浩修著有《燕行纪》[①]，而副使从官柳得恭（惠风，泠斋）亦有《热河纪行诗注》(或《滦阳录》）之著述。嘉庆六年（1801年），柳得恭再次以副使随员的身份入燕，后著有《燕台再游录》。柳得恭该两度入燕，交往的中土人物颇多。以他的第二次入燕为例，其《燕台再游录》中所载的交游姓名，共计沈阳书院诸生十三人，燕中缙绅、举人、孝廉和布衣四十一人，琉球国使臣四人。他所著的《燕台再游录》后被收入

① 关于徐浩修的《燕行纪》，管见所及，已有的成果如：吕英亭《徐浩修〈燕行记〉述论》，载陈尚胜主编《第三届韩国传统文化国际学术讨论会论文集》，山东大学韩国研究中心"韩国学研究丛书"，山东大学出版社1999年版，第560—574页；谢正光《乾隆末年学风与朝政：读徐浩修〈燕行纪〉》，载郑培凯主编《九州学林》创刊号，香港城市大学中国文化中心、复旦大学出版社，2003年秋季，第125—146页。

《燕行录选辑》①。此外，《燕行录选辑》另收录柳得恭的《并世集》，而将该二者合称为“泠斋书种”。

除了前揭刊行于世的史料之外，在以朝鲜汉籍为收藏特色之一的美国哈佛燕京图书馆，另藏有一些柳得恭的著作，对于研究柳得恭的生平及乾嘉时代之中韩关系，具有较为重要的史料价值。本文拟从历史文献学的角度，对抄本《泠斋诗集》及其相关的书籍加以比较，揭示各种版本内容之异同，并藉以反映清乾嘉时代的社会及士人心态。

（一）以《泠斋诗集》为中心的文献考索

《泠斋诗集》6卷另附《补遗》，抄本1函3册（善本书，索书号：TK 5568.3 4224.3）。该书题作“儒城柳得恭惠甫著”，天头另有秋庳（即潘庭筠）和雨村（李调元）的评点。根据内容，以下将该书分为前四卷、后二卷和补遗三个部分，分别予以较为细致的分析。

（1）《泠斋诗集》的前四卷

《泠斋诗集》的前四卷，与哈佛燕京图书馆所藏的另一抄本《泠斋集》的内容基本上相同。

①《泠斋集》

《泠斋集》，朝鲜弘文馆纂辑校正的《增补文献备考·艺文

---

① 《燕行录选辑》，韩国成均馆大学校大东文化研究院，1962年版。另，《燕行录全集》（韩国东国大学校出版社2001年版）卷60，收有两种抄本（内中简作《燕台录》）。

考》作："《泠斋集》：本朝柳得恭著，字惠风，号泠斋，文化人，正祖朝官县监。"[①] 此处的"泠斋"，应作"泠斋"。

哈佛燕京图书馆所藏《泠斋集》抄本1函，4卷4册（善本书，索书号：TK 5568.3 4224），馆藏著录作"泠斋诗集"[②]。其实，尽管该书所收均为柳得恭的诗歌，但书根及书内均作"泠斋集"。每页左下角均有"古芸书屋藏"的字样，"古芸书屋"为柳得恭书斋名。[③] 该书卷首有"泠斋集评"，罗列了李调元、潘庭筠、祝德麟、纪昀和张玉麒等中土名士对柳得恭诗歌的评价。从所印"古芸书屋藏"的字样来看，该书应当是用统一的稿子，誊抄了不少册，以便分送朋好。

据《滦阳录》卷2"纪晓岚大宗伯"条记载：

> 又曰："朴次修携《泠斋集》到，已拜读矣，天骨秀拔，与次修一时之瑜、亮。"……后晓岚书五律一首于扇以寄之，……自注云："《泠斋集》匆匆未能作序。"……《泠斋集》，晓岚云："姑留欲录存副本。"竟不还也。余更以《二十一都怀古诗注》赠之，晓岚赠余及次修诗……[④]

---

① 张伯伟编：《朝鲜时代书目丛刊》第6册，中华书局2004年版，第3297页。据该书解题，《增补文献备考》历经英祖、正祖和李太王时期而成。

② 原著录作"望汉卢"，应为"望汉庐"，为日本学者藤塚邻之抄本。哈佛燕京图书馆所藏朝鲜汉籍，有不少为日本学者藤塚邻之"望汉庐"旧藏抄本。

③ 原著录作"古艺书屋"，误。哈佛燕京图书馆另藏有《古芸堂笔记》(卷之五、六）1册（善本书，索书号：TK 9196 4224）。

④ 柳得恭：《滦阳录》卷2《纪晓岚大宗伯》，"辽海丛书"，辽沈书社1984年版，第326页。

据此，《泠斋集》至迟至乾隆五十五年（1790 年）柳得恭初次入燕前即已流入中国。今按：朴齐家首度入燕在乾隆四十三年（1778 年），因此，纪昀初读《泠斋集》，应当就在此时。另外，《滦阳录》之“刘阮二太史”条曰：“阮伯元著有《车制考》，纪大宗伯亟称其考据精详，余举而言之，则伯元色喜，请见余诗集，余辞以熊翰林处有一本，惜无见在者。伯元曰：往彼当索观。”① 此处的“诗集”，可能也是指《泠斋集》。不过，初传入燕的《泠斋集》，可能并不是我们现在所见到的《泠斋集》。

②《热河纪行诗》与《滦阳录》

《泠斋集》卷 4 的《热河纪行诗》，在《泠斋诗集》中作《热河行纪诗四十九首》②，另有两种独立的刊本：一种名为《滦阳录》(二卷)，收入“辽海丛书”第一集。③“辽海丛书”本应是《滦阳录》的第一次出版。因为据日本学者藤塚邻的说法，昭和四年（1929 年）时尚未有《滦阳录》的刊本。④ 故此，五年之后

---

① 柳得恭:《滦阳录》卷 2，第 329 页。

② 《热河纪行诗四十九首》，收入《燕行录全集》卷 60。对此，南公辙有《惠甫自热河还投示〈纪行诗注〉题后三首》：“红石岭西避暑庄，英雄微意此经营，东人不识居庸路，稗品新书记职方。”“宠花娇柳荡龙舟，绿臭丹香起彩楼，十日圆明园里戏，升平宝筏演西游。”“两峰画意墨庄诗，酒肆茶楼赠别时，故作端门问字状，莫将挥客冷人疑。”(南公辙《金陵集》第 1 卷，韩国，国学资料院 1990 年版，第 112 页）南公辙所著《金陵集》，全书包括《金陵集》《颖翁续稿》和《颖翁再续稿》。

③ 辽海书社编纂，大连右文阁（辽海书社）1934 年版。

④ 藤塚邻著、藤塚明直编:《清朝文化东传の研究——嘉庆・道光学坛と李朝の金阮堂》第六章《朴楚亭・柳惠风の入燕と清儒》，国学刊行会 1975 年版，第 41 页。在文末的志谢中，他指出，文中所用的《热河纪行 （转下页）

的“辽海丛书”本，应是《滦阳录》的首次面世。

有意思的是，《泠斋集》(包括《泠斋诗集》) 中的《热河行纪诗》，删去了大部分的诗注，而“辽海丛书”本的《滦阳录》则有大段的注解。揆诸实际，这主要是因为——由于当时中韩两国士人的密切交往，柳得恭的一些著作，常以极快的速度传入中国，为中土文人所传诵。如嘉庆六年（1801 年）柳得恭将“《雨村诗话》四卷携归馆中阅之，记近事特详，李懋官《清脾录》及余旧著《歌商楼稿》亦多收入。中州人遇东士，辄举吾辈姓名者，盖以此也”。[①]《泠斋集》(也就是《泠斋诗集》的前四卷）完稿后，也很快流入中国。而在当时，诗集中被臧否的人物有的尚在世，所以不可能秉笔直书，一些负面的描述在流入中土之前自然应当删去相关的内容。如《潘秋庫御史》条，除录潘氏诗“人海人城拟一寻，传闻御史礼观音。端门执手猜相见，谁识平生一片心”外，对其生平只作“见前”，[②] 未见诗注。而在《滦阳录》中，却对潘氏有着一番传神的描摹，颇可窥见乾隆时代官僚的心态：

潘庭筠，字香祖，号秋庫，浙江钱塘人，陕西道监察御

（接上页）诗注》一书，是利用今西教授的藏本借钞而成的家藏本。(见第 48 页)《清代乾隆文化与朝鲜李朝学者之关系》，藤塚邻著，杨鼎甫译，《正风半月刊》第四、五、六、七期，1935 年。

① 柳得恭:《燕台再游录》，“丛书集成续编”第 46 册，史部杂史类、琐记之属，上海书店出版社 1994 年版，第 335 页。

② 抄本《泠斋集》卷 2 有《次潘秋庫中书元夕韵》:“何年桃柳句，怊怅忆杭州。塞雁书初寄，林莺语复流。青山同客梦，芳草古离愁。忽若千秋上，无因续壮游。”诗注曰:“秋庫名庭筠，字香祖，浙江杭州人。”(第 24 页上)

史。丁酉春，家叔父入燕时，序《巾衍集》。戊戌夏，懋官、次修入燕定交，又序《洌上周旋集》，遂致书于余。至是次修先访之，香祖方深居谢客，挂观音像，朝夕顶礼，言及时事，果［畏］约弥深。八月十三日太和殿宴礼，与之相逢于午门前，引席并坐，谈笑叙旧。满洲人来觇，则作初逢高丽人状，问姓问名状，其实非冷人也。①

这一段文字刻画出入仕后潘庭筠明哲保身的形象。当时，潘庭筠虔心礼拜观音，②对于时事则讳莫如深，而在与朝鲜友人的交往中，亦瞻前顾后。这样的文字如果传入中土，自然会引起潘氏的不满。他明明认识柳得恭等人，却在满洲人出现的时候，故意打起官腔，此类的描摹不仅极大地矮化了潘庭筠的形象，而且甚至会影响潘氏的仕途。因为乾嘉年间是忌讳极深的时代，潘庭筠原来与燕行使者洪大容过从甚密，但自从步入宦途后，就与洪氏逐渐疏远。③这显然是害怕影响到个人的仕途，

① 柳得恭：《滦阳录》卷2《潘秋庳御史》，第327页。

② 朴齐家有《怀人诗》咏潘庭筠："兰公夙缘重，万里三相见，渐看禅理精，偏怜宦游倦，拈花送远客，经声度深院。"(《贞蕤诗集》卷3《潘德园（庭筠）》，韩国史料丛书第十二，大韩民国文教部、国史编纂委员会编纂发行，1974年版，第110页)"兰公"即潘庭筠。《续怀人诗》："千花成塔礼瞿昙，忆共观音寺里谈，闻说长斋潘御史，乞携野笠过江南。"(《贞蕤诗集》卷4《续怀人诗十八首》，第133页）潘庭筠亦号德园子，并以德园子名义，著有《道德经证》("无求备斋老子集成续编"第八函，严灵峰编辑，艺文印书馆印行1970年版)。

③ 洪氏曾托孙蓉洲寄信给潘庭筠，但很长一段时间都没有消息。关于这一点，参见哈佛燕京图书馆所藏的另一善本《燕杭诗牍》(昭和元年（1926年）望汉庐抄校本，索书号：TK 5568.6 3843)。朴齐家《贞蕤文集》卷4，（转下页）

恪守所谓的“人臣无外交”之义。不过，在私底下，潘庭筠与柳得恭有很好的交往，《泠斋诗集》卷 2 有《闻秋庫手抄余诗感而作》：“金台柳色玉河月，飘落东韩七字诗。海内岂无知己泪，沈［沉］香椅上手抄时。天寒鲁酒小醺余，闲阅君家四库书。吏部斋头来往否，因风想不惜琼琚。”① 关于“人臣无外交”，柳得恭与李墨庄（鼎元）的一段对话颇堪玩味：“余曰：船山何故不来？墨庄曰：人多持无私交之议，如我不汲汲于功名富贵，可以任天而游。”② “船山”也就是四川诗人张问陶③，曾为翰林院庶吉士。

《滦阳录》中的一些诗注，涉及对清朝时政的诸多批评，当然也不可能见诸流传中土的《热河纪行诗》。譬如，《滦阳录》卷

（接上页）收录朴氏的《与潘秋庫（庭筠）》及潘庭筠的答书（回信）。（第 352—354 页）洪大容与潘庭筠的交往，详细情况可参见以下诸文：祁庆富、［韩］权纯姬：《〈日下题襟合集〉概说——关于燕行学者洪大容研究史料的新发现（之一）》，载陈尚胜主编《第三届韩国传统文化国际学术讨论会论文集》，山东大学出版社 1999 年版；祁庆富、权纯姬：《〈海东诗选〉初探——关于燕行学者洪大容研究史料的新发现（之二）》，仝上；祁庆富：《中韩文化交流的历史见证——关于新发现的〈铁桥全集〉》，《浙江大学学报》2001 年第 1 期；祁庆富、权纯姬：《朝鲜“北学”先驱洪大容与中日友人的学谊》，载朱诚如主编《清史论集——庆贺王钟翰教授九十华诞》，紫禁城出版社 2003 年版。关于《（严）铁桥全集》，哈佛燕京图书馆藏有一善本，为日本学者藤塚邻钢笔抄本（索书号：T 5475 6405）。

① 抄本《泠斋集》卷 2，页 29 下。另录附秋庫原韵：“人生几元夕，留滞尚皇州。月是千山隔，星仍万户流。浙灯乡国梦，鲁酒岁时愁。耿耿高堂烛，频年忆远游。”（第 24 页上）

② 柳得恭：《燕台再游录》，第 336 页。

③ 张问陶与朝鲜燕行使者亦多交游，朴长馣（香叔）的《缟纻集》卷 2 即有张问陶条。《缟纻集》为哈佛燕京图书馆所藏善本（索书号：TK 2259. 8 4372）。

2 曾详述满洲与朝鲜的纠葛：

> 曾见《四库全书简明目录》，中有《满洲源流考》、《皇清开国方略》二书，意其可观，入燕求之书肆，无有。次修于刻字房见《开国方略》，云是内版，书三学士事，曰："倡义袒明，败盟构兵"，崇德二年三月甲辰被害。次修以小纸钞来，剔灯同观，为之发竖。呜呼！其所书八个字，即无愧乎天下万世。归到沈中，益不禁竹如意击石之思。……东人多言清太祖幼时为宁远伯甚爱之家僮，一日，伯据枕而睡，其实未睡也。清太祖就拔枕边宝剑，三拟于伯腹，还复置剑。伯始开眼，曰："尔何故？"清太祖跪曰："安敢忘父、兄之仇？又安敢忘豢养之恩？拟剑者，报仇也；置剑者，报恩也。"伯知不可留，戒之曰："我有骏马，尔知之乎？"伯曰："尔骑快走，儿辈知之不好。"清太祖叩头泣辞，骑骏马走。李提督闻之，愤甚，带弓骑马疾追，已不可及矣。余始疑此为齐东之说。《开国方略》中云："太祖四岁养于宁远伯家，十五始归。"次修亦见而书之，东人之说始信矣。为其家僮、拟剑等事，讳而不言欤？万历以后，我人与中国人数相往来，传闻宜不误，附记于此，以补《方略》之阙。[①]

朝鲜《承华楼书目》中有《大清开国方略》[②]，当即此处所说

① 柳得恭：《滦阳录》卷 2《沈阳》，第 230 页。

② 张伯伟编：《朝鲜时代书目丛刊》第 3 册，第 1360 页。据题解：承华楼为宪宗（1834—1849 年在位）所建。

的《皇清开国方略》。文中的宁远伯即李成梁，为镇守辽东的明朝重将。

明崇祯九年（1636年），皇太极正式由汗改称皇帝，定国号为清。他事先将此事通报朝鲜，希望朝鲜参与劝进。朝鲜闻讯大哗，仁祖拒不接见皇太极派来的使者。当年四月，皇太极在沈阳正式举行称帝大典，朝鲜使臣罗德宪、李廓被迫参加，但却拒不跪叩行礼，两国关系遂完全破裂。其时，朝鲜大臣中出现了主和、斥和两派，斥和派坚持抵制清朝称帝，不惜与之决裂。十二月，皇太极统军十万亲征朝鲜，仁祖遣使求和。崇祯十年（1637年）正月，皇太极降旨赦之，双方筑坛盟誓，朝鲜去明年号，缴出明所赐诰命敕印，奉清为正朔，定时贡献，并送质子二人。此后，清有征伐，朝鲜须调兵扈从，并保证取消敌对行为。二月，皇太极班师回国。在清的压力下，朝鲜被迫交出"斥和派"的代表人物洪翼汉、尹集和吴达济。三人被押至沈阳接受审讯，宁死不屈，从容就义。① 这场战争，在朝鲜史籍中称为"丙子虏乱"，它标志着朝鲜由明的藩属国正式变为清之藩属国。此一历史事件，始终成为朝鲜人的耻辱记忆。上述的三学士"倡义祖明，败盟构兵"，唤起的便是这一耻辱的历史记忆。另外，所谓清世祖为宁远伯家僮的身世传说，与前述的三学士故事一样，在清代前期，自然无法流入中土。

除了《滦阳录》外，《热河纪行诗》的另一种单行本，是

---

① 参见张玉兴：《朝鲜三学士沈阳就义始末——皇太极称帝史事钩沉》，载《商鸿逵教授逝世十周年纪念论文集》，北京大学出版社1995年版。后收入氏著《明清史探索》，辽海出版社2004年版。

《雪岫外史（外二种）》所收的《热河纪行诗注》[①]。该书不分卷，但较现行的《滦阳录》刊本之文字略有不同，一般说来更为详细。如卷1“安南诸王”条，记与安南使臣交往，《滦阳录》作：“辉益、辉瑨各以七律一首寄我正、副使，和送以缟纻以［之］义，赠扇子几柄、清心元［丸］几丸，辉益等以蜜香、腆子、牙扇一柄报礼。”[②]而《热河纪行诗注》则多出不少文字：“辉益、辉瑨各以七律一首寄我正、副使，和送以缟纻之义，赠扇子几柄、清心丸几丸。辉益等还送扇药书，复云明日向京里，今已束装，愿于京里见赐，以蜜香腆子、牙扇一柄报礼，蜜香无香，腆子息恶，牙扇水沉纸坏。后闻我使求官桂，自言有带来佳品，索价过当，取见，非佳品也。复闻求藿香，又言有带来佳品，愿以一斤换人参一斤，取见，似是燕肆中物，鄙琐类如此，阮氏之开国功臣，可知也！”[③]这些鄙视安南使臣的细节描述，不见于《滦阳录》[④]。又如，《热河纪行诗注》“圆明园”条（《滦阳录》作“圆明园扮戏”条），中述大学士阿桂，兼有一段述及其子乾清门侍卫阿甭达乾隆丙戌（1766年）奉使青海探究河源至星宿河西南阿勒坦郭勒事[⑤]，亦不见于《滦阳录》卷2。

有时，两者之间的差异，颇足以反映盛清时代的朝政与朝鲜

① 柳得恭撰：《热河纪行诗注》，见李佑成编《雪岫外史（外二种）》，“栖碧外史海外蒐佚本”，亚细亚文化社，1986年版。题作：“汉山州柳得恭惠风撰，李德懋懋官、成海应龙汝同评。”

② 柳得恭：《滦阳录》卷1《安南诸王》，第322页。

③ 李佑成编：《雪岫外史（外二种）》，第457—458页。

④ 抄本《泠斋集》卷4有《和赠安南工部尚书武辉晋》、《和赠安南吏部尚书潘辉益》，态度颇为友好。

⑤ 李佑成编：《雪岫外史（外二种）》，第474—476页。

燕行使者的心态。试以“西山宫殿”为例，列表对照：

《滦阳录》卷 2	《热河纪行诗注》卷 2
圆明园之东南，蓄水为湖泊，号昆明池。植芙蓉、杨柳，东岸镇以铁牛，有门曰罨秀，门外烟波渺然，驾十七虹桥，望西山宫殿，丹绿参差，延寿寺白塔矗矗云霄间。八月初九日，皇帝泛龙舟御舵楼，楼下载各国王、使臣，发棹歌至延寿寺前下船，纵览玉泉、万寿山诸胜。燕都宫阙皆仍明旧，而修饰致美者，即圆明园也。	圆明园之东南，蓄水为湖泊，号昆明池。植芙蓉、杨柳，东岸罨秀门前有铁牛，乾隆御制铭“烟波渺然”。驾十七虹桥，望西山宫殿，丹绿参差，延寿寺白塔矗矗云霄间。八月初九日，皇帝泛龙舟御舵楼，楼下载各国王、使臣，发棹歌至延寿寺前下船，纵览玉泉、万寿山诸胜。燕都宫阙皆仍明旧，而修饰致美者，盖圆明园也。宫内有市，使臣赴宴，或憩其中，牌额题联故作俗态，古董器玩以至汤面、饽饽无所不具，宦者主之。问可卖否？宦者曰：“吃物可卖，余不可卖。”未知其故也。市侧有百鸟房，雕笼翠驾，鹦鹉、秦吉了、白翎雀、蜡嘴、铜嘴之属，啁啾盈耳。皇帝命各国王、使臣游福海，大内深密，满汉贵臣亦所罕到。楼台池沼，穷极技巧，铜铸鹤、鹿、狮、猿列池边，张口喷水，霏洒为雨。又有二偶人，不知何物制成，并坐楼中，一则抱琴，一则品笙，忽见其回头相顾，手弹口吹，音韵铿亮，此皆有人在隐僻处踏机也。
余问于罗两峰曰：“先生游西湖否？”曰：“屡游。”余曰：“圆明园比西湖，何如？”曰：“安敢当天然山水？”余曰：“山水果天然，楼台未必胜。”又大言曰：“楼台亦当胜。”①	余问于罗两峰曰：“先生游西湖否？”曰：“屡游。”余曰：“圆明园比西湖，何如？”曰：“安敢当天然山水？”余曰：“山水果天然，楼台未必胜。”又大言曰：“楼台亦当胜。”江南士大夫之事事不平如此②。

① 柳得恭：《滦阳录》卷 2《西山宫殿》，第 325 页。

② 李佑成编：《雪岫外史（外二种）》，第 483—485 页。

较之《滦阳录》,《热河纪行诗注》多出不少文字。特别是其中有二百多字对圆明园内宫市及建筑布局的细致描摹，与法国传教士王致诚（Jean Denis Attiret）、蒋友仁（P. Michael Benoist）的《圆明园纪事书札（一）、（二）》[①]，同样都是外国人留下的有关圆明园景致之珍贵文字。而在末了的一番对比以及相关的评论，与其说是江南士大夫的真实想法，毋宁说是反映了燕行使者的心态。

当然，也有少数文字仅见于《滦阳录》，却未见于《热河纪行诗注》。如前揭“圆明园”条曰：“和珅之子驸马轻躁少年，见余于宴班，走来问本国有戏无戏，余答以有。复问与中国同不同、好不好，余答以有同有不同、有好有不好。则笑而走向他处。”[②]——这是《热河行纪诗注》中的文字，在《滦阳录》中则作：“和珅之子驸马丰伸殷德，亦美少年”，于宴班走来问柳得恭朝鲜演戏的情况，末了“则笑而走去”之后又多了一句：“似是皇帝使问于我使也。”另外，“西直门外”条中，《滦阳录》也较《热河纪行诗注》多出了“余于是日以纱帽、青鞶，乘车出圆明园，车中妇人莫不指点而笑，盖创见衣冠故也”[③]。

除了详略不同外，《热河纪行诗注》与《滦阳录》间或也有不同的文字。如《热河纪行诗注》“张水屋”条，曰：“张水屋，名道渥，江苏扬州人，曾以盐运罢官，亦落魄人也。见其《去官感兴诗》，颇沈［沉］郁慷慨。”[④]而《滦阳录》卷2“水屋”条

① 见舒牧、申伟、贺乃贤编：《圆明园资料集》，书目文献出版社1984年版。

② 李佑成编：《雪岫外史（外二种）》，第474页。

③ 柳得恭：《滦阳录》卷2《西直门外》，第325页。

④ 李佑成编：《雪岫外史（外二种）》，第499页。

则作："张道屋，号水屋，山西安邑人，曾仕两淮盐务，分司通州。题其门云：'杨柳江城临画稿，梅花官阁寄诗魂。'及去官，有感兴诗十首，颇沈［沉］郁慷慨。"① "张道屋"之"屋"当作"渥"，"渥"字"水屋"，名与字相互关联，故当从《热河纪行诗注》。不过，两处记载一作"江苏扬州人"，一作"山西安邑人"②，或许都有道理，从清代扬州的社会状况分析③，极有可能是寄籍扬州的山西盐商子弟，后通过捐纳为通州分司④。关于张道渥，下文还将另行探讨。

③《二十一都怀古诗》

《泠斋诗集》卷 2 中有《二十一都怀古诗四十三首》，哈佛燕京图书馆另藏有《二十一都怀古诗》刊本 1 册（善本书，索书号：T 3490 4224），题作"儒州柳得恭惠风撰，完山李德懋懋官订"。据该馆著录："据朝鲜歌［DI］楼乾隆壬子（1792 年）活字本印。"⑤ 但根据柳得恭的《燕台再游录》记载："墨庄曰：'《二十一都怀古诗》刻否？'余答：'不足刻。'"⑥ 观此，则《二十一都怀古诗》于嘉庆六年（1801 年）尚未有刻本，所以哈佛燕京图书馆的著录不知何据。今按其书序于乙巳（清乾隆五十

① 柳得恭：《滦阳录》卷 2，第 328 页。

② 除安邑外，另有山西浮山、太原等说法。

③ 参见王振忠：《明清徽商与淮扬社会变迁》，"三联·哈佛燕京学术丛书"第三辑，生活·读书·新知三联书店 1996 年版。

④ ［清］李斗：《扬州画舫录》卷 3《新城北录上》："张道渥，字竹畦，浮山人，工诗画，为人傲岸不羁，官通州分司，于郡城官舍书其门云：'杨柳江城临画稿，梅花官阁寄诗魂。'"中华书局 1997 年版，第 64 页。

⑤ "DI"应作"商"，揆情度理，著录者或误以"商"为"適"，故暂以拼音表示。

⑥ 柳得恭：《燕台再游录》，第 335 页。

年，1785 年）仲秋，“忆戊戌年间（引者按：指清乾隆四十三年，1778 年）寓居钟岗，老屋三楹，笔砚与马尺杂陈，以是为苦，多坐小圃之旁，豆棚菁花，蜂蝶悠扬，虽炊烟屡绝，意气自若。时阅东国地志，得一首，辄苦吟弥日，稚子童婢皆闻而诵之，可知其用心不浅也。是岁，懋官、次修入燕，手抄一本，寄潘香祖庶常，及见潘书大加嗟赏，以为兼竹枝咏史宫词诸体之胜，必传之作。李墨庄为题一绝，祝编修另求一本，异地同声，差可为乐，传不传不须论也。”这是指潘庭筠的诗评：“《二十一都怀古诗》，兼竹枝咏史宫词诸体之胜，兼广异闻，必传之作。”稍后，柳得恭于壬子（清乾隆五十七年，1792 年）仲春又题曰：“余此卷庚戌［戌］（乾隆五十五年，1790 年）秋携至燕中，纪晓岚尚书最好古，赠之。罗两峰云：欲寄鲍以文续刻《知不足斋丛书》中，力求，无以应，两峰颇怏怏。次修再入燕，见两峰案头置一本乌丝栏书，字画精妙，知从晓岚处借钞也，中国之士嗜书如此！余箧中更无副本，茫然不知旧注之如何，考订前史，再为笺释，亦自笑其癖也。”[①]《滦阳录》卷 2“纪晓岚大宗伯”条亦有记载，柳得恭以《二十一都怀古诗注》[②] 赠纪晓岚，当时的《二十一都怀古诗》应当是以抄本形式呈现。根据日本学者藤塚邻的说法，柳得恭的《二十一都怀古诗》，经纪昀、翁方纲和叶志诜之手，辗转至清末为赵之谦所得，后编入“鹤斋丛书”。而

① 《二十一都怀古诗》序。关于这一点，柳得恭《滦阳录》卷 2《罗两峰》亦曰：“见余《怀古诗》而喜之，云与鲍以文为密友，他方续刻《知不足斋丛书》，留下一本与他，自无不刻之理。余已赠纪晓岚尚书，更无以赠也。”（第 328 页）

② 《二十一都怀古诗》有诗有注，故亦作《二十一都怀古诗注》。

在朝鲜，直到“近年”(民国时期)，翰南书林才加以发刊。①

(2)《泠斋诗集》卷5和卷6

①《泠斋诗集》卷5与《燕台再游录》

《泠斋诗集》卷5及卷6的内容，则完全在四卷本的《泠斋集》之外。该书卷5《题画扇赠韩上舍赴燕》：“皎皎白松扇，家乡洌水间，秋风吹柳塞，落月照榆关。香已滋新畹，人应返故山，壮游思再续，晨镜对苍颜。”其诗序曰：“此兰十年前西游时，遇维扬高士写赠仆者，令艺儿仿而为之，盖亦不忘旧游之意。”据此可知，该诗作于柳得恭首度燕行的十年之后。而柳得恭第一、二次前后两度入燕，相隔的时间也在十年以上。

仔细阅读卷5和卷6，可以清楚看出，其中的不少诗歌均与《燕台再游录》的内容相互印证，乃至极为契合。如《泠斋诗集》卷5有《咏燕中诸子七首》，描摹了嘉庆年间柳得恭在北京的交游：

(1)《泠斋诗集》卷5：“考古家分讲学家，迩来风气变中华。《说文》《尔雅》休开口，陈仲鱼来诵不差。”诗注曰：“陈鳣字仲鱼，浙江海宁人。纪晓岚云：迩来风气趋《尔雅》《说文》一派，

① 藤塚邻著、藤塚明直编：《清朝文化东传の研究——嘉庆·道光学坛と李朝の金阮堂》，第40页。关于《二十一都怀古诗》，目见所见的刊本有：一卷，柳得恭撰，赵之谦辑，《仰视千七百二十九鹤斋丛书》第一集，绍兴墨润堂书苑据光绪中会稽赵氏刊本景印，1929年版。另有“丛书集成初编”本《二十一都怀古诗》，上海商务印书馆1937年版。此外，哈佛燕京图书馆另藏有二善本，一著录为：“玉磬山房，1792？/ 歌商楼原本 / 木板本”(TK 3490.9 4224.1)，另一著录为：“光绪三年(1877年)儒州刊本 / 柳得恭撰，李德懋订”(TK 3290.9 4224)。但上述两种著录，与藤塚邻的说法均不符，启人疑窦之处颇多，姑存待考。

余见仲鱼，盖其最用力者。”而《燕台再游录》“陈鳣”条说：“陈鳣字仲鱼，浙江海宁人。……纪晓岚云：近来风气趋《尔雅》、《说文》一派，仲鱼盖其雄也。”与上述诗注的文字基本相同。

（2）《泠斋诗集》卷5：“可庐十种书曾闻，便有佳儿字既勤。郑志刊行家学畅，晓岚宗伯独推君。”诗注曰：“钱东垣字既勤，江苏嘉定人，可庐大昭子，辛楣大昕从子。”而《燕台再游录》“钱东垣”条说：“钱东垣字既勤，号亦轩，江苏嘉定人，可庐大昭子，辛楣大昕从子也……”与上述文字完全相同。

（3）《泠斋诗集》卷5：“秋山一抹是姑苏，窗竹萧疏烛影孤。江左收藏谁最富，试看荛圃祭书图。”诗注曰：“黄丕烈号荛圃，江苏吴县人，藏书甚富。有时明烛烧盏而祭之，作图，属诸名士题咏。”而《燕台再游录》“黄丕烈”条作：“黄丕烈号荛圃，江南吴县人，收藏甚富。有祭画［书］图一轴，带来展看，姑苏古城缥缈云际，枫竹萧森，书楼中明烛奠盏，作伛偻状，可谓好事者也。索题一篇，余方束装而归，匆匆未能也……”较上述的诗注更为详细，但其内容则大致无殊。

（4）《泠斋诗集》卷5：“人海人城爱静居，名臣之子弱冠初。中朝雅望吾何有，愧尔殷殷赠隶书。”诗注曰：“曹江字玉水，江苏青浦人，监察御史锡宝子。锡宝乾隆中劾奏大学士和珅，今赠副御史。玉水赠余诗有云：雅望中朝著，新诗古驿传。又赠余以隶书扇矣。”而《燕台再游录》“曹江”条曰：“曹江字玉水，江苏青浦人，书肆中识之，年二十一，美姿容。……玉水父锡宝字剑亭，乾隆末以监察御史劾奏大学士和珅，现赠副御史。玉水恩给七品荫生，奉母寓居京师。……临别赠余扇，题诗云：‘奇缘万里种，握手一欢然。雅望中朝著，新诗古驿传。投情缟纻外，归路海云边。纵复来持节，相逢也隔年。’又以刘中堂墉及其馆师唐晟一对见赠……”

（5）《泠斋诗集》卷5：“瘦沈吟诗真妙才，皇明侍讲典刑回。花之寺里人归后，又得疏疏一幅梅。”诗注曰：“沈刚号厝亭，江苏松江人，皇明侍讲学士度后孙，能诗工书，善画梅。花之寺僧，维扬罗两峰号。”而《燕台再游录》“沈刚”条曰：“沈刚号厝亭，江苏松江人，皇明侍讲学士度后孙，曹玉水处识之，玉水每戏之曰：‘此公虽孝廉，胸中却无一个字，只善画梅。’”至于罗两峰，亦即“扬州八怪”之一的罗聘。

（6）《泠斋诗集》卷5：“妙语纵横贮笔端，芜诗错拟杜苏韩。春残安得相将去，东洛城中看牡丹。”诗注曰：“张玉獜字瑞绂，号渔川，河南洛阳人，题余诗卷云：初年学杜晚归苏，请问先生尽也无。似此陆离光怪者，昌黎应亦下工夫。”而《燕台再游录》作：“……张玉麒字瑞绂，号渔川，河南洛阳人。……俱以举人同住玉河馆之右十三王庙，来访馆里，请见余诗集，有抄本数叶赠之。……渔川时年二十，余诗稿中题语皆绝妙，有云：‘初年学杜晚归苏，请问先生尽也无。似此陆离光怪者，昌黎应亦下工夫。’”①显然，《泠斋诗集》中的“张玉獜”，应即《燕台再游录》中的张玉麒。

（7）《泠斋诗集》卷5：“二豪士共墨庄携，馨白堂中醉后题。五柳风清轰笑散，居然诗话古今鸡。”诗注曰：“王霁字伯雨，直隶宛平人；彭蕙支，号田桥，四川眉州人。墨庄、伯雨、

① 柳得恭：《燕台再游录》，第337页。

田桥共饮馨白堂，乘醉来访余五柳居，书隶。田桥出示其诗曰：‘吾诗二鸡字，可改其一否？’余曰：‘一是古鸡，一是今鸡，不相干。’一坐皆大笑。”而《燕台再游录》作：“彭蕙支，号田桥，四川眉州人；王霁号伯雨，宛平人。墨庄与二人饮馨白馆，访余于五柳居，尚带余醉，出诗草示之。……田桥诗云：‘迟迟日色放平明，醉梦方醒又解酲。几度名场余热泪，尚留酒伴未寒盟。缚鸡无力身同瘦，谈虎何心色谩惊。狂舞不知方白昼，剑光如听夜鸡声。’……田桥谓余曰：‘吾诗两鸡字，可改否？’余曰：‘俱不可改，此夜鸡是引用古语，未必为疵。’田桥大喜，顾谓二人曰：‘何如？’……”与上述的内容大同小异。

除了上述的七首诗外，还有一些对人物的描摹，也与《燕台再游录》有关：

（8）《泠斋诗集》卷5《次刘松岚题朱素人画百合花绝句韵（松岚名大观，山东临清人，宁远知州）》。而《燕台再游录》曰：“刘大观，字松岚，山东临清人，今宁远知州，曾见其所著《玉磬山房集》，松岚亦因东使闻余姓名，赴燕时遣人探之，因公务往锦州未还。”这位刘松岚，乾隆时代在扬州一带极为活跃[①]。

（9）《泠斋诗集》卷5《题李墨庄中书二帖》：“罗江诗话姓

① 〔清〕李斗：《扬州画舫录》卷6《城北录》：“刘大观，字松岚，山东邱县拔贡生，工诗善书，官广西知县，丁艰时，为江南、浙江之游。扬州名园，江外诸山，以及浒墅、西湖诸胜迹，极乎天台、雁荡之间，挥素擘笺无虚日。归过扬州，主朱敬亭家，尝游鲍氏园，赠之以画。曾谓人曰：‘杭州以湖山胜，苏州以市肆胜，扬州以园亭胜，三者鼎峙，不可轩轾。’洵至论也！诗学唐人，著有《嵩南诗集》《诗话》数十卷。……服除，改授奉天开原县，擢宁远知州，称循吏。”（页151）刘大观的此条小传，与下引徽商程嘉贤的小传，皆系于歙县盐商棠樾鲍氏条下，由此可见他们与扬州盐商的密切关系。

名留，西笑如今又几秋。燕邸青灯东岱帖，梦中人作画中游。”(《登岱图》)“球阳风物问如何，诏使楼船百丈峨。姑米村娘呈板舞，彩毫题遍竹枝歌。”(《过海图》) 而《燕台再游录》作：“墨庄有《登岱》《过海》二图，袁子才、纪晓岚、翁覃溪、钱辛楣诸名士莫不题诗，亦请余诗。余题《登岱图》云：‘罗江诗话姓名留，西笑如今又几秋。燕邸青灯东岱帖，梦中人作画中游。’《过海图》云：‘球阳风物问如何，诏使楼船百丈峨。菇米村娘呈板舞，彩毫题遍竹枝歌。’”[①] 仅有“菇”字与前所引有异。

另外，《泠斋诗集》卷5的《辽野车中杂咏三十三首》，以诗歌的形式对沿途所见所闻加以描摹，相当生动地展示了北中国的人文景观，其中，也有多首与《燕台再游录》可以交相印证：

(10)“辽阳州”诗：“万里舟车凑客商，全辽都会是辽阳。江南夏布无消息，海上官车未解防。”而《燕台再游录》曰：“余之还到凤城也，马头辈往辽阳贸布者，皆空手而返，曰无布可买。我人所称旧辽东布，即江南布也。辽阳人言海面扰乱，南船不来，故无此布也。”[②] 当时，中国东部沿海与朝鲜有着一定的经济联系，[③] 江南的棉布也通过辽东运往朝鲜，但因中国社会的动荡，也直接影响了棉布的贸易。

(11)“学堂”诗：“村黉聒噪试相过，朗读诗经未讲多。皓

---

① 柳得恭：《燕台再游录》，第336页。

② 同上书，第343页。

③ 抄本《泠斋诗集》卷6《竹在尚书馈山东枣》中就记载：“丙寅夏，江苏商船载山东枣千四百石漂泊济州，朝家愍之，准银贸取，许由旱路，商等蹈舞而归。”其时有诗云：“淄青千斛舶，飘荡到儋罗。颇解来来隐，聊为纂纂歌。皱均香不坏，仁细肉还多。已见难民舞，朱提费则那。”

发先生方据椅，都都平丈禁君何。"《燕台再游录》："游丰润城中，偶步一衚衕，闻童子读书声，入其室，多挂名人书画，童子年可七八岁，所读《孟子》也。其师据椅而坐，询之，县吏目胡迥恒家也。胡赴衙门未回，胡之子与数人者聚首磨墨，匆匆治文书，见客起揖，引至别炕请坐接话……"

（12）无题诗："盛京东去又兴京，无赖秦家万里城。洋匪未平苗匪动，黑龙江士半南征。"乾隆末年至嘉庆初年，清朝进入了多事之秋。福建沿海盗匪猖獗，乾隆六十年（1795年），贵州和湖南等地苗民起义——这就是诗中的"洋匪"及"苗匪"。《燕台再游录》："自入辽沈以后，闻关东兵连年出征川、楚，往而不返者甚多，近又调吉林宁古塔、黑龙江索伦兵，旗民愁叹。"①

（13）"沈阳书院"诗："觉罗宗室补青襟，旗下诸生对榻森。个里金君何郡望，自言先世在鸡林。"《燕台再游录》作："沈阳书院旧所游也，旋车历造，见诸生森集，有曰八十太，曰吞多布，曰明文，曰雅隆阿，满洲人也；曰觉罗富坤，兴祖直皇帝之后孙云；于濴、王开绪，汉军也；吴化鹏，承德县人也；温岱、徐祥霖，复州人也；董理、冯天良、王洁儒，海县人也；有金尚絅者，字美含，旧交；金科豫，笠庵从子，年二十，美貌，恭执后生之礼，问其伯父安……"②

（14）"嫖子"诗："银丝蝴蝶步摇簪，杏子黄衫抱月琴。家住天津归未得，塞垣花柳又春深。"《燕台再游录》："婊子者，彼

① 柳得恭：《燕台再游录》，第334页。
② 同上书，第333页。

中或称土妓，我东所谓私娼也，关内外处处有之，鳌山站最盛，见其一群头插步摇金凤凰蝴蝶彩花，姈娉来去，有名贵玉、兰香，俱以才色擅。此类多从热河、天津来，或有不裹脚者，满洲女亦为之也。”① 与李墨庄问答中又曰：“墨庄又问：‘贵处有妓女否？’答：‘有之。’余问：‘此处土妓谓之嫖子，嫖是何义？’墨庄曰：‘嫖为美女之称，爱其美而浮选之，故嫖为恶习。’余曰：‘爱之者过耳，嫖岂罪也哉？’一座大笑。”②

由于今本《燕台再游录》颇有缺佚，“陈鳣”条下即缺了 50 余字，③ 并多讹误，④ 当非善本。从上述相互印证的 14 条来推断，可能的情况是——《燕台再游录》本来也是有诗有注，一诗一注，但现存各本仅录其文而佚其诗。

②《泠斋诗集》卷 5 和卷 6

《泠斋诗集》卷 5、卷 6，有一些内容在当时显然颇为敏感。如该书卷 5《题张氏忠孝烈旌间录后》，其中有：“……一朝虏骑犯湖界，贤妇抱儿窜荒砦，有口骂贼贼胆寒，有刀自裁义所安。……”其诗注曰：“故训练张翮，靖难功臣花城君哲五代孙也。万历壬辰起义兵，讨倭于竹山、镇川之间，被围，力尽而死。子士逸墨襄领兵，志复仇。粮乏兵散，庐墓三年，哀毁而

① 柳得恭：《燕台再游录》，第 334 页。

② 同上书，第 336 页。

③ 同上书，第 339 页。

④ 同上书，第 338 页，“问”作“同”；第 338 页，“音均表”当为“音韵表”；第 339 页，“潘赫隽”当为“潘奕隽”，等等。

死。翮孙汉妻李氏养姑，鬻发供具，发辄茁算。丙子虏乱，抱幼子避兵于木城，贼骑获之，欲逼，李氏以刀自刎……。”所谓丙子虏乱，前文已经提及，是指1636年（明崇祯九年，清崇德元年）皇太极率军大兵压境，朝鲜被迫成为清朝的藩属。此处将清兵斥为“贼”，这样的内容显然不可能流入中土。

《泠斋诗集》卷5《孟永光百童图歌》：“图凡六幅，题云会稽山人孟永光写于沈阳客馆，小印贞明氏。盖我孝庙在沈馆时永光写进者也，后赐某戚畹，今为李生某所藏。永光名见《画征录》中。”其诗曰：

> 昔者西游过沈阳，问朝鲜馆皆未详。老译指点耶里水，野坂亭前春草香。今见此图三叹息，画师云是孟永光。丙丁年间逢阳九，挹娄古城龙潜乡。孟生孟生吴会客，飘泊风尘堪断肠。想见烧香毡帐底，丹青供奉消昼长。一幅九童皆浑脱，脽腿玉肥凝雪肪。……此画元系秘府藏，流落人间阅星霜。传言八幅佚其二，画林嗟无补亡章。读画乌可不论世，是时辽沈真沧桑。松山炮响杏山箭，满汉健儿争裹创。阚如虓虎八壮士，翼护圣人看战场。鸣锣卓旗唱凯返，牛录章京贝勒王。真儿戏耳何足道，斐兰射鼠骑黄羊。当年思欲制挺挞，全部春秋在尊攘。方知百童是寓笔，郭家风鸢差可方。庸师讵识画中意，摸［模？］与婚屏祝弄璋。

该诗的主旨是“全部春秋在尊攘”，明言尊王攘夷，这样的诗歌自然也不可能流入中土。

《泠斋诗集》卷5《郡斋独居念学艺二儿在京第课功令寄七绝八首间杂俚语以自笑焉》，其中一首曰："鼓吹楼高旧入云，何年㺚子弃如焚。占便太守真堪笑，极乐庵中拥翠裙。"诗注曰："崇祯丙子，清兵东抢，郡守某携衙眷避于柏屯山之极乐庵中。丁丑正月十三日，蒙古兵焚荡衙舍。"这也是描摹"丙子虏乱"时的兵燹战乱，对于清兵及蒙古人，冠以"㺚子"相称。

卷5《题〈高敞县志〉朴义事》："湖南壮士曰朴义，仗剑曾随兵马使。光教山前战方酣，一箭射杀杨古利。何似高丽金允侯，射杀蒙古撒元帅。山僧长发为名臣，丽史立传垂千春。嗟哉高敞朴万户，今人不知有其人。"其诗自注曰："朴义，湖南之高敞县人，沈［沉］勇便骑射，擢武科，除部将，仁祖朝兵马节度使金俊龙率师勤王，义以军官与清兵战于水原，射杀其额驸马勋王杨古利，后拜直洞万户。"这是表彰抗击清军入侵的朝鲜将士。

类似上述这些对清朝或清军敌视性的描摹，在《泠斋诗集》卷5、卷6中颇有所见。当时，朝鲜为清朝的藩属，但对后者极具戒心。康熙五十一年（1712年），清帝赐书朝鲜，并令其呈送该国之诗赋文章。而朝鲜当代诗文，多有不便让前者读到的文字，遂取久远文集中无时讳者刊印成书，共两函十五册，名曰《东文选》，呈送北京。乾隆五十五年（1790年），"圆明园宴班，王中堂杰求《东国秘史》《东国声诗》于副使，本国无此二种。又求《圃隐》《牧隐》二集，徐公或虑有忌讳处，并辞以无"。①据此我们不难理解，《泠斋诗集》卷5、卷6多有"违碍"字样，

① 柳得恭：《滦阳录》卷2《纪晓岚大宗伯》，第327页。

故不得与前四卷（《泠斋集》）一样流传中土。

（3）《泠斋诗集》补遗

《泠斋诗集》补遗中有《水标桥绝句》《秋园即目》《上元醉歌》、《二酉阁初秋夜》和《五杂组三首》。其中的《五杂组三首》，见于《泠斋集》卷4。这说明哈佛燕京图书馆所藏的《泠斋诗集》应当是较早的抄本，在编成《泠斋集》时，曾将“补遗”中的内容插入各卷。《泠斋诗集》的前四卷内容，除少数外，均见于四卷本的《泠斋集》。据此推测，《泠斋集》最早有一种抄本，乾隆四十三年（1778年）即为纪晓岚所见，十数年后入燕的柳得恭请他题词。之后，柳氏将自己乾隆五十五年（1790年）燕行时的所见所闻增入，成为人们现在所见的四卷本《泠斋集》。而《泠斋诗集》的卷5和卷6两卷的内容，则在四卷本的《泠斋集》之外。

（二）《泠斋诗集》及其相关史料的价值

《泠斋诗集》的后两卷，以及与前四卷和后两卷分别相关的《滦阳录》（《热河纪行诗注》）、《燕台再游录》，皆是朝鲜燕行使者对乾嘉时代的观感以及较为真实的记录。较之中国史籍，其中的不少描摹显得更加生动。因此，可以利用这些资料，从诸多侧面研究乾嘉时代的中国社会[①]。

---

① 在这方面，管见所及，韦旭升撰有《中朝文士之间的交游——读柳得恭〈燕台再游录〉》，载《国外文学》1991年第3期；王锦民撰有《柳得恭与清朝士人的交游》，北京大学韩国学研究中心编《韩国学论文集》第二辑，北京大学出版社，1993年版；王静撰有《柳得恭〈燕台再游录〉》，收入陈尚胜等著《朝鲜王朝（1392—1910）对华观的演变——〈朝天录〉与 （转下页）

大致说来，柳得恭笔下的诸多记载，对于了解乾嘉时代的学术风气和社会政治状况，研究士大夫的心态，均有重要的学术价值。当时，朝鲜人时常派人前来中国购求书籍。《燕台再游录》载柳得恭于入燕京之次日访纪晓岚，两人在书堂的一段对话颇堪玩味①。其中叙及当时的风气趋于《尔雅》《说文》一派，反映了乾嘉时代学术风气的转变。揆诸史实，自清初学者攻击晚明之空疏，学风日趋朴实，经学考据风靡一时。由小学以通经明道，小学被视作通向圣人之道和经典义理的重要工具，这成了考据学派的根本宗旨，也是考据学区别于宋明理学最显著的标志。当时的"程朱之书不讲，似已久矣"，以至于书坊中竟无此书。另外，从纪昀的谈话中，也透露出中国书籍的交流和传播——乾隆时代因官修《四库全书》以及士大夫普遍的藏书风气，在北京琉璃厂与江南各地，存在着图书流通的网络。倘若我们将中朝各类文献综合考察，便可清晰地勾勒出中国汉籍流播朝鲜的一条明确

(接上页)〈燕行录〉初探》(山东大学韩国研究中心"韩国学研究丛书"，山东大学出版社1999年版)，该文分别以"纪纲混乱""川楚匪乱""汉学与宋学"、"文字狱余波"等几个方面，就《燕台再游录》反映的乾嘉时代中国社会风貌作了概述。此后，谢正光撰有《嘉庆初年京师之学人与学风——读柳得恭〈燕台再游录〉》，载《九州学林》三卷三期(2005年秋季)，对此略有补充。另外，与此相关的成果，尚可参见：张存武：《清代中韩关系论文集》，台湾商务印书馆1987年版，第307—326页；詹杭伦著《李调元与韩国诗人交往纪实》(载氏著《李调元学谱》，天地出版社1997年版)；张伯伟《清代诗话东传略论稿》(中华书局2007年版)第三章"李调元《雨村诗话》"条。

① 关于这段对话，以往学者征引已多，兹不赘引。因当时朴齐家亦在场，故对话内容，亦见朴长馣《缟纻集》卷2"庚戌辛亥"纪昀条，可以相互参照。

路线。[①]

柳得恭的记载，还生动地反映了民间对于川楚陕起义的反应。嘉庆六年（1801年）柳氏第二次燕行时，正是中国发生川楚陕起义之际。因此，他对此一事件相当关注，几乎是逢人必问。从他的记录中，我们可以见到各色人等的反应。例如，满族人的直接反应是——此乃建功立业、升官发财的好机会，而商人则对白莲教的实力颇感敬畏。从总体上看，士大夫阶层对于川楚陕起义多保持缄默，而市井小民反而敢于放言高论。如果我们结合李德懋的《入燕记》来看，即使是在查缴禁书的高峰时期，在北京，仍然有一些书商在偷偷贩卖"违碍""悖逆"的禁书[②]。而柳得恭笔下的书商，则对于当时的社会政治现实竟敢放言高论。这些，都反映了高压政治下民间社会的一些侧面，为我们以往在中国史籍上所未曾读到的。

此前学者对柳得恭研究的成果，利用的资料基本上是《滦阳录》及《燕台再游录》本身，本文在阅读更多相关资料的基础上，拟对上述成果未曾涉及或尚可进一步申说的部分，加以重点的探讨，以下具体勾勒与柳得恭交往的三个中国文人。

① 参见王振忠：《朝鲜燕行使者所见十八世纪之盛清社会——以李德懋的〈入燕记〉为例》，载 Yoon Choong Nam（尹忠男）编《哈佛燕京图书馆所藏朝鲜资料研究》(Studies on the Korean Materials in the Harvard-Yenching Library)，"哈佛燕京图书馆学术丛刊"第三册（Harvard-Yenching Library Studies, No.3），景仁文化出版社 2004 年版，第 135—171 页。

② 参见王振忠：《朝鲜燕行使者所见十八世纪之盛清社会——以李德懋的〈入燕记〉为例》。

（1）罗聘

柳得恭《并世集》卷2有“罗聘”条，介绍罗聘的生平事迹：“号两峰，江南扬州人。（两峰学画于古杭金冬心，有出蓝之妙。少年风流，晚来落拓，携其子允缵，寓琉璃厂之观音阁，求画者填门，诗亦韶艳，不为画掩……）”①书中收录有罗聘写给柳得恭的诗，如《题冷［泠］斋小照三绝送归》：

怀古诗吟廿一都，长身落落最怜渠，达官清瘦将何拟，天上高飞鹤不如。

卷开如中鹅黄酒，情洽同深鸭绿江，愿化离心为斥堠，送君千里不成双。

才逢欲别意迟迟，后会他生或有期，残日晓风容易散，柳耆卿对不多时。

“怀古诗吟廿一都”指的就是柳得恭之《二十一都怀古诗》。②与此诗相关的，还有《泠斋诗集》卷4的《别罗两峰》：“榆关黄叶若为情，秋雨秋风信马行，记取当年肠断处，罗昭谏别柳耆卿。”诗注曰：“残月晓风容易散，柳耆卿对不多时，即君

① 柳得恭：《并世集》，载《燕行录全集》卷60，第133—134页。另，哈佛燕京图书馆藏有一抄本《并世集》（善本书：TK 5568.2 4224.7），当为日本学者藤塚邻抄录，其中文字颇多讹误，但间有为《燕行录全集》本所不及者。参见王振忠：《朝鲜燕行使者所见十八世纪之盛清社会——以李德懋的〈入燕记〉为例》，注5。

② 除此之外，还有：《又题折枝梅赠泠斋检书》《写兰为柳惠风检书》《又题兰扇赠惠风》《题次修所藏百雁图》《题画马》《题白画双钩竹便面赠茗翡检书》《次修检书将归朝鲜作墨梅奉赠以当折柳》。

赠句也。”另一首：“昔年今日休商量，眼底匆匆梦里忙，重叠远山都是恨，离魂何处望维扬。”诗注曰：“昔年眼底，今日梦中，两峰题画语。”另外，《热河纪行诗注》“罗两峰”条，也有：“诗情画笔总闲愁，清画茶烟掩寺楼，他日相思空怅望，二分明月古扬州。”诗注中提及：“余与次修屡过两峰，偶数日未往，写余小照于帖中，傍写折枝梅，题云：‘驿路梅花影倒垂，离情别绪系相思，故人近日全疏我，持一枝儿赠与谁。’又写远山，题云：‘昔年眼底，今日梦中。’意盖懊恨也。余以苏定方平百济、刘仁愿纪功二碑谢之，两峰大喜，即付装潢，自言明春买舟南归。”[①] 这些，都与《并世集》《泠斋诗集》中的诗歌相互印证。而在《金冬心五百斤油墨歌》中，柳得恭亦谈及他与罗聘的交往：

> 余游聘燕中，与罗两峰相好，罗亦维扬人，学画于冬心，喜作梅花长幅，仿古仙佛画法为《鬼趣图》，题诗者甚众，每为余道冬心清孤绝俗[②]。

两度与柳得恭一起入燕的朴齐家，亦有与罗聘交游的经历。其子朴长馣所编《缟纻集》卷 2“庚戌辛亥”下，对罗聘及其师承的渊源所自，有较为详细的介绍：

> 罗聘字两峰，江都广陵人，居天宁门内弥陀庵，额其堂曰“朱草诗林”。尝梦人谓之曰：君前身为花之寺僧。故因

① 李佑成编：《雪岫外史（外二种）》，第 496—497 页。
② 抄本《泠斋诗集》卷 6。

号花之寺僧。能诗，工绘事。碧眼，善见鬼物。……由是善画仙佛，作《鬼趣图》八帧，题者百余人……

庚戌、辛亥即乾隆五十五年（1790年）、五十六年（1791年）。罗聘祖籍徽州歙县呈坎村，自呈坎罗氏二十一世祖乾宗时始迁于扬州。其人拜金农为师，淹雅工诗，画无不工。多摹佛像，尤喜画鬼，有著名的《鬼趣图》，“殊形异状，宛然吴道子地狱变相”。[①]关于他的《鬼趣图》，纪昀曾指出：“扬州罗两峰，目能视鬼。……所画有《鬼趣图》，颇疑其以意造作。中有一鬼，首大于身几十倍，尤似幻妄。”[②]现存的《鬼趣图》画卷上有盛清时代一百余位中外学人的题跋，蔚为壮观[③]。其中，就包括朴齐家、柳得恭等朝鲜燕行使者。

从罗聘的经历来看，在他的一生中，扬州和北京两地，与他的关系最为密切[④]。而关于扬州和北京，康熙时人孔尚任曾指出：

---

① 易宗夔述：《新世说·巧艺》，周骏富：《清代传记丛刊》第18册，明文书局1985—1986年版，第572页。

② 《滦阳消夏录》(二)，载《纪晓岚文集》第二册第二卷，河北教育出版社1991年版，第31页。

③ 关于《鬼趣图》，历来画史颇有涉及。1999年，美国学者Jonathan Hay撰文提出新见——《鬼趣图》中最精彩的部分实际上源自西洋传教士的人体解剖图。（见Jonathan Hay, Culture, ethnicity, and empire in the work of two eighteenth-century “Eccentric” artists, Intercultural China, Res 35 Spring 1999）。这指的是其中的第八图——青林黄草中黑石一丛，藏骷髅二具，皆人立，一倚石外向，一据石内向。从解剖图与之的详细对照来看，的确可见其姿式几无二致，Jonathan Hay的说法可从。看来，所谓目能视鬼的特异功能，应是画家故弄玄虚、自抬身价的一种说辞。

④ 张维屏辑：《国朝诗文征略初编》卷42：“罗聘，字两峰，江南歙县人，诸生，……游京师最久，垂老，归扬州。”（周骏富：《清代传记丛刊》第22册，第455页）

“天下有五大都会，为士大夫必游地，曰燕台，曰金陵，曰维扬，曰吴门，曰武林。”① 孔氏又指出：“天下之言诗者，莫盛于燕台与维扬。……天下之人，稍能言诗，辄思游燕台，游维扬，其意何居？亦曰近贵也，近富也。燕台之贵人，乘舆拥翣，日殿呵于道，四方之客，能承其颜色，即可致身青云，见者谁不慕而奉之？……维扬之富人，拥厚赀，居大第，即持筹书算、臧获仆御之辈，亦华冠丽服，以气加人，人苟能仆仆其门，即可乞余沥以活妻子，见者谁不羡之？”② 孔尚任此处是就诗人立说，其实，画家又何尝不是如此？清代前期的北京和扬州，都是古玩书画最为重要的市场。

在扬州，罗聘与两淮盐商关系密切。如所周知，清代的两淮盐商以徽商为主体，出自徽州的罗聘与之有着千丝万缕的联系。据吴锡麒之《罗两峰墓志铭》称：“时扬州马嶰谷、半查兄弟开设坛坫，号召贤流，君以波澜吻纵之才，值文酒风驰之会，兰言自馥，松格弥高。”③ 马氏兄弟即著名的两淮盐商马曰琯、马曰璐（徽州祁门县人）。乾隆南巡时，重宁寺为高宗祝厘之地，“其壁有画，盖两淮鹾商以重金求两峰绘也”④。另一种记载也说盐商“持数百金，倩两峰所作也”⑤。

① 〔清〕孔尚任：《郭匡山广陵赠言序》，载《孔尚任诗文集》第3册，卷6，中华书局1962年版，第459页。

② 〔清〕孔尚任：《城东草堂诗序》，载《孔尚任诗文集》卷6，第476—477页。

③ 闵尔昌纂录：《碑传集补》卷56《罗两峰墓志铭》，周骏富辑《清代传记丛刊》第123册，第543页。

④ 易宗夔述：《新世说·巧艺》，第572页。

⑤ 〔清〕李元度：《清朝先正事略》卷44《文苑·陈章侯先生事略（附罗聘）》，周骏富辑《清代传记丛刊》第193册，第559页。

在清人的传记中，常将罗聘视作“山人”①，而山人则系明代中叶以后出现的一批诗人谒客。清嘉庆十三年（1808 年），扬州甘泉人林苏门在其刊行的《邗江三百吟》中，列举了当时的“趋时清赏”，曰：“罗君两峰聘，江都居士；赵君兰痴九鼎，兴化名家。一时齐噪都门，画称两绝。”② 揆诸实际，罗聘先是在扬州，后“三至都下，所主皆当代钜公，野服萧然，跌宕诗酒，或醉后作画，尤觉神来”③。他在北京所过从的，都是王公卿尹、名贤硕德。因此，他也有机会认识燕行的诸多朝鲜使者。

关于罗聘在北京的活动，柳得恭、朴齐家等人都有较多的记载。乾隆八旬大寿，内外争相进贡。柳得恭在《滦阳录》中指出：

> 内而军机内务府大臣，外而各省督抚将军，竞献珍玩，玉如意最多，陈列殿陛，触目琳琅，小金佛一辇数十，覆黄

① 清人张问陶在其《船山诗草》(中华书局，“中国古典文学基本丛书”，1986 年版）中，就多处径称罗聘为“山人”。如《送罗两峰山人归扬州》这样描摹其人：“流连赭墨双蓬鬓，点缀公卿一布衣。”(《船山诗草补遗》卷 5，第 675 页）另有：《题渊如观察纪遇图两峰山人画》(《船山诗草》卷 18，第 517 页)、《正月十八日朝鲜朴检书宗善从罗两峰山人处投诗于予……》(《船山诗草补遗》卷 4，第 650 页）。此外，蒋宝龄《墨林今话》卷 4 称罗聘为“江都罗山人聘”，周骏富辑《清代传记丛刊》第 73 册，第 115 页。纪昀也称其为“罗山人两峰”。(《滦阳续录》，载《纪晓岚文集》第 2 册第 19 卷，第 496 页）

② 〔清〕林苏门：《邗江三百吟》卷 7《趋时清赏》，载《扬州历代诗词》第三册，人民文学出版社 1998 年版，第 470 页。

③ 蒋宝龄撰：《墨林今话》卷 4，周骏富辑《清代传记丛刊》第 73 册，第 115—116 页。

帕，舁入宫门，络续不绝，无虑万躯。珊瑚树高可三尺，青玉叶琥珀果，为柑橘状，植玻璃盆中，以金丝络之，晶光照人，不知何人所献也。诸权贵亦乘时受馈遗。余在圆明园，偶入一观音阁，河南巡抚穆和蔺寓其中，见吏目四五人，扰扰裁红纸、修名帖，物单堆积案头，就看之，其人甚不喜也。皇帝最爱玉，尝采于回部叶尔羌之蜜尔岱山，驻扎大臣高朴盗采，被极律。琉璃厂中笔洗、砚屏，苟其玉也，价不下数百两银，多为进献所用云。我国私商挟笠鹭带蠕以入，虽焦余之物，莫不售重价。罗两峰处有人致书，并一物大如拳，微黑色，两峰摩挲审视曰："是！是！可买！可买！"某人不胜欢喜而去。次修问其故，两峰曰："有贵人欲买古玉，疑而书问，故吾辨之。"次修曰："此何玉也？"两峰曰："汉军饰，价直银千两。"可见燕中习尚。①

《热河行纪诗注》该条无"就看之，其人甚不喜也"数字，末了"可见燕中习尚"，亦作"可谓上有好者，下必有甚焉者也"②。从中可见，罗聘不仅挥毫作画，而且还以山人清客的身份，出入于公卿贵族之家，为他们鉴定古玩。

当时的琉璃厂，除了书籍外，古董也相当之多。朝鲜人朴齐家在《北学议内编·古董书画》中指出："琉璃厂左右十余里及龙凤寺开市等处，骤看之，璀璨辉映，不可名状者，皆彝鼎、古

---

① 柳得恭:《滦阳录》卷2《珊瑚树》，第326页。
② 李佑成编:《雪岫外史（外二种）》，第482—483页。

玉、书画奇巧之属，其实真品亦罕见矣。然而天下之累巨万财皆聚于此，卖买者终日无间断……”[①]琉璃厂的古董书画之繁荣，显然也与进供活动有关。当时，罗聘就寓居于琉璃厂附近，朴长馣《缟纻集》中收有罗氏写给朴齐家的一封信：

> 朴次修先生座前：
>
> 欲言颇多，书不胜言，同在一天之下，有缘再见不难也。尹□友见面两三次，金松园先生以一书通之，未得识面，此中或有与弟不足者阻之，大都皆缘耳，不足怪。承寄清心丸、日本墨，拜领，谢谢！牙尖桶，都下匠人毋再委做，已信寄大儿，命往苏州去做，四五月间可寄到弟寓矣，再为觅奉。傅君久已归西江，承惠之笠，潘御史携归浙去，观其留札自知。远照先生书法直追唐李阳冰，可称能手，弟所见作篆书者，皆不及也。弟有周时歃血铜盘铭拓本二纸，贵重之物，到时可分一纸与之。弟仍有释文，不及书寄矣。眼病灯昏，不能多作字，唯冀珍重。书罢，不禁神驰次修先生左右。柳先生托问平安，不另函。扬州弟罗聘顿首。壬子春正月廿四日漏下二鼓，仍住琉璃厂观音阁。

《缟纻集》卷2收录有罗聘、罗允缵父子写给朴齐家的两封信，未见于其他史籍，是研究罗聘与朝鲜燕行使者交往的珍贵史料。就上引的这封信而言，朴齐家三次入燕，后两次的乾隆

---

① 朴齐家：《贞蕤集（附北学议）》，第418页。

五十五年（1790 年）和嘉庆六年（1801 年），柳得恭也同时前往。因此，此处请朴齐家代为问安的“柳先生”，亦即朴齐家第二次入燕时同行的柳得恭。“壬子”即乾隆五十七年（1792 年），为朴齐家第二次入燕后的第三年。信中的“潘御史”，也就是潘庭筠。乾隆五十五年（1790 年），罗聘五十八岁，法式善称：“罗两峰近来皈依佛法，与潘德园（庭筠）侍御作同参友。”① 可见，在北京，罗聘与潘庭筠因虔奉佛教而交往密切。因此，朴齐家托罗聘送给潘庭筠一笠，自在情理之中。对此，朴齐家的《续怀人诗十八首》曰：“千花成塔礼瞿昙，忆共观音寺里谈。闻说长斋潘御史，乞携野笠过江南。”指的应当就是此事。从前引的罗聘与朴齐家之信中可知，当时，罗聘就寓居琉璃厂观音阁，而这一带正是朝鲜使者时常出没的场所。

在当时的朝鲜，受中国的影响，书画古玩的收藏蔚为时尚。在这种背景下，琉璃厂的古玩书画，与当时中国国内的鉴藏风气及东亚的文化交流均有密切的联系。在朝鲜，与柳得恭同时的南公辙在《赠元孺良（在明）序》中指出：“今夫古玉、古铜、鼎彝、笔山、砚石，世皆蓄为玩好。”② 他的《金陵集》卷 23、卷 24，均为《书画跋尾》，从中可见，海东的时尚随着中土的鉴藏之风亦步亦趋。因此，朝鲜使者入燕，除了采购书籍外，搜罗古玩亦为一项重要内容，关于这一点，以往学界甚少涉及。以朴齐家为例，清陈文述撰《画林新咏》卷 2：“朴贞蕤，名齐家，字

---

① 〔清〕法式善：《梧门诗话》卷 6，转引自陈金陵撰《罗聘年谱》，载卞孝萱主编《扬州八怪年谱（下）》，江苏美术出版社 1993 年版，第 406 页。

② 南公辙：《金陵集》卷 11《序》，第 194 页。

修齐，其自号贞蕤居士，朝鲜使臣也。工书善画，乾嘉之际屡以奉使来京师，与中朝士大夫多酬倡之作。”[①] 在北京，朴齐家即四处寻访古物。其《贞蕤诗集》卷 3 就有《赠别熊翰林方受、孝廉方训兄弟二首》：“何事孝廉忙十日，鼎彝书画为人谋。”诗注曰：“绍兹孝廉，为余求古器，自往琉璃厂者数矣。”[②] 不过，由于鉴藏能力有限，高丽人通常被视作冤大头。柳得恭在《几何室藏端研歌》中就写道：

> 韩客年年燕都入，琉璃厂中买端歙。
> 燕商个个黠如鼠，赝石一方银五十。
> 韩客有眼昏如漆，传子传孙藏十袭[③]。

“几何”为柳得恭的叔父柳琴（字弹素）。与同时代的日本人相似[④]，朝鲜人购入的大量古玩均为赝品。因此，燕行使者迫切需要中国高人的指点。乾隆五十五年（1790 年）八月十八日，朴齐家出示家藏的《芦洲百雁图》索题，罗聘鉴定为元人笔迹，并作三绝句：

> 模糊小印何人笔，宿食飞鸣百雁俱，展向客窗生远思，

① 陈文述撰：《画林新咏》卷 2，周骏富辑：《清代传记丛刊》第 79 册，第 567 页。
② 朴齐家：《贞蕤诗集》卷 3，第 88 页。
③ 抄本《泠斋诗集》卷 2。
④ 参见王振忠：《徽州社会文化史探微——新发现的 16—20 世纪民间档案文书研究》第四章之四《佚存日本的苏州徽商资料及相关问题研究》，上海社会科学院出版社 2002 年版，第 519—578 页。

纸屏竹榻在江湖。

雁门秋意谁能写，别有江南秋思图，雪迹沙汀烟在水，梦中元只有菰芦。

大抵元人异明代，笔能松活自生姿，宁惟清硬夸奇品，想见苍茫用意时。①

显然，朝鲜使者与罗聘的交游，除了看中其人的书画作品外，对于书籍、古玩的鉴识，应当也是重要的一个原因。②

当时，中国的典章制度和日常生活为朝鲜人悉心效仿。燕行使者究心于利用厚生之道，对于中国的器物极为关注。燕行使者朴趾源的《燕岩集》中有《课农小抄》，对农器、水利器具等作了详细的描摹。朴齐家在《燕行杂绝》中，对中国的风箕、打绵机和制面机等亦多所留心。而在其极负盛名的《北学议》之“内编”，更是对中国的器物详加列举。正是在这种背景下，朴齐家原先委托都下的匠人制造一中国的牙尖桶，而罗聘则建议让自己的大儿子帮他到苏州定做③。这也从一个方面反映了罗聘与江南的密切联系。

柳得恭曾指出：乾隆五十五年（1790年）秋，自己曾将《二十一都怀古诗》携至燕中，“纪晓岚尚书最好古，赠之。罗两

① 朴长馣:《缟纻集》卷2。柳得恭:《泠斋诗集》卷5，亦有《题芦洲雪雁图》。

② 清人吴锡麟的《罗两峰墓志铭》曾指出，罗聘之画，“或外国购价以千金”。（闵尔昌纂录《碑传集补》卷56，周骏富辑:《清代传记丛刊》第123册，第544页）

③ 参见王振忠:《朝鲜汉籍中的一封罗聘佚信》,《文汇报》“笔会”，2006年4月18日。

峰云：欲寄鲍以文续刻《知不足斋丛书》中，力求，无以应，两峰颇怏怏。次修再入燕，见两峰案头置一本乌丝栏书，字画精妙，知从晓岚处借钞也。”[①] 关于“乌丝栏书”，朴趾源认为“即古之编竹也”。[②]“鲍以文”即徽商鲍廷博，是当时江南最负盛名的刻书家。在乾嘉时代，湖州书船坊贾颇为有名，他们将江南藏书家的书籍通过镇江沿运河运至通州张家湾，再经过琉璃厂，销售给前来中国的朝鲜人。据稍早于柳得恭入燕的李德懋所见，《知不足斋丛书》当时赫然列于琉璃厂之名盛堂（书肆）。而在朝鲜的《奎章总目》中，收有鲍廷博所编的《知不足斋丛书》三十二本，该书提要作：“清武林鲍廷博辑，以八种为一集，凡四集。朱文藻序曰：……”[③] 此处有两点值得注意：其一，《知不足斋丛书》是乾隆至嘉庆年间徽商鲍廷博父子所刊，全书共分三十集，以八册为一函，以一函为一集，陆续发刊。但正式编定、付梓的第一批前五集，当在乾隆四十一年（1776年）。奎章阁所藏，只是第一批中的前四集。其二，那位为《知不足斋丛书》作序的朱文藻，与朝鲜燕行使者亦颇有交往。与洪大容过从的杭州文人严诚（也是鲍廷博的朋友）之《铁桥集》的序文，即为朱文藻所作。这些，都反映了中韩文化交流的一些侧面。

① 柳得恭：《二十一都怀古诗》序，第1页下。

② 《热河日记》卷4“长兴镂板”条，上海书店出版社1997年版，第298页。

③ 张伯伟编：《朝鲜时代书目丛刊》第1册，第287页。据题解，《奎章总目》为正祖初期奎章阁所藏中国书的图书目录。另，《承华楼书目》载，该楼收藏有《知不足斋丛书》二百四十册。（《朝鲜时代书目丛刊》第3册，第1359页）

对于罗聘的评价，朝鲜南公辙的《惠甫自热河还投示〈纪行诗注〉题后三首》，其中之一有“两峰画意墨庄诗，酒肆茶楼赠别时”[①]。“惠甫”即柳得恭。可见，罗聘之画与李墨庄之诗相提并论，为朝鲜人所熟知。而“金石正三翁，丹青罗两峰”[②]，想来亦是一些朝鲜文人的共识，“正三翁”即金石大家翁方纲。

朝鲜承华楼系宪宗（1834—1849 年在位）期间所建，该楼贮藏书画，所编《承华楼书目》中也以书画为主，其中就有罗两峰的“墨竹”、“梅花”（书簇）和“指头画”（山水帖）[③]，可见，他的作品也流入朝鲜王室。进而言之，承华楼的收藏，与燕行使者在中国的收集密切相关，关于这一点，似乎尚可进一步探讨。

（2）张道渥

柳得恭《并世集》卷 2 列有小传：“张道渥，号水屋，山西安邑人。两峰处相识，题扇赠见［见赠］，书画放纵，曾以两淮盐务一斥不复，盖亦落拓人。”传后并录其人的《去官感兴》诗一首。柳氏《热河纪行诗》也有“张水屋”条，状摹其人：“笔意清狂未可删，喜为金碧夕阳山，大江南北交游遍，直到三韩洌水间。”而朴长馣《缟纻集》卷 2 亦有张道渥的小传，传后收录有其父朴齐家描摹张氏的数首诗。如《怀人诗》：“水屋狂者流，自赞复自骂，但逢龌龊人，嘲嗤不少借，世以诗画云，我爱真无假。”[④]《续怀人诗十八首》：“世无风子亦寥寥，画意诗情未是骄，

① 南公辙：《金陵集》第 1 卷，第 112 页。
② 朴齐家：《贞蕤诗集》卷 4，第 150 页。
③ 张伯伟编：《朝鲜时代书目丛刊》第 3 册，第 1385 页，第 1416 页，第 1417 页。
④ 朴齐家：《贞蕤诗集》卷 3，第 112 页。

莫道近来贫到骨，千金容易博今宵。”[①]《燕京杂绝》：“辎轩闻所闻，风子得官去，傲吏无世情，狂名落何处。”[②] 此外，《缟纻集》还收录有张道渥的《庚子二月自津门赴都即事写情亦竹枝之余录呈贞蕤检书正之》：

天津北去依帝乡，惭对春风又轻装，正是杏花酣畅后，遍飞马蹄红雨香。

画山容易买山难，七载扬州一冷官，我欲归耕无半垄，还愁旅食向长安。

室人笑问我何之，若再求官是太痴，要与洛阳添纸价，不劳相劝莫吟诗。

一别家山旅梦频，无端又踏嫩红尘，相逢便作书痴看，不是春风得意人。

燕台风物总依然，到处欢场让少年，十载伤心无旧雨，半腾云路半归泉。

买醉无钱未足愁，好凭春暖典轻裘，百金携过琉璃厂，半付王家读书楼。

十千赁屋未为奢，料理琴书便当家，闲洗古瓶刚贮水，隔墙叫买碧桃花。

人隔江南未易逢，忽闻北上聚萍踪，画中从此来知己，盼然扬州罗两峰。[③]

---

① 朴齐家：《贞蕤诗集》卷 4，第 131 页。
② 同上书，第 151 页。
③ 朴长馣：《缟纻集》卷 2。

此诗为张道渥夫子自道，末了提及他与罗聘的交情。据《清画家诗史》记载：

> 张道渥字水屋，一字封紫，号竹畦，又自号张风子，山西浮山人，以明经官蔚州知州。幼负奇气，尝策蹇走京师，后宦游维扬，左迁入蜀，得历览峨嵋、剑阁诸胜，所至与名士觞咏，山水秀润，脱尽窠臼，迥不犹人。有时繁益加繁，有时简而又简，画、书、诗称三绝，有《水屋剩稿》。

由此可见，张道渥先为清朝官僚，后弃官以诗、书、画诸艺谋生，此种经历与“扬州八怪”中的另一画家郑板桥颇相类似。他在自述中指出：

> 余自扬州梦醒，旅食京华，性惮车马之险，出则跨一驴，旧友罗两峰画《张风子骑驴图》，题诗以戏之。越数年，谪官西来，驴亦从之入蜀，一作俗吏，吟鞭便疏，驴为富儿所典。余亦即赴金川之役。戊午春，余来成都，遇驴于途，驴见故主，长鸣不已，如泣如诉，为之怆然动怀，得诗十九首，展两峰画幅题之。

其诗之一曰：“旅食京华七载余，病多不患出无车，一从抛却扬州鹤，只向金台跨白驴。”① 从文人佯狂的自我标置中，不难

① 李濬之编辑：《清画家诗史》戊上，周骏富辑《清代传记丛刊》第76册，第321—323页。

看出，张道渥也长期游食于京师，尤其是琉璃厂一带，这一点，与罗聘的经历亦极为相似。

罗聘曾为张道渥画《水屋吟秋图》《细雨骑驴入剑门图》等，两人关系极佳。据柳得恭的《滦阳录》记载：柳得恭是在罗聘处与张道渥相识，“题扇见赠，书画放纵，请余及次修去饮酒。两峰怒，以为夺客。水屋亦怒，一场大哄，余留而次修去，以弥缝之。后日我坐琉璃厂书肆中看书，水屋与数人者挂瑷曃，负手缓步而过，见余大笑道：‘好！好！’数人者怪而问之，水屋又抚掌大笑，自诩曰：‘我交游遍天下，非特海内而已，海外亦有之，君辈焉足以知之？’两峰每短水屋，水屋亦短两峰，以余所见，水屋真狂士也。”①这是一段生动有趣的史料，对张道渥和罗聘之纠葛的描绘，凸显出二人鲜明的个性特征。从中可见，“扬州八怪”之一的罗聘与张道渥，竟因请客饮酒这样的小事而发生纠纷，弄得朝鲜使者柳得恭和朴齐家只好分别前往以平息两人的怒气。如此生动的史料，在其他史籍中似乎不易多见。

在柳得恭第一次入燕的翌年，朝鲜金士龙随正使金履素渡鸭绿江，于十二月二十二日入燕京，并在次年三月返回朝鲜，回国之后，撰述有《燕行日记》。在他的《燕行日记》中，张道渥曾屡屡出现：

> （乾隆五十七年正月初六日）是日，松园往张水屋草堂，得泰山图扇子、三吴八景图一轴、江村山寺图一纸而归，其纸面水屋以指隶八分自题其诗，曰：天涯岁暮意如何，胡不云归犹作客。惭负韶华度又虚，其将焉往总离居。数往易水

① 柳得恭：《滦阳录》卷2《水屋》，第61—62页。

> 三年内，记得江南时节好。乍别杨［扬］州一梦余，满山风物似秋初。读其诗，慷慨之怀，透出纸背，古所谓阳狂自重者耶！张水屋，太原人，名道渥，号梦觉，或谓之风子。善诗善笔，尤工指隶，官杨［扬］州刺史。①
>
> （二十四日）松园访张水屋草堂，余从而入，纸窗画壁，萧（引者按：此处疑缺一字）可爱，水屋进茶碗，余赋七律以示之。水屋曰：腹笥可敬。其从者船儿进元宵饼二碗，味极甜滑。②

此处的“松园”，亦即前引罗聘致朴齐家信中提及的“金松园先生”（金履度），此人亦于乾隆五十六年（1791 年）随正使金履泰入燕。《缟纻集》卷 2 收录有伊秉绶《题张水屋刺史道渥画册送高丽金履度归国》，对此，日本学者藤塚邻于抄本天头以朱笔标注：“乾隆五十七年”，显然即指金履度次年的归国一事。

另外，张道渥与活跃在北京琉璃厂的徽商程嘉贤过从甚密。后者在《江南程少伯谢海东金士龙书》一信中提及，自己“现在国子学中三年报满，得以广文选用，一时大概难赋归来，音问南来，竟寄张水屋处，或琉璃厂厂桥边墨庄刘峨峰处，咸为安便”③。关于程少伯（嘉贤），笔者此前曾作《琉璃厂徽商程嘉贤与朝鲜燕行使者的交往——以清代朝鲜汉籍史料为中心》一文④，不过，在撰写时尚未在中文典籍中觅得有关程嘉贤的任何资料，论文发表后，才偶然在李斗《扬州画舫录》卷 6《城北

① 金士龙：《燕行日记》，载《燕行录全集》卷 74，第 456 页。
② 同上书，第 490—491 页。
③ 同上书，第 553 页。
④ 载《中国典籍与文化》2005 年第 4 期。

录》中找到一个小传："程嘉贤字少伯，歙人，工诗，书效董文敏。"① 此一小传附于徽州歙县棠樾盐商鲍氏之后，从《扬州画舫录》的编纂体例来看，其人与徽商鲍氏关系密切，甚至为依附后者门下的山人清客之流。而从金士龙之《燕行日记》来看，程嘉贤来往于扬州、北京两地，应是从事书籍、古玩交易的商人。另外，从程嘉贤与朝鲜燕行使者金士龙的书信中可以看出，张道渥与程嘉贤交情甚笃，而他们都与燕行使者颇多来往。乾隆五十六年十二月二十七日，"张水屋持古藤书屋图来示余，画意诗品，足有起余之叹"。② 虽然说得很隐晦，但由此似可推测，张道渥与燕行使者之间当有古董书画方面的交易。而在事实上，张道渥的一些作品，也流入朝鲜王室，《承华楼书目》中就有"张水屋额字"的书法横批③。

（3）陈鳣④

在《燕台再游录》中，柳得恭曾提及："纪晓岚云近来风气趋《尔雅》、《说文》一派，仲鱼盖其雄也。"⑤ 仲鱼也就是陈鳣，

① 此后亦见民国《歙县志》卷10《人物志》。

② 金士龙：《燕行日记》，载《燕行录全集》卷74，第425页。

③ 张伯伟：《朝鲜时代书目丛刊》第3册，第1397页。

④ 陈鳣在《燕行录》及相关资料中颇有所见，对其人和朝鲜学人之交往，以往的研究亦多涉及。如：日本学者藤塚邻《日鲜清の文化交流》中有《朝鲜朴齐家と清儒陈鳣・黄丕烈との学缘——正平本论语集解の确认》，中文馆书店，昭和二十二年（1947年）版，第37—39页；藤塚邻著、藤塚明直编：《清朝文化东传の研究——嘉庆・道光学坛と李朝の金阮堂》第六章《朴楚亭・柳惠风の入燕と清儒》，第42—43页。近年的论文，有谢正光：《嘉庆初年京师之学人与学风——读柳得恭〈燕台再游录〉》一文，文中亦列专节描述陈鳣，只是他的描述，似乎仅止于《燕台再游录》一书史料之排列。

⑤ 柳得恭：《燕台再游录》，第338页。

他与柳得恭过从甚密，后者有《和赠陈仲鱼孝廉》："斯世嚣然古，其人可以师。形声穷解字，名义守笺诗。居恨云溟远，淡忘午景迟。相看俱老矣，宁有再来时。"[①] 根据清人钱泰吉所撰的《陈鳣传》：

> 陈鳣字仲鱼，号简庄，又号河庄。嘉庆丙辰，以郡庠生举孝廉方正，戊午举人。少承其父许氏《说文》之学，而兼宗北海郑氏，于《论语注》、《孝经注》、《六艺论》，皆采辑遗文，并据本传，参以诸书，排次事实为年纪。嘉定钱氏大昕谓为粲然有条，咸可征信。好购藏宋元雕本书及近世罕见之本，与吴槎客骞互相钞传。晚营果园于紫薇山麓，中构向山阁，藏书十万卷，次第校勘，册首钤小印二，一曰得此书甚辛苦，后之人其鉴我。一为小像。仲鱼美须髯，喜交游，槎客谓其力学嗜古，魁奇俶傥之概。……嘉庆辛酉会试至京，于琉璃厂书肆，识朝鲜使臣朴修其检书，各操笔以通语言。朴修其以所撰《贞蕤稿略》贻仲鱼，仲鱼报以《论语古训》，各相倾许，一时以为佳话。其举孝廉方正也，仪征阮相国为举主，手摹汉隶"孝廉"二字以颜其居，并为书"士乡堂"额。仲鱼既没，遗书散佚，相国为刊《续唐书》于粤东[②]。

① 抄本《泠斋诗集》卷5。

② 闵尔昌纂录：《碑传集补》卷48，《清代传记丛刊》第123册，第63—64页。参见徐世昌纂、周骏富编《清儒学案小传》卷9，《清代传记丛刊》第6册，第279—280页。

就各类传记所见，陈鳣为考据学家，与吴骞同为海宁著名的藏书家。嘉庆六年（1801年），他与朝鲜使臣朴修其（即朴其家）有所交往。陈鳣曾为朴齐家的《贞蕤集》作序[①]，在序文中，他提及自己与朴齐家、柳得恭等人的交往：“嘉庆六年三月，余举进士，游都中，遇朝鲜国使臣朴修其检书于琉璃厂书肆，一见如旧相识，虽言语不通，各操不律书之，辄相说以解。检书通经博古，工诗文，又善书法，人有求，则信笔立书所作以应。时余同年友嘉定钱君既勤继至，克承家学，著述甚夥。检书偕同官柳君惠风，亦阅览多而卓然儒雅，四人者赏奇析义，舐墨濡毫，顷刻尽数纸。”[②]《缟纻集》卷3中，收录有《奉谢贞蕤词丈惠物四首录求是正》、《嘉庆六年夏四月既望奉送贞蕤词伯荣旋二首即求是正》，并附《嘉庆六年夏四月既望奉送泠斋词伯荣旋二首》，反映了其人与朴、柳二氏的交往。

除了《碑传集补》外，其他的传记还指出，嘉庆二年（1797年），陈鳣考中举人，“计偕入都，从钱大昕、翁方纲、段玉裁游。后客吴门，与黄丕烈定交”[③]。从清人的传记来看，这位“美须髯，喜交游”的陈鳣完全是传统士大夫、学者的形象。但在朝

① 陈文述《画林新咏》卷2“朴贞蕤”条曰：“家仲鱼征君刻其诗文，为《贞蕤稿略》。”（周骏富辑《清代传记丛刊》第79册，第509页）《贞蕤稿略》亦即后来的《贞蕤集》，但从《贞蕤集》陈鳣序来看，此说并无根据。

② 《贞蕤集》原序，第2—3页。此序亦见《缟纻集》卷3，作《贞蕤稿略序》。

③ 赵尔巽等撰《清史稿》卷484。参见：清国史馆原编《清史列传》卷69《儒林传下》，《清代传记丛刊》第104册，第514—515页；清李恒辑《国朝耆献类征初编》卷439，《清代传记丛刊》第184册，第21—22页；支伟成撰《清代朴学大师列传》“作史学家列传”第十四，《清代传记丛刊》第12册，第444—445页。

鲜燕行使者的笔下，我们却看到了不同的形象。朴长馣《缟纻集》卷 3 中，有陈鳣的小传，并附有他与朴齐家的一段笔谈：

与阁下晤谈，如见古之贤大夫。（陈）

鄙等碌碌，固不足与闻大论，但好古慕贤，自谓不下于人。（先君——引者按：指朴齐家）

将来归贵国后，附望以贱名时时道及，斯大幸！（陈）

先生将俎豆于九州，何待域外之名耶？（先君）

不敢！不敢！（陈）

凡学最忌皮毛，虽小道末技，必须真心孤诣，近日皮毛之学亦多矣，不讲义理，只讲训诂，俗人之排斥，良有以也。（先君）

阁下学本宋儒，诗近宋体。（陈）

学无渊源，诗亦凿空。（先君）

诗有仙气，字在欧、褚之间。（陈）

公有田可耕否？（先君）

家有薄田，非凶年可一饱。（陈）

假使作一品中堂，何如拥书眠？（先君）

此日惟力耕著书以自娱，人爵固非所计。（陈）

偕隐躬耕，教子弄孙，亦一乐事，恐天公不易与耳。（先君）

览名山大川，一乐也；交四方贤士，二乐也；阅未见之书，三乐也。（陈）

何等闲人，作此消磨日月！（先君）

仆每日以得见公为快，但恐别后，何以为情？（陈）

先生比我尚少数年，亦耆老矣，不知别后尚得几年空中思想，不如拨弃千斛愁，倾眼前一杯可耳。（先君）

京师贵相识亦多，得如孙、洪者何人？（陈）

洪稚存、孙渊如等最难。（先君）

稚存伏阙上疏，已足不朽。（陈）

此中交游颇广，但传人绝少，未知此世尚有卓然自立者乎。（先君）

辛楣詹事，竟如鲁灵光矣。（陈）

生平以友朋书卷为性命，不作浮光掠影之句，此诗聊见交情，字字真率，不计工拙也。（陈）

天然去雕饰矣。（先君）

蒙题小照，一字一珠，感谢！感谢！请即书于幅上，我欲具酌奉饯，未知行期究在何时？（陈）

饯不必具酌，宾主萧然，作茗粥可矣。（先君）

晓岚先生何日见过？（陈）

老人多病而忙甚，一进未晤。（先君）

尊作《怀人诗》，驾于渔洋之上，褚遂良人品先高，书法焉得不佳！（陈）

从上述的笔谈可见，陈鳣似乎很在乎自己在朝鲜的名声，这从一个侧面反映出当时中韩士人之密切交往对于两国文人的影响。而朴齐家则对清朝的学术考据颇有微辞，前引《泠斋诗集》卷5："考古家分讲学家，迩来风气变中华。《说文》《尔雅》休开口，陈仲鱼来诵不差。”对于中国学术风气的这种变化，朴齐家显得颇不以为然。对此，陈鳣并不直接与之交锋，只是客套地称赞其人“学本宋儒，诗近宋体”。

陈鳣虽为学问中人，但他在与柳得恭的交往中，却颇为忘形：

> 余曰：“公喜从远人游，恐惹人怪？”
>
> 仲鱼大笑曰：“其实无妨尔，我皆东夷也，莱夷、淮夷、徐夷，皆古之东夷也。”借余笠及唐巾氅衣著之，关门曳履徐步曰：“乐哉！”①

陈鳣不仅自称“东夷”，而且还关上门，穿起朝鲜人的唐巾氅衣，戴上笠子，“曳履徐步”，口称“乐哉”。而在《燕台再游录》中，陈鳣私下直抒胸臆，对于当时的时事，丝毫也不忌讳：“川楚匪乱，仲鱼却不讳，座无他人，时书示曰：‘天下将大乱矣！’余曰：‘吾是海外人，于我何关？’仲鱼曰：‘浙省乱，则贵处何如？’余曰：‘此则可忧。浙与我隔一海故耳。未知浙省亦有变否？’仲鱼曰：‘去年海寇作梗，抚台阮公击破之，然至今海面未靖，各处海防甚严。’……余曰：‘海寇是何寇？’仲鱼曰：‘皆渔户也。’仲鱼又曰：‘蒙古郡王拉旺多尔济上书请讨楚匪，朝廷不许，此事何如？’余曰：‘此事不许，似得体。’仲鱼默然久之，曰：‘吾可作管幼安，有容我者乎？’余曰：‘今讨贼、

---

① 柳得恭：《燕台再游录》，第338页。

剿抚二局果何居？’仲鱼曰：‘非剿非抚，彼此支吾而已。’”[①]管幼安即管宁（158—241），三国魏北海朱虚人，汉末避乱至辽东（辽东部分地今属朝鲜）[②]。此一典故显示，陈氏对于时世似乎颇为绝望，甚至想跑到朝鲜去。

另外，陈鳣“工各体书，兼擅飞白”[③]，朝鲜承华楼中就收藏有“陈鳣隶”[④]，应即陈鳣书写的隶书。

（三）简短的结语

以上对于《泠斋诗集》及相关史料作了介绍，并分析了各书的史料价值。此下概括本文的结论：

其一，《泠斋集》在乾隆四十三年（1778年）前即已成书，柳得恭原本想让纪晓岚作序，但未果。乾隆五十五年（1790年）回到东国后，增加了反映此次燕行的《热河纪行诗》等，成为新的《泠斋集》——也就是我们今天所见到的四卷本《泠斋集》[⑤]。六卷本《泠斋诗集》前四卷的内容，基本上即新的《泠斋集》，它

---

① 柳得恭：《燕台再游录》，第338页。

② 明代朝鲜使者尹根寿之《朝天录》中有《管宁》诗：“脱迹兵尘到海东，洛阳回首市朝空，高风一榻西山蕨，肯向黄初作上公。”载《月汀先生集》，见《韩国文集丛刊》第47册，民族文化推进会2000年版，第302页。

③ 李放纂辑：《皇清书史》卷8，《清代传记丛刊》第83册，第269—270页。

④ 张伯伟编：《朝鲜时代书目丛刊》第3册，第1401页。

⑤ 除四卷本《泠斋集》抄本外，现在通行的刊本，为《韩国文集丛刊》第260册收录的《泠斋集》，该书据韩国国立中央图书馆藏本影印，共15卷。全书排列顺序，与哈佛燕京图书馆所藏抄本《泠斋诗集》、《泠斋集》均不相同。譬如，抄本《泠斋诗集》卷5《书〈高敞县志〉朴义事》，列于十五卷本的卷8《题跋》；抄本《泠斋诗集》卷6的《金冬心五百斤油墨歌》，置于十五卷本的卷5。这说明十五卷本的《泠斋集》，当经过重新整理。因此，抄本《泠斋诗集》一书，应是最为原始的面貌。

记录了乾隆五十五年燕行以及此前的著作。而《泠斋诗集》的第五、六两卷，则多记嘉庆年间史事，其中有不少诗歌，其实是与《燕台再游录》相匹配，而未见于今本的《燕台再游录》。我推测，《燕台再游录》原本应与《滦阳录》一样，有诗有注（亦即一诗一注），但今本《燕台再游录》则仅有诗注，而无原诗。《泠斋诗集》前四卷中反映第一次燕行的内容为《热河纪行诗四十九首》，后来另成单行本《热河纪行诗注》（或《滦阳录》），因其中涉及清朝的诸多时讳，与后二卷中的部分内容，以及《燕台再游录》等，均作为单行本，在朝鲜士大夫中流传，并未传入中土。

其二，《泠斋诗集》中的《热河纪行诗四十九首》，与收入《辽海丛书》的《滦阳录》，以及《热河纪行诗注》，三种文本虽同出一源，但文字详略却各有不同。从对它们的相互比勘中，可以看到有关清代史事的一些侧面。尽管其中亦夹杂着朝鲜人颇为复杂的心理①，难免有夸大、曲解之处，但综合中韩两国的史料，

① 柳得恭曾提及："金直阁以书状官赴燕而归，与余在内阁话燕事云：进正阳门外某处，遇汉朝士数人笔谈，其一人热视曰：先生何其习于汉字也？答曰：不习汉字，更习何等字？其人曰：无本国字乎？答曰：无。其人曰：皇上家亦有本国字？答：弊邦自箕圣东封以来，礼乐文物比侔中华，安得不用汉字？皇上家本无汉字。其人大笑。余曰：中国人不甚读书者，其言类多如此。逢我人辄问：旱道来？水道来？又问：贵国有火前读书乎？又指笠顶孔雀羽曰：此是皇上赏赐否？皆不足答。至于何其习于汉字之问，可谓尤甚者也。公之答大快，其人之大笑者，盖因'皇上家本无汉字'一句，搔着痒处。金直阁亦大笑。……"（《古芸堂笔记》卷4，见《雪岫外史（外二种）》，第404—405页。）平心而论，清朝士人初见燕行使者时产生的疑问，实在再自然不过，但原本是无心的寒暄，却引发了朝鲜使臣的诸多联想。柳得恭在《金冬心五百斤油墨歌》中曾状摹金农，说他是"满州［洲］衣帽汉心肠"，（抄本《泠斋诗集》卷6）似乎也是东国文人想当然的过度诠释。关于此类情境，可参见葛兆光的《想象异域悲情》（载《读书》2005年第7期）、《大明衣冠今何在》（《史学月刊》2005年第10期）等文。

我们还是可以看到清代士人的不同侧面，将这些侧面组合起来，人物的形象便显得更为丰满。譬如，透过异域之眼的观照，我们对流连于扬州、北京等城市的一批文人画家活动之生存状态，有了更为清晰的了解。罗聘、张道渥的例子说明，除了以往人们习知的文人交游、慕悦风雅之外，中韩士人之间还存在着更为现实的功利需求。而陈鳣的例子则反映出，乾嘉时代的考据学派中人，显然并不像我们以往想象的那样刻板。在与这些清朝文人学者的书画吟哦中，燕行使者能更为详尽地获知清朝政治、文化和社会生活等诸多方面的讯息。

与同时代的日本人主要通过来舶长崎的商人了解中国社会相比，朝鲜人得年年燕行之利，他们对于中国的了解显然颇为全面，与燕行使者交游的中国人，既有顶级的满汉官僚、文坛巨匠，也有下层的读书人、市井小民。因此，以《泠斋诗集》为中心的各类史料，与其他的朝鲜汉籍史料一样，对于研究盛清时代的中国社会，具有颇为重要的史料价值。而对于朝鲜汉籍史料的发掘，必将大大促进中国史及相关学科研究的进展。

二、燕行录所见十八世纪的盛清社会——以李德懋《入燕记》为例

域外汉籍可以为中国史研究提供诸多佐证，在明清时代，东亚各国（尤其是日本和朝鲜）都留下了不少汉籍文献，对于这批史料的整理和利用，有助于从一些独特的角度加深对中国社会的理解。具体到朝鲜，因朝贡关系，自明代以来入华使者纷纷将自己的沿途见闻诉诸笔端，从而留下了许多《朝天录》或《燕行录》。1962 年，韩国的成均馆大学校大东文化研究院出版有上、下二卷本的《燕行录选集》；2001 年，韩国的东国大学校出版社又出版了一百卷本的《燕行录全集》。[①] 其中所提供的大量生动、有趣的珍稀史料，未见于同时代的中国史籍。此前，明清史学界

---

① 2003—2004 年，笔者在哈佛燕京学社从事学术访问，在哈佛燕京图书馆翻阅朝鲜汉籍过程中，曾向该馆韩国部负责人尹忠男先生提及《燕行录全集》的重要价值，鉴此，尹先生即行决定购买此书（计一百册），并于极短的时间内从韩国购得，让我得以先行通读浏览。在此，谨对尹先生及哈佛燕京图书馆提供的诸多便利深致谢意！

颇有关于《朝天录》和《燕行录》的研究论著问世[①]，不过，鉴于《朝天录》和《燕行录》内容之丰富，其本身数量及相关史料之繁多，对它的研究实际上远未全面展开。[②]譬如，利用这批史料探讨盛清时代的社会文化，似乎便是一个颇可着力的侧面。

有鉴于此，本文利用李德懋的《入燕记》上、下两篇[③]，结

---

① 譬如，藤塚邻著:《日鲜清の文化交流》，中文馆书店 1947 年版；藤塚邻著、藤塚明直编:《清朝文化の东传——嘉庆、道光学坛と李朝の金阮堂》，国书刊行会 1975 年版；任桂淳:《试论十八世纪清文化对朝鲜的影响——以李朝出使清朝的使节问题为中心》，《清史研究》1995 年第 4 期；王政尧:《略论〈燕行录〉与清代戏剧文化》，《中国社会科学院研究生院学报》1997 年第 3 期；王政尧:《〈燕行录〉初探》，《清史研究》1997 年第 3 期；王政尧:《18 世纪朝鲜"利用厚生"学说与清代中国——〈热河日记〉研究之一》，《清史研究》1999 年第 3 期；梁泰镇:《〈朝鲜王朝实录〉所见明清时代图书传入论考》，Contemporary Korea，1998 年第 1 期；于澎:《洪翼汉〈朝天航海录〉初步研究》，载陈尚胜主编《第三届韩国传统文化国际学术讨论会论文集》，山东大学出版社 1999 年版，第 466—478 页；吕英亭:《徐浩修〈燕行记〉述论》，同上，第 560—574 页；吴士英:《中朝友谊的记录——朝使李承五〈燕槎日记〉之我见》，同上，第 614—627 页；孙卫国:《〈朝天录〉与〈燕行录〉——朝鲜使臣的中国使行纪录》，《中国典籍与文化》2002 年第 1 期；松浦章编著:《明清时代中国与朝鲜的交流——朝鲜使节与漂着船》，乐学书局 2002 年版。谢正光:《乾隆末年学风与朝政：读徐浩修〈燕行纪〉》一文，载香港城市大学中国文化中心郑培凯主编《九州学林》创刊号，2003 年秋季，复旦大学出版社，第 125—146 页。

② 早在 1967 年，台湾学界研究中韩关系史的学者张存武先生，即撰文介绍过《燕行录选集》(见氏撰《介绍一部中韩关系新史料——〈燕行录选集〉》，载《思与言》第四卷第五期)。他将历代韩人的旅华纪行，不论其为"朝天"或"燕行"等名目，均统称为"华行录"。他指出：这些文献是韩国的宝藏，代表韩人的智慧勤恳，应作为一项"学"来从事研究。参见张存武《推展韩国的华行录研究》，载《水邨朴永锡教授华甲纪念——韩国史学论丛》(上)，探求堂 1992 年版。

③《燕行录全集》卷 57，第 189—343 页。以下凡引《入燕记》原文，恕不另行出注。

合哈佛燕京图书馆收藏的其他朝鲜汉籍[①]，对朝鲜燕行使者所见十八世纪之盛清社会，作一初步的探讨。

《入燕记》的作者李德懋号炯庵（亦作青庄馆、雅亭或婴处），定宗子茂林君善生后。他生于李朝英祖十七年（清乾隆六年，1741 年），曾任奎章阁检书官，官至积城县监，卒年五十三

① 哈佛燕京图书馆收藏有大批朝鲜珍稀汉籍史料，具有重要的学术价值，有待于学界的深入挖掘和整理。参见：Martina Deuchler, "The Korean rare books: A sampling"，载《燕京的宝藏》(The seventy-fifth anniversary exhibit catalogue of the Harvard-Yenching Library: Treasure of the Yenching, 2003)。概乎言之，不仅有大批著作未见于《燕行录选集》及《燕行录全集》(关于这一点，笔者已收集到不少相关资料，将陆续撰文研究)，而且，有的著作虽已收入上述二书，但哈佛的藏本仍有其特别的价值。以柳得恭的《并世集》为例，该书虽已收入《燕行录选集》上册和《燕行录全集》卷 60（两种版本相同，以下简称《燕行录》本），但哈佛燕京图书馆所藏的日本学者藤塚邻抄本《并世集》（以下简称哈佛本），与上述二种出自不同的祖本，故可以相互校勘。兹举一例为证，《并世集》卷 2 有"纪昀"条：

《燕行录》本	哈佛本	两种抄本之异同
纪昀，号晓岚，直隶献县人，礼部尚书。(邃于考据之学，乾隆***纂辑***，多所总裁。……后数日，命驾到馆，问两检书在否，***值余辈出***。辛酉入燕，又访之。尚书年七十余，***游留馆剌［刺］而去，馆中为之动色***。□□不□暧曃作蝇□字，可异也。)	纪昀，号晓岚，直隶献县人，礼部尚书。(邃于考据之学，乾隆***编辑***，多所总裁。……后数日，命驾到馆，问两检书在否，***值余辈出游，留馆剌［刺］而去，馆中为之动色***。辛酉入燕，又访之。尚书年七十余，不挂暧曃，作蝇头字，可异也。)	一作纂辑，一作编辑 此处《燕行录》本既有缺字，又有错简，令人无法卒读。

《燕行录》本除了缺字外，错简严重，以致文字支离破碎。从上述的互勘中可以看出，在对纪昀的记载文字中，哈佛本的《并世集》更胜一筹。

岁。[①] 据各类碑传记载：李德懋生平博涉经史，每得一书总是边看边抄，据说，他读过的书大概超过数万卷，抄写的书也多达几百卷[②]。长年的勤奋学习，造就了其人的博闻强记、贯通古今。李德懋所撰文章提倡创新，曲尽人情物态，绝不蹈袭前人的陈词滥调。著有《青庄馆集》[③]，《入燕记》的上、下两篇，即收于该书的卷66和卷67。李德懋于正祖二年（乾隆四十三年，戊戌，1778年）以书状官随员的身份入燕。在朝鲜燕行使团中，书状官的职责之一是记录使行日记及闻见事件，回国后启呈国王，然后下承文院誊录。[④] 据《入燕记》记载，李德懋于当年的四月十二日渡鸭绿江，五月十五日抵达北京。在北京逗留了一个月之后，于六月十六日离开北京，闰六月十四日渡江回国，七月初一日返回朝鲜京城。在燕京期间，李德懋"日与闽、浙间骚人墨客之来游宦者饮酒赋诗以为乐，……历览山川、道理、宫室、楼台，以及于草木、虫鱼、鸟兽之名，而多所记识。及归，而名声日振"。[⑤] 显然，燕京之行可谓"壮其心胸，广其耳目"，为李德懋赢得了极大的声名。

① 《雅亭集序》，参见吴世昌：《槿域书画征》卷5"鲜代编·英祖"，亚细亚文化社1981年版，第510—511页。

② 朴趾源：《炯庵行状》，见《燕岩集》卷3《行状》，"韩国历代文集丛书"2457册，韩国景仁文化出版社1997年版，第262页。

③ 亦作《青庄馆全书》，今见有影印本上、中、下三卷，汉城大学古典刊行会1966年版。

④ 参见张存武：《清韩宗藩贸易（1637—1894）》，"中央研究院近代史研究所专刊"(39)，1978年版，第19页。

⑤ 《金陵集》卷17《积城县监兼奎章阁检书官李君墓表》，见南公辙《金陵集》第3卷《墓志》，第140页。

（一）李德懋在中国的交游人脉

通常，朝鲜燕行使者前往中国，均殚思竭虑地扩大交游范围，以期尽其所能地了解中国的社会、政治及文化等诸多方面。他们主要是通过以下两种途径扩大交游：

一是通过先前燕行使者的交游人脉。李德懋在入燕之前，预先读过此前燕行使者所写的诸多《燕行录》。根据朝鲜人的看法，历来的《燕行录》中，最著名者有三家，即“稼斋金氏、湛轩洪氏、燕岩朴氏也。以史例，则稼近于编年而平实条畅，洪沿乎纪事而典雅缜密，朴类夫立传而赡丽闳博，皆自成一家，而各擅其长”。[①] 稼斋金氏即金昌业，湛轩洪氏也就是洪大容，而燕岩朴氏则指朴趾源，他们分别著有《老稼斋燕行录》(通称《稼记》)、《湛轩燕记》和《热河日记》。朴趾源入燕及其《热河日记》之作在李德懋之后，在此姑置勿论。李德懋在《入燕记》中，曾多次触景生情，提及“金稼斋”或“老稼斋”[②]，显然，他是熟读过金昌业的《老稼斋燕行录》。另据李氏后人回忆，李德懋在未出道之前，即与洪大容颇有“雅契”[③]。所谓雅契，应当是指他与洪大容有着很好的关系[④]。洪大容游燕京时，曾遇山西人邓汶轩，与之过

① 金景善：《燕辕直指》卷 1《序》，载《燕行录全集》第 70 册，第 246 页。

② 《入燕记》上，四月十四日、四月二十九日条，第 216 页、第 243 页；《入燕记》下，五月二十九日条，第 299 页。

③ 《雅亭遗稿》附录《先考府君遗事》，见《青庄馆全书》上卷，影印本上、中、下三卷，汉城大学古典刊行会 1966 年版，第 529 页。

④ 《贞蕤诗集》卷 1 有《同湛轩、燕岩、炯庵登僧伽寺，炯庵先归，约以归路，而历北汉，游曹溪再合观轩，炯庵纪行之什》诗，第 25 页。湛轩即洪大容，炯庵即李德懋，可见两人颇有过从。另，《搢绅赤牍》(即《燕杭诗牍》下册，哈佛燕京图书馆所藏望汉庐钞校本，1926 年）中有洪大容《与李懋官（德懋）》二信。

从并有书信往返[1]。后邓子寄其友郭执桓（封圭）诗《绘声园稿》一册给洪大容，而后者即托李德懋加以评点。[2]据李德懋之子李光葵《先考积城县监府君年谱（上）》记载：朝鲜英祖四十九年（清乾隆三十八年，1773年）六月二十六日，李德懋评《绘声园诗稿》，一共写了序文及一百六十余段文字。[3]李德懋还将洪大容燕行时与杭州名士严诚、陆飞和潘庭筠等人的笔谈以及前后的来往书牍（这些都见于洪大容的文集[4]），抄删而为《天涯知己书》，并加以评论。[5]另外，李德懋在此次燕行途中路过三河县时，更为洪大容圆满了一个心愿（详后文）。由此看来，李德懋对于洪大容的使行阅历以及其人所著的《湛轩燕记》，应当是了若指掌。

透过先行者的帮助，李德懋很快便与中国士人接了上头。五

① 来往书信可见《燕杭诗牍》上册，哈佛燕京图书馆所藏望汉庐钞校本。

② 关于此一缟纻盛事，在朝鲜汉籍中所见颇多。《搢绅赤牍》中，收有洪大容《绘声园诗跋》："邓汶轩寄其友郭澹园（执桓）诗稿，使余批之，余素不学诗，不敢妄言，属雅友炯庵李懋官为之评阅。"（亦见《湛轩书》内集卷3，但文字略有不同。）朴齐家的《贞蕤文集》卷4《与郭淡园（执桓）》："窃念生平慕中国如慕古人，而山河万里，日月千古，则每与炯庵（李德懋）诸人论此事，未尝不浩叹盈襟，弥日而不释也。初欲构呈《绘声园集序》，兼寄拙诗数册，聊充缟纻，缘儿忧浃月，笔研无暇。顷于湛轩（洪大容）席上，只将淡园八绝草草书过。昨闻炯庵诸人序草皆就，封裹已讫，便价将发，势不得罄竭愚诚，歉恨良多！"（第347—348页）《贞蕤文集》同卷并附郭执桓《答书》。（第348—349页）朴趾源也有《绘声园集跋》，见《燕岩集》卷3《跋》，第269—270页。

③ 《青庄馆全书》卷70附录上《先考积城县监府君年谱（上）》"癸巳"条，《韩国文集丛刊》第259册，第283页。端坐轩逸人（李德懋）：《清脾录》卷4《郭执桓》："余尝评批，盖清虚洒脱，学李供奉者也。"《清脾录》，哈佛燕京图书馆藏有抄本。

④ 载《湛轩书》外集卷1、卷2和卷3的《杭传尺牍》，见《湛轩先生文集》第2册，"韩国历代文集丛书"第2603号，韩国，景仁文化社，1999年。

⑤ 见《青庄馆全书》卷63，《韩国文集丛刊》第259册，第123—142页。

月二十三日，李德懋和朴齐家一起前去拜访李鼎元和潘庭筠，地点是在吏部附近潘庭筠的寓舍。潘庭筠字香祖，一字兰公，号秋庫（亦曰兰坨），浙江钱塘（今杭州）人。生于乾隆壬戌（1742年），李德懋入燕当年登第，官庶吉士。在这之前，“丙戌年洪湛轩大容遇香祖于逆旅，悲恻不忍别，以其诗文书画，翩翩名士也”。“丙戌年”即乾隆三十年（1765年），当时，洪大容与潘氏成了莫逆知交。①除了结识潘庭筠外，洪大容入燕时，还与孙有义等人过从甚密。这些人，后来也成为李德懋入燕后的重要人脉。据《入燕记》记载：

> 孙有义，字心裁，号蓉洲，居三河，洪湛轩之所亲也。昨夜余逢蓉洲于通州，蓉洲以为：洪公前托余得湖州士人严铁桥（诚）遗集及小照，我已得之，寄置于三河盐店吴姓人。君过三河，可以索之，归传洪公。及到三河，馆之比邻孙嘉衍，即蓉洲之从弟也。盐店吴姓人已闻朝鲜人将回，置蓉洲所托铁桥遗集、小照于嘉衍之家，余乃索来，此亦奇也！诚字力闇，乙酉岁湛轩逢陆飞、潘庭筠及诚于燕市，诚有志于为己之学，湛轩尤所眷眷者也。不数岁，诚病疟而死，遗书湛轩，言甚悲恻，绝笔也。湛轩求其遗集及小照凡十年，今始得之，若有数存焉。蓉洲亦醇谨，有长者风。

① 后来洪氏家中藏有不少潘庭筠的作品。《金陵集》卷1《题洪湛轩（大容）家藏潘香祖书画卷》，南公辙《金陵集》第一卷，第37页。《金陵集》卷23《书画跋尾》之《潘、严二名士诗牍纸本》，见南公辙《金陵集》第3卷，第536页。朴齐家《贞蕤诗集》卷1，亦有《题洪湛轩（大容）所藏潘舍人（庭筠）墨迹》，第45页。

“铁桥遗集”，即《铁桥集》，亦作《(严)铁桥全集》，该书第4册和第5册为《日下题襟集》，收录有严诚与朝鲜使者交往的书信诗文。①

除了三河孙有义外，丰润谷家也多次接待朝鲜使者。丰润位于入燕必经之道，早在康熙三十四年（1695年），燕行使者洪受畴即有《赠谷韬臣》和《丰润》诗②。其后，康熙四十年（1701年）姜铣《看羊录》中，亦有《次丰润谷一枝韵》二首。③李宜显《庚子燕行杂识》：“到丰润谷碕家，是应泰之侄孙。应泰撰《明史（纪事）本末》，以文著名，而此人则不文无识。炕室极其精丽，内贴‘耐轩’二字，满壁书画多可观。先君子赴燕时，副价洪参判受畴宿此家，闻其除去炕制，作房堗，一如我国房样。今来见之不然，怪而问之，答云其房日久坏了。仍进果饼

① 对洪大容之燕行，日本近畿大学教授李元植作有《洪大容入燕与清国学人——以〈蓟南尺牍〉为中心》，载《水邨朴永锡教授华甲纪念——韩国史学论丛》(上)，第1057—1080页；管见所及，国内学者主要有中央民族学院祁庆富教授等作有数文探讨：祁庆富、[韩]权纯姬:《〈日下题襟合集〉概说——关于燕行学者洪大容研究史料的新发现（之一）》，载陈尚胜主编《第三届韩国传统文化国际学术讨论会论文集》，山东大学出版社1999年版；祁庆富、权纯姬:《〈海东诗选〉初探——关于燕行学者洪大容研究史料的新发现（之二）》，同上；祁庆富:《中韩文化交流的历史见证——关于新发现的〈铁桥全集〉》,《浙江大学学报》2001年第1期；祁庆富、权纯姬:《朝鲜“北学”先驱洪大容与中日友人的学谊》，载朱诚如主编《清史论集——庆贺王钟翰教授九十华诞》，紫禁城出版社2003年版。关于《(严)铁桥全集》，哈佛燕京图书馆藏有一善本，为日本学者藤塚邻钢笔抄本。

② 洪受畴:《壶隐集》卷2《燕行录》，见《燕行录全集》第28册，第287—288页、第296—298页。洪受畴于乙亥（康熙三十四年，1695年）以冬至副价赴燕。

③ 《燕行录全集》第30册，第39页。

九器，且进酒茶。”[①] 庚子即康熙五十九年（1720 年）。此外，李宜显另作《壬子燕行诗》，其中亦有《还到丰润谷家，修屋许处，预酿酒以待，又饷茶果，其义可尚，遂赠以诗》，曰：“谷氏好兄弟，重逢识旧颜，萍蓬欣偶合，鬓发叹多斑，世业青编在，幽扉皓鹤闲，相思他夜梦，明月满关山。”诗注：“主人即谷应泰之从孙，应泰著《明史（纪事）本末》，故第五云。”[②] 壬子为雍正十年（1732 年），“第五云”则指诗中第五句的“世业青编在”。谷应泰（1620—1690）字赓虞，别号霖苍，顺治四年（1647 年）进士，曾作户部主事、员外郎。顺治十三年（1656 年）提督浙江学政佥事。《明史纪事本末》为其出任学政期间所编，全书共八十卷，分列八十个专题，记述有明一代各类事件的源流始末，各卷后附“谷应泰曰”的史论，其内容始于元至正十二年（1352 年）朱元璋起兵，终于崇祯十七年（1644 年）朱由检自杀。《明史纪事本末》成于顺治十五年（1658 年），两年后，谷应泰即遭御史黄文骥的弹劾，后者指斥书中颇有违碍之处。据王树枏《胜水卮言》曰：“此书定州王文泉灏重刻于《畿辅丛书》中，曾（至？）其家搜原版，谓得之井中，已亡大半矣。盖当时霖苍以

① 《燕行录全集》第 35 册，第 362 页。

② 《燕行录全集》卷三十五，第 337 页。李宜显：《壬子燕行杂识》：“到丰润谷礵家宿，礵也能践前约，精修客室以待，进一床，列梨、栗、柿、榛、沙果、葡萄、石榴、菘菜、猪肉等物，合十二器，又进茶酒，厚意可掬。余赠二诗，起谢曰：当不得，如从天上降，当永以为宝。余请步韵以赠，俾作他日颜面，答曰：全不能为此，末如之何，如欲看我颜面，此有一册子，中有叔父序，敢以奉赠，愿以此替面。其册为二卷，名为《廿一史弹词》，即就历代以下以至宋元，提出国家关重事迹，以词填曲者也。”见《燕行录全集》卷 35，第 510—511 页。

此书几获重谴，家人闻信，即将写版投井之中。后朝廷查阅，书中尚无违碍言语，并录入四库书中，竹垞所谓私撰受累，即此事也。”[①] 由于明代史事在清代前期的东亚极为敏感，故而谷应泰编纂《明史纪事本末》及其前后遭际，自然便为朝鲜人所瞩目。赵荣福《燕行录》载：“今皇帝为设明史撰修之局，以大臣领之，诸学士甚多，而数十年未就。路逢业儒者，问其何间当可纂完，则答以为李自成之变，起居注所录并见焚烧，只有阁老冯升家藏日记几卷，而太半不足，故所失累朝事迹，无人知之者。且其失辽、失沈之事，难于为言，迄今未就。而丰润人谷应泰为浙江提学时，合通记、本末、编年、世法等书，补以闻见，撰《通鉴纪事》一部五十余卷，而始自至正，止于顺治十年前。应泰死，而其子因刊行之。”[②] 这里的“《通鉴纪事》一部五十余卷”，虽然书名及卷帙有所出入，但其所指当为《明史纪事本末》无疑。在这种背景下，燕行使者一过丰润，自然就会想起谷应泰，就会想到丰润谷家。乾隆三十年（1765 年）洪大容入燕，他在《燕记》中记载说：“丰润素多士族，使行入城，持书画器玩求卖者亦多少年秀才也。有谷姓，自称谷应泰之曾孙，闻其家有郑渔仲《通志》一部三百卷，前朝印本，每卷价银一两云。”[③] 这位谷应泰曾孙，后来也成为李德懋一行来往途中的铺家。乾隆四十三年（1778 年）五月初十日和六月二十一日，李德懋等朝鲜使团成员

① 《明史纪事本末》第四册末附，中华书局 1977 年版，第 1618 页。

② 《燕行录全集》卷 36，第 440—441 页。壬辰为（康熙五十一年，即 1712 年，朝鲜肃宗三十八年）。

③ 《湛轩书》外集卷 8《燕记》，第 224 页。

曾两次途经丰润，寓居谷应泰曾孙之家。从朝鲜使臣方面来看，他们除了沿途打尖歇脚的实际需要外，也为了更好地打探或了解中国的民情风俗，故而非常乐于结交中国士人；而中国士人或是为了接交东国异人，或是为了与朝鲜人做生意，或是为了得到朝鲜的腊药（如清心丸、安神丸和苏合丸等）、纸张[①]等，也很愿意与燕行使者交往。

除了通过先行者的介绍外，在北京琉璃厂等处搭识中国人，也是燕行使者扩大中土交游的另一途径。洪大容之所以认识潘庭筠等人，最早便是通过此种途径。这在后来，几乎成了朝鲜燕行使者的惯例。对此，稍晚于李德懋入燕的朴趾源指出："天下举人，海内知名之士多寓是中。"[②]道光十二年（1832年）入燕的金景善更总结说："盖北京诸肆，在在皆然，而此厂（引者按：指琉璃厂）所储，多书籍、碑版、鼎彝、古铜与器玩之稍雅者，故名最著。且其坐贾者，间有南州秀才应第求官者，故游于市，往往有知名之士云。"[③]有鉴于此，朝鲜使臣游厂肆，除了购买古玩书

① 明清时期的高丽茧纸非常有名，明文震亨《长物志》卷7："高丽别有一种以绵茧造成，色白如绫，坚韧如帛，用以书写，发墨可爱，此中国所无，亦奇品也。"

② 《燕岩集》卷15《热河日记·琉璃厂》，"韩国历代文集丛书"第2459册，第229页。

③ 《燕行录全集》卷71，第253页，金景善《燕辕直指》卷3《留馆录上·琉璃厂记》。南公辙《燕京笔谈序》："上之七年，余以正使赴燕京，时济北南良师俱从，时余以奉命，不得恣游览，遣良师出而求天下贤豪士。一日，良师往琉璃厂，挟二客至，一雪山褚裕仁，即唐遂良之后；一是平庵吴思权。二人者，皆为应举留京者也。相与笔谈，平庵取扇作松菊画，雪山题七绝一首，诗与画警绝拔俗，有倪云林、沈石田笔意。"载《颖翁再续稿》卷2，见南公辙《金陵集》第4卷，第456—457页。可见，琉璃厂是当时朝鲜使者访求"天下贤豪士"的重要场所。

籍外，物色中国文人并与之交往也是主要的目的之一。关于这一点，李德懋自不例外，《入燕记》下记载："日前出游琉璃厂时，逢郓州举人黄道煚、李宪乔，通姓名，今日朝两人来访，乃四库全书誊录官也。宪乔即地作七绝赠余而去。"除了邂逅外，有时也通过琉璃厂书商，与中国的文人学者结识交往。[①] 如朴齐家与黄丕烈等人的认识，即通过著名的琉璃厂书商五柳居陶氏。[②]

在北京，李德懋多次与潘庭筠笔谈。五月二十三日，潘"设盛馔待之，笔谈如飞，可补晋人清谈"，席间的盛馔大多来自南方，如"盐鸭蛋紫黑如玳瑁，荸荠如栗，……荸荠水中之草，无花；鸭蛋盐腌者，皆南物也"。在座的还有一些风流儒雅的著名文人，如李鼎元（字焕其，号墨庄），也是当年登科，官庶吉士。在李德懋眼中，其人"人品坦白，无矜骄气"。从兄李调元（雨村，字羹堂）[③]，以吏部员外郎出为广东学政，"著书工诗，诗有

① 参见《湛轩书》外集卷7《燕记》"吴彭问答""蒋周问答"条，第90—106页。

② 《缟纻集》卷3"辛酉"，该书由朴齐家之子朴长馣（香叔）所编，抄本，为哈佛燕京图书馆所藏善本。《燕台再游录》中，柳得恭笔下的许多中国学者，都是他在琉璃厂书肆结识的。顺便提一点，数年前杭州西泠印社印制的《黄跋顾校》宣传册页中，收录有嘉庆庚申《天圣明道本国语》（读未见书斋重雕）一书，其后有跋曰："嘉庆辛酉，余计偕北来，与朝鲜使臣朴公修其相遇于琉璃厂书肆，笔谈半日，蒙制楹帖以赠，并索鄙制，余自惟浅陋，无所述学，近尝翻雕影宋本《国语》韦氏解，略附札记，思举以相质，而箧中又未携此，遂丐诸友人陈简庄所携者赠之，亦以见缟纻之风于斯未坠尔。吴县黄丕烈识。"从文字上看，《天圣明道本国语》的跋语，与当时燕行使者的相关记载相吻合。它的出现，以实物的形式，成为反映盛清时代中韩文人交往的重要见证。

③ 李德懋：《清脾录》卷4《李雨村》条："丁酉春，柳琴弹素随谢恩使入燕，弹素奇士也，欲一交天下文章博洽之士，尝于端门外见羹堂，仪容甚闲雅，直持其襟请交，遂画砖书其姓名及字，羹堂一见投契，称其名字之甚奇……"

名于世”，其诗卷“赡博宏达”。五月二十七日，李德懋再次拜访潘庭筠，“笔话移时，裁书送马头请酒于书状，送烧酒及山蔬海鱼以馈潘，潘甚珍异之”。六月初六日，李德懋前往潘庭筠处讲论文章，颇为莫逆。潘庭筠认为：“诗文贵雅驯，当从唐以前文字；虽用唐以后事，择而用之可也。”又手书李德懋的堂额“青庄馆”，“笔势端正”。并撰李氏诗集序以赠之，“遣辞清妙，但有脂粉气”。《青庄馆全书》中，收录有《题香祖评批诗卷》：“柳弹素入燕，抄《巾衍集》赠潘香祖，香祖喜而评骘，故寄此诗。”[①]《巾衍集》亦作《韩客巾衍集》[②]，计四卷，为柳琴弹素所编，收录李德懋、朴齐家、柳得恭和李书九四家诗，由李调元和潘庭筠评论。

李德懋还通过潘、李诸人，结识了其他不少的文人墨客。李鼎元的弟弟李骥元（号凫塘），“年方廿四，文笔夙成，人品休休，问无不答，亦奇才也”。当时寓居于琉璃厂畔四川新会馆中的唐乐宇（字尧春，号鸳港，绵州人），是李调元童稚时代的朋友，时任户部员外郎，通晓易理、律历之类，“娴于名物度数”。住在魏染胡同的祝德麟，浙江海盐人，年三十七，曾为山阴蕺山书院山长，当时官编修，“学右朱子，诗宗香山，文许毛西河，音学广韵，盖与程普［晋］芳、李调元，郁然有艺林之重望”。祝德麟与李鼎元过从甚密，因在后者处见到李德懋和朴齐家的诗，大加称赏，品评李诗曰“赡而肆”，朴诗曰“苍而润”，故而得以与李德懋、朴齐家二人相知相识。此外，海宁诸生沈心醇，

① 《青庄馆全书》卷 11《雅亭遗稿三 · 诗》，《韩国文集丛刊》第 257 册，第 189 页。

② 哈佛燕京图书馆藏有《韩客巾衍集》抄本两种。

“明六书，藏古器，诗甚古雅，亦佳士也”。这些人，后来都成了李德懋在京期间时相过从的中国文人。

在李德懋归国前夕，潘庭筠、李鼎元和唐乐宇诸人均设馔以饯叙别，宾主酬酢，尽一时之欢。通过与中土文人的交往，朝鲜使者对于中国的社会文化有了更多的理解。六月初三日，李德懋在与苏州府秀才、塾师沈瀛笔谈中，就问及苏、杭之优劣。后者回答说：“江山胜概，杭胜于苏；闾阎繁丽，苏胜于杭。”苏、杭优劣之论，见于同时代李斗的《扬州画舫录》，从中国人的应答中，朝鲜使者得以了解江南的湖山名胜、商况市景。在此次笔谈中，李德懋还问及中国的婚丧礼仪，沈瀛回答说：“婚礼、丧礼如今俱亡了，可胜浩叹！”六月十一日，李德懋与朴齐家赴潘庭筠之约，“墨庄及沈匏尊（心醇）俱会，设馔叙别，又论文章”。潘庭筠曰：“侯方域之文有气力而不读书，魏叔子之文精，汪尧峰之文雄。”李德懋问：“归祚明与顾炎武俱有奇怪之目，此公论欤？”潘曰：“汪尧峰讥归祚明，李安溪传顾炎武，皆非平正之论。”这是对近世人物的评论。五月二十七日，在与潘庭筠的笔谈中，李德懋厘清了困扰朝鲜人已久的一些问题：“从前朝鲜人鲁莽，不识清姓，今行沿路问皇帝姓，皆云《百家姓》上头字。《百家姓》乃儿童所习，如《千字文》者，首书赵、钱、孙、李四姓，始知为赵姓也。然《盛京通志》载康熙御题先世碑有姓爱新觉罗氏，心甚疑之，至是问之。秋庫曰：本朝姓爱新觉罗氏，见于《康熙御题文集》及《满州［洲］氏族谱》。《百家姓》乃宋初杭州人所作，宋姓为赵，故先言之。愚氓遵古读之，讹传以为当今之国姓。其次钱姓，吴越之姓，其次曰孙，曰李，乃吴越钱氏妃嫔之姓，明知其为杭州人所著也。”六月初九日，祝德麟和沈心醇又分别指出了李德懋诗中押韵通韵的错讹。这些，都反映了中韩两国学者之间的相互交流。

（二）燕行使者笔下盛清时代的政治状况

朝鲜使臣虽然年年燕行朝贡，但对清廷却始终心存芥蒂。对于前明兴亡，则是别有一番滋味在心头。早在洪大容入燕时，他与严诚、潘庭筠等人的笔谈中即曾说过：“我国于前朝有再造之恩，……万历年倭贼大入东国，神宗皇帝动天下之兵，费天下之财，七年然后定，到今二百年，生民之乐利，皆神宗之赐也。”对此，李德懋深有感慨：“今世哀慕者几人矣？余尝与人书，书‘明’字于极行，有一浮薄辈大笑，以为：明既亡矣，何必尊之？”[①]不过，在当时的燕行使者中，褒明贬清应是普遍的一种倾向。李德懋的《青庄馆全书》卷63中有“丙丁表”，对于明末崇祯九年至十年间（1636—1637年）历时六十天“虏乱”之惨痛经历，有着逐日的详细记录。[②]及至乾隆四十三年（1778年）李德懋入燕时，“天地已是大清，日月早为乾隆”，尽管如此，李德懋还是特意前往煤山凭吊，但见“平地筑土成山，山上殿阁缥缈，此烈皇（按：即明崇祯皇帝）殉社之地，举手指点，不胜凄黯”。在不少朝鲜燕行使者眼里，明清鼎革，神州陆沉，山川早已变作腥膻之乡。在游览燕京辽蓟各地途中，李德懋时时流露出怀念前明的情绪，行文措辞亦颇具感情色彩。四月十七日，过草

① 《青庄馆全书》卷63《天涯知己书一》,《韩国文集丛刊》第259册，第135页。
② 《青庄馆全书》卷63,《韩国文集丛刊》第259册，第142—144页。

河口，夜召主人冯姓，询问明朝政令与清朝的差异。主人对曰："明朝为政等级严截，故劳者虽劳，逸者亦逸；今朝政缓于等威，故无人不劳，或不如明朝。"通过与民间百姓的直接交流，李德懋得以了解清朝社会的基本状况。抵达北京后，他登览诸多名胜，彷徨踌躇，发思古之幽情，慨叹中朝礼乐文章之不可复见：

> 往东安门谒太学，太学在北城内，有皇帝敕修文庙碑。乾隆初年，出内帑金二十余万两，一新前朝旧制，……门旁辄书满州［洲］字，殿中诸位版亦然。蕃人之书胡为乎？圣贤之神版如有明神，必不妥灵。版皆红漆金书，卓上列鼎彝尊罍，皆周制，亦皇帝内出也。尊凡二，插涂金木芝，甚不典。揭金书长联于柱，亦同神祠佛宇，圣人之所不取也。跻有子朱子于十哲之列，亦系文具，不足取法。殿宇宏敞，金碧照烂，俱非雅正。殿中恰铺棕毛席，赤黑如马鬣。笔帖式一人前导，而守门者到处索扇、药。殿门既开，光头赤身者及童男女拦入无节。使臣乌帽团领，行四拜于大门之稍东边，观者皆指点而笑曰："场戏一样！场戏一样！"场戏者，演戏之人，皆着古衣冠故也。

这里详细状摹了太学宫殿的布置，对于各处书写满洲字等，均斥为不伦不类，以此隐涵着清朝的诸多举措，与先王的典章制度完全不符，换言之，在朝鲜人眼中，大清政权显然缺乏君临天下的正当性。在上述的叙事中，李德懋还特别提到一个细节，说朝鲜使臣入门时，守门者还到处索取贿赂。而殿门打开后，光头赤身者及童男童女的随便进出，更让人感到太学圣殿之形同儿戏。在当时，不少朝鲜士大夫都认为，自从明朝灭亡，天崩地坼，胡虏犬羊入主中原，即使是圣贤后裔亦剃头辫发，只有僻处海东的朝鲜仍然惓惓于朱明，独守先王之制君臣大义，严辨华夏夷狄之分，故而在实际上，明室犹存于鸭水以东，朝鲜成了地地道道的一个小中国——此即所谓的“朝鲜中华主义”。因此，他们对于自身的衣冠打扮颇有孤芳自赏之态，认为只有朝鲜人才保留了前明的制度。《燕京杂识》即曾指出：“彼人（引者按：指中国人）有指我人衣服而嗟叹曰：‘此圆领衣也，好制度！好制度！’我人亦戏指其衣曰：‘此亦好制度。’答曰：‘不好！不好！此是㺚子打扮。’……盖是汉人，而可见其有思汉之心也。”[①] 在清代的中国，明式衣冠在现实生活中早已荡然无存，只有在戏剧中才偶一可见。四月二十四日，李德懋一行看到边城周姓人办丧事，以芦簟设棚屋，作乐演戏。“棚上设绣帐，一人纱帽蟒绣袍绿鞓，颐悬白假髯，踞椅主壁；二人纱帽红袍，左右踞椅，中设卓子；执事者二人，绣袍金帻，献杯。三人仍又唱词，音节多呀呀，而清婉可听，有时打话。此盖净、丑、外、末各样打扮，而所演为郭令公宴对淮、蔡两帅也。髯者知为令公，三人俱下椅盘旋，锦衣男子各执金银瓜，围绕而入，进退周旋，容止可观”。对此，李德懋颇为感慨：“礼失而求诸野，汉官威仪，尽在戏子。若有王者起，

① 俞彦述：《燕京杂识》，载《燕行录全集》卷39，第294—295页。洪大容在《与秀野（金钟厚）书》中指出：“至若衣冠之变，则愚夫皆能言之，往往见我辈服着，称以明朝旧制，而颇有愧恨之色。惟语及明朝，则皆潸然伤恸……”（《搢绅赤牍》）

必取法于此，可悲也已！”六月二十三日，李德懋一行人过野鸡屯时，见该处设簟屋演戏，“一人金幞头，蟒龙衣，将兵之官；一人赤战笠，红衣阔袖而侍立，褊裨也；亦有红巾绣袄者，执月刀；或持高招旗，红战笠、黑战笠者，各执赤棒、竹棰，进退护卫，绰有可观”。观此，李德懋感叹道：“此可见明朝将兵官之军容也！”① 由于中原衣冠已异曩昔，所以朝鲜使臣在进入太学大门时，旁边的中国人（不知是满人抑或汉人）竟会指指点点，讥笑他们的打扮像是做戏一样。这让朝鲜人深深体会到，不仅是宫殿景观今非昔比，而且，中国人连前朝衣冠都已不认识了。衣冠发式久为华夷种族之徽帜，但在当时，中华文物已荡然无存，先王衣冠法服皆尽为戏子辈玩笑之物，此情此景，岂不让人感慨万分？当天，李德懋“出太学外门之西，稍向北，有彝伦堂，中列坐凳、食卓不可数，左右翼廊皆诸生所居，而今则无一人，庭草芜秽。博士厅前有许鲁斋手植槐，昂藏可爱，筑坛护之。助教一人前导，使臣使译官金在协传语，曰：‘东国圣庙尊严肃敬，今此庙殿杂人纷拏，何也？’助教初若怃然，后又怫然：‘未可知也！’”在东亚诸国，儒学是文明的核心，文庙显然具有标志性的意义。而文庙之破败，再加上衣冠的蜕变，凸显了华夏文明的沦替和衰落。

与儒学的衰落相对照，盛清时代的佛教则极为昌盛。李德懋描述说：太学之西有雍和宫，是雍正皇帝的愿堂，“雍正之崩也，移殡于此。僧蒙古人，号喇嘛僧，殆近千人，皆衣黄衣，能汉语。殿阁楼廊，丹艧金碧，神雕鬼镂，至巧极侈。佛殿凡四，有丈六

① 朝鲜人时常慨叹：“中州衣冠扫地而尽，乃因倡戏而见，岂不痛哉！”（成祐曾《茗山燕诗录》风俗类卷 4，《燕行录全集》卷 69，第 230—231 页）

金身，较诸蓟州观音阁立佛，尤为瑰奇。凡瓶罍炉鼎及诸器什，多珐琅西洋之造。殿中尽铺五色花绒，一殿即诸僧诵经之所也。朱红金画凳桌之类，不知其数，中设御榻，铺黄锦茵，四角设羚角灯三檐，楼有三梯三曲三十余级，登最上层，眺览西北群山，秀妍如眉，即所谓西山也”。与李德懋过从甚密的南公辙有《送柳参判（义养）赴燕序》①，通篇七百余言，谈的都是佛教在中国传播的历史及现状。其中，涉及明代的宗教及民族政策，他评论说：明代对西番“宠锡以金玉，僭侈之服器，欲啗之以利而愚其智也，特西番入其术尔，此岂事佛者哉？”这一设问，实际上是一种针对清朝现实的有感而发，其中心思想则是“自古事佛者，未尝不乱天下国家。……观其崇佛之虚实，则可以占天下之存亡也”。从这一点上看，在《入燕记》中，李德懋实际上也是以佛教的兴盛，来凸显中华文明之衰微。在清代，朝鲜李氏王朝推行尊儒排佛的政策，朝鲜使臣往往将清朝的奉佛看成是“中州弊俗”，所谓：

> 中州崇奉太多门，风俗靡然莫识源。
> 佛宇多于尼圣庙，关公并与梵王尊。
> 人神杂糅肇何代，金碧交辉不辨村。
> 近世又闻天主教，观星测海竞波奔。②

除了佛教外，天主教在北京也有重要的一席之地。在清代，

① 《金陵集》卷11《序》，见南公辙《金陵集》第2卷，第190—194页。

② 洪良浩（1724—1802）：《燕云纪行》，见《燕行录全集》卷41，第331—332页。

燕行的不少朝鲜使者都前往天主堂参观，并多留下翔实的记录。六月十四日，李德懋一行于午后前往天主堂，“仰见屋宇如覆釜，周遭尽人物，有一儿眼睛直上，作惊痫之状，一妇人抚摩忧愁，一老翁恐惧攒手，若或祈其不死。四方云气围绕，小儿出头云中者不知其数。屋大抵三楹，而第一楹北壁刻木障如佛幢，又尽画妇人救护病儿之状，上有一白鸟张翼，口吐白气，直射妇人之顶。左右两壁又各设三木障，或画妇人传双翼持戟刺人者，亦有十字架累累悬小儿欲坠，老人以掌向天，若将承之，怳惚幽怪，令人不乐。盖病儿所谓天主耶苏［稣］也，其忧愁夫人耶苏［稣］之母也。西洋人性甚洁，堂中甓上排列红木器贮糠，以承人唾……”上述的这段文字，对北京的天主堂作了生动的描摹。根据黄时鉴教授的研究，文中提及的画像，第一幅是《天主耶稣降记》，第二幅是《圣母领上主降孕之报》，而第三、四幅则难以辨明。[①]李德懋等人参观并记录天主堂，除了好奇外，也同样是用以凸显中原异教炽蔓的变局。[②]南公辙自称“其读经颇有法，读四子专主程朱训，诂经则以程朱义理，参以汉儒注疏”，[③]他认

① 黄时鉴：《朝鲜燕行录所记的北京天主堂》，见氏著《东西交流史论稿》，上海古籍出版社1998年版。

② 李宜显：《往观天主堂六叠》：“闻有天主堂，乃在邻近衕。清昼命驾出，微尘拂长鞚。寒风帖余威，朔气敛新冻。入门恣眄瞩，架构纷以众。云昔康熙主，创设为瓌弄。盖出西洋道，诞谩如幻梦。碧眼高鼻人，开轩勤迓送。要我看正室，丹雘烂彩凤。飞栱上磨空，飘若云中矼。回视俗间居，殆同伏小瓮。异教方炽蔓，俯仰增慨痛。吾儒所宜辟，哦诗寓晓讽。”（《壬子燕行杂识》，见《燕行录全集》卷35，第299—300页）

③ 《颖翁续稿》卷5《神道碑铭》，《思颖居士自志》，载南公辙《金陵集》第4卷，第290页。

为："中国实则夷狄，无自而入，邪学之横流，亦由于正学之不明，正学莫先于尊朱子。"[①] 正是因为中国为夷狄所据，正学不讲，所以才会让异教盛行："利玛窦倡所谓耶苏之教，为吾道之蟊贼，而独我国（引者按：指朝鲜）以礼义之邦，士大夫尊信孔孟，而不为异端所惑。"[②] 正学也就是性理学的价值体系，虽然朝鲜当时处于西学探求时期，但李德懋等人对于西学中的"器"（科学技术）更感兴趣，而对于"理"（宗教伦理）等则颇为拒斥。

朝鲜使者入燕，虽然目的不同，身份也各异，但都非常重视收集有关清朝政治状况的情报，对于统治阶层的一举一动皆相当关心，故此，各类《燕行录》中皆有许多这方面的记载。[③] 如五月二十七日，"朝日，上副使还馆，以为平朝皇帝乘黄屋轿，威仪简率，执仪仗者皆羽笠，诸亲王亦乘轿而从之。二象架大轿前

---

① 《金陵集》卷20《日得录》，见南公辙《金陵集》第3卷，第259页。

② 同上书，第262页。

③ 李基宪：《燕行日记》即载："副译金在和往见礼部尚书纪均［昀］，语次，尚书曰：'前月礼部转奏时，参闻筵说，则皇帝曰：西洋之学流入红毛国，今方大行，以至国不国，人不人。而中国则严斥之，故不得售其术矣。今闻又入朝鲜，而该国王冲年莅事，严加办理，可想其明白也云云。'金译问曰：'筵说若然，则与上谕大相径庭，是何故也？'尚书笑曰：'四海一家，莫非王臣，皇上虽知其如此，岂可偏斥之乎，所以混囵说去，不露畦畛者此也。大抵洋学之害，甚于佛学，佛学则犹知有君父，而洋学则并与君父而不知，此岂不可畏者乎？你国之严斥剿绝，诚善矣！'……金译归传是语，故记之，以此观之，可知此处之人，于洋学亦畏而斥之也。"（《燕行录全集》卷65，第237—238页）一些《燕行录》中，还有燕行使者所写的《见闻别单》或《闻见事件》，如李基宪《燕行日记启本》末，即附《闻见事件》十三条，备述乾隆朝政治、经济及社会状况。而申佐模《燕槎纪行》（见《燕行录全集》卷75，第492—501页）末，亦有《闻见事件》数条，条叙太平天国时期的中朝大事。

后，若我国双轿而从焉。皇帝见上副使俯伏路旁，轿过，而犹回头熟视焉。面白晰，甚肥泽，无皱纹，须冉［髯］亦不甚白，发光闪烁云”。这是对乾隆皇帝的直接描摹，与中国方面其他的文献记载完全吻合。①又如，六月十二日，“皇帝近日避暑圆明园，偶看《明史》，命掘宦者王振墓，墓在西山，只有玉带蟒袍、镀金器、真珠灯，而无尸体，盖用曹操疑冢之计也”。②清朝于顺治二年（1645年）设立明史馆，康熙十八年（1679年）开始修史，雍正十三年（1735年）《明史》定稿，乾隆四年（1739年）刊行。此处，显然是对新刊行的《明史》有感而为。再如，同日条下记载：“又木厂卖木之市也，自官家出银给木厂取其利，为宫殿之材，公私甚便。近者木税减缩，皇帝内入木厂私簿御览，则有一外地税官某，贷二万金于木厂，非久偿之，载在帐簿，皇帝命详考税官之库，则果无二万金，皇帝大怒，以为赃，籍没家产，并没入其兄弟之财。馆之东邻林姓，如我国之捕校也，籍其家而来，传其言于译官如此。”上述的有闻必录，尽管有的可能是道听途说，但也颇可聊备一说，具有相当的史料价值。从中，亦可反映朝鲜使臣收集中国朝野情报的努力。

在《入燕记》中，最能反映当时政治状况的重要事件是对《国朝诗别裁集》一案的记录。李德懋抄录了弘历的《国朝诗别

---

① 戴逸在其所著的《乾隆帝及其时代》中，就指出乾隆“皮肤白晰”。（中国人民大学出版社1992年版，第5页）

② 关于王振墓，在朴趾源的《热河日记》中亦有记载：“……得王振墓于西山，剖其棺，数其罪而磔之，并掘其党与二十余家，皆斩之。”（卷14《口外异闻·王振墓》，第2459册，第139—140页）

裁集御制序》，并加小段评论：

沈德潜选国朝人诗，而求序以光其集。德潜老矣，且以诗文受特达之知，所请宜无不允，因进其书而粗观之，列前茅者，则钱谦益诸人也。不求朕序，朕可以不问，既求朕序，则千秋之公论系焉，是不可以不辨。夫居本朝而妄思前明者，乱民也，有国法存，至身为明朝达官，而甘心复事本朝者，虽一时权宜，草昧缔构所不废，要知其人，则非人类也。其诗自在，听之可也，选以冠本朝诸人则不可，在德潜则尤不可。且诗者何？忠孝而已耳。离忠孝而言诗，吾不知其为诗也。谦益诸人为忠乎？为孝乎？德潜宜深知此义，今之所选，非其宿昔言诗之道也，岂其老而耄荒，子又不克，家门下士依草附木者流，无达大义具巨眼人捉刀所为，德潜不及细检乎？此书出，则德潜一生读书之名坏，朕方为德潜惜之，何能阿所好而为之序！又钱名世者，皇考所谓名教罪人，是更不宜入选；而慎郡王则朕之叔父也，虽诸王自奏及朝廷章疏署名，此乃国家典制，然尚不忍名之。德潜本朝臣子，岂宜直书其名？至于世次前后倒置者，益不可枚举。因命内廷翰林为之精校去留，俾重锓以行于世，所以栽培成就德潜也，所以终从德潜之请而为之序也。乾隆二十有六年岁在辛巳仲冬月御笔。

德潜字确士，一字归愚，长洲人，官礼部尚书，卒年百三。初著《别裁集》，多载明末遗民，坐载两钱及于他人，今本不足观，序文太苛，德潜之心，其能安乎？不及幸矣。

沈德潜（1673—1769）字确士，号归愚，江南长洲（今江苏苏州）人，被视为继王士祯之后领袖诗坛的人物。其人早年困于场屋，屡试不第，至六十七岁始登进士，由编修历官至礼部侍郎，以诗得乾隆皇帝赏识。有《归愚诗文钞》，乾隆序其诗集。七十七岁南归时，乾隆将自己的诗集十四册请他修改润色，以为“朕与德潜以诗始，亦以诗终”，可见沈氏实为一名御用的文学侍臣。沈德潜提出的诗教原则，从儒家传统的诗论出发，重视诗歌的教化作用，以诗歌的思想内容、社会功用为第一位，肯定诗歌与政治的关系，因此，其诗歌理论最适合康乾之世统治者的口味，最能体现官方的文艺思想。①乾隆时人阮葵生曾指出：“近日称诗者，推沈宗伯、梦司空两家。沈以江南老诸生，白首遇主，七十成名，十年之中致身卿贰，归田后存问锡赉，寿且百龄，而精神尚清健不衰，近代文人之福，鲜有及者。……”②此处的“沈宗伯”，亦即沈德潜。但就是这样一个御用词臣，仍然遭到乾隆皇帝的严词指斥。

沈德潜的《国朝诗别裁集》有教忠堂刻本，今见《四库禁毁书丛刊》集部第158册。③该书题作：“长洲沈德潜（归愚）纂评，男种松校字，江阴翁照（霁堂）、长洲周准（钦莱）同辑”。卷首有乾隆二十五年（1760年）沈德潜的《国朝诗别裁集序》，序中三次提及钱牧斋及其《列朝诗选》。卷1首列钱谦益，对于钱氏颇为推崇：

① 参见邬国平、王镇远：《清代文学批评史》，上海古籍出版社1995年版。
② 《茶余客话》卷9《沈德潜与梦麟》，中华书局1959年版，第240页。
③ 原书藏北京图书馆，北京出版社1997年版。

钱谦益，字受之，江南常熟人，万历庚戌赐进士第三人，国朝官至礼部尚书，著《初学》、《有学》二集。

尚书天资过人，学殖鸿博，论诗称扬乐天、东坡、放翁诸公，而明代如李、何、王、李，概挥斥之，余如二袁、钟、谭，在不足比数之列，一时帖耳推服，百年以后，流风余韵，犹足詟人也。生平著述，大约轻经籍而重内典，弃正史而取稗官，金银铜铁不妨合为一炉，至六十以后颓然自放矣。向尊之者，几谓上掩古人；而近日薄之者，又谓澌灭唐风，贬之太甚，均非公论。兹录其推激气节、感慨兴亡，多有关风教者，余靡曼噍杀之音略焉。见《初学》、《有学》二集中，有焯然可传者也。至前为党魁，后逃禅，悦读其诗者，应共悲之。

牧斋诗如"吾道非欤何至此，臣今老矣不如人"、"屋如韩愈诗中句，身似王维画里人"，工致有余，易开浅薄，非正声也。五言平直少蕴，故不录。

上述诗前的小传，对于钱谦益的为人及其诗歌成就，作了简单的概述，从中可见沈德潜对钱氏的推崇，他甚至为时人的"贬之太甚"而鸣其不平。在《国朝诗别裁集》一书的"凡例"中，沈德潜指出："是选以诗存人，不以人存诗。"以钱谦益的诗歌成就，自然符合这一标准。但此一标准，却与乾隆皇帝极不合拍。清高宗非常强调忠君思想，以纲常名教作为评价历史人物的重要准绳，为此，他甚至公然批驳孟子、朱熹等人的言论，严厉抨击唐宗、宋祖即位之前的行迹。他为前明殉节死义的大臣议谥，特敕大学士、九卿等稽考史书，编辑《钦定胜朝殉节诸臣录》，并在国史中首创“贰臣传”之例，将“在明已登仕版，又复身仕本朝”的人物，归入“贰臣传”中。在这种背景下，被人们视作“有才无行”“大节有亏”的钱谦益，自然也被打入“贰臣”之列。在乾隆看来，诗歌的核心是忠孝，在这里，意识形态成了诗歌创作的唯一标准。因此，当他看到钱谦益竟被置于《国朝诗别裁集》卷首，遂勃然大怒，下令抽毁审查，重版刊行。哈佛燕京图书馆藏有重版后的《钦定国朝诗别裁集》三十二卷（善本书），通过与教忠堂刻本的《国朝诗别裁集》的比勘，便可发现两者有着多方面的不同：其一，重版后的书名由《国朝诗别裁集》改为《钦定国朝诗别裁集》（以下简称“钦定本”），钦定本前冠以乾隆二十六年（1761年）“御制沈德潜选《国朝诗别裁集》序”，而抽毁了沈德潜自己的原序。其二，钦定本署名有所改变，改署“礼部尚书臣沈德潜纂评”，而不是先前的“长洲沈德潜”及其儿子、朋好。其三，钦定本“凡例”中删去了教忠堂刻本中的一段：“前代臣工，为我朝从龙之佐，如钱虞山、王孟津诸公，其诗一并采入，准明代刘青田、危太仆例也。前代遗老，而为石隐之流，如林茂之、杜荣村诸公，其诗概不采入，准明代倪云林、席帽山人例也。亦有前明词人，而易代以来，食毛践土既久者，诗仍采入，编诗之中，微存史意。”教忠堂刻本基本上是以年代排列，如卷1所收的钱谦益、王铎、方拱乾、张文光和龚鼎孳，卷2收录的曹溶、周亮工、赵进美、彭而述、孙廷铨、李雯、高珩、宋之绳、梁清标和王崇简，都是由明入清的官僚。但到了钦定本，则首列慎郡王，先前那些由明入清的诗人全都消失[①]，可见，虽然“凡例”仍然标榜“以诗存人”，但原先的宗旨却已消失殆尽。

从沈德潜《国朝诗别裁集》一案的裁定中，我们得以窥知盛清时代的文坛风气。当时，在文狱繁兴的罗网之下，文人士大夫纷纷箝口不言。李德懋曾评价潘庭筠之为人，说他“遣辞清妙，但有脂粉气，与东方人相交，情甚敦挚，有恋恋不能相舍之意，亦畏约瑟缩，盖谨慎之极也”。潘庭筠的缩手缩脚，在许多与他交接的朝鲜学者笔下均有描述。另外，李德懋曾与林姓富商家的塾师沈瀛笔谈，临了，后者“因裂其所书纸，有畏忌之色”。五月初十日，入燕途过丰润，召谷应泰五代孙笔谈，问《明史纪事本末》。后者“嚬蹙良久，乃曰：先祖坐此书被祸，故毁板不行于世。盖真书清事，为家僮所告。康熙二十九年，年七十，坐死。登顺治科，官至浙江提学。书状屡请详言其事，其人竟秘讳不言，掷笔而起”。[②]这些，均可作为文人“避席畏闻文字狱”的绝佳注脚。

在《入燕记》中，李德懋还记录下他在来回途中的所见所闻，其中有不少反映当时政治状况的内容。朝鲜使者在燕行途中，经常看到皇室官府的扰民。如“总督周元理看审夷齐庙行

① 不仅如此，书中涉及上述人物的诗歌，也都被抽走。如教忠堂刻本卷3“曹尔堪”下，原收有《金鱼池歌仿杜乐游园体》《宿州》《送宋荔裳少参之任泰州》《钱牧斋先生挽词》《季天中给谏病没于辽左赋诗吊之》。而钦定本则只剩有前三首。

② 谷应泰的传记资料，见阮元《国史文苑传》卷1、李桓《国朝耆献类征初编》卷206、徐世昌《大清畿辅先哲传》卷19和清国史馆原编《清史列传》卷70等。上述诸书均未提及康熙二十九年其人“坐死”一事。故此，应为李德懋等人的闻见讹误所致。

宫而来，沿路整台揭黄旗，书‘伏路防兵’四字，设剑戟于架，俱以青布裹之，军人列坐，皆短黑对襟，衣缘以红，骑马荷食物衣服者，络绎二三十里”。四月二十三日，在沈阳，见“永安桥方毁掇更造，以皇帝七月幸行沈阳故也”。五月初一日，过大凌河，得知“七月，皇帝将幸盛京，沿路发军民修治，斩岸填堑，路直如绳，不避田畴，路必堆土略为界，凡五条：中条甚广，皇帝所行；左右两条稍狭，妃嫔、王子所行；又侧畔两条，狭如之，此百官军马之所行也。人若有故不赴役，则一人一日出钱五百，一百为十六钱，五百为八十钱也”。五月初九日，过滦水，“河西有石壁陡起，方创建行宫，有楼有台，亦有廊阁，而窗栊玲珑，以楠木紫檀花梨刻牧［牡］丹、卍字，栋宇涂二青泥金朱红，极其奢丽，而雕刻之皆江南巧工也”。李德懋还专门记下了工程的概况及其详细开支——工程于正月二十六日开始营建，据说到六月三十日完工。瓦匠、石匠、木匠和刻匠总共有一百七十八人，刻匠日食银三钱，他匠二钱五分；役夫四百余人，日银二钱；上匠三人，日银一两五钱。诸匠又每日给米一升。“出内帑银五万两，通州税粮七万两，永平府督造材木之价，不与于十二万两之数”。在回国的路上，他看到沿途道路的状况，不禁大为感叹：“来时修治御路如砥如矢，数月之间鞠为茂草，车辙马蹄，错综不已，又发民除治，延至七月，则旋治旋芜，民无暇为农矣！”由于七月皇帝将幸沈阳，所以用大木造桥七、八十座，“修直路，割民田甚多，为害不少”。他在返回的路上，还记下了两份沿路告示和一份皇帝诏谕，颇具史料价值。其中的沿路告示称：“皇上七月幸沈阳，路傍田民不可种薥，薥善聚蚊蝇，故禁之也。”又有一榜“以为皇上幸行时，沿路市肆及庙堂毁坏者多，俱各及期完治，以作观瞻之地云”。对此，李德懋评论说：“此二者非王者之政也。今中原衣尚青黑色，种靛为民生之大利。假使众民或恐蚊蝇之集，御辇沿路千余里，相戒不种靛，在上者敦谕，使之种之以安其业，如今勒令不种，是稗政也。市肆之残弊，系于民贫，庙堂淫祠也，自然毁落，不足为轻重于王政，如今使之修饰，取媚于皇帝，此州县官之罪也。”清高宗在位期间，曾于乾隆八年（1743 年）、十九年（1754 年）、四十三年（1778 年）和四十八年（1783 年）先后四次前往盛京拜谒祖陵，而李德懋之燕行，正是乾隆第三次东巡祭祖前夕。以往人们对于此次东巡祭祖，或完全利用正典、实录[①]，或利用宫廷档案[②]加以探讨，虽然亦多有创获，但东巡对民间社会影响的实际情况究竟如何，仍然十分模糊。有学者虽也承认谒陵的巨大耗费，但仍认为：“所幸的是谒陵人员行进路线大部分在人烟稀少之地，或时间在农闲季节，农业受害略轻。”而在事实上，《入燕记》之记载，恰恰可以从一个独特的角度，揭示东巡祭祖的另一侧面。

（三）燕行沿途景观及京师游历

四月十九日，使团一行入旧辽东城，但见“左右市肆栉比鳞

① 如日本学者园田一龟的《清朝皇帝东巡の研究》，大和书院 1944 年版。《清代通史·乾隆朝分卷（上）》（周远廉主编，紫禁城出版社 2003 年版），即专列有“东巡谒陵”章。（见第 299—321 页）

② 如姜相顺《乾隆东巡路线及途中饮食》，载清代宫史研究会编《清代宫史求实》，紫禁城出版社 1992 年版，第 446—461 页。

次，恍惚玲珑，无物不有，老少森立，拱手而观，人皆秀俊，直亘五里”，李德懋“回想汉阳云从街市，目瞠口噤，茫然自失”。使团中的舌官（翻译）说：“若见盛京、山海关、通州、皇城诸处繁华壮丽，愈往愈胜，见此一边县而倾倒乃尔耶?”的确，随着使团的逐渐西行，北中国城镇景观展现出愈益繁盛的图景。及至通州，李德懋更是大开眼界，他发现：“通州路虽狭，市肆逶迤十里，江南杂货委积于此，四方商贾襁至而辐辏”。通州是北京的门户，燕行使者留下过诸多描述。如申政即作有《通州盛时歌（五首）》：

通州自古盛繁华，扑地闾阎十万家，日出市门堆锦绣，满城光艳绚朝霞。

通衢遥接蓟门长，表里山河护帝乡，日夜江南常转粟，百年红腐海陵仓。

楼台参差飏锦幖，绿杨低拂赤栏桥，东南贾客纷相集，白日车尘涨碧霄。

青山如黛水如天，粉堞周遭带晚烟，日暮帆樯齐泊岸，胡姬争迓浙江船。

旗亭百队夹途傍，处处游人典鹔鹴，日暮歌钟喧四里，夜深灯火烂星光。①

在清代，燕行使者往往将通州“舟楫之盛”，与“皇都之神

① 《燕行录全集》卷22，第541—542页。

丽"、"辽野之旷阔"，并称为三大"壮观"景象。[1] 李宜显的《庚子燕行杂识》亦曰："(通州)岸上闾阎，皆临水而居，望之如画，往往以白灰涂其屋上，河水冰合，百余艘舸舰泊在上下，亦有江南商舶之留着者，若比我国三江之船泊则不啻倍之。而曾闻通州船樯，有如万木之森立，为天下壮观云。今来见之，不尽如此。由东城而入，街路之上，往来行人及商胡之驱车乘马者，填街溢巷，肩磨[摩]毂击，市肆丰侈，杂货云委，处处旗牓，左右森列，如羢裘皮靺、红帽子、画磁器、米谷、羊、猪、姜、葫葱、白菜、胡萝葍之属，或聚置廛上，或积在路边，车运担负，不可尽数。至如壕堑之深广，城壁之坚致，楼榭台观之壮丽，署宇仓厂之宏大，非如沈阳之比，真畿辅之襟喉，水陆之要会也。"[2] 不仅如此，通州的夜市还非常有名，"夜必张灯为市，五色琉璃灯随灯色燃烛，纱灯之方者、圆者，不一其形，画山水、楼台、人物、草虫于纱面，对对成双，列挂厂铺，熀朗洞澈，如同白昼"。[3]

过了通州，北京作为朝鲜使者燕行的目的地，其繁盛富庶更是给他们留下了深刻的印象。如：

> （五月十五日）疾驰入朝阳门，盖自通州大道，铺白方石迄于此，凡四十里。车轮马蹄，日如轰雷，燕京大道皆黑壤，闾阎之繁盛，市肆之华侈，真天府而陆海，舌既不能说

① 姜长焕：《北辕录·潞河漕船记》，见《燕行录全集》卷77，第206页。
② 《燕行录全集》卷35，第372—373页。
③ 姜长焕：《北辕录·通州夜市记》，见《燕行录全集》卷77，第207页。

其大略，笔亦不能记其一隅。

（五月十七日）城门外有瓮城，城左右俱有门，而路铺石板，太平车驾马骡，士女坐其中，纵横络绎，来来去去，绵绮夺眸，香泽涨鼻，车声砰訇，象天之雷。

（六月初七日）入东安门，门即紫皇城之东门也，城周十八里，不设睥睨，只黄瓦红壁，城内人家，市廛弥满，中有紫禁城，即大内也。

从整座北京城来看，商业气氛相当浓厚，连紫禁城外都是“市廛弥满”，所以有的朝鲜使者解释说：“燕俗以商贾为贵，盖清人之初得天下也，汉人不服，郁郁有思乱之心，康熙乃使汉人主买卖，与宰相平揖，富于赀者无所僭制，故汉人皆趋于买卖云”，所谓“康熙皇帝真长策，华族驱归买卖中，裘马楼台无僭制，英雄化作富家翁”。[①]《燕京杂识》亦称：“彼人皆以商贩为业，无论都邑与村庄，所经路傍大家小舍皆是买卖之家，到处开铺列肆，物货充积，南京及河南、山西等地累千里以外之人，单身来留于北京及沿路各处兴贩为生，或有数十年不见其父母妻子之面者，盖其风俗如此。”[②]李德懋在沿途了解到，盛京灵京【古】塔每年进贡给皇帝人参一万斤，这些人参都被发卖往江南等地，以牟取利润。盛京有专设的参丁，每丁纳参五钱，灵古塔纳一两。而灵古塔及瑟海地方，还有珠丁和貂丁。人参贸易为清

① 成祐曾：《茗山燕诗录》风俗类卷4，载《燕行录全集》卷69，第208—209页。

② 俞彦述：《燕京杂识》，载《燕行录全集》卷39，第276页。

朝内务府的重要商业活动之一，在当时，皇室垄断了人参采集，人参贸易为之带来可观的收益。

在当时的北京，市肆有诸多类型。最常见的就是地摊集市，如五月十五日下午，李德懋入东岳庙，但见庙中开市，“物货云秀，人众波荡”。六月初十日，他又前往隆福寺（一名永明寺）。据了解，该处逢九日、十日和十一日，每月总共有九日开市，而十日那一天的市集尤为繁盛。“过东安门迤北，而东寺中杂物无物不有，珊瑚、琥珀、鞨鞢、瑟瑟之属，为璎珞数珠顶子佩用者，炫人眼目，不可纪极。而至于蟋蟀、金蝎、松鼠、画眉、蜡嘴之类皆驯习狎昵，细琐亦有可观”。[①] 在此类地摊集市中，除了古玩之外，还有不少露天的游艺杂耍。其中，尤以幻术最为朝鲜人所瞩目，几乎所有的燕行学者对此都有描摹[②]，李德懋亦不例外：

> （五月二十六日）观骗子戏。骗子者，即幻术人也。以长竿承大磁楪，回转之，疾如飚风，又掷而承之，旋旋不已，口中衔小月刀，刀上又置小月刀，以刃相接，无所坠仆，上刀之柄端竖楪，竿口弄刀柄，仰视旋楪，其精神凑会，如鸡伏卵，如猫捕鼠，目无一瞬。又口衔木龙扁簋之类四五种，其竖竿楪同焉。卓上置朱漆木桶，……一人鸣锣，一人持桶，

① 李基宪：《燕行日记》：“（隆福寺场）是日开市，百货堆积，朝士之戴珊瑚蓝玉顶者，皆乘锦障宝车，或从以数十骑下车，市中怀出银包，占择宝品，评骘物价，大抵此处风俗，只知一利字。外此廉隅名检，不识为何样物，转相慕效，恬不为怪。出于仕宦，则入于市廛，故市人与宰相相抗礼云。噫！其异矣。”（《燕行录全集》卷65，第188—189页）

② 成祐曾：《茗山燕诗录》风俗类卷4，载《燕行录全集》卷69，第229页。

回示众人，以证其中空无物，因置桶于卓，覆以襥，手探一鸠，鸣跃而出，旋又置鸠于桶，覆以襥，揭襥视之，不知去处。又持白纸，裂如蝶翅［翅？］，张口吞之，仍以手探口，纸皆完连，斜卷如抽蕉。又持篇回示，如前置卓、覆襥，手探楪碗之属二十余器，皆盛菜果，罗列于卓。又覆红毡于庭，揭起，中有彩丝花盘，垂红紬一幅，两行书“层层见喜”、“早早高升”。奉盘回示，仍又覆毡，揭视无有。又覆毡，探出瓜仁碟，覆毡无有，向马头裾中擎出来。又以驿卒毛笠，覆茶碗如前法，忽向译官金在协怀中探出，人莫不哄然惊异。又以牙箸纳于鼻左孔，向右孔拔出，盖旋楪工夫到底处。其他忽有忽无，闪闪悠悠，虽明目而察之，不可知也。

参加地摊集市的，除了一般民众外，还有不少达官贵人、文人墨客。李德懋就曾在隆福寺集市中，碰到内阁学士、满洲人嵩贵，只见他当时头戴珊瑚顶子，“白晰肥大，眼光哗然，徘徊阶下，指点宝玩，论其价直，见马头辈举手相语”。①据李德懋观察，不仅嵩贵亲自来到市肆，而且，其他宰相、郎署官员以及举人之辈，也都衣锦衣、乘轻车而来，其数则不胜枚举。稍早于李德懋入燕的中国文人李文藻亦曾指出，当时的隆福市有“赶庙”的书摊，“散帙满地，往往不全而价低”，②这应当是吸引文人墨

① 朴趾源:《热河日记》“隆福寺”条指出：“前年李懋官游此寺，值市日，逢内阁学士嵩贵自选一狐裘，挈领披拂，口向风吹毫，较身长短，手揣银交易，大骇之。嵩贵者，满洲人，往岁奉敕东出者也，官礼部侍郎，蒙古副都统。”(《燕岩集》卷15，第2459册，第254页)

② 《琉璃厂书肆记》，中国书店印行1925年版，第3页上。

客纷至沓来的原因所在。

除了地摊集市外，当然还有许多固定的市肆，其中，以琉璃厂最为有名，这也是朝鲜燕行使者时常光顾的地方，他们常在这里买到朝鲜国内需要的书籍。燕行诗有："青史年年载使车，琉璃厂里觉空虚"，[①]正是对此一现象的真实写照。

李德懋刚到燕京不久，即于五月十七日历观琉璃厂市，根据他的描述："书籍、画帧、鼎彝、古玉、锦缎之属，应接不暇，颈为之披，四通五达，人肩触磨［摩］。"后来，他又多次前往琉璃厂，琉璃厂给他的感觉是——"左右书肆如水中捞月，不可把捉"。五月十九日，李德懋与朴齐家及干粮官往琉璃厂，抄录当时朝鲜国内稀有及绝无者。他所抄录的这份书目，详列琉璃厂书肆及相关书籍，未见于其他史籍的记载，对于研究清代书籍的流通及中外文化交流，具有重要的价值，今列表如下：

编号	书　肆	书　　籍
1	嵩秀堂	《通鉴本末》《文献续纂》《协纪辨方》《精华录》《赋汇》《钦定三神》《中原文宪》《讲学录》《皇华纪闻》《自得园文钞》《史贯》《傅平叔集》《陆树声集》《太岳集》《陶石篑集》《升庵外集》《徐节孝集》《困勉录》《池北偶谈》《博古图》《重订别裁》《古文奇赏》《西堂合集》《带经堂集》《居易录》《知新录》《铁网珊瑚》《玉茗堂集》《传道录》《高士奇集》《温公集》《唐宋文醇》《经义考》《古事苑》《笠翁一家言》《狯园》《子史英华》[①]

① 成祐曾：《茗山燕诗录》风俗类卷4，载《燕行录全集》卷69，第258页。

① 六月初十日，李德懋"往琉璃厂嵩秀堂书坊，检阅《三礼义疏》、《通鉴纪事本末》"。

续表

编号	书　肆	书　　籍
2	文粹堂	《程篁墩集》《史料苑》《忠宣公集》《栾城后集》《图绘宝鉴》《方舆纪要》《仪礼节略》《册府元龟》《独制诗》《文体明辨》《名媛诗钞》《钤山堂集》《义门读书记》《王氏农书》《山左诗钞》《墨池编》
3	圣经堂	《弇州别集》《感旧集》《路史》《潜确类书》《施愚山集》《纪纂渊海》《书影》《青箱堂集》《昭代典则》《格致录》《顾端公杂记》《沈确士集》《通考纪要》《由拳集》《本草经疏》《闲暑日钞》《倪元璐集》《史怀》《本草汇》《曹月川集》
4	名盛堂	《寄园寄所寄》《范石湖集》《名臣奏议》《月令辑要》《遵生八笺》《渔洋三十六种》《知不足斋丛书》《隶辨》《益智录》《幸鲁盛典》《内阁上谕》《帝鉴图说》《臣鉴录》《左传经世钞》《理学备考》
5	文盛堂	《王梅溪集》《黄氏日钞》《食物本草》《八旗通志》《盛明百家诗》《皇清百家诗》《兵法全书》《虞道园集》《渔洋诗话》《荆川武编》《吕氏家塾读诗记》《本草类方》
6	经腴堂	《音学五书》《大说铃》《今诗箧衍集》
7	聚星堂	《安雅堂集》《韩魏公集》《吴草庐集》《宛雅》《诗持（?）全集》《榕村语录》
8	带草堂	《尧峰文钞》《精华笺注》《精华训纂》《渔隐丛话》《观象玩占》《篆书正》《明文授读》《香树斋全集》《七修类稿》
9	郁文堂	《赖古堂集》《李二曲集》
10	文茂堂	《埤雅》《许鲁斋集》《范文正公集》《邵子湘集》《阙里文献考》《班马异同》
11	英华堂	《帝京景物略》《群书集事渊海》《三鱼堂集》《广群芳谱》《林子三教》《杨龟山集》
12	文焕斋	《榕村集》《名媛诗归》《觚剩》《穆堂集》

乾隆三十八年（1773 年）开四库馆，收集天下藏书编纂《四库全书》，这是琉璃厂书业最为繁盛的时代。因此，李德懋入燕，正是躬逢其盛。关于乾隆时代琉璃厂书业的情形，目前所知较为详细的史料仅见稍早的李文藻之《琉璃厂书肆记》。而前揭的文盛堂、郁文堂和文焕斋等均未见于《琉璃厂书肆记》，因此，上述的记载便显得格外珍贵。

除了前述的十二家书店外，李德懋最早以为："此外又有二三书肆，猥杂不足观也。"不过，过了几天，他发现还有更重要的书店。二十五日，李德懋再一次前往琉璃厂，搜找前次未见之书肆三四家，这次他发现"陶氏所藏，尤为大家"。陶氏也就是著名的"五柳居"书商陶庭学，其人原籍浙江乌程县（今属湖州），自其祖父移居姑苏，遂占籍于苏州。因姓陶，遂以五柳先生陶潜后裔自况，在苏州开"五柳书居"。乾隆三十八年（1773 年）开四库馆，因陶氏擅长版本鉴定，朱筠推荐他到京师为四库馆鉴别并搜访异书秘本。陶庭学与儿子陶蕴辉遂一起进京，在琉璃厂开张"五柳居"书肆。① 据《入燕记》记载，陶氏自称有书船从江南来，泊于通州张家湾，过两天运抵北京的书籍多达四千余卷。乾隆三十四年（1729 年），李文藻作有《琉璃厂书肆记》，也提及琉璃厂的诸多书肆，与前述所列颇可印证。他对五柳居陶氏亦多有记录，说五柳居"近来始开，而旧书甚多，与文粹堂皆每年购书于苏州，载船而来。五柳多璜川吴氏藏书，嘉定钱先

① 关于五柳居陶氏的详细情况，参见瞿冕良《试论陶庭学父子及其与黄丕烈的关系》，载《苏州大学学报》1995 年第 1 期。

生云：即吴企晋舍人家物也，其诸弟析产所得书，遂不能守”。[①]所谓璜川吴氏，是苏州木渎镇的著名藏书家。他还认为，琉璃厂“书肆中之晓事者，惟五柳之陶、文粹之谢及（鉴古堂）韦也”。[②]嘉庆年间翁方纲也说：“是时江浙书贾奔辏辇下，书坊以五柳居、文粹堂为最。”[③]这些都说明，五柳居陶氏是书业中颇有见识的人物。

在陶氏的五柳居，李德懋借得该店的书目，阅毕大为惊叹——“不惟吾之一生所求者尽在此，凡天下奇异之籍甚多，始知江浙为书籍之渊薮！”李德懋到北京后，先得到浙江书目[④]，已令他叹为观止，而“陶氏书船之目，亦有浙江书目所未有者，故誊其目”。于是，二十八日，他又与朴齐家再次前往琉璃厂五柳居查阅“南船奇书”。使团中书状嘱他买数十种，其中有朱彝尊《经解》、马骕《绎史》，都是“稀有之书，而皆善本也”。六月初二日，李德懋再次前往五柳居陶生书坊，检阅《经解》六十套。《经解》是朱彝尊和徐乾学根据他们自己的收藏，又借秀水曹秋岳、无锡秦对岩、常熟钱遵王、毛斧季、温陵黄俞邰的收藏，共得一百四十种，“自子夏《易传》外，唐人之书仅二三种，其余

① 《琉璃厂书肆记》，第2页下。

② 同上书，第3页上。

③ 《复初斋诗集》，转引自王冶秋《琉璃厂史话》，生活·读书·新知三联书店1963年版，第19页。

④ “浙江书目”即王亶望所编之《浙江采进遗书总目》十卷，闰集一卷，乾隆十九年（1754年）刊行。该书在朝鲜颇为有名，南公辙《赠元孺良（在明）序》也提及该书：“（藏书）莫盛于今，余尝读浙江书目，见内府敕印及经史子集之盛行于世者，皆不在所录，而得十万余卷，何其富哉！”（《金陵集》卷11《序》，见南公辙《金陵集》第2卷，第195页）

皆宋元诸儒所撰述，而明人所著，间存一二，真儒家之府藏，经学之渊薮也”。对此，李德懋颇为感慨：“此书刊行已百年，而东方人漠然不知，每年使臣冠盖络绎，而其所车输东来者，只演义小说及《八大家文抄》、《唐诗品汇》等书，此二种虽曰实用，然家家有之，亦有本国刊行，则不必更购中国，则此二书亦广布，不必珍贵，价亦甚低。但朝鲜使来时，必别为储置，以高价卖之，东人之孤陋类如是。”在当时，一些中国小说受到朝鲜人的喜爱，如“闾巷最爱《剪灯新话》，以其助于吏文也”。① 所谓吏文，也就是今天所称的应用文（汉文公牍）。②《剪灯新话》作于明初洪武年间，因有助于吏文而受到民间的喜爱。但类似的小说却招致一些士大夫的极端鄙视，李德懋曾严厉责备阅读《西游记》和《三国演义》的儿子，说：“此等杂书乱正史，坏人心，吾为汝严父兼良师，岂可使吾子弟骎骎然外驰哉？”为此，他儿子谨承教训，再也不读那些“演史稗记”。③ 南公辙也认为：“小说蛊人心术，与异端无异，而一时轻薄才子利其捷径而得之，多有慕效，而文风卑弱委靡，与齐梁间绮语无异。”④ 这些，都颇可反映朝鲜人的阅读趣味。

---

① 柳得恭：《京都杂志》卷1《诗文》，见韩国学研究院编《东国岁时记、京都杂志、洌阳岁时记、农家月令歌》，大提阁1987年版，第235页。

② 韩国汉籍中有保存明代公牍的《吏文誊录》残卷，关于该书，参见台湾学者张存武的《韩人保留下来的明代公牍——〈吏文誊录〉残卷》，载联合报文化基金会国学文献馆编的《第五届中国域外汉籍国际学术会议论文集》，联经出版事业公司1991年版，第111—120页。

③《雅亭遗稿》卷8附录《先考府君遗事》，见《青庄馆全书》上卷，影印本上、中、下三卷，汉城大学古典刊行会1966年版，第531页。

④《金陵集》卷20《日得录》，见南公辙《金陵集》第3卷，第261页。

此后，李德懋多次与五柳居打交道。六月初四日，他“与干粮官先出，因访五柳居检阅书状所购书籍，封裹以置”。六月十六日，朝鲜使团离开北京回国，“五柳居陶生使其戚人袁姓载书状所购书于车，追及通州”，此举令李德懋颇为感慨，认为五柳居陶生言而有信。这些，都说明朝鲜人从五柳居等书店购买了不少中国书籍。① 其中，有一些应是当时的禁书：

（六月二十一日）书状谓余曰：左右尝盛言顾亭林炎武之耿介，为明末之第一人物。购其集于五柳居陶生，陶生以为当今之禁书三百余种，《亭林集》居其一，申申托其秘藏。归来，余于轿中尽读之，果然明末遗民之第一流人也，不惟节义卓然，足以横绝古今，其诗文典则雅正，不作无心语。

余曰：亭林迹虽布衣，不忘本朝，不赴康熙己未博学宏词科，此真大臣也！其所著《日知录》，可以羽经翼史，可见其淹博也。

书状曰：以亭林之轮囷热血，其言之雅典如此，不作横走语，此老脑中有学问故也。

余曰：此一言足以知亭林也。

入清之后，作为心存正闰的明朝遗民，顾炎武志在天下，图谋匡复，著述经世，始终不愿为清廷所用，拒绝达官修史之邀，

---

① 柳得恭在《燕台再游录》中指出：“自前李懋官游燕时，……多购书于五柳居。”第 492 页。

又拒博学鸿儒特科之荐，其气节令人景仰。对此，李德懋《读顾亭林遗书》有很好的概括：“亭林天下士，明亡独洁身，今世尊周者，不识有斯人。烈皇殉社稷，捐生多布衣，天下无不有，毛甡忍能讥。”①

（四）余论

据调查，存世的《燕行录》大约有五百余种，而皇皇一百巨册的《燕行录全集》，为学界提供了绝大部分朝鲜燕行使者的著作（计三百八十余种）②，这不仅是中韩关系史研究方面的重要史料，而且，对于清代社会文化史的研究亦颇有助益。域外使者对于中华文明的仰慕和好奇，使得各类《燕行录》意外地提供了许多鲜为人知的细节，其中不乏一些珍稀史料，而这些在当时因过于平常而为中方史籍所未载。譬如，从朝鲜燕行使者的描述中，人们得以窥见十八世纪盛清时代中国社会的日常生活画面。我们看到，在北京，政治上的高压和经济上的繁盛同生共荣。从燕行使者的经历来看，清代禁书活动可能并不像以往史家想象得那么严密。根据记载，从乾隆三十九年（1774 年）八月起，开始大规模的查缴、销毁“禁书”，直到乾隆五十八年（1793 年）方告结束，这一运动虽然在以往中国史籍中多表现得轰轰烈烈，但从《入燕记》来看，即使是在查缴禁书的高峰时期，在皇城根底下，仍然有一些书商在偷偷贩卖“违碍”、“悖逆”的

① 《青庄馆全书》卷 11《雅亭遗稿三·诗三》,《韩国文集丛刊》第 257 册，第 196 页。

② 《燕行录全集》卷 100，第 322 页。

禁书[①]。而且，书商们对于当时的社会政治现实也往往敢于放言高论，[②]这似乎有点出乎人们的意料。

各种《燕行录》对于琉璃厂，多有生动描述（如李德懋《入燕记》中对琉璃厂书肆及所售书籍的记载即相当珍贵），有一些便为中国古籍所未见，这对于清代社会文化史的研究极有助益。与李德懋差相同时的南公辙在《赠元孺良（在明）序》中指出："故丞相元公身都卿相，而于物泊然无所好，独从事于书，其书冠京师。……既卒，而遗其嗣子在明孺良，今其书尚万卷。夫（新）罗、（高）丽之俗不好古，又其地距中国绝远。余尝见数十年前士之称博雅者，犹不得见全史、《佩文韵府》诸书者有之，今士大夫家无不藏之。……后生小子闻公之风者，竞相以藏书为能事，彬彬有可观，公与有力焉。"[③]当时的朝鲜人，非常渴望得到中国的书籍。李德懋即指出："我国不以水路通货，故文献尤贸贸，书籍之不备，与不识三王事者，全由此也。日本人通江南，故明末古器及书画、书籍、药材辐凑于长崎，日本蒹葭堂主人木世肃藏秘书三万卷，且多交中国名士，文雅方盛，非我国之可比也。且高丽时宋商之舶年年来泊，丽王厚礼供馈，文物甚备也。"[④]其中提及的蒹葭堂主人木世肃，即木弘恭，"日本大坂

① 日本学者藤塚邻指出，李德懋抄录的琉璃厂书目中，有好几本列入"禁书总目""违碍书目"、"全毁书目"或"抽毁书目"。《清朝文化の东传——嘉庆、道光学坛と李朝の金阮堂》，第29页。

② 朝鲜燕行使者柳得恭所著《燕台再游录》，就记载了琉璃厂书肆主人对川楚起义的看法。

③ 《金陵集》卷11《序》，见南公辙《金陵集》第2卷，第195—196页。

④ 《青庄馆全书》卷63《天涯知己书一》，《韩国文集丛刊》第259册，第131页。

贾人也，家住浪华江上，卖酒致富，日招宾客，赋诗酌酒，购书三万卷，一岁宾客之费数千金，自筑县至江户数千余里，士无贤不肖皆称世肃。又附商舶得中国士子诗篇以揭其壁，筑蒹葭堂于浪华江”。[①]显然，李德懋对于高丽时代的中韩文化交流，以及由贸易引发的日本与江南的书籍等物品流通，颇为羡慕。在清代，朝鲜使者之燕行及其相关的宗藩贸易，成了中韩文化交流的重要途径。换言之，琉璃厂书业对于中韩文化交流起到了重要的作用。

从《入燕记》等书的记载可以看出，北京的琉璃厂书市与南方各地的出版印刷业有着密切的关系。种种迹象显示，书籍出版在当时的东亚是一种具有厚利可图的产业。清同治《湖州府志》卷33曾提及当地的书船：

> 书船出乌程、织里及郑港、谈港诸村落。吾湖藏书之富，起于宋南渡后直斋陈氏著《（直斋）书录解题》。……明中叶，如花林茅氏，晟舍凌氏、闵氏，汇沮潘氏，雉城臧氏，皆广储签帙。旧家子弟好事者，往往以秘册镂刻流传。于是织里诸村民以此网利，购书于船，南至钱塘，东抵松江，北达京口，走士大夫之门，出书目袖中，低昂其价，所至每以礼接之，客之末座，号为书客。二十年来，间有奇僻之书，收藏家往往资其搜访……[②]

---

① 端坐轩逸人：《清脾录》卷1《蒹葭堂》。

② 同治《湖州府志》卷33《舆地略·物产下》，“中国地方志集成”浙江府县志辑，上海书店出版社1993年版，第628页。

这虽然描述的是十九世纪湖州书船的情形，但可以肯定的是——早在李德懋入燕的前后，此种情形已经存在。乾隆中叶，两江总督高晋即曾指出：“……遗籍珍藏，固随地俱有，而江浙人文渊薮，其流传较别省更多。……闻从前藏书最富之家，如昆山徐氏之传是楼，常熟钱氏之述古堂，嘉兴项氏之天籁阁、朱氏之曝书亭，杭州赵氏之小山堂，宁波万［范］氏之天一阁，皆其著名者，余亦指不胜屈。并有原藏书目至今尚为人传录者，即其子孙不能保守，而辗转流播，仍为他姓所有。……又闻苏州有一种贾客，惟事收卖旧书，如山塘开铺之金姓者，乃专门旧业，于古书存佚原委颇能谙悉。又湖州向多贾客书船，平时在各处州县兑卖书籍，与藏书家往来最熟，其于某氏旧有某书，曾购某本，问之无不深知。”① 可见，早在乾隆中叶，湖州“贾客书船”即相当有名，与当时的苏州“山塘书贾”齐名，合称为“书船坊贾”。江南的一些藏书家如鲍廷博，即与这批书商过从甚密。乾隆四十一年（1776 年）朱文藻曾指出：“三十年来，近自嘉禾、吴兴，远而大江南北，客有以异书来售武林者，必先过君之门。或远不可致，则邮书求之。”② 朱文藻是鲍廷博的朋友，馆于徽商汪氏振绮堂十余年。他也是杭州士人严诚的挚友，为后者整理《严铁桥全集》并作叙，其间，与朝鲜使者洪大容多有书信来往。另外，嘉庆六年（1801 年）朝鲜燕行使者柳得恭曾问能否得到

① 乾隆三十八年闰三月二十日，《两江总督高晋等奏续得各家书籍并进呈书目折》，见《纂修四库全书档案》上册，上海古籍出版社 1997 年版，第 83 页。

② 《知不足斋丛书序》，见清鲍廷博辑“知不足斋丛书”第 1 册，中华书局 1999 年版，第 7—8 页。

《白田杂著》一书，纪昀回答说已托人向镇江府刷印，[①] 这些都说明，乾隆时代在北京琉璃厂与江南各地，存在着图书流通的网络。倘若我们将中朝各类文献综合考察，便可清晰地把握中国汉籍流播的一个重要走向：

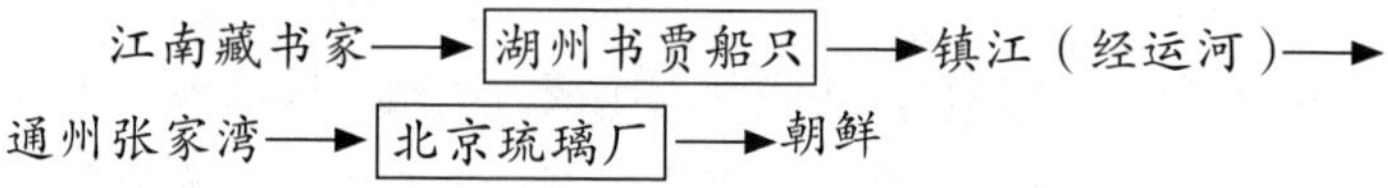

江南藏书家→湖州书贾船只→镇江（经运河）→通州张家湾→北京琉璃厂→朝鲜

值得注意的是，根据李德懋对琉璃厂的描述，我们得知，《知不足斋丛书》当时赫然列于琉璃厂之名盛堂（书肆）。《知不足斋丛书》是乾隆至嘉庆年间徽商鲍廷博父子所刊，全书共分三十集，以八册为一函，以一函为一集，陆续发刊。其中前二十七集为鲍廷博所刻，后三集由他的儿子鲍士恭续刻。丛书共收书二百零八种（含附录十二种）。据今人研究，《知不足斋丛书》的筹措，始于乾隆三十七年（1772 年）之前，但正式编定、付梓的第一批前五集，当在乾隆四十一年（1776 年）。因此，乾隆四十三年（1778 年）李德懋在琉璃厂名盛堂看到的《知不足斋丛书》，应是该丛书的前面几集。嘉庆元年（1796 年），海宁周广业曾指出："鲍氏书纸贵一时，且各集先后踵出，非积年不能全。余既不能买，又艰于借，偶窥一斑而已。癸卯秋荐后，谒邱芷房师，谋所以报知己者。绿饮慨然见赠一部，凡十集，师得之甚喜，余实未尝寓目也。丙午春，馆北平查氏，乃从邱师借阅一过。去秋携懋儿应试武林，闻绿饮寓西湖沈庄，监梓《四库书

① 柳得恭：《燕台再游录》，第 6 页。

目录提要》。走访之，将购全部，遗方伯周眉亭师，以方伯甚爱此书，久欲觅买也。十月印就，托吴君兔床交来，故卷末有兔床经眼图书……”[①]结合《入燕记》的记载，则《知不足斋丛书》不仅在北京琉璃厂书店公开发售，鲍廷博也印刷直销。这样的图书流通史料，有助于我们更好地理解明清时代的社会文化现象及中外文化交流，显然应当引起足够的重视。[②]

除了书籍外，古玩也是受东亚各国青睐的重要收藏品。琉璃厂的古玩书画，与当时中国国内的鉴藏风气及东亚的文化交流均有密切的关系。乾隆时代，中国国内穷烹饪、狎优伶和谈玩古董等新“吴俗三好”的形成[③]，对于东亚各国均有重要的影响。如在朝鲜，南公辙的《赠元孺良（在明）序》称：“今夫古玉、古铜、鼎彝、笔山、砚石，世皆蓄为玩好。”[④]而在日本，从浅野长祚《漱芳阁书画铭心录》[⑤]

① 〔清〕周广业：《四部寓眼录补遗（知不足斋丛书提要）》自序，1936年蟫隐庐印行。该书为哈佛燕京图书馆收藏。

② 笔者在先前的研究中曾指出：明清时代徽州商人的“近雅”或附庸风雅的背后，实际上有着深层的商业动机。从中外文化交流的角度来看，清代扬州等地的徽州商人招养食客，资助文人，校雠书籍，从而在淮、扬、苏、杭一带形成浓郁的文化气氛，应当与这层商业动机息息相关。太平天国以后，江南一带“提倡风雅绝无人”，这与海外贸易及鉴赏风气的嬗变息息相关。因此，研究江南社会文化，应当置诸整个东亚的背景中去考察。参见拙著《徽州社会文化史探微——新发现的16—20世纪民间档案文书研究》第四章之四《佚存日本的苏州徽商资料及相关问题研究》，上海社会科学院出版社2002年版。

③ 〔清〕阮葵生：《茶余客话》卷8《吴俗三好》，第210页。参见拙著《明清徽商与淮扬社会变迁》，“三联·哈佛燕京学术丛书”第3辑，三联书店1996年版，第30页。

④ 《金陵集》卷11《序》，见南公辙《金陵集》第2卷，第194页。

⑤ ［日］浅野长祚：《漱芳阁书画铭心录》，“大东急纪念文库善本丛刊·近世篇”16“美术书集”，汲古书院1979年版。

和《漱芳阁书画记》[1]等书中，我们可以看到日本人对于中国书画古玩的热衷。[2]在这种背景下，古董有着相当广阔的消费市场。“扬州八怪”之一的罗聘等人，就在京师为达官贵人鉴定古董。[3]从《入燕记》的记载来看，在当时的北京，古董有着相当好的市场。“阁老傅桓子福隆安，家资钜万，今为额附。恒既死，隆安能惜福，出卖宝玩，价值银八十万两。朝鲜馆西邻林姓人，富商也，其第宅器什，拟于王公，以银八百两买隆之琉璃屏风，卖于人，得银一千二百两。屏风并八叠，长可一丈，镂降真香，极其工巧，以为匡郭。又买假花四盆，菊、二月桂二盆，则洋磁围以琉璃，冬日见之，鲜鲜如活，花叶茎枝，俱以象牙雕就，染以红绿花瓣，俱作螺丝钉，散合如意，真尤物也。一盆值银二百两，译官赵明会曾见之”。福隆安是傅桓次子，尚乾隆皇帝第四女和嘉公主，授和硕额附，为乾隆皇帝之乘龙快婿。前述的这位林姓富商，“兕角象牙，貂鼠之皮，朝鲜之纸，充牣栋宇，又多玩好，居室奢丽，拟如王公，邀苏州府秀才沈瀛为塾师”。由此可见古玩蓄藏之风在乾隆时代之风行。综合前述其他的朝鲜及日本史料，古玩鉴藏的盛行，除了中国国内的时尚所趋外，显然还应考虑海外巨大消费市场的因素。

---

① 日本抄本，罗振玉题识，见《罗氏雪堂藏书遗珍》(八)，“中国公共图书馆古籍文献珍本汇刊·丛部”，全国图书馆文献缩微复制中心 2001 年版，第 155—185 页。

② 参见拙著《徽州社会文化史探微——新发现的 16—20 世纪民间档案文书研究》第四章之四《佚存日本的苏州徽商资料及相关问题研究》。

③ 柳得恭:《滦阳录》卷 2，第 52 页。罗聘自乾隆三十七年(1772 年)与翁方纲初识起，即长期奔走于翁方纲门下。参见沈津编《翁方纲年谱》，中研院中国文哲研究所 2002 年版。

三、序班、书商与知识交流——朝鲜燕行使者与十八世纪北京的琉璃厂

关于朝鲜燕行使者与北京琉璃厂的关系，以及由此引发的中韩文化交流问题，早在二十世纪前期，学界就已有一些成果涉及。譬如，1936年，日本学者藤塚邻在《李朝に於ける清朝文化の移入と金阮堂》一文[①]中，就利用了不少中国史籍及朝鲜燕行录资料，探讨琉璃厂与中韩学人的交流。特别需要指出的是，作为日鲜清文化交流研究方面的专家，藤塚邻收藏有大批的原始文献，包括手札、字画等[②]，这为他的研究奠定了坚实的基础。该书虽然不以琉璃厂为名，但其涉及的问题，实际上是后来绝大多数相关论文共同的思路。

1962年，韩国成均馆大学大东文化研究院出版有上、下二卷

① 此文为日本东京帝国大学的学位论文，后以该书为雏形，经其子藤塚明直编辑，以《清朝文化の东传——嘉庆、道光学坛と李朝の金阮堂》为题正式出版（国书刊行会1975年版）。此外，藤塚邻另著有《日鲜清の文化交流》，中文馆书店1947年版。

② 藤塚邻的一些收藏，现存美国哈佛大学燕京图书馆。

本的《燕行录选集》，这为琉璃厂与中韩文化交流的研究，提供了极为丰富的史料，在此背景下，相关的研究成果层出迭现。此后，燕行录史料仍在陆续出版。2001 年，韩国东国大学出版社出版了一百卷本的《燕行录全集》；同年，林基中、夫马进所编《燕行录全集日本所藏篇》三册出版[①]。2008 年，林基中主编出版了《燕行录续集》五十册；同年，韩国成均馆大学出版《燕行录选集补遗》全三册。这些，都为相关研究的进一步深入，提供了大量生动、有趣的珍稀史料。由于新资料的大批出现，燕行录涉及的相关问题，显然尚有极大的开拓空间。有鉴于此，本文专门以十八世纪[②]为例，说明此一时期前后的变化。全文共分四个部分：由于朝鲜燕行使团与琉璃厂的关系，与朝鲜馆禁制度的变化密切相关，故第一部分主要研究十八世纪朝鲜馆禁制度的变迁，特别是对序班势力的消长略作钩稽。第二、三部分综合中、韩两国史料，探讨十八世纪朝鲜燕行使者笔下的琉璃厂，并概括分析琉璃厂在中韩文化交流中的作用。最后一部分则是简单的结语。

（一）十八世纪朝鲜馆禁制度的变化

有清一代，朝鲜定期派遣使团前往北京，正使、副使和书状官为其主要使臣，合称为“三使”。除了三使等公务人员外，也有少数具有一定身份的知识人，因其与三使关系特殊而附团前来参观访问。他们到达北京后，住在专门的朝鲜使馆内。1780 年

① 东国大学校韩国文学研究所 2001 年版。

② 本文主要论述十八世纪的琉璃厂，涉及的朝代包括康熙中叶以后、雍正朝、乾隆朝和嘉庆朝。但在引证资料时，也利用了少量能够说明论题时代情况的十九世纪初之史料。

（清乾隆四十五年，朝鲜正祖四年）六月，朴趾源的堂兄锦城尉朴明源被任命为正使，赴清祝贺高宗七十寿诞，四十三岁的朴趾源就以观光客身份随行，他在回国后，撰成了日记体纪行文《热河日记》，其中曾详细述及在北京寓居的朝鲜馆：

> 朝鲜馆使之所，初名玉河馆，在玉河桥上，为鄂罗斯所占。今在正阳门内东城墙下乾鱼胡同，翰林庶吉士院隔墙。年贡使先至在馆，而更有别使，则分处西馆，故此名南馆[①]。

明清两朝由礼部主管外藩朝贡接待给赐之事，根据祁庆富、金成南的研究，明代在今王府井大街东单三条胡同以北一带设会同馆本馆，又建别馆供使臣居住，亦称为会同馆。会同馆别馆因在玉河以南，故称为“玉河馆”。清代前期的玉河馆，专供朝鲜使团使用，亦称“朝鲜馆”或“高丽馆”。康熙末年，因俄罗斯强占了历来朝鲜使臣居住的玉河馆，朝鲜使臣改住南馆（亦称南小馆）。乾隆以后朝鲜燕行使团，多使用南馆，南馆在玉河馆以南不远，后来仍沿用“玉河馆”之名。除此之外，倘若同时有两个使团燕行，乾隆时代还专为朝鲜使团开设了西馆，西馆位于今西单一带[②]。

在清代，朝鲜馆是中韩商业贸易的中心。《钦定大清会典事

---

① 朴趾源：《热河日记》，上海书店出版社 1997 年版，第 341 页。

② 祁庆富、金成南：《清代北京的朝鲜使馆》，载《清史研究》2004 年第 3 期。更早的研究，见日本学者松浦章：《明清时代北京的会同馆》，原载《神田信夫先生古稀纪念论文集：清朝と东アジア》，山川出版社，1992 年 3 月，后修改翻译，载松浦章编著：《明清时代中国与朝鲜的交流——朝鲜使节与漂着船》，乐学书局 2002 年版。

例》卷 510《礼部》朝贡市易条规定："顺治初年定，凡各国贡使来京，颁赏后，在会同馆开市，或三日，或五日，惟朝鲜、琉球不拘期限。"关于这一点，也得到了朝鲜《通文馆志》卷 3《事大》告示的证实。1805 年（嘉庆十年，纯祖五年）入燕的李始源，曾对朝鲜馆的生活多所描摹，其中有关商业贸易方面有如下的记述：

> 馆中拘锁掩重门，镇日无人睡思昏，
> 只有商胡朝昼集，东西卖买任地暄①。

这虽然是十九世纪初的史料，但显然也可作为十八世纪朝鲜馆生活的真实写照。关于朝鲜馆的管理，1712 年（康熙五十一年，肃宗三十八年）入燕的金昌业这样写道：

> 所谓衙门提督一人，大使一人，序班六人，大通官六人，次通官六人，处于中门外，门将二人，率甫十古二人，甲军二十名，守门门将每日相替，甫十古五日相替，通官迭相往来，提督或来或否，甲军亦不尽来。每日未后，通官等锁重门，加封，日出后始来开之。其开其闭，军牢来告于使行。门临闭，甲军入来，呼出买卖胡人，其声甚骇，令人益愁绝……②

① 李始源：《赴燕诗·燕中记实》，载《燕行录全集》卷 68，第 419—420 页。据《同文汇考补编》卷 7《使行录》，李始源于 1805 年（清嘉庆十年，朝鲜纯祖五年）10 月以副使吏曹判书的身份入燕。（第 1050 页）

② 金昌业：《稼斋燕行录》，载《燕行录全集》卷 32，第 563 页。

这里提到朝鲜馆的管理，涉及所设的官员、胥吏以及守军，门禁的启闭时间，并稍微谈到进入朝鲜馆的中国商人。“未后”即十三时至十五时以后，可见，每天下午的一点到三点以后，朝鲜馆便要关闭，一直到次日早上才再开门。因此，朝鲜馆的下午和晚上，基本上都是“拘锁掩重门”，处于“镇日无人”的状态，管理极为严密，故而在有的朝鲜人之心目中，“玉河馆，便像一个活地狱”①。

1765年（乾隆三十年）入燕的洪大容撰有《湛轩燕记》，其中有长篇的《衙门诸官》：

> 序班者，胥吏也，使行入京，礼部调序班十人，更番值宿于衙门，以备诸官役使，皆从外省选上，俸食清贫。数十年以来，凡燕货之稍雅者，缘令胥班主其贸易，而食其剩余，如书籍、画、笔墨、香茶之属，他商侩不敢与焉，以此物价逐年增高，东人苦其刁踊，若有潜买，詈辱备至。余往琉璃厂及隆福市，序班恐余潜买书籍，必跟随伺察。或谕解之，终不听，是以恶余游观，常欲沮尼之。傅哥，山西人，……傅言序班事役烦而俸禄薄，但积仕十年，得一知县差，为救贫之道云。
>
> 甲军十人，更番守门，皆带剑持鞭，设簟屋于门外以为寝处，衙门申严门禁，则设凳列坐以守之，日暮则入馆中，

① 未详《燕行录》，载《燕行录全集》卷70，第74页。该书提及“乙巳正月初九日发沈阳”，（第24页）“乙巳”应为1785年（乾隆五十年，正祖九年）。

搜逐诸商，挥鞭喧聒，出尽而后闭门。使行出而游观，则执鞭前驱……

提督满州［洲］人，会同馆长官也，衙门称大人，出入前导呼唱，每五日一到衙门，授一行馔料，必亲莅之[①]。

……

较之上述那段记载，此处的文字更为详尽。特别是对围绕着朝鲜馆内中韩双方的贸易，以及序班的身份等，都有更为细致的记载。此后，1777—1778 年（乾隆四十二年、四十三年，正祖元年、二年）入燕的李押之《燕行记事》，基本上照抄了这部分的文字：

提督满州［洲］人，会同馆长官也，衙门称大人，出入前导呼唱，每五日一到衙门，授一行馔料，必亲莅之。

序班者，胥吏也，使行入京，礼部调序班十人，更番值宿于衙门，以备诸官役使，皆从外省选上，俸食清贫。数十年以来，凡燕货之稍雅者，缘令序班主其贸易，而食其剩余，如书籍、画、笔墨、香茶之属，他商侩不敢与焉，以此物价逐年增高，东人苦其刁踊，若有潜买，詈辱备至。马头辈或往琉璃厂及隆福市，恐潜买书籍，必跟随伺察矣。

又定甲军十人，（递）直守门，皆带剑持鞭，设簟屋于门外以为寝处，衙门申严门禁，则设凳列坐以守之，日暮则

① 洪大容：《湛轩书》卷 7 外集《燕记》，《湛轩先生文集》第 3 册，“韩国历代文集丛书”第 2604 册，景仁文化社 1999 年版，第 132—133 页。

入馆中，搜逐诸商，挥鞭喧聒，出尽而后闭门，使行出而游观，则执鞭前驱……[①]。

对比上述两段文字，可以看出基本上是相同的内容，只是顺序有所不同。文字方面唯一一处不同的是，洪大容说的是“余往琉璃厂及隆福市”，而后者则是“马头辈或往琉璃厂及隆福市”。

1793 年（乾隆五十八年，正祖十七年）入燕的李在学，在其《燕行日记》中指出：

提督即会同馆之长官也，衙门出入，前导呼唱，每五日一至于馆衙，授一行馔料。序班者，胥吏之属也，使行入京，礼部调序班十人，更日值宿于衙门，以备诸官行役，而馆中买卖物货，如书册、笔墨、香茶之属，必序班主之。而近来书册有禁，笔墨亦不多买，故序班失其利云。锦缎纱罗之属，本出于江、浙、四川之间，而来商于琉璃厂，我国商译使彼人居间卖买，而品样比前渐劣，我国银路甚竭，卖买不多，故其价随而踊登，此是近年使行之大弊，而无可救之策。……至如古物器玩之类，其价尤高：一书帖一画簇之价，或为屡十两银；十枝劣笔，多至四五两；一个佩香，亦至于一二两。渠辈之自相买卖时，呼价若高则辄曰：我非高丽人，尔何呼价如此云！彼人之愚弄我人，如此可痛也！[②]

① 李坤：《燕行记事》，《燕行录全集》卷 53，第 143 页。
② 李在学：《燕行日记》，载《燕行录全集》卷 58，第 185—186 页。

上述记载，也基本上照抄了《湛轩燕记》中的文字，但稍有补充（即以上划线部分）。另外，《湛轩燕记》还有长篇的“铺商”条，其中提及：

……馆夫者，一行入馆，诸译各有主顾，号曰馆夫，凡日用粮馔、柴烛之属，并取办于馆夫。及治归，计直而厚偿之，买卖货物，亦偏付馆夫，是以诸商之谋定馆夫，如图好爵。……正月初，衙门禁诸商不得入馆。十六日，提督挂榜告示，始拦入。诸译亦不胜其苦。至十数岁儿持小小器物，遍行馆中，呼卖甚苦，可想其尚利成习也。有王姓年老者，闻是徐宗孟之妾之叔，每持各种杂物藏于怀，引人到隐处，夸示其妙，人皆笑之而不恤也。每日如是，可想其略有见售也[①]。

对此，李垾的《燕行记事》[②]和李在学的《燕行日记》[③]，也基本上照抄了这部分的文字，只是将文字顺序颠倒一下。

综上所述，前揭的记载提及与朝鲜馆有关的中国方面之各色人等主要有：提督（满洲人，会同馆长官）、序班、馆夫[④]、甲军和商人。在以上的各色人等中，序班与早期的图书交易关系最为

① 洪大容：《湛轩书》卷 7 外集《燕记》，《湛轩先生文集》第 3 册，第 155—158 页。

② 李垾：《燕行记事》，载《燕行录全集》卷 53，第 143—146 页。

③ 李在学：《燕行日记》，载《燕行录全集》卷 59，第 146—147 页。

④ 关于馆夫，未详《燕行录》中有：“馆内有馆夫六七辈，粪扫担水，搬柴剉草。”（《燕行录全集》卷 70，第 72 页）此书作者自称：“余以一书生随使价游燕”。（页 73）所述内容当为乾隆四十九年至五十年（1784—1785 年）的情况。

密切。

序班来自礼部，在会同馆中有固定的办公地点。例如，南馆的“馆东别有厅室，所谓大师胥班在焉，是馆中官员也”①。此处的“胥班”亦即序班，也有写作胥伴。根据《康熙会典》的记载，1645年（顺治二年，仁祖二十三年），设通事序班及通事官生，共三十名。九年，设通事序班共十六员。十五年题准，会同馆带俸序班，共存十三员，准其全留。凡外国进贡来京，专任引朝、赐宴、伴送出境等事②。据载，鸿胪寺序班为从九品③。关于序班，李在学有《馆中杂咏》：

> 馆中货侩序班曹，伎俩仙来利折毫，
> 相对东人愚弄甚，镴铃燔佩价犹高。④

在李在学眼中，朝鲜馆中的序班都是一些唯利是图的市侩，他们垄断贸易，哄抬货价，愚弄朝鲜人。

至于序班的来历，《燕行录》中亦有诸多记载。1727年（雍正五年，英祖三年）从谢恩兼冬至副使李世瑾入燕的姜浩博曾指出：“序班如我国书吏，以江南人立番于北京者云。”⑤换言之，

① 1828年（道光八年，纯祖二十八年）佚名访华者所撰《赴燕日记》，《燕行录全集》卷85，第52页。

② 《康熙会典》卷73“礼部”三十四，《大清五朝会典》，第992页。

③ 〔清〕李虹若：《朝市丛载》，北京古籍出版社1995年版，第6页。

④ 李在学：《癸丑燕行诗》，载《燕行录全集》卷57，第504页。

⑤ 姜浩博：《桑蓬录》，载《燕行录选集补遗》上册，韩国成均馆大学大东文化研究院2008年版，第624页。

序班都是江南人。有的《燕行录》更具体指出，序班为“金陵”一带的人：

> 尝闻金陵序班之言，其家在涌金门外，十里荷花，三秋桂子，依旧烂漫。湖水虽称十里，中有岛屿，故合内外池，其实则广七里，长十二里许，而游舫彩鹢，簇立坌集。每八月十四、五、六日，浙江潮至之时，则波高殆过数层。楼阁寒山寺，今已颓坏，姑苏城尚存，而岳阳楼几尽倾圮，不堪登临，居人为之改葺。金陵亦甚荒芜，湖上有王姓富商，捐十余万金修治。今则景物绝胜，距四明、天台不过四五百里，士子则不就公车，率子弟读书讲道者亦多云①。

此段记载透露出的信息比较混乱，实际上夹杂着燕行使者的诸多误解。涌金门在杭州，其中提及的浙江潮亦与杭州有关。此外，文中提及的中国南方名胜尚有苏州的寒山寺、湖南的岳阳楼，最后才略微提及金陵。事实上，那位“金陵序班”应当是浙江人。因为金陵所在之地在清代前期为江南省，“江南省”很容易与江南的意象相联系，也可理解为更大地域范围的南方。这一方面可能是燕行使者对地理概念的误解，另一方面也不排除那位序班的自抬身份——他故意将故乡说得花好月圆，将南方的所有名胜都移往金陵一地。事实上，这位“金陵序班”不仅不住在南京，甚至可能亦不住在涌金门，而是来自绍兴一带的胥吏，只是

---

① 李在学：《燕行记事》，载《燕行录全集》卷59，第220页。

为了夸耀乡邦，自称来自浙江省会杭州城。

从明代以来，绍兴人就大批迁往北直隶一带，他们定居于大兴和宛平二县，往往在六部充当胥吏[①]。因此，朝鲜馆中的序班，有不少应当就是来自绍兴。康熙年间入燕的金昌业就曾记载：

> 序班中有潘德舆者，为人伶俐，文笔足以通情，因其入来，邀坐，先问闲说，应对敏捷。
>
> 余问：贵乡何处？姓名云何？年几何？
>
> 德舆对曰：家在浙江省绍兴府山阴县，姓潘名德舆，年二十七。
>
> 问：来到北京几年？
>
> 答曰：四十七年戊子来矣……
>
> 问：序班何职？
>
> 答：是提督府书吏，而久勤则以劳为知县矣。

上述的这位序班潘德舆，就来自绍兴。直到十九世纪初，李始源还有："每日窗前唱诺声，殷勤王吏款新情，山阴右族沦商叶，自叹孱孙添祖名。"[②]山阴，也就是绍兴之别称。在清代，北

① 《古今图书集成·字学典》(中华书局民国复印件）第59卷《书画部纪事》二引万历《绍兴府志》："杨节字居俭，余姚人，弘治末，以善书直内殿为序班，画菊有草书法。"同书第120卷《书家部法书名家列传》有："何洪，上虞人，官鸿胪寺序班。"关于绍兴人在北直隶的活动，参见［美］何炳棣著：《科举和社会流动的地域差异》，王振忠译，陈绛校，载《历史地理》第11辑，1993年版。

② 李始源：《赴燕诗》，载《燕行录全集》卷68，第410页。

京的绍兴人极为活跃。“部办班分未入流，绍兴善为一身谋。得钱卖缺居奇货，门下还将贴写收。”[①] 这首竹枝词中提到的，应当就是一些候补官员。

在上揭对话之后，金昌业接着记载说：

> 盖北京解文字者稀少，以南方之人为序班，而定送玉河馆者凡六人，此皆南方人也。颜貌本不庞厚，虽有料亦凉薄，万里羁旅，生理艰难，贫窘之色，见于面目。使行时书册卖买，此属担当，以此有若干见利之事。且我国欲知此中阴事，则因序班求知，故此属太半为伪文书，而赚译辈，虽无一事之时亦有事，事虽轻者言之若重，此属之言从来少可信[②]。

此处提及朝鲜馆序班的定制，序班的来源、文化水准[③] 及其经济状况，又提到序班帮助朝鲜使团购买书籍和向朝鲜人提供小道消息[④]。这说明——在康熙时代，书籍的采购和情报之收集，

---

① 〔清〕佚名：《燕台口号一百首》，雷梦水等编：《中华竹枝词》第1册，北京古籍出版社1997年版，第126页。

② 《稼斋燕行录》，载《燕行录全集》卷32，第28—29页、第33页。

③ 序班具有一定的文化修养，由金昌祚编订、1765年（乾隆三十年，英祖四十一年）刊行的《朴通事新释谚解》卷3中，就提到一个“陆序班”为人写状子。（汪维辉编：《朝鲜时代汉语教科书丛刊》，中华书局2005年版，第1册，第396页）《朴通事新释谚解》是根据《朴通事谚解》修订而成，“陆序班”在后书中原作“陆书吏”。（同上，第312页）

④ 对此，乾隆时代的朴趾源《热河日记》别单中亦记载：“北京卑流解字者甚鲜。所谓笔帖式序班，多是南方窭人子，颜貌憔悴尖削，无一庞厚者。虽有廪食，极为凉薄，生理萧条，艰难贫窘之色达于面目。使行时，书册笔墨卖买，皆序班辈主张，居间驵侩，以食剩利。且译辈欲得此中秘事，（转下页）

主要便来自这些序班。

1720 年（康熙五十九年，肃宗四十六年），李宜显入燕，他指出："序班即提督府书吏，而久则间有升为知县者。我国人欲知燕中事情，则因序班而求知，辄作伪文书，受重价而赚译辈。其家多是南方，而书册皆自南至，此属担当买卖，如我国所谓侩人，而译官居其间，使臣欲购册子，必使译辈求诸序班，彼此互有所利，故交结甚深。"① 这里所说的，与前述金昌业的记载大同小异，只是对书籍来源的交代更为具体——由于序班都来自南方，而图书出版业的中心亦在南方，故而序班垄断了书籍的采买。《庚子燕行杂识》中，列有当年在北京所买到的书籍字画：

所购册子：《册府元龟》三百零一卷，《续文献通考》

（接上页）则因序班求知，故此辈大为谎说，其言务为新奇，皆怪怪罔测，以赚译辈剩银，时政则隐没善绩，妆撰秕政，天灾时变，人妖物怪，集历代所无之事；至于荒徼侵叛，百姓愁怨，极一时骚扰之状。有若危亡之祸，迫在朝夕，张皇列录，以授译辈。译辈以呈使臣，则书状拣择去就，作为闻见事件，别单书启，其不诚若此。告君之辞，何等谨严，而岂可浪费银货，买得虚荒孟浪之说，以为反命之资耶？使价频繁，百年如此，所可虑者，此等文书不幸阙失，遗落彼中，其为患害，当复如何？"（《热河日记》，第 289 页）《热河日记》上揭的记载，亦抄自金昌业的文字，只是稍加修改而已。

① 李宜显：《庚子燕行杂识》，载《燕行录全集》卷 35，第 476 页。关于从序班处搜集情报，李宜显《壬子燕行杂识》中有："译辈来言，闻序班言，西贼大猖獗，清兵数万尽没，急报入来，内阁忧遑，未及征发外兵选送，京军方逐日点阅操练云。而首译金是瑜传常明言，以为西师连捷，少无所虑云，似是讳秘而然。"（《燕行录全集》卷 35，第 506 页）1781 年（乾隆四十六年，正祖五年）入燕的余拓基《知守斋燕行录》："闻衙门胥班辈多言皇帝年已老，天下至重，而尚不肯立储，朝鲜则新王年少，宜待嗣续，而请建储副，实是罕有之贤德，赞叹不已云。"（《燕行录全集》卷 38，第 103 页）

一百卷，《图书编》七十八卷，《荆川稗编》六十卷，《三才图会》八十卷，《通鉴直解》二十四卷，《名山藏》四十卷，《楚辞》八卷，《汉魏六朝百名家集》六十卷，《全唐诗》一百二十卷，《唐诗正声》六卷，《唐诗直解》十卷，《唐诗选》六卷，《说唐诗》十卷，《钱注杜诗》六卷，《瀛奎律髓》十卷，《宋诗钞》三十二卷，《元诗选》三十六卷，《明诗综》三十二卷，《古文觉斯》八卷，《司马温公集》二十四卷，《周濂溪集》六卷，《欧阳公集》十五卷，《东坡诗集》十卷，《秦淮海集》六卷，《杨龟山集》九卷，《朱韦斋集》六卷，《张南轩集》二十卷，《陆放翁集》六十卷，《杨铁厓集》四卷，《何大复集》八卷，《王弇州集》三十卷、《续集》三十六卷，《徐文长集》八卷，《抱经斋集》六卷，《西湖志》二卷，《盛京志》六卷，《通州志》八卷，《黄山志》七卷，《山海经》四卷，《四书人物考》十五卷，《黄眉故事》十卷，《白眉故事》六卷，《列朝诗集小传》十卷，《万宝全书》八卷，《福寿全书》十卷，《发微通书》十卷，《壮［状］元策》十卷，《汇草辨疑》一卷，《制锦编》二卷，《艳异编》十二卷，《国色天香》十卷。（此中杂书数种，系序班辈私献）

书画：米元章书一帖，颜鲁公书家庙碑一件，徐浩书三藏和尚碑一件，赵孟頫书张真人碑一件，董其昌书一件，神宗御画一簇，西洋国画一簇，织文画一张，菘菜画一张，北极寺庭碑六件。（此则拓取）①

① 李宜显：《庚子燕行杂识》，载《燕行录全集》卷35，第476—478页。

上列的书籍中，有不少都与历史、地志有关。其中注明为“序班辈私献”的“杂书数种”，显然是指由序班偷偷卖给朝鲜使团成员的书籍。另外，上述的“神宗御画一簇”之来历，在文中另有一段说明：“译辈因相亲胡人，借来一簇二幅绡，长可四尺许，画垂杨一株，枝之东西，坐小鸟一双，下有莺一双，又其下，画巨胜花十余朵及杂花四五朵，其东画莲花二朵，一开一吐，下画两水鸟泛于洲渚上，其他菱芡杂草罗生于沙边，画法甚有生色，绡头以八分书‘万历’二字，傍［旁］安御宝，其文曰‘御笔之宝’。商胡辈模写古书画称以真迹者往往有之，而此则得之于无意之中，绡色微黄黑，且有小小缺处，御宝亦年久色漫，似非赝作。”① 此画来自译辈所亲“胡人”，可能也是通过序班的关系。根据前文所引李宜显的记载中，有“使臣欲购册子，必使译辈求诸序班，彼此互有所利，故交结甚深”的说法，因此，译辈实际上是居间的角色：

朝鲜使团 → 译辈 → 序班 → “胡人”（清代书商）

上揭图示可见，朝鲜使团必须通过译辈、序班，才可采买到书籍，由于有相当的限制，故而颇多掣肘。《稼斋燕行录》就记载：

（癸巳正月）初四日壬午，……会往书状所，柳凤山持

① 李宜显：《庚子燕行杂识》，载《燕行录全集》卷 35，第 393—394 页。

来两种兵书，一名《武备志略》，为五六卷，一名《武备志》，为七十篇，兵家之言，无所不载。自昨朝书册连入，而每书各送头一卷看品，不买之前，不入全帙，入后不得不买，是以所欲见者，不得随意得览，可郁！在前甲军见书则禁，故卷卷潜怀而来，全帙若来，夜从墙上入送，而今番则书册肆然持来，可怪云！夕时，译官崔台相八十余种书，其中有《本草纲目》，余皆还[①]。

这里提及书商每次只允许送头一本进来，不买之前，不会将全本送入，如果全本送进来了，那必定要买。全本往往要晚上从墙上偷偷地送进来。不过，朝鲜馆中的甲军，只要见到卖书的就禁止，所以通常情况下，书籍买卖必须偷偷放在胸口，藏着掖着，悄悄带入。当然也有例外，可能是打通关节，有的也公然带进朝鲜馆内。

及至雍正时期，朝鲜馆的馆禁制度仍然相当严密。1732年（雍正十年，英祖八年），李宜显《纪行述怀次三渊韵》之四十八《留馆》诗，有："牢关锁扃隔青天，深室防寒围白毡，时对胡儿似狗猪，遇送盘果觉臊膻，郁悒心绪何所遣，拈毫题得短长篇。"[②]这虽然夹杂着朝鲜人浓厚的华夷心结，但"牢关锁扃"的确也是当日情态的真实写照。当时，使团仍然是通过序班购买中国的图书。对此，姜浩博的《桑蓬录》就指出：

① 《稼斋燕行录》，载《燕行录全集》卷33，第35页。

② 李宜显：《壬子燕行诗》，载《燕行录全集》卷35，第328—329页。

……尝闻《皇明史》有刊行之本云，故使译官购得矣，今日始得初卷来。盖我国人求书册，则序班辈求得以入，而每书先纳初卷，必定价决买，而后始持全帙来，为其预纳全帙，则或有尽览后还给之事，故不肯尽纳也[①]。

姜浩博于1727年（雍正五年，英祖三年）入燕，根据他的描述，当时的图书采购方式与康熙年间《稼斋燕行录》的记载并无二致。当然，朝鲜使者并不满足于此种现状，总是想方设法寻求突破。当时，姜浩博就希望绕过序班，直接与书商打交通。原来，姜浩博燕行途经丰润县时，曾见一人持《天下名山记》五匣来卖，因索价甚昂，讨价还价不成，故无从购买。在他想来，此书“集中国古今人游山记，分十二省，以地类聚者也。中原山川之可以游玩处，无一漏于是书者，东方人得是书，则天下名山可以卧游矣”，正是因为这种特点，故而该书令他念念不忘。到了北京以后，他就恳请译官购求二书，但后者并未能找到。不过，使团中的马头辈寿万，得知姜氏酷嗜书册，又见他求此二书而未得，便向姜浩博献计曰：

燕法惟序班卖书于我使行，他胡则不敢持书册入馆，序班皆以江南人上来入番，故为其自远方来，使之卖书册而售其赢者也，不得以他路求，故路窄，求之而未得者多矣。

① 姜浩博：《桑蓬录》，载《燕行录选集补遗》上册，第625页。

寿万指出：根据中国的制度，只能允许序班向朝鲜使团供应图书，其他人不得从事此项生意，由于这种垄断，所以书籍的来源有限。他建议姜氏不妨独辟蹊径，直接与北京当地人打交道。寿万向姜浩博推荐了一位北京土著，叫王传章，说他是自己的朋友，神通广大，没有买不到的书，如果偷偷求助于此人，一定能找到该两部书。姜浩博将信将疑，试着将两册书名给了寿万。数日之后，“寿万来告曰：王传章来，谓所求二书姑未及得，而适得他书好者，汝老爷必喜之，故持来云矣。”姜浩博见到王传章，看到他所带来的《八大家》《朱书类聚》，的确是珍稀的善本，遂买下。不料，序班富哥、范哥两人得知此事，捉住王传章痛殴一通，并对姜氏与王传章的交易非常愤怒。他们跑到姜浩博面前质问，并出言不逊，结果被后者呼军牢推出。两位序班更是怒火中烧，遂向朝鲜使臣告状，其状曰：

> 会同馆序班等齐诉于二老爷座：俺等于衙门所任，清闲倍于人，即贵国使入，亦时掌纸幅之出纳，徒为辛苦，无一所出，只任书册买卖，而赢食无多。今姜进士贪小利，求什物于吾辈，不能成其欲，今交通小卖买人王传章，私买书册，欲分其价。何贵国进士贪财图利，不顾体面，有如此哉？若提督老爷知如此，则其罪将安归？谨告二老爷，详审施行云云。

状文对序班从事书册买卖的常态，作了较为细致的说明。此次呈状，仍被使臣吩咐译官呼军牢驱出。胥伴（序班）愈加愤怒，又欲向提督告状[①]，不过，《桑蓬录》并未记载提督的反应以及后续的处理。可能是因为序班辈从事的书籍买卖，本身也是违法的生意（《稼斋燕行录》说朝鲜馆中的“甲军见书则禁”），故而投鼠忌器，并不敢真的向提督告状。不过，对此姜浩博亦颇为愧疚，他自己也认为，毕竟绕过序班购买图书，是违反当时的惯例。

由于序班的垄断，朝鲜使团所获得的图书不仅价格高，而且质量极差。1740 年（乾隆五年，英祖十六年）洪昌汉《燕行日记》载：“序班辈持示书册，而价粉纸所印一卷，至数三钱，太史连纸所印不下八九分，比前太高云矣。册多刓漶落场处，故未免手自校雠，顿觉疲神。”[②]可见，这种情况及至乾隆时代仍未改观。

1765 年（乾隆三十年，英祖四十一年）入燕的洪大容之《湛轩燕记》，有长篇的《衙门诸官》，其中提及序班垄断书籍、字画、笔墨、香茶等商品的贸易，以致物价逐年增高，朝鲜人因苦于涨价，如果有私下交易被发现，常常是“詈辱备至”。洪氏前往琉璃厂及隆福市，序班就怕他偷买书籍，一定要跟随伺察。为此，双方常常闹别扭，所以序班不喜欢他外出游观，总是想方设法阻止[③]。洪大容在“衙门诸官”条前，详细谈及朝鲜馆的门禁，以及他突破门禁的办法。他说：贡使入燕，自明朝时就有门禁，不得擅出游观，要想外出，使臣必须呈文申请，有的

---

① 《燕行录选集补遗》上册，第 635—636 页。

② 洪昌汉：《燕行日记》，载《燕行录全集》卷 39，第 141 页。

③ 洪大容：《湛轩书》外集《燕记》，《湛轩先生文集》第 3 册，第 132—133 页。

会得到批准，但终不能随意而为。满人入主中原以后，“弭兵属耳，恫疑未已，禁之益严”。及至康熙末年，天下已安，“谓东方不足忧，禁防少解”。不过，燕行使者外出游观，仍然要藉汲水这样的机会，而不敢公然出入。大约自乾隆初年以来，因升平已久，法令渐疏，“出入者几无间也”。但贡使子弟从者往往耽于游观，随便出入禁地，衙门诸官虑其生事，“持其法而操纵之”。那些子弟倚仗父兄的权势，呵叱诸译官，以开出入之路。译官内逼子弟之怒，外惧衙门之威，不得已以公用银货贿赂衙门。所以译官对这批贡使子弟极为头疼，总想将外出游观控制在一定的范围内。洪大容显然读过此前的不少燕行录，而且对于北京的朝鲜馆禁以及相关的利弊了然于胸。他认为，与其让译官辈操纵，不如直接与衙门打交道，而与衙门打交道，就必须有币物得其欢心。因此，他准备了二百余两的银子，作为雇车及游观杂费。入馆后，以四十余两买纸、扇等各种礼品于东商。此后，他通过贿赂大使、通官等人，取得自由出入的机会。由于此前的使行子弟，都非常鄙视衙门诸官，根本不愿意直接与他们打交道。洪大容的做法，显然让衙门中的不少人受宠若惊。其间，门禁虽然有所反复，但总体上是得以自由出入。对此，洪大容总结道：“古云钱可通鬼神，非虚语也！自是出入惟意也。”①

一般说来，后来的燕行使者总是熟读先前的燕行录，利用早先的人脉关系，沿袭前人的做法。洪大容的做法，应当也为后人所沿用，尽管我们并没有更为具体的记载。

① 洪大容：《湛轩书》外集《燕记》，《湛轩先生文集》第3册，第122页。

1778年（乾隆四十三年，正祖二年）五月十五日，李德懋抵达北京。十六日，他们在馆中翻阅译官送来的《缙绅全书》。十七日，“译官金在协将传抚宁县徐绍芬书于其弟绍薪，时绍薪寓琉璃厂北佛庵，余与在先随往，……归路历观琉璃厂市，书籍、画帧、鼎彝、古玉、锦缎之属应接不暇，颈为之披，四通五达，人肩触磨【摩】”①。此后，他又多次前往琉璃厂。这里，都没有提到提督的管辖以及序班的刁难等，可见，他们此时已可自由出入。

1786年（乾隆五十一年，正祖十年），沈乐洙于七月十八日抵达北京，除十九日公事外，二十日至二十五日均留馆，二十五日，“为消日，求新刊书籍，得《归愚集》”②。可见，当时得到新书似乎并不困难。

稍后，开始有书商直接来到朝鲜馆兜售书籍。如1791年（乾隆五十六年，正祖十五年）入燕的金士龙就指出：

> （十二月二十五日）是夕有书贾抱许多诗史而来，欲售其书，皆愿见而未得者。况儒者之得书，如壮士之得好剑，豪士之得佳人，而自顾行囊，所存者秃笔二枝，败墨一丁，白纸册一卷而已，遂谢送其人。床头黄金尽，人间第一杀风景，非徒金尽，且有邦禁，奈何？③

---

① 李德懋：《入燕记》，载《燕行录全集》卷57，第276—277页。

② 沈乐洙：《燕行日乘》二种，载《燕行录全集》卷57，第129页。

③ 金士龙：《燕行日记》，载《燕行录全集》卷74，第420页。

1793年（乾隆五十八年，正祖十七年）入燕的李在学，比较了琉球使臣与朝鲜人之不同待遇，指出："我人则任意出入，周游阙中，无异清人。"① 虽然当时仍有"史书、兵器、焰硝、牛角等项一应违禁之物，不得入馆售买，例禁甚严"的规定②，但朝鲜人对书籍的购买，应已没有什么障碍了。

到嘉庆年间，序班的势力已大为削弱。根据李基宪的《燕行日记》记载，1801年（嘉庆六年，纯祖元年），朝鲜使者一行到达北京不久，十二月二十五日，"首译来示琉璃厂册帐［账］，其中多未闻名者矣"③。二十七日，"首译来纳《大清缙绅案》"④。这些，都没有通过序班。初七日，"纪尚书送《朱子语类》一帙于副使，使传徐台滢修，盖徐台年前奉命来此购朱书正本，而多未得者，此其一也云"⑤。虽然翌年一月十九日李基宪还感叹："盖大小恬嬉，胥班用事，尤甚于向时云。"⑥ 但这主要不是指序班垄断书籍等商品的买卖，而是指他们对于朝廷赏赐等事的操纵。二十四日条还提及，"去腊晦日胥班陈淇者来言于译官辈曰：今番赏赐之为一分与四分，在吾手中，须给我银千两云云。译辈责之曰：自戊午至庚申，即皇朝服制未阕之前，只受一分年贡，故只有一分赏赐。今则既纳四分之贡，而只颁一分之赏，此岂事理乎？彼乃抱惭而退。昨日闻有公文迹，乃以一分赏磨炼云，此果

① 李在学：《燕行纪事》，载《燕行录全集》卷58，第438页。
② 同上书，第446页。
③ 李基宪：《燕行日记》，载《燕行录全集》卷65，第154—155页。
④ 同上书，第156页。
⑤ 同上书，第186页。
⑥ 同上书，第216页。

胥班辈操纵也”。为此，首译以下不得已呈文礼部，指出胥班的索赂操纵。但礼部郎官见此呈文，颇有回护胥班之意。副译金在和又往见尚书纪昀，言及此事，到二十五日，“闻昨日纪尚书果赴衙查正，更以四分赏磨炼，而陈淇者除名逐出云”[①]。由此一例可见，胥班的势力已大为削弱。

不过，成祐曾著《茗山燕诗录》又载：

> 琉璃厂书肆，巨秩亦少，盖难于买卖故也。二十三代史曾有二秩，一则再昨年行中买来，一则昨年使行欲买之，为序班所沮，至今未售。义州倅吕公东植，今年买之云。[②]

成祐曾的生活年代在1783—1864年间，因此，上述的这段记载，反映的是1818年（嘉庆二十三年，纯祖十八年）的情形，当时，“青史年年载使车，琉璃厂里觉空虚，洛阳才子江南士，已学边儿不读书”[③]。不过，序班仍然在设法阻止朝鲜使者从琉璃厂购买书册，当然，其势力应已是强弩之末。从总体上看，在乾隆后期以后，朝鲜使团已可从琉璃厂自由购买图书。未详《燕行录》提及：

> 馆有提督，掌馆内诸务，且严门禁，以防内外相通。先时我人欲出街上，多费扇、药，权作面皮，然后始许出门，彼人之有职名者尤难阑入。数年来，防稍弛，乘车骑马，任

---

① 李基宪：《燕行日记》，载《燕行录全集》卷65，第232页。

②③ 成祐曾著：《茗山燕诗录》，载《燕行录全集》卷69，第257—258页。

纵所如，不复听睬[①]。

徐有闻《戊午燕行录》：

（戊午十二月）二十一日留馆，使臣专尚事礼，公事外不得行漫游玩，如三日内新妇，无异楚囚，但随其闻见而略录[②]。

“戊午”即1798年（嘉庆三年），可见，及至嘉庆初期，中国人对朝鲜馆禁已大为放松，倒是朝鲜贡使对使团成员的约束有时较严。

朝鲜馆禁之所以松弛，有两个方面的因素：一方面是洪大容等人的公关活动，通过贿赂朝鲜馆的官吏，得以自由出入；另一方面则是燕行使者与中国官员的密切交往，也在一定程度上冲击了此类的馆禁。1790年（乾隆五十五年，正祖十四年），朝鲜国王遣使至北京恭贺乾隆八旬大寿。此行的副使徐浩修著有《燕行纪》，据该年七月三十日戊申条曰：

余下马坐路傍，适与礼部汉尚书纪匀［昀］、满尚书常青、内阁学士沈初对席。余进前请安，皆起答云：毋庸过礼。纪尚书直隶献县人，号晓岚，以博雅有盛名，编纂《四库全书》。

余问曰：闻公奉敕校正《明史》、《大清一统志》云，已

① 未详：《燕行录》，载《燕行录全集》卷70，第72页。
② 徐有闻：《戊午燕行录》，载《燕行录全集》卷62，第280页。

完工否？

纪曰：《明史》中地名、人名之差舛，事实之疏漏，皆已订补付剞。《一统志》则秩巨而讹谬尤多，必欲彻底校正，故尚未就绪尔。

余曰：且以俺等今行所经地方言之：合懒甸以《金史》、《丽史》参互，明是小邦咸镜南道界，而《一统志》以九连城傅会；古北口潮河川营，以亭林所记证今之道里，潮河营实在口外，而《一统志》计程反在口内，恐非细失。

纪曰：如此等误，难以枚举。盖山经、地志多属传闻，及其足蹑目，必不免相左尔。

余曰：新校《明史》，可得见乎？

纪曰：虽易付剞，姑未有颁行敕旨，待颁行，当以一部奉呈也。贵国郑麟趾《高丽史》极有体段，仆藏庋一部矣。

余曰：然则《高丽史》已翻刻于坊间乎？

纪曰：贵国板本也，贵国徐敬德《花潭集》编入《四库全书》别集类，外国诗文集之编诸四库，千载一人而已。

余曰：所欲奉质者，非猝乍可尽，当于入京后送入门屏请教，禁例所拘，无以躬进，可恨！

纪曰：敝庐在于正阳门外琉璃厂后会同馆衖衕矣①。

上述的记载，反映了朝鲜燕行使者与中国一流的文人官僚之交往。其中谈及中韩两国的各种图书，纪昀明确表示，新校《明

① 徐浩修：《燕行纪》，载《燕行录全集》卷51，第119—121页。

史》出版后，当奉送给朝鲜使者。由于明史是极为敏感的史书，这样的书籍都表示可以奉赠，可见当时对于书籍的限制已不太严格。事实上，徐浩修此行购买了不少书籍：

（八月二十八日）留南馆，购《十三经注疏》、《周易折中》、《诗书汇纂》。

（二十九日）留南馆，购《大清会典》、《盛京通志》①。

（九月三日）晴，留南馆，余闻武英殿新刊《皇清开国方略》丙子、丁丑间事实详备云，甚欲购得，而秘讳严密，无可奈何。朴齐家适往琉璃厂书肆，见不妆一秩在册工处，誊来数行，即三学士取义之迹也②。

上述的《大清会典》《盛京通志》等，应当都是中方规定禁止输出的书籍。而《皇清开国方略》则更是禁书。徐浩修此行的副使从官柳得恭，作有《热河纪行诗注》。他与纪晓岚也有密切的交往，二人曾谈及一些图书的编纂情形：

余问：辽、金、元、明史及一统志俱重修云，已完否？

尚书曰：俱系奉敕重修，甫毕，辽、金、元官名、人名、地名，翻译多纵彻底考正，所以未即刊行，刊完当有以奉赠也。又曰：贵国徐敬德《花潭集》已录入《四库全书》别集类中，外国诗集入四库者，千载一人而已。又曰：朴次

① 徐浩修：《燕行纪》，载《燕行录全集》卷51，第242页。
② 同上书，第245页。

修携《泠斋集》到，已拜读矣，天骨秀拔，与次修一时之瑜、亮。昨与次修集，俱品以味含书卷，语出性灵，不胜佩服之至！连日官政冗忙，稍迟，当赴馆畅谈。

上述的这些对话，有部分与徐浩修的记载颇相吻合。数日之后，纪昀果然命驾到馆，问柳、朴两检书在否。当时，柳得恭、朴齐家二人正好出游未归，“提督、通官惶忙酬接，尚书留红纸小刺而去”①。对此，《滦阳录》卷 2 有《纪晓岚大宗伯》一诗：

海内词宗藉藉名，萧然来访两书生。
朱轮驻处留红刺，提督衙门半日惊。

“提督衙门”亦即朝鲜馆的管理衙门，作为其直属的上司纪昀之到访，对于朝鲜馆的门禁制度应有一定的冲击。此后，朝鲜人外出采买书籍等，应当更为自由。

（二）朝鲜燕行使者笔下十八世纪的琉璃厂

1777 年（乾隆四十二年，正祖元年）入燕的李押，在他的《燕行记事》中曾抄录清政府颁布的告示榜内容：

礼部为晓喻事：照得朝鲜国进贡员役到京，例于公事毕后，所有携带布匹、纸张等项，许令行家、铺户人等入馆交

① 柳得恭：《热河纪行诗注》，见李佑成编：《雪岫外史（外二种）》，“栖碧外史海外蒐佚本”，亚细亚文化社 1986 年版，第 485—487 页。

易。兹当开馆伊始，各行户等情愿交易者，务须遵照法例，现银售买，不得赊欠拖延，以使该国员役得以及时起程回国。至史书、兵器、焰硝、牛角等项一应违禁之物，不得入馆售买。例禁甚严，合行出示晓喻，尔等行户各宜凛遵法纪，不得违犯。倘经本部查出，或别经发觉，定行从重究治，绝不姑宽。毋违，特示，右仰知悉，告示会同四译云云。①

这一告示榜，对朝鲜馆的贸易作了具体的规定，其中提及史书为违禁之物，不得买卖。对此，朝鲜人丁若镛、李晴所编的《事大考例》卷15《交贸考一》②，记录有清代前期朝鲜使团因购买中国史书引发的纠纷：

年　代	事　实
1670年（康熙九年，显宗十一年）	员役私买《通鉴》，礼部移咨，令详查具奏
1676年（康熙十五年，肃宗二年）	礼部移咨，责使臣擅买皇明野史，令详查拟律
1677年（康熙十六年，肃宗三年）	员役私带地图，礼部移咨，令详查勘律
1691年（康熙三十年，肃宗十七年）	员役私买《一统志》，礼部移咨，令详查勘律
1699年（康熙三十八年，肃宗二十五年）	员役买书，关系史事，礼部移咨，令查明勘罪
1706年（康熙四十五年，肃宗三十二年）	员役私买《春秋》，礼部移咨，令禁其收买
1808年（嘉庆十三年，纯祖八年）	员役私买史记、铜、铁等物，礼部移咨，令查明责罚

① 李坤：《燕行记事》，载《燕行录全集》卷52，第464—465页。

② 《茶山学团文献集成》，成均馆大学大东文化研究院2008年版，第9册，第125—138页。

1670年，冬至陪臣闵鼎重下役梁廷灿私带《通鉴》，敕下朝鲜国王审奏，据梁氏供称：“俺以商贾，目不知书，徒见册好价廉，意在转卖取赢，更无别情。”后来提督李一善得到礼部回咨，赦免了梁廷灿及正、副使、书状官，但要求朝鲜国王“嗣后宜严诫谕，毋得再犯”。1677年，朝鲜国贡使吴挺纬属下的人役，买去天下各省地图，被凤凰城防御搜获。礼部根据会典的规定：“凡外国朝贡来时，不许收买史书、黑黄紫皂、大花西番莲缎并兵仗、焰硝、水牛角及各项器皿等物”，指出：“朝鲜国人偷买禁物，屡经究问，尚不警戒，今又夹带各国舆图，殊干法纪”，要求朝鲜国王严厉查处。据当事人慎行建供称：“天下地图，自古流传我国，或为屏簇，或为帖册，故俺欲知走路，持往行中，混被搜检，模画传写，俱出我人之手，而纸品妆样，亦可验其为我国之物。至于买卖于大国，本无是事。”否认了这些地图买自中国。但礼部严词驳斥，认为朝鲜人有可能将朝鲜纸张带来，盗画妆样，应将慎行建发配边界充军，并将正、副使革职。1691年，朝鲜年贡员役张灿，带回一统志。张灿供称：一统志只论山水词赋，中途偶买，欲为留馆时消遣，到栅被捉，若以为禁物，实涉冤抑。礼部认为，此事较前慎行建的案件更为严重，应当发配边界充军。1699年，在年贡正使李彦纲等马驮内搜得书四包，虽非史书，但内有关系史书之言，所以礼部行文凤凰城守御，将搜出之书，送部贮库，仍行文朝鲜国王，要求处罚相关人等，并严行禁止类似行径。1706年，凤凰城守御呈称，朝鲜国人佃一鉴、全正、徐元等行李驼内，搜得六经、春秋二套，礼部认为：“春秋系鲁国之史，亦有关系史书”，要求朝鲜国王申明防禁，不再收买史书。1808年，凤凰城守尉称，从朝鲜赍咨官金成采等货包内，搜出《史记》四套，以及其他的违禁物品。礼部移咨曰："查例外国来使，不得私带违制服色、兵器、史书、一统志、地里图、铜、铁、马、骡、角弓、丝斤及凡违禁之物，今朝鲜国赍咨员役携带违禁之物，惟是《史记》一书，非全史可比，铜铁等器，为数无多，姑施薄罚，以免深究，仍行知该国王严饬可也"。

从燕行录的记载来看，朝鲜燕行使者在收集中国图书方面显然是不遗余力，但从朝鲜使团行囊中能否搜得出史书[①]，应与使团的公关能力和公关力度，以及清朝凤凰城守军的操守等诸多因素有关。不过，从上述的7例来看，在1706年至1808年的一百余年间，都没有出现过这方面的例子。这可能说明康熙末期以来，特别是雍正、乾隆年间，为书籍买卖最为宽松的时期。即使是嘉庆十三年（1808年），查获朝鲜使者携带违禁之物，但也只是姑施薄惩，并未深究。

前文提及，十八世纪是朝鲜馆禁逐渐松弛的时期，与此同时，也正在此一世纪，琉璃厂发展成为北京最重要的文化中心。

（1）康雍年间

琉璃厂即辽时海王村旧址。明时在此设立琉璃窑，烧制五色琉璃瓦，因名琉璃厂，为明工部五大厂之一。当时，北京的书市

---

① 雍正年间入燕的姜浩博曾指出："余今行所得颇不少，而仅除治行引用者，其外则尽买书册，凡一千三百八十余卷，积于寝房满半间，译官辈见之，皆曰：以军官买书过千卷者，未之前闻，苟无癖于书者，亦不知上舍之多买云。书册皆请于译官贯胡人之雇车载出矣，归到栅门后，因乱报，心事扰乱，全不检察，而来入京后觅得者，不及五分之一，而尽失之，平生之恨也！"（《桑蓬录》，载《燕行录选集补遗》上册，第635—636页）

尚在内城。及至清初，书市移于南城广安门内慈仁寺[①]。清康熙年间，经窑厂监督汪文柏倡议，建筑房舍，招商承租[②]，由此才逐渐得以发展。关于琉璃厂，康熙年间编纂的《古今图书集成》记载：

> 正月八日至十六日，商贾于市集灯花、百货、珠石、罗绮、古今异物，贵贱杂沓贸易，曰灯市。旧在东华门外灯市街，今散置正阳门外花儿市、菜市、琉璃厂店诸处，惟猪市口南为盛。元宵前后，金吾弛禁，赏灯夜饮，火树银花，星桥铁锁，殆古之遗风云。民间击太平鼓，跳百索，耍月明和尚。男妇率于是夕结伴游行，亲邻相过从，至城门下摸钉儿，过津梁，曰走桥儿。数日中有以诗词隐语粘于屋壁，令人破其谜，曰商灯。至夜，各家以小盏点灯，遍散井籍门户砧石，曰散灯[③]。

可见，至迟到康熙时期起，琉璃厂一带正月的民俗活动就相当热闹，这里成了北京民俗文化汇聚的中心。王士祯在其所著《香祖笔记》卷3中记述：

---

① 孙殿起辑：《琉璃厂小志》第一章《概述》，北京古籍出版社1982年版，第3—4页。

② 〔清〕汪文柏：《柯庭余习·庚辰秋琉璃厂监造屋宇册籍走笔书怀》，载孙殿起辑《琉璃厂小志》，第73页。

③ 《古今图书集成·历象汇编·岁功典》第26卷《上元部汇考·直隶志书·宛平县》。

……今京师书肆皆在正阳门外西河沿，余惟琉璃窑厂间有之，而不多见。灯市初在灵佑宫，稍列书摊，自回禄后，移于正阳门大街之南，则无书矣。每月朔望及下浣五日，百货集慈仁寺，书摊止五六。往间有秘本，二十年来绝无之。余庚申冬过之，有《两汉纪》初印本，最精，又《三礼经传通解》，亦旧刻。议价未就，旬日市期早过之，二书已为人购去，懊恨累日，至废寝食。壬午夏，见旧版《雍录》，雕刻极工，重过之，已为人购去矣。癸未夏，得《陈子昂文集》十卷，犹是故物，然如优钵罗花，偶一见耳。

从上揭这段史料中不难看出，此一时期琉璃厂的书肆寥寥无几，规模应当相当有限。因此，在朝鲜《燕行录》中，琉璃厂书肆之名尚未见到。

1712年（康熙五十一年，肃宗三十八年），金昌业入燕，他在《燕行日记》中指出："城中市肆，北最盛，次则东牌楼街，西不及东，西牌楼南北路傍皆官府及诸王第宅，铺子仅十之二三，城外市肆人家，南最繁华，正阳门外为（最），崇文门次之，宣武门外又次之，东不及西，南不及北，北不及西焉。"①金昌业另在"往来总录"中记载：

第一壮观：辽东野，山海关城池，其次辽阳白塔，居庸关叠嶂，千山振衣冈岩刻，蓟州独乐寺观音全身，通州帆

① 金昌业：《燕行日记》，载《燕行录全集》卷32，第115—116页。

樯，东岳庙塑像，八里堡坟园，天坛三层圆阁，午门外象，大通桥橐驼（其数百匹）；

第一奇观：蓟门烟树，太液池，五龙亭，正阳门外市肆，兔儿山太湖石，崇文门外器玩，太学石鼓，其次祖家牌楼，西直门外夜市，法藏寺塔，斗姥宫，龙泉寺西阁立石，通州画器，吕纪水墨孔雀，陈眉公水墨龙[①]。

金昌业将“正阳门外市肆”，列为北中国的“第一奇观”之一。关于正阳门外市肆，金昌业进一步描述道：

自玉河馆西行一里，到大清门，……自木栅南去数十步为正阳门，门制与朝阳门同，而瓮城有三门，中门则皇帝所出入，闭之，只开东西门通往来。余从西门出，市肆繁华，倍于通州，百货充溢，不可胜记。行数百步，有石栏大虹桥，是濠桥也。过桥五间牌楼，跨桥而立，碧瓦丹柱，极其侈丽，扁以金字，书“正阳门”三字。右傍有清书牌楼，内外数里之间，皆是锦彩铺。过此，则杂货与饮食之肆也。大街左右，亦多歧路，纵横相通。街上车马塞路，难于穿去，……当街设簟屋，用红纸为榜，或书神相，或书子平，或书占筮，据桌而坐者十余人，桌上皆置书册笔砚，盖卖术之徒也。众人围拥，中有踞凳读书者，似通州所见，是收直于听者也。又有无匣弊书堆在路上，皆小说，是则似为取直

① 金昌业：《稼斋燕行录》，载《燕行录全集》卷32，第336—337页。

于读者而置也，就视之，皆名未曾闻者。市肆尽路，东西皆有朱垣，东天坛、西先农坛也①。

这里见到书籍的地方，主要有两类：一类是星相占卜之流桌上摆的书册，一类是路上所堆的破小说，作者推断为租书的摊位。其中并未见有书店的记载，当时，正阳门外，完全是一派临时摊点的景致。另外，金昌业在他的燕行记录中，多次提到正阳门外，对于沿途的风景亦多有描摹②，但都没有提到琉璃厂。

金昌业之后，朝鲜人李宜显曾于庚子（1720，康熙五十九年，肃宗四十六年）和壬子（1732 年，雍正十年，英祖八年）两度入燕，他在首度入燕时提及："北京太液池畅春苑，正阳门外市街，最称壮丽可赏。"③此处只笼统地说到"正阳门外市街"，并未提到琉璃厂的名字。而在上揭记载之前，作者罗列了此行购得的书籍，其中明确提到书籍的买卖，皆由中国序班所垄断。其中所列的杂书数种，则为序班辈所私献。而在他第二次入燕时，则提到了"琉璃厂"的名字：

余曾托赴燕人刻来图章，有印本挟在书卷中，出示之，金益谦所刻印木亦出示。答曰：好，然皆近时俗，泛【从?】无古气耳。印章须古雅为上，均和次之。余更问：我东最重

① 金昌业：《稼斋燕行录》，载《燕行录全集》卷 33，第 78—79 页。

② 金昌业：《燕行埙篪录》中，有《出正阳门观天坛，至安定门外而归，安定即外城城门名，去正阳六七里，记沿道所见》（载《燕行录全集》卷 34，第 44—45 页）。

③ 李宜显：《庚子燕行杂识》，载《燕行录全集》卷 35，第 478 页。

中原人所刻，今乃贬之如许者，何也？笑答曰：大约系琉璃厂所刻。琉璃厂者，市肆别称，其国卖术求售之处，诸品皆俗，故云耳①。

当时是在十三山赵连城家，与擅长治印的驿丞林玠笔谈。书中提到琉璃厂，可能是目前所见所有燕行录中首次提到的。②不过，此处只提到治印，揆情度理，当时的琉璃厂，可能尚未出现高档的书铺和古玩铺，故而李宜显才会说："琉璃厂者，市肆别称，其国卖术求售之处，诸品皆俗。""卖术求售之处"六字，恰恰反映的是非固定的流动摊点，须知——一直到当代，路边冷摊亦可刻印图章。事实上，虽然《壬子燕行杂识》与《庚子燕行杂识》一样，其中亦列有"所购册子"，但并没有证据显示是从琉璃厂直接购买来的，而从书中活跃的序班辈之活动可见，这些书籍应当也是通过序班辈购得。

稍早于李宜显的第二次入燕，朝鲜人赵尚䌹有《出游正阳门次书状韵》诗：

晨朝我马解羁缰，骑出长衢逸兴长，
啼鸟禁林声滑滑，游鱼沟水逝洋洋，
牢愁暂破青春色，乡信难凭白雁翔，
市肆繁华炫眼目，不妒终夕走坊坊。

① 李宜显：《壬子燕行杂识》，载《燕行录全集》卷35，第488—489页。
② 关于这一点，见［韩］朴现圭：《朝鲜使臣与北京琉璃厂》，载《文献》2003年第1期。

赵氏于1731年（雍正九年，英祖七年）入燕。对于此诗，书状官李日跻（君敬）作有和诗，其中有“万种奇珍争缬眼，繁华第一正阳坊”的说法[①]。此处也没有提到琉璃厂书肆，只是笼统地将市肆繁华的那一带，统称为“正阳坊”，这也从一个侧面反映出琉璃厂尚未形成书肆街的规模，亦不为朝鲜人所熟知。

（2）乾隆时代

乾隆时人潘荣陛的《帝京岁时纪胜》中，有“琉璃厂店”条，记曰：

> 琉璃厂在正阳门外之西，厂制东三门，西一门，街长里许，中有石桥，桥西北为公廨。东北楼门上为瞻云阁，即窑厂之正门也。厂内官署、作房、神祠之外，地基宏敞，树林茂密，浓阴万态，烟水一泓。度石梁而西，有土阜高数十仞，可以登临眺远。门外隙地，博戏聚焉。每于新正元旦至十六日，百货云集，灯屏琉璃，万盏棚悬，玉轴牙签，千门联络，图书充栋，宝玩填街。更有秦楼楚馆遍笙歌，宝马香车游士女……[②]

该书中提及的几点颇值得重视：一是门外隙地，为博戏所聚，这主要是指琉璃厂西隅的杂耍场，其中就有燕行录中时常提及的幻术（变戏法）；二是春节期间“百货云集，灯屏琉璃，万

① 赵尚䌹：《燕槎录》，载《燕行录全集》卷37，第204页。

② 《帝京岁时纪胜、燕京岁时记、人海记、京都风俗志》，北京古籍出版社2001年版，第9页。

盏棚悬”，此即每年元旦至十六日的定期集市（庙会灯市）。三是“玉轴牙签，千门联络，图书充栋，宝玩填衔”，这是指琉璃厂的书籍和古玩。“玉轴”是对卷轴的美称，借指珍美的图书字画；而“牙签”则指旧时藏书者系于书函上作为标志、以便翻检的牙制签牌。“玉轴牙签”与之后的“千门联络，图书充栋”相提并论，可见，当时确已形成了相当规模的琉璃厂书肆。另外，该书序于1758年（乾隆二十三年，英祖三十四年），距离《四库全书》的组织、编纂尚有十数年，因此，琉璃厂书肆在《四库全书》编纂之前，即已形成一定的规模。这一点，得到了清代藏书家李文藻所著之《琉璃厂书肆记》的证实。李氏于1769年（乾隆三十四年，英祖四十五年）以谒选至京师，根据他的观察：琉璃厂街长二里许，东街有二十多家书肆，以及卖眼镜、烟筒、日用杂物的店铺；西街有七八家市肆，另有卖古董、字画、碑版字帖的店铺[①]。

当然，《四库全书》的组织、编纂，使得琉璃厂进入了鼎盛的时期。1773年（乾隆三十八年，英祖四十九年）开四库馆，收集天下藏书编纂《四库全书》。对此，朝鲜燕行使者蔡济恭的《燕京杂咏》曰：

西山缥缈潞河长，帝里繁华乐未央，
商货车腾红叱拨，玉门瓦覆碧鸳鸯，
班师雪岭碑千尺，祭罢天坛雨万方，

① 〔清〕李文藻：《琉璃厂书肆记》，中国书店1925年版。

今古全书刊四库，武英牙轴细闻香。①

当时，四库全书馆设在翰林院，据《复初斋诗注》记载：“每日清晨诸臣入院，设大厨供给茶饭。午后归寓，各以所校阅某书应考某典，详列书目，至琉璃厂书肆访查之”②，琉璃厂俨然成了开架图书馆。在这种背景下，各地书商纷纷前来开店贩书，琉璃厂遂发展成为著名的书肆、古玩集中的商业街。于是，“势家歇马评珍玩，冷客摊钱问故书”③，便成了琉璃厂一带的独特风景。

就十八世纪的燕行录而言，朝鲜燕行使团成员与琉璃厂的关系，以李德懋的《入燕记》记述最为详备④。李氏于1778年（乾隆四十三年，正祖二年）入燕，其时正是四库全书编纂如火如荼的时期，也是琉璃厂发展的高峰阶段，故而他的入燕，正是躬逢其盛。另外，1791—1792年（乾隆五十六年—五十七年，正祖十五年—十六年）入燕的金士龙（正中），对于琉璃厂的观察亦颇为仔细：

① 蔡济恭：《含忍录》，载《燕行录全集》卷46，第381页。

② 〔清〕陈康祺：《郎潜纪闻初笔》卷3，中华书局1984年版，第50页。

③ 〔清〕戴璐：《藤阴杂记》卷10《北城下》，上海古籍出版社1985年版，第114—115页。

④ 参见王振忠：《朝鲜燕行使者所见十八世纪之盛清社会——以李德懋的〈入燕记〉为例》，载Yoon Choong Nam（尹忠男）编《哈佛燕京图书馆所藏朝鲜资料研究》（Studies on the Korean Materials in the Harvard-Yenching Library），“哈佛燕京图书馆学术丛刊”第3册（Harvard-Yenching Library Studies, No.3），景仁文化出版社2004年版，第135—171页。

……逶迤转向，步步游赏，折而复西，一街头廛房极其侈丽，从奴云：此是琉璃厂初入之路。余住脚远望，步步金牌，饰以龙头，纱窗绣闼，琼户粉壁，左右玲珑，来往之人，如在水中画中。历人参铺、古玩斋，百队旗亭，无非茶坊酒肆。且当岁时，卖灯之店，笔铺墨馆，罗列东西。书店之雄，令人心醉目眩。珍签宝轴，插架而连屋；青缃绵帙，叠几而堆床。入而见之，不知何书之在何方，似难搜得，而卷面糊小片白纸，各书某书、某帖也……①

除了一般人走马观花式的印象外，金士龙与琉璃厂书商程嘉贤等人还有着较为密切、深入的交流②。另外，他对琉璃厂的戏剧③、溷厕④等亦颇有描摹。特别应当指出的是，金士龙将辽蓟燕京沿途的名胜分为“壮观”、“奇观”和“古迹”三类，其中“琉璃厂市肆”被列为“壮观”之一，与“正阳车马”“海甸灯戏”“卢桥石栏”“虎圈”“象圈”“辽野”“渤海”“山海关”和“会仙亭”等相提并论。金士龙的上述分类，显然渊源于康熙时代入燕的金昌业之“第一壮观”、“第一奇观”，值得注意的是，金昌业当时只是笼统地将“正阳门外市肆”，列为北中国的“第一奇观”之一，而金士龙则在“壮观”条下，将“琉璃厂市肆”单列出来，并与“正阳车马”“海甸灯戏”（亦即琉璃厂的灯市）并列，

① 金正中：《燕行日记》，载《燕行录全集》卷74，第426—428页。

② 参见王振忠：《琉璃厂徽商程嘉贤与朝鲜燕行使者的交往》，载《中国典籍与文化》2005年第4期。

③ 金正中：《燕行日记》，载《燕行录全集》卷74，第457页。

④ 同上书，第519页。

透过此类的“奇观”，我们可以看出，在朝鲜人的心目中，琉璃厂的书肆鳞次栉比，正阳门外车水马龙，海甸灯戏热闹异常，这一切，都给他们留下了深刻的印象。

金士龙之后，类似于此对名胜的点评，仍然颇有所见。① 佚名《燕行录》评述“皇城诸胜”，曰：“太和殿以石栏干胜，五龙亭以水胜，太学以石鼓胜，而琉璃厂以繁丽名，天主堂以画名，他万佛、大雄、极乐等观，皆以结构并擅壮丽云。” ② 琉璃厂“以繁丽名”，显然就是指琉璃厂市肆之繁盛。

直到十八、十九世纪之交，燕行录中有关琉璃厂的记载仍然不绝如缕。1800年（嘉庆五年，正祖二十四年）入燕的朴齐仁，这样描述：

> 归路历琉璃厂下，又历观册铺，斜阳时还从正阳门归馆，盖琉璃厂非以一二铺肆言，自正阳门外向西而行里许，衚衕甚广且长，左右诸铺窗壁画以琉璃为之，故曰琉璃厂。厂内所存，尽是古董器玩，文房之具，玩好珍宝也。入其铺中，眩耀夺目，不可名状 ③。

① 1798年（清嘉庆三年，正祖二十二年），朝鲜燕行使者徐有闻曾记“沿途壮观”：“凤城之奇玩，望海亭之高爽，医巫闾之大观，长城之铁瓮，鹤野之广阔，采薇祠之清绝，蓟州野之虚海，潞河之帆樯（通州江），天坛之环玮，城楼之宏杰，宫庙之尊严，市廛之繁华，皇都之巨丽，士马之精强，省署之弘敞，镇堡之排布，寺观之奇绝，北镇之佳气，金台之古迹，西山之胜景。”（《戊午燕行录》，载《燕行录全集》卷62，第254页）

② 未详：《燕行录·天主堂观画》，载《燕行录全集》卷70，第71页。

③ 朴齐仁：《燕槎录》，载《燕行录全集》卷76，第173页。

还有一种未详作者的《燕行录》，也对琉璃厂作了生动的描摹：

琉璃厂在正阳门外，第一芬华富丽大市廛也，连亘十里，沿街列肆，招牌森罗，帘旗掩映，丹楼粉壁，夕阳初旭，恍惚夺目，真成琉璃世界。出正阳门耳根殷富，车辙相磨，马蹄相沓。过琉璃厂，眼角迷花，金银抵斗，锦绣连云，牙签缃帙，宋刻唐板，积与屋齐，载可轴折，红纸标儿，鳞鳞相次，真李玉溪之獭祭鱼，此即书籍铺也。玉轴锦潼，颠书吴画，或张挂壁上，或卷在床间，金字牌儿面成行，真米南宫之虹贯月，此即书画铺也。其他各样图章，各样书镇，无非文石美玉。余外笔山砚滴，墨壶诗笺，总是雕琢奇巧，安排齐整。列肆经纪之人，面如傅粉，指如削葱，青幔之下，各踞床凳椅机，前面摆列茶碗、笔砚等物，见客则起而揖迎，道个好呀！①

此段文字口语化色彩极为明显，如“红纸标儿”、“金字牌儿”，以及“道个好呀”之类。旁注曰：“琉璃厂为皇城第一繁华富丽场”。②

（三）琉璃厂与中韩文化交流

民国时人马叙伦在其《石屋续渖》中有一条《清代试士琐记》，其中提及清代的会试：

① 未详：《燕行录》，载《燕行录全集》卷70，第55—56页。

② 同上书，第55页。

就保和殿集进士中式者复试之，以古今事宜作策问，使之对，王大臣监之。进士皆衣冠负笈入，出矮桌（彼时北京琉璃厂文具店有备，可折放）敷之，坐地而书（矮桌之制沿于宋，宋则官为之备耳），终日而毕。

清代历来是在北京举行会试和殿试，故而市面上为士子应试而准备的各种物品一应俱全，这也形成了购买此类商品的固定场所——琉璃厂[①]。除了矮桌外，相关的物品尚有书籍、闱墨等。另外，琉璃厂还有不少眼镜店。1769 年（乾隆三十四年，英祖四十五年），李文藻在《琉璃厂书肆记》中，就提及琉璃厂街上出售眼镜的店铺[②]。而稍前入燕的朝鲜人洪大容，则是通过眼镜与中国江南文人展开频繁的交流。根据《杭传尺牍·乾净同笔谈》的记载：1766 年（乾隆三十一年，英祖四十二年），杭州人严诚、陆飞和潘庭筠三人前往京师参加会试，住在北京南城的天升旅店，偶过琉璃厂书肆，邂逅朝鲜燕行使团中的一个随员。后者见严诚所戴的眼镜，便藉机搭讪，表示自己非常喜欢，严诚随以相赠。以此为机缘，严诚、陆飞和潘庭筠三人与洪大容以及其他的朝鲜燕行使者，结下了深厚的友谊。对此，洪大容有相当详尽的描述：

二月一日，裨将李基成为买远视镜，往琉璃厂，遇二人

① 这种状况早在清代前期就已如此，清人钱载在《萚石斋诗集》（乾隆刻本）卷 14 中有《考具诗》，其中提及：“琉璃厂卖考具铺，皆书其牌曰‘喜三元’。”
② 〔清〕李文藻：《琉璃厂书肆记》。

容貌端丽，有文人气，而皆戴眼镜，盖亦病于近视者，乃请曰：我有亲识求眼镜，而市上难得真品，足下所戴甚合病眼，幸卖与我，足下则或有副件，虽求之亦当不难矣。其一人解而与之，曰：求于君者，想是与我同病者也，吾何爱一镜，何用言卖？乃拂衣而去。基成悔其轻发，不可公然取人物，乃以镜追还之，曰：前言戏耳，初无求之者，无用之物，不可受也。两人皆不悦，曰：此微物耳，且同病有相怜之义，何君之琐琐如是！基成惭不敢复言，略问其来历，则以为浙江举人为赴试来，方僦居正阳门外乾净同云[①]。

十八世纪的“远视镜”，亦即现代的近视眼镜。对于眼镜，清人杨静亭的《都门杂咏》写道：

方鞋穿着趁时新，摇摆街头作态频。
眼镜戴来装近视，教人知是读书人[②]。

关于摇摆作态，似乎是当时不少眼镜佩戴者的做派。朝鲜人柳得恭就曾指出：“余坐琉璃厂书肆中看书，水屋与数人者挂暧叇，负手缓步而过。”水屋为山西安邑人张道屋的号，此人曾任两淮盐务分司[③]。“暧叇”亦即眼镜，正是因为当时眼镜在南方虽

---

① ［韩］洪大容：《湛轩书外集》卷 2，见“韩国历代文集丛书”第 2603 册，《湛轩先生文集》第 2 册，第 120—121 页。
② ［清］杨静亭：《都门杂咏》，《中华竹枝词》第 1 册，第 181 页。
③ 柳得恭：《滦阳录》卷 2《水屋》，第 61—62 页。

然已极为普遍，是地摊上的小商品[①]，但在北京，应当还比较稀罕，故而张道屋等人才会以此来摇摆作态。

在当时，琉璃厂提供的许多科举用品，吸引了大批进京的士子。此外，琉璃厂附近还有诸多会馆分布，那里集中了不少在京的官员以及赴京应试的举子，这也便于朝鲜人与中国文人学士的交往。

1731年（雍正九年，英祖七年）入燕的朝鲜人赵尚絅有《买书》诗：

> 经籍犹余秦火烟，购采市肆太多缘，
> 晴窗细检忌羁倦，夜榻闲翻失稳眠，
> 玉轴今将分众子，金囊何必换良田，
> 千编堆座休论价，贾竖争言正可怜[②]。

该诗描摹了朝鲜人在北京购买图书，以及闲翻经籍时的喜悦心情。与中国古代"遗子黄金满籯，不如一经"的古训相似，作者显然还想象着回国后如何"分付儿曹勤早读"[③]。

从各种《燕行录》的记载来看，至迟至1778年（乾隆四十三年，正祖二年），朝鲜燕行使者便已自由出入琉璃厂。1791年（乾隆五十六年，正祖十五年），曾有书商前往朝鲜馆兜售。1801

---

① 乾隆时代的《太平欢乐图》中，就有"今村镇间有提筐售卖荷包、眼镜并牦梳、牙刷、剔齿签之类，琐细俱备，号杂货篮。"参见拙著《千山夕阳：王振忠论明清社会与文化》，广西师范大学出版社2009年版，第230—232页。

② 赵尚絅：《燕槎录》，载《燕行录全集》卷37，第206页。

③ 同上书，第207页。

年（嘉庆六年，纯祖元年），首译将琉璃厂册账直接送到朝鲜馆交由燕行使者过目。这些，都反映了中方对朝鲜人管制的松弛。

另外，从《入燕记》等书的记载可以看出，北京的琉璃厂书市与南方各地的出版印刷业有着密切的关系。乾隆时代北京的琉璃厂与江南各地，存在着图书流通交易的网络①。

除了书籍外，古玩也是备受东亚各国青睐的重要收藏品。1828年（道光八年，纯祖二十八年）入燕的朴思浩，有《琉璃厂记》一文，其中提及琉璃厂是"天下珍宝辐辏处也，珠玑贝镜，眩人眼目，如初入波斯市，不可一一名状"，并提及，由于"朝鲜人卖买者甚罕，所卖者零零琐琐、价歇而无用者，厂人指物之贱而歇者，曰朝鲜件"②。关于"朝鲜件"，与呼价过高时所称的"高丽人"，都是中韩贸易中形成的特殊现象。当时，朝鲜使者入燕，除了采购书籍外，搜罗古玩亦为一项重要内容。1790年（乾隆五十五年，正祖十四年），朝鲜国王遣使至北京恭贺乾隆八旬大寿，副使从官柳得恭作有《滦阳录》，其中提及："琉璃厂中笔洗、砚屏，苟其玉也，价不下数百两银，多为进献所用云。"1793年（乾隆五十八年，正祖十七年）入燕的李在学，有《琉璃厂》诗："繁华列厂正阳桥，天下奇珍凑似潮，蜀锦齐纨香吐雾，杨［扬］金荆玉气干宵，千家制产民谣乐，万里通商国力饶，可笑东人多少货，年年却向此

① 参见王振忠：《朝鲜燕行使者所见十八世纪之盛清社会——以李德懋的〈入燕记〉为例》一文。

② 朴思浩：《燕蓟纪程》，载《燕行录全集》卷85，第495—496页。另，《燕行录全集》卷98，另有题作"未详《燕纪程》"者，亦即朴思浩的《燕蓟纪程》。

中销。”[①]乾嘉之际屡次奉使来京的朴齐家，就四处寻访古物。不过，由于鉴藏能力有限，高丽人通常被视作冤大头。与同时代的日本人相似，朝鲜人购入的大量古玩均为赝品。琉璃厂的古玩书画，与当时中国国内的鉴藏风气及东亚的文化交流均有密切的关系。

当然，文化交流从来不是单向的输入，而是双向的交流。乾隆时代入燕的朴趾源曾指出："我东书籍之入梓于中国者甚罕，独《东医宝鉴》二十五卷盛行，板本精妙。"[②]《东医宝鉴》成书于1610年（明万历三十八年，朝鲜光海君二年），1766年（乾隆三十一年，英祖四十二年）由顺德人左翰文重刻，当时在北京卖五两纹银。1798年（嘉庆三年，正祖二十二年），徐有闻的《戊午燕行录》更指出：琉璃厂的书店，每家都有《东医宝鉴》三四帙[③]。稍晚的成祐曾所著《茗山燕诗录》指出："入火神庙，书籍中有朝鲜册子，抽视之，乃土板《孟子》，纸已破落，字画漫漶，适足贻笑于彼人。"[④]可见，当时也有朝鲜书流入中国，但因质量较差，难以引起重视。这说明，中韩双方在文化交流方面的影响力是极不对称的。

对于燕行使者而言，琉璃厂不仅是壮观的购物之所（那里有琳琅满目的书籍古玩），而且，此处还是他们搭识中国文人、了解中国社会的最佳场所，逛琉璃厂甚至是朝鲜人收集中国情报的

① 李在学：《癸丑燕行诗》，载《燕行录全集》卷57，第503页。
② 朴趾源：《热河日记》卷4《口外异闻·〈东医宝鉴〉》，第293页。
③ 徐有闻：《戊午燕行录》，载《燕行录全集》卷62，第254页。
④ 成祐曾：《茗山燕诗录》，载《燕行录全集》卷69，第257—258页。

重要方式之一。当时，朝鲜使臣游厂肆，除了购买古玩书籍外，物色中国文人并与之交往也是主要的目的之一。譬如，洪大容一行因逛琉璃厂邂逅中国文人，通过笔谈结为莫逆之交，这在后来，几乎成了朝鲜燕行使者的惯例，琉璃厂成了朝鲜人访求“天下贤豪士”的重要场所。从燕行录来看，在不少的人员聚会及文化交流中，书肆起到重要的作用。许多的倾盖交谈，都是在琉璃厂书肆，或以书店经营者为媒介展开的。

洪大容是个兴趣广泛的人，他在入京以后，就想找个解琴者一听其曲。当时，朝鲜乐院禀旨定送乐师一人，求买唐琴及笙簧，正月初七日，通使李瀷花了一百五十两，买到唐琴及笙簧。卖琴者是太常伶官刘生，当时在琉璃厂开铺售器玩。此后，洪大容数度前往琉璃厂等处拜访刘生，并与朝鲜乐师一起，跟随刘生介绍的萨姓、张姓等人学习“中国大乐”，“粗得《平沙落雁》七八段”[①]《燕记》中有《乐器》条，对琴、笙簧、筝、琵琶、弦子、壶琴、洋琴、玄琴等，都作了细致的分析。其中的玄琴部分说道：

> 北京人听玄琴，皆不喜也，惟栅门人甚喜之，以为筝也。每一鼓之，妇女亦群聚听之，岂风气近东而然欤！[②]

这反映了北中国东西二部审美旨趣的区域差异。宴乐部分提及：

---

① 洪大容：《湛轩书》外集《燕记》“琴铺刘生”，《湛轩先生文集》第3册，第165—168页。

② 洪大容：《湛轩书》外集《燕记》，《湛轩先生文集》第3册，第360页。

凡宴乐，用笙簧、琵琶、壶琴、洋琴、弦子、竹笛六种，如东俗。三弦乐一部，六种并奏，抑扬宛转，音节巧合，若一切切嘈嘈，无悠扬希澹之味，则铁桥所谓北方之乐杂金石噍杀之声者，诚知言也①。

“铁桥”也就是严诚，浙江杭州人，与洪大容过从甚密。这里既涉及中韩音乐的比较，又反映了中国南方人对北方音乐的观感。个中提及的洋琴，原来是出自西洋：

中国效而用之，桐板金弦，声韵铿锵，远听如钟磬，惟太涤荡，近噍杀，不及于琴瑟远矣，小者十二弦，大者十七弦，大者益雄亮也②。

当时的洋琴，在北京颇为流行。金正中的《燕行日记》就曾记载：“是夜市肆之灯亦为繁华，街上有弹西洋琴者，门前有纸炮者，且有歌者、舞者，踢彩毬者，飞纸鸢者，颇不寂寞。”③李始源《赴燕诗》中甚至有描写北京“西洋铺”的诗歌：“西洋珍怪别开廛，一局波斯现在前。只是双瞳光不定，痴看半晌口难开。”④朝鲜人看到的这些西洋物品，以及造访天主堂、与西方传教士的交往，使得西学进一步东传朝鲜。

① 洪大容：《湛轩书》外集《燕记》，《湛轩先生文集》第 3 册，第 360 页。
② 同上书，第 359—360 页。
③ 金正中：《燕行日记》，载《燕行录全集》卷 74，第 476 页。
④ 李始源：《赴燕诗》，载《燕行录全集》卷 68，第 409 页。

在琉璃厂一带，朝鲜人还经常看到中国人表演的戏法，亦即幻术。成祐曾《茗山燕诗录》就曾指出："幻人之术，奇巧百出，大抵铺袱于地，绕行良久，乃箕坐而纳足于袱中，须臾揭视，则有琉璃瓶盛红鲋鱼四五尾。观者大惊曰：尔能无中生有，亦能以有为无乎？幻人笑而从之，复如前法，揭视则果无矣。"这让随行的朝鲜人金景球非常好奇，据说，他对那位艺人加以搜身，结果在后者的裤裆里找到了奥妙。尽管如此，成氏还是深有感慨：

昆邱玄圃总非真，
周穆何时见化人。
吞火吞刀尚有术，
鱼龙游戏始如神[①]。

"昆邱玄圃"亦作"昆仑悬圃"，简称"昆圃"，系指昆仑山上神仙的居住之处。而"化人"则指有幻术之人，典出《列子》。这些在琉璃厂附近看到的幻术，后来也成了朝鲜人反对天主教、解释民众信仰形成的利器。[②]

琉璃厂还是朝鲜人观察中国社会，了解中国人的一个重要场所。琉璃厂是北京重要的商业中心之一，来往的各色人等摩肩接踵：

百队旗亭十里长，绣街阑咽彩轮忙，

① 成祐曾：《茗山燕诗录》，载《燕行录全集》卷69，第229页。
② 姜浩博：《桑蓬录》，载《燕行录选集补遗》上册，第609页。

气蒸烟火冬无沍，香散绫罗陌有光。
四海货珍都会处，八方人士倦游场。
此来莫饮贪泉否，万种牙签羡锦箱[①]。

该诗为十九世纪初的资料，描摹了嘉庆年间琉璃厂的盛况。“贪泉”典出《晋书·吴隐之传》，原指广州石门有水曰“贪泉”，饮者怀无厌之欲，后以该故事作为标榜官吏清廉的典故。上揭朝鲜人李肇源的《黄粱吟·琉璃厂》，显然也是将琉璃厂比作让人生发“无厌之欲”的贪泉。在琉璃厂，朝鲜人亲身感受到北京城浓厚的商业气氛。对此，李基宪的《燕行日记》就指出：

大抵此处风俗，只知一“利”字，外此廉隅名检，不识为何样物，转相慕效，恬不为怪。出于仕宦，则入于市廛，故市人与宰相抗礼云。噫！其异矣。向闻琉璃厂有一朝士来坐，探出怀中银，见我国人颇有羞色，潜给从者云。东邦礼义之见惮于彼辈，有如是也！[②]

琉璃厂是文人士大夫购买书籍、古玩的重要场所，与商贾的讨价还价在所难免，即使是朝廷高官亦概莫能外——这让朝鲜人感觉到在中国，市侩与宰相可以分庭看礼。如果从商业买卖的通常情况来看，双方在金钱面前的确是平等的，这些，都让朝鲜人

① 李肇源：《黄粱吟·琉璃厂》，载《燕行录全集》卷61，第311页。
② 李基宪：《燕行日记》，载《燕行录全集》卷65，第188—189页。

颇感意外[1]。

在琉璃厂附近，朝鲜人还看到不少中国下层社会民众的日常生活。姜浚钦有诗曰：

> 琉璃厂口市人家，镂壁涂金烂似花，
> 只是闾阎生事薄，当街尽贯太平车[2]。

此诗为十九世纪初的资料，但其中提及的琉璃厂附近之太平车，为十八世纪北京街衢巷陌最为常见的交通工具。对此，历来的朝鲜燕行使者颇多描摹。1793 年（乾隆五十八年，正祖十七年）以副使身份入燕的礼曹判书李在学，曾对北京正阳门附近的交通、廛坊有着细致描摹，他就提到自己“始乘太平车，驾骡快走，制度轻妙，而若遇石路，则簸扬颇甚矣”的经验[3]。乾隆后期佚名所著的《燕行录》中曾指出：

---

① 关于这一点，后来曾引起朝鲜人的反思。朴齐家《北学议内篇・商贾》：“中国之人，贫则为商贾，苟贤矣，其风流名节自在也，故儒生直入书肆，宰相或亲往隆福寺买古董，予遇嵩贵于隆福寺，人皆笑之，殊不然，此非清俗，自宋、明已然。我国之俗，尚虚文而多顾忌，士大夫宁游食而无所事，农在于野，或无人知之者，其有短褐箬笠，呼卖买而过于市，与夫持绳墨、挟马凿，以佣食于人家，则其不惭笑，而绝其婚姻者几希矣。故虽家无文之钱者，率皆修饰边幅，峨冠阔袖，以游辞于国中，夫其衣食者，从何出乎？于是不得不倚势而招要，请托之习成，而侥幸之门开矣。此将市井之所不食其余，故曰：反不如中国商贾之事为明白也。”（《贞蕤集》，韩国史料丛书第十二，大韩民国文教部、国史编纂委员会编纂发行，1974 年版，第 409 页）

② 姜浚钦：《辅轩录》，载《燕行录全集》卷 67，第 59 页。书中有《葱秀次正使吴令鼎源韵（乙丑）》（页 22），乙丑为 1805 年（嘉庆十年，纯祖五年）。

③ 李在学：《燕行纪事》，载《燕行录全集》卷 58，第 451 页。

太平车制样颇小，上为轿，下为车，两只轮，轮郭皆铁笼，……车前面垂帘，车帷左右设琉璃窗，沉香线结成流苏，垂之四角。……杂用牛、驴、马、骡，惟贫贱者以牛以驴，帷中可坐二人，御者坐于帘前，通衢大道，驭快马雷奔，亦一快也！①

1800年（嘉庆五年，正祖二十四年）入燕的朴齐仁，在《燕槎录》中指出，北京市面上的“常乘之车，谓之太平车”，“执鞭而御者，谓之看车的，看车的手执长鞭，常坐板前，行途平仄，预期料度，驴马疾徐，惟意操纵，勿失驰驱之范，然后可无翻辙之患”②。这些“看车的”，大多是下层民众，根据姜浚钦的观察，“贫人多以雇车资业”③。

除了车夫之外，朝鲜人还看到了其他的一些下层民众。如“段家岭、琉璃厂、天坛之傍，皆有娼妓，谓养闲的，以迎郎、送郎为买卖，比于我国列邑之妓，反复甚焉”④。

此外，在琉璃厂，朝鲜人与书商过从甚密，他们从书商那里，了解到不少下层民众对国家大事的反应。1794年（乾隆五十九年，正祖十八年），清廷在四川、湖北、陕西等地逮捕白莲教成员，这从一个侧面反映出白莲教活动的日趋活跃。1796

① 未详：《燕行录》，载《燕行录全集》卷70，第83页。此书反映的是1785年（乾隆五十年）燕行的情况。

② 朴齐仁：《燕槎录》，载《燕行录全集》卷76，第315—317页。《燕辕直指》中，亦有对太平车的描述，载《燕行录全集》卷72，第287—288页。

③ 姜浚钦：《輶轩录》，载《燕行录全集》卷67，第59页。

④ 成祐曾著：《茗山燕诗录》，载《燕行录全集》卷69，第189页。

年（嘉庆元年，正祖二十年），白莲教在湖北枝江、宜都一带起事，各地纷起响应。翌年，白莲教进攻河南，入陕转川，开始大规模的流动战。1799 年（嘉庆四年，正祖二十三年），白莲教到达甘肃、四川、湖北和陕西等处，势如燎原之火。嘉庆五年至九年（1800—1804 年），白莲教虽连遭清军镇压，但各部仍继续在川、楚、陕各地与清军苦战。1801 年（嘉庆六年，纯祖元年）柳得恭第二次燕行时，正是中国发生川楚陕起义之际。因此，他对此一事件相当关注，几乎是逢人必问。《燕台再游录》就记载了琉璃厂书肆主人的说法：

> 川楚匪乱，彼中士大夫缄口不言，便成时讳，崔、陶两生时时痛言之，似是市井中人，无所忌惮而然耳。其言曰："厥初川、楚等省赋繁役重，穷民流而为盗贼，满洲大臣要取功名请剿，调乡勇讨之，一切驱督，绳以峻法，粮饷又不给，乡勇悉变为盗贼，所在滋蔓，官长被杀害，平民被烧劫，惨不可言。始发沈阳、宁古塔、黑龙江等处各旗讨之，其将领日吃肥猪、面饼，暖帐拥美人，玩愒度日；其兵不习风土，未战而病死者甚夥。又太上皇帝在时，凡有征讨军饷，一边用，一边奏，十万剋扣五万，此所以迄无成功。如今都下讹言日至，虽有捷音，而亦未可准也。才闻湖北又失机也，匪原分青、黄、黑、白、红五股，每股又分五股，入据南阳卢氏山矣。"
>
> 余又问崔生曰："苏、杭赋税甚重，几当天下之半，民何以堪乎？今尚宴然，川楚何故首发难耶？"
>
> 答："自今苏、杭民或聚党白昼殴打公差，亦岂非乱民耶？"

崔、陶之言，大略如此。[①]

崔生即崔琦，钱塘人，为琉璃厂之书店——聚瀛堂主人，陶生则为著名的五柳居主人。柳得恭笔下的书商，对于当时的社会政治现实竟敢放言高论。《燕行录》中对于下层社会日常生活的观察，以及注意民间舆论的采听，使得朝鲜人对中国社会的了解颇为全面。

而在另一方面，琉璃厂也是中国人了解朝鲜社会的一个重要途径。乾隆末年安徽桐城人杨米人《都门竹枝词》写道：

航海梯山客似云，朝鲜贡使秀而文。
书坊闲步风流甚，白练腰围百褶裙。

当时，朝鲜燕行使者出没于北京琉璃厂，以其独特的妆束引起了中国文人学士的瞩目。中国文人通过与朝鲜燕行使团成员的交流笔谈，获知东方邻国朝鲜社会的现状，关于这方面的内容，燕行录中有许多记载，前人论述亦多，兹不赘引，此处仅举中国方面的一份史料稍加说明。乾隆时代著名收藏家、徽商汪启淑就曾提及：

高丽即朝鲜国，闻其取士之制有大小二科。小科试以诗赋经义四书，(疑）入式则复会试成进士。大科试以表策论赋，入式则复会试为及第。又有明经科，暗诵三经四书，便

① 柳得恭：《燕台再游录》，广文书局 1968 年版，第 30—31 页。

可中式[①]。

除了“高丽取士”外，汪启淑在《水曹清暇录》中，对于朝鲜贡使入燕途中经过的丰润等地多有记载，其中亦多有涉及中韩文化交流的相关事项。譬如，“丰润聚头扇”条就记载：

> 丰润县所制聚头扇，凡常行油纸面，遍满市肆。其佳品糊以高句丽镜面楮，绘画人物，五彩绚烂，扇边竹骨亦嵌以象牙砗磲，然极庸俗。每柄取值数金，时人尚之，殊不可解[②]。

以高丽纸糊成的丰润县聚头扇之出现，显然与朝鲜燕行使者有着密切的关系，为朝鲜使行沿途贸易的产物。

《水曹清暇录》的作者汪启淑为徽州歙县绵潭人，在浙江经营盐业，寓居钱塘。乾隆年间援例捐资入仕，任工部郎中。其家有开万楼和飞鸿堂，收藏图书古印极多，为当时江南著名藏书家之一。乾隆年间开四库馆，他应诏进呈“精醇秘本”五百余种，受到乾隆皇帝的褒奖。该书系作者在北京官工部都水清吏司郎中时所作，跋于乾隆四十六年（1781年）[③]，内容主要涉及清代北京的风俗掌故、名胜古迹、趣闻佚事等。作为著名的收藏家，琉璃厂显然是他经常光顾的场所，对于琉璃厂，他有以下的描摹：

---

① 〔清〕汪启淑：《水曹清暇录》卷7《高丽取士》，北京古籍出版社1998年版，第100页。此处笔者根据自己的理解，对原书句读作了重新处理。
② 〔清〕汪启淑：《水曹清暇录》卷1《丰润聚头扇》，第10页。
③ 〔清〕汪启淑：《水曹清暇录》跋，第255页。前有乾隆五十七年（1792年）钱大昕序。

当今之琉璃厂，为都人士市肆辐辏之区，冠盖之所旁午也[①]。

琉璃厂在正阳门西，盖造内用琉璃瓦窑也。厂内楼名瞻云阁，厂内有官署。厂外余地颇广，树木茂密，有石桥。度桥而西，土阜高数十仞，足供登眺。街长里许，百货毕集，玩器、书肆尤多，元日至十六日，游者极盛，奇景异观，车马辐辏[②]。

上引的第一条史料，是有关乾隆三十五年（1770 年）工部营缮司郎中孟澔发现辽代李内贞墓的记载，此一墓志的发现，成为研究琉璃厂历史沿革的重要史料。而第二条则提及琉璃厂的书肆林立之盛况。

综合上述的记载，汪启淑笔下的“高丽取士”显然来自传闻，这应当与朝鲜使臣在北京（特别是琉璃厂）的活动，有着直接的关系。

（四）结语

在中韩文化交流史上，十八世纪是个重要的转折时期。一方面，从这一时期开始，朝鲜人逐渐调整心态，对盛清时代的来临作了全新的认识[③]。而在另一方面，随着中国国内形势的变化，

① 〔清〕汪启淑：《水曹清暇录》卷 5《李内贞墓志》，第 70 页。

② 〔清〕汪启淑：《水曹清暇录》卷 6《琉璃厂》，第 77 页。除此之外，相关的内容尚有《鬼工毬》，第 248 页。

③ 详见王振忠：《十八世纪东亚海域国际交流中的风俗记录——兼论日、朝对盛清时代中国的重新定位及其社会反响》，《安徽大学学报》2010 年第 4 期。

以及朝鲜燕行使者孜孜不倦的公关活动，中国官方对燕行使团成员的限制逐渐放宽。在这一世纪，燕行使团渐渐摆脱了朝鲜馆内序班的控制，直接与琉璃厂的书商等展开频繁的交流。由于琉璃厂是当时北京雅俗文化的中心，这不仅极大地丰富了书籍采买的来源，而且，通过持续不断的观察，以及与不同阶层的接触和交流，也使得朝鲜人对于中国社会的了解更为全面。

在《燕行录》中，目前所见最早提及琉璃厂的，应是1732年（雍正十年，英祖八年）入燕的李宜显之《壬子燕行杂录》。不过，当时的琉璃厂尚非书肆林立、古玩充斥的文化街，朝鲜人也还不能自由地前往琉璃厂，他们对中国书籍的购买，必须通过朝鲜馆的序班。及至乾隆年间，中国官方对朝鲜燕行使团的限制逐渐放松，朝鲜人得以通过琉璃厂直接与中国书商交易。从朝鲜馆序班到琉璃厂书商，反映了书籍交流从垄断走向开放的过程。从此，朝鲜燕行使者能更自由地选择、采购书籍。

日本使者夫马进曾经指出，在朝鲜与清朝的学术文化交流史上，洪大容的中国行具有划时代的意义，特别是他一改先前朝鲜人对中国知识分子的藐视态度，而与一般朝鲜人所认为的中国“剃头举子”结成了“天涯知己”，这使得洪大容的中国行，成了重开两国知识分子交流的契机①。事实上，洪大容不仅与这些应满族统治者的科举而赴京赶考的汉族知识分子过从甚密，而且，他还不惜放下身段，通过贿赂的方法，结交朝鲜馆中的中国官吏，这使得馆禁

① ［日］夫马进：《1765年洪大容的中国京师行与1764年朝鲜通信使》，复旦大学文史研究院编《从周边看中国》，中华书局2009年版，第26—46页。

有所突破，并促成了此后门禁的逐步开放。也正是从洪大容开始，燕行录中对于琉璃厂的记载开始增多。正是由于洪大容孜孜不倦的努力，此后的朝鲜燕行使者才逐渐得以自由地出入琉璃厂。

当然，从外部环境来看，乾隆时代对于朝鲜人政策的日益宽松，以及当时编修《四库全书》，琉璃厂的兴盛，等等，也是乾隆以后的《燕行录》中琉璃厂记载愈来愈多的原因。

从中国史籍来看，乾隆时代是琉璃厂发展的重要时期，但琉璃厂书肆的形成，并不像此前不少学者所以为的那样是始自《四库全书》的编纂，而是在此之前就已形成相当的规模。当然，四库全书馆的开设，使得琉璃厂的商况市景臻于极盛，琉璃厂更成为北京雅俗文化的中心，为朝鲜燕行使者所必至。也正是在此之后，朝鲜燕行使将“琉璃厂市肆”，列为他们心目中北中国的“壮观”之一。朝鲜人开始自由地出入琉璃厂，不仅使得他们得以更多地购得中国的书籍，而且，他们对于中国情报的收集渠道也更为多样化。以情报的收集为例，先前，使臣别单等主要是依靠序班辈提供，此后，他们可以通过与中国士大夫乃至市井小民的直接交往，获得更多中国社会、政治的讯息，其消息来源更为准确、可靠。从洪大容开始，朝鲜燕行使者在中国形成了广泛的人际脉络，这摆脱了序班、译官所形成的单一途径，从而更好地拓展了文化交流的渠道。打破序班的垄断，使得消息的来源范围扩大，书籍的选择范围也在扩大，朝鲜人与中国社会的交流也空前扩大，对于中国社会的认识亦更为深刻。在这方面，最为显著的例子莫过于柳得恭的《燕台再游录》中对中国时事的观察和记录，便远较先前的燕行录来得细致和深入。

区域社会研究脉络中的域外文献

一、方言、宗教文化与晚清地方社会——哈佛燕京图书馆所藏“榕腔”文献研究

福建省福州市简称为“榕城”，以往福州地方史学界多认为因北宋治平四年（1067年）知府张伯玉在福州广植榕树故而得名，其实不然。在《太平寰宇记》中就有“榕城”的记载，结合《全唐诗》等资料说明，实际上在晚唐五代福州即称“榕城”[①]。因福州简称“榕城”，福州方言遂称为“榕腔”，而用福州方言撰写的文献自然也就可以称作“榕腔文献”。

明清时期，福州是个科甲鼎盛之区，在明代，福州府在全国科举排行榜上排名第六位。及至清代，则跃升至第三位[②]。明清时代科举的兴盛，使得当地的社会文化呈现出空前的繁荣。迎神

① 关于这一点，笔者在十几年前就作过考证（见拙著《近600年来自然灾害与福州社会》，福建人民出版社1996年版，第222—223页，及第230页注3），但福州地方史学界迄今仍沿旧说。

② [美]何炳棣撰：《科举和社会流动的地域差异》，王振忠译，陈绛校，载《历史地理》第11辑，上海人民出版社1993年版，第312页。

赛会以及与之相关的戏剧演出，为方言文献的大量产生提供了重要的条件。与此同时，随着海外贸易以及移民的输出，福州方言曾流行于世界上的一些地方。譬如，在日本江户时代，长崎世袭的唐通事有 60 家以上，其中第一代能判明出生地的有 30 家。个中，福建人占了 23 家，而福州人又占到 10 家，占全部的三分之一[①]。长崎当地有“唐话会”，福州人在其中扮演了重要的角色。据日人筱崎东海《朝野杂记抄》所载，“长崎通事唐话会”中就有福州方言的对话[②]。二十世纪六十年代，著名作家冰心曾提供过一首以福州方言吟唱的民歌，内容是有关福州人在美国旧金山开矿造铁路的悲惨遭遇[③]。这些，都反映了福州方言在世界上一

① 刘序枫：《清代前期の福建商人と长崎贸易》，载《九州大学东洋史论集》16，九州大学文学部东洋史研究会 1988 年版。

② 参见王振忠《契兄、契弟、契友、契父、契子——〈孙八救人得福〉的历史民俗背景解读》，台湾《汉学研究》第 18 卷第 1 期，2000 年。

③ 见何绵山《闽文化续论》（北京大学出版社 2004 年版）第 192 页：“加里福尼省，就是旧金山。开矿造铁路，毛人毛相干。全借我弟兄，死命替伊拼。伊望恩，共背义，前约都翻声。哎呀我弟兄，哎哎呵！岸边有木屋，就是唐人监。华人一到此，就得关进监。凌辱千百般，在你死共生。就伤心，剥啼哭，也毛乞你做声。哎呀我弟兄，哎呀呀！”今按：毛人毛相干——无人不相干。伊望恩，共背义——他忘恩负义；伊，他，指美国政府。前约都翻声——以前的契约都背弃。剥啼哭，也毛乞你做声——要啼哭，也不让你出声；剥，要，欲；毛，不。福州郊县福清和长乐均操福州方言，只是音调稍有差别。与明清以来福清人多往日本不同，美国素为长乐之“殖民地”。作家冰心出自长乐，故此歌谣即有着历史时期当地的移民背景。此外，民国以前的《新编曲本调吗哒加》，亦提及福州男子因一贫如洗，欲前往番邦“马达加”求财。福州民间一说马达加，即南洋马六甲。《新编曲本调吗哒加》，见黄宽重、李孝悌、吴政上主编《俗文学丛刊》第 113 册，“中央研究院”历史语言研究所俗文学丛刊小组编辑，“中央研究院”历史语言研究所、新文丰出版股份有限公司合作出版 2002 年版，第 83—84 页。

些地方的流行。

以上的方言传播，是通过移民外出、商业交往而产生的。而本文讨论的“榕腔文献”，则主要是中西文化交流背景下的产物。

十九世纪中叶五口通商之后，大批传教士进入福州，这些教士主要分属于美部会、美以美会和安立甘会[①]。他们开设医馆、学校[②]，积极传教。据《同治十一年礼拜单》[③]，耶教美部传道公会在福州府属城乡各处设堂宣道，逢礼拜日礼拜上帝。当时，闽县、侯官境内就有十一处“书堂”：

序　号	堂　名	地　点	所　属
1	福音堂	城内太平街	闽县
2	传教堂	城内津门楼	
3	福音堂	水部岛口上	
4	救主堂	南台铺前顶	
5	福音堂	南台霞浦街	
6	福音堂	南台后洲	
7		蓝铺	
8		扈屿	
9	福音堂	洋岐街	侯官
10		南屿街	
11		垚沙新厝街	

① 关于这一点，参见林金水主编《福建对外文化交流史》，福建教育出版社1997年版，第389—401页。

② 哈佛燕京图书馆收藏有《榕城格致书院毕业单》（光绪二十二年十二月初八至十二日，1897年）福州美华书局活板。

③ 哈佛燕京图书馆收藏。

在这份《同治十一年礼拜单》后另注明："本会设有圣教医馆，每礼拜二、拜五未初，在南台铺前顶救主堂内施医，凡就诊者，按期务必早到为要。如遇险要重症，则不拘日到馆，均可诊视。至于割瘤、补嘴等症，无不悉心医治。此布。"关于"圣教医馆"，哈佛燕京图书馆另收藏有《保福山医馆略述十七编》（光绪十八年，1892 年，福州美华书局活板），记载了保福山圣教医馆之设，始自同治九年（1870 年）。另外，同治十年（1871 年）由美国医士柯为樑校订的《医馆略述》中，也有《西医历中国设院送诊叙由》，该文首先从清嘉庆九年（1804 年）英国人前来中国传种牛痘说起，接着概述国内一些地方医院的设立，最后则详细论及福州医馆之开设及其发展历程：

……前福州于道光十七年，有大美国怀德先生讲书兼理医事，后又有大英国温敦先生暨大美国怀礼先生继之。同治三年，大英国司徒医生，于南台梅坞山设立医馆，施医送药。嗣鲍、葛两医生，帮理医事。先在天安铺，后移东姚，设济世医馆，就诊者良多。余自同治八年冬间，航海抵闽，于次年二月念一日，先在福州城内太平街福音堂，设立施济医馆，送诊施药，不取分文，男女就医者，日益加增，指不胜计。后因人数拥挤，轻重不分，真伪莫辨，故于旧年秋间，移在南台铺前顶救生堂之时，按期送诊，并设规每号仅取钱五十文，复诊验明原票免取，盖所以分轻重，别真伪，而非有沽名射利之意见杂于中也。计自设馆以来，共诊过约三千号，其中有肉瘤、石淋、蛊胀、盲眼、痈疽、大肾囊、内外痔、补嘴、救食生洋烟诸症，或用力割去，或用钳剔出，内外科平常各症，则以每礼拜二、礼拜五为期，诸大症到馆就医者，概随到随医，并无延搁，所以令轻重各症，各从其便……

在哈佛燕京图书馆的收藏中，另见有一《同治十一年圣教医馆施医单》，亦由柯为樑发布，规定每逢礼拜二、五之期，在南台铺前顶救主堂施医，礼拜一之日，定在南台琼浦街福音堂施医。凡是前来就诊者，必须早到聆听宣讲圣经，听完之后，就可以进去由医士对症下药。光绪元年（1875 年）柯为樑校订的《医馆略述四书》出版，其中的《送诊叙由》又提及：

本医馆设立历有年所，按期施诊，则在南台霞浦街耶稣教福音堂内，延郡会馆对面。每月约有十六、七日施医，若遇险要病症，则不拘日。馆内医药一切费用，多系西国人捐赀相助。……予尝见世人不奉圣教，无所不为，或酗酒吃鸦片，或淫佚放荡，其疾苦较众，可见人生疾苦，由于自招者亦强半也。本馆兼治男妇小儿内外科等症，凡就诊者，医药均系给送，不取分文。或官绅军民人等，因就医痊愈，有心乐捐钱文，以为医药之费，亦均从其便。本馆复于银湘浦池边另设一所，俾遇紧要之症，可在此息处，以便早夜诊视用药。……本年共计诊治新症共六千四百三十九，旧症共一千八百一十四……

除了在南台的圣教医馆外，后来，在福州城内白塔附近也建有教会医院①。为了向平民布道，传教士努力学习和掌握方言，用方言讲解《圣经》和教义②，编写了福州方言的汉英字典③和许多的榕腔文献。在这种背景下，大批的榕腔文献遂保留迄今。

（一）哈佛燕京图书馆收藏的“榕腔”文献

美国波士顿是美部会总部之所在，可能是由于这个原因，传教士编写的榕腔文献，有数十种保存在哈佛大学燕京图书馆。关于这批榕腔文献④，我曾做过较为系统的收集和阅读。管见所及，这批榕腔文献，大致可分为四个门类：

---

① 关于这一点，见哈佛大学 Widener 图书馆所藏 The Annual Report of Foochow Missionary Hospital，该书见有 1910 年、1911 年、1912 年、1913 年、1922 年和 1923 年诸年份。

② 甚至在当时的上海，麦都思在市内也用福建方言做礼拜，以“方便暂居上海寻求发展的福建商人”。见［英］施美夫著、温时幸译：《五口通商城市游记》，北京图书馆出版社 2007 年版，第 123 页。

③ 清同治九年（1870 年），传教士麦利和和摩嘉立编了 Dictionary of the Foochow Dialect（《福州方言字典》），此后屡加修订和扩充，第二版于光绪二十三年（1897 年）出版，第三版为 1929 年。今于哈佛燕京图书馆见有第三版，Dictionary of the Foochow Dialect, by The Rev. R.S. Maclay, D.D. and The Rev. C.C. Baldwin, D.D. Revised and enlarged by the Rev. Samuel H. Leger, Ph.D. 1929. Shanghai, The Presbyterian Mission Press。煌煌巨著，计 1874 页。另据林金水主编《福建对外文化交流史》提及：1870 年，麦利和和摩怜合编有《榕腔注音字典》（An Alphabetic Dictionary of the Chinese Language in Foochow Dialect），此后并两度再版。（第 404 页）摩怜即摩嘉立，则该书中的《榕腔注音字典》当即前述的《福州方言字典》。

④ 当然，除了以榕腔撰写的著作外，也有一些在福州当地刊刻的非榕腔文献，如同治九年（1870 年）太平街福音堂藏板的《圣教三字经》，光绪七年（1881 年）福州美华书局活板、福州城内太平街福音堂印《庙祝问答》，等等，太平街福音堂亦刊刻有不少榕腔读物。

一类是方言课本，如《榕腔初学撮要》(Manual of the Foochow dialect）一册，清同治十年（1871 年），摩嘉立（Rev. C.C. Baldwin）编译，福州美华书局印（Foochow: Methodist Episcopal mission press），哈佛燕京图书馆善本书。摩嘉立是《福州方言字典》的编纂者之一，《榕腔初学撮要》晚于前书一年出版。该书的 28 为 Forms of prayer，内容包括：（1）The lord's prayer（主祷文）；（2）Morning prayer（早祷）；（3）Evening prayer（晚祷）；（4）Grace at meals（感恩祷告）。不过，类似的宗教内容仅占全书的一小部分，其他的均为日常生活方面实用性的内容。该书第 21《与先生对话》（Talk with a teacher）中写道：

奴是外国只来福州，（I am a foreigner just come to Foochow）

卖晓的讲只块话。（And do not know how to speak this dialect）

伶请先生。（And now I invite the Teacher）

教奴讲话连读书。（To teach me to speak the language and read books）

乞先生看奴伶只起手。（According to the Teacher's opinion, now that I am just beginning）

着先学世乇好?（What would it be best for me to learn first?）

要紧着先呼八音。（It is important first to repeat over the eight tones）

字头字母着读分明。（And to read the initials and finals intelligibly）

怀通含糊。[Must not do it confusedly（so as to confound

them with each other）]

的着读至一年半载。（Must certainly study these a year or half a year）

字头字母俳晓的敥。（And know how to combine initials with finals）

只俳驶的。（Only then will it do, i.e., will you have studied these enough）

八音箬坏字头共字母？[The eight tone（book）has how many initials and finals?]

三十六字母十五字头。[There are 36 finals（only 33 in use）and 15 initials]

俳呼熟熟着。（Being able to repeat these perfectly）

自然讲话读书卖走音。（Then of course in speaking and reading you will not miss the tone）

……①

这是从一位外国人的角度，状摹学习福州方言的过程，而这应当是不少前来福州的传教士或其他外国人共同的经历。此处提及的“八音”以及“三十六字母十五字头”，源自十八世纪中叶编成的福州地方韵书《戚林八音》。《戚林八音》的声调为八类，也就是所谓八音（平上去入各分清浊（高下））。分声母为十五类，亦称十五声。分韵则为三十六字母，其中的“金同宾”“梅

① 摩嘉立（Rev. C.C.Baldwin）编译：《榕腔初学撮要》，第79—80页。

同杯”“遮同奇”，故而实际上只有三十三韵[①]。对此，《榕腔初学撮要》第一部分的语法中有详细的说明，书中提及的字典和词典，除了《说文解字》《佩文韵府》和《康熙字典》外，就是《戚林八音合订》。从中可见，传教士制定的福州话拼音方案之依据，即参考《戚林八音》。

第二类是宗教著作，主要是供传教之用的读物，这方面的资料最多：

《(福州平话)灵魂篇(附普度施食论)》，福州，亚比丝喜美总会镌，咸丰三年(1853年)。

《(福州平话)守礼拜日论》，福州，亚比丝喜美总会镌，咸丰三年(1853年)。

《(福州平话)神论》，福州，亚比丝喜美总会镌，咸丰三年(1853年)。

《(福州平话)入耶稣教小引》，福州，亚比丝喜美总会镌，咸丰四年(1854年)。

《(福州平话)劝善良言》，福州，亚比丝喜美总会镌，咸丰六年(1856年)。

《救主堂会规》，福州，亚比丝喜美总会镌，咸丰十一年(1861年)。中有《信录平话》。

《(榕腔)耶稣上山传道》，福州救主堂藏板，同治元年(1862年)。

《圣经新约全书》，福州美华书局，同治二年(1863年)。

---

① 李如龙、王升魁校注：《戚林八音校注》，福建人民出版社2001年版。

《创世传翻译福州平话》，福州，亚比丝喜美总会，同治二年（1863 年）。

《(翻译榕腔）马太传福音书》，福州金粟山，同治二年（1863 年）。另有一福州美华书局同治五年（1866 年）本。

《(榕腔）圣学问答》，8 卷，福州铺前顶救主堂藏板，同治三年（1864 年）。

《榕腔神诗》，福州福音堂藏板，同治四年（1865 年）。另有一同治九年（1870 年）和一光绪元年（1875 年）本。

《(榕腔）新约全书》，福州美华书局，同治五年（1866 年）。另有同治八年（1869 年）本。

《约翰传福音书》，福州美华书局，同治五年（1866 年）。

《路加传福音书》，福州美华书局，同治五年（1866 年）。

《马可传福音书》，福州美华书局，同治五年（1866 年）。

《(榕腔）约伯记略》，福州美华书局，同治五年（1866 年）。

《(榕腔）福音四书》，福州美华书局，同治五年（1866 年）。

《(榕腔）新约五经》，福州美华书局，同治五年（1866 年）。

《上帝圣诫翻译榕腔》，福州金粟山寓所，同治五年（1866 年）。

《(榕腔）诗篇全书》，福州美华书局，同治七年（1868 年）。

《(榕腔）基督教日用神粮书》，［美］吴思明抄，福州城内太平街福音堂印，同治八年（1869 年）。

《(榕腔）童子拓胸歌》，福州城内太平街福音堂印，同治十年（1871 年）。收有“弃偶归真歌”“孝顺歌”“十诫歌”“禁刣伙[①]共淫行歌”“禁伙偷乇[②]共贪心歌”“禁伙乱证见歌”“入教歌”和

① 刣伙，杀人。

② 偷乇，偷东西。

“守礼拜日歌”。

《(榕腔)宗主诗章》，福州福音堂、救主堂，同治十年(1871年)。另有光绪十七年(1891年)美华书局刊本。

《甲乙二友论述》，福州福音堂，同治十年(1871年)。

《路得记》，Simeon F. Woodin(即吴思明)译，福州美华书局，同治十三年(1874年)。

《十驳五辩歌》，福州太平街福音堂刊印，同治十三年(1874年)。

《(福州土白)谢年歌》，福州太平街福音堂印，光绪元年(1875年)。另有光绪五年(1880年)印本。

《祈祷式文》(附教会信录)，福州土腔，福州霞浦街礼拜堂印，光绪元年(1875年)。

《撒母耳前书》，福州美华书局，光绪元年(1875年)。

《(榕腔)救主行传》，[美]吴思明集，福州美华书局印，光绪二年(1876年)。

《(榕腔)贫女勒诗嘉》，福州美华书局，光绪四年(1878年)。

《撒母耳后书》，福州美华书局，光绪四年(1878年)。

《入道初学》，倪维思撰官音，[美]吴思明译榕腔，福州救主堂，光绪十五年(1889年)。

《(榕腔拼音本)出埃及记》，福州，Romanized Press，光绪十九年(1893年)。

《(榕腔)牧长诗歌》，唐意雅译，福州闽北圣书会印发，美华书局，光绪二十六年(1900年)。

《(榕腔)至美之德》，福州，Romanized Press，光绪二十九年(1903年)。

由上可见，除了“榕腔”外，也有的文献注明为“福州平话”。所谓平话，也就是福州话。清人张际亮的《南浦秋波录》卷3曰：“会城俗谓乡音为平讲，又曰平话。外县人多不知，异省人更无论焉。”譬如，1861年的《救主堂会规》，除了前面用文言写成的《铺前顶救主堂教会信录》之外，其后另有《信录平话》，兹举其中的一段以作对照：

《铺前顶救主堂教会信录》	《信录平话》
信上帝之外，举世崇奉神明菩萨香火符册神主牌等，与凡所拜诸物俱系虚假，人切勿仗之以邀福，亦勿以礼物奉祀之。	信上帝以外，通世间所奉其神明菩萨香火符册神主牌，共一切所拜其乇都是假其，仈都伓通藉伊赐福也，伓通用礼物奉祀伊。

该书翻译《马太福音》二十六章二十六节至二十八节，曰：

各仈正礼①食时候，耶稣掏②饼祝谢，擘③乞门徒讲吓：掏去食！噼④是我身体。仅⑤掏杯祝谢，乞伊讲吓：汝各仈啜吓！因噼是我其血，就是新约其⑥血，替众仈流，以致赦罪。

此处用了三个“吓”(a)字，对于这个虚词，《榕腔初学撮

① 礼，在。
② 掏，拿。
③ 擘，要，欲。
④ 噼，这。
⑤ 仅，又。
⑥ 其，的。

要》中有一段专门的解释。由于此类虚词及其他方言词（如礼、掏、擘、乞、噴、仅、其等）的使用，上述《马太福音》中耶稣的言行举止，颇像是一位地道的福州人，这显然拉近了布道者与信众之间的距离。

铺前顶救主堂刊行有不少类似的小册，除前列的榕腔诸本外，还有如光绪七年（1881 年）刊行的《初学阶梯（首集）》（美国夏察理、福州陈修灵校订）等。

从以上所列的书目来看，咸丰年间，书名均作“平话”，而同治二年之后则多冠以“榕腔”。结合同治九年（1870 年）、十年（1871 年）刊行的《福州方言字典》和《榕腔初学撮要》，不知是否可以推断——同治以后传教士在对福州方言的定名上，似乎有了一个标准化的称呼？

第三类是历史著作，如：

《列王纪略》下卷，福州美华书局，光绪五年（1879 年）。

《列王纪略》上卷，福州美华书局，光绪六年（1880 年）。

《历代志略》上卷，福州美华书局，光绪七年（1881 年）。

《历代志略》下卷，福州美华书局，光绪八年（1882 年）。

《万国通鉴》卷一、二，［美］谢卫楼著，林穆吉译成榕腔，摩嘉立（C.C. Baldwin）修订，福州美华书局，光绪十八年（1892 年）。

以《万国通鉴》为例，该书是以福州方言撰写而成的世界通史，其序言曰：

在早好其国君学尧舜，好其臣子学伊尹、周公，都载史记礼，乞后世做模样。仅务呆其国君学桀、纣，呆其臣子学王莽、曹操，也载史记礼，乞后世做警戒。伙欲晓的一朝一朝其代，总着读者史记。伶者《万国通鉴》，是美国谢卫楼牧师所做其，先论创造天地万物，都是由上帝其大才能，以后论始祖得罪上帝，连累后代仔孙。仅讲挪亚时候，上帝降洪水，灭世间其呆伙，伓留挪亚一厝八个伙，洪水后，挪亚其后裔，兴旺落示拿其平地，许一时礼起尽大其塔，意思剥透底居住一堆。伓上帝就乱伊其口音，驶伊散各处荮，发族落普天下。仅论万国兴败、皇帝好呆，以及诸凡风俗、地土、伙乇，都务讲。伓西国其伙梨中国传道，翻译《圣经》，教伙道理以外，仅做别乇书，加伙其见识。伶在福州其美部会，将者《万国道鉴》，请林先生穆吉翻译榕腔，后托一位牧师再详细看过，撮去大半，匀作上下二本，付美华书局印。（译文[①]：*早先好的国君学尧舜，好的臣子学伊尹、周公，（这些）都记载在史书里，给后世做榜样。又有坏的国君学桀、纣，坏的臣子学王莽、曹操，也记在史书里，警戒后世。人要知晓一朝一朝的事情，总得读这些史书。现在《万国通鉴》，是美国谢卫楼牧师所做的，先是论创造天地万物，都是由上帝的大才能，以后论始祖得罪上帝，连累后代子孙。又讲挪亚时候，上帝降洪水，消灭世间的坏人，只留挪亚一家八个人，洪水过后，挪亚的后裔，繁衍于示拿平原，那时正在建造很大的塔，意思是想彻底住在一起。上帝*

① 译文，由笔者翻译，以下同（以斜体字表示），不另出注。

就弄乱他们的口音，让他们分散到各处，分布到全天下。又论万国兴衰、皇帝好坏，以及诸凡风俗、土地、人物，都有讲。那西国的人来中国传道，翻译《圣经》，教人道理之外，又做别的书，增加人的见识。现在在福州的美部会，将此《万国通鉴》，请林先生穆吉翻译，后托一位牧师再详细看过，抽去大半，分成上、下两本，交由美华书局刊印。）

《万国通鉴》卷1为“东方各国”，除了序言、引外，第一章论中国其代[①]，第二章论蒙古其代，第三章论日本其代，第四章论印度其代。卷二为“西方古世代”，其第一章论犹太国其代，第二章论埃及国其代，第三章论巴比伦共亚述国其代，第四章论米太国共波斯国其代，第五章论斐尼西亚其代，第六章论喀颓基其代，第七章论希利尼国其代，第八章论罗马国其代。中国部分后有“附论儒道释三教”，对儒教的纲常名教虽多所肯定，但亦稍有微词。而对释、道二教，则完全是严厉的抨击。

第四类是自然科学以及相关方面的著作，如同治十三年（1874年）南台保福山印的《（福州平话）西算启蒙》[②]，其序曰：

算数其书，名啰算学，论算学是仈仈的着用其代，伶我翻译西国算学只一本书，其实获西国文法翻译啫汉字，到不

① 其代，的事情。

② 福州官桂铨亦收藏有一册清同治十三年（1874年）的《西算启蒙》，他在《同治年间福州铅印课本》（网络资料，原载《福州晚报》，刊期失记）一文中指出，光绪二十七年（1901年）此书又由福州美华书局重新排版铅印。

如伓驶亚拉比其字做码子，是故妥当。最要紧是望仈看啫算学，僬容易明白，学啫算法，僬容易成就，就是。刻下全部其书昧成，伓获几件第一现算数其法，翻译平话，驶斋礼学生学女，快快僬晓的算数。啫算数其书，在福州起手，是美国基顺教士，翻译正文，因为浅学其仈，看也务艰难明白，故此我仅翻译平话，仅加里几件其法，是欲助学其仈，嚽，当做序。（*算数的书，名叫算学，论算学是人人都要用的事情，现在我翻译西国算学这一本书，其实用西国文法翻译这汉字，倒不如用阿拉伯数字做码子更为妥当。最要紧的是希望人们看这算学容易明白，学这算法容易成功。现在全部的书没有完成，就选几件最重要的算数之法，翻译成平话，让学校里的男女学生，迅速懂得算法。这算数的书，在福州开始是由美国基顺教士翻译正文，因为浅学的人想看明白也有困难，所以我又翻译成平话，又加上几种方法，是想帮助人们学习。这，当做序。*）

文中的“基顺教士”即 Otis T. Gibson，他是一位美以美会差会传教士，曾在榕城传教。《（福州平话）西算启蒙》一书即由其翻译正文，再由另一名美国传教士吴思明（Simeon F. Woodin）作序并翻成福州话。吴思明于咸丰年间来到福州，主持美部会福州差会兼任学校主理，他翻译过不少榕腔文献。譬如，同治八年（1869 年）福州城内太平街福音堂就刊有他所抄的《基督徒日用神粮书》。另外，光绪二年（1876 年）美华书局刊印的榕腔《救主行传》，以及光绪十五年（1889 年）福州救主堂刊行的榕腔

《入道初学》，也都是吴思明所译。《（福州平话）西算启蒙》的内容是用福州方言撰写的数学课本。譬如加法部分有一道算术题：

一只[①]侬务[②]三只唐晡仔[③]，一只诸娘仔[④]，伊剥[⑤]死时候，就分家业，伊诸娘仔得银999两，伊三只唐晡仔比诸娘仔都多得银200两，算一只唐晡仔得箬坏[⑥]？男女四只侬，共总[⑦]得箬坏？*（一个人有三个儿子，一个女儿，他快死的时候分割家产，女儿得银999两，他三个儿子比女儿都多得银200两，算一个儿子得多少？男女四个人，总共得多少？）*

除法部分有：

福州城里南台各门外约略务600000侬，一日吃烟共总驶去1200000钱，一只侬驶箬坏钱？*（福州城内南台各门外约略有60万人，一天吃鸦片烟总共用去120万钱，一个人（每天）用多少钱？）*

上揭的加法是道有关分家的算术题，而除法则反映了福州城

① 只，个。
② 务，有。
③ 唐晡仔，男孩，儿子。
④ 诸娘仔，女孩，女儿。
⑤ 剥，要，将。
⑥ 箬坏，多少。
⑦ 共总，总共。

内外的现实问题。这些算术题均颇为实用，亦极具乡土色彩。明清以来，福州的商业气氛十分浓厚，算术是人们重要的谋生技艺之一，民间广泛流传有《连江竹连江猫》的口算歌，就旨在锻炼儿童的口算能力①。连江是福州郊县之一，盛产毛竹，从前有一首谜语："高高延平山，蓬蓬连江竹，千人万人数不足。"毛竹从连江运抵福州，堆在台江码头上，一望杂乱蓬松的样子。《连江竹连江猫》中的"竹"，除了实指外，还指口算，福州人称口算为"竹"，"江"与"根"同音，"连江"亦即"连根"，"连江竹"也就是不断口算下去的意思。在这种背景下，《（福州平话）西算启蒙》的出现，显然颇助实用。

（二）"榕腔"文献的学术价值

哈佛燕京图书馆的这批榕腔文献，具有多方面的学术价值。例如，关于"榕腔"这个词最早什么时候出现，以往一般认为——最早是见于光绪时人卓倓的《惜青斋笔记》："闽人演唱曲本，土音曰榕腔。"②其实，从哈佛燕京图书馆收藏的"榕腔"文献来看，以"榕腔"命名者远早于此。同治元年（1862年），当地就刊有福州救主堂藏板的《（榕腔）耶稣上山传道》，这是实物，可见"榕腔"一词，最早在同治元年就已出现。

这批榕腔文献，反映了晚清时期福州社会丰富多彩的社会生

---

① 《中国歌谣集成》福建卷·连江县分卷，1990年版，第259页。亦见《中国歌谣集成》福建卷·福州市分卷，1990年版，第124页。

② 福建省戏曲研究所编：《福建戏史录》，福建人民出版社1983年版，第225页。

活[①]。例如，光绪五年（1879年）《谢年歌》（城内太平街福音堂印，美华书局代印），叙及年终的风俗。其中的《年终歌》曰：

十二个月一年时，天运循环众共知。

奴[②]看家家𣍐[③]年尾，预备年料㑰[④]惊迟。*（我看家家到年终，预备年货只怕迟）*

就讲一年一年代[⑤]，旧年过去新年梨[⑥]。

到处虔诚谢菩萨，汉[⑦]伊今年务[⑧]扶持。*（叫他今年要帮助）*

仅[⑨]𣍐年暝廿四夜，家家祭灶送神祇。

讲伊[⑩]上天去奏事，人间祸福是由伊。

故务诸娘[⑪]欲禁忌，真真蒙昧大希奇[⑫]。

---

① 传教士留下的著述，颇多反映社会生活方面的内容。在这方面，福建师范大学林立强教授利用卢公明（Rev. Justus Doolittle）的《中国人的社会生活》一书，作过不少探讨。如：《美国传教士卢公明与晚清社会的鸦片问题》（《福建师范大学学报》2004年第2期）、《美国公理公传教士卢公明与晚清福州民间信仰》（《世界宗教研究》2005年第2期），但他所处理的资料与此处不同（本文主要集中在“榕腔文献”）。

② 奴，我。

③ 𣍐，到。

④ 㑰，只。

⑤ 代，事。

⑥ 梨，来。

⑦ 汉，叫。

⑧ 务，有。

⑨ 仅，又。

⑩ 伊，他。

⑪ 诸娘，女子。

⑫ 希奇，稀奇。

在伊所做汉[1]顶好，卖[2]晓都是怀[3]合宜。（*在她所做以为很好，却不知道都是不恰当的*）

都乞世俗缚紧紧，真其怀做做假其[4]。（*都让世俗束缚得紧紧的，真的不做做假的*）

可惜世人心黑暗，直头莽[5]做不知非。

奴伶[6]望汝莫从俗，空乔其代[7]切莫提。（*我现在希望你不要从俗，无用的事情不要再提*）

赶紧悔改凭天道，归奉真主莫迟疑。

从十七世纪以来，中国的礼仪之争由来已久。传教士在此处亦毫无例外地抨击中国的年节习俗，认为这些完全都是无益之举。福州俗有“官三民四曲蹄五”之谚，据说，缙绅之家以二十三日，编氓以二十四日，水上居民（蛋民）则以二十五日祭灶。在外国传教士麇居的仓山一带，俗谓十二月二十三日祭荤菜，二十四日祭素菜，后人合而为一，总曰祭灶[8]。而《年终歌》则明确反对中国传统的祭灶习俗。又如其中的《算账歌》：

① 汉，叫，称作。
② 卖，不。
③ 怀，不。
④ 其，的。
⑤ 莽，随便。
⑥ 伶，现在。
⑦ 代，事。
⑧ 蔡人奇：《藤山志》卷9《礼俗志》，“中国地方志集成”乡镇志专辑，上海书店出版社1992年版，第32页。

钱财世上礼[①]交加[②]，买卖生意数务[③]赊。（*商业上常有赊账的事情发生*）

欠梨[④]欠去记数簿，总着[⑤]对算齐毛[⑥]差。（*欠来欠去记在账本上，总得核算清楚没有差错*）

也务[⑦]一年算一转，也务月结三节查。（*也有一年算一次，也有每月结算、三节核查*）

或且昧[⑧]填[⑨]就挂欠，莽[⑩]积莽侕[⑪]就□（?）麻。（*有的没还挂欠在那里，越积越多就麻烦*）

……

由于商业交往中赊账之普遍，故而讨账便成了福州商界中司空见惯一种现象。《讨账歌》曰：

讨数[⑫]者[⑬]代[⑭]顶忧愁，先是端午后中秋。（*讨债这事*

① 礼，正在。
② 交加，勾结，联系在一起。
③ 务，有。
④ 梨，来。
⑤ 着，要。
⑥ 毛，无。
⑦ 务，有。
⑧ 昧，未。
⑨ 填，还。
⑩ 莽，越。
⑪ 侕，多。
⑫ 讨数，讨债。
⑬ 者，这。
⑭ 代，事。

很让人忧愁）

一彀[①]年兜[②]仅[③]放数，家家主主[④]都礼[⑤]收。

仈[⑥]伽[⑦]务[⑧]欠总剥[⑨]讨，讨伽昧[⑩]填[⑪]毛[⑫]的休。（*如果有人欠债总得讨，讨债如果没有还就不会停止*）

就是顶少其[⑬]数目，俤仈僬[⑭]肯在伊由[⑮]？（*就是很少的数目，谁人会肯善罢甘休?*）

也务[⑯]相争[⑰]共相拍[⑱]，都因讨数结冤仇。（也有吵架和打架，都因讨债结冤仇）

欠债还钱自古语，现现[⑲]道理伽[⑳]一条。

---

① 彀，到。
② 年兜，年头。兜，头。
③ 仅，又。
④ 家家主主，家家户户。
⑤ 礼，正在。
⑥ 仈，人。
⑦ 伽，如果。
⑧ 务，有。
⑨ 剥，要。
⑩ 昧，没有。
⑪ 填，还。
⑫ 毛，没有。
⑬ 其，的。
⑭ 俤仈僬，谁人会。
⑮ 伊由，不详。
⑯ 务，有。
⑰ 相争，吵架。
⑱ 相拍，打架。
⑲ 现现，明显的。
⑳ 伽，只。

仸仸[1]在世许侕[2]罪，将其[3]自家心不忧？（*人人在世犯下了这么多的罪恶，怎么自己心里都不忧心？*）

就是财主[4]昧[5]梨[6]讨，迟早之间总伓[7]丢。（*就是债主没有来讨，迟早总没有勾销的时候*）

毛[8]钱填[9]人都着苦，欠罪冬那[10]伓驶[11]酬？（*没钱还人都得苦恼，欠罪哪里不须还？*）

上帝就算务[12]充缓[13]，昧[14]讨是倚[15]仸回头。（*就算上帝有这样的情况，未讨欠罪是希望人们改过自新*）

仅因奴仸填卖[16]起，降生救主替仸消。（*又因我们还不起，降生救主替人消灾*）

假使挨延伓[17]敬拜，后来定罪的难饶。

---

① 仸仸，人人。

② 许侕，许多。

③ 将其，怎么。

④ 财主，债主。

⑤ 昧，没。

⑥ 梨，来。

⑦ 伓，不。

⑧ 毛，没。

⑨ 填，还。

⑩ 冬那，哪里。

⑪ 伓驶，不要。

⑫ 务，有。

⑬ 充缓，这样。

⑭ 昧，未。

⑮ 倚，希望。

⑯ 卖，不。

⑰ 伓，不。

接着，又有《还账歌》反复强调：

本来还数是年间，也务时当三节攀。（*本来还债的时间是在年间，也有放在三节*）

人欠欠人嚽[①]都务，俤仫[②]毛荡只喇坑[③]。（*别人欠自己和自己欠别人的都有*）

俤是仫仫着打算，早些预备偨[④]交还。（*那是人人得打算的，早些预备要交还*）

或且毛钱去挪借，借梨填去逃过关。（*或且没钱去挪借，用借来的钱还债逃过关*）

怀是空嘴讲白话，毛乇[⑤]填仫着汉宽。（*不是空口说白话，没钱还人得叫人宽限*）

嚽[⑥]是顶现[⑦]其[⑧]道理，仫都偨[⑨]晓毛块争。（*这是非常明显的道理，人都知道无须争论*）

奴伶[⑩]讲论者[⑪]代计[⑫]，试设比喻乞[⑬]汝听。（*我现在讲*

---

① 嚽，这，这些。

② 俤仫，谁。

③ 毛荡，无错；只喇坑，不详。

④ 偨，要。

⑤ 乇，物，东西。

⑥ 嚽，这。

⑦ 现，明显。

⑧ 其，的。

⑨ 偨，会。

⑩ 伶，现在。

⑪ 者，这。

⑫ 代计，事情。

⑬ 乞，让。

这件事情，打个比喻给你听）

世人许侕[①]其[②]罪过，就像欠债成堆山。*（世人犯了这么多的罪过，就像欠了很多债一样）*

上帝可比是财主，耶稣可比做先生。*（上帝可以比作是债主，耶稣可以比作是老师）*

献祭赎罪做世乇[③]，就是替侬罪承担。*（献祭赎罪做什么，就是替人承担罪恶）*

假使伓认伊做主，欠其昧填毛相干。*（假使不认他做主，欠的未还无相干）*

奉劝众侬着归顺，倚藉救主得平安。

福州人到年终，需要彼此结清商务及日常往来上的欠款，俗称“讨数”。因纠缠不清，时常发生诸多纠纷。许多人为了躲债，整夜不归。在这方面，民间流传着诸多除夕外出躲债的故事。蔡人奇编纂的《藤山志》卷9《礼俗志》记载：“除夕各商店皆向赊欠之家索债，必至天亮而后止，谓之讨数。”这记述了民国年间仓山一带的风俗，考虑到民俗的传承，晚清时代应当亦大同小异。据长辈回忆，每年除夕，福州各处的会馆、庙宇皆停止演出，只有坞尾尚书庙戏台上仍然锣鼓喧天，台下的观众人头攒动，明的是来看戏，其实是在躲债。《讨账歌》巧妙地利用此一风俗加以说教，将上帝比做债主，告诫人们必须皈依上帝，方能

① 许侕，这么多。
② 其，的。
③ 世乇，什么。

免除诸多罪愆。

除了年节习俗外，对于民间信仰，《榕腔初学撮要》中有详细的论列，如道教的神明（Taoist deities）：

三清，太上老公，老子，元始天尊，通天教主

玉皇

王天君

火神，火帝

关帝（关老爷，关夫子，武圣）

五帝，张、钟、刘、史、赵，长班鬼，七爷，矮八鬼，八爷

阎罗王（阎罗天子）

泰山，仁皇帝

城隍，大王

越王，闽越王

元帅，郑二伯，郑二姆，乌哥，白俤，灵狗

五显，泽苗半天五显公

九使，九使爷，九使王

猪一使

鲁班

女娲

鬼谷子，药王祖师（孙真人），医官大王

财神，土地公，五谷神，灶君灶妈，炮神，旗（旗纛），门神，尉迟恭，秦叔宝，神荼，郁垒，符使，功曹，妈祖

（妈祖婆，天后娘娘，天上圣母），千里眼，顺风耳，临水奶，娘奶，婆官婆奶，虎婆奶，白鸡小姐，柏姬，珠妈，痧妈，檐前奶，七星奶，张仙，天狗，抢钱虎，猴圣王，黑猴，白兔，狐狸（狐狸猫，狐仙，仙爷，狐仙爷），龙神，牛头，马面，鸡头，鸭将。

这大概可以视作十九世纪七十年代福州城内外最为详细的一份民间诸神名单。前五行基本上是流行全国的神明，而第六行之后，则基本上是福州的土神。譬如，五帝以及随从长班鬼、矮八鬼（七爷、八爷），在明清时代的福州脍炙人口，有许多民间传说和故事均与此有关。又如其后的“九使”，也是福州民间信仰中的重要组成部分。早在明代，福州的九使庙就见诸记载，及至清代更臻极盛。清人张际亮《南浦秋波录》卷3《习俗记》：“会城最多淫祀，诸姬家尚有一种邪鬼，曰狗使，凡祀之此鬼之家，客与其家人狎，辄迷恋不悟。”该书卷3《岁时记》又曰：“九月重九日，诸姬家祭神，曰九使”，或云“狗使”即“九使”（闽中方言，“九”与“狗”同音）。近人郑丽生亦有《祭九使》诗：“何须弄首与矜姿，色不迷人人自迷，九日儿家祭九使，个中诡秘总难知。”① 九使信仰甚至传到了日本的长崎，从清代的唐船史料来看，赴日船员中自称奉祀狗（九）使者颇不乏人。《崎港闻见录》中，就有“九使庙”一词的出现。② 乾隆时代徽商汪鹏的

① 郑丽生：《福州风土诗》，1963年福州春檗斋抄本。福建省图书馆特藏部藏。

② 见《崎港闻见录》（约成书于雍正以后），见长泽规矩也编《唐话辞书类纂》（古典研究会发行，1971年版）第4集，第463页。

《袖海编》，以及稍后翁广平的《吾妻镜补》中，亦均提及长崎的九使庙。此外，上述那份名单中排在后面的临水奶、娘奶、婆官虎奶、虎婆奶、白鸡小姐、珠妈、疹妈、檐前奶和七星奶等，在福州城内外也都实有其庙[①]。

相对于道教，《榕腔初学撮要》对佛教神灵（Budhist Deites）的介绍比较简单：

> 菩萨，三宝佛（迦叶，释迦，牟尼），如来
>
> 释迦牟尼，阿弥陀佛
>
> 弥勒，弥尼佛
>
> 观音，观音佛，观世音
>
> 白衣大士
>
> 伽蓝，监斋，坚陀罗王
>
> 韦驮
>
> 准提
>
> 普庵，泗洲佛，二十四位诸天，四大金刚，哼哈二将，十八罗汉，地藏王，目连。

其中的一些佛教神灵，也为民间耳熟能详。以泗洲佛为例，近人郑丽生有《泗洲佛诞》诗："十字街头卖行货，临淮浪迹到瓯闽，本来佛寿称无量，何用香花祝法身。"他指出："街头巷口多筑小龛，祀泗洲文佛，即僧伽大师也。……初一日为佛诞，里

① 参见徐吾行著《福建神道迷信》，打印本，1984 年 12 月，藏福建省图书馆特藏部。

社各有庆典。”①

与在中国其他各地一样，对于福州的民间信仰，传教士刊行的读物往往不遗余力地加以驳斥。譬如，咸丰四年（1854年）亚比丝喜美总会镌福州平话《入耶稣教小引》，就有如下的文字。兹将该方言读本与咸丰六年（1856年）亚比丝喜美总会镌的官话读本列表如下，比照而观：

咸丰四年福州平话本	咸丰六年本
入耶稣教其伙，诸凡做事，毛拣择日子，伓勤力去做，有时遇着病疼，也毛抽签卜卦，做狮禳醮，伓好请医调治，求真神赐福，保护伊好就是，并怀是欲躲避破病共吃亏其代啰只入教。	耶稣教之人，诸凡行事，无择吉日，只勤工行为，或遇病苦，亦无签卜禳醮，惟是延医调治，求爷华神佑之得愈而已，并非欲避病苦与受亏之事者才奉教也。
入耶稣教其伙，毛拜皇天后土，所有神明菩萨、神主牌、香火、符册，陇总除去，也毛烧香、点烛、化元宝共祭祀其礼物。若使遇着丧事，伓取俭省朴实，怀取华丽作佳，也毛做七、六旬、百日、周年其日期，也毛拣择风水，也毛祭墓压纸，或有时去墓礼，伓观望看看，并毛别事，学啫样其代，是虚空毛益伙的，仅是大得罪神。	耶稣教之人，无拜皇天后土，即所有神明菩萨、神主牌、香火、符册，一概皆除，又无焚香点烛、化冥银纸钱及祭祀礼物。若遇丧葬，只取俭朴，不取奢华，并无作七、六旬、百日、周年之期，亦无延僧道众，念经拜忏。至于选择风水、祭墓、挂纸俱无，或有时到墓，只是观望，并无别事。如此等事，不特徒然无益于人鬼，尚且获罪于真神。

该书的《附录问答》还解释了耶稣与福州人心目中菩萨的区别：

① 郑丽生：《福州风土诗》。

务侬伺耶稣是世乇菩萨？应讲耶稣伓是世乇菩萨，菩萨是侬做的，耶稣是自然而然，菩萨都是凭侬主意，或金银柴石做的，或土塑的，或轻重、长短、高矮、大细，都卖定动，是儯坏其乇，耶稣都伓是凭侬主意，㑟是灵，乇形乇状，自自在在，无所不能，永远卖毁坏的，故此称耶稣做菩萨是大错。（*有人问耶稣是什么菩萨？应该说耶稣不是什么菩萨，菩萨是人做的，耶稣是自然而然的。菩萨都是根据人的意思，或金银柴石制成的，或土塑的，或轻重、长短、高矮、大小，都不会动，是会坏的东西。耶稣都不是根据人的意思，那是神灵，无形无状，自自在在，无所不能，永远不会毁坏的，故称耶稣为菩萨是个大错误。*）

咸丰五年（1855年）亚比丝喜美总会镌福州平话《妈祖婆论》：

三月廿三，是妈祖婆生日，大凡行船其侬，共过海做生意其客商都务奉祀妈祖婆，求伊保护平安顺事，我侬曾查伺啫代计，故此伶议论啫妈祖婆，辩明啫道理，请汝列位众侬细腻看，就晓的真假……（*三月二十三，是妈祖婆的生日，凡是行船的人，以及到海上做生意的客商都要奉祀妈祖婆，求她保护平安顺利，我们曾经查问这事情，所以今天议论这妈祖婆，辨明这道理，请你们各位众人仔细看，就知道真假了……*）

在《榕腔初学撮要》的那份诸神名单中，妈祖与“妈祖婆”“天后娘娘”“天上圣母”并列互用①。当时，传教士活动的中心主要是在南台，附近的闽江中有许多当地称为“曲蹄”的贱民，也就是广东、福建一带分布广泛的蛋民阶层，他们为了反抗陆上居民的压迫，纷纷加入基督教会。作为水上居民，妈祖是他们重要的信仰。妈祖，福州人称之为妈祖婆，俗有“风大识得妈祖婆”之谚（一作“起风乍八妈祖婆婆”——风刮起来时，才知道有妈祖婆婆）。商界以前有妈祖诞，近人郑丽生有诗：“既呼妈祖又婆婆，利涉安澜功德多，水手梢公齐作福，但祈海上不风波。”诗注曰：“湄洲女子林默，殁为海神，夙著灵异。自宋至清，累加封号。天妃、天后，皆其荣褒也。闽人呼曰妈祖婆婆，滨海各省县，皆建有天后宫，（三月）二十三日为神诞日，舟人运商，觞祝维谨。”②另据徐吾行的说法，福州民间传说，在海上遭遇不测时喊叫“妈祖婆婆”，功效立见。若喊“妈祖娘娘”，则有时刻之差——因婆婆系民间老妪，无须化妆即可出动；而娘

① 顺便说一句，《特选撮要》中的《妈祖婆生日之论》中说：“且有人言曰：在徽州有妈祖婆之庙，当时妈祖婆常在此住，参他的禅，打他的坐，随做仙了。……若妈祖之尸已升天堂，则必不在徽州，而若还在徽州，则必无升天堂。”事实上，所谓徽州有妈祖婆之庙，原来是指广东新安的妈祖庙。关于这一点，光绪七年（1881年）福州美华书局活板、太平街福音堂刊印的《庙祝问答》下卷曰：“次日传道者复往是庙，庙祝见之，迎坐奉茶，略谈世事。传道者曰：‘昨日与伯父谈论世人奉事菩萨，是假非真，伯父思之，是真否？’庙祝曰：‘尔云菩萨系假，我心非不信，但我还旧思疑一件，人人皆传新安赤湾天后娘娘灵应，常有显圣救民，所有船只经由此庙，莫不化宝鸣钟，祈其保佑，凡往赤湾许福者，必获财源，菩萨若假，岂有如是灵应乎？’”（第7页上）因“新安”亦为皖南徽州之旧名，故《妈祖婆生日之论》的作者误以为妈祖婆之庙在徽州。

② 郑丽生：《福州风土诗》。

娘则为有品秩命妇，非有适当配备不可，故行动稍有迟缓[①]。而《妈祖婆论》一文，就是要破除人们的这种迷信，特别是水上蛋民的重要信仰。

同治十三年（1874 年），福州太平街福音堂刊印的《十驳五辩歌》，分别对福州当地的降乩、神妈神公、拍落僮、恰十保、犯邪、禁忌、烧纸箔、过关、普度、搬药师、卜卦、看命、看相、择日和风水作了剖析。其中的“四驳恰十保”：

> 世人病症瞉临危，居多恰者十保份。
> 亲友各出一百钱，保者病身换好运。
> 病家就买喇礼仪，去庙驶唤求安顺。
> 请喇道士共师公，做咒解口像解闷。
> 锣鼓拍的响冲天，吹角做法大闹动。
> 做完者乇请大家，食喇精光齐回郡。
> 装喇一只斗升火，照应转厝莫冲撞。
> 若侗病身好几多，几年偨遇一转闰。
> 城乡立者十家保，是防窝贼着出控。
> 若论生死共安危，由着上天莫含混。

1845 年 12 月，英国传教士施美夫（George Smith）曾在福州郊外亲眼目睹了道士为病人家属的“做法”：“我在那里遇到一个中国人，因为家中有难，特来讨取解救之道。他家的苦难是妻子

① 徐吾行：《福建神道迷信》打印稿，第 6 页。

病了，即将死去。丈夫穿上最好的衣服，带着许多捐献物，焦虑地站在一个平台前等待着，而一个道士则在地上东走西窜，左摇右摆，翻筋斗打滚，努力求得好兆。那个道士头上扎着红手巾，手中拿着一把燃烧的纸，绕着一张摆满糕点和水果的桌子，激烈地跳着，一边作出激动的手势。两个助手敲锣打鼓，跟他的表演保持节奏。有时他会轻声祈祷，有时又会诅咒妖魔。有时他会极力哄走被冒犯的神灵，有时又会在空中甩鞭吓唬，经过半个小时疯狂的喧闹，不断地翻筋斗后，他从地上站了起来，把那个焦急的丈夫的头发挽成道家特殊的发髻，在上面插一枚发簪。道观外又焚烧了许多纸。这时，道士停止了在空中甩打。病人的丈夫在神像前面鞠了几个躬，按常规付了道士钱，显得心满意足，欢欢喜喜地回到自己有难的家中。"这大概就是上述第三行"病家就买喇礼仪，去庙驶唤求安顺"。除了在庙中的做法外，还有在病家家中的法事。关于"十保"，《道教文化辞典》有"十保福"条："信俗，湖北黄陂一带，人若生病，医药不效，必请道士，做十保福。即每人出钱百文，由病家延至，款以酒饭，十人出面，向东岳求寿。"[①] 揆诸方志及民间文书，在明代中叶，昆山一带"亲友有疾，共祷城隍祠，名保状"[②]。在徽州，也有类似的信仰习俗，称"十保"。咸丰三年（1853 年）十一月，婺源人程汝南作有《十保疏》，其序曰："十保者，因人正气负疾深重，约十人之数，保一

① 张志哲主编：《道教文化辞典》江苏古籍出版社 1994 年版，第 946 页。

② 嘉靖《昆山县志》第 1 卷《风俗》，"天一阁明代方志选刊"第 9 册，上海书店出版社 1981 年版，第 6 页上。

人之命，代一人之死。”[①]《十驳五辩歌》中的“四驳恰十保”，是有关十九世纪七十年代福州十保信俗的史料，其中透露出的信息，反映出当地的“十保”做法，与湖北黄陂一带的比较类似。同时也说明，在南方各地，“十保”信俗应当相当普遍。

再如，《十驳五辩歌》中的“九驳普度”说道：

人生善事都该做，惟有普度是虚耗。

俤伙务见者孤魂，落那阴间寒共饿？*（何人曾见到孤魂在阴间受寒挨饿？）*

可惜捐题许俩钱，一半倗是度僧道。*（可惜捐出那么多钱，一半是供僧道花销）*

年年普度做许多，昧见务度一只去。*（每年做许多普度，未见有度过一个人去）*

我想世上尽俩伙，现受百般其坎坷。*（我想世上这么多人，现在日子相当坎坷）*

者钱掏梨施济伊，箬样的力何等好。*（这些钱拿来施济他们，那该有多好）*

若凡掏梨设义学，也益子弟无数个。*（如果拿来设义学，也会让无数子弟受益）*

就掏铺路共修桥，将换行为也不糙。*（就是拿来铺路和修桥，这样的行为也不差）*

---

① 抄本《应酬便览》疏集类及疏集卷2，王振忠收藏。参见拙文《清代前期徽州民间的日常生活——以婺源民间日用类书〈目录十六条〉为例》，载陈锋主编：《明清以来长江流域社会发展史论》，武汉大学出版社2006年版。

活伙怀度度死伙，是非实在大颠倒。*（活人不度度死人，是非实在大颠倒）*

奉劝世人仔细思，莫落僧道其[①]圈套。

清人施鸿保《闽杂记》曾指出："吾乡于七月祀孤，谓之兰盆会，承盂兰盆之称也，闽俗谓之普度，各郡皆然。"施氏此处是以福建全省为言，具体到福州，每届秋冬季节，各境（里社俗称曰境）设醮为大施会，称为"普度"，其间隔以干支轮值，或六年一次，或十三年一次，或六十年一次。福州俗有"东岳做普度，六十年蜀回"的说法，东岳庙亦即泰山庙，那里的普度是六十年一回。因人生一世，难逢两个六十年，故以东岳普度比喻机不可失、时不再来。此外，俗语尚有"海贼做普度"，形容恶人发善心。这些，都反映了"普度"在福州民众心目中的地位。福州普度例有目连坛之设，专演提线傀儡，其剧目主要是目连救母的故事[②]。关于普度，《普度施食论》更具体指出：

我来福州有几年啰，看见本地其风俗，递年都有做这普度，大家题缘，请喇和尚念经说法，俩或十余众，少就三五众，都讲吓，僣开地狱门，放出鬼魂，就排坛，出阴榜，预备礼仪、果子、粿[③]飵，施食饿鬼，叫做行好心，最有功德。

---

① 其，的。

② 福建省戏曲研究所编：《福建戏史录》，第114—115页。

③ 粿，是一种以糯米做成的饼，其中有馅，主要用于祭祀。

学这话，也是莽[1]讲，总未见有实据吓。（*我来福州有几年了，看见本地风俗，每年都做这普度，大家题缘，请来和尚念经说法，多或十余众，少就三五人，都讲会开地狱门，放出鬼魂，就排坛、出阴榜，预备礼仪、果子、粝飦，施食饿鬼，叫做行好心，最有功德。这话也是随便说说，总未见有实际根据。*）

……

我伶伽侗伊只一件：地狱门果然傩开，饿鬼傩放出，到底是驶伊陇总齐出阿？是凭次序点名，驶伊一只跟一只呢？假使伽陇总齐出，故著一只鬼押着一只魂。或是在伊飘荡，凭伊自家去，自家来呢？假使伽凭伊自家去，仅肯自家来，阴魂也无只满欵[2]。假使一只鬼，的的押着一只魂，我想阴间，也无许俩其鬼卒。东家其上座未完，西家其施食仅起。假使凡施食其位处都有去，这阴魂透年都着世间受用客游，做极乐场吓。学蒋换设这地狱，伓也是多事阿？这是无实其话，断断无这道理。（*我现在只问他这一点：地狱门果然会开，饿鬼会放出，到底是让他们全部一起出来呢？还是按次序点名，让他们一个跟一个呢？如果是全部一齐出来，那要一个鬼押着一个魂。或是让他自己飘荡前来？如果只由他自己出去，又肯自己回来，阴魂也没有这么傻。假使一个鬼，确实押着一个魂，我想阴间也没有这么多的鬼卒。东家*

---

① 莽，随便。
② 欵，傻。

的上座还没完，西家的施食又开始了。如果凡是施食的地方都要去，这阴魂一年到头都在人世间受用游玩，很快乐啊。那这样设了地狱，不也是多事吗？这是没有根据的话，断无此理。）

……

上述两段话，以推理的方法论证普度之无益，所说的道理亦相当滑稽。其原文应当源自《普度施食之论》，而后者见于尚德者（即麦都思）编纂的《特选撮要每月纪传》[①]，年代为清道光乙酉（1825年）十一月，较榕腔的《普度施食论》显然要早，由此可见，榕腔《普度施食论》较《普度施食之论》有所改动，其中的辩驳系根据福州当地的具体情况作了因地制宜的分析，主要的目的自然就是反对任何形式的偶像崇拜，宣扬独尊上帝为唯一真神。

除了宗教方面的说教外，还有不少与日常生活密切相关。譬如，《榕腔初学撮要》中收录了许多对话，极富生活气息，颇可窥见当时的社会风情。《榕腔初学撮要》26有一段“A conflagration（大火）”：

一暝晡火烧厝。*（昨夜失火了）*。

烧尽大吓！*（烧得很大啊！）*

① 关于该书，卓南生《中国近代报业发展史》（中国社会科学出版社，2002年版）一书辟有专章介绍。不过，卓氏仅读到藏于大英图书馆的原件2册，未能窥见全貌。而哈佛燕京图书馆所藏该书几近全帙，该书除原版外，另制有缩微胶卷和胶片两种，计有4卷，其中，除了《咬嚼吧总论》之外，还有《普度施食之论》《清明扫墓之论》等。

仈长啰昧？（*听说了吗？*）

仈长了。（*听说了*）

昧仈长。（*没听说*）

烧箬坏间吓？（*烧了多少间？*）

听伊讲务五六百间。（*听他说有五六百间*）

伙烧死四五只。（*人烧死四五个*）

嚽尽去凄惨吓！（*这非常凄惨啊！*）

俤伙里起火？（*什么人家起火？*）

听伊讲是染店礼起火。（*听他说是染店里起火*）

也务讲是伙放火。（*也有讲是人放火*）

世毛时候烧起？（*什么时候烧起？*）

务二更烧起。（*在二更时烧起*）

天光故礼烧。（*天亮了还在烧*）

只长火缓去啰叭？（*现在火小了吗？*）

只长火落地了。（*现在火熄了*）

只长火煞去。（*现在火烧完了*）

明清以来，福州城内外多为木构建筑，俗称“柴栏厝”。因民居稠密且夜作不休，故常引发火灾，所以民间素有“纸裱福州城”之说——意思是说福州城就像是用纸张糊裱而成，一遇火星便极易着火。哈佛燕京图书馆收藏有一批晚清时期外国人拍摄的福州照片，总称为“Views in China”（中国风景），其中的第二幅题作：“Southern suburb of Foochow on fire: View from European side of R. Min.”，时间为 1876 年 11 月 12 日，也就是清光绪二年从闽江南岸看到的火灾情景，恰恰为人们提供了一个直观的印象。而上揭的对白，就是两位福州人在闲聊一场大火的前因后果。由于方言的充分运用，人物形象跃然纸上。一百多年后，当我们重读这段对话，从榕腔“吓”“昧”“叭”的起承转合中，眼前几乎看得到对话双方的神态、表情。

此外，书中的一些对话，亦可看出当时的商业经营。鸦片战争之后，福州对外贸易有所发展，据英国传教士的观察：“福州从相邻的江西省进口瓷器，也从遥远陕西省进口皮毛。帆船从山东、天津，及其他沿海地方运来蔬菜和药品。从宁波进口棉布。泸州（？原译文如此）群岛来的进贡船只也运来鱼干、燕窝、酒、海参，以及日本铸造的金锭，年价值在1万大洋左右。本省西北乡村提供日常家用物品，如茶叶、茶油、大米、竹笋、香木和牛皮。本省南部各地，尤其是厦门和晋州（？原译文如此）附近，从陆路运来藤条、辣椒、布匹、毛料、海参、燕窝、檀香及其他香木、人参、食糖和水银。水银等是南部富有冒险精神的人从其他国家进口到南部港口，然后从陆路运到省城，牟取暴利。作为交换，福州出口毛竹、茶叶、圆材、柑橘，以及烧香拜佛用的锡箔纸。”① 关于进出口货物，二十多年后的《榕腔初学撮要》中，亦有明确的记载：

棉花，棉纱，洋布，漂白洋布，本色洋布，红洋布，黄洋布，蓝洋布，五色洋布，染色洋布，斜纹洋布，印花布，大花

① ［英］施美夫著，温时幸译：《五口通商城市游记》，第289页。

布，小花布，柳条布，洋花，花布呢，大呢，哔吱，羽纱，羽缎呢，小呢，羽毛布，羽绫，丝，丝线，绸，绸缎，羽绸，花羽绸，毡，回绒，绒，罗，纱，线绉，贡缎，花贡，绉纱，夏布，𫄨布，线，鸦片土，公喇，白皮，白坭膏，金花，木耳，烟叶，樟脑，硫磺，硝，铜丝，铜线，红铜片，生矾，檀香，苏木，校杠皮，乌木，丁香，虾米，燕窝，珊瑚，鱼胶，海参，牛筋，螺，鱼翅，鱼鲞 牛肉羓，椥椒，米，豆，豆坧，麦，冰糖，糖霜，盆结糖，藤，雨伞，磁器，珍珠，蚌壳，玳瑁，铁，铸铁，生铁，铁条，铅，油粉，铅粉，金丹，白铅，锡，洋铁片，马鞍铁，铜，红铜，白铜，钢，火石，扇，牛角，牛皮，鞋，海菜，梹榔子，油，表，时辰表，时钟，自鸣钟，千里镜，茶，武彝，工夫，喜［熙］春，圆珠，小种，乌龙，寿眉，白毫，花香，松溪，雨前，珠芝。

通常，与贸易相关的课本中均列有此类货品名目，如江户时代流行于日本长崎的唐话、清朝徽商抄录的英文课本[①]等，皆有相关的内容。

上述货物中列于最前面的是一些棉花原料和中外布料，对此，《榕腔初学撮要》中还收录了当时的商店广告：

复利

凡遇关津自行纳税，剪断折皱概不退换。

① 笔者收藏有清代徽商“漂广东”的《各国数法》，以及光绪年间的《日本话录》，均系抄本，其中多有类似的内容。

> 本行自运昵羽哔吱洋广各色什货，住福省南台仓前桥头观音井，坐南朝北开张，概凭大价发售，无不小心拣选，以图永远驰名，货真价一，童叟无欺。凡士商赐顾者，请认本行招牌为记，庶不致误。

这是出售洋广杂货尤其是进口布料的广告。另有一份信来号布庄的广告：

> 本号创立有年，开在闽省南台中亭半街，坐东向西，采办苏、松梭布，自设染坊，精染大红、真青各色布疋，无不小心拣选，货真价实，四方共信，远迩驰名。近因无耻之徒专备低货，假冒本庄同音字号，混人耳目，以期图利，特此布知。凡客商赐顾者，请认本庄招牌为记，庶不致误。

上述两例，都是位于福州南台的商家广告。广告是针对各地人群广而告之，故而不能使用方言，类似的广告访帖亦曾流入江户时代的日本。《榕腔初学撮要》中还收录有一张讣告，落款是“住银湘浦”。这说明，该书反映的社会生活，均以福州南台为其背景。

上述“Merchandize”中，有“鸦片土”一词。鸦片战争以后，除了先前在闽南的鸦片走私基地之外，在闽江口领事馆管辖区外，又建立了一个供走私船只使用的仓库。美部会传教士杨顺最早抵达福州时，就下榻于鸦片船船长 William Roper 家中，当时，驻榕西人都是鸦片贩卖者[①]。“相当大量的鸦片从福州流往内

① 林金水主编：《福建对外文化交流史》，第 390 页。

地各处。福州城内每日零售的鸦片也有4至8箱。城里一半人口染上鸦片瘾，甚至贫穷的苦力和乞丐都宁愿节衣缩食，享受这一昂贵的奢侈品”[①]。福州的榕腔白话文中，就有《吃洋烟》一首：

其始为客调起见，风寒病泻，食几筒倚僆开通，何曾卖晓是呆！……教已后渐染莽叟，解闷消愁，抽几分自去碎做，也苦将来僆砚。……教只快情形败露，乞人背后画环。可怜箬样聪明，对晓的至今落局。（*开始是为了好玩，风寒腹泻，抽几筒以为会开通，哪里知道这么坏！……到以后渐渐染上随便吸，以解闷消愁。拿几分去零星买来，也担心将来会上瘾。……到如今情形败露，让人在背后指指点点。可怜如此聪明，哪里晓得到现在的这种结局*）

上述的榕腔白话文，是说一个人如何从对鸦片的好奇到上瘾再到最后彻底堕落的过程。还有一首则从总体上阐述了鸦片在晚清福州形成的社会问题，并寓含劝诫：

屡次听见讲，福州鸦片馆，更俩过米店。本地伙一大半嗜食嗜毛，年年务几十万银，出去买嗜死毒其毛，进梨只块，故此侬家替汝可怜，用实意热心，劝汝看书其伙，或是务做嗜贩卖煮卖其代，从今以后千万怀通再做，或

① ［英］施美夫著，温时幸译：《五口通商城市游记》，第288页。关于这一点，亦得到福州民间故事的印证。见1989年王植伦搜集整理的《洋行烟馆成烂摊》，《中国民间故事集成》福建卷·台江区分卷，1991年版，第122页。

是务嗜傢啫乇，千万伓通再傢，或是昧傢啫乇，千千万伓通试傢。伓是乇要紧，客调解闷。不拘世乇仈，看见鸦片馆，就著离伊，像惊毒蛇恶犬一样，莫共啫傢鸦片其仈交家来往，那勤谨做代，持守本业。*（屡次听说，福州鸦片馆，比米店更多，本地人大半嗜食这东西，年年有几十万银两，出去买这极毒的东西，进到这里，所以我替你可怜，真心劝你看书的人，或是有做这贩卖煮卖的事，从今以后千万不准再做。或是有嗜食这东西的，千万不准再吃，或是没有吃这东西，千万不准试吃。不是不要紧，好玩解闷。不管什么人，看到鸦片馆，就得离开他，像害怕毒蛇恶狗一样，不要与那些吃鸦片的人交往，要勤谨做事，坚守本业。）*[①]

上述榕腔白话文的年代可能较晚，但反映的社会问题却由来已久。麦利和与摩嘉立编纂的《福州方言字典》第 1 页就罗列了“鸦片”“鸦片馆”“鸦片鬼”“鸦片烟”“鸦片瘾”“鸦片屎”和“鸦片土”各词。前引同治十三年（1874 年）《（福州平话）西算启蒙》，也以福州城内外人口对鸦片烟的消费为题，让人们做除法练习。而据一位西方传教士的观察，早在鸦片战争之后，当时城里各处开设的鸦片馆，就多达上百家[②]。因此，在传教士病例统计中，就经常有“病缘鸦片起”和“食生鸦片”两类。

① 铅印本《鸦片记》，述嗜食鸦片必破尽家产，妻离子散，革断鸦片则全家欢乐，免做罪人。（《俗文学丛刊》第 112 册，第 397 页）类似的题材，另见有：《鸦片记》，木刻本（《俗文学丛刊》第 112 册，第 480—505 页）、《劝革鸦片歌》，铅印本。（《俗文学丛刊》第 113 册，第 208—211 页）

② ［英］施美夫著，温时幸译：《五口通商城市游记》，第 288 页。

前揭“Merchandize”中最后列及的茶业，在福州当时的出口贸易中占有重要的地位。自1853年以后，茶叶的输出逐年上升，一直到1880年前后，福建茶叶的外销，均呈上升趋势[①]。清咸丰时诸生翁时农的《榕城茶市歌》曰：“头春已过二春来，榕城四月茶市开。陆行负担水转运，番船互市顿南台。千箱万箱日纷至，胥吏当关催茶税。半充公费半私抽，加重征商总非计。前年粤客来闽疆，不惜殚财营茶商。驵侩恃强最奸黠，火轮横海通西洋。……”[②]作者描绘了仓山番船浦、海关埕一带四月茶市的繁荣景象，这里特别点出了前来闽疆的“粤客”。由于茶叶贸易的发展，仓前山一带多洋楼，番船浦一带多广东式的屋宇[③]。关于茶叶经营，《榕腔初学撮要》中有相关的对话：

街上有若干茶。税银是尔出。是谁出抽分？买的着出。此货难消。

尔何时来搬货？我要一齐与汝买，我不零碎卖。后礼拜再来。

此货能合尔意么？尔着出价。尔都是卖歹货，此货无人要。尔代我试卖看。现时街上无消头。此时街上大消头。

尔不知行情有落么？山内无甚么茶。此是太粗。此是头春之茶。此茶是茶客之茶。此茶叫甚么字号？尔取一箱茶来做样。未拆净若干。除拆若干。我下午过秤。尔算若干担。着过

① 具体情况，参见厦门大学历史研究所中国社会经济史研究室编著《福建经济发展简史》，厦门大学出版社1989年版，第328—329页。

② 引自李乡浏主编《福州诗咏》，鹭江出版社1998年版，第101页。

③ 蔡人奇：《藤山志》卷9《礼俗志·衣食住行》，第33页。

焙。尔着照样拿与我。绿茶样拿与我看。尔之茶较碎。尔价还太低。半箱我与尔廿五两。我看此价无起无落。着问茶房。

茶叶是东西交流中的重要商品，因此，在语言教科书中通常都会涉及茶业贸易方面的内容。不过，可能是茶叶贸易主要是与外地人（如广东人）交易①，故此《榕腔初学撮要》中的这段对话，除了“着（要）”等之外，基本上是官话，较少榕腔的色彩。

另外，对于福州的衣食住行消闲娱乐，《榕腔初学撮要》中亦颇多涉及②，兹不赘述。

---

① 美国公理会传教士卢公明（Rev. justus Doolittle）在其《英华萃林韵府》（Vocabulary and Hand-Book of Chinese Language）一书中，收录有 113 条买卖茶叶的问答，其中带有明显的广东口音。此据林立强《茶叶·福音·传教——十九世纪来华传教士卢公明弃教从商个案研究》一文，载《福建师范大学学报》2005 年第 5 期，第 116 页。

② 如日用类书中的《婚帖》。此外，题作“摩灵先生著作，唐雅意、弼履仁、和约瑟同改”的《新文法》(Manual of the Foochow dialect, by Rec.C.C. Baldwin, D.D. of the American Board Mission, 1871, Revised and enlarged, Foochow City: Foochow college press, 1909）中，亦有“旅行”(Traveling，第 263—264 页）一文，也是榕腔白话文，其开头曰：“明旦先生娘共伲仔，欲去川石。侬家本身着去福清，师姑欲去长乐，故务一位仈客着搭上海侟，拍算齐搭一条夹板船至罗星塔，许块上海侟拜四天光早剥开，着前一晡上船隔暝。”*（明天师母与小孩，要去川石，我本人要去福清，师姑要去长乐，还有一个客人要搭上海船，打算一齐搭一条夹板船到罗星塔，在那里，上海船星期四天亮时要开，得前一天晚上上船睡觉。）*其中的“先生娘”，《榕腔初学撮要》释作：“Teacher’s wife, Madam.”(第 186 页）；“师姑”，《榕腔初学撮要》释作：“instructor’s sister”(第 186 页）这段平话是说几个人出门坐船的经历，其中提及罗星塔附近的风向以及潮涨潮落，途中看到装树运往宁波、天津各处的乌舻船，船厂内教人造船和开船的前后学堂，以及马尾一带为水手、船主、远方客商准备的病馆（医院），还有罗星塔一带的船坞、水巡捕的房子，停泊在当地的香港船、日本船，等等。文中对于闽江口的海港景观以及沿路的情况，有比较细致的描摹。

（三）余论

（1）鸦片战争之后，英国传教士施美夫（George Smith，1815—1871），于1845年12月从闽江滨上岸，由南台朝北行进，向福州城内进发，最后站到了福建省城的一个制高点，这令他浮想联翩：

> ……当我站在乌石山顶，凝望着山下人口众多的福州城，脑海中不无痛苦地想到，在中华帝国一个大省的省会，在闽浙两省总督府的所在地，那里有50多万苍生，或为偶像崇拜所迷惑，或为无神论引入歧途，竟然没有一个从新教教会国度来的传教劳工，竟然没有人做出过努力，向他们传达《福音》无可估量的祝福。站在此处，我又不无欣慰地想到，即使中国也是基督用生命换来的土地中的一部分，中国的异教大众从今以后也将变成上帝王国的臣民……①

这些，大概是初莅闽地不少传教士的共同想法。次日，施美夫便雇了一名中文教师——一位福州当地人，“既能说当地方言，也能说官话”。这位福州人，作为译员陪他四处走动，向他解释所感兴趣的事务。

早在通往福州城的半路上，施美夫在南门外就注意到：“……自由自在的人们聚集在一家公共茶馆里，一边品茶，一边听雇来的说书先生细细讲述古典故事，或是在他简陋的讲台上抑扬

① ［英］施美夫著，温时幸译：《五口通商城市游记》，第267—268页。

顿挫地讲述深受人们喜爱的浪漫故事。”[1] 这里描摹的显然是福州随处可见的“讲平话”。讲平话相当于江南一带的说书，是福州人喜闻乐见的一种休闲娱乐方式。近人黄稼有一首《听评话》诗：

铜钹敲毕，惊堂木一拍，
说书人照例一次开场白，
劝戒着酒、色、财莫贪。
村坊的老头们，
便用知世故与因果的眼光，
看着小伙子点点头……[2]

一般说来，评话在开讲前，预先要搭一个棚，棚上安置一张桌子，称为评话台。评话先生高坐台上，先响锣钹数声，以让众人周知，然后才开讲。这种形式，显然最便于宣传“劝世良言”。于是，传教士在布道时，便有意利用此种形式。因此，各种传教的读物，多以“榕腔”的面貌出现，目的就是通过“讲平话”的形式深入人心。譬如，前揭的榕腔《万国通鉴》，就是采取讲平话的方式。该书卷一分四章，分别叙述中国、蒙古、日本和印度亚洲四国史事。第一章“论中国其代”中有“隋朝纪略”：

---

① ［英］施美夫著，温时幸译：《五口通商城市游记》，第 265 页。
② 《星闽日报》副刊《星瀚》，1948 年 7 月 6 日。转引自李乡浏主编《福州诗咏》，第 123 页。

隋主杨坚，是死后称文帝。伊[①]起头[②]做北周其[③]臣子，周主收伊诸娘仔[④]做皇后，用伊做相。后杨坚自封做隋王，至周静帝时候，伊一个伙总理国政，除周宣帝苛虐其政事，伙心都服，因将换[⑤]废静帝，夺伊其位，改国号做隋。隋仅[⑥]灭者[⑦]南梁、南陈地方莽大[⑧]，分定各省其府州县。后第二仔杨广刣[⑨]伊郎罢[⑩]，杨广就是炀帝，起大宫殿，造龙船，派十万伙开港，自长安直至扬州，安礼[⑪]驶船[⑫]客调[⑬]。仅落[⑭]洛阳起宫苑，许里[⑮]亭榭花木尽去作佳[⑯]。仅居多亲身去拍[⑰]高丽，拍死其不计其数，伙心都怨恨伊，因此务侕[⑱]做反，动刀兵其代，至恭帝隋就灭。

① 伊，他。
② 起头，开初。
③ 其，的。
④ 诸娘仔，女儿。
⑤ 将换，这样，如此。
⑥ 仅，又，还。
⑦ 者，这。
⑧ 莽大，很大。
⑨ 刣，杀。
⑩ 郎罢，父亲。
⑪ 安礼，为的是。
⑫ 驶船，驾船。
⑬ 客调，玩。
⑭ 落，在。
⑮ 许里，里面。
⑯ 尽去作佳，非常漂亮。
⑰ 拍，打，攻击。
⑱ 务侕，有很多。务，有；侕，多。

以上的这段历史尽人皆知，毋须翻译成现代汉语。虽然《万国通鉴》原书为谢卫楼所作，但经过林穆吉翻译、摩嘉立修订，其口气颇像是福州人所讲，如果作为平话的题材，显然也恰到好处。

以平话形式出现的说史，在清代的福州颇为盛行，如乾嘉以后由里人何求整理的《闽都别记》，就是当时说书艺人以福州方言闲叙闽中佚事，根据民间传说，参考历史故事形成的一种话本。《闽都别记》于讲史的过程中，寓劝善之意，深受民众的喜欢。在这种背景下，除了历史题材外，一些纯粹说理的布道，也以福州平话的面貌出现。如1856年亚比丝总会所辑的《劝善良言》，就是福州平话，其中包括：劝戒鸦片论，乡训，神十诫其注释，神论，灵魂篇，入耶稣教小引，悔罪信耶稣论，妈祖婆论，守礼拜日论。以《劝戒鸦片论》为例，其中就有：

> 伙都务罢奶兄弟妐[①]仔，俬至鸦片上瘾，罢奶苦汝命卖长，仔卖生，财卖聚，家卖兴，这就是害著罢奶。兄弟看见汝，当汝做废人，毛担当相帮相助。况且汝妐仔，原是终身倚靠著汝，俬至穷迫其光景，毛傢毛穿？呆其诸娘伙，变起异样心绪，去做呆代，俪的因为只里起。就是亲生其男女仔，见汝伓好其表样，就伓服汝，也卖孝顺汝。汝自家伓端正，毛担当管束仔伲，因为傢嗜恶毒其乇，以致只至败坏门风，伓成家法，毛五伦。请汝嗜傢鸦片其伙，细

① 妐，即姆，妻子。

二[①]想嗜关系，要紧回头，怀通至嗜景况，退悔就迟咾。(每个人都有父母兄弟妻儿，如果鸦片上瘾，爹妈担心你的命不长，不会生儿子，财富不能聚集，家业不能兴旺，这就是害了父母。兄弟看见你，当你是废人，没有责任相帮相助。况且你妻儿，原来终身倚靠着你，怎么至于到穷迫的光景，没吃没穿？坏的女孩子，变起异样心思，去做坏事，多是因为这个原因。就是亲生的男女，见你不好的榜样，就不服从你，也不孝顺你。你自己为人不端，对小孩不负责任，因为吃这样的毒品，以至败坏门风，不成家法，没有五伦。请你嗜食鸦片的人，仔细想想这样的道理，赶紧回头。不然到那样的时候，后悔就迟了。)

以上的劝善形式非常口语话，与老百姓喜闻乐见的福州平话极为相近。当然，大部分的说教理论色彩比较重，但即使如此，也还是说明当时的传教士殚精竭虑地希望能将说理通俗化[②]，从中颇可反映出十九世纪中叶以来西方传教士改造中国社会的企图。

---

① 细二，仔细。

② 除了方言的充分运用之外，传教士也还注意利用中国山歌的固有形式，寓教于乐。如《月季花》就以十二月为序，传唱《信主歌》："正月里早立春，造天造地上帝功，造成万物都齐备，后造二人万世宗。二月里是春分，亚当始祖起头人，夫妻同住花园里，好比天堂一样荣。三月里正清明，上帝吩咐及亚当，园中果子毕可吃，善恶一棵勿许吞。四月里雨初晴，魔鬼出世害凡人，引诱夫妻吃禁果，弗听上帝罪弗轻……"这明显是中国《十二月花》的翻版，只是将其内容变换了而已。今按：该《信主歌》落款题作："板存金粟台"，金粟台在福州城内于山，1861 年后此处即为美部会的重要据点。

（2）就目前所见，“榕腔文献”除了哈佛燕京图书馆所藏者之外，其他地方也有遗存。虽然，清代雍正以后福建各地曾设正音书院教习官音，民国初年福州官方亦曾禁演“榕腔”戏曲数十种[①]，但实际效果甚微。不仅街衢巷陌间的福州方言生命力极强，而且，教堂之外的世俗社会中，榕腔文献也仍然源源不断地产生。在台湾，“中央研究院”傅斯年图书馆收藏的一批曲本中，就有不少与榕腔有关的戏文，这些，此前已收录在公开出版的《俗文学丛刊》中，其中直接冠以“榕腔”者，就有清代的刊本《时调洋歌榕腔笑谈闹饥荒》[②]、抄本《新编榕腔鸳鸯汤桶记》[③]等。还有的则注明“评话调”，实际上与“榕腔”无二。而在中国大陆，1929年魏应麟曾编有《福建歌谣甲集》,《福建文化》《福建民国日报副刊·民俗周刊》等报刊杂志上也有一些刊载。此外，福建省图书馆等机构也收藏有一些榕腔文献[④]。但1949年后，随着普通话的强势推广，此类的乡土文献所见不多。只有二十世纪八十年代中叶出版的清人里人何求所著的乡土小说《闽都别记》书末，附有《榕腔白话文》。稍后的福州市编纂之民间文学三集成（歌谣、俗谚、民间故事）中，也有一些榕腔文献。这些资料，对于清代以来社会文化史的研究，均具有重要的学术价值。不过，有一点应当指出，由十九世纪传教士形成的榕腔文献，与

① 闽教育司第三科编辑《通俗教育杂志》第三期“文牍·致警务厅实行禁演淫戏函”，转引自《福建戏史录》，第124页。

② 《俗文学丛刊》第112册，第364—384页。

③ 《俗文学丛刊》第113册，第224—261页。

④ 福建图书馆收藏有佚名抄本《榕腔杂钞》、《榕腔白话文》等。

民国以来经世俗文人之手产生者颇有不同。至少，用以记录“榕腔”的字词语句，有着相当大的差别。相比之下，传教士记录的榕腔文献似乎更有章法。

如所周知，构成一地文化最重要的因素有两个：一是风俗，二是方言。不过，迄至今日，此类榕腔文献尚未受到应有的重视。之所以没有受到重视，重要原因之一是榕腔文献比较难懂，因时过境迁，有些名物制度、风俗习惯已与当代迥然不同，方言文献遂变得越来越难读，这是让人望而却步的重要原因。即使是一些专门研究方言的著作，也常常没有理会到方言背后的确切涵义[①]。等而下之者，不了解方言，对方言不熟悉，却强作解人。[②]其实，方言与一地的文化具有密切的联系，在区域社会研究中，

① 如《福州方言熟语歌谣》收录了一句熟语：“好是好，无糟养猪母。”释文作：“连喂猪的酒糟都没有，形容极穷。”并进而引申作：“‘嫁汉嫁汉，穿衣吃饭。’太穷了，也难怪女家不愿意。”（福建人民出版社 1998 年版，第 49 页）此种解释完全离题。其实，这原本是福州人的通俗常言，熟语背后为一则脍炙人口的民间故事：某酒家曾盛情款待过一道人，后者为表答谢，临行前做法，将酒家门前一口井中的水全都变成了酒，此后，酒家因此生意日渐红火。数年后，道人再至，询问主家近年生意如何，主家竟答：“好是好，无糟养猪母。”意思是美中尚有不足——虽然酒店生意兴隆，但养猪的酒糟还不够。道人见其人贪心不足，遂又将井水悉数还原。福州各郊县亦有类似的故事，如《中国歌谣集成》福建卷·长乐县分卷（1991 年版），中有《井水变酒嫌没糟》（第 179—181 页）显然，这个熟语是形容为人之贪心不足，与穷富无关，更不能将之归在“男女婚配”的条目之下。

② 不了解方言，甚至会出笑话。如《中国历代民歌鉴赏辞典》（广西教育出版社 1993 年版）第 1080 页有一首《老爷老爷》的民歌：“老爷老爷，破布之遮遮。红帽掏汝戴，房桶掏你遮。”（《青天白日汇刊》）赏析者断定“这是一首嘲笑清朝官员服饰的民谣”，他说：“从语气推测，这首民谣出自吴方言区。语言色彩、情趣浓郁。‘破布之’是破布头的意思；‘红帽掏’，‘房桶掏’中的‘掏’字无实义。这首民谣的大意是：老爷老爷，装模作样，（转下页）

利用方言文献，可以极大程度地把握地方文化的脉动。而在这方面，十九世纪传教士所做的孜孜努力，也正是源于他们对于方言与区域文化关系重要性的深刻认识。

（接上页）破布头挂挂，红帽子戴戴，桶一样的袍子遮遮（丑）。”其实，这首民歌是典型的福州方言。评析者完全不了解这一点，“破布之遮遮”是说用破布遮来遮去，“之遮遮”迄今仍然在用。“掏”是给的意思，而“房桶”则是马桶的意思。另外，陈泽平编著的《福州方言熟语歌谣》亦指出，另一本《古代民谣注析》中也选了类似的“老爷老爷，破布之遮遮……”的歌谣。题解曰：“这首民谣形象地讽刺了清朝官吏，他们穿着绣袍，表面上道貌岸然，实则袍下包藏祸心。”不用说注解完全错误，而且，陈先生还指出，“歌谣的原文也显得有些莫名其妙，……考之于福州熟语：‘老爹老爹，破布之遮遮。’福州话的‘老爹’是旧时百姓对官吏的称呼，词义相当于北方话的‘老爷’，大约是哪位整理者觉得‘老爹’在书面上不好理解，就擅改作同义词‘老爷’了，可是这么一改后，与下句的‘遮’字就不能押韵了。”（第5页）这里还可补充一点，福州话中称官吏为“老爹”（如俗话说：“老爹讲郑盖讲起，百姓讲郑拍半死”——当官的说话说错了可以再说一遍，老百姓说错话就会被打得半死），在明代文献（尤其是诉讼案卷）中时有所见，显然由来已久。《榕腔初学撮要》中即有“老爹”（lo tia）一词，释作：“His Honor, the officer”。另外，不少文人在从事民间文学的收集、整理和研究时，往往没有摆正自己的位置，似乎总觉得自己比下里巴人来得高明、文雅，故此，常常随意大笔一挥，将“俚俗”的文字改成自己看得顺眼的文字，殊不知，如此一改，倒暴露出自己的无知。

二、清代琉球人眼中福州城市的社会生活——以琉球官话课本为中心

晚清光绪八年（1882年）琉球古文书《联勺集》[①]，收录了诸多汉文对联，其中包括：

> 潮平画舫行千里，风正轻帆送八闽。
> 澜安直指三山地，风顺轻臻五虎门。
> 富年游学赴闽省，今日登城拜主君。
> 喜进王城拜明主，将行闽省学诗书。

“八闽”“三山”分别是福建和福州的简称，而“五虎门”则在闽江出海口，福州素有“双龟把口，五虎守门”之谚，这是从堪舆学的角度，形象地指称闽江口之五虎门。上述的这些对联，

① 日本琉球大学附属图书馆“宫良殿内文库资料集”40《联句集》，今据原书著录，作“联勺集”。

都与明清时代琉球人入贡、游学中国的历史情景有关。关于琉球人入贡、游学中国，琉球官话课本《白姓官话》中有一段比较详细的对话：

> 这里的船到福建去，收在什么地方湾泊呢？
>
> 收在南台后洲新港口的河下湾着，那里有琉球公馆一所，名字叫做柔远驿。船到的时节，把那贡物、行李、官员人等，都进馆安歇，驶船那些人，都在船上看守，府院题本，等圣旨下来。到七八月间，这里差去的官员，收拾上京，到十二月，才会到京，上了表章，进了贡物，还要担［耽］搁两三个月，到来年三月时节，才得起身回福建。等到七八月，只留一位存留通事，跟从几个人，在那里看守馆驿，其余各官人等，都上接贡船回国。读书、学官话那些人，爱回来不爱回来，这个都随他的便，是不拘的①。

“爱回来不爱回来”的说法，显系福州式官话的表述方式。从上揭的应答，并结合其他史料来看，根据当时的惯例，琉球贡使抵达福州后，先在琉球馆稍事休整，随后，琉球正副使、都通事、大笔帐等十数人（或多至二十余人）入京进贡，其余随行人员则仍住在琉球馆内，从事买卖或进行文化交流。贡使进贡完毕，自北京返回福州，仍在琉球馆内稍作休整，然后才返回琉球

① ［日］濑户口律子：《琉球官话课本研究》附录《白姓官话》，香港中文大学中国文化研究所1994年版，第41页。

首里王府。

福州的琉球馆，琉球人称之为“琉球公馆”，而在中国的官方文献中则作“柔远驿”。明朝成化年间，市舶司自福建泉州移置福州，设立了其附属机构“怀远驿”，后改“怀远驿”为“柔远驿”。根据清代琉球人的记载：“驿设于福建省城水关外琼河之口，所以贮贡物、停使节也”①，这里的“水关外琼河之口”，亦即城东南水部门外的河口一带（今水部太保境）②。

（一）在福州的琉球人与琉球官话课本

明清时期，琉球与中国的文化交流极为密切。琉球人在福州学习语言、文化以及各种生产技艺，再回国传授给其他民众。其时，琉球人来到福州，首要之务就是学习中国官话。琉球官话课本《官话问答便语》开首，即有一位姓金的琉球人说：“学生今年初到中国，一心要学官话，求老先生教我。”③另一部琉球官话课本——《白姓官话》林先生较［校？］正序曰：

① ［琉球］程顺则：《指南广义》附录《河口柔远驿记》，琉球大学附属图书馆“仲原善忠文库”藏本。

② 福州市台江区琯后街21号，为琉球馆旧址，现为“福州市对外友好关系史馆”。关于福州的琉球馆之现状，二十世纪八十年代，日人多和田真助通过实地走访，著有《福州琉球館物語——歴史と人間模様》，ひるぎ社1989年版。

③ ［日］濑户口律子：《官话问答便语全訳（琉球官话课本研究）》，榕树书林，2005年版，第296（3）页。本文所引琉球官话课本原文，均根据书中所附原本影印件，与濑户口律子的释文间有不同。括号内数字，即为所附写本之页码。另外，部分引文，亦根据本人的理解作了重新的标点。

……予今年登七十有四，间尝考天下言语各有不同，俱系土音，难以通行，惟有正音官话，所以通行天下。……适有琉球国青年俊士姓郑讳凤翼者，天资颖异，虚心受教，极尽弟子之道，令人不胜爱慕之深！怀有一集问答官语，请予删正。予阅之，始知是山东登州府莱阳县白瑞临商人，于乾隆十五年间飘到琉球国，汇纂一集……

《白姓官话》是山东登州府商人白世芸漂流至琉球时为通事郑氏所编写的一部富有故事性的会话课本，上揭序末注明："乾隆十八年癸酉十一月榖旦……福建福州府闽县老儒林启陞守超氏较正"，结合《官话问答便语》所说的"老先生"，或可说明当时琉球人的拜师对象多为城内的老儒。关于这一点，也得到了琉球官话课本《学官话》的证实：

晚生今年做总管到中国，没有什么别的缘故，一来要学官话，二来要学中国的礼数，如今到这里了，求老先生着实用心教训教训[①]。

"礼数"是指待人接物的礼仪、礼貌，譬如，福州人说："只隻伲囝真有礼数"，意思即"这孩子真懂礼貌"[②]。可见，清代琉球人到福州学习，官话和礼数往往并重。因此，在他们抄录的官

① ［日］濑户口律子：《学官话全訳（琉球官话课本研究）》，榕树书林，2003年版，第257（8）页。

② 李如龙、梁玉璋、邹光椿、陈泽平编：《福州方言词典》，第184页。

话课本中，除了对日常会话的练习外，对中国风俗文化的介绍亦属应有之义。

福州是个文风发达的地区，早在南宋，东莱先生吕祖谦就有："路逢十客九青衿，半是同袍旧弟兄，最忆市桥灯火静，巷南巷北读书声。"读书人在福州颇受尊重，读书之风气亦极为浓厚。题作"宋太平老人"所撰的《袖中锦》"天下第一"条有"福建出秀才"之说，在南宋，"福建秀才"竟与端砚、徽墨、洛阳花、高丽秘色、福州荔枝、陇右兵、江南士大夫和京师妇人等，"皆为天下第一，他处虽效之，终不及"①。根据何炳棣的研究，福建在十二、十三世纪起开始迈进文化发达的省份之列，在明代科举排行榜上，福州府以654名进士总数位居全国第六位，及至清代，则以785名的进士总数跃居第三位，仅次于浙江的杭州府和江苏的苏州府②。一般说来，科举成就之显赫固然是文风兴盛的表现，但这也意味着读书人之间的生存竞争更趋激烈。许多皓首穷经的读书人，成了科场上的失意者，他们不得不开塾授徒藉以糊口。在这种背景下，琉球人在福州便很容易找到学习官话和中国"礼数"的先生。《琉球诗录》中有一些《寄榕城郑夫子》《呈榕城郑夫子》《呈榕城陈夫子》之类的

① 〔明〕陶宗仪：《说郛》卷12引。对于《袖中锦》，四库馆臣怀疑为"书贾所依托"，但从内容上看，"天下第一"条所述，应是宋时情事。

② ［美］何炳棣：《科举和社会流动的地域差异》，王振忠译，陈绛校，《历史地理》第11辑，上海人民出版社1993年版，第299—316页。

诗歌[①]，显然便是琉球弟子写给福州先生的文字。

关于琉球人的拜师读书，《学官话》中还有详细的描绘，如：

> 尊姓？贱姓林。
>
> 尊号？贱名某。
>
> 到中国几次了？到这里两次了。
>
> 官话会说了么？弟的才拙，不过颇略晓得一两句儿。
>
> 谦虚太过了。是真话。
>
> 今年贵庚了？二十岁了。
>
> ……
>
> 令尊大人所居何职呢？家父做都通事。
>
> 如今请是那一位先生在馆里读书呢？是请城里某号王老师。
>
> 现今读的，是什么书呢？读《诗经》。[②]

这是有关拜师求学的一段对话。问过名姓之后，对到过中国的次数、通晓官话的程度、学生的年纪等寒暄数句，接着谈到求师读书的情形。此外，另一段对话还说：

---

① ［琉球］阮宣诏、向克秀等著，〔清〕孙衣言评定：《琉球诗录》，清道光二十四年（1844 年）刻本，见黄润华、薛英编《国家图书馆藏琉球资料汇编》，北京图书馆出版社 2000 年版，第 831、863、914 页。

② ［日］濑户口律子：《学官话全訳（琉球官话课本研究）》，第 210（55）—209（56）页。

学生一心要学官话，如今钉几张纸，送到先生这里来，求先生有闲的时候，替学生写些官话教我。

答：你将纸放在这里，我得空的时节就写，写好了，慢慢来教你。[①]

此处的“钉几张纸”，是指将几张散纸装订成一个本子，这是福州方言中常见的说法，直到二十世纪七八十年代还能听到。此段对话，更具体提及求师问学中的一个细节。一般说来，琉球人会定期前往城内的先生家中学习。对此，《官话问答便语》中就有一段对话，比较详细地反映这样的情形：

你这几日那［哪］里去？不来读书。

学生有事，未曾到先生尊前告假，有罪！

你既有事，务必要去料理，若是无事，不可偷闲懒惰。你万里重洋来到中国，海上惊风怕浪，不知受了多少艰辛，只望读书，会讲官话，知道礼数，回去做官，荣宗耀祖，给父母欢喜。你若贪玩，不肯苦心勤力学习，一日混一日，一月混一月，光阴似箭，日月如梭，转眼又是一年了。你虽在中国三年五载，名为读书，其实不曾读什么书，至回国之日，官话一句也不会讲，礼数也一点都不晓得。人若问你，你也自觉含愧。若再问：你去中国从那

① ［日］瀬户口律子：《学官话全訳（琉球官话课本研究）》，第254（1）页。

位先生？说起我名姓，连我先生也不好听。……学生有名声，先生也有名声；学生没体面，先生也没体面。别人不好说你，恐你不悦意，我先生要直说的，你细细思量是不是？

先生所教训，都是至理明［名］言，学生谨遵！

前日教你的书，你都会念不会？

学生都会念。

你拿来读给我听，读完了，我再授些新的书给你读。你若是那书中有不明白处，只管来问我，不可含糊放过他去。

学生书中大半晓得，内中只有一二句细微处不当憧［太懂？］，想要问先生，恐问得多，先生劳神。

你不要仔细，诲人不倦，是先生本等，你来问，我先生更欢喜，人非生而知之，都是学而知之，有疑必问，有问方明，若无穷究问难工夫，所学终无进益。

学生领命，凡今以后，有不晓得的，都要求先生教导。

这样才是！①

此处的“你不要仔细”，乍看颇难索解——因为以普通话视之，与上下文完全不搭界，显得相当突兀。但从福州方言来看，其中的“仔细”二字，应当是由福州话的“细腻”一词直接翻译

① ［日］濑户口律子：《官话问答便语全訳（琉球官话课本研究）》，第268（31）—265（34）页。

而来。在福州方言中，“细腻”有三个意思：一是仔细，二是客气，三是小心谨慎。“你不要仔细（细腻）”，其实是你不要客气的意思。此外，“悦意”亦系福州方言，意思是高兴。

这段对话显然是一位认真负责的先生对琉球弟子的严厉教训，可以从一个侧面反映福州先生设馆授徒的基本情况。此外，《学官话》中的另一段对话，则可能反映了另外的一种情形：

> 那郑老爷、周秀才差我来说，是择了七月初一好日子，请先生出去设馆，教他们读书，不知道先生得闲么？
>
> 我没有什么事，烦劳你回去，对郑老爷、周秀才说，我七月初一日，早早就来。①

从这段对话来看，当时的一些福州先生可能也到琉球馆内教人读书，其中当然亦包括学习官话。

至于琉球人学习官话时的课本，迄今保留下来的已是寥寥可数。就一般情况来说，在各地民间文书中，启蒙读物抄本总是极为常见的一类文献。因为在传统时代，读书习字的总体人数颇具规模，但并不是所有的启蒙读物（特别是具有乡土色彩的课本）都有刊本，而且，也并不是所有的在读者都愿意花钱去购买课本，更何况说抄写课本本身便是初学者认字读书的一种方式，故而通常的情况是由学生自己辗转传抄，因此，历史时期形成的此

① ［日］濑户口律子：《学官话全訳（琉球官话课本研究）》，第228（37）页。

类课本数量原本应当不少[①]。不过，就目前所知，琉球官话课本只有寥寥数部得以传世。在这方面，日本学者濑户口律子教授著有《琉球官话课本研究》(1994 年)，[②] 并将天理大学附属图书馆等处所藏的写本《白姓官话》《学官话》《官话问答便语》分别整理、翻译出版（1994 年、2003 年、2005 年）。目前所见的琉球官话课本计有五种[③]：

（1）《官话问答便语》，根据濑户口律子的推断，该书的编写时间在康熙四十二年、四十四年（1703 年、1705 年）[④]。

（2）《白姓官话》，主要内容叙述山东省登州府商人白世芸（字瑞临），雇船前往江南地面贩卖豆子，途中遭遇台风，漂流至琉球国，他和船员一行受到琉球国王、地方官员和琉球通事的热情协助，一年之后乘贡船回到福州。根据濑户口律子的考证，该书的编写时间在乾隆十五年（1750 年）[⑤]。

（3）《学官话》，据濑户口律子推断，该书的编写时间为嘉庆二年（1797 年）[⑥]。

（4）《广应官话》，是一部分类语汇集，将所收语汇分列于

---

① 此据本人在徽州等地收集民间文书的经验为言。

② 这一研究，也受到中国学者的重视。陈泽平在此基础上，补充了新的资料，指出：琉球官话课本的音系是在福州方言的框架中纳入北方官话而形成的“福州的官话”。(《试论琉球官话课本的音系特点》，载《方言》2004 年第 1 期）

③ 按：2013 年复旦大学出版社出版的《琉球王国汉文文献集成》之“附编”部分，收录迄今尚存的绝大多数琉球官话课本（第 33 册—36 册），除此处研究的五种之外，其他的拟于今后另文探讨。

④⑤⑥ [日] 濑户口律子、李炜：《琉球官话课本编写年代考证》，《中国语文》2004 年第 1 期。

“天文”、“时令”、“地理”、“宫室”等三十个门类中。据濑户口律子的推断，该书的编写时间在嘉庆二年至二十五年（1797—1820年）之间[①]。

（5）《琉球官话集》，抄本，原藏天理图书馆，后收入《宫良当壮全集》第10册，日本昭和五十六年（1981年）六月，第一书房刊。

《琉球官话集》分称呼类、内外亲属称呼之类、向人回答类、人物死后称呼之言、应答人物死后之类、身体之类、二字官话、三字官话、四字官话、五字官话、六字、七字、五字、三字～五字、杂、北京俗语、琉球国三十六岛、地图、唐荣八景、本国俗并汉字呼、冠船册封座座处处名记几个部分。每条之下有假名注音，并有解释。如“放屁”条，释作：“胡说，就像屁股放屁。”其中，有不少福州的方言词汇（如做娇[②]、煞尾[③]、手湾、脚湾[④]等），有的还专门注出读音。如“乘”字，其后就注曰：“福建音‘兴’。”《琉球官话集》中，有“北京俗语”部分，但仅63条。由于福州的琉球馆实际上是琉球人官话的培训基地，因此，琉球官话可以用以了解清代福州的官话。

除了这些专门的语言教科书外，琉球古文书《汉文集》中

---

① ［日］濑户口律子、李炜：《琉球官话课本编写年代考证》，《中国语文》2004年第1期。

② 做娇：撒娇，除指小孩对大人、女子对男人外，亦指成年人之矫情。

③ 煞尾：最后，结果。

④ 手湾、脚湾：手腕、脚腕。脚湾，方言字应作“胶湾”。

附有的“词集”，则基本上是二、三字的词汇，如“账簿”“契卷”“红白单”等[①]。

总体来看，以往的学者多是从语言学的角度切入，研究这些官话课本，而历史学者基本上没有人注意及此。其实，琉球官话课本不仅是方言研究的珍贵资料，而且对于清代福州城市史的研究，亦具有比较重要的资料价值。从社会文化史的角度对琉球官话历史内涵的发掘，也能更好地理解清代的琉球官话。

（二）琉球官话课本所见清代福州城市社会生活

据明朝万历时人王应山纂辑的《闽都记》卷13《郡东南闽县胜迹》记载：“进贡厂在河尾，琉球入贡驻泊于此，有柔远驿。”柔远驿在进贡厂之南，可见“河尾”与“河口”相距未远，甚至可能只是一地的两种不同说法，“河口”应系琼河之口的简称。而之所以将琉球馆建在河口，是因为福州的水部门闸引江潮从河口入城，河口附近有直渎新港：

> 直渎新港在河口尾。初，郡城水关四：一在西门外，引西禅浦江潮，凡三十六曲至柳桥，以达西河；一在水部门之东，引南台河潮，自河口直渎凡三十有六曲，由水关入城。东西环会，以萃风气。直渎又北通东湖，受东北诸山之水，其流甚迅。国朝宏【弘】治间，督舶内臣始凿新港，径趋大

① 日本琉球大学附属图书馆“宫良殿内文库资料集”43，光绪十四年（1888年）抄本《汉文集》。

江，便夷船往来，土人因而为市……[1]

据此可知，明朝弘治年间，督舶内臣开凿截弯取直的新港，从河口一带直接通往闽江，以便“夷船”往来。这里的“夷船”，应当主要是指琉球贡舶。晚清《闽县乡土志》记载：“柔远驿即琉球会馆，在太保境后街，前有十家排，李姓四户，郑、宋、丁、卞、吴、赵各一户，代售球商之货。”[2]1947 年，福州人傅衣凌教授等到水部河口一带调查琉球通商史迹，据当地一位曾为琉人看病的名医讲述，晚清[3]琉球贡舶带来干贝、土木胶、蕲蛇、假肚鱼等商品，这些商品均不得自由买卖，“必须交由十家球商承办”。这份口碑资料，以及傅氏在附近调查时发现的道光十九年（1839 年）十家球商合资重建的琼水会馆[4]，与上引《闽县乡

① 〔明〕王应山：《闽都记》卷 13《郡东南闽县胜迹》，“中国方志丛书”华南地方第 71 号，成文出版社 1967 年版，第 83 页。

② 《闽县乡土志》，“中国方志丛书”，第 509 页。

③ 回忆者当时已七十余岁，所述事情当在光绪前后。

④ 傅衣凌：《福州琉球通商史迹调查记》，载《傅衣凌治史五十年文编》，中华书局 2007 年版，第 234—235 页。在傅氏随后的调查中，他抄录了清同治十二年（1873 年）的一份碑刻，其中提及福州南台海防分府出示严禁柔远驿“附近居民、闲杂人等擅进骚扰”。关于这一点，《学官话》亦提及：“目下有许多闲杂人等，天天来馆内罗唆”，琉球馆存留不胜其烦，就去求“老爷，发一张告示，挂在馆门口，使他们不敢进去罗唆”。【《学官话全訳（琉球官话课本研究）》，第 260（5）页】关于太保境一带居民对琉球馆的骚扰，除了求助于官府之外，琉球人还得自己与周围的居民打交道。《学官话》中还有一个具体的例子：“（说）这近日有些小孩子，抛砖丢瓦，把这房子都打破了。（答）有这样事么？这些小孩子顽得狠，等我明日查看是谁家的儿子，告诉他娘老子，狠狠的打一顿给他，他才知道。（说）不瞒列（转下页）

土志》中的“十家排”恰可相互印证。

傅衣凌指出：“当贸易鼎盛之际，河口商贾云集，一般商人依赖十家球商而生，或代他们前往天津、江苏各产地采运木材、丝货者，颇为不少。”关于丝货贸易，《学官话》中的记载颇为生动：

老爷的钧谕，着琉球们收买官丝，琉球敢不遵命？那丝带黄色，是不堪用的，价钱又太高，琉球们故不敢买。瞒不得老爷说，我们敝国的法令是重的，若丝买得不好，价钱又买得贵，回国之日，我们的性命都是难保的。如今没奈何，只得来求老爷，体朝廷柔远之德，把丝换好的，价钱公平些，琉球们才敢买。

那丝狠【很】好的，你们只管嫌不好，是你们不识货了。论起价钱，那［哪］里算得贵呢？

不瞒老爷，琉球们这个丝，是年年买的，见得狠［很］

（接上页）位说，那房瓦打破，还是小事。恐把人的头血打出来，才是了不得，如今借重列位，替弟们对他们父兄说一声，叫他下次不要这样了。（答）晓得！晓得！”（《学官话全訳（琉球官话课本研究）》，第214（51）—213（52）页）据傅衣凌所录同治十二年（1873年）腊月的一块碑刻，末云：“倘土通事、地保失于查管，一并查究。”故此，这段对话应是琉球人与太保境附近的土通事、地保打交道的用语。由于附近民人有的放马进馆，打破馆内水缸、墙壁，小孩进馆偷东西，反而辱骂琉球人，官府虽然出过告示，但仍无济于事，再三到衙门禀说，必须“央三托四，方得传话进去，终日侍候，好不艰难”，弄不好还会惹官员不高兴，怪琉球人啰唆，所以琉球馆后来干脆整天紧闭大门。（《官话问答便语全訳（琉球官话课本研究）》，第254（41）页）

多了，好坏我们都认得的，价钱也是晓得的，那丝若不肯换，是断然不敢买的。若价钱太贵，也是断然不敢买的。

你们不买，我也没奈你的何，凭你们罢。

求老爷不要这样说，古人讲得好：在家靠父母，出外靠主人。琉球们离家数万里，水洋到这里，只靠着老爷做主的，万事还要求老爷周旋才好。

你们说的是得狠【很】，你却不知道这个丝，算是顶好了。若要再找好的，却没有的。那价钱若少了，他就折本了，怎么使得呢？如今既是这样说，你且回去，另日再来商量罢。

呵！老爷吩咐狠【很】是，琉球们总望老爷施恩，救拔蚁命就是了，多谢！①

在明清时代，由于朝贡贸易双方地位的不平等，历来就存在着强买强卖的弊端。李鼎元于清嘉庆五年（1800年）充任册封琉球副使出使琉球，他在《使琉球记》中曾指出：前明谢杰（福州长乐人）充当册使时，从客有舅某携带网巾数百事，等到了琉球，却发现当地人“冬夏一冠，无所用之”。他只得与谢杰商量，谢杰为了能将网巾推销出去，公然声称：“中国以戴网巾为敬，如册封日有不戴网巾者，以不敬论。”迫于此种淫威，琉球人只能勉强买来戴上。所以父老相传，“遇事有以声势强派者，谓之

① ［日］濑户口律子：《学官话全訳（琉球官话课本研究）》，第232（33）—230（35）页。

球人戴网巾”。[1]同书还提及，福州琉球馆附近的一些船户，都与中琉贸易有关。嘉庆年间，汪志伊与李鼎元谈及封舟事，云：“此次修理之费皆令船户自办，故准船户带货。”李氏曰：“此固人情，然封舟例不载货。历来册使至琉球，不能按十月风信回者，俱由货多且贵。琉球穷国，尽买则财不足，不买又恐得罪，百计设措，耽延时日。今货虽准带，贵货宜禁。须令船户造册具结呈验，庶前弊可杜。”前揭对话第一句就说：“老爷的钧谕，着琉球们收买官丝”，所以他们反复挑剔丝的质量，当然也不排除是在历来吃尽苦头之后的本能反应——以吹毛求疵寻求压价。

关于在福州的中琉贸易，琉球官话课本中还有不少记载。譬如，《学官话》中琉球人逛书店买书，买武夷茶、松萝茶之类的对话，《官话问答便语》中亦有类似的逛书店买书，以及钱铺老板与琉球人的对话，其中颇多讨价还价的内容。《学官话》曰：

> 我们这个东西卖给你，是折本卖你的，如今价钱虽不肯添，我也罢了，那银子要好的给我才是。这个银子低，用不得，拿去换好的来。不然，价钱低了，银水又低，太吃亏我了，怎么做得？

① 〔清〕李鼎元著：《使琉球记》，“中琉关系史籍丛书”，陕西师范大学出版社，1992年版，第55—56页。关于这一点，之后谢肇淛亦曾追溯：“琉球小而贫，虽受中国册封为荣，然使者一至其国，诛求供亿，为之一空，甚至后妃簪珥皆以充数，盖从行者携货物往而高贵其售直也。然向者皆严行禁约，少知敛戢，至丙午，称狼藉矣。闻其国将请封，必储蓄十余年而后敢请。”（《五杂组》卷4《地部二》，“历代笔记丛刊”，上海书店出版社2001年版，第85页。）据谢肇淛称，谢杰为其从祖。

是了，我和你们主顾家，时常来和你买，下遭补得你着的，这个银子，将就用罢，请收起。

这样其实太难为我了。

好了，下回来补就是了[①]。

对银子成色的计较，显然也是琉球人买卖货物时讨价还价时的一种技巧。

前文述及，二十世纪四十年代傅衣凌在河口走访的第一个人，是当地七十多岁的一位名医，他曾为琉人看过病。类似的情形，可见《学官话》中的一段对话：

门生这几时，身上有些贱恙，特来求先生看看脉，药撮一剂，带回去吃。

你这身上什么意思？说给我知道，我好加减。

我这身上觉得四肢无力，脚手酸软，腰又痛，头又晕，茶饭又不爱吃，肚子又饱胀，心口里只管发恶膻，口水长淌的，浑身好不难过的。

大便、小便有么？

大便、小便是有的。

小便红不红呢？

小便有些红。

身上有发潮热么？

① ［日］濑户口律子：《学官话全訳（琉球官话课本研究）》，第229（36）—228（37）页。

早起头都好，到下半晚，就发潮热。

这个病无妨事，你是冒着风失表的，如今寒深了，我撮一剂药，带回去吃，今晚表得些汗出来就好了。

多谢先生，药资明日送来罢[①]。

原抄本上揭对话中“浑”字的右侧注曰：“风，下平。”福州人说话，“h”和“f”音不分，故读“浑”作“风（下平）”。“表”，在福州方言中是指用药物将人体内所感受的风寒发散出来[②]。而“药撮一（蜀）剂”，更为福州人之通俗常言[③]。旧时人看病，多到中药铺中开药，药铺老板往往即坐堂医生，无论什么病，“小便红不红”（“红”的意思并非确指尿的颜色，而只是与通常的颜色相比是否有所不同），从来就是坐堂医生问得最多的一句话。

除了看病外，一些琉球人也在福州学习中医。当时，琉球人在中国各地广泛请教名医，以往医学界熟知的《琉球百问》一书，就是苏州名医曹仁伯对其海外弟子琉球人吕凤仪所提疑难问题的解答记录[④]。同样，在福州，他们也多方请教。日本天保八

① ［日］濑户口律子：《学官话全訳（琉球官话课本研究）》，第216（49）—215（50）页。

② 李荣主编：《福州方言词典》，“现代汉语方言大词典·分卷”，江苏教育出版社1998年版，第186页。

③ ［日］濑户口律子：《官话便语问答全訳（琉球官话课本研究）》：“你是昨天在山上吃酒，脱衣服冒着风，这个不妨。请一位医生看脉，撮一剂药，表表发些汗出来就好了。”（第290（9）页）。

④ 沈思钰、张永文、曹晓蕾、赵凌杰、蔡辉：《〈琉球百问〉及其中风论治学术思想刍议》，载《中国中医急症》2007年6月第16卷第6期。

年（1837年，清道光十七年）丁酉新镌的《质问本草》[①]（中山吴子善著，萨摩府学藏板）内篇卷1中，就有《质问帖书牍及题跋》，作者在其中提及——将《草木图状》一书，委托本国贡船送往福州等地，请教当地的“钜儒太医”，希望借此交流，提升本国对中草药的认识以及中医治疗的水平。关于中医方面的交流，《学官话》中有如下的对话：

门生初到中国，言语不通，求先生用心教我，看脉的道理，写给我看，是什么病，该用什么药，要紧的写了教我。

你们初到这里，不会说中国的话，十分教你不得，我且把那《医宗必读》，点给你看，等后来慢慢的，再把药方写些送你。

那药书点完了不曾？

我这两日有些小事，不得工夫，宽两三天点完了，给你看罢。[②]

“宽两三天”是指再给两三天时间的意思，这也是福州常见的表述。《医宗必读》为明代上海人李中梓所著的医书，该书系学习中医之入门津逮。《学官话》另一处亦曰：

门生昨日到先生府上来，先生公出了，门生就回去了。

① 该书见日本琉球大学附属图书馆“仲原善忠文库”。

② ［日］濑户口律子：《学官话全訳（琉球官话课本研究）》，第219（46）—218（47）页。

今日特到先生府上来，求先生把《医宗必读》，讲给门生听听，恐怕先生的事多，不得闲空，今日只讲一两篇，给门生带回去，看明白了，过一日再来领教。

这样，狠着！吃过茶了，讲给你听。①

"狠着"是很对的意思，这是将福州方言直接翻成的官话。

除了上述商业、医学方面的交流外，明清时期，有不少琉球人较长时期生活、学习在福州，耳濡目染，对于福州社会有着比较深入的了解。譬如，《学官话》中就有一段对话：

问：老兄来这边，有什么事呢？

答：小弟特来中国读书。

问：贵姓呢？

答：不敢，贱姓郑。

问：今年多少年纪？

答：今年十五岁了。

问：青年的狠耶！尊号？

答：小弟年幼，不曾有号。

问：这一位老兄上姓，到这边几年了？

答：小弟姓阮，来这边住了四年多了。

说又问：嗳！离家好久了，想家么？

答：想家二字，是不消说的。

---

① ［日］濑户口律子：《学官话全訳（琉球官话课本研究）》，第218（47）—217（48）页。

说又问：自然自然，如今几时回去呢？

答：今年五六月要回去了[①]。

“青年的狠耶”，是感叹对方的年轻。对话中的阮姓琉球人，在福州住了四年之久。类似于此的琉球人，他们在福州期间，与当地人时相过从，并四处游玩，从中了解中国的风俗民情。譬如，康熙三十八年（1699年），琉球接贡存留通事蔡文溥，就“遍游越王平远台、凌霄台诸峰，掺舟螺女江，访旗、鼓二山，登高远览，三年始归”[②]。有的人耽于逸乐，甚至将自己到中国的主业都荒废了。对此，琉球官话课本中的一段对话，就以自责的口吻批评这些人的行为：“我们多远过来这边，原是要读书，求些学问，学些本领回去的，如今到这里来，个个都懒惰，大家终日吃酒取乐，满处玩耍，到把心弄粗了。那书一些也不爱读，大家都在这里，空过日子，自家想起来，好不害羞。”[③]从上引《官话问答便语》中那位私塾先生对琉球弟子的严格教训来看，琉球人到中国学习的内容除了“官话”之外，还有的就是“礼数”。所谓礼数，亦即礼节和风俗。因此，在琉球官话课本中，也就有了不少福州社会风俗方面的内容。

---

① ［日］濑户口律子：《学官话全訳（琉球官话课本研究）》，第243（22）—242（23）页。

② 蔡文溥：《四本堂诗文集》雍正壬子（1732年）叶绍芳序。关于蔡文溥的《四本堂诗文集》，参见钱志熙所作《蔡文溥与〈四本堂诗文集〉——一位古琉球国诗人的汉诗文创作》，载《中国典籍与文化》2006年第2期。

③ ［日］濑户口律子：《学官话全訳（琉球官话课本研究）》，第226（39）—225（40）页。

（1）岁时民俗

福州一年四季比较分明，民间对于岁时节庆颇为重视。明弘治《八闽通志》福州府部分对于“岁时”有简要的记录[①]：

岁时	风俗
元日	序拜，上冢，入学
立春	蔬饼
上元	彩山，观灯
寒食	开花园，游山，墓祭
上巳	禊饮，青饭
端午	插艾，系五色线，饮菖蒲酒，角黍，竞渡，采药
七夕	乞巧
中元	盂兰盆会
重阳	登高
冬至	序拜
除夜	逐疫，馈岁，别岁，守岁，宿岁，桃符，钟馗

上述这些，在琉球官话课本中多有反映。譬如，《学官话》中就有对福州元宵观灯的描摹：

> 如今是元宵景，城里城外，到晚间，街上好些故事。各庙里好些灯，这样闹热的时景，我们也到街上并各庙里去看看玩玩么？好不好？
>
> 好！今晚大家来去，如今就走。

① 《北京图书馆古籍珍本丛刊》第33册“史部·地理类”，书目文献出版社1988年版，第45页。

才出门不多远，就碰着一驾抬搁，那火把点得亮烙烙的，把那锣鼓不住的打，号头喇叭不住的吹，那抬搁的故事，就车起来，官模又好，人又生得好，真真爱死人，好看不过的！再一会，又一班故事来了，我走拢去看，是扮一班跌竹马的小孩子，又会弹，又会唱，实在好！才看得高兴，不知道是那［哪］里来的一驾神，在那一头闯过来，人又多，挤得狠［很］。我们往庙里看灯去罢！那庙里的灯，好多不过。等我慢慢的数数看，莲花灯，绣球灯，兔儿灯，走马灯，鳌山灯，百样的灯都有，我数也数不尽……[①]

正月十五为元宵节，俳优百戏，喧闹街市，普通民众纷纷上街观赏，此夕之歌舞杂戏，早在南宋梁克家之《三山志》中就有反映。据明人王应山的《闽大记》记载：福州“沿门悬灯，通宵游赏，谓之灯市。”[②]福州府长乐县人谢肇淛长期寓居府城乌石山下，他甚至说：“天下上元节之盛，无逾闽中。”[③]除了彩灯外，《学官话》上述的对话还描述了“抬搁”之场景。所谓抬搁亦作台阁，以木板为台，上布剧景，以善唱者分坐其中，两旁笙箫和之，四人舁前后，谓之台阁[④]。不仅是元宵，立春之日亦有抬搁。清代

① ［日］濑户口律子：《学官话全訳（琉球官话课本研究）》，第200（65）—199（66）页。

② 《福建滑稽传》明郑堂条，见福建通志局纂、民国十一年（1922年）刊本《福建通纪》（五），台湾大通书局1968年版，第2991页。

③ ［明］谢肇淛：《五杂组》卷2《天部二》，第20页。

④ 《华报》1935年11月27日《福州风俗竹枝词·台阁》，转引自林庆熙等编注《福建戏史录》，福建人民出版社1983年版，第128页。

侯官（今福州）进士李彦彬所撰的《榕亭诗钞》，就对嘉庆年间福州民间迎春时妆扮台阁之盛况，作了较为细致的描述。对此，《官话问答便语》状摹了"抬搁故事"的类型："用木架抬着车动，叫做抬搁；人站在人肩上，名为肩马。这两样的，只是官模，转动不作声。又有地上走的，名为嚷歌。这个又有官模，又会唱曲，更觉好看。"① 所谓官模，据原抄本天头注曰："所扮故事的模样，譬如做戏的，凡外面所有妆扮以及行动举止，俱是官模。"

立春之日，官府有迎春的仪式："福州府并闽、候［侯］两县各官，都到东门外春牛亭去迎春，也有春牛，也有扮故事，好看不过。"关于东门的春牛亭，《官话问答便语》说："要看迎春，须去到东门外春牛亭那里好看，那亭中塑一只大土牛，头角身尾，腹下四蹄。按本年天干地支所属，妆成各色，放在亭中，各官都到那块，迎这土牛进城去，名为春牛"。迎春时出场的官员有福州知府、海防厅、理事厅、粮捕厅、闽县、侯官县、典史和捕衙等。② 由于迎春时的台搁等非常好看，可谓"万人空巷笑颜开"，故而琉球人相约"早早起来，洗脸，吃了点心，同去东街双门前所在去看"③。此外，《官话问答便语》还解释了迎春的意义在于："春为岁序之首，农乃国家之本，人无食不生，田无牛不治，当此阳春，五谷滋生，故迎春必以牛，重农事也。"④ 迎春

---

① ［日］濑户口律子：《官话问答便语全訳（琉球官话课本研究）》，第286（13）页。

② 同上书，第274（25）—273（26）页。

③ ［日］濑户口律子：《学官话全訳（琉球官话课本研究）》，第251（14）页。

④ ［日］濑户口律子：《官话问答便语全訳（琉球官话课本研究）》，第273（26）页。

虽然具有官方色彩，但立春前后的活动并不局限于官方，而是受到福州民间的极大关注。据晚清时人郭柏苍《乌石山志》记载："三山之俗，立春前一日出牛于鼓门之前，若晴明，则自晡及旦，倾城出观，巨室或乘轿旋绕，相传云看牛则一岁利市。"①

除了元宵、迎春之类全民性的狂欢外，还有对三月三踏青的描摹："今日是三月三，我们邀几个知己的朋友，打上两三壶酒，备办几个小菜碟，到那个好玩的所在踏青，学那古时王羲之在兰亭曲水流觞的故事，大家快乐快乐，也不虚度了一年的时光……"②曲水流觞之类的游乐，当然是属于读书人的闲情逸致。关于上巳节的禊饮，清人刘萃奎的《福州竹枝词》有："上巳西湖酒共携，禊游遗事话桑溪，笑看满路春烟绿，荠菜悬门一色齐。"③桑溪在金鸡山下，下有小兰亭，为昔人流觞修禊之处④。

在诸多节俗中，琉球官话课本对于端午节的描述最为细致，对此，《学官话》记载：

> 今日是五月初五日，人叫做端午节，又叫做端阳节，又叫做天中节，又叫做蒲节，又叫做艾节。这一节，最热闹的。个个家里，都买糯米裹粽子，打烧酒来泡雄璜吃。各人家门口，插些菖蒲艾。那小孩子，到半上午，都到江边去，看人家斗龙船，好玩不过的。我们也到江边去瞧瞧么？

---

① 〔清〕郭柏苍：《乌石山志》卷9《志余》，《中华山水志丛刊·山志卷》第33册，线装书局2004年版，第573页。

② ［日］濑户口律子：《学官话全訳（琉球官话课本研究）》，第221（44）页。

③ 〔清〕刘萃奎：《福州竹枝词》，见《琼台吟史诗初编·餐荔社集》。

④ 〔清〕王式金：《福州竹枝词》"桑溪一曲绕山隈"诗注。福建省图书馆藏。

我们要去玩，大家雇一只小船，办些干盘，打些好酒，买几尺红绸，做些标，把船撑到江中间，那标插起来，我们把酒排起来，大家发拳吃酒，看龙船来抢标，乐一天回来罢。①

端午节在福州又叫“五月节”，明万历时人王世懋在《闽部疏》中就说：“端午节尤重竞渡。”对此，谢肇淛则以亲身经历更为详细地指出：“古人岁时之事行于今者，独端午为多，竞渡也，作粽也，系五色丝也，饮菖蒲也，悬艾也，作艾虎也，佩符也，浴兰汤也，斗草也，采药也，书仪方也，而又以雄黄入酒饮之，并喷屋壁、床帐，婴儿涂其耳鼻，云以避蛇虫诸毒，兰汤不可得，则以午时取五色草沸而浴之。至于竞渡，楚、蜀为甚，吾闽亦喜为之，云以驱疫，有司禁之不能也。”清人刘萃奎曾吟咏：“蒲香艾影映门间，茧虎钗符灿佩裾，为约同人观竞渡，巳时先写午时书。”② 直到二十世纪七八十年代，端午仍是当地最为隆重的节日之一。谢肇淛所提及端午时节的种种举措，笔者少时犹亲身经历，可见相关节俗之源远流长。对于端午，《官话问答便语》的介绍更为详尽：

这五月初一日起，至初五日止，五天都爬龙船。初一日，各处龙船，出水未齐。初五日，各人要回家做节，爬一

① ［日］濑户口律子：《学官话全訳（琉球官话课本研究）》，第199（66）—198（67）页。

② 〔清〕刘萃奎：《福州竹枝词》，见《琼台吟史诗初编·餐荔社集》。

阵都散去了。这两天，故此不好看。初二、初三、初四这三天，各处龙舟，都在水面斗爬，那些看龙舟的，各带酒肴，雇只小船，撑在江中，船头上竖着锦标，给那些爬龙舟的抢。

怎么样抢呢？

或两只，或三只，大家并排齐齐爬起，看那［哪］个爬得快，先到的算赢，后到的算输，那赢的将标抢去，输的就没分了。

标是什么东西做的呢？

白纸扇一把，红布尺余，用线结拢一堆，用竹竿挂起，竖在船头，这个就叫做锦标。

有多少人看呢？

看的人多得狠［很］，也有男人去看，也有妇人去看，有钱的雇船，无钱的站在岸边，或站在桥上，数不清的。那些曲蹄婆，头发梳得光光，簪花首饰带起，脸上把粉擦得白白，耳边挂着耳坠，手中带着手镯、戒指，身上穿着两件新鲜衣裙，拿着竹篙，立在船头，撑来撑去，都在那里摆浪，真真闹热得紧。

这龙舟是何取义爬起来呢？

这龙舟世传以为楚国有一贤人，名为屈原，身居大夫之职，是个忠君爱国之臣，被同僚奸人嫉妒，谗谤于王，放而不用，屈原因作《离骚》，以舒其怀，于五月五日，遂投汨罗江而死，人慕其贤，将舟共相救之，是其遗迹，后人设造龙舟，相竞渡水，以为游戏。

此五日家家门首插艾悬蒲，又是何所取义？

这五日门前插艾悬蒲，与清明门前插柳同意，都是驱瘟辟邪禳毒之事。这个节，乃是天中节，又叫做端阳节，又叫做端午节，又叫做五月节。此日人家置办鱼肉果品，用雄磺、蒲根调入烧酒内宴饮，又将雄磺酒，各处喷喷，用黄烟各处放放，以杀毒虫，雄磺酒吃在腹里，可消毒气。蒲根吃在腹里，可延寿数。这一节，是最大的。①

在这里，琉球官话课本将龙舟竞渡抢标的方法、龙舟传说的由来，以及门首插艾悬蒲等的意义，都作了详细的解说。直到二十世纪七八十年代，福州长辈还津津乐道地说起以前“大桥头看爬龙船”，以及龙舟竞渡时所见到的“科题婆”（亦即此处的“曲蹄婆”），这与琉球官话课本的描述颇相吻合。《官话问答便语》“摆浪”一词，原抄本天头注曰：“摆浪，在浪上摇来摆去，亦招引玩耍之意。”清代福州的曲蹄婆因生活所迫，多有操皮肉生意者，故此处的“摆浪”一词，显系一语双关。另据《琉球国志略》卷 4 下《风俗》记载：在琉球，“五月五日竞渡（泊一，那霸一，久米一，共龙舟三），角黍、蒲酒、拜节，同中国。”滞留福州的琉球人蔡大鼎，即有“开樽纵亦倾蒲酒，竟夕何堪忆故园”的诗句②。《琉球官话集》“三字官话”中，有“看龙舟”、

① ［日］濑户口律子：《官话问答便语全訳（琉球官话课本研究）》，第 240（59）—237（62）页。

② 蔡大鼎：《闽山游草·端午即事》，同治十二年（1873 年）刻本。

"爬龙舟"和"划龙舡"三词[①]，第一、第三个词是官话，第二个则是福州当地的方言。

七月初七是七夕节，是神话中牛郎织女鹊桥相会的日子，在福州，称为乞巧节或结缘节。对此，《学官话》以一问一答的方式作了解释：

> 今晚是七月初七，叫做七夕节，那牛郎织女要相会，喜鹊驾［架］桥，给牛郎过，不知有这个事没有？
>
> 人家多这样说，有这事，没这事，我都不曾看见。我只看见那人家的女人，到这晚间，排些果子酒肴，在天井中间，对着织女星，穿针乞巧，这是必真的。[②]

关于七夕，《官话问答便语》的解说更为详细：

> 今日乃是七夕，我同你看牛郎、织女相会。
>
> 那牛郎、织女，怎么今晚才相会呢？
>
> 那牵牛星在天河之西，与参宿俱出；织女星在天河之东，居氐宿之下。织女乃天帝之女，天帝怜其勤于机织，配与牵牛为妻，二人夫妇相爱情笃，遂惰其事，天帝怒责，以二星分为东西，中以天河隔断，每年逢七月初七日，是夜许他相会一遭。

① 《琉球官话集》，见《宫良当壮全集》第 10 册，第 87 页、第 93 页。

② ［日］濑户口律子：《学官话全訳（琉球官话课本研究）》，第 198（67）—197（68）页。

我闻得人间女子，都于此夜乞巧，有这个事没有？

唐宫中每遇七夕，宫女辈各执九孔针、五色线，向月穿之，穿得过者为得巧。又以蜘蛛纳之小金盒中，至晓开视蛛丝稀密，以为得巧之多少。后人有好事者，亦以因之。

人说喜鹊驾［架］桥，有这个事没有呢？

这事不曾看见，古传七夕一过，那喜鹊头上的毛，无故皆秃，以为是夜做桥，架于天河之上，与织女渡过，相会牵牛，所以头毛皆脱去，因有是言也。①

对于上述的这段对话，抄本原件天头注云："针有九孔，乃难穿之针也，故于七夕夜向月穿之。"又曰："九孔针，是九尾针，唐宫女子于九引台以五彩丝穿九尾针，穿得过者为得巧。"这段注文源自《说郛》，九引台亦作"九引堂"："七夕乞巧之所，至夕，宫女登台，以五采丝穿九尾针，先完者为得巧，迟完者谓之输巧，各出资以赠得巧者焉。"当然，此种风俗由来已久，早在南宋梁克家的《淳熙三山志》中，就已有《七夕》诗："乌鹊成桥架碧空，人间天上此欢同。……彩楼乞巧知多少？直至更阑漏欲终。"在福州，民间称七月初七为"七月七夕"，"乞巧人将彩线牵，坐看牛女会团圆"②，直到二十世纪七八十年代民间仍颇为隆重。③

八月中秋，《官话问答便语》提及"有去看点宝塔的，那黑

① ［日］濑户口律子：《官话问答便语全訳（琉球官话课本研究）》，第221（78）—219（80）页。

② 〔清〕刘萃奎：《福州竹枝词》，见《琼台吟史诗初编·餐荔社集》。

③ 福州对外文化交流协会、台湾《罗星塔》月刊社合编：《福州乡土文化汇编》，1990年版，第209页。

塔就是石塔，在南关内之西，白塔在南关内之东，两塔相对，自八月十一日起，至十五日止，这五夜，两边宝塔七层，都点着灯火，光亮射入四面，男女老少，游观不绝，真个良宵美景”①。这一段文字述及城内东、西二塔的燃灯习俗。福州东有鼓山，西有旗山，两山遥峙，取旗鼓相当之意。城内有三山（乌石山、九仙山、越王山）二塔（乌塔、白塔），乌塔也就是此处的黑塔。八月中秋之夜，士女登乌石山进香，居民逐队登白塔、乌塔，俗称环塔。对此，清人有诗吟咏：“秋色平分夜月光，儿童拜塔绕华堂，天风忽送炉烟馥，乌石山头早进香。”②另一首诗亦曰：“东西对峙两浮图，齐插云霄势不孤，多少游人携手看，万枝灯火照城隅。”诗注：“中秋夕，左万寿塔，俗呼白塔；右坚［净］光塔，俗呼乌塔，灯火万枝，双擎天半。”③

除了对福州中秋夜燃灯环塔习俗的描摹外，《学官话》中还提及每逢此日寓居福州的琉球人之生活：“今晚是八月十五晚，中秋节，家家吃酒赏月，我们虽在客边，亦不可虚度良宵美景。今晚我们大家，也备办几味好肴，上楼去吃酒看月，起令做诗，大家说说笑笑，玩到快活罢。”④所谓客边，也就是指他们滞留福州。

中秋过后半个多月，便是九月九日的重阳节。对于重阳，南宋词人辛弃疾有《九日登九仙山》诗：“贪数明朝重九，不知过

① ［日］濑户口律子：《官话问答便语全訳（琉球官话课本研究）》，第215（84）—214（85）页。

② 〔清〕刘萃奎：《福州竹枝词》，见《琼台吟史诗初编·餐荔社集》。

③ 〔清〕王式金：《福州竹枝词》。

④ ［日］濑户口律子：《学官话全訳（琉球官话课本研究）》，第197（68）页。

了中秋，人生能得几多愁，只有黄花依旧。”[①] 明弘治《八闽通志》即载：“重阳，郡人率以是日登高，饮菊花酒以延年，插茱萸以避恶。”清人刘萃奎有“年年重九共登高，萸菊香浓荐绿醪”的诗句[②]。对此，《学官话》曰：“今日九月九，是重阳节，人人都携酒登高、插茱萸，学那孟嘉落帽的故事。”[③] 琉球人周新命有《九日登九仙观》：

当日仙人去不还，那堪重九独登山。
风高落帽人何在，笔懒题糕句可删。
天外松涛吹梵响，空中阁影带云闲。
一从戏马销沉后，惆怅荒台夕照间[④]。

重九登九仙观，孟嘉落帽、题糕之类，都是当日的风俗。这里的“山”，应指福州的于山。当然，此日也有登乌山者，诚如清人竹枝词所述：“九日登高绮席张，三山形胜略相当，游人大半来乌石，寂寞阿谁吊越王。”[⑤] 据载，宋熙宁初郡守程师孟登山揽胜，认为此山可与道家蓬莱、方丈、瀛洲相比，遂改其名为道山，故乌山亦称道山。近人郑丽生《福州风土诗》注曰：“重九

---

① 〔明〕王应山：《闽都记》卷4，“中国方志丛书”，成文出版社1967年版，第18页。

② 〔清〕刘萃奎：《福州竹枝词》，见《琼台吟史诗初编·餐荔社集》。

③ ［日］濑户口律子：《学官话全訳（琉球官话课本研究）》，第197（68）—196（69）页。

④ ［日］岛尻胜太郎选、上里贤一注释：《琉球汉诗选》，日本那霸，ひるぎ社，第153页。

⑤ 〔清〕王式金：《福州竹枝词》。

登高，道山最盛，应时作糕，曰登高粿，俗又呼九重粿，其上遍插小旗。乾淳岁时，盖已然矣。”① 九重粿是福州重阳节极具特色的传统节日食品，对此，《琉球官话集》“食物之类”，亦记有“九重粿”②。九重粿之“九”，意味着多数，所以亦称“登高粿”，这与九月九日登高的习俗有关。关于登高，琉球人林世功亦有《九日登高》诗：

他乡重九会，几度等闲来。
黄蝶花俱瘦，清樽客独开。
年华随逝水，秋色满高台。
痛饮身犹健，题诗扫绿苔。

这首重九登高诗，被中国教习评为“遥吟俯唱，逸兴遄飞”。至于登高的典故，《官话问答便语》更具体指出：

明日重阳，人人都去登山，叫做登高。

怎么叫做重阳？

九乃阳数，九月九日，两阳数两重也，故名重阳。也有人叫做重九。

这登高有何缘故呢？

古时有一人，姓桓，名景，随费长房游学。房谓景曰：九月九日，你家当有大灾厄，令家人缝囊，盛茱萸系臂上，

① 郑丽生：《福州风土诗》，1963 年福州春檗斋抄本，福建省图书馆藏。
② 《琉球官话集》，见《宫良当壮全集》第 10 册，第 18 页。

登山饮菊酒，此祸可消。景从其言，举家于是日登山，至暮回来，见家中鸡犬牛羊，一时暴死，惊异问房，房曰：代尔合家众人死矣。后人每逢九日登高，盖因此意。

那茱萸、菊花，怎样就能消此灾厄呢？

仙书云：茱萸称为辟邪翁，菊花称为延寿客，故假此二物，以消重九之厄。①

茱萸入酒为茱萸酒，饮服可预防瘟疫。九日登高，从高处极目远眺，不仅可免暑热的地气对人的直接危害，而且还能让烦躁的心情逐渐趋于平静。

九月九日除登高外，还有纸鹞会的习俗。关于这一点，晚清时人郭柏苍指出："闽俗风筝恒在秋月，九日登高尤尚此戏，城中三山唯乌石为盛，有所谓九连环者，形如蜈蚣，剪彩为头，具百四十四甲，亘四五十丈，以大绳系于山石，乘风则数十人挽之，设飣餖于僧寺，谓之纸鹞会。"② 近人郑丽生引证此段文字，并有《放纸鹞》诗："游丝百尺入云端，乌石山头赛纸鹞，巧夺天工看不厌，阿侬最爱九连环。"③ 福州方言称风筝为"纸鹞"（音调与本字稍异），关于纸鹞，《官话问答便语》说：

那天上飞飞的，是什么东西呢？

① ［日］濑户口律子：《官话问答便语全訳（琉球官话课本研究）》，第210（89）—208（91）页。

② 〔清〕郭柏苍：《乌石山志》卷9《志余》，《中华山水志丛刊·山志卷》第33册，第573页。

③ 郑丽生：《福州风土诗》。

叫做纸鹞，又叫风筝。我这里七月就放起，到如今好玩的，糊一个大大的，也有画着人物，也有画着禽虫，拿一捆粗粗麻线，或在楼台顶，或在街坊间，或在教场，或在山坡，朝着风头的放，也有放得高的低的，远的近的，至夜间不收，点着灯，顺风吹上，那灯火光亮亮的，人晓得的是纸鹞上灯火，不晓得的疑是天上的星，怎么这么大，就在那里仰望。

闲常怎么不放？都挨到秋时，何缘故呢？

闲常我这里的风气，是自上吹下来，纸鹞不得升高，到了秋时，风气是由下刮上去，纸鹞才可以放得起。①

清周煌所辑《琉球国志略》卷4下《风俗》载："九月放纸鸢。"②这一点，与福州的情形颇为相近。清嘉庆五年（1800年）九月朔日庚辰，李鼎元在琉球"初见纸鸢"，根据他的观察，这些风筝"制无精巧者，儿童多立屋上放之。按中国多放于清明前，义取张口仰视，宣导阳气，令儿少疾。今放于九月，失其旨矣。然地非九月，纸鸢不能上，则风力与中国异，即此可验。球阳气暖，故能十月种稻。闻日本、台湾亦然，东洋气候同矣"③。关于风信，清人王式金《福州竹枝词》曰："纸鸢制就势鸱张，稚子轻携趁晚凉，得得偷来慈母线，好风相送上高墙。"该诗注

① ［日］濑户口律子：《官话问答便语全訳（琉球官话课本研究）》，第208（91）—207（92）页。

② 〔清〕周煌辑：《琉球国志略》，《故宫珍本丛刊》第273册"史部·地理·外纪"，海南出版社2001年版，第142页下。

③ 〔清〕李鼎元著：《使琉球记》，第142—143页。

曰："闽俗，清明无放风筝者，皆于九日放之，盖风信异也。"

九月重阳之后，重要的节气便是冬至。福州人历来重视冬至（俗称冬节），有"冬节大如年"之说。早在南宋《淳熙三山志》的时代，就有"冬至，州人重此节"的记载。及至明代，王应山《闽大记》中说"冬至日，粉米为丸"。关于这一点，《官话问答便语》亦有详细的描述：

> 明日冬节，各官都要到西门外皇帝亭那里拜冬……
>
> ……我福州风俗，以冬至前一夜，用糯米泡湿，杵碎成粉，将纱罗筛得细细的，调滚汤和作一团，一家男女大小老少齐集，点一对大烛，放在棹上，放三声炮仗，将粉放在手中，两手合搓，搓毕收好，冬至日早早放在锅内热汤煮之，浮于汤面则熟透，盛起碗中，加糖散于上，名为汤圆，先供神明，次供祖宗，供毕，然后大家才吃，各家普遍都是如此。
>
> 这汤圆有什么口味，如此珍重呢？
>
> 虽没有什么好口味，因是乡俗，前作后述，不得不如此珍重哩。①

上述这段描述汤圆制作过程的文字，与福州风俗极相契合。此外，它还提及当地冬至搓丸的风俗。对此，清人刘萃奎有："新春白粲待搓丸，华烛当筵橘满盘，厨下新娘同洗手，也缠红

① ［日］濑户口律子：《官话问答便语全訳（琉球官话课本研究）》，第203（96）—202（97）页。

袖祝团栾。"[①] 王式金亦作："汤丸妙制始何年，前夕先搓设绮筵，大小登盘珠错落，东西列座月团圆。"该诗自注："冬至前夕家人团坐，以米粉为丸，谓之搓丸。凌晨烹之，以供神明，馈亲友，谓之冬节丸。"[②] 人们在此节日前夜，一家老小团聚一起，将事先磨好的糯米浆压至半干搓成丸子，入锅煮熟，捞起后粘上糖豆粉。搓时焚香点烛，小孩则以福州方言唱童谣："搓糍齐搓搓，依奶（妈妈）疼依哥，依哥讨依嫂，依俤单身哥。依嫂带身喜（怀孕），罢奶（父母）齐欢喜。孩儿段（掉）落脚桶下，依哥马上做郎罢（爸爸）。"冬至搓米时，含有祈求添丁增福之意。

腊月二十四晚的祭灶，《学官话》则曰：

> 今晚家家则管放炮仗，做什么事呢？
>
> 今晚是腊月二十四晚，这里的风俗，家家送神祭灶，化元宝的时节，都要放三个炮仗的。
>
> 这样么，怎么样叫做送神呢？
>
> 那神明要上天去玉皇那里。
>
> 那神明去玉皇那里做什么呢？
>
> 一年到年终，众神都要到天上朝见玉皇的，好像我们凡间的官儿，或一年，或两三年，务必要去朝见朝廷的一般。
>
> ……
>
> 那灶君也要去朝见玉帝的？

① 〔清〕刘萃奎：《福州竹枝词》，见《琼台吟史诗初编 · 餐荔社集》。
② 〔清〕王式金：《福州竹枝词》。

……

那灶君还更要紧的，他怎么不去哩？

……那灶君是一家之主，那人家家里，做有好事，做有歹事，都瞒不得他的，他到天上去，把那人家的好事、歹事，直奏玉帝知道了，那好的人，玉帝就赐他福祥，那不好的人，玉帝就降祸给他，却不是更要紧的？①

祭灶是中国人普遍的习俗，不过，此处的“化元宝”却是福州人的说法②。在福州，祭祀颇为隆重：“腊鼓冬冬击细腰，人家祀灶趁残宵，愿君莫笑黄羊乏，浊酒三杯送早朝。”③对此，《官话问答便语》亦曰：

你这里人家，于十二月念三、念四此两日送灶，有没有呢？

灶君为一家所尊，司命之主，凡人饮食，必经其处，上帝委他在人家考察功过，凡一岁上天一次呈奏，古传于岁末此二日送灶，今人因之。

……用什么礼物供养呢？

也有荤菜的，也有素菜的，糖料果饼等仪。

别位神明，也上天去不去呢？

---

① ［日］濑户口律子：《学官话全訳（琉球官话课本研究）》，第191（74）—190（72）页。

② ［日］濑户口律子：《学官话全訳（琉球官话课本研究）》将“元宝”释作“马蹄银”，（第139页）但此处的“化元宝”之“元宝”并非实指“马蹄银”。

③ 〔清〕刘萃奎：《福州竹枝词》，见《琼台吟史诗初编·餐荔社集》。

各位神明都一齐上天，各奏所司之事。

几时回来呢？

于来年正月初三、初四两日回驾，各家都具香烛迎接。

如此看来，这十日间，凡世都没有神明[①]。

在祭灶时，孩童唱着童谣："祭灶祭糊涂，灶前一只铜香炉，元宝是侬褙，金库是侬糊，灶君上天讲好话，灶妈落地保佑侬，保佑侬爹有钱赚，保佑侬妈有钱赚，保佑侬哥讨兄嫂，保佑侬读书变聪明。"《琉球官话集》"食物之类"中，记有"灶饼"和"灶糖"[②]。在福州，祭灶的糖料果饼叫"灶糖灶饼"，直到现在仍相沿未替，老福州人每届祭灶均要购买，只是现在的灶糖灶饼在包装形式上略有变化而已。

一年到头，除夕及正月初一的节俗最为重要："那腊月三十晚，叫做除夜，这一晚那人家家里的事情，好多不过的。不论那男的女的，个个忙叨叨的头碰来，尾碰去，不住的跑。……他要过年，……他备办些柴、米、油、盐、酱、醋、茶、酒、肉、鱼、蔬、果、香灯、元宝、腊［蜡］烛。……三十晚，要祖宗跟前烧年纸，又要同娘老、弟兄、老婆、儿子，一家大大小小分岁，大伙吃个团年酒"[③]——这是《学官话》的描述。而在《官话问答便语》中，则提及除夕的烦扰：

① ［日］濑户口律子：《官话问答便语全訳（琉球官话课本研究）》，第196（103）—194（105）页。

② 《琉球官话集》，见《宫良当壮全集》第10册，第19页。

③ ［日］濑户口律子：《学官话全訳（琉球官话课本研究）》，第190（75）—188（77）页。

如今年逼了，各人都不是心思。

为何不是心思呢？

你不知道过年项下多，人有欠我的，一年积到如今要讨，我欠别人的要还，家中妻子，要买几疋布做衣服穿，又要买些年货。

……

肉几十斤，鸡、鹅、鸭几只，鲜鱼几尾，丝蚶十数斤，咸淡食物，菜蔬、柴、米、油、盐、酱、醋、茶、酒，香烛、元宝、阴银、钱纸等项，还有果子、红桔、瓜子、花生、枣圆、柿饼、红黑枣、番薯干、甘蔗、莓葑、黄罗卜诸色，样样都要费钱。

不买他，做得做不得呢？

做不得。一家之中，供有菩萨，一境之中，供有土神，都要备个五牲礼仪，或三牲礼仪，在神前拜拜辞年。至除夕，父母、兄弟、妻儿，大家坐拢，吃个团年酒。其余遇有亲戚朋友来拜年，以便留他吃个新年酒，有小孩子来拜年，分些果子与他，又分些铜钱与他。那家里做些新鲜衣服，也要去别人家拜年，或人来家里，有两件好衣裳，也见体面。这些项，一点都是少不得的。①

所谓不是心思，亦即心情不好之意，直到现在，仍是福州人

① ［日］濑户口律子:《官话问答便语全訳（琉球官话课本研究）》，第198（101）—196（103）页。

的通俗常言。之所以心情不好，是因为欠债的缘故。根据福州的习惯，三十晚上为债主讨债、债户躲债最紧张的日子，俗称“讨数”。家住城外的债户跑到后洲尚书庙，家住城内的则跑到城隍庙看戏躲债。近人郑丽生有《躲债》诗：“最是年关过不来，笼灯索逋刻难挨，抽身去看通宵戏，喜有安全避债台。”诗注曰：“除夕为一年结账之最后期限，商人笼灯索逋，络绎于道，负债者每艰于应付。旧时坞尾尚书庙，演剧通宵，专供避债者散闷度岁，谓之躲债，债权者恐撄众怒，不敢过问也。”

除了躲债外，“不是心思”的另一个原因是要花不少钱置办年货，以满足家人吃团年饭和祭祀祖宗及各类神明的需要。

至于正月初一，《学官话》提及：“正月初一日，早早起来，洗了脸，穿了新鲜袍帽，上了香灯，点了腊［蜡］烛，开了门，拜天地，拜祖宗，拜菩萨，拜父母，拜大哥、二哥、三哥、四哥，拜大嫂、二嫂、三嫂、四嫂，拜完了，大家坐下，吃个新春顺意发财酒，欢欢喜喜的，你一杯，我一盏，各人都有些春色了，酒不吃了，盛新年饭来吃，饭吃饱了，如今要出去各家拜年了。”① 初一访亲拜友，互贺新年，诚如清人吴继箎在《福州岁时竹枝词》中所说：“簇新衣服趋人前，礼数谦谦喜连连。路上相逢共作揖，发财恭喜贺新年。”此处的“礼数”，与前述《学官话》中的记载可以比照而观。

（2）迎神赛会

《学官话》中有一段对话，“叫管家把天后宫，打扫洁净，香

① ［日］濑户口律子：《学官话全訳（琉球官话课本研究）》，第188（77）页。

烛预备停当，明日绝早，老爷要到那里行香”[①]。据傅衣凌抄录的道光十九年（1839年）碑刻，其中提及：

道光十九年七月十五日，据太保铺琼水球商、天后宫董事赵利、郑玉和、李开茂、丁允中等禀称：切利等生理贸易，航海往来，全赖天后神灵庇阴［荫？］，曾于道光三年间在水部关外太保铺地方佥建琼水球商天后宫，供奉香火，以昭诚敬……

碑刻中的天后宫，与《学官话》提及者可以相互参照。在福州水部门一带，天妃宫之设由来已久[②]。据明人王应山《闽都记》卷3记载，最早的天妃宫在水部门之东，始建于宋代，元至正十七年（1357年）重修，明成化年间镇守太监陈道再度重修。尚书林瀚有记曰：“闽海滨在在有祠，长乐广石为册封疏［琉］球使者开洋处，尤极崇奉，海上往返有谕祭文，神援舟功烈最著也。闽人渡海，风波危急，吁叩于神，有红光显异，或燕、雀、蜓、蝶翔集舟中，则无虞矣。”关于天妃的种种神迹，清代乾隆年间林清标所撰的《敕封天妃志》，有极为详尽的记载。值得注

① ［日］濑户口律子：《学官话全訳（琉球官话课本研究）》，第202（63）页。

② 《学官话》中提道：琉球人天热时，到天后宫楼上乘凉；另外，九月九日则在天后宫楼上庆赏重阳佳节。除了水部门附近的天妃宫之外，怡山一带也有天后宫，“在怡山院旁，前册封琉球使舟开行时，俱于此致祭”。（《闽县乡土志》，“中国方志丛书”，第559页）《官话问答便语》：“弟是去冬在敝国下船，……今年正月间，遇顺风放洋，五六日就到怡山院，蒙闽安镇大老爷详督抚两院，吊进馆驿安插……”怡山院在今福州市马尾区亭江镇。

意的是，《闽都记》所引高澄记，说在河口的天后宫宫庙内，东室有祠临水夫人者，该记并将临水夫人说成是“神之妹也”。由于天后源自莆田，原是兴化府的神明，而临水夫人则主要是福州人所崇拜，两地方言差异极大，风俗亦各自不同（在福州，两地民众互不相能，如在民间，福州人提起莆田人，往往将之贬称作“莆田猴”，意思是说莆田话哓啾难懂，莆田人脾气怪异难以相处——这当然是一种偏见），但在天后宫中，却将福州府的临水夫人说成是兴化府天后的妹妹，两种信仰在海外贸易的背景下被奇妙地糅合在了一起。据说，守望天后宫的人称，塑像面上有汗如珠，那是从海上援救遭受风险的船只回来后留下的痕迹[①]。

除了天妃、临水夫人外，明清以来，福州的迎神赛会极为频繁。琉球官话课本中，对此有不少描摹，其中的一些记载颇为详尽，有些描述甚至为中土史料所未逮。如对普度的记载：

> 阴间有这等孤魂野鬼，无子孙祭祀的，那善心的人可怜他，于此七月间，也有请和尚念经，也有请道士拜忏，或在人家，或在境社，铺设坛场，挂悬神像，香花水果，灯烛蔬供，五日、三日不等，超度他往生，无堕地狱。尾夜焰口，搭一座高台，五个人坐在上面，外头供一身纸糊的菩萨。释家用的，是监斋使者；道家用的，是太乙救苦天尊。棹上排列素斋几筵，馒头几筵，饭几盆，菜汤几盆，果子几盘，这

① 〔明〕王应山：《闽都记》卷 5，“中国方志丛书”华南地方第 71 号，第 28—29 页。

是给孤魂野鬼吃的。还有阴银、纸钱、冥衣焚化，这是给孤魂野鬼用的。不特我们庙中有做普度，各处都有，大得紧。还有那些，只夜间就地排设斋饭等件，请一个道士，一个打鼓的老排，摇铃打鼓，在那里念的，叫做施食，这也是赈济孤魂野鬼的。我庙中做普度的，虽像道士妆扮，他不比那街坊上做道士，专与人祈禳赚食的，他是好善修行，奉北斗会，一会百余人，各捐分金，做些好事，所以比那道士不同。①

从“我们庙中”“我庙中”的口气来看，这应是琉球人现场向庙祝询问时所得到的回答。该段文字原抄本中，有不少进一步的解释。如“焰口”一词的左侧注曰：“焰口是道士铺列坛场、上座念经、施济孤魂之谓。”所谓上座，就是高结瑶台，大张法事以济幽冥。福州乡土小说、里人何求的《闽都别记》第140回中，就有对福州当地上座的状摹。又如，上揭对话中的“老排”，即“道士之帮伙，用以排坛击鼓者。”再如，“超度”一词，原抄本天头注曰：“超拔也，度济也，往去也，投生也。孤魂野鬼未受超度之时，常堕地狱之中，受尽苦楚。既念经拜忏，便可以将他的罪孽解除，所以能使他往生乐土，无堕地狱之中。”

普度是在每年的七月中元，无论城乡各集，必举行一次。对话中的“尾夜”，即最后一夜，是典型的福州官话。其中的“境

① [日]濑户口律子：《官话问答便语全訳（琉球官话课本研究）》，第217（82）—218（84）页。

社”，为迎神赛会时的基层单位里社。琉球馆所在，就属于太保境。所谓境，既指社庙，又指某一社庙管辖的范围（亦即迎神赛会时巡游的范围）①，有的也称为“涧”，这在以下有关五帝禳灾的描摹中，亦可见到：

今年省中天气不好，各境都做禳灾。

这禳灾，是怎么样呢？

就是古时乡人傩之意，凡天年不顺，寒热失令，发为疫气流行，人若触之，则成瘟病，一人传十，十人传百，病者不数日而亡，十人九死，其利害不可胜言。我这里有五位土神，称为五福大帝，俗语叫做五帝爷，他是主管瘟疫之神，有病的，都往庙里投神许愿。若是一乡之中病多者，则挨家照丁口派出钱文，或富贵的加助，在庙中糊一驾大大的纸舟，按海船样修造，也有桅篷，也有椗舵，船中器具，一一齐全。报竣之日，通乡各司执事，香亭大轿，往各涧五帝庙里，请其香火。又向纸糊店中，请其神像，回到境中。是日结彩燃灯，香花蜡烛，设宴演戏。又设一座坛场，道士建醮祈禳，通乡皆斋戒沐浴，虔心致敬。到第二日，将神像请坐纸舟中，将纸舟抬在乡中门首游过，驱除洗净，放在一所宽厂［敞］地方，宰全猪全羊，山肴海味，排设舟前祭祀。祭

① 濑户口律子将琉球官话中的“各境”释成“各地”，（《官话问答便语全訳（琉球官话课本研究）》，第113页）误。关于“境”的具体含义，参见王振忠《近600年来自然灾害与福州社会》，福建人民出版社1996年版，第190页。

毕，大锣大鼓，送至水边，将纸舟用火焚之，谓之送瘟船，往远方去了，乡中方得平安，这就叫做禳灾[①]。

醮，原抄本天头注曰："凡僧道所有作禳灾祈福时拜诵经文，皆谓之醮。"另外，这里提及"各涧五帝庙"，近人郑丽生认为："瘟神庙宇，依水称涧，在陆称殿，在南台者则称庵，其著者有九庵十八涧。"上揭的对话，对围绕着五帝禳灾驱瘟的"出海"仪式，作了较为细致的描述。接着，它又介绍了五福大帝的来历以及相关的民间习俗：

我这里人家，有偷人东西者，或做伙计瞒心昧己者，或数目不清者，或挑唆害人争端不认者，都去那庙中烧香、点烛、化元宝，将本人年庚八字住止［址］，用黄纸写明，跪在神前赌咒。肯赌咒的，不论什么大小事情，钱债有无，都歇开手去了。

他赌的什么咒呢？

他赌的咒，当神前跪着祷告说道：今有某人，因甚么事疑弟子，向说不信，同到神前证明是非：弟子若无此事，这是某人错疑了；弟子若实有此情，神明谴责，后来必遭五瘟之报，这等赌咒。

他这样赌咒，见有报应没有呢？

怎的没有报应，若是神明没有灵感，人岂肯这样敬信？

---

① ［日］濑户口律子：《官话问答便语全訳（琉球官话课本研究）》，第236（63）—234（65）页。

> 如今我福州风俗，那一家不怕这神明，遇相争骂一声“五帝拿”，这就是大大不好话，那人被他骂就恼了……①

对话中的“都歇开手去”，天头注解释说：“说人瞒得，神瞒不得。”“五帝拿”为福州之通俗常言，此处提及围绕着五帝信仰而在民间形成的处理日常疑难纠纷的惯例。据晚清郭柏苍所撰《乌石山志》记载：“闽中乡社多奉五帝。……愚人不畏父母而畏五帝，每有不白之事，则于五帝前破碗诅咒，将五帝首领斫下，谓之秵头，以示不直必遭神谴之意。”这与《官话问答便语》中的描述恰相吻合。

除了普度和供奉五帝外，三月的“东岳会”也相当隆重。《官话问答便语》曰：

> 天下有五岳：东岳泰山，西岳华山，南岳衡山，北岳恒山，中岳嵩山。这泰山乃是五岳之首，那菩萨称为天齐仁圣大帝，专管人间生死祸福之权。东门外建有庙殿，每年三月二十四、二十五，此两日出行，遍游城里城外，所迎的执事仪度，与当今万岁爷鸾驾出游一般。内中舞狮子的，也有舞貔貅的，也有举高旐的，也有吹十欢的，也有打八蛮的，还有好多人妆扮些判官、小鬼、太监、侍卫、校卫的，还有吊炉披枷带锁的，大捆插标作犯人的，还有拜香的，从人几千，真真热闹的紧！

① ［日］濑户口律子：《官话问答便语全訳（琉球官话课本研究）》，第234（65）—232（67）页。

那些扮作犯人的何事？

这都是或父母有病，或自身有病，当时许下良愿，祈福保安，故此扮成这个样的。

这动用钱粮，出在何项呢？

那钱粮皆有项下，众人枷锁愿的，去庙中挂号领文，都有钱的，枷锁愿人多得狠，则钱亦收多得狠。还有那些行当执事，各人有会充纳钱文，以备动用。内中有人主事，提调料理。二十八日，是泰山爷圣诞，前后几天，庙中排设锦绣唱戏，往来观看不绝①。

据原抄本天头注："八蛮，八人骑马上，作蛮乐者。""吹十欢"的"十欢"，亦即十番鼓乐。三月二十八日为"泰山诞"，福州俗有"迎泰山"之俗："初试新衣白袷衫，饱尝节物饼圜圜，年年三月东门外，犯雨来看迎泰山。"原诗注曰："泰山诞后，奉神出巡，相传神为龙精，故出行必雨，面商以粉饵缠成鸟兽之形，及福、寿、平安字样，应时登市，曰泰山饼，俗呼圜圜饼。神庙有铁狗一，虚其口腹，有机栝可启，授饼于其中，复取出而食之。"②

除了"东岳会"外，还有十月的"城隍会"：

城隍有一省的城隍，有一府的城隍，有一县的城隍，主

---

① ［日］濑户口律子：《官话问答便语全訳（琉球官话课本研究）》，第230（69）—228（71）页。

② 郑丽生：《福州风土诗》。

管地方城池，护国佑民之神，凡地方人民生死，皆属所司。这省中的城隍，敕封威灵公之职，每年十月初一、初二，此两日出行也，遍游城内城外，但他比不得泰山，泰山所用仪度，与天子同，城隍只用得公职仪度，所以差他一点，但闹热好看，都与泰山会相同①。

福州的城隍庙，建在城北冶山之巅，俗称“城隍顶”。关于城隍会，近人郑丽生有《迎城隍》诗：“护国威灵公爵尊，出巡刚值小春阳，争看仪从如云里，排宴行台接驾忙。”该诗注曰：“城隍神尊称曰护国威灵公，十月朔出巡，神所莅止之次曰行台，设筵曰排宴，恭迓曰接驾。”②他另有《开堂》诗，注曰：“城隍神出游之前三日（自（九月）二十九日至月底）宏启庙坛，任人参谒，谓之开堂，届期贩卖玩具，远近毕至，蔚成市集。”③

在福州的民间信仰中，迎尚书也相当重要。《官话问答便语》曰：

我前遭正二月里，又看见迎尚书爷，这又是什么菩萨呢？

这个尚书爷，是宋朝人，姓陈，名文龙，中状元，出仕做参政官，因国难尽忠，赴水身亡，上帝嘉其忠心，封他掌理水部尚书之职，凡海洋皆属所司。今洋岐地方，是他祖

① ［日］濑户口律子：《官话问答便语全訳（琉球官话课本研究）》，第227（72）页。

②③ 郑丽生：《福州风土诗》。

家，南台建立有庙，终日商船祈祷不歇。他出行没有定期，或出游，或不出游，论不得的，但他比泰山、城隍，又会差些，闹热也还好看，这些迎的都好看。①

这是从旁观者的角度，将“迎尚书爷”和迎泰山、城隍会相比较。关于迎尚书爷，福州民间作“迎尚书公”，对此，郑丽生有诗云：“水部尚书作海神，忠贞千载入人心，年年正月回湄去，赛罢龙潭入竹林。”注曰：“有宋陈忠肃公文龙，官至参知政事，殉节于杭州太学，闽人奉之为海神，称曰水部尚书公。龙潭、竹林两社，各有庙祀，相传十八日为神回湄之期，盖归省莆田原籍也。”②《官话问答便语》说陈文龙的祖家为洋岐（实际上应是指阳岐的尚书祖庙），但一般认为他是福建莆田人。琉球官话中提及南台所建之庙，是指台江江边码头附近的万寿尚书庙。据琉球人魏学源《福建进京水陆路程》抄本天头注曰：“戌［戌］十二月十三日巳时，万寿水汲所开船，午时到尚书庙。”③其中提及的“尚书庙”，应即万寿尚书庙。据说，水部尚书曾作为海上保护神多次前往琉球，故此，文革前，台江万寿尚书庙大殿左右两旁供奉有一身琉球服饰的两尊“番将”。这“番将”即是在完成册封礼后琉球国王派遣护送中国册封使团回国时的侍者，后人为纪念

① ［日］濑户口律子：《官话问答便语全訳（琉球官话课本研究）》，第227（72）—226（73）页。

② 郑丽生：《福州风土诗》。

③ 中国福建省·琉球列岛交涉史研究调查委员会：《中国福建省·琉球列岛交涉史の研究》，1995年版，第5页。

此事，才象征性地塑造了两尊番将祀在陈文龙造像之旁[①]。乾隆三十六年（1771年）十二月《難船唐人の報告書》[②]，福州商船户李振春之船，向琉球官方报告船上奉祀的神明，其中就有：天后圣母、水部尚书和关夫子。近年来，在福州曾发现四块清朝嘉道年间有关中琉关系史迹的石碑，内容是修建天后尚书庙时众善信题缘金的姓名，其中所见多有琉球人[③]。

在迎神赛会时，演戏是酬神的重要内容。对此，《学官话》中有一段对话描述：

> 说：有人说，今晚南门外扮故事，齐整得紧，闹热得紧，今晚我们早早吃了饭，大家去到南门各处看看，到更尽时候就回来，好不好呢？
>
> 他们讲：明日万寿庵，那箭道里做戏，好看得狠！我们明日吃了早饭，就到那里借条板凳坐着看看，我来邀你同去，好不好？[④]

从民国时代的地图来看，琉球馆东南有一万寿桥，万寿庵当在此附近。而箭道（仔）则位于太保境南面，与琉球馆非常近。

---

① 任翔群：《水部尚书·镇海王·册封琉球》，《福建论坛》1996年第1期。

② 日本琉球大学附属图书馆“宫良殿内文库资料集”第142号。唯该图书馆将船户名“李振春”著录为“季振春”，今据原文书所见，实误。

③ 徐恭生：《九十年代以来中琉关系史研究概述——以中国大陆为中心》，载《福建师范大学学报》2002年第4期。

④ ［日］濑户口律子：《学官话全訳（琉球官话课本研究）》，第253（12）—254（13）页。

有关观看演戏，《官话问答便语》则有：

今日太保庙做戏。

为什么做戏？

土地、大王生日庆贺的。

那土地、大王是甚么神明？

各地方皆有土地所管，各境社皆有大王所司——这是里域的土主，譬如阴间地方官是也①。

现在福州南公园达道仍有“太保庙”的地名，此处离琉球馆很近，应即对话中的太保庙。上揭这段对话天头有注曰：“土地，三月十二日；大王，二月十五日。土地管本处，所属的大王管一境。”福州的社神称为大王，对此，林纾曾指出：“闽人称社公恒曰大王。”②郑丽生也认为：“农村春社谓之迎年，社神曰大王，出巡曰迎乡。”③迎乡时，演戏酬神总是必不可少：

戏子一班，有多少脚色？

有做外脚的，有做净脚的，也有做末脚、丑脚的，还有正生、小生、老旦、正旦、小旦，这些脚色，合成一班。所做的戏文，都是古时人故事。或先贫贱而后富贵者，或始分

---

① ［日］濑户口律子：《官话问答便语全訳（琉球官话课本研究）》，第276（23）页。

② 林纾：《畏庐琐记·大王》，商务印书馆1934年版，第132页。

③ 郑丽生：《福州风土诗·迎年》。

别而终团圆者。其中荣华苦楚，患难死生，总不出悲欢离合四字。那些忠臣义士，大半都是外与正生做的。仗义好汉，大半都是净与末做的。利己害人，大半都是丑做的。风情月意，大半都是生旦做的。所唱的戏，好人自有好报，恶人自有恶报。好人虽眼前颠倒，到后来定有好处。恶人虽先头轻狂，到尾终无结果。做那些戏，都是劝世之意。愚鲁人看，只道好听好看就是。那聪明人看，细思内中，自有理会①。

上述文字中，"患"旁注"放"，这也是福州话"h""f"发音不分的特点。早在明代，福建的戏曲即已传入琉球，"琉球国居常所演戏文，则闽子弟为多"②。清代康熙五十七年（1718年），福州人陈利州曾随从琉球副使徐葆光在琉球传授琴曲。揆之史实，福州旧日戏剧文化的发达，与频繁的迎神赛会密不可分。

迎神赛会时，还有所谓的"闯神"。对此，琉球官话课本中有极为详尽的描述：

请问今年都不闯神，何故？被官府禁了。

禁他做甚么？你不知我这里闯神利害？

有何利害？这闯神的，都是一起生事争斗之人，用猫竹劈开四瓣，中间将松油夹住，外面用竹篾捆紧，做火把长长的，点得红烙烙，几十把，头上包着头布，身上穿着短衣，

① ［日］濑户口律子：《官话问答便语全訳（琉球官话课本研究）》，第276（23）—275（24）页。

② 〔明〕姚旅：《露书》卷9《风篇中》，福建人民出版社2008年版，第212页。

> 手中暗执木棍，大锣大鼓打起，满街冲来撞去，四处也有神，你一驾来，我一驾往，遇得两边谦让方好，稍有不逊，就相打起来，打得头破耳裂，遍体重伤，以致人命，这是弟［第］一利害。还有那长长火把，横在街中，火星乱落，也有落在房檐边，也有落在铺匮里，风起火着，就烧房屋，这又是弟［第］二利害，你想要禁不要禁呢？①

猫竹，是福州话对于毛竹的称呼。所谓闯神，原抄本天头注曰："闯者，冲来撞去之谓。"闯神，是指"地棍矜其勇，如李闯之将，神与神遇，先行者为强，数百人奋拳殴斗"。根据里人何求《闽都别记》第 331 回的描述，此类祀神者的结党横行，始于崇祯十七年（1644 年）上元，及至清代仍然盛行。乾隆《福州府志》卷 20《风俗》记载："上元张灯，自十一日起至晦日止，十三、十四、十五三夜尤盛。……有舁木偶像摇兀而行，谓之闯神，前列长炬，抝金伐鼓，震耀耳目，城市村镇庙社俱有之。每出，或至争道竞斗，近奉禁止，其风乃息。"《福州府志》成书于乾隆十九年（1754 年），稍后于此的《榕城岁时记》中亦有"闯神"条："新正月夜，舁木偶，摇兀街衢，谓之'闯神'。"②《琉

---

① ［日］濑户口律子：《官话问答便语全訳（琉球官话课本研究）》，第 288（11）—287（12）页。

② 〔清〕戴成芬（芷农）纂辑，黄熘参订：《榕城岁时记》。据题记，"当为清康熙以后人"。（张智主编：《中国风土志丛刊》第 56 册，广陵书社 2003 年版）今按：香港大学冯平山图书馆藏善本书录中有清王澍撰《王箬林先生题跋》，刊本 5 册，为乾隆五十三年（1788 年）版，上有"闽戴成芬芷农图籍"的收藏印记。据此，则可知戴成芬应为乾隆末期以后人。

球官话集》中，有“闯棍”和“野仙”二词。“闯棍”即作为闯神的地棍，而“野仙”则是与闯棍相关、平时专以酗酒打架为事的人[①]。

（3）日常生活的其他方面

琉球官话课本，对于福州人的日常生活，有着极为广泛的描摹。以饮食为例，《官话问答便语》对当地宴会中的菜单、席间的酒令以及宴客的礼节等，都做了细致的描绘：

> 你昨日那［哪］里去？我昨日被一个好朋友请去。
>
> 他有什么菜请你？菜是多的，头一碗假燕，弟［第］二碗三鲜，还有蒸鸡、蒸鸭、蒸蹄、鳗、羊肉、猪肚、鹿筋、海参、鲍鱼、金蟳、全鱼、蛋汤、三点心、肉包、满州［洲］饽饽、千叶饼、水晶饺、蕨粉包，吃了大席，就拨桌摆上几个围碟，大家坐下行令。
>
> 行的是什么令呢？行的要诗句古人名。
>
> 讲得来的怎样？讲得来的，不用饮酒。
>
> 那讲不来的怎样？讲不来的罚酒三杯。
>
> 大家都会讲不会？一桌八个人，内中也有会讲的，也有不会讲的。
>
> 你坐第几位？主人同众宾客俱说：此位秀才，是外国来的远客，当坐首位。我看内中有一位老人家，又有顶带

---

① 《侯官乡土志》卷1《政绩录二 · 去害》载，嘉庆元年（1796年）福建按察使李殿图严办各种匪类，其中就有助械斗之公亲、闯棍和野仙等。（“中国方志丛书”华南地方第227号，成文出版社1974年版，第57页）

> ［戴］，必定是年高有德之人，我转让他坐下。众人又说：你秀才谦让，首位既不肯坐，请在二位，一定辞不得了。我仍再三告让，大家都不肯，一定要举我坐，我没奈何，只得告占。方才坐下，然后众位序齿依次坐下。嘻嘻哈哈，谈笑了一天。因日晚了，恐怕城门关，告辞起身，众人留我不住，只得送我出门，齐揖而别。①

因琉球馆在南门之外，所以说“因日晚了，恐怕城门关”。关于行令，原抄本天头注曰：“诗句古人名，是行令也，人要说一诗句隐藏着古人名之意，如‘佳人醉索人扶’，隐藏古人名‘贾岛’；‘露出胸前冰雪肤’，隐藏古人名‘李白’。”文中提及的“假燕”，是以萝卜、肉丝、鸡蛋、香菜等食料制作，在红白喜事、待客娱友时，人们都习惯将假燕作为席上的第一道菜，亦称“燕菜”。而其中提到的“满州［洲］饽饽”，则是因福州在清代为八旗驻防城市②，满人食品之流行显然并不令人诧异。

《官话问答便语》中提及生日送礼：“送生日的东西，厚薄不等，听从人便，也有寿轴、寿联、寿烛、寿面、寿包、寿酒，也有满汉席，烧腊、烧鹅、烧鸡、烧肝，也有水礼，猪蹄、羊蹄、腰心肚、生鱼、金蟳、香螺、活鸡、活鸭，八色共成一杠，或四色四盒。或都不办礼物，只包一包面仪送他（将钱送他买面），

---

① ［日］濑户口律子：《官话问答便语全訳（琉球官话课本研究）》，第290（9）—288（11）页。

② 关于福州驻防城市的概况，参见王振忠《旗下街》，载《读书》1996年第2期。

都是使得。”[①] 值得注意的是，在原书该段对话的天头，有注曰：“凡用烧猪、烧鸭等，白煮肉、白煮鸡等，满洲人常用之，故谓满席；蟳九，用燕子、三鲜、炖肉、炖鱼等碗菜，汉人常用之，故谓之汉席。猪蹄、羊蹄、活鸡、鱼等件，谓之水礼。将买礼物的钱多少，不买礼物，只将钱送人，谓之干折。”[②] 这段注文，非常清楚地写出了清代福州满汉礼节的不同。蟳螯似蟹，海滨谓之蝤蛑，肉味鲜美，故此处的汉席颇具特色。

除了生日送礼外，另一部课本《学官话》中，还提及祭扫祖墓时使用的供品：

> 今日清明，天色又晴，人人都去上墓，我也要到先祖坟上祭扫祭扫。
>
> 你令祖的墓在那［哪］个所在？我先祖墓在上渡地方，烦你替我买几件菜。
>
> 你要买什么菜？讲来赶早好去买，买便就好到山上去，再挨越迟了。
>
> 我要用肉几斤，鸡一大只，鲜鱼两尾，羊肉、海参、蚶、蛎、蟥、蠘、切面、时果，共成十全。其余还要酒、元宝、阴银、钱纸、香烛等项，汇便叫人挑去[③]。

据原抄本天头注，“蠘”字旁注音曰“切”，指海螃蟹，是福

①② ［日］濑户口律子：《官话问答便语全訳（琉球官话课本研究）》，第214（85）—213（86）页。

③ 同上书，第292（7）—291（8）页。

州人日常享用的海鲜。“买便就好到山上去，再挨越迟了”，明显是福州式的官话。“买便”的意思是“买好了”(以下的“汇便”，指全部集拢了)，而“挨”则是“等”“耽误”之义[①]。

《官话问答便语》提到八月十五中秋佳节，“家家户户都买月饼、糖鸡、糖宝塔、西瓜、龙眼、枣、梨、藕、菱角、橄榄、黄弹、诸色果子并酒肴赏月”，这里也涉及福州特有的中秋饮食。原抄本注曰：“糖鸡，用糖为之，作鸡形，娶妻必用。”这与福州的婚俗有关。而对于其中的“黄弹”，以往学者将之释作柚子之一种（文旦），实误[②]。明人的《闽部疏》即曰：“闽中独荔枝奇绝，龙眼名荔枝奴，真堪作奴耳，次则佛手柑、橄榄，皆中原所无，品亚荔枝。又有山果名黄弹、金扣子、羊桃，皆异产，然味苦，不足登俎。”晚清《闽县乡土志》卷8《物产琐记·果属》“黄弹”条曰：“黄橝子，即黄弹，俗呼黄皮果，又名玉弹子。”黄弹为暗黄色，每年七月成熟，大小介于荔枝、龙眼之间，口味酸甜，与文旦毫不相干。

可见，上述这些对话，都充满了浓郁的福州乡土色彩，其中反映出的民情风俗，是琉球人透过练习语言学习中国“礼数”的重要途径。据福建学者的研究，琉球的料理，深受闽菜的影响[③]。

除了饮食外，休闲娱乐方面的描述也有不少。《学官话》中

---

① 《官话问答便语》中有“快些吃，赶早去，不要挨”“都挨到秋时”，亦是其例。

② ［日］濑户口律子：《官话问答便语全訳（琉球官话课本研究）》，第140页。

③ 关于这一点，参见林金水、谢必震主编：《福建对外文化交流史》，“福建思想文化史丛书”，福建教育出版社1997年版，第205页。

有一段对话这样说道："等明日、后日有闲时节，我同你进城里去，到乌石山、范公祠、平远台、玉皇阁、靖南王的王府，各处去看看。"[①]"靖南王"即耿继茂，他于顺治十七年（1660年）七月移驻福建。其子耿精忠起兵叛乱，此即著名的"三藩之乱"的重要组成部分，耿精忠于康熙二十一年（1682年）被俘至京师处死。据《闽县乡土志》记载："太保境有耿藩故庄，周围约三四十里，名为绘春园。"[②]琉球馆即位于太保境，"耿藩故庄"也就相当于现在的南公园。因此，琉球人到耿藩故庄游玩可谓近水楼台，不过，从对话来看，此处的"靖南王府"显然是在城内。

此外，到教场一带看考武举、大操兵等，民间称为"看操"。对此，《学官话》曰："如今小阳春过了，冬至就到了，一日冷一日了，今日趁天气暖和，我们到东门外汤池里洗澡。回来时节，往教场里，看大老爷考武举，跑马射箭，掇石头，拉硬弓，舞关刀。"[③]关于看操，《官话问答便语》则曰：

> 今日教场大操兵，好看得紧：那些官坐在官厅上，那些兵都在教场中，骑马的列一排，带弓箭的列一排，打牌枪的列一排，舞藤牌的列一排，打大炮的列一排，也有穿盔甲的，也有穿虎衣的，也有穿号帽号褂的，两边架起帐篷，团团围住。师台上一员参将官，手执令旗一招，号炮一声响，

---

① ［日］濑户口律子：《学官话全訳（琉球官话课本研究）》，第44页。

② 《闽县乡土志》，"中国方志丛书"，第509页。

③ ［日］濑户口律子：《学官话全訳（琉球官话课本研究）》，第165页。

那马就跑过来，众兵疾走，交互归立本队大旗下，那些枪炮就响起来，打得有一个时辰久，一住大家都住，齐齐整整，并无有一个先后参差之声。然后鼓亭上金鼓吹打，退于照壁墙边，把木城遮蔽密密的，也没有一个人看见，真真娴熟。

你在那［哪］里看呢？我在玉皇阁山顶看。

怪道是我都不曾遇着你，你又在那［哪］个所在看呢？

我站在官厅墙边看，……虽然好看，人多挤得狠，那拦人的，又要拿皮鞭打……①

玉皇阁在于山之上。乾隆年间福州知府李拔有《南教场演武厅铭》："闽省滨海用武之地，为东南半壁保障，水陆旗营，貔貅数万，练习无虚日，教场在九仙山之南，负城面江，背九仙，广袤共二千丈有奇，堂室各五间，廊倍之，亭台俱备，阅武者咸于此焉。"② 九仙山亦即于山。

除了城内，还可以到郊外娱乐。譬如，一些佛寺便是游玩的好去处。《官话问答便语》就详细描述了一座寺院的布局，随后又提及佛寺中的素菜："煮豆腐，香菇汤，炖莲子，炒面筋，芝麻卷，金针菜，白枣煮糖，煮豆干，木耳，炒豆芽，豆腐皮，和紫菜。"和尚在"桌上摆两壶酒，各人饮几杯，吃过午饭，就叫

① ［日］濑户口律子：《官话问答便语全訳（琉球官话课本研究）》，第200（99）—199（100）页。

② 〔清〕李拔纂辑：《乾隆福州艺文志补》，见方宝川、陈旭东主编《福建师范大学图书馆藏稀见方志丛刊》第4册，北京图书馆出版社2008年版，第423页。

徒弟，拜上香茶，茶吃了，洗洗手面，和尚又邀我们前后左右玩玩。水缸里养着十数尾金鱼，石盆上安一座假山，上面布些景致，草木人物，两边裁些名花修竹，苍松翠柏，坐靠栏杆边，谈些释经佛法，都是劝善戒恶之意。我在那里，遂觉心怀畅爽，名利皆空，乐了一天，日色将近黄昏，相辞回来。"①

福州寺庙颇多，早在宋代，谢泌就曾赋诗："湖田种稻重收谷，道路逢人半是僧，城里三山千簇寺，夜间七塔万枝灯。"《宋史·地理志》亦云，福建俗尚浮屠之教。福州的一些古寺，禅殿曲折深沉，因地处名胜之区，游者登楼四眺，但见湖光树色相映成趣，一向便是消闲的好去处。

寺庙之外，西湖也是福州人的游览胜地之一："我省中好玩的所在偌多，那鼓山、乌石山、九仙山等处，你都看过，还有新开西湖景致幽雅，那地方好玩，到那里去玩玩。"②"省中"指省城福州。而此处的"偌多"，是很多的意思，福州话原作"偌侢"，翻成官话，也就成了"偌多"。

上述对话中提及的鼓山，位于福州市东南。据说是因山巅有巨石如鼓，每风雨大作，其中簸荡有声，故名鼓山。清乾隆时代知府李拔有《鼓山赋》曰："鼓山在福州府城东二十里，奇峰突兀，高出云中，远视海外琉球岛屿，无所不见。而其中古松怪石，曲径灵岩，清泉幽壑，孤亭杰构，应接不暇。自晋宋以来，名人贤士，莫不遨游其间，多所题咏，赤文绿字，遍满岩壁，称

---

① ［日］濑户口律子：《官话问答便语全訳（琉球官话课本研究）》，第263（36）—262（37）页。

② 同上书，第231（68）—230（69）页。

名迹焉。”[①] 不仅是文人墨客流连题咏，一般民众也络绎纷纭，以游鼓山为闲暇的娱乐。清人竹枝词有：“鸭嘴船来划浪飞，红罗袜子白纱衣，郎今可要游山去，稳载郎行稳载归。”[②] 其中的“郎今可要游山去”之后注曰：“游鼓山者，多乘诃黎船而去。”“诃黎船”亦即曲蹄船，也就是由蛋民摇橹掌舵的小船。竹枝词反映的是当地人由南台渡过闽江，前往鼓山游玩的情景。

对于倚天临海的名胜鼓山，琉球人自然少不了一游，这反映在琉球汉诗中，就有不少吟咏鼓山的诗作。如周新命（1666—1716）的《登石鼓屴崱峰》：

> 独立闽山第一峰，悠然四望海天空。
> 凌云闲倚千秋石，拂袖时来万里风。
> 古堞迷茫飞鸟下，故园隐现暮烟中。
> 喜今近远波涛静，共仰车书万国同[③]。

蔡肇功（1656—1737）亦有《游鼓山》诗：

> 十里松阴一路幽，层层云气眼中收。
> 风鸣石鼓千峰响，水涌银涛万壑秋。
> 山鹿何心眠野寺，海门无际渺沧洲。

---

① 福州市地方志编纂委员会整理：《福州府志·艺文志续编》，海风出版社2007年版，第215页。

② 〔清〕张绅：《福州竹枝词》，见《闽竹枝词》。

③ ［日］岛尻胜太郎选、上里贤一注释：《琉球汉诗选》，第146页。

登临尽是思乡景，极目中山起百忧。[1]

上揭的“故园”和“中山”，皆是极目远眺之中的琉球国。琉球人游鼓山，在官话课本中也有所反映。《学官话》中有一段对话：

问：这几天你们到那［哪］里去来？都不曾见。

答：这几天我们七八个，大伙去鼓山，住了四五天。绝顶，喝水岩，白云洞，平楚，那［哪］一块不走到？玩到快活，昨日才回来。

……

问：你们到鼓山看光景，做诗了没有？

答：我们到那里满处走，玩都玩不过来，还顾得做什么诗？不过玩一顿畅快，大家回来就是了。[2]

《学官话全訳（琉球官话课本研究）》末附有《鼓山图》[3]，应是当年琉球人游鼓山的导游图。上揭对话中提及的喝水岩、白云洞等，在《鼓山图》中都有明确的标示。《学官话》中的另一处，还提及琉球人与鼓山和尚的交往：“我明日要上鼓山，拜

① ［日］岛尻胜太郎选、上里贤一注释：《琉球汉诗选》，第 200 页。蔡文溥也有《石鼓秋云》诗，第 173 页。

② ［日］濑户口律子：《学官话全訳（琉球官话课本研究）》，第 262（3）—261（4）页。

③ 该图显然经今人改绘，故图上地点的标记可能有误，如白云停、水云停，应作白云亭、水云亭。

见大和尚，要求他写几幅字，务必要送几色礼物，不知道备办那［哪］几样去呢？”这是琉球人的问话，福州人回答说：“要送和尚的东西，不过买几件蔬果就是了。”接着，琉球人又问到见面的礼节——与和尚见面要写个帖子，是用单帖好还是用全帖好，福州人教他要用全帖“才是正礼”。继而再问是否要用礼单，回答说必须用礼单①。另外，《琉球官话集》“五言官话”中亦有：“明日上鼓山，拜见大和尚，要求几个字，可以使得么？”②从中可见，清代鼓山的和尚颇有文化修养，僧俗之间的交往需要一定的礼节程序。在清代，士大夫与佛教界交往甚密，不少文人都与鼓山涌泉寺僧为友，这些，都极大地提高了鼓山寺僧的声望。《琉球诗录》卷2载久米府人林世忠的《鼓山寺》诗：

瀑布飞来万壑鸣，苍松尽作海涛声。
亭边水色摇空入，寺里岚光隔岭明。
夜静久知群物息，僧闲已觉万缘轻。
萧然丈室忘尘境，直欲安禅过此生。

此诗被中国教习评为：“第二联诗中有画，写景极工。”③从中可见，琉球人与和尚的交往似已登堂入室。

除了郊游外，日常的沐浴更衣亦为琉球人所关注。清人李鼎元所著《使琉球记》卷2，曾记载他到福州的温泉沐浴，“泉在

① ［日］濑户口律子：《学官话全訳（琉球官话课本研究）》，第252（13）页。
② 《琉球官话集》，见《宫良当壮全集》第10册，第123页。
③ ［琉球］阮宣诏、向克秀等著，〔清〕孙衣言评定：《琉球诗录》卷2，见黄润华、薛英编《国家图书馆藏琉球资料汇编》，第7页下—8页上。

城南演武厅侧，从地涌出，甃而蓄之，作暗穴以通于浴池，温如骊山泉。将军庆公亲为修理，额曰‘不因人热’，语趣甚。”[①]李氏入浴的温泉在城南演武厅侧，应系官员所享用的高级浴室。而在城内其他地方，则有不少供一般民众使用的温泉，特别是东门一带。清人王式金《福州竹枝词》曰：“汤门城外水常温，结构亭台自一村，浴罢半瓯茶乍试，归途凉趁日初昏。”该诗自注：“汤门、井楼门外出温泉，土人构亭馆为浴室，暑月游人极盛。”汤门、井楼门为明清时代福州相邻的两个城门，乡土史家陈文涛曾著有《福州市上下古今谈》，其中就有三山温泉的详细记录。根据他的勾勒，早在宋代，福州已有汤井巷、温泉坊的地名。及至明清时代，汤门、井楼门一带更是形成了驰名远近的温泉休闲区。[②]清人施鸿保《闽杂记》曰：“闽县井楼门外有温泉焉，居民于其处开设浴室，谓之汤堂，夏日尤多，有日新室、一清居、万安泉、六一泉等名。重轩覆榭，华丽相尚。客至，任自择室，髹盆椠几，巾拂新洁，水之浅深唯命。浴后，茗碗啜香，菰筒漱润，亦闽游一大乐事也。近来又兼设酒馆，珍错咸具，小食大烹，咄嗟而办。雏伶妙妓，挟筝琵，携管笛，往来伺应其间，清歌艳曲，裂石穿云，夕阳在山，赠以缠头而散。”[③]

施鸿保并引清人查初白《炎天冰雪集》中的《皃山同年邀游

---

① 〔清〕李鼎元：《使琉球记》，第53页。

② 明人王应山《闽都记》卷3记载：“温泉坊，地名内汤井，宋嘉祐七年守元绛阅郡图得其名，往观之，浚其源，砻石为井，揭宇环之，疏浊流于垣外。宣和六年，陆侍郎藻命县重修温室四，中有振衣亭，澣日一启，非衣冠不许游也。其后郡人群浴于此，溷杂颓废，国朝万历十年重建。”（“中国方志丛书”华南地方第71号，第14页）

③ 施鸿保：《闽杂记》卷3《汤堂》，福建人民出版社1985年版，第52—53页。

城东汤泉诗》说，在清初当地就已开设浴室。“凫山”即满保宗，时为闽浙总督，他邀其友查慎行同浴其处，可见当为比较高级的浴室，恐非一般引车卖浆者流所可享用。至于下层民众使用的澡堂，据晚清时期日本人的描述：“榕城东门外，田塍之间，温泉涌出，土人设场，以供众人之澡浴，……矮陋不洁，贫民杂浴……，而闽人澡浴，唯去尘垢，不为取快散郁之用，是以来浴者，大抵非苦力贫氓之属，则疥癣疲瘘者耳，污秽益甚。”[①] 揆诸实际，闽人澡浴，即使是下层民众，也未必不曾“取快散郁”，当然，从外国人或上层人士看来，这样的入浴条件显然不够水准。对此，更早的琉球官话课本中有不少描述。《学官话》中就有：“如今小阳春过了，冬至就到了，一日冷一日了，今天趁天气暖和，我们到东门汤池里洗澡。”[②] 而《官话问答便语》则曰：

今日天气热，身上都是汗，腌脏得狠，要烧水洗个澡。

你要洗澡，家里洗不快活，我邀你去汤门外洗，真真自在。

我知道了，那一日有事，我往那里经过，见亭子里，很多人都在那里洗澡，想必就是那里么？

差得多，那块叫做汤池，也是洗澡的不用钱，都是那些闲杂人洗的，你也脱得赤身条条，我也脱得赤身条条，不顾体统。七八个坐在汤池里，混洗一堆，真真看不得。内中也

---

① ［日］达山佐仓：《闽风杂记》，光绪三十年（1904年），福州美华书局活板，第16页下—17页上，日本早稻田大学图书馆和装本。

② ［日］濑户口律子：《学官话全訳（琉球官话课本研究）》，第171（94）页。

有生疮、生疥的，不干净得紧。我们要洗，到汤房里盆汤洗，有一裀放两个盆的，也有一裀放一个盆的，随人的便，人坐在房裀里盆中，板边有个半边竹筒，半折靠在澡盆上，半折伸出板外，外面将汤倒入竹筒，就淌进来，到澡盆中，任你漫漫［慢慢］的洗，若久汤冷了，将冷汤倒吊［掉］，叫他再放热汤进来，重新再洗，你想快活不快活呢？

果然快活！这汤是烧的？不是烧的？

不是烧的，是地气生成热的，他寻那所在干净的，舀来给人洗澡……①

"汤"是热水之意，"汤池""汤房"均为福州人的说法。在汤池内洗澡，最怕的便是因此而染上皮肤病，故而以往澡堂中最为常见的对联便是"杨梅结毒休来浴，酒醉年老没入堂。"此一对联，早在成书于十八世纪九十年代（日本宽政年间，相当于中国的乾隆时代）的《清俗纪闻》中就已出现②。对于杨梅结毒，琉球官话课本中亦有描述：

这个人是生杨梅疮么？

这个人原生棉花疮，如今变做疯毒了。

好怕人，一身希臭的，他当日才生的时节，为甚么不请医生调治，给他烂到这个样呢？

---

① ［日］濑户口律子著：《官话问答便语全訳（琉球官话课本研究）》，第285（14）—284（15）页。

② 参见：王振忠《洗澡》，载《读书》1998年第7期。

他原先才生的时候，就请人来医治，那医生也不知换了好几个，银钱用去多少，总医不得好，如今年代久了，越发不得好了。

这样说，这个人可怜得紧！

你讲可怜他，你还没有见他当原先未生疮的时候么？

未曾生疮的时候，怎么样呢？

他未生疮的时候，一身嫩皮细肉，浑身雪白，生得干净不过，生得标致不过，凭他什么人看见他，那［哪］个人不爱他？

虽是这样说，现今烂得这个样，其实看不得了，见了他，好可怜得狠！①

“杨梅疮”“棉花疮”二词，亦见于《琉球官话集》②。此处提及，棉花疮后来发展成“疯”病。所谓疯，亦即麻风病，明清以来是福州当地最令人谈之色变的一种地方病，直到上个世纪50年代，福州大约每千人之中就将近有一位患有麻风病，故而在澡堂中，人们生怕碰上生疮之人。

除了洗澡，《学官话》还提及福州当地的剃头：“才剃头没几天，头发又长了，痒得紧，快叫一个剃头的来剃一剃。浑身好痛，率性叫他搥搥，耳朵好痒，也叫他看看。”③《官话问答便语》则有：

① ［日］濑户口律子：《学官话全訳（琉球官话课本研究）》，第238（27）—237（28）页。

② 《琉球官话集》，见《宫良当壮全集》第10册，第98页。

③ ［日］濑户口律子：《学官话全訳（琉球官话课本研究）》，第179（86）—178（87）页。

剃头司务头剃了，我这头发里有虱子，先把头发梳直了，再把篦子，将头发根狠狠的篦上几篦，将虱蛋篦干净。

我这耳朵里痒得紧，你替我看看，将耳挖挖耳屎，将耳钳拑去来，然后将耳搥放入耳内搥搥，我身上瘦痛得紧，你替我扳扳，各处搥搥。①

福州人称剃头匠为“剃头司务”。榕城地处亚热带，气温较高，但旧时民众一般要一月半月方能洗一次澡，不注意卫生者，头发中容易滋生虱子。福州乡土小说《闽都别记》第151回中有一个对子：“徽州炮，发火时浑身粉碎；洪塘篦，到头来结发分开。”② “洪塘”为福州市郊的一个小镇，在历史上，这里以出产篦梳而著称。在清代，盘发梳髻的妇人和剃头留辫的男子，都用这种篦梳篦头，篦去发间的污垢乃至虱卵。

上揭的两段对话，都将剃头和扒耳连在一起，这是因为该两项是合在一起的服务项目。在福州，题作《癞叔》的滑稽民谣中有一句这样唱道：“一文钱又要剃头又要扒耳。便宜啊！便宜啊！”这首民谣是嘲讽人贪图便宜以及贪心不足。而揆诸实际，闽中因地多卑湿，加上一般民众囿于卫生条件及生活习惯，常常罹患皮肤病，故而明清时代福州的地讳称作“癞”。民谣中的“癞哥”或“癞叔”，都泛指穷困潦倒的光棍汉。其人只有一文钱，却既要剃头又想扒耳。言下之意是说——对于一般的下层民

---

① ［日］濑户口律子：《官话问答便语全訳（琉球官话课本研究）》，第283（16）页。

② 〔清〕里人何求纂：《闽都别记》中册，福建人民出版社1987年版，第95页。

众而言，扒耳是一种颇为奢侈的享受。这些，都可以作为琉球官话的一个注脚。

（4）社会问题

近人林步瀛曾曰："吾闽省会之地，负郭而居者常接屋而连扉，及其不虞于火也，则每数十家、数百家附丽而相随。"[①] 福州素有"纸褙福州城"之谚，火灾一向让人闻风色变。关于这一点，《学官话》亦有所描述：

> 把灯吹灭了睡，如今秋天的时候，那东西都是干燥的，火烛要小心。上床的时节，就把火吹灭睡，也是放心的。
>
> 讲得极是！那前日南台尚书庙那里，一连烧了两三遭，多因是他们火烛不小心才会误事了。
>
> 讲起那火烧房，那些人好可怜，家里的东西，给人抢去的抢去，给火烧去的烧吊［掉］，到第二天来，一条草都没有了，吃也没得吃，穿也没得穿，住也没得住，那大男小女拢做一堆，在那露天地里，啼啼哭哭，我看起来，真真替他心瘈，眼泪就要淌出来，实在伤心。
>
> 那火烧房，是最凄惨的，何消说？所以火烛小心要紧！[②]

此处提及秋天时节应当小心火烛，这是因为受副热带高气压

① 林步瀛：《藤山救火会公祭后洲救火会援丁文（代）》，载《榕荫草堂集》，南台隆平路大华印书局承印，1935 年铅印本。

② ［日］濑户口律子：《学官话全訳（琉球官话课本研究）》，第 206（59）—205（60）页。

的控制，在秋天，福州的焚风效应极为明显，民间遂有“秋季火帝出动”的传说。对话中还谈到由火灾引发的社会问题——福州人俗称的“火劫”，即乘着火灾混乱时的抢劫行为。此类的“火劫”，早在明代就相当严重，谢肇淛即曾提及火患时“恶少无赖利于劫掠”[①]，而琉球官话课本，则更细致地描述了火劫之余的惨况。“蜀［一］条草”是福州人非常形象的比喻，“一条草都没有了”，形容火灾劫余赤贫如洗的窘状。

抢劫之外，日常生活中的小偷亦颇为盛行，对此，《学官话》中有相当详细的描述：

这里有号的贼，叫做驳马，他夥拢五六个做一帮，总在街头街尾闹热的所在，看人身上藏有银子的，手里拿有物件的，他就来算计你的。你若不知道防他，轻轻杂杂［眨眨？］眼，东西就拿跑去，人又多，那［哪］里去赶得他着？只得白白送他，你讲利害不利害呢？

这样说，委实利害！我想东西在外面，他抢得去的，那银钱藏在荷包里面，难道他也抢得去的么？

你还不晓得他的手段哩！他弄一把小刀低低大的，藏在指甲里，他看定你身上有银子，只往你边一衬，把那银子连荷包，一起都割去了，你还不知道哩！

这样说么，好快的手脚！

我还讲个笑话，给你听听：我那一天去看戏，戏台底

① 〔明〕谢肇淛：《五杂组》卷4《地部二》，第72页。

下，有个大卵［卵］包的人，站在那里看戏，那戏正做得热闹，大家的眼睛，都望着戏台上，那［哪］里晓得一个剪绺的，把他底下，当是银包，往他裤裆一割，那个人痛了，两手把个卵［卵］包，抱得紧紧的呱呱叫，好些人拢去问他：你为什么血淌满裤，呱呱叫的做什么？那大卵［卵］包的答应说道：剪绺那个忘八肏的，他把我这卵［卵］包大大的，当是银包，竟割了一刀跑了。大家听见这个话，个个拍起掌来笑，真真把人笑杀了。①

此原抄本注曰："驳音泊。"该处提及的"驳马"，直到现在还是福州人对小偷的称呼。而笑话中的"大卵［卵］包"即大阴囊，为旧时福州当地的一种地方病（这在传教士留下的福州医学文献中，亦多有所见）。因此，此处对小偷的描述，亦极具福州地方色彩。

此外，琉球官话课本中，还记载了福州城市颇为特别的一种畸俗——"契兄契弟"。对此，《学官话》记录有一段对话：

说：我的兄弟，你委实生得标致，果然风流，真个可爱，想杀了我！

答：你果然有心想我，你实在有心想我，你一嘴都是胡说，花言巧语假意儿，骗别个罢了，你来骗我！

说：我果然想你，不是假话，我若是骗你，我就赌一个

① ［日］濑户口律子：《学官话全訳（琉球官话课本研究）》，第195（70）—192（73）页。

大大的咒，给你听么？

答：你赌来。

说：你听着！我赌得明明白白的，若是糊涂，一点都不算的。

答：好好，你就赌来。

说：我若没有真心想你的，我那头发尾，登时生一个斗来大的疔疮，永世不得收口，流脓流血，烂到见骨，这个咒，大不大？狠不狠？

答：果然大，果然狠，这个咒，果然亏你赌。

说：不是你教我赌么？我就照你嘴，赌给你听就是了。

答：你这个光棍好油嘴，我不和你讲，我要回家去了。

说：给我留留么，再坐一会儿罢，实在我真真舍你不得的！

答：你舍我不得，你这一条手巾，送我做表记，肯不肯？

说：怎么不肯呢？有更好的也肯，希在这一条手巾，就不肯的道理？你要就拿去。

答：多谢！多谢！

说：还有一句话讲，方才我有东西给了你做表记，你如今有什么东西回答我呢？

答：我是没有什么给你的，你若是不愿意，你就把手巾拿回去罢了，谁要你的？！

说：我的好兄弟，不要使性儿，会使性的人快老！我如今和你相量，你既没有东西回答我，你把头儿朝过来笑一笑，给我亲个嘴儿就罢了。

答：嗳呀！这个人好龌龊，把口水弄得人家满嘴都是。

得罪！得罪！好朋友玩，不要生气，生气就不好玩了。

我们后生的人，出来都是爱玩的，不曾见你这个人，玩得太刻薄了。

是我不着了，如今赔个罪儿，不要恼了[①]。

上揭对话中的“亲个嘴儿”和“做表记”，在《琉球官话集》中亦曾出现，只是前者作“唚个嘴儿”，后者作“做表记罢”[②]。值得注意的是，在两个词汇之前，还有一个词叫“忘八狗子”。显然，这两个皆非褒意的词汇。对话中的“手巾”“相量”均为福州的官话语汇，“手巾”即“毛巾”，“相量”是从方言直接译成官话，这些词汇带有浓厚的榕腔色彩。此外，“是我不着了”，则是“是我不对了”的意思，也同样是福州式的表述。

对于这段对话，濑户口律子教授认为，此节内容反映的是调戏琉球青年的中国人[③]，这固然不错。但更进一步说，这实际上反映了当时福州的一种畸俗。

试看，此段对话开头，中国人就说：“我的兄弟，你委实生得标致，果然风流，真个可爱，想杀了我。”而琉球人的回答则作：“你果然有心想我，你实在有心想我，你一嘴都是胡说，花

① ［日］濑户口律子：《学官话全訳（琉球官话课本研究）》，第224（41）—221（44）页。

② 《琉球官话集》，见《宫良当壮全集》第10册，第109页。

③ ［日］濑户口律子：《学官话全訳（琉球官话课本研究）》，第83页。

言巧语假意儿，骗别个罢了，你来骗我。”这像是男女情人间的相互调情。

又看中国人说：“给我留留么，再坐一会儿罢，实在我真真舍你不得的。”而琉球人则回答说：“你舍我不得，你这一条手巾，送我做表记，肯不肯?”“真真舍你不得”云云，颇为肉麻，也像是男女之间的对话。

再看中国人说：“我的好兄弟，不要使性儿，会使性的人快老！我如今和你相量，你既没有东西回答我，你把头儿朝过来笑一笑，给我亲个嘴儿就罢了。”“相量”即商量，为福州式的官话。这是男人之间的亲嘴。而琉球人则回答说：“嗳呀！这个人好龌龊，把口水弄得人家满嘴都是。”可见，中国人强行的亲嘴已经得逞。

这些对话，与日本江户时代汉文小说《孙八救人得福》中的一段描摹[①]，其实都反映了福州“契兄契弟”的畸俗。对于契兄契弟，《琉球官话集》中有“南风”和“契弟”二词[②]，所指者均为男性同性恋的风俗。

（三）余论

清朝康熙年间，琉球著名学者程顺则（1663—1734）有一首《琼河发棹》诗这样写道：

---

① 《孙八救人得福》见日本冈岛冠山《唐话纂要》卷6。“契兄契弟”如今看来虽为畸俗，但在明清时代，却被东亚各国视作中土盛行的风流韵事。关于这一点，详见拙文《契兄、契弟、契友、契父、契子——〈孙八救人得福〉的历史民俗背景解读》，载台湾《汉学研究》第18卷第1期，2000年。

② 《琉球官话集》，见《宫良当壮全集》第10册，第52页。

朝天画舫发琼河，
北望京华雨露多。
从此一帆风送去，
扣舷齐唱太平歌[①]。

蔡铎（1644—1724）也有《琼河发棹留别闽中诸子》，“琼河”亦即琉球馆之所在。从上引的琉球官话课本反映的内容来看，琉球人以琉球馆为中心，生动地描绘了福州城市的社会生活，其中涉及的诸多侧面，可以从一个独特的角度了解清代中小城市民众的日常生活。由于官话课本是一种实用性的教材，因此，它非常贴近民众的日常生活。譬如，目前所见的清代民间信仰资料，主要可分为两类，一类是中国文人士大夫的记载，如同治年间王凯泰传中所提：“王凯泰字补帆，宝应人，同治末来抚闽，闽俗崇祀瘟神，祠庙遍地，香火不绝，每届夏令，各里社均敛钱舁神出迎，举国若狂，而市井恶少，复假名生事，鱼肉良懦，凯泰至，首禁革之。”[②]一类是传教士的记载，两类资料基本上都是以怪力乱神的眼光去理解民间信仰。相比之下，琉球官话课本则主要是从民众日常生活的角度去描述，一般来说显得更为平实。

此外，琉球人由福州三山驿至北京，水陆共计4912里，纵贯南北，所见颇为广泛，他们留下的汉籍史料，一定程度上可以

① ［日］岛尻胜太郎选、上里贤一注释：《琉球汉诗选》，第37页。
② 《侯官乡土志》，“中国方志丛书”华南地方第227号，第40页。

与朝鲜、越南相关的燕行文献交互补充。与明清时代中国各地常见的商编路程一样，琉球人亦编有与自己入贡相关的路程[①]，譬如，清道光十七年（1837年）大通事魏学源的《福建进京水陆路程》，就记载了琉球使者入京的水陆路程：

地　点	风　俗	土　产
福州	内质外文，谨事崇俭。	盐，茶，蕉布，荔枝，杨桃，鹿角菜，茉莉，铁笋，龙眼，橄榄，紫菜，寿山石。
延平	民勤耕织，俗颇华瞻。	铁，纸，桐板布，苧布，茴香，笋，茶，卤水石，金桔。
建宁	尚气贵信，民乐耕耘。	武彝茶，书籍，烟，蕙兰布，纸，铁。
（建阳县）南岭		茶叶。
衢州	风土朴实，民俗敦厚。	石朵，砚，桔，茶，布，红纸，蜡烛。
兰溪县瀔水驿	俗呼小苏州。	
建德县富春驿		桐油，漆，茶，纸。
杭州	珍异所聚，秀美人文，商贾并奏［辏？］，儒术为盛。	绫罗，细纱，黄精，布棉，龙井茶，杭扇，茯苓，昌化图书石，缎，丝，纸，线，棉绸，藕粉，羊皮靴，杭纬，麦冬，铅。
塘西镇	此处须防小人。	出丝。
石门镇	庄大。	出丝。

① 除了在中国境内的水陆路程外，程顺则《指南广义》中还收录了从琉球自福州的海上来往针路。关于《指南广义》，林国平撰有《〈指南广义〉中风信占验神灵名称考》（福建师范大学中琉关系研究所编《第九届中琉历史关系国际学术会议论文集》，海洋出版社2005年版），从民间信仰的角度作了研究。此处尚可指出，《指南广义》中的诸多记载，与中国明清时代的商业书和商人书极为相似。

续表

地　点	风　俗	土　产
嘉兴府	土膏沃饶，农桑耕织，风俗秀美，人物文矣。	铜器，锦丝，绫绢。
平望驿	属吴江县北，处苏杭交界，为非者多。	
八尺湖	石桥渔家多，宜防之。	
苏州府	君子尚礼，庸庶敦庞，风俗清澄，道教隆治。	香，杭锦纱，玉器，席，彩笺，葛布，苎布，大［太］湖石，铜器，草履，盛泽布，药斑布，药，芙蓉汗衫。
洛社铺	须防小人。	
常州府武进县	服食靡糜，礼义风盛，愿而循理，秀而多文。	江阴席，麻布巾，私白米，紧纱，惠泉酒，绢。
镇江府丹徒县京口驿	雇小船搬行李时，须防小人，遇晚切不可搬。	
镇江府	土厚风淳，人物综萃。	纹绫，帽纬，百花酒，线缎，丝线，膏药。
扬州府	俗尚繁华，士文民佚。	白绫，香囊，桂花油，毽子，铜镜，草葛布。
淮安府	人多勇悍，王任气节。	盐毡。
沂州府	风气劲急，俗习朴素。	蒙山县盐茧细。
蒙阴县		出蒙山茶。
泰安府	人性朴厚，土产诗书。	茧细，阿胶，元石。
德州		织绒。
河间府		香梨，棉花，苹果，布，文官果。
京城	劲勇沉静，礼义群名，朴茂淳良，王化之始。	

琉球人从福州出发，沿闽江而上，计行1150里到清湖镇（今浙江省江山市清湖镇），雇船经衢江、东阳江，沿桐江、富春江和钱塘江至杭州，再由京杭大运河北上。该条进京水陆路程途经中国最为富庶的地区，沿途盛景曾给他们留下深刻的印象，其纪中国之行以及感时抒怀所作的诗文，颇为令人瞩目。因此，他们所留下的文集、诗歌、语言教材等，可以成为我们从一个侧面认识中国的重要资料。当然，迄今所见的绝大部分琉球人有关中国纪行的史料（以诗文居多），尚无法与朝鲜人的《朝天录》《燕行录》之学术价值等量齐观，只有琉球官话课本对福州社会的集中描述颇为难能可贵——这也就是我们必须重视这些官话课本的原因所在。

琉球人学习官话，除了在中国境内生活所必需外，也是为了应付本国的各种需要。①《官话问答便语》中一位福州人说："我本地的人，说乡谈惯了，爱学官音，还是千难万难，含糊将就说出几句。"② 因此，即使是教琉球人讲官话者，也难免受乡谈的影

① 明清以来，常有漂流船抵达日本、朝鲜或琉球，为问明情况，自然需要了解中国话。如《学官话》中的一段对话："你是那［哪］里人？我们是中国南京人。南京是那［哪］一府那［哪］一县人？我们是镇江府某县人。到这边做什么？我们是遇着风飘来的。你们在大清，是哨船？还是做买卖的船？怎么样给风飘到这里来呢？我们是载某样东西，要到某地方，去做买卖的船，驶到某地方，被风打到这块来的。你船上有多少人呢？还有什么货物没有？我们共是十几个人，货物还有些少的。"（《学官话全訳（琉球官话课本研究）》，第240（25）页）这一段对话，与迄今常见的漂流民史料极为相近。

② ［日］濑户口律子：《官话问答便语全訳（琉球官话课本研究）》，第247（52）页。

响[①]。不过，琉球人毕竟是要前往北京，所以他们所学的官话虽然受福州方言的影响很大，但也还是官话，这与鸦片战争以来传教士所编的方言课本迥然有别[②]。

通过对琉球官话课本所见福州社会生活的研究，可以更好地理解清代的琉球官话课本本身。此前，语言学者对几部课本做了颇为细致的整理和翻译，但其中的一些解释，仍然应当进一步斟酌。例如，《官话问答便语》在描述端午竞渡时提及："那些曲蹄婆，头发梳得光光，簪花首饰带起，脸上把粉擦得白白，耳边挂着耳坠，手中带［戴］着手镯、戒指，身上穿着两件新鲜衣裙，拿着竹篙，立在船头，撑来撑去，都在那里摆浪，真真闹热得紧。"对于"曲蹄婆"，濑户口律子将之释作小脚婆娘[③]，实误，应释作蛋妇。又如，同书提到琉球馆中老鼠颇多，所养的懒猫又不太能干，成事不足败事有余，捉不到老鼠反而到橱柜里偷吃东西，晚上又将屎尿撒在楼内，臭气熏天，这迫使琉球人苦思应对之策。福州朋友替他出主意，说："街坊上有人卖老鼠药，买他两包，或投在饭里，或塞在光饼当中，放在边头，他若吃着就会死。"[④]"光饼"是福州常见又颇具特色的食物，民间传说与戚继光抗倭有关。濑户口律子的译文仅作"或塞入饼中"，显然没有

① 《学官话》原抄本天头有诸多注文，如："踏音达""绸音求""迅音信""逆音叶""麝音谢"。这些，都是福州话的读音。

② 参见王振忠：《方言、宗教文化与晚清地方社会——以美国哈佛大学燕京图书馆所藏"榕腔"文献为中心》，《社会科学》2009 年第 6 期。

③ ［日］濑户口律子：《官话问答便语全訳（琉球官话课本研究）》，第 109 页。

④ 同上书，第 270（29）页。

突出福州的地方特色。类似的例子还有一些，兹不赘述[①]。之所以应当强调这些细节上的问题，是因为众多的细节有时也会关乎对于全局的判断。别的不说，就以对琉球官话课本的总体判断而言，国内有的语言学者完全不了解这些课本反映的地域文化内容，更不注意原抄本上一些细微的文字注音，却在空泛地讨论琉球官话的性质，所得出的结论虽然貌似有据，但显然站不住脚。

另一方面，琉球官话课本涉及的内容，亦可为进一步的历史研究提供重要的佐证。譬如，关于明赐琉球闽人三十六姓的问题，历来有不少研究，有的学者根据史籍辑录有四十一个闽人姓氏，但并没有做出令人信服的分析。其实，《白姓官话》中有一段记载颇值得注意："那时候，我们敝国的人，从没有见圣人的教化，也没有听见圣人的道理，中国的礼数，全全不晓得，我们国王，差几十人到中国去学，后来到洪武二十五年间，皇上拨闽人三十六姓来这里教导，到万历年间，又拨闽人六姓，也到这里来教导，中国的礼数，才略略晓得一点。……久米府的人，就是明朝里发来四十二姓的人。"[②]因《白姓官话》中涉及的其他情节基本上是符合历史事实的，故而对于万历年间"又拨闽人六姓"的说法[③]，显然应当引起重视。另外，《官话问答便语》述及福州

① 如"起动起动"，这是典型的福州方言，濑户口律子译作："麻烦麻烦"，(《官话问答便语全訳（琉球官话课本研究）》，第73页，第87页)，于义未妥。表达"麻烦麻烦"的意思，福州话中即用"麻烦麻烦"表达。而"起动起动"，应为"谢谢谢谢"。

② [日] 濑户口律子：《琉球官话课本研究》附录《白姓官话》，第42—43页。

③ 清乾隆年间出使琉球的周煌亦曾指出：洪武所赐三十六姓，"今所存者七姓，然毛、阮二姓又万历间再赐者。"(《琉球国志略》卷3《封贡》)

的“泰山会”时，有“吹十欢”一词的出现。以往，关于“十番”名称之由来一向众说纷纭，有的认为，据乾隆时代李斗《扬州画舫录》的记载，“番”系更番之意，应是十件乐器之轮番演奏，故而得名。而有的学者则认为，福州话“番”与“欢”二字同音，“番”由“欢”演变而来[①]。乾隆初年，福州举人郑洛英有一首《榕城元夕竹枝词》：“闽山庙里夜入繁，闽山庙外月当门，槟榔牙齿生烟袋，子弟场中较十番。”[②] 近人郑丽生《福州风土诗》亦有《十番》诗：“集得爷娘压岁钱，十番一队打春圆，紧锣密鼓难成调，巷陌繁喧破晓传。”诗注曰：“儿童组合为乐队以嬉春，谓之拍十番。”这些，都反映了岁时节俗中“十番”的活动情形。而《官话问答便语》则对于后一种观点，提供了一个新的例证。

① 福州对外文化交流协会、台湾《罗星塔》月刊社合编：《福州乡土文化汇编》，第298页。

② 〔清〕郑洛英《耻虚斋诗钞》，转引自林庆熙等编注《福建戏史录》，第179页。

三、晚清琉球人蔡大鼎的燕行纪闻——《北上杂记》研究

近年来，大批域外汉籍文献得以陆续刊布[①]，为明清社会史研究提供了不少新的史料。例如，此前获读的《传世汉文琉球文献辑稿》[②]第一辑，共计三十册，收录有《历代宝案》《琉球中山世鉴》《中山世谱》《琉球国中山王府官制》《中山王府相卿传职年谱》《球阳》《琉球国旧记》《要务汇编》《蔡氏祖源宗德总考》《玉成朝薰家谱抄》《雪堂燕游草》《东游草》和《北上杂记》等[③]。其中，除

① 以中国大陆为例，举其荦荦大端，计有：《域外汉籍珍本文库》(西南师范大学出版社、人民出版社，2008年—)，复旦大学文史研究院、越南汉喃研究院合编《越南汉文燕行文献集成(越南所藏编)》(复旦大学出版社2010年版)，弘华文主编《燕行录全编》(广西师范大学出版社2010年版)，复旦大学文史研究院、韩国成钧馆大学大东文化研究院合编《韩国汉文燕行文献选编》(复旦大学出版社2011年版)，[日]高津孝、陈捷主编《琉球王国汉文文献集成》(复旦大学出版社2013年版)。

② 海峡出版发行集团，鹭江出版社2012年版。

③ 根据《传世汉文琉球文献辑稿》的“编纂体例”，该丛书收录了1949年以前东亚各国以汉语文言文撰写的琉球及其与周边国家关系文献，具体(转下页)

了以往备受关注的政治史、贸易史资料之外，也收录了一些反映东亚社会生活的历史文献，颇值得仔细研读。个中，晚清蔡大鼎的《北上杂记》①，是一种较为特别的琉球史料，在东亚燕行文献中颇具特色，本文即以此为例，探讨琉球燕行文献的学术价值。

（接上页）包括琉球史书、琉球家谱、琉球人著作和琉球刊刻的中国文献等，颇具资料价值。不过，丛书在编辑上也存在着一些问题，主要表现在以下几个方面：其一，虽然丛书卷首的《传世汉文琉球文献的现状与整理》，对琉球文献的概况有所涉及，但全书并未就所收入的琉球文献作逐部的解题，亦未交代原书的收藏单位。可能正是因为未曾有认真的解题，故丛书存在着误收的情况。例如，第 29 册收入的〔清〕邵武朱仕玠撰《小琉球漫录》十卷，清乾隆三十一年（1766 年）刊本，书名上虽有“琉球”二字，但实非琉球文献。据该书跋称：“《小琉球漫录》十卷，筠园先生官凤山时所著也，凡海中日月之出没，鱼龙、烟云之变幻，与夫都邑、地理、人物、鸟兽、草木之奇怪，风俗、言语之殊异，莫不一一笔记，间为诗歌，以发其羁旅之情，题曰‘小琉球漫志’。小琉球，凤山山名也。”（第 267 页）可见，小琉球是指台湾府凤山县（今台南的高雄一带），与琉球并无关系。其二，各书作者的标注，或有错讹。如第 24 册《质问本草》的作者吴继志，误标作“吴继光”等。第 23 册收入的《寒窗纪事》不分卷，解题作“【琉球】蔡大鼎撰，清同治十二年（1873）刊本”。而在事实上，该书内题“球阳久米府蔡肇功著，钦思堂藏板，同治十二年镌”，该书由蔡肇功自序于康熙四十四年（1705 年），蔡大鼎跋于咸丰六年（1856 年）。蔡大鼎为蔡肇功的七世孙，该书将清代前期蔡肇功的著作误为晚清蔡大鼎所撰，实属粗疏！其三，丛书收录的一些文献，不仅在海外有不少刊本，而且亦已收入此前中国大陆梓行的《国家图书馆藏琉球史料汇编》、《国家图书馆藏琉球史料续编》和《国家图书馆藏琉球史料三编》（北京图书馆出版社 2000 年、2002 年、2006 年版）等，似无重复出版之必要。当然，这与目前各大出版社贪大求全的做法有关，近期出版的不少资料集皆有类似的情况。

① 《琉球王国汉文文献集成》第 29 册亦收录了《北上杂记》，此本据冲绳县立图书馆藏清光绪十年（1884 年）福州刻琉球本影印。该版本与《传世汉文琉球文献辑稿》本稍有差异，主要表现为：一是后者全书完整，而前者前部略残；二是《琉球王国汉文文献集成》本多出“祝寿二首”和“祝寿长联”，为《传世汉文琉球文献辑稿》本所未见。

（一）蔡大鼎与《北上杂记》之由来

明万历三十七年（1609年，琉球尚宁王二十三年，日本庆长十四年），琉球被日本萨摩藩攻破，此后，成了两属的国度。具体说来，“庆长之役”之后，中琉两国表面上仍然维持着政治上的封贡关系，但在实际上琉球却受到萨摩藩的严密控制。此种局面维持了二百余年，及至清同治十年（1871年，琉球尚泰王二十四年，日本明治四年），日本政府命鹿儿岛县参事致函琉球王尚泰，劝其即速遣使前往东京庆贺明治维新。尚泰王迫不得已，只能照办。不料，明治天皇接获尚泰贺表后，即在回复的敕诏中剥夺了琉球王国的独立地位，将之变成日本的藩属。同治十三年（1874年，琉球尚泰王二十七年，日本明治七年），日本将琉球藩事务由外务省移交内务省，欲以处理内政的方式吞灭琉球。清光绪五年（1879年，琉球尚泰王三十二年，日本明治十二年），日本正式废藩置县，将尚泰王俘虏至东京，至此，琉球亡国。

同光时期，面对日本人的步步进逼，琉球方面一直采取各种方式加以抵抗。光绪二年（1876年，日本明治九年），琉球王府派遣向德宏、蔡大鼎和林世功等人秘密航海至中国，将日本政府阻贡一事禀告福建当局。然而，当时的清政府因内忧外患自顾不暇，不仅未能慨准出兵保护藩属，而且还不允许向德宏等人入京禀奏乞师。这使得琉球密使羁延三年，杳无结果。而在这三年间，琉球亡国，国王被俘。光绪五年（1879年），向德宏等人求援心切，遂毅然化装成商贩，自闽北上奔赴天津，前往北京作秦庭之哭[①]。向德宏随员林世功，曾为中国国子监生，屡经琉球王室拔擢而为世子讲官，至是遂在北京绝食，上书总理衙门哀求援兵。对此，清廷竟然未有任何反应。光绪六年（1880年）十一月，林世功愤然自刎殉国，清廷悯其孤忠，赠白银二百两以作葬殓之费[②]。

此前，向德宏等人北上前往天津时，先向李鸿章提出救国请愿书（初次禀稿）。接着，毛精长、蔡大鼎和林世功等人又向北京的总理衙门及礼部提出日本置县处分的惨状说明以及请求救国的请愿书。据琉球大学法学部赤岭守教授的研究，1879年至1885年琉球方面提出的请愿书共计28篇[③]。其中，光绪五年（1879年）至八年（1882年），蔡大鼎参与署名的请愿书计有14篇。在此期间，蔡大鼎长期居住在北京。《北上杂记》等书，就是他在此一阶段撰著而成。

《北上杂记》卷首除书名外，另有“光绪甲申十年镌/钦思

① 林世功：《由闽北上实录》，见蔡大鼎《北上杂记》卷1，载《传世汉文琉球文献辑稿》第22册，第16—19页。

② 蔡大鼎：《北上杂记》卷1《林子叙讳世功在京辞世记》、《先子叙一周祀日记》，载《传世汉文琉球文献辑稿》第22册，第61—62页、第63—66页。参见蔡璋：《琉球亡国史谭》，正中书局1951年版，第1—12页；杨仲揆：《琉球古今谈（兼论钓鱼台问题）》，台湾商务印书馆1990年版，第25—91页。近期的相关研究，参见［日］上里贤一：《从诗文看林世功的行动与精神》；［日］赤岭守：《请愿书中“脱清人”的国家构想——以1879—1885年的琉球复旧运动为中心——》，以上二文均见张哲雄编著《琉球认同与归属论争》，“中央研究院”东北区域研究2001年版。

③ ［日］赤岭守：《请愿书中“脱清人”的国家构想——以1879—1885年的琉球复旧运动为中心》，见张哲雄编著《琉球认同与归属论争》，第167—168页。

堂藏板”字样。“光绪甲申”即1884年，而“钦思堂”则是作者蔡大鼎的书斋之名。对于钦思堂，蔡氏另作有《续钦思堂集附圣览诗文稿》，其中有《钦思草堂夏日即事》二首[①]和《钦思草堂晓景歌》[②]，生动地状摹了钦思堂的环境。前者之一曰：“数株乔木耸堂前，应候南风到处传，静抚琴书多兴味，荷香时送酒杯先。”和风入户，瑞气环庭，至少从字面上看，钦思堂似乎是令其人颇感惬意的书斋。

据光绪九年（1883年）琉球中山王传译引礼通官谢维垣之序：“光绪三年春间，中山王派蔡君汝霖老先生为都通事来闽，陈情国事。巳【己】卯秋间，蔡君命予同行北上。壬午冬间，复命予再行入都。君乃驻京五载，每于京师所见所闻及日间所作事宜，皆一一秉笔书之，因名曰《北上杂记》。”蔡汝霖亦即蔡大鼎，而“己卯”也就是光绪五年（1879年），“壬午”则是光绪八年（1882年）。这是说蔡大鼎从光绪五年至九年在北京居住了五年的时间。光绪八年，闽中谢维藩的另一个序也指出：“……君住京五载，守候好音，每于日间所为事件，及经过各神庙、店铺，暨鸟兽草木及奇奇怪怪，莫不秉笔书之。”谢维藩还有《赠诗六首》，其中之一曰：“京师首善为名区，风土人情历览殊，秉笔采来成《杂记》，案头时对玉冰壶。”这是说北京系中国的首善之区，全国各地的人纷至沓来，在这里，能看到诸多纷繁复杂的风土人情。对此，蔡大鼎秉笔采撷，成此《北上杂记》。关于

① 《续钦思堂集附圣览诗文稿》，《传世汉文琉球文献辑稿》第24册，第89页。
② 《传世汉文琉球文献辑稿》第24册，第188页。

《北上杂记》一书，蔡大鼎的《自序》亦曰：

> 夫古之使者，必纪土风，志物宜，所以重其俗也。己卯秋，余为乞救国难事，改为清朝之装，由闽入京，叠次号恳，以兴灭国。怎及两载之久，旦夕焦思，尚未蒙救难，正在守候之秋也。窃闻命与数，虽为圣人不能避，况我国之受抗强邻，虽仗天朝多方劝释，而我辈等敢不沥胆披肝，以冀成功于万一乎？予在京师日久，不可空过日子，由是一切之事物，或记所见，或述所闻，聊为一集，因名曰《北上杂记》，附北京话。唯所希冀者，犹为观者之一助云尔。时光绪庚辰六年腊月望后二日蔡大鼎汝霖书于京中。

从目录上看，《北上杂记》一书除卷首序文之外，另有五卷：卷 1 是杂录，没有明显的年代顺序；卷 2 为“庚辰记事凡七十一通”，为光绪六年（1880 年）的内容；卷 3 为“辛巳记事凡二百三十八通”，是光绪七年（1881 年）的内容；卷 4 为“壬午记事凡二百零四通”，也就是光绪八年（1882 年）的内容；卷 5 为“癸未记事凡一百四十九通，附纪共六十通”，亦即光绪九年（1883 年）的内容。全书最后的附录为“北京话目录”，包括“北京话自序”和“北京话”。今按：《北上杂记》现存全书的前两卷，其中也并未附有“北京话”①。但从此处的行文来看，蔡大

① 北京话历来为琉球人所重视。例如，《琉球官话集》（抄本，原藏天理图书馆，后收入《宫良当壮全集》第 10 册，第一书房，1981 年版）中，除了收录深受福州方言影响的词汇之外，也有“北京俗语”。

鼎显然希望自己的撰述能成为后来者了解中国特别是北京的重要资料。另外，从其自序来看，《北上杂记》的主要内容原本应写至光绪六年（1880年）。关于这一点，也得到了书中其他篇章的印证[①]。不过，其后该书又陆续修改、增添[②]，并补充了光绪七年至九年（1881—1883年）的内容。

（二）《北上杂记》所见晚清的中国社会

清道光十七年（1837年），琉球大通事魏学源撰有《福建进京水陆路程》[③]，记载了琉球使者入京的水陆旅程。根据路程的记录，琉球人自福州出发，沿途经由闽江、衢江、东阳江、桐江、富春江、钱塘江、京杭大运河等北上。这是琉球人晋京的传统线路，蔡大鼎自不例外。他在《北上杂记》中，对于沿途所见所闻，有不少都记录下自己的观感，例如：

> 米极为味美而洁白者，北上时，江山船下程所送者是也，虽不食肴，毫无厌之。菜有每日食之不厌者，山东白菜是也。此等之物，不唯我独嗜之，至其僚伴，亦无不然[④]。

---

① 如《北上杂记》书中所列的《清朝代记》，也是从大清顺治元年（1644年）至光绪六年，凡237年。（《传世汉文琉球文献辑稿》第22册，第47页）此外，《琉球朝贡记》亦是如此。

② 蔡大鼎：《北上杂记》卷1《阅古帖记》中，就有光绪九年（1883年）的内容，见《传世汉文琉球文献辑稿》第22册，第75页。

③ 该书今收录于《琉球王国汉文文献集成》第16册。

④ 蔡大鼎：《北上杂记》卷2，《传世汉文琉球文献辑稿》第22册，第118页。

"江山船"亦作九姓渔船，也就是在钱塘江流域活动、运载过往旅客的头亭船、茭白船。琉球使者途经的衢江、东阳江、桐江、富春江和钱塘江一带，正是江山船活跃的地区。当时，江山船为了吸引过往行旅，往往在船上的饮食起居方面精益求精，这也让蔡大鼎等人如沐春风。他另作有《江山船偶题》："孤篷饱挂一帆风，回首江山夕照红，寄语同年双姊妹，莫教桃李笑春风。"① 诗中的"同年双姊妹"，是指江山船上常见的女子，她们中年纪轻的称为"同年妹"，年纪稍长者则称"同年嫂"。因为这批人以桐庐、严州一带的人居多，"同年"一词，实系"桐严"方音之讹。② 当时，江山船上之米食味极好而且米色洁白，蔡大鼎说吃了这样的白米，没有菜肴亦可下饭。另外，沿途吃到的山东白菜，也给他留下了深刻的印象。不仅是主食及菜肴，蔡氏对茶叶、烟草等也赞不绝口，"茶叶有雨前，烟草有净丝，此皆风味有香，余平时哈之、抽之，而有嗜无厌者也"③。"雨前"是茶中之上品，在北方颇为流行④，而"净丝"烟草亦颇受蔡大鼎的青睐。根据《琉球国旧记》"烟草"条记载："遗老传云，万历年间有一人往日本而求得焉，以此考之，本国人吃烟自此而始。"⑤ 由此可见，琉球国人抽烟，大概从十六世纪后期或十七世纪前期

---

① 蔡大鼎：《北燕游草》，清同治十二年（1873 年）钦思堂刊本，《传世汉文琉球文献辑稿》第 22 册，第 235 页。

② 〔清〕许奉恩《里乘》卷 3《袁姬》，同治十三年（1874 年）自序，"清代笔记小说丛刊"，齐鲁书社 1988 年版，第 68 页。

③ 蔡大鼎：《北上杂记》卷 2，《传世汉文琉球文献辑稿》第 22 册，第 118 页。

④ 〔清〕萍踪客毕钟沅辑：《北上备览》"市廛门"之"戏园"："携来绝妙雨前茶，苦水烹煎味迥差，何物最能消酒渴，提壶人卖杏仁茶。"

⑤ 《传世汉文琉球文献辑稿》第 20 册，第 253 页。

开始，及至十九世纪已蔚为时尚。

在北上途中，蔡大鼎对于华北社会风情的观察最为仔细。例如，他在沿途曾见交通工具，“山东途中，多有手车过去，逢有顺风，则相争扬帆，却认五湖扁舟”——这是说逢有顺风，手车上的帆争相扬起，以至令人想到河湖中的扁舟景致。“又有拾马粪者，往来不绝，逐去车马，十里之远，拾之如钱”①，这是当时北中国各地道路上常见的景观，对此，清代的朝鲜燕行使者，也常常见到道路上的拾马粪者，他们多感慨中国人“惜粪如金”，与此恰可比照而观②。另外，华北不像福建那样举目见山，“至其地方，四面皆平，其广几千余里，及麦秋也，日月出入，疑在其中”，该段文字说的是华北平原一望无垠，到了秋天庄稼收割的季节，太阳的东升西落，月出月落，都让人怀疑是直接出自青纱帐里。蔡大鼎此行经过黄河，沿河所见亦令之颇为感慨：“又有可怪者，黄河流水是也，其色黄深，恐有可以染物，故以黄字名之，谁想其水或有清澄哉！”此一感叹，显然是想起了“俟河之清，人寿几何”的历史典故。蔡大鼎还注意到，在华北，“大街小巷，一切人家店铺，强半以茅结构，五鼓经过时，有景色可比者，即所谓‘鸡声茅店月，人迹板桥霜’是也。自福州至浙江，所过村落并不见茅屋”③。文中所引的“鸡声茅店

① 蔡大鼎：《北上杂记》卷2，《传世汉文琉球文献辑稿》第22册，第125页。

② 参见拙文《清代北京的收费厕所》，载王振忠著《日出而作》，生活·读书·新知三联书店2010年版，第468—471页。

③ 蔡大鼎：《北上杂记》卷2，《传世汉文琉球文献辑稿》第22册，第125—127页。

月，人迹板桥霜”，是众口传诵的唐诗名句——雄鸡啼鸣，天际一轮残月，泠泠的清辉映照着孤独的茅店，早行人的足迹，在凝霜的板桥上显得格外清晰。此种北中国常见的景观，想来令蔡大鼎颇多感触。蔡氏还注意到，北方的石头很少，他说自己曾在朝贡途中，经行此路二十多天，见到的石头极少，“直隶、山东皆出石无几，故用砖瓦，而为人家之围，城郭亦筑以之，其厚且坚，无不类石”。这些，都是对南北聚落景观及建筑材料的观察。

到达直隶后，蔡大鼎撰有《物产地理记》，其中提及：“直隶素少产物，然有外省、外国各富商大贾，搬运货物，广敷其用，不是他省之可比也。予行路时，正觉物华天宝，即此地也。至若稽察上古以来所都地方，皆在西北处所，亦知地灵人杰，即此地也。”蔡氏对于华北的物产及地理皆颇多好感，例如，他曾听人说：“本地人都是高大而肥者，毕竟食麦故也。其麦五月间与米一共开花，非他所之可比。”他自己吃过之后，也感觉麦子“味美且甜，乃知非说者之讹也”。在蔡氏眼中，北中国“贫者虽多，而大富者不少焉”。北中国土地之辽阔，显然给他以极大的震撼。

当然，蔡大鼎北上的终点是北京，而且，他在那里逗留了数年，故而对于北京城市景观及风土人情的描摹最为生动。关于这一点，《北上杂记》中有《风俗记》一节：

兹稽《都门杂记》，其略有云：“京师风俗，最为醇厚，笔难尽述。”余在此多月，果如其所记，不任仰慕之至！且谓大凡国俗之善美，人才之蔚起，皆因皇都之远近，各有分别。至若县城之中，强似城外，其府城、省城亦无不然。因顾本国，均类于彼，则理之当然乎哉！

《都门杂记》亦即清道光二十五年（1845年）北京通州人杨静亭编写、出版的《都门纪略》，这是一部有关北京旅行指南的专门之作。该书后来在同治、光绪年间曾屡次增补、刊行，有相当大的影响。上述《风俗记》中的文字表明，蔡大鼎应当比较仔细研读过《都门杂记》一书，并在自己的行文中对相关条目多所摘录。当时，全国各地乃至域外使者前来北京者，除了一些会馆、使馆的特别安排之外，大多是居住在旅店中。对此，蔡大鼎指出："凡客寓所在，总设西河沿一带，皆建冲天牌而为其号，外省之召见、引见官员，若客商应试各人等，多有寓此，故一切卖物者，络绎不绝，大概本国之西、东两村一般也。"据《琉球入学见闻录》记载，西、东两村应即东门村、西门村，与北门村、南门村一起，都属于琉球久米的大门村。"四村皆洪武中所赐闽人三十六姓之居，不他徙，故名唐营，亦称营中，后改名唐荣"①。这是指明洪武二十五年（1392年），朱元璋鉴于琉球国造船航海业十分落后，难以与大明保持密切的朝贡关系，遂向琉球援助海舟，并另赐"闽人三十六姓善操舟者，令往来朝贡"，这三十六姓，原先多是福州水部门外河口一带的居民，他

① 〔清〕潘相撰:《琉球入学见闻录》，乾隆二十九年（1764年）刊本，《传世汉文琉球文献辑稿》第28册，第74页。

们世代以操舟为业。此后，凡进贡、接贡、请封、迎封、谢恩、报丧、报倭警、庆贺进香、护送中国难民等，皆由三十六姓的后裔——琉球久米村人具体承担。在琉球，久米村闽人后裔之聚居区称为“唐营”，可能是因“营”的读音与福州话之“荣”字发音相同，故亦称“唐荣”。西门村和东门村就属于唐营，也是熙来攘往的热闹场所，这一点，正与北京西河沿一带颇相类似。关于北京西河沿一带的客寓，与蔡大鼎在北京生活的时代差相同时编纂的《北上备览》[①]中，就记载有高陞店、同陞店、福陞店等数十家客店，这些客店，均位于北京前门外的西河沿一带。

不难理解，由东海之滨的闽江前往华北的北京，南北水土之差异，立刻给蔡大鼎以深刻的印象。最为直接的感受当然是天气的变化：“都邑草少，本国甚多，至其萌动，亦有迟速，盖北、东各方寒暖不均之所由致者也。”[②]这是说南北物候及自然景观明显不同。对此，他又指出：“燕都十月节水始冰，是与宪书正符，小雪节下雪最小，大雪节其雪甚大，宜乎名以大、小也。自此至立春节，皆有雪无雨。惟本年二月春分前二日得雪，而就地立消，至小寒、大寒各节，亦其小、大字样，与彼颇同，谅其余节气都合宪书。再，凌寒最难，避暑不易，然暑气不胜本国也。”这里提到一年内的各种节气、天气之变化以及身体的感觉。从中可见，自琉球到福州，再到北方的燕京一带，琉球人显然得免郁

---

① 〔清〕萍踪客毕钟沅辑，光绪十四年（1888年）仲冬鸿宝斋西法石印。

② 蔡大鼎：《北上杂记》卷2，《传世汉文琉球文献辑稿》第22册，第101—102页。

蒸霉湿之苦。不过，气候的巨大差异，又引发了身体上另外的一些不适："凡外省仕商，寓居京都者，多有咳嗽吐痰，二三月间，必有如疥疮者生于手足脸面，虽其土人，间有生之者在焉。或曰：如此者无他，不用柴把，专用石灰故也。化痰各药，不可不服，其药大抵杏仁粉、八珍粉、海带菜也。"[①] 因此，在北京的蔡大鼎特别关注医药方面的信息（详后）。

当时，蔡大鼎在北京历经数个寒暑，他对于一年四季都有相当真切的体会："京俗夏令，除朝冠外，并无戴帽者，小儿亦然。且节届大暑，袜子与腿裤，大人穿着，不待论说，小儿尚有穿之，岂不异哉？至其人家、店铺，都是盖起凉棚，其高二丈许，四面逐日舒卷，午天送风，真避暑乘凉之处所也。"此处提到了北京的不少生活习惯。例如，凉棚亦称天棚，在北京，天棚是夏令不少住家及商铺颇为普遍的消暑措施。"深深画阁晓钟传，午院榴花红欲燃，搭得天棚如此阔，不知债负几分钱"——这是说每逢炎夏，则高搭天棚以蔽烈日。关于春夏秋冬的日常生活，蔡大鼎还写道："夏天蝇子最多，不胜恶之。（小暑、大暑各节更多）故人家户口，垂帘防之，蚊子稀少，蜘蛛、蜈蚣亦少，蚁子乏从本国，秋夕蝙蝠居多，萤火壁虎，均是绝少。"在这里，他将北京与琉球做了对比。及至冬天，"西河沿大街北有城池，其长二三里许，阔二百余步。十一月初旬一概水冻，悠悠长江，如飘玉带。时有冰床（一作船）数百余只，争渡行人。该床四角，

① 蔡大鼎：《北上杂记》卷 2，《传世汉文琉球文献辑稿》第 22 册，第 121—122 页。

而脚底为巧，有五六人坐□，其主或步拉，或坐驾，其迅速过去，却胜车马。至报劳钱，不过一十二文，且为年少者，或二三人，或四五人，于其冰上戏站一脚，以任自去，其相去数十步。其《冰床》诗曰：‘十月冰床遍九城，游人曳去一绳轻，风和日暖时端坐，疑在琉璃世界行。’又其《冰鞋》诗曰：‘往来冰上走如风，鞋底钢条制造工，跌倒人前成一笑，头南脚北手西东。’”此处末引之《冰床》及《冰鞋》二诗，均出自《都门纪略》。这些诗歌描述的是——入冬以后，北京的护城河等水域都结了冰，游船停止运营，于是冰床便脱颖而出。“破腊风光日日清，冰床往来沿京城，游人闲乘实乐事，疑在玻璃世界行”①，冰床也叫拖床，是形类木床矮炕的一种交通工具，专供游玩之用，一般情况下可坐五、六人。具体的做法是在接触冰处钉有两根铁条，以便在冰上自由滑行。冰床的前方两边各有一根绳子，有人将绳背于肩上，在冰上跑走数步，冰床便因其惯性而自动滑行数十米。乘冰床是冬季北京人的一种娱乐消遣，人们呼朋引类，结伴而为。②

在蔡大鼎看来，一年四季中，北京的春天似乎最令人郁闷。他写道：“北燕雨土时（此时满天色黄，故谅名以红尘，且有风大起）愁闷不可名状，却胜于雨天。”这显然是指北京的沙尘暴天气。由于华北平原土质疏松，春天时节，虽无风之日，车马过

① 于鸿：《燕京竹枝词·拖床》，雷梦水、潘超、孙忠铨、钟山编《中华竹枝词》第1册，北京古籍出版社1997年版，第400页。

② 〔清〕李虹若：《朝市丛载》，北京古籍出版社1995年版，第118页；张宗平、吕永和译《清末北京志资料》，北京燕山出版社1994年版，第554页。

处，尘土飞扬，特别是来自蒙古高原的大陆风来袭时，黄尘遮空，天地晦冥，有时昼间甚至咫尺不辨，让人心情沉闷。正是因为这种天气，对北京商店的格局造成了一定的影响。对此，蔡大鼎指出："凡店铺，大半昼关门户，况人家开之，十无二三，恐有多少灰土，飞入其内也。"

除此之外，岁时节俗也给他留下了深刻的印象。"余入都以来，既过两次元旦，其俗于前夜四更时，不论人家店铺，一概争放喜炮，而声声不断，至天明止，许多炮壳载途，不可胜扫。迨其十五前后，家家户户，悬灯不少，其式样各异，曷胜奇观之至！而有最奇者，以冰造之，不但巧夺天工，而处处星光，遍照四面，令人叹观止焉"①。这一段文字，描述了北京正月讫至十五的民俗活动。届期，鞭炮声声，华灯齐放，营造出浓厚的节日气氛。另外，《卖春联记》记载："年底有多少墨家书卖之，或在客寓，或在街巷，其招牌有'香墨春联'四字，总体古帖而得工夫，不但不顾句本，乃从末句末字始书之也。"在清代，北京一进腊月，街头上就出现写春联的摊子，榜曰"书春""书红""借纸学书"和"点染年华"等，皆是私塾先生和学生们大显身手的时节，他们趁机赚些润笔，属于不伤雅道的一种生意。"教书先生腊月时，书春报贴日临池，要知借纸原虚话，只为些须润笔资"，而这种书春的习俗，也成为传统北京的一道风景②。

---

① 蔡大鼎：《北上杂记》卷 2，《传世汉文琉球文献辑稿》第 22 册，第 137 页。

② 参见邓云乡：《增补燕京乡土记》上册"书春"条，中华书局 1998 年版，第 172 页。

尽管春季有沙尘暴等，但蔡大鼎对于北京的总体观感仍然相当之好。《北上杂记》卷2记载："本二月初二日，予有事务，乃上于左中堂处，经过街巷，多有不胜奇观者，只惜固【孤？】陋寡闻，不能尽述，即所谓京师地面辽阔，万美毕集，一人之耳目，难以周知，统俟博雅君子是也。"他还指出："夫其为俗也，一切器具，不论巨细，总尚坚固，成衣之类，亦无不如此。至其水土，比较福州稍好，专山岭无几，岚气亦乏故也。"这显然是以福州为背景的观照与比较。

在北京，蔡大鼎前后逗留了五年，他对燕京的社会生活有着相当细致的体验。例如，"都中井水味咸，故人家、店铺所饮清水，皆买而为用，不但多有水店而已，其马车、手车不可胜算，即如本国西、东两村，买用落平甜水，其卖舟亦不少，论其价钱，稍有差焉"①。如前所述，西、东两村，亦即琉球的西门村和东门村。这里是将北京的情形与琉球相比较，指出因水质的问题，北京的饮用水都需要用钱购买，称为"买甜水"。当时，北京井水多苦而咸，街上水井皆系卖水者所有，故市民常自卖水者手中买水，而城内外各处皆有贩卖甜水的水铺——"井水窝子"②。这是城市日常生活供应的一个侧面，而在食用鱼方面，北京前门之外有许多鱼肆，出售的河海鱼类相当不少，其中，以鲤

---

① 《北上杂记》卷2，《传世汉文琉球文献辑稿》第22册，第128页。

② 关于这方面的情况，参见熊远报：《清代民国时期における北京の水壳买业と"水道路"》，见氏著《清代徽州地域社会史研究——境界・集团・ネットワークと社会秩序》附录一，汲古书院2003年版，第291—327页；邱仲麟：《水窝子——北京的供水业者与民生用水（1368—1937）》，载李孝悌编《中国的城市生活》，联经出版事业股份公司2005年版，第229—284页。

鱼为数最多。蔡大鼎多次食用鲫鱼，“其大者六七寸许，每斤一吊余钱”，在他看来，食用鲫鱼既可大快朵颐，又得除绝湿气，可谓一举两得。

对于北京的治安状况，蔡大鼎也有较高的评价。他指出：北京的内外城道路，多有满洲、蒙古、汉军各军民把守，“内外守防甚严，每夜有将军骑马巡查，许多军民亦各分队，每更打板打锣，或均扬声为之巡查，则盗贼无几也必矣，是以人家、店铺都用纸窗，而板榻不多也。”① 这是说作为清帝国的首都，北京的治安管理相当严密，所以当地的住家以及店铺，窗户都是以纸糊成，而不像南方那样用木板钉成。

在北京，蔡大鼎还相当注意当地的休闲娱乐以及相关的应酬。据《北上杂记》中的《风俗记》记载：“（北京）又最尚应酬，外省人至，群相邀请，筵宴、听戏，往来馈送，以及挟优饮酒，聚众呼芦［卢］，其费用不少者也。”这段文字亦见于《北上备览》，作：“京师最肖［尚］应酬，外省人至，群相邀请，筵宴听戏，往来馈送，以及挟优饮酒，聚众呼卢，虽有数万金，不足供其挥霍。”两段文字大同小异，这说明蔡大鼎收集、研读了当时的诸多旅行指南。关于休闲娱乐，以其中的听戏为例，蔡大鼎有《听戏》诗：

当场面目别贤奸，听戏高楼兴未阑。

① 蔡大鼎：《北上杂记》卷 2，《传世汉文琉球文献辑稿》第 22 册，第 104 页。

莫羡当年飞燕舞，何人不识古长安①。

他指出："都邑戏园不少，每日听戏者（北京呼听戏，福州呼看戏）有数万多人，其报劳钱，每人不过二吊文。国家忌辰皆停止之，夜来演戏者禁，上海地方限以夜戏，福州或有之。"②关于福州的夜戏，同治十年（1872年）十二月，福州地方衙门曾发布告示，其中之一即"不准演唱夜戏"。如此禁令，具体的担心是夜戏"不特易滋事端，抑且动虞火患"。根据报道，在当年，福州三皇庙山陕会馆就因上演夜戏而引发火灾③。不过，尽管官方三令五申禁止夜戏，但民间仍然"或有之"。

除了演戏之外，北京的"宣武门附近，有官养之驯象五六口，凡看之者，每人礼钱四五百文。及其进入象房，有管象者说道：诲会此象以数十戏艺，看者必高升得意。其报劳钱不过百文，果有响亮投鼻、老虎饮水、食早饭、游把、洗耳、进退、跪拜、叩首等戏，极其奇之"。在传统时代，皇家园林中通常都豢养驯象，作为祥瑞之兽观赏。从北宋开始，即专门设立了养象所。而自元代起，就在北京建有象房。从此，北京象房遂闻名遐迩。象房在宣武门西城墙北，每年六月初伏，用旗鼓大吹大擂，迎象出宣武门濠内洗濯。对此，清人蒋沄《燕台杂咏》诗

① 蔡大鼎：《北燕游草》，《传世汉文琉球文献辑稿》第22册，第276页。

② 蔡大鼎：《北上杂记》卷2，《传世汉文琉球文献辑稿》第22册，第105页。

③ 【美】卢公明（Justus Doolittle）：《英华萃林韵府》（Vocabulary and Hand-book of the Chinese Language，Romanized in the Mandarin Dialect），Rozario，Marcal and Company，1872年版，第2卷，第518页。

曰："宣武门南广路开，鸣钲小队簇红埃。雕鞍宝毂如流水，争看城濠浴象来。"① 这是状摹洗象时万众奔趋争相观看的场景。至于驯象的表演，清人沈太侔在《东华琐录》中指出："象房在阜财坊宣武门内西城墙象房桥侧，明弘治八年建。象初至京，先于射所演习，故谓之演象所。而锦衣卫自有驯象所，专管象奴及象只，特命锦衣卫指挥一员提督之。凡大朝会，役象甚多，驾辇驼宝皆用之，若常朝则止用六只耳。所受禄秩，但视武弁有等差。其在象房，人有入视者，能以鼻作觱篥铜鼓声，观者持钱畀象奴，奴教献技，必斜睨象奴钱满数，而后昂鼻俯首，呜呜出声。……"② 关于象房，在朝鲜燕行使者笔下亦屡有所见。当时，除了能在象房看到真实的大象之外，市场上还有一些有关大象的绘画：蔡大鼎的儿子就曾购得象绘一张，"系西人画之梓行者，纸上传神，望之如有生气"。在中国文化中，象是一种吉祥的动物，所谓太平有象。因此，乾隆时代的图文图书《太平欢

① 〔清〕蒋沄：《燕台杂咏》，雷梦水、潘超、孙忠铨、钟山编《中华竹枝词》第 1 册，第 62 页。关于这一点，佚名所撰《燕台口号一百首》亦有："打鼓从奴鼻起雷，输钱便使住房开，年年初伏车增价，多少人看洗象来。"（同上书，第 115 页）得硕亭《草珠一串》："伏头洗象护城河，宣武门西妇女多。"诗注曰："銮仪卫官员带领象奴，旌旗鼓乐，引象于此。是日看象，命妇尤多，故云。"（同上书，第 157 页）方元鹍《都门杂咏》："六街车响似雷奔，日平齐来宣武门，钲鼓一声催洗象，玉河桥下水初浑。"（同上书，第 172 页）周毓桂《春明杂忆·城南洗象》："夏日犹传洗象谣，少时曾见两三遭，岸边鼓吹人声杂，象鼻高吹河水高。"（同上书，第 215 页）

② 沈太侔：《东华琐录》，北京古籍出版社，1995 年版，第 195—196 页。对此，张朝墉《燕京岁时杂咏》有："宣武城濠濠有潴，年年洗象水平铺，大吹觱篥敲铜鼓，抛掷金钱富象奴。"（雷梦水、潘超、孙忠铨、钟山编《中华竹枝词》第 1 册，第 383 页）

乐图》中，就有“太平有象”的画面[①]。对此，《燕京岁时杂咏》曰：“驯象能为鼘箫声，城河洗髓一身轻。太平有象思全盛，列队趋朝解送迎。”[②]人们透过大象的列队行进，建构出天下太平的意象。

在北京，逛庙会既是一种休闲娱乐，同时亦是信仰生活的一个重要组成部分。“西河沿附近有古寺，其上人动，则为人默祷，不舍昼夜，五旬多天，其勤无怠，孰不叹美。世间人所进布施，各有多寡。此时一夜钟声，随断续风而有飘送客寓”[③]。西河沿一带客店鳞次栉比，蔡大鼎也就居住在这一带。在当时，他最常去的便是关帝庙。据《祷告记》记载：“正阳门内有关帝庙，我辈祈祷国事，每月朔或望日，上庙行之。（其布施不过一吊钱，合香烛求签各价算之）每日祷告人等，往来不绝，况于其朔望，殆及数万人之多也。琉璃厂大街北有吕祖庙，其祈祷之事，亦同前由，所有匾额，极其过多。或有妇女献之者，殊可怪之。”[④]吕祖庙又称吕祖祠，祈签甚验，香火颇盛，当地献匾者极多。对此，《都门杂咏》中有吕祖祠诗：“京师神圣重纯阳，吕祖祠开好道场，问事求方香不断，多多匾额亦争先。”[⑤]

① 关于《太平欢乐图》，参见王振忠：《〈太平欢乐图〉：盛清画家笔下的日常生活图景》，《读书》2006年第11、12期；后收入《千山夕阳：明清社会与文化十题》，香港城市大学出版社2007年版，第193—238页。

② 孙雄：《燕京岁时杂咏》，雷梦水、潘超、孙忠铨、钟山编《中华竹枝词》第1册，第380页。

③ 蔡大鼎：《北上杂记》卷2，《传世汉文琉球文献辑稿》第22册，第104—105页。

④ 蔡大鼎：《北上杂记》卷1，《传世汉文琉球文献辑稿》第22册，第50页。

⑤ 〔清〕李虹若：《都市丛载》卷7《翰墨门》，光绪刊本，第6页。

在北京生活的五年间，蔡大鼎对城市内外的商况市景，有着颇为细致的观察。当时，北京街头车水马龙："康衢日过车马，殆及数十万乘之多，其式不唯有二、四轮之异，而所牵马匹，亦有一口至八九口者，一轮手车亦多，此皆非上海之可比也。古所谓千乘、万乘各国者，洵就地知之也。轿子绝少，盖二三品以上大员坐之也"①。此外，还有络绎不绝的骆驼："日有骆驼几千匹，（闻得是北狄种，不生中国）驮驾石炭，来往京中，强者重骑六百斤，弱者四五百斤……"②。这些纷至沓来的骆驼，涉及北京的燃料供给。由于北京天气寒冷，入冬后生煤炉子取暖，需要大批的煤炭供应。根据乐山的《煤球》诗："新兴煤铺卖煤球，炉上全无火焰头，可恨卖煤人作伪，炉灰黄土一齐收。"③诗歌虽然说的是卖煤人之作伪，但在实际上，煤末直接模成方块，称为"软煤"，并不耐燃烧。有鉴于此，人们买来煤末后稍搀黄土，再和水做成煤球，可以更为经烧。北京门头沟一带的煤窑多处山区，不能走马拉的大车，运煤全靠骆驼，时称"煤骆驼"——"拦车遮路走成行，五六相连一长串"，此种场景，想来亦为蔡大鼎所常见。

在北京，蔡大鼎还见识了市井的繁华盛景。根据他的观察，北京"大街小巷，皆无不有铺户旅邸，洵为天下仕商聚汇之所"。当地风俗"最尚繁华，市廛铺户，妆饰富甲天下，如大栅栏之珠

① 蔡大鼎：《北上杂记》卷2，《传世汉文琉球文献辑稿》第22册，第103—104页。

② 同上书，第124页。

③ 〔清〕杨静亭原编，张棨增补，戴文焕重校：《都门杂咏》，第158页。刊本，藏早稻田大学图书馆"风陵文库"。

宝市，西河沿、琉璃厂之银楼、缎号，以及茶叶铺、靴铺，皆雕梁画栋，金碧辉煌，令人目述【迷】五色。至肉市、酒饭馆，张灯列烛，猜拳行令，夜夜元宵，非他处可及也。”该段文字，基本上抄自道光《都门纪略》，亦见于《北上备览》的“风俗”部分。对此，他深有感慨地指出：“吾在国时，传闻北上奇观，见者难言，听者亦不易信，依稀如登天，然其已然乎哉！”这是说经常有琉球燕行使者在国内传述北京的都市繁华，既让人相当羡慕，但又觉得难以置信，只有现在自己亲眼目睹，方才能够理解。此种感受，与清代朝鲜燕行使者的诸多感慨颇相类似。

与蔡大鼎差相同时的美国传教士卢公明（Justus Doolittle 1824—1880），在其所编的方言词典《英华萃林韵府》(Vocabulary and Handbook of the Chinese Language，Romanized in the Mandarin Dialect）中，记录有诸多北京的商号和街名（Shop-signs and street names at Peking）。卢公明长期生活在福州，其所编的《英华萃林韵府》与福州的社会生活密切相关。他所记录的北京商号和街名，与蔡大鼎所述可以比照而观。例如，二者都提到北京的同仁堂药铺，对此，蔡大鼎描述说：“北京同仁堂药家（此与天津同仁堂异主同号）有灵应痧药，又名兑金丸，江南塘西之姚氏亦有痧气灵丹，各名虽少异，实皆痧药也……”他又说：“药店同仁堂之设，在正阳门外大栅栏西口路南，其散丸之药，皆甲于京都，而驰名天下者也。育宁堂，亦在其附近，所有汤药之类，无有胜于此者。”上述这些名店，在琉球人中相当著名。例如，琉球人吴继志所撰《质问本草》书牍中，收录有中国人与他的通信，其中，江南、浙江、江西和广西各四人，福建二十三人，京都和山西各三人。个中的京都三人，见乾隆四十九年（1784 年）二月上旬“京都同仁堂周之良、邓履仁、吴美山仝具”的两封信中[①]，所以蔡大鼎说包括同仁堂在内的京都两爿店，“本国人或见知，或闻知，而屡次为之讨论”。

当时，琉球人对中国的医药极为重视。光绪年间，在北京有相当多著名的药铺，大小足有三四百家。其中，东华门外菜厂胡同的皮赞公之灵宝如意丹相当有名。“青囊为记禁城东，各省知名皮赞公，惟盼恩科乡会试，多年陈货一时空”——这是说北京皮赞公的灵宝如意丹驰名天下，每逢科举考试之年，皮赞公如意丹会被抢销一空。关于这一点，《北上杂记》亦载：“灵宝如意丹，于一切初起之疮，而有其效，是不消说。每遇热病，尤不可无之。其药方有云：大人服十几丸，小儿四五丸，孕妇勿服。凡药之类，倘经久岁月，则其气有疏，是以节经用以一倍，或其重者，吞下二倍，均有效验。迨已吞之后，即刻吐出，尚无丝毫之妨，乃得瞑眩更好。凡用之者，皆应为之一试。”此外，蔡大鼎还指出：“都中天育堂，孙氏所制夹纸膏，已行试用，最胜他所者也，其店开安定门内，国子监南边路东……然传译通事，统尚其唾纸膏。”在《北上杂记》中，蔡氏不厌其烦地抄录了相关的药方。这是因为，前来中国朝贡的琉球人往往在北京购觅医药名品，以备返乡后的乡间馈赠，这已成为一种惯例[②]。

---

① 《传世汉文琉球文献辑稿》第 24 册，第 276—279 页。

② 此种情况，与中国的情形颇相类似。清人张子秋《都门竹枝词》：“皮赞公家久著名，东华门外旧营生，平安如意人争买，千里鹅毛当客情。”（雷梦水、潘超、孙忠铨、钟山编《中华竹枝词》第 1 册，第 167 页）

此外，蔡大鼎对北京的其他商业，也有相当细致的描述。例如，“琉璃厂有书坊数百间，其经传诗文暨古今书画各帖，皆不胜羡慕之至，所谓诗书万卷圣贤心，正在此处知之也”。琉璃厂商肆主要经营书籍古玩笔墨纸砚，为北京文化用具之渊薮。“画舫书林列市齐，游人到此眼都迷，最难古董分真假，商鼎周尊任品题”①，作为深受儒家文化熏染的传统文人，蔡大鼎显然也时常流连于琉璃厂一带。在他的描摹中，“闻得书铺狠【很】多，惟儒雅堂、荣华堂，皆胜诸店者也。其一堂开设琉璃厂东门火神庙内，一堂在其东门内路北影壁对过门面三间便是”②。蔡大鼎还说，琉璃厂一带的笔墨店铺亦多，其中最为著名的是程五峰和胡竹溪两家，“程氏在梁家园夹道路西，胡氏寓前门外杨梅竹斜街东头路北蕴和店内。凡笔莫如湖北，墨莫如徽州，于是乎，贡使每逢奉和御诗，国王暨使臣例蒙加赏湖笔、徽墨”。在这里，蔡氏指出：文房四宝中的两种——徽墨和湖笔，常被中国朝廷作为赏赐异国君臣的江南名产。只是他望文生义，将“湖笔”误当作产自湖北的毛笔。另外，从姓氏上看，在琉璃厂开设笔墨店的程五峰③、

① 〔清〕李静山：《增补都门杂咏》，雷梦水、潘超、孙忠铨、钟山编《中华竹枝词》第1册，第232—233页。

② 蔡大鼎：《北上杂记》卷2，《传世汉文琉球文献辑稿》第22册，第107页。

③ 晚清时期，程五峰在北京似乎颇为活跃。《德宗景皇帝实录》卷104：光绪五年（1879年）“御史孔宪瑴奏：前直隶任邱县知县马河图，行贿开复等语。马河图前因办理工程出力，经王大臣等保奏，钦奉懿旨，开复革职处分。兹据该御史奏称：马河图以甄别革职之员，派充万年吉地工程差使，传言以三千金拜于荣禄门下，由程五峰笔墨店商人程姓，代为过付，设法开复，各情。马河图，着即撤销保案。”关于这一点，亦见光绪朝《东华续录》卷31。

胡竹溪[①]，显然都来自徽州，这与全国各地的情形均颇相类似。

对于北京的各类商品，《北上杂记》描摹颇多。例如，清乾隆以后，眼镜日渐普及，“方鞋穿着趁时新，摇摆街前作态频，眼镜戴来装近视，教人知是读书人”[②]，一些人以戴眼镜来彰显自己有文化，故而眼镜的市场颇为广阔。蔡大鼎记载，“眼镜之明，莫强似三山斋，其店在前门外东巷，水晶一镜，不过洋银一圆之价。所有什件，都是不二价，则不便再三商之，此我曾所见知者也。靴子之美，莫如北京，是以外省员役当京回时，购之为赀者多矣”。当时，外国使者纷至沓来，他们在北京也从事相关的贸易。例如，“四译馆附近皆人参店，其参色有白与黄之殊，未知孰好。昔闻之于朝鲜人说道，其白者山产，黄者家产，但中国人不知其优劣，而贵黄色，其色系制成者，药气已漏，不必尚之。按此近是，白色之价，殆倍于黄色，是余曾经购之而所知者也。虽然，本国人亦贵色黄，由来久矣”。高丽人参颇为有名，在东亚为世人所珍视。

除了坐贾之外，《北上杂记》对于行商乃至小贩亦有记载：“凡担卖人民甚多，或呼物名，或鸣金鼓，或吹箫笙，分别各件，以致发卖之便，而其善呼者，乃使游子之情自然而生，恰听猿声而断愁肠者也，其声竟夕不断，至三四更止。”看来，京腔京韵

① 晚清时人震钧所著《天咫偶闻》卷7载：“墨旧贵曹素功、汪近圣，近止有胡开文一家，其余胡竹溪、詹大有，不足望其项背也。”文中的曹素功、汪近圣、胡开文、詹大有，皆出自徽州。

② 〔清〕杨静亭：《都门杂咏》，雷梦水、潘超、孙忠铨、钟山编《中华竹枝词》第1册，第181页。

的叫卖声，也给蔡大鼎留下了深刻的印象。抑扬顿挫的叫卖，引发了这位异乡游子的思乡之情。

如果说，上述这些都还是对京师风情概述性的描摹，那么，《北上杂记》中还有一些是近距离接触留下的个性化记录。例如，蔡大鼎有一篇《画家周棠记》：

> 尝有善画周棠者，居住京中，其名闻世间，凡画皆工，而牡丹画妙入神也。余辛酉年请他画成牡丹、芝兰各花，当即为之卷轴，高悬大厅，皆有笑开之景况，俾人无不赞美也。时过画店，多有代笔，则其画之为宝也，不问可知。惜哉幽明相隔，竟不能重得其画也。

这篇短文是为一位民间画家所作的小传。此外，他还写有《姚氏请佣记》，其中提及：

> 癸四月之朔，有京人函请被佣者（即口禀也）曰：小的姚升，叩请老爷台前升安：敬禀者，窃以小的刻值闲居，谋食无策，恳祈老爷格外垂青，不遗葑菲，倘蒙录用，一二日内，即可前往。所有工银一节，多寡有无，出自鸿施，不敢较，亦不必较也。小的时下并非店中雇工，不过在此闲居，本店颇肯与小的作保，如老爷不用，仍望代为转荐，从此小草披拂，深赖和风嘘植，感戴曷亟！此上。予展读之下，悉知事情兼备，字句更佳，因问何人撰书，答曰：本店王掌柜代作也。虽经不应其请，而微颁花钱，聊慰劳苦。

“癸”可能是指光绪九年（1883年）癸未。当时，北京作为帝国的政治中心，是巨大的消费性城市，“奴仆由来半雇工，京师偌大已成风”[①]，大批的服务性人群纷至沓来，这些人以出卖劳动力为生。王掌柜代作的“口禀”，文字颇为雅驯，其中的“葑菲”，典出《诗经·邶风·谷风》，“葑菲之采”是指请人有所采取的谦辞。此种“口禀”可能源于民间的日用类书活套。由《姚氏请佣记》来看，当时的劳动力市场，显然是供过于求的买方市场。关于此类的佣人，蔡大鼎还专门另作有一篇《佣王氏记》：

> 王氏原系福来客店之伙计，上年六月间，移徙本寓，请他帮手。其为人也，年纪近壮，质而少言，强而多让，未见不恭之心。兼之一年之久，不论夏冬，每日黎明起来，洒扫内外，及其四更时，必有起来，查看厨房埋火，此岂有他哉？煤炭开火不易，恐有泡茶、洗脸之妨也。一日一时，尚无有微疴，而能尽其职。至若日买东西，概行公平，而未有损人利己，是以同炊人等，无不叹美。乃除报劳钱若干外，屡有惠之，兹有感搦管，聊旌善行云[②]。

根据光绪时人毕钟沅所辑《北上备览》记载，“福来客店”位于前门外的西河沿内。另据蔡大鼎的记录，这名佣人叫王叙，为直隶保定府涞水县人。蔡氏对其人颇有好感，故而专门留下

① 芝兰主人：《都门新竹枝词·风俗》，雷梦水、潘超、孙忠铨、钟山编《中华竹枝词》第1册，第360页。

② 蔡大鼎：《北上杂记》卷1，《传世汉文琉球文献辑稿》第22册，第84页。

《佣王氏记》一文，此类对下层民众的描述，为社会史研究提供了一份颇为翔实而生动的资料。

在《北上杂记》中，蔡大鼎还详细记录了自己在京师的开销：

开支项目	价　钱	备　注
佣者工钱	20 吊（1.8 圆）	
白米 100 斤	44 吊（4 圆）	
煤炭 100 斤	6 吊 400 文	煤球价亦同
木炭 100 斤	18 吊	
茶叶 1 斤	3 吊 260 文	
麻油 1 斤	1 吊 120 文	
洋蜡 1 斤	1 吊 600 文	
应用水	12 吊	合甜、苦各水算之
调羹（干虾鱼）	每斤 2—8 吊	
《京报》	3 吊	
《申报》	5 吊	
剃头	1 吊	
打辫	半吊	
修指甲	400 文	
束脩	每月洋银六星 ①	
听戏	每人 2 吊文 ②	
鲤鱼	每斤 1 吊余钱	

① 蔡大鼎：《北上杂记》卷 2 记载，蔡大鼎之子锡书，“请求张心如先生，虚心领教，或学官话，或习法帖，拣于正月十九日入学，其所进束脩，每月洋银六星也。他是直隶人，户部处行走者也。唯所冀者，著立其效而已。”（《传世汉文琉球文献辑稿》第 22 册，第 140 页）

② 蔡大鼎：《北上杂记》卷 2，《传世汉文琉球文献辑稿》第 22 册，第 105 页。

上述的不少记录，反映了其人每月的开支状况。根据蔡大鼎的记录，他与其他七个人一同搭伙，每天吃一次稀饭，两次干饭，共一日三餐，每月租房银七两，“其内一人系城外佣者，其工钱月凭票二十吊”。这里的城外佣者，也就是上述的佣人王叙，据此，其人的工钱是二十吊。根据蔡氏的说明：“吊即千也，其一十一吊余文，约当洋银一圆。”当时，北京“城内常用大钱，不用小钱。城外不然，概用小钱。其大者面上铭以‘当十’二字，然实在当为二十文。而以五十文当一千文，是为一吊。凡仕商回乡时，皆换得小钱，为之盘资”。当十大钱一个为二十文，这种算法曾让许多人感到奇怪[①]。对此，《北上备览》“风俗门”中有“用京钱”条，其诗曰：“皇都徒把好名辜，大话连篇他处无，五十京钱当一吊，凭谁敏慧也糊涂。”正是因为这一点，蔡大鼎才需要仔细说明大、小钱的用法。

（三）余论

明清时代，在以中国为中心的东亚朝贡体系中，各国使者络绎不绝地前来北京，他们留下了大批对沿途城镇及社会风情的相关记录。由于这些文献绝大多数均以北京为目的地，故而可以统称为“燕行文献”。不过，鉴于东亚各国与中国的密切程度不同，各国乃至不同使者之间的汉文水准亦参差不齐，故而迄今尚存的燕行文献之学术价值显得极不相同。在朝贡体系的差序格局中，朝鲜毫无悬念地排在最前列，其后则是琉球、越南等。总体

① 张宗平、吕永和译：《清末北京志资料》，第269页。

而言，朝鲜使者所留下的燕行文献最为翔实、生动。不过，少量的琉球燕行文献亦颇具价值。其中，晚清蔡大鼎的《北上杂记》，即是一个颇为显著的例子。

蔡大鼎认为："兹管见论之，天下之人，皆随其方位，而有清浊强弱之殊，而况国之大小也，……本国之人，不啻文武各艺不如于中国之人，一切艺术不可企及也。乞观者更正仆之妄论，几乎免贻笑于后辈焉。"上述这段话的字里行间，充溢着对中华文化的艳羡。揆情度理，蔡大鼎对中国的观察，固然有一些是参考了中方的相关记录，如《风俗记》等文，就屡次提及《都门杂记》。而《十八省省城风俗记（附盛京俗）》中，则提到"余阅《大清缙绅全书》，其风俗土产，概应备录为览，但省得其劳，仅抄风俗而已"[①]。不过，《北上杂记》中也有不少的确属于蔡大鼎本人的亲身经历及其相关见闻。

作为异乡羁客，蔡大鼎思归念切，他时常有故园之思。《北燕游草》中保留了他的《旅怀十首》，其中之一曰："既离桑梓几时还，檐燕营巢意自闲，夜雨灯昏惟对影，乡心随雁过三山。"[②]此处的"三山"，系福州之代称。而在《北上杂记》中，他也时常流露出类似的情感："远人寄寓旅邸，时闻霜中之笛，断续声随断续之风，何人不起故园之情?"在北京，蔡大鼎提及的故园之思，常常是"榕垣、球阳"相提并举，其中，"球阳"亦即琉球，而"榕垣"也就是福州。这是因福州自唐宋以来城内遍植

① 蔡大鼎：《北上杂记》卷1，《传世汉文琉球文献辑稿》第22册，第56页。
② 《传世汉文琉球文献辑稿》第22册，第279页。

榕树，故曰“榕城”，亦称“榕垣”。对于福州，他有很深的感情。在其所著的《闽山游草》中，有一首《过榕城》诗：“多少风光广见闻，有山有水有人文，东西旗鼓添诗思，翘首乌峰一抹云。”① 所谓东西旗鼓和翘首乌峰，都是状摹福州境内的几处名山。而前两句，则更是盛赞福州的山水风光以及人文景观，让人开阔眼界。另外，他还曾颇有感触地写道：“昨夜邻家有数人唱曲者，其曲中腔口，似乎本乡所唱者。向在福州，未尝听见其腔，当经倾耳听之，而会其趣，仿佛如身在故乡，因知本乡所习者，皆北燕之腔也。”这是说琉球人在征歌度曲方面完全是学习京师风尚，这一点又与福州稍有不同。

不过，从蔡大鼎对北京的记录来看，他的诸多描摹常常是以福州作为其参照背景。例如，《京中两县记》就记道：“直隶顺天府有皇城，其内有大兴、宛平两县，就替福建福州府有省城，其内有闽县、侯官县一样的，兹稽余省，大概亦如其制。”② 文中的“就替”，是受福州方言影响的表述，亦即“就像”的意思。另外，《贡举记》《钦定中额记》等文在论述清朝的科举考试时，就特别留意福建的“会试中式者”③。在北方，蔡大鼎对日常生活的观察，亦常以福州作为参照背景。例如，他在《潮之进退异记》中指出：“天津潮汐，虽未试其时刻，而与福州颇同，福州之异于本国也明矣。其迟速之差，约隔一时，详见于《琉球志略》。”特别是在北京，涉及衣食住行休闲娱乐方面的诸多问题，

① 蔡大鼎：《闽山游草》，《琉球王国汉文文献集成》第 28 册，第 66 页。

② 蔡大鼎：《北上杂记》卷 1，《传世汉文琉球文献辑稿》第 22 册，第 30—31 页。

③ 蔡大鼎：《北上杂记》卷 1，《传世汉文琉球文献辑稿》第 22 册，第 31、34 页。

他也常常会提到福州的情形。例如，在夏天，“本所人民统不挂帐子，谅必蚊子无几。福州甚多且大，其害亦重，倘或不挂之，则睡不得，遂染患疾病，故于夜时驱除净尽，方得安睡，唯其声之可恶，不可形容。至其蝇子，岂非其次哉”。饮食方面，蔡大鼎也经常想起福州的情形，如“前门有春椒，即所研末者也，风味甚好，强似本国番椒，予动有肚里不顺及大便不实者，每食和之，渐得顺适，可云良药。向在福州，未尝见之”。又如，“佛手菜味好，其形似佛手柑，其大亦如之，福州绝少。于是乎，其人京回时，购之为贽者多。天津有咸菜，其味最美，似福州十［什］锦菜，而有甜咸之殊焉”。在这些文字中，都反复提到福州。

蔡大鼎还指出：“自古本国，仿学中朝之制，每岁五月，龙舟竞渡，观者不少，极其闹热，吾离背而来，已历六年于兹，屡有观之竞渡之梦，在京亦然，当京不胜奇之，上年八月初八日夜，又复梦之”。另外，《北上杂记》又载：“直隶江南，正月间有放纸鸢者，（即风筝也）其近诗曰：不知弦索弄东风，只讶轻雷走碧空，试立御河桥上望，纸鸢无数夕阳中。福州九月放之，九日最多。北京俗，五月五日，不行龙舟故事。时闻南边行之，故福州龙舟竞渡，不可胜算。”文中所引诗，即《放风筝》，见《北上备览》“时尚门”。根据《琉球国旧记》“爬龙舟”条记载：“俗谚曰：昔有长滨大夫者，曾住那霸西村，今呼其地曰长滨，姓名未传，奉命入闽赴京，已，仿南京龙舟而回来，即五月造舟，竞渡那霸津，以祝太平也。由是每年五月三日乘龙舟者，必著白惟子，以泛于西海云尔。往昔有久米村、那霸、若人、垣花、泉崎、上泊、下泊等爬龙舟数只，今有那霸、久米村、泊村三只也。”[①] 这里也明确指出，龙舟竞渡之俗仿自中国。当然，“爬龙舟”一词，实际上是福州方言与官话的杂糅。

此外，蔡大鼎在谈及北京的日常生活时，也常常想到福州的情况。例如，“刻闻都门无有粪价，福州有之，所以如此不同者无他，其离农家，按程计里，约有二三十里之远，倘收纳其价，则农夫有劳无利，不但买之无人，却有不便人家”。这是有关粪便的善后处理，北京与福州大不相同。北京除粪车无论早晚，人们走在街市，总见有推粪车者络绎于道[②]。为民众掏粪者皆为山东人，因日久年深，这些人各有势力范围，此疆彼界，畛域分明，他人不得越界前来掏粪。又如，“剃头工钱（又曰薙发，又曰剃头）官民有差，余准给一吊文，打辫以其半，修指甲亦无不相类，报之以四百文，与福州有甚异哉”。当时，剃头包括理发、打辫和修指甲。在此处，对于南北两地的差异，蔡大鼎语之甚详。再如，“凡所用磁器，遇有损坏，不必投弃，乃叫匠修补得以再用，福州也用之如此，洵可谓恒念物力维艰者也”。“磁器”亦即瓷器，补瓷器是当时走街串巷的工匠们之绝活，在北京和福州都相当盛行，亦曾引起朝鲜燕行使者的关注。

在《北上杂记》中，蔡大鼎还记录了他对动植物的诸多观察。在他的描述中，福州的情况也常作为对比的例子：“燕都

① 郑秉哲等编：《琉球国旧记》，《传世汉文琉球文献辑稿》第20册，第302—303页。

② 逆旅过客编辑、梅花馆主校正：《都市丛谈》，1995年版，第189页。

土性最宜于杨柳，犹福州之榕树，其至大者，殆及三尺余寸之径，至置用之器具，不论巨细皆造，以其木板凌霄直干，亦如球阳之青松也”。在北京城内外池沟河岸上多有垂杨柳，下垂的枝条很长，颇为美观。上揭的文字是说北京的杨柳，就像是福州的榕树和琉球的青松一样地普遍。蔡大鼎还指出，“家家养鸽护新雏，羽翼斑斓贵贱殊”[①]，北京人饲养鸽子成风，“人家畜鸠（京人谓之为鸽子）不计其数，统将鸣器，巧结于其尾间，……福州亦多畜之”，这是说福州与北京一样，也有饲养鸽子、放鸽子的习俗。再如，“驴、骡二畜，往返之多，不计其灵敏，驴是似马长耳，身小力强，其大如马半身，骑之迅走，其声不欲闻。（其阳物俗名驴鞭，即生子之良药也）骡是驴父马母，其耳目似驴，余皆似马稍大，该二畜性好平地，绝嫌崎岖，故在福州见之无几”。驴、骡两种牲畜在华北相当不少，而在福州则所见无多。另外，“京人多凌寒气，至狗与猫亦无不然，而狗子或在雪中相戏为快。（该狗甚大，在福州未见之，疑是北狗种）”。在蔡大鼎看来，因气候的差异，家畜的种类亦大不相同。

前面曾提及，蔡大鼎对于北京总体印象颇佳。他指出：“余留京师已久，不啻风俗之美，而路上行人，未见癞者，则地灵人杰，亦不言可知。”此处对北京的赞美，其潜意识中亦以福州为参照。因为自明代以来，福州的地讳即为“癞”，这是当地颇为顽固的地方病之一。另外，蔡氏认为：“京屋三面皆筑以土墙，

① 〔清〕萍踪客毕钟沅辑：《北上备览》“时尚门·打鸽子”。

故失火稀少。”这可能也是参照福州有感而发，因为民间素有“纸裱福州城”的俗谚，曾在福州生活过相当一段时间的蔡大鼎，显然对火灾频仍印象深刻。

在清代，福州是琉球国人登陆中国的第一站，当地有琉球馆，一些不幸病死的琉球人即葬于福州[①]。对此，蔡大鼎另代作有《寄托守墓华人林廷辉启》，其中就提及：

> 现今弟有拜托林老先生者，先生与弟，海天悬隔，虽未面见，捧见先生所出坟契，其心可知。遥稔足下福履亨嘉，与时俱茂，思念高风，令人景仰，未知何日仰瞻芝宇，慰弟渴怀，望甚幸甚！伏乞林老先生，洞察所出坟契，小心看守先父嘉桐墓，不得使人占葬界内，致伤风水，则深戴再造之恩。兹逢鸿便，谨具球纸壹拾刀、折扇两把等件，寄托大通事跟伴高江次哥转献，聊表芹心，乞赐哂纳是幸！肃颖，恭候崇禧，不宣[②]。

蔡大鼎出自久米村唐荣，本身便是福州移民的后裔，他曾将其七世祖之《寒窗纪事》诗集携至福州付梓传世，与福州的关系极为密切。福州仓山区的白泉庵、鳌头凤岭、陈坑山、张坑山（今称长安山）等处，为清代琉球人在福州的丛葬区之一。在清

① 蔡大鼎：《闽山游草·闽县塔仔村所有祖墓路程记》，《琉球王国汉文文献集成》第28册，第86—87页。

② 蔡大鼎：《续钦思堂集附圣览诗文稿》，《传世汉文琉球文献辑稿》第24册，第153页。

代，琉球人多向当地山主买地立约，安葬病逝的亲人[①]。正是因为这一点，不少琉球人往往将福州作为自己的第二故乡。也正是在这种背景下，蔡大鼎在描述燕京风土时，时时刻刻都会想到数千里之外的福州。

① 参见刘蕙荪:《福州南郊白洋庵琉球墓群遗址调查初记》(福建省图书馆藏稿本)、徐恭生:《福州仓山区琉球墓初探》(《福建师范大学学报》1985 年第 3 期)。

附录：日本唐通事文献三种[①]

1.《琼浦佳话》

说明：抄本，早稻田大学图书馆收藏。该书封二有"笑指满朝朱紫贵，工夫都在此中成"字样。全书存4卷，卷4末注："叙事止于讲价，作者未毕编而没矣，可惜也！"

卷之一

话说长崎地名，原来叫做琼浦，这地方风水景致，虽是可玩，只是西国里头，一个偏僻的所在，山水幽雅，树木葱笼，朝霞暮烟，四围弥漫，只好餐霞之士、骑鹤之仙可以居住的，不是车马来往的去处。虽然如此，原来道眼比俗眼有所不同，当初有

① 在整理过程中，根据民间文献的惯例，"乙"即一，"艮"即银，"刃"即两，此皆径改，不另出注。"担阁"即耽搁，"阻当"即阻挡，"风爆"即风暴，"狂"或为枉，"办"或为番，"勾"或为够，"担"或即趟，"三"或为手（如"猜三豁拳"），"到"或即倒，"一回"或即一会，"漫漫"或即慢慢，"狠"或即很，此皆出注。"那"或即哪，"阿"或即啊，皆保留原貌。后二种同。

一个人，姓叫做长崎，为人公道，颇通文墨，更兼会看风水，就是阴阳先生，也不如他的。此人喜欢遍走天下，像个游方僧家一样，头上戴着箬笠，身上穿了漫粗的布衣，肩背上背着包裹，独自一个各处游方，走一步，挨一步，慢慢地闲走，再没有赶路，略略走了几步，觉得倦了，就是歇脚。或者高兴贪走几里，天色晚了，错过了宿头，没处投宿，就在山中林子里，或者在大树根底下，把包裹做枕头，倒一倒。若是遇着月亮，连夜里也走，走得疲倦，就歇了。一味喜欢赏玩山水，做人脱洒，一举一动，都是随意，散散荡荡，没有一点拘缩。有一年，到琼浦地方来，便把琼浦看上了，说道：这地方虽然像个仙乡，其实自有利市的气像。东张西望，越看越像。一日在山水之间，来来往往，留恋不舍，就把这地方开辟起来，做个马头，地名改做长崎。后来果然繁华起来，中华、西洋的人，都来做经纪，一年来千去万，陆陆续续，生意不断，疋头、糖物、古董、珠玉、八宝等样满载而来。日本六十六国做交易的人，听见这个好消息，喜不自胜，大家把血本席卷，星夜赶来，买货营运。也有手头艰难，好几年在家走水，满脸悔【晦？】气，没处去讨个好生活的，忽然察听些风声，只当死里还魂一般，欢喜不迭说道：这几年不曾烧个利市，这时节不去撰钱，更持［待］何时？这叫做天赐其便的了。说罢，把田产、家伙、什物变卖了，做个本钱，饥餐渴饮，连夜飞跑而来，做买卖，生意大兴，大家好几年所折的血本，尽皆讨得回来。地方居民，一年多一年，寺场香火，一日兴一日，件件都好，般般俱美，把荒僻的地方，竟做个花锦世界。自古道：金在柜里，色在面上，究竟掩饰不得，倘然遇着凡夫肉眼，到如今还是荒废了，只有狐狸、豺狼之类来往，那里能够这样繁华？几乎里把这等好了个人身的去处，当面错过去了，正是：

千丈韬光耸九州，从来山水压丹丘。
且看西海边隅地，独作扶桑大马头。

却说将军老爷，原来并吞天下，明见万里，所以肚量宽大，眼界放宽，照长崎这样小所在，看得不在眼里，但是唐人、红毛人每年来往，生意大兴，地方繁华，便翻过脸来，心下暗想，说道：长崎虽是小地方，却也天下咽喉之地，若要知道天下反乱不反乱，看长崎便知端的。这是为何呢？如今外国之人，聚将拢来，担阁［耽搁］了几个月，搨货买卖，其中或者天主教的人，措个做经纪的名色，改头换面，溷杂而来，神不知鬼不觉，哄诱人家，归依邪教，败论【伦？】伤化，也未可知。又是不义之人，归依唐山，私下通同了，暗算日本也未可知。若是起兵，生起风波来，岂不是难为百姓，劳碌一番？事到头来，说也迟了，要是预先截住了咽喉，做准备才好。心下胡思乱想，越思想越可疑，当夜翻来覆去，一夜睡不着。等到弟［第］二日，天略觉放亮，就起来，连忙出朝，发一道旨意，叫大小阁老们来便殿对事。他那阁老们，只说道是有什么火急的事情，骑了流星马，一口气跑将过去。那时节，将军老爷把前后的事体，委委曲曲说了一遍，商议了一回，说道：常言说，早知有此事，悔不慎当初。事不宜迟，即忙选出智勇全才的四个武官，拜做长崎王家。四个王家，轮一递一年交代。当下两个王家，打张赴仕。将军老爷又叫九州的王家，吩咐说道：汝等赤胆忠心，合同心力，时常看守长崎，万有他虞，须要救急。其中唯独叫肥、筑两国的王家，掌管长崎，在长崎港口东西两边，新造一个大关，调拨几个兵马，埋伏在里头，昼夜看守。弓箭刀枪，鸟樟粮草等件，没有一件不齐备。其中弓马熟闲［娴］、兵法精通的武夫，也瓦缝参差，不计其数，许多人众，打常在空地里跳出来，或者走马射弓，或者打拳便脚，演习武艺，点拨端正，以待不是时之兵，其实非同小可了。还有一说，将军老爷十分精细，把天主教的小影，铸在铜板上，叫九州的人一年一次躐铜板，这个是要试深［探］民家，归依邪教不归依邪教，打深［探］情弊的意思了。又叫几个细作人，暗暗地各处埋伏，也有妆做生意人，也有妆做行脚僧，或者妆点了计课先生的打扮，替人算命，借了算命的题目，暗暗地查问来踪去迹，讲讲谈谈，说话里头，捉人家的毛病，东家也去，西家也去，一味探听民家的举动。倘有归依邪教的，就是禀了王家，捉住了处斩。长崎东南之间有一座高山，叫做烽火山，那山顶上，造一个小兵营，叫几个人守番，倘然有什么不测的事情，便在山上举个烽火报急，将烽火做暗号。原来各国土，各有一个烽火山，长崎的烽火一举，各处烽火就会意，火焰焰赤蓬蓬，放起火来，一国传两国，两国传三，不过闪眼之间，就报到江户去，只当把五六千里的路程，缩将起来，缩在十里路中一般，岂不是痛快？把一个这样细小地方，守得铁桶一样，水泄不通。当下调拨已定，诸事停当，斩钉截铁牢靠不过，那时节，将军老爷一块石头方才落地，方［放］下了心。也有的人说：将军老爷肚里陕［狭］窄，没有胆量，捏卵过桥一般，太仔细了。但是据我的愚见看起来，不是没胆量怕外国，这是将军老爷的长算了。原来武艺是日本人在行，军器也是日本的好，若是替唐人厮斗，自然唐人是斗不过的了，这是十拿九稳，不必细说。常言说：好事不如无。人民安乐，天下太平，这个算得弟［第］一等的好上计了。纵或智勇高强，武艺精通，也是天下反乱，骚动地方的时节，惊吓了人民，消耗了钱粮，消折了兵马，终久不像意。百姓人家，也有背着老娘的，也有抱着小孩儿的，都是逃难，走到别处去，不得安乐，所以将军老爷的意思是，巴不能够要地方平静了，不是怕的，又不是长了外的志气，灭了日本的威风，这是抚养百姓的一片美情了，不然不消得这样做防备。这正是：

莫笑绸缪天未雨，事急难将驷马追。

却说两位王家到仕之后，昼夜留心，抚养人民，政简刑清，民安盗息，地方十分安乐。常言说：公人见钱，如苍蝇见血。目下世上的官府是十分贪婪，见了银子，连性命都不管，这个唐山、日本都是一样，但是这两位王家，单吃长崎中一口水，并没有贪图钱财，为官清正不过。当下东选西择，拣出许多人众，吩咐各人做职事，也有大职事，也有小职事，分拨大小，一年把他多少奉［俸］禄。记得些账簿，算得些三七二十一，略略能干的人，就被人引荐，都有前程养活，度日子。各人各有名目，先把两个忠厚人，吩咐做管生意人的职事，取名叫做宿老，掌管一切大小生意人，叫大家不许欺公犯法，若有一点疙瘩帐，便把这个罪，归于宿老，着落在宿老身上查问，只当保人一般，悉听你怎么样家当好的人，也不能勾［够］擅自去做生意，除非是宿老做保，就使不得，所以宿老的威风大得紧，生意人尊重宿老，像个王家一样的。造一所漫大的公堂，造几个土库，取名叫做长崎会馆，把将军老爷的官粮、官金都蓄在此中，更兼通长崎的钱粮金银等件，都在会馆出入。多少生意人，买了唐人、红毛的货头，都到会馆来算帐。会馆替唐人、红毛，把红铜包头、杂色东西、添退算还，算得至公无私，并没一毫赊帐。这会馆有许多职事人，也有做按察的，也有管钱粮的，也有管金银的，也有管生意的，财副看银，看金片，走差，夜不收，大大小小，姓张姓李，人众如云，说说也说不尽，每年把满长崎一年破耗的金银钱粮，更兼红毛、唐人生意的银额，该多该少，一出一入，帐簿上开得明白，一个宿老拿上江都，交纳阁老卫［衙］门收下。另外还有许多职事人，各街上各有一个街管【官】，三个五甲头，一个防财副，一个总管，这六个人昼夜小心，照管一条街。也有看疋头的职事，看丝的，看药材，看牛皮，看碗青，看奇楠，职事人多也多得狠了。又栋［拣］出武家出身，学得些拳法，使得些枪棒的人，便插两把刀，做了插刀手。唐人所卖的货头，日本人所买的东西，逐件都要教插刀手查搜，不许私下藏货。这插刀手也有几样各别，叫做远见番、唐人番、町使、散使，其中唯独远见番是有两分位势。为何呢？长崎港口之外，有一坐［座］高山，叫做远见岳，这山顶上，造一所公堂，远见番在里头昼夜守办，但凡唐船、红毛船进港，即忙发出飞跑船来，报知王家。更兼有什么广南蛮、吕宋异样的船到来，即便报急。因为他的钱粮，直在江户将军老爷土库里发出来，搬运长崎来，岂不是体面大？说来说去，做一个职事，不是容易。做通事最艰难，通事也有几等几样，品级不同，叫做问信通事、按察大通事、副通事、学通事、唐年行司、内通头，各有名目。通事的职分，非同小可，关头甚大，为何呢？看官有所不知，等我漫漫【慢慢】地分说。譬如写写字，打算盘，这是人家过活的本事，做职事也要晓得，不足为奇。做一个唐通事，讲唐话，写唐字，赋诗作文，这是弟［第］一本等的。还有世情，也要通的。论起学文［问］肚里差不多通得来，也做不得。人家一看了通事，就问起唐山读书的道理。若是遇着大才子，问山问水，牵枝带叶，好不啰唆，因为肚里有了些少墨汁，就答应不来。要是博览饱学，三教九流，都是精通。唐人一年做了几千万两的贸易，只靠着通事，倘或遇着木字牌一样不明白的通事，错过了好机会，或者误了大事，因【应】该撰钱的生意，也撒手撒得不好，大大折本了，所以算帐盘利是不消说，连那生意上的酸甜苦辣，都要尝得透。若要详知唐山山怎么样，水怎样，唐人怎生是苦楚，如何是快活，问那通事便知端的。唐人若有什么口舌是非，相骂相打，或者有甚冤屈的苦情，那时节，教通事调停，做通事的，放一个才干出来，明白正气，分个青红皂白，判断明白，你也不要纣恨他，他也不要冤屈你，两家相和，解忿息事[①]，叫两边不要做冤家。因为单单晓得文字，舞弄毛锥子的白面书生，便不敢承当了。要是文武兼全，有胆量，有侠气，临事敢作敢为，玲珑贴透一般聪明的人，方才做得过。据我看来，学文［问］这一桩

① 天头注：事一作争。

事情，才艺中弟［第］一折骨头的难题目，不是容容易易学得成，挨寒受冻，耐饥忍饿，硬挣的人，方才成器。岂不闻常言说：若无一办［番］寒彻骨，怎得梅花扑鼻香？若没有死心踏［蹋］地，浮浮泛泛，没有功心的时节，如何是见功？你看古人怎么样用工夫，若实受了许多凄风苦雨的苦楚，埋头苦读，方才肚里精通，一目了然，无书不通。若是这等的人，做个通事，纵或有个拨［泼］天的大事，要他承当，自然调度得来。倘若看得几部书，不过凑得出八句头律诗、四句头绝句的人，便不中用。还有一说，单单肚里通，口里不会讲话，也不济事。讲话是通事家的本等，把性名看成，轻慢不得。虽然如此，讲一个唐话，不是探囊取物一般容易可讲的，不要把吹弹歌舞做一例相论。譬如学话，要是自从年纪七八岁上起，渐渐教成，天天操练，声音清亮，字音明白，平上去入的四声，开口呼，撮口呼，都要分得精［清］楚，不然打扫喉咙，咬牙切齿，怎么样自言自语，唐人只是妆聋作哑，半句也不通，岂不是琐碎？还要能言巧辨［辩］的天生口才，这为何呢？只是晓得天下的奇谈妙语，又晓得各省的乡谈土语，但是舌头粗笨，就被唐人抢白了，弄得亚［哑］口无言了，所以舌头利辨［辩］、能言快语的人，方才讲得唐人过。由此看起来，学文［问］也要学到脱底头的田地，讲唐话也要讲到泥顶的地步，更兼有血心、有侠气的大丈夫，方才做得大通事，可不是千难万难，不是个容易？长崎若没有通事，只当哑子吃苦瓜一般，凭你说得口酸，没人通得半句儿，把许多生意开交不来。因为我说通事的职分，关系非轻，譬如没人通话，分明是：

哑子谩尝黄檗味，难将苦口对人言。

话分两头，却说长崎王家，把若干职事人吩咐停当，分拨定了，唐人的生意，一年好一年，十分兴旺，人民安乐。当初宓子贱，做了单父的县令，地方平静，一年到晚，并没有一个打官司，也没有强盗打劫人家，五谷丰登，没有一年年成不好，着实富庶得紧。因为每日弹琴儿过日子，这个故事，唐山的秀才是不消说，连日本人读过书的，那一个不晓得？如今这样繁华，比单父地方，只怕不相上下了。那几年的生意，不比如今，什么事情都是自像自意，并没有拘缩，撰钱也多，一年烧个儿［几］遭大吉利市。譬如唐船一到，就准起货，没甚言三语四。那时节，还不曾造唐馆，安插街房，所报宿主，某街某人，票儿上写得明白，递与头目，头目拿去禀王家，王上吩咐长刀手来，查问宿主的下落，那街上的街管【官】同去见王，下落明白，王上恩惠，船把他宿主收，主人收定，随便择下王道吉日，雇了日本小船起货，叫人押货，防备偷盗，把货查明进库，收拾停当，封了库门，不曾失落了一件家伙，不曾偷了一件货物，又没有一点口角是非，十分安静。他那主人，当日收拾，奇品佳肴，做个接风，费了多少银子，置酒管待，大家好不欢喜。过了几天，就请各职事人、大小商人、船主、货各［各货］主人牵头，当面讲价，没有什么说长说短，一说便成。到了弟［第］二日，就是开库叫货，写一张票儿，该银多少，算帐明白，限定了多少日子，各人便买回唐货，打帐起身。主人扮酒送风，择了吉日，顺风相送，意气扬扬而回唐。你道省力不省力？比如今的生意，差得多了。譬如做一个宿主，虽有费心，倒也有几分便宜，为何呢？但凡把房子租把唐人居住，打扫房间，把唐人开铺，高床高椅，好茶好饭，管持［款待？］他，这个应该是如此。唐人每年带许多人事来，送把主人，也有送糖的，也有送疋头的，若是十二分体面的送玳瑁，或者送人参，算起价钱来，该事得紧。租房的租钱是在外算，还有大便宜，说起来若实爽快。大凡唐人买长买短，便收用钱，这个用钱，也多得紧，这也谩【慢】些讲。他那一门家口，唐人担阁【耽搁】在家里的时节，一年也使得，半年也使得，不费自家的口粮，一锅里煮饭，一卓子吃饭，不用私钱，不同私秤，一出一入，都是用唐人的银子，你道快活不快活？就是遍走天下，只怕再没有这样澡【燥】脾的事情。古人说的扬州鹤，就是这个意思了。你说怎么样叫做扬州鹤？自由自在的意思。扬州是天下弟［第］一个富贵的地土，因为古时节，有人说，腰里挂了十万贯铜钱，骑了鹤儿，要到扬州去，这个件件要如意了，所以我把这个故事，譬喻他说，你道说得着说不着？唐人一来客居冷静，二来生意顺溜，心下高兴起来，跑到兴头上，竟不惜费，便请三朋五友来，着棋对局，或者睹［赌］博擷钱，也有赌东西，也有赌高兴，每日吃酒，猜三【手】豁拳，行令唱曲。也有的人叫几个妓女来，娼帮在家，品竹调丝，吹弹歌舞，无所不至，恣意玩要。譬如今日在李家吃酒，明日便在张家豁拳，后日又在郑家唱歌儿，只管轮流去顽要，镇日来往不断。自古道：酒中不语真君子，财上分明大丈夫。大凡人家，有酒德的人是少，没酒德的人是多，这一班客人里头，船主、财副、货客等样人，还有些体面，不敢撒拨［泼］，他那一字不通的弟兄们，不识廉耻，不管好歹，吃了酒，吃得烂醉，撒酒风，相打相脑［恼］，十分喧嚷，也有赌钱赌输了，输得精光，被赢家讨钱，催逼不过，要躲债也没处躲债，要赖他也赖不得，没做道理，只得放着胆，相骂起来，倒把赢家，打个半死。或者造出极陈极腐的套话来，凑赢家的巧，左支右吾，胡赖过去，板害平人，弄得七差八缠，撒开不来。那时节，连主人也主张不来，连忙告诉当年通事。当年通事，就把赢家、输家都叫了来，当面对执［质］，当年替他判断。那几年是唐年行司有两分体面，大凡唐人有甚口角是非，就来帮衬当年，一同坐在公堂，听讼明决。他那弟兄，原来没有一些主意，竟不思前虑后，一口咬定，硬说鬼话，东遮西护，支吾过去，讲得鬼话连天，一味抵赖。唐年行司看见这般光景，便大怒说道：乌鸦飞过是黑的，鹭鸟飞过是白的，况且有了漫大的日头照在头上，你心下想得滑碌碌的一条路，天那里随你走？你既有这样苟且的勾当，那一个不知道？到这个田地，还要口强抵赖，赖到那里去？说罢：吩付［咐］走差，把输家绑缚起来，把板子拷打。那时弟兄叫天叫地，喊将起来，叫苦不迭，不勾［够］吃几杯茶时辰，受刑不过，像一块硬铁溶【熔】做热汁一般，不敢陷害平人，只得招出实情来说道：某月某日输了多少钱，几月几日输了几疋绉纱，张家的糖，少了半包，李家的钱，欠了几千，一五一十，都说出来。那时节，打的是打，安慰的是安慰，讨钱的是讨钱，算张［账］的是算张［账］，无偏无党，判断明白，方才撒开来。你看做一个通事，虽然费心，那体面威风，若着摸大，唐人看见通事，便磕几个头，打几个拱，口口声声，连说“老爹”、“老爹”，话不绝口，这正是：

号令出时霜雪凛，威风到处鬼神惊。

却说长崎人民大小职事人，大小商人，都是不少穿，不少吃，都是有的过活，个个快活，处处繁华，如此数十年。谁想好事多魔［磨］，泰中生否，生出一办［般］忧愁来。长崎有一个人，姓伊东，名字叫做小左卫门。论起他的家事来，比人不同，十分富贵，金银宝贝，堆满如山，家里不知有多少银两，没人得知，人家批评他说道：少也有二三百万两，连田产、家伙、房子，算将起来，数也不计其数，正所谓乌鸦飞不过的田地，盗贼扛不动的金银山。因为虽没有什么才调，名声大高，本地人是不消说，连别岛的人也晓得他的名，往常锦衣玉食，没有一件不如意，要长就长，要短就短，快快活活过日子。俗语说：有钱使得鬼走。这个是【自？】然之理了。你看这样一个大财主，还有什么不足，做那不正经的勾当么？看管［官］有所不知，古人说道：唐王去求仙，彭祖祝寿长，嫦娥嫌貌丑，石崇谦［嫌］无田。大凡人心不足，有了一千两银子，便想再加二千两，真个得一望十，得十望百，只管思量推积上去，所以惹出是非来。闲话休题，那财主有四个朋友，臭味相投，好不亲切。论家事，把四家合将拢来，还不如一个伊东的家私，虽然如此，靠着祖上遗下些田产，尽可温饱有余了。这五个人，不管什么闲事，不惹是非，每日集拢来，不是一盘象棋消闲，就是吹弹歌舞过日子。有一日，五个人着棋着得高兴，其中一个人说道：我等靠着祖上的遗产，放债盘利，好便是好，只是人生一世，草生一春，再把家私豪富起来，重振门风，弄出石崇一般的名声来，叫天下的人欣慕一番，岂不是扬祖显宗的了？只是靠着放债，每年所收的利息，多也有限了，如何慕富？除非是做一番大生意，烧个利市，方才满愿。只是当今之计，做甚经纪，方可掘藏？那时节，还有一个人，听了这些说话，便拍手，打掌说道：奇哉！奇哉！连叫几声。四个人不解其故，解说不出，忙问道：你何出此言？那个人答道：昨夜我见一个梦，梦里见一个老人家，被这个老人撺掇，买了许多军器、枪刀、盔甲等样，装满一只船，到朝鲜地方去做买卖。他那朝鲜人，原是喜欢日本军器，所以不勾［够］一日，卖个干净，草根不留，约有加倍的利钱，登时大富起来。正在那里得意之间，忽被傍边人的鼻雷响，打醒转来，猛然抬起头来一看，不见那个老人家，只有灯火半阴半亮在那里，到［倒］是南柯一梦了。我说梦里之事，有甚正经，不作准他，今日听老兄的话，暗合道妙，应当昨夜的梦，岂不是奇怪？莫若买备军器，到朝鲜走一待，不知列位意下如何？三个人听说，举手加额，欢喜不迭，说道：既有这样预兆，不消过虑，五个人鬪出本钱，买备兵器，打张起身罢。那时节，唯独伊东只做戏弄，不在其意，及至后来认真说，便战战兢兢，劝慰四个人说道：挣钱兴业，这是人家的慷慨，不得不计较，但是欺公犯法，也要晓得。原来天网恢恢，疏而不漏，人有百等，天只有一算，究竟不当稳便，若是一旦败露出来，到把花锦一般的家私，撇下西洋大海去，岂不是颀瓶偷酒一样，倒折本钱了？不要把扬祖显宗的题目来，弄得玷祖辱宗，遗臭万年。据我的愚见，莫若守个本分，行善果为高，你若修骘，就有阳报，天帝保祐【佑】你，子子孙孙，富贵不断。原来祖田是守富之本，致富之源，风雨打不掉的自然山，盗贼扛不动的咸阳宫，因为多种几个福田，便生出大富贵来，这是永远的好算计，不要执迷，须要依我的话，息了这个念头罢！四个人听了这一场说话，先有三分不喜，扫了一半的兴，约有半个时辰，不说什么话，沉吟不已。常言道：黄金黑世心，白酒红人面。这四个人，虽然聪明过人，只被贪心固蔽了聪明，缚住了手脚，左思右想，只是割舍不下，过了半晌，一齐开口说道：兄长的说话，句句有利［理］，如来佛祖说法也不过如此，我等顽石，敢不点头？虽然如此，也有一句俗语：有酒不饮是痴汉，有花不采是呆人。且到朝鲜去游玩一回，也不为过，我们主意已定，料想没甚难为兄长，不要古［固］执。伊东只是不采［睬］他，说道：四位既然立誓要去，听凭尊裁，我这伊东，不敢奉倍［陪］。说罢，将要起来告别。四个人看见起身，便大怒，一把揪住伊东，连忙作色说道：方才所说的是心腹的话，性命相关的一件大事，不但是人家面前漏泄不得，就是对了结发妻子，也则声不得，兄长是莫逆之交，一个心腹的好朋友，所以商量，兄长不肯应承，不做伙计还可，为何就要起身？莫非到什么所在去漏风声，不然到王府里去，要首告的意思么？这番要几千两的本钱，只靠着你一个人，譬如一个瓜，只看你是一个瓜种，谁想到做冤家，出首害人。事到头来，也说不得，你肯也要做伙计，不肯也要做伙计！若要回家，除非是替四个人并命，等你再投人身的时节，漫漫【慢慢】请回家罢。一个吊桶，既然落在井里，只怕挣不起哩。说罢，四个人将要拔刀，伊东看见势头不好，满脸堆下笑来说道：不是我去出首，不过是说一个长算了，不要乘一时的兴头，狂【枉】送了性命的意思。难道挣钱之法，只有这一样不成？我替四位亲切的好知己，所以劝慰好话，不想到惹出气来，动个无明业火，但凡有甚好生意，如何不肯同心协力？只是不义之财，贪图不得，四位还要三思而行。他那四个人，越说越恼，不肯罢休，必定要伙计，可怜他那伊东，被四个人围住了，脱身不得，一来自己也动些欲火，二来逼迫不过，拗不过四个人，只得翻过脸来，满口应承。四个人看见他应承，回嗔作喜，眉欢眼笑，欢喜不迭。当下各人搠破指头，捏出血来，倾在酒壶里，各饮一杯，结为生死之交，说道：这是必要秘密，不要漏泄一些风声。说罢，各自回家。可怜那伊东被四个人唆耸，一时间脱不得身，做个网中之鱼，无可奈何，只得应承，其实不是情愿。他那四个人，等不到弟［第］二日，当晚打点起身，各人倾笼倒箱，拿出银子来，凑足本钱，又来替伊东，讨三四万两银子，人不知鬼不觉，买备兵器、杂色等样，无所不备，央一只大船，私下先送二三千两银子，买嘱船家长，不要说声。船家长看见许多黄白东西，怎么不动火，听他料理，不露一毫声色。这五个人真正是神谋鬼算，为何呢？买了许多酱油桶、酒桶，把盔甲刀箭放在里面，又把长刀枪弓等样，乘着黑夜，悄悄地装在船舱中，只说出外做经纪，替人作别，择下吉日起身，莫说四邻八舍的人不知道，就是家里奴仆们，也做春梦了。

天上神仙容易遇，世间难得舍财人。

当日五个人，在船上先烧个神福，扯着满蓬［篷］，随风而走。他那伊东，有一夜在船上，见一个凶梦，原来他家，有一个镜子，祖上传下来的家传古薰，不意梦中，被人把这个镜子打得粉碎。及至醒将转来，抬头一看，那里晓得，半空中许多乌鸦做一堆儿，渐渐地飞下来，把船围在当中，乱叫乱啼，过了半晌，方才飞散了。伊东心下，晓得兆头不妙，满肚子怀着鬼胎，一路上放心不下，这是船上的话。他那家里，也有一件奇事，忽一日不知不觉，酱油、酒、酱等件，都酸掉了，一些也上口不得。这个叫做家欲败酒成醋，家欲破屋成路的了。他那家里的妻子、奴仆们，疑惑不定，这是后话。却说大凡人家，手头穷苦，为一个养活，便有些苟且，天帝尚然，不肯宽容，何况做一个大财主，做得这样昧心的事情，上天如何肯放他？自古道：路上说话，草里有人。不知不觉，人家会意，一人传虚，百人传实，弄得通长崎人尽皆晓得这事，暗暗替他捏着一把汗，说道：五个财主从不曾出外做甚生意，这遭忽然出外，原有如此情弊，怪道不曾阻当【挡】他，于今人家晓得底里，日久回来，未免弄出事来。正在那里批评之间，早已有人出首。王家听见，大怒说道：我只怕天主教留心查问，那里得知有这样的苟［勾］当？着实可恶，只是目下佯为不知道，等他们回来，自有处治。说罢，私下先赏出首的人，吩咐不许做声。却说那五个人一到朝鲜去，寻个行家，把货安顿明白，等那主顾来卖。他那朝鲜人，听见货到，饿眼一看，便说燕石，看做至宝一般，不勾［够］半日，买得干净，算帐明白，扯蓬开驾，不多几日，就到长崎。四个人意气杨杨［扬扬］，好不得意。唯独伊东闷闷不乐，及至回家，听见家里也有不吉之兆，越发放心不下。却说王家时常探听五个人下落，后来打听得五个人回家，就把捉人长刀手去，拿住他，随后叫大头目来，把家私、田产都要没了官。插刀手一到，便把五个人，不由分说，把索子捆将起来，解到王府里，夹棍夹的夹，铁练【链】锁的锁，木马骑的骑，只管考［拷］打，审问情弊。五个人吓得魂不附体，目睁口呆，手脚瘫软，约有半晌，话也说不出。可怜大家，从小娇养惯了，一时间被插刀手拷打，把怯怯娇娇的身子，受起狠巴巴的事来，如何受形［刑］得起？还不勾［够］吃一杯茶时辰，大家按纳不住，只得实招，从头至尾的事情，都招出来。原来兵器是日本大犯禁，看也不许外国人看，何况卖把外国人，这是越发罪大了，当下王家议论，把五个人议定了死罪，牵在死囚的牢狱里，过几日，漂死了示众。又把船家长、水手等人，一体问成死罪。更兼把五家的妻子们问流徙，也有充军一千里，也有问流五百里。可邻［怜］这一班妻子，向来丰家足食，心情纵惯了，如何当得苦楚？不上几日，都做无祠【祀】之鬼，岂不是可邻［怜］见？那四个人，不是没得过活，都是手头好，当日若是肯听伊东的话，回心转意，守个本分，岂有今日这样苦楚？偏生出迷，被贪心固蔽了，把花锦一般家私，弄得七零八落。可邻［怜］大富大贵的出名财主，都做枪头之鬼，似花如锦的风流人物，尽为断头之魂。可见做一个人，守本分要紧，正是：

人为财死，鸟为食亡。

按下伊东不题，却说长崎的几个破落户，看见有了这一条路数，将计就计，想出论头来，各是发船，到大洋里去，替唐人私下做买卖，把日本金银宝贝，消耗了许多。只因这一句有分教，长崎法度，一日严一日，洋中野人，一年多一年。要知端的，且听下回分解。

卷之二

饱暖足时思淫欲，饥寒甚处动盗心。
奸商并起九州里，震倒风尘西海深。

话说长崎人民，看见伊东起了头端，晓得私下这一条门路，你也去做，我也去做，也有几个人撰钱，暴富起来，也有几个人机事不蜜［密］，被人出首，露出马脚来，弄得满长崎我是你非，闹热不过。将军老爷听见如此作怪，即忙一道旨意下来，吩咐王家，新造一个唐馆，把唐人住在里头，不许出外，一切什么生意，都要官卖，各色都改变起来，另是一番的景象了。加补几个职事人，法度十分严紧。那时节，各街的宿主们，只当瞎儿没捧的一般，一时间没处去做生活，好不苦楚。他那唐人，好几年生意顺溜，散荡惯了，忽然这等碍手碍脚，拘缩起来，把一天欢喜，变成万般愁苦，眉头不展，十分不喜。虽然如此，自古道：狗穷思跳，人穷思巧。左思右想，想出计谋来。看景生情，看那时节的光景，私下也有买卖，讨些小便宜，虽不如在外的时节，散散荡荡燥脾得多。觅得这一条路数，也还可以扯得真。原来东洋的生意，不比得西洋，左手不挑右手，并没有一毫赊帐，一色都是现银，临起身的时节，都算得干净，寸根不留。听见说：西洋的生意，好便是好，一万两也使得，二万两也使得，做一番生意，便是讨那个帐，霎时间，不得了结，费了偌大的精神，方才讨账。若是十二分主顾不好的，费了一年工夫，还讨不精［清］也有的哩。这样担阁［耽搁］的日子多，因为使费浩大，不勾［够］本，都亏本了。因为东洋的生意，除了使费，足足赚个对合有余了，不到十分难为血本的田地，这都是没有赊帐，所以如此了。大抵出一个财主，生一个败子。这边宿主，弄得无所靠倚，那边便有暴富人家掘富了。看官你道什么人？他那卖小鱼、卖酒等样的人，借个小经纪的名色，每日进馆，私下做了无数的生意，大大烧个神福，买间房子，买亩田地，好不发财。有了这般私货，散处发卖，人家还可以度日。如此三十多年，谁想天运多乖，年岁荒凉，五谷也不丰登，各色东西，都是起价，腾贵起来，唐人生意一年凶一年，国家的法度，一年严紧一年，弄得种种艰难，人家没得过活，各人做出不尴不尬的勾当来。做私货的人，比前更多，狐朋狗党，不计其数。尝［常］言道：官不容针，私通车马。越严紧，越作怪。后来王家也奈何他不得，在那里日日头疼的哩。按下此处不题，却说将军老爷，听见长崎年成荒歉，时世不好，人民坐于涂炭，私货并起，心下十分不乐，便召阁老们便殿商议，说道：怎么样一个做法，可以百姓安乐？怎么样一个做法，可以剿灭了做私货的人？如今这一班人，十分凶暴，欺公犯法，神谋鬼算，无所不至，既有这样，还【犯？】了国法的奸人，横行长崎，难道只管疼热他，不去捉住，坐视不成？除非是斩草除根，出得满腔之气，方才痛怪。争奈抚养天下，仁心为本，不敢伤损许多人命。原来人命重情，如何轻举妄动？只是当今之计，怎生是好？那时节，阁老答道：据小臣愚见，九州各道，沿海出港的所在，各处造一个大关，一切什么生意船、钓鱼船，一出一入，都要查搜，不许擅自私下发一只船。叫地方官出一张牌，没牌者，不论什么人，不许出外。更兼唐船回唐的时节，长崎各街上，每夜掩上街门，叫街官各家去点人，大凡人家出外做客经商，陆路是马，水路是船，来来往往，都要查搜。其货盘诘来头，倘若出处不明不白，即将其货没官。若得如此，有货难买，有脚难走，可以截往［住］咽喉，千稳万当，人家自然在正经上过活，没处去弄鬼，岂不是财命相全？将军老爷听说这话，不胜之喜，连叫几声：好计！好计！喝采不已，说道：如此可以万全。即忙选出智勇全才的武官，拜做长崎王家，把前头之事，逐一吩咐了，千叮万嘱，好不精细。那王家领了旨意，即日起身赴任，不题。

安排地网天罗计，专待落坑堕堑人。

却说新王家到仕之后，把旧例更改了，做起新例来。国法森严，赏罚均平，水来土掩，兵来枪当，守得滴水不漏，纵或泼天本事，没处下手。这王家姓甚名谁？叫做大冈备前守，生得绝世聪明，闻一知十，自幼年间好学，该博三教九流，贯串诸子百家，无有不晓，真正是胸中书富五车，笔下句高千古。且说那新例、旧例，怎么样一个分别？看官待我谩谩［慢慢］地解说。譬如，先把船数限定了，一年限得四十个船，每船派定多少银额，这银额，看看港们［门］也有多寡不同，宁波、上海的船是每船银额二万两，暹罗、咬𠺕吧、广东这等州府船是也，也有三万两、四万两，派得不同了，其余火食布施，杂色等样，都是在外算。但凡发一只船，估算定额多少，照依其数，足足带个货来。倘若过于定额之数，其货没官。虽然如此，还有一种道理，隔江过海，在唐山怎么晓得日本的时价？原来行情是或长或短，早晚不同，那里足足摑得着？就是神仙也摑不准的了，何况人家，越发不消说。所以定额之外，只许过得三千两货额，再过额者，便是乌有先生了。这样定了派额，一船货物，都是卖个干净，一根草也不许带回去。回路上，纵有私货船，无物可卖，无货可买，不把他犯法的意思了。只因这两年，长门这一道沿海边，许多奸商船东走西荡，只管飘流，那地方的员役，盘问来头的时节，顶冒了良商的名色，假景运天，假意说道：自从长崎回唐，被风飘流，飘到这个地方来，再等两日，风略顺些，即欲扯蓬开驾。说罢，故意写一个单子求水，那地方的人那里晓得真假，只说是当真的，便许他抛碇，他那唐人是人家问起飘流的始末来，造出无影无踪的话，口里胡乱答得几句，今日也说东南风走不得，明日也说西南风走不得，连日都是对头风，满口讲虚假的话，讲得捣鬼入迹，不肯起身。担阁【耽搁】了几天，私下只管做私货。所以长崎发一个信牌，每船领回一张牌照，但凡有牌的船飘流来，那地方的人忠厚相待，圆融他两分。没牌的，便放起鸟樟来赶出港外去，或者打断了碇索，不由分说，栗暴强要赶将出去。若是不肯开驾，只管放肆骚动，那地方的船，就放几个流星炮，连船烧个一空，不管死活。他那领牌的船，倘若遇着风爆【暴】飘流，仍旧驾回本港，报明了事故，方才回唐。原来领牌的人，约有几十个人，分派两年，轮一递一年轮流而来。倘若戴什么父母的孝服，或者生起病来，走动不得，本身不来，那时节，央个亲眷朋友来替代了。也有几年走洋，挣得些家资，买亩田产，养老在家，把信牌送把别人家，王家是认牌不认人，但有照牌，不拘什么人，就准起货。虽然如此，也要查问来头，果然那个人心肯意肯，情愿送把别人的，便没甚说话。若是抢夺了人家的牌，计谋了人家的产业，昧心欺公的人，便不准起货，其牌没官，依旧送回了本人。新例以来，不许客人当面丢票，做批价生意。譬如叫职事人，批定了价，会馆包买，买个干净，后来在会馆，叫商人来丢票，讲价明白，方才开库发货。还有一说，但凡起货之后，开了库点货，这叫做清货，把一船的货，逐件点得明白，细货是几十几件，疋头是几千几百疋，粗货是几十几样，包数多少，斤数若干，算得清楚，秤得精细，一疋也加不得，一包也少不得，连伙食零醉［碎］粗用东西，也检点个停当，票儿上逐一写得明白了，后来发货的时节，仍旧称起来，称把商人收，那时不过有几介增减，其实分毫也动不得。那起身的算张【账】是，每船红铜多少，铜价若干，每一百斤铜，几十几两，包头杂色，是看金水银，多寡不同，多则多买，少则少买，分派停当。唐人买一根草，都是唐馆里，街管［官］的财副，开在帐簿上，一厘一毫，也苟且不得，做私弊是越发不消说。但凡起货清货，开船之时，行李伙食，日用东西，是何消说。一个些少的东西，那一样不验，那一件不搜。更兼在馆中，唐人一出一入，走上走下，都要摸摩查验，一件皮箱，必要验到箱底，一个人家，必竟摸到屁股，方才罢手。这样严密，可见一根人参，也藏不得，半块金片，也夹带不得。譬如定了新例，凡事稳当了，他那做私货的人，只当唐山绿林中的强盗，被朝廷打破，投安的一样了。唐山有一个响马强盗，打伙儿，扎住栅寨，多年劫掠百姓。那时节，一个智勇全才的大将军，调拨义兵来厮打，四下里先埋伏了兵马，围得裹紧了，更兼截住了搬运粮草的咽喉，后有高山，前有大河，无路可走，无门可逃，内外夹切【攻】，弄得后来人疲粮尽，陈［阵］脚立不住，不得不投顺，都来投降了，再不敢放肆，兵马安静，国家安宁，生意大兴，人民安乐。新例以来，做私路的人，不敢放肆，就是这个响马强盗一样的了，你道新例可不是永远之计？这正是：

号令出时霜雪凛，威风到处鬼神惊。

却说正德年间，日本新例起端，发张牌照，大凡唐船，有牌的便准起货，无牌的便赶逐他回唐。不想唐山走洋的人，为这个信牌，你争我夺，扇风扇雨，扇起风波来，弄得两年禁洋，费了偌大的精神，破了多少的钱钞，方才开洋。你道为什么缘故呢？看管［官］有所不知，原来长崎开地以来，替中华、西洋互相交易，不拘什么人，随便来往做买卖。自从发牌之后，有牌的人便做洋客，占得些地步，糊得嘴口，没牌的人，虽有两分本钱，只好阴沟里的癞虾蟆，想吃天鹅肉一般，不能勾［够］亲近，所以大家满肚子怀着鬼胎，嫉妒起来，动一张口辞，竟把领牌的人，告到布政司，打起冤屈官司来，造出极陈极腐的套话，凑官府的巧，说道：某人等把唐山丢在脑头，归依东洋，领了牌照，竟把东洋生意包揽了，只有几个做伙计的，讨个大便宜，不许别人拓货买卖，更兼私下通同了日本的官府，谋反了要打中华，将来只怕生起风波，骚动天下，我等治下之民，敢不告诉？须要预先准备才好。这一班人的嘴舌，好不利害，能言巧辨［辩］，说得咬文嚼字，甚是好听，恁你怎么菩萨一样，老老实实的人家，自然听信了。官府听了这一场说话，吃了大惊，惊得魂神把捉不定，不敢自作主意，竟参上一本，朝廷看见，龙头大怒，即忙把四十几十个人一体下狱，又把宁波、上海这几处的船禁洋，不许出港。大家没原没故，受了一个大冤屈，隔着千山万水，没人晓得真假，又不晓的委屈，没人替他分辨。后来这班人的妻子，把家中所蓄的金银宝贝，倾笼倒箱拿出来，田产家伙，和盘托出变卖了，做个人情，私下散送了，贿赂官府，求各卫［衙］门官府，说个方便。另外又写一张呈子，详详细细写个没有私弊的意思，进上朝廷，哭诉苦情，说道：小人们治化之民，向来蒙朝廷盖天盖地的大恩德，怎生替外国私通谋反？只因贼船在日本各处飘流，冒了良商的名色，犯了日本的法度，劫掠百姓，惊吓地方，十分放肆。要捉住这个贼人，但是大洋里来往的船多，茫天茫地，皂白难分，没处查张，所以发了牌，做个热［执］照，一则显得我们良商守本分，二则两下永远通商的意思，另外没有什么缘故，日月三光，可以当得证明，那里有虚心？所报是实，不敢扯谎了。常言道得好：白酒红人面，黄金黑世心。只因官府收了人情，不得不方便，大家众口一词，求天子圣上开恩。谈今论古，怎么长，怎么短，大家公论，一味分辨，苦苦求皇帝。那时节，圣上灭不过公论，只得释放，大家依旧走洋。把这个牌照，散与把大家收，轮一递一年周而复兴，轮流做经纪，岂不是均平公道？当下牢里的这几个人，听见喜报，只当苏醒转回来的一般，喜从天降，喜得满心奇痒，不知搔处，便对报喜的人，连叩几十个头，千恩万谢，急急忙忙，飞也似回家，妻子聚拢来，吃一日喜酒，好不得意，十亲九眷，三朋五友，那个不来贺喜？一百年的亲，五十年不见面的，也来贺喜，竟像个大登科，金榜挂名，报喜中举的一般，好不闹热！看官你道，此时若不打关节，如何能勾［够］落台么？这四十几个人，险些儿死于非命，做个枪头之鬼。人命是重情，岂不事［是］天大的喜事了？

贪生畏死一般情，谁道披毛命可轻。
不信但看衣上虱，解开罗带也逃生。

却说长崎人，从来不靠田产，千门万户，不论大小人家，单单靠着唐人生意，挣钱过活，因为这两年禁洋，没有船来，地方冰冷，百姓坐于涂炭，牙人，或者夫头，或者做经纪的小户人家，这等之人，都没得生活，无钱可撰，每日游手游食，过日子，虽然略有些家资，那里当得起，不上半年，吃得尽了，寸土俱无，就是亲眷朋友们，送长送短周济，像个炭中沃雪的一般，全然不济事。常言说：坐吃山崩，坐饮海干。不过一年之间，荡产败家，没处去讨个生活。大凡人不可穷，一穷穷起来，就转个风水，恁你仗义疏财的血性好男子汉，也生出许多忘【妄】想来，做得不尴不尬的勾当：也有的人失了体面，落草做强盗的；也有飞檐走壁，钻进人家，偷了家伙什物；或者放了火，烧了地方，骚动人家，赶着热闹中，挤在人丛里头，神出鬼没的，把人家的家伙打抢了去；也有人家，囊筐俱空，连妻子都养不活，你东我西，各自分散，落魄在他乡外郡，或者投靠人家做奴仆，又是落在风尘，权做粉头，做起烟花的行经［径］来，前门迎新，后门送旧。你道倚门卖俏，门户中的行经［径］，有甚体面么？除非是没投没奔，没奈何，方才去献笑卖俏，不然没人情愿去做，正是叫做“明知不是伴，事急且相随”。做强盗的是做强盗，做粉头的是做粉头，做奴仆的是做奴仆，弄得人人苦楚，般般艰难，把一个花锦一般的长崎，弄得七零八落，分明是：

屋漏偏遭连夜雨，船迟又遇打头风。

却说原来做一个人，凡事挨心奈苦，再不可讲断头话。常言道得好：过了荒年有熟年。虽然目下失意，少不得有个扬眉吐气得意的日子，难道一生一世，受苦了不成？是月三春天气，山桃野花，千娇百媚，都开得茂盛，唯独长崎人民，心花不开，闷闷不乐，每日指望唐山开洋，不知几时枯木生春，披云见天，恨不得变做蝴蝶，采花偷香，从【重】新燥脾一番。大家暗暗叫苦不迭。谁知事有偶然，物有凑巧，忽然听见口外远见番，发一只飞跑船来，报喜说道，适才忽见一只唐船，扯着满蓬［篷］，径望蚯蛳岛而来，还有四岐洋、半片山，这一带洋中，许多唐船结尾而走。长崎人听见这番喜报，喜不自胜，走的走，跳的跳，都到王道头来看，人众如云，挨挤不开。他那京都、大坂的商人，连忙各叫急步人星夜上京，报知各行家。这一番飞跑，各自争先，三脚并做两步，飞也似赶上去。当下各行家得知消息，喜出望外，也有货价，一时间贱将下来，或者数年顿在家里的落痞货，登时出脱干净。讨帐的是讨帐，算帐的是算帐，弄得霎时间，满京都年边一样，闹热不过。按下此处不题，却说长崎人民，都到王道头来，挨肩擦背，探头探脑，定睛观看。常言道：等人易久。等得大家眼巴巴正在那里探望之间，果然口外先有一只鸟船，放个大炮，顺风顺水，一溜烟进来。通长崎人饿眼一看，喜得搔不知痒处，眉欢眼笑，欢喜不迭。不多是［时］辰，许多鸟船、沙船，也有大的，也有小的，随后簇拥而进来，把炮乱放了几十门，势如闪电，响似雷，放得山摇地动，好不响亮。分明是：

一风撼折千竿竹，百万军中半夜潮。

却说那几只唐船泊在河下，下蓬抛锚，许多船做个一字儿排开，热热闹闹，大家烧钱化纸，烧个神福。王道头有两个职事人，早已报知王家，王府里打发一个小头目，一个插刀手来，一只小船泊在唐船左右，昼夜看守。那时学通事，到王府里迎接大头目，同大头目来，上船收牌。当年通事同按擦［察］先在唐船边伺候，头目一到，一起上船，先问船主姓甚名谁？那里开来？果有信牌么？那时节，船主袖里拿出一张牌照，两只手恭恭敬敬挑起来，递与头目，头目叫通事查点真假。通事接在手中，一展展开来，逐行逐句念了一遍，仍旧送上头目收下。两边略略叙些寒温，只当黄泉之下苏醒转来，从【重】新见面的一般，不胜欢喜，连说几个恭喜，方才下船。那时问信通事，带一个财副到船上，叫船主走下来，坐在小船上，问唐山的消息，说道：宝舟几月几日开驾？同开几只船？一船人众多少？也有新来呢？还是来过呢？洋中不曾遇着风暴？可平安么？曾在什么地方抛过锚么？想来各处太平了，倘若有甚新闻，倾心吐胆，老实报出来，不可隐藏。万一后船所报，替你所说的前三后四，说得矛盾，那时大有不便。唐人答道：晚生某月某日放洋，一船人数，通共几十个人，也有来过的，也有新来的，都是本分。同开是几个船了，宁波、上海这两港门，还有拾来只船，打帐发船，如今正在港口装货，只怕早晚之间，陆续进港。若是问起洋中的风爆【暴】来，晚生命运多乖，这一番非同小可，凡事不讲便罢了，一讲讲出来，若实怕杀人。那一日在宁波港口开洋，一路上风顺水顺，不勾［够］三日，便到东洋地方，将近竹篙屿，那里得知：天有不测风雨，人有旦夕祸福。忽然忙［茫］天忙［茫］地，黑云密布，波浪掀天，狂风大作，飞沙走石的卷将过来，只当起蛟龙一般，一陈［阵］大一陈［阵］，将船攧上攧下，更兼下了一陈［阵］倾盆大雨，天昏地黑，不知去向，摸不着头，只当随风漂流。大家哭的哭，叫的叫，也有晕船晕的，也有头疼呕吐的，或者烧香许愿心，求神拜佛，口中不绝的念佛，把一门舵十来个人，紧紧拿住，或扯或放，或是原舵，反覆多端，正在那里漂流，又有一陈［阵］狂风，从山上乱滚下来，吹得一堆波浪，滚将起来，把船一打，黑暗中不曾堤防，忙收不迭，早已被波浪打得粉碎，一门舵不知那里去，一些舵样也不见了，大家叫苦不迭，像个无脚蟹一般，行走不动，只得东荡西闯，随风飘流。到了弟［第］二日，雨收云散，天才晴了。那时大家抬起头来一看，不是唐山，又不是日本，到［倒］是一个朝鲜地方，岂不是奇话？虽然受了这般大苦难，一船人众，幸喜得不曾淹死，况且一些货也没有打掉了去，财命相全。一则天后娘娘保祐［佑］，二则天地冥薰加被，大家感激不过。当下在朝鲜地方，买一门新舵，清舱打水，修蓬［篷］补漏，诸事停当，方才开驾。这一番比前不同，波恬浪静，风色大好，一连几日顺风，真［直］到今日进港。老爹你道这般苦难，可怜不可怜？若说起唐山的消息来，如今各处都太平，朝庭［廷］康泰，百姓安宁，虽然如此，旧年年成不大丰熟，米价略觉贵，一两七八钱买一担米，绵花被风损怀［坏］了，所以绵价也贵，更兼蚕荒得紧，湖丝的价钱，腾贵起来。种种苦楚，一言难尽。今年生意，定要靠赖各位老爹大力周旋一办【番】，不然本价大贵，划不着。说罢，连打几个恭。问信通事答道：岂敢？好说！你既受了这般苦难，更兼唐山年成不好，这番生意，自然大家留心，不必牵肠挂肚，放下了心。且问一句：如今鞑子可平安么？唐人答道：旧岁有一个鞑子，叫做阿剌蒲坦，谋反起兵。那时圣上选出第十四个皇子，拜做大将军去征伐鞑子，这皇子十分能干，韬略中枪刀的武事，自不必说，更兼诸子百家，不论什么书，都是读得稀烂，真个文武兼全，所以独中其选。后来阿剌蒲坦晓得官兵到，卖个破绽，就逃走去。那皇子，到如今还扎住人马，在陕西地方看守，不然又来骚动地方了。旧年地八月秋闱，浙江地方有一个举人，到京会试，中了状元。南京地方，也有五个秀才，进了头场应考，俱中举人。广东地方，新任了一个总督，这总督，做人孝廉，为官清正，一味爱惜百姓，真个冰清玉洁的好官府，十三省中，算他第一好父母官，所以名声大高。朝廷得知这个人的作周，圣意大喜，便赏他黄金三十斤。宁波有一个海官，贪婪过人，凌虐百性［姓］，一味贪图钱财，刻薄不过，早已有人哭诉民家的苦情，朝廷听见，龙颜大怒，即忙革黜了官职，做个庶民。人民可见天理照［昭］然，人有百算，天只有一算，容不得一些苟且。问信通事答道：向来听见康熙皇帝仁心广大，圣德全备，今日听你的话，果然名不虚，就是一个正命天子了。既有这般举动，有赏有罚，人家怎么不甘服？可敬！可敬！只是东宫曾立过么？唐人答道：常言道得好：谁家父母不惜子，那家公婆不惜孙。如今圣上，虽有三十几位皇子，都是一班的骨肉了，恩情怎么分个亲（疏）厚簿［薄］？只是立东宫，不是个轻易议论得来，万人之上，一人之下，关头非小。几年前，千言万语方才议定了，把第三个皇子立做东宫，只行后来品行不好，做人傲慢，一味放肆，故此废了，所以到如今，二心三意，决断不来，不曾立东宫。除了所报的话，另外并没有什么新闻。方才说的话，句句都是实情，不敢扯个谎。那是［时］问信通事，叫财副把从前的话，委委曲曲写了，作别起（身），回到当年公馆，仍旧誊了誊清，写得端正了，拿到王府内，呈上王家者，正是：

只因言语能通晓，描出唐山千里图。

却说过了两日，当年通事到船上讨货册，问唐人说道：货册便了么？湖丝多少？细货疋头多少？药材多少？糖物多少？送事的物件，只许单疋，不准双连。这两年新例不比往年，严紧异常，疋头的数目，须要查得清，若有多寡，十分不便。印花的细纱，补蓬［篷］布，或者伙食零碎家伙，金银戒指，军器这样东西，杂七杂八，都要开在册子上，一件也遗落不得。那时唐人一头说是了、是了，一头把货单递与当年。当年照单查过一番，方才作别，照单把日本字翻出来，写得清楚，送上王家。次日，当年通事又到船上，限番说道：明日王家叫你起货，大家遵依王令，想来晓得就理，新例以来，法度严紧，私货一件也做不得，若有些货藏在那里，被插刀手搜了出来，不但是在藏的货物入官，还要累你船主受气，大没体面，万万不可犯法，须要吩咐弟兄，倘若有些不曾报帐的，明日头目上船的时节，预先报出来，把这个东西放在外边，便准你结封。倘或故意不说，搜了出来，那时节求也没干。说罢，便叫财副，写一帐【张？】保结，把众人打个花押。当年通事，把保结细［袖］着，到王府里去，回覆王家。你道做一个当年，不是容易，镇日东走西荡，劳劳碌碌，闲不得半个时辰，更兼一年里头，生出许多拨［泼］天的大事来，要他承当。因为小气鼠胆的人，再承当不起，弄得日日头疼，害起病来，只怕老早告干千岁的哩。闲话少说，到了弟［第］二日，果然起货，小头目、插刀手先上船来，后来各职事人随后上船，家老、大头目到落在搭落末，走上来，先将告示挂在大桅上，叫财副高声朗诵，念起来把众人听。那时吩咐大家不可喧嚷。原来水手们卑污下贱，那里晓得什么道理，正是叫做对牛弹琴，一些文字也不通，大家探头探脑，看东看西，并没有一个人留心听。通事看见，便责骂一顿，方才猛然省得，抬着头，倒着耳，假意认真听。约有一回【会】，告示才念完了，叫船主、财副、总管立在头目面前，大通事便立起身来，打扫喉咙，像个昆腔戏子唱谩【慢】调一般，高声吩咐道：你们多年走洋，料想晓得本朝的犯禁，南蛮丑类，败坏纲常，日本大所嫌忌，众人里头，或者南蛮和尚、南蛮人，或者天主教的书带来，须要速速报出来。倘或东遮西护，掩人家的耳目，隐满［瞒］过去，日后有人出首，本人何消说，连累通船人众，一体问成大罪。若有毒药材、假药材，脱皮换骨，混杂而带来，私下贩卖，其罪同邪教的人，问成一体。大家须要递相查点，若有一点私情弊，可疑的，即忙出首，不可掩饰，弄得后来，受人家的累。还有一说，只因这两年，定例不比得当初，国法森严，一许（？）私货也藏不得，倘若欺公犯法，巧妙多端，藏得些货物，及至验行李搜了出来，其货没官，没得精光了，岂不是顽瓶偷酒一样的道理，倒折本钱了？单把所藏的货物入官，便撒开了手，还算得好，更兼带累船主，永远禁革，连牌照都没官了去，也未见得。所以若有些不曾报帐的，如今明公正气报出来，求头目结封，这还使得。据我看来，你们大家，听我吩咐的时节，假意撇清，满口应承，造出极陈极腐的套话来，凑我的巧说道：大家水清月白，并不敢藏得半根草，着实干净得紧。说来甚是中听，倒［到］底是虚假，作不得准，口不应心，所以，今日反反覆覆，正著一番。说得众人面面相觑，不敢则声，唯独船主笑堆满脸，不慌不忙，答应道：晚生多蒙王上青目，领张牌照，每年走洋，贵国大禁的事情，都是明白，已写甘结在前，岂有违拗之理？况且在唐山下船的时节，仔细查过一番，那一桩藏货之弊，昨日当年老爹，也来吩咐过的，并没有一些私货。倘若扯了谎，期［欺］公犯法，听凭国法处治，清［情］愿甘罚。那时大通事，转把唐人所回的话，委委曲曲，回覆了一边［遍］。当下手拿名单，一名一名念出来，先要除帽脱鞋，叫大家躧铜板，问多少年纪，问吃什么斋，约莫过了半刻时辰，方躧完了铜板。家老、头目各自分品坐定，小头目、插刀手吩咐夫头，点名夫子上船，本街五甲头、坊财副、总管、茶夫等样人走上来，打点各色齐备。学通事同唐年行司，叫总管吩咐道：一般人众太多，挤来挤去，不便起货，先把十来个人下船看守，一则防备偷盗，二则好起货物，押货的便去押货，开锁的便去开锁，大家分拨已定，方才起货。先把火药军器，结好了封，然后大家分头，一半在前舱起细货，一半在后舱起粗货。大家手忙脚乱，搬东搬西，通船挨紧，人众如云。分明是：

满盘棋石布方圆，人马横行局里天。

却说唐人也不藏什么货，日本人也不偷什么东西，两下干净，那时职事人也不大辛苦，但凡起货，动不动有个疙瘩帐，唐人也藏货，日本人也偷东西，后来露出破绽来，大有所碎，要知端的，且听下回分解。

卷之三

黄堂官府尚贪钱，何况小人贫苦缠。
除却钱财烦恼少，无烦无脑［恼］即神仙。

话说长崎小户人家，原来没投没奔，不靠什么田产养活，只靠着唐人生意，撰得几分钱糊口，所以凡有唐船起货，大家妆做脚夫，各人争先，不肯落后，三脚两步走上船来，搬长搬短，便在嚷闹中，偷些零碎药材、糖物等样，打个包儿，回家变卖，挣得多少钱钞，各自过活，恨不得变做千手观音菩萨，多生出几个手脚，蛮七蛮八，随手乱偷，所以几个插刀手，立在舱口上，走上走下，便留心照管，准备打骂。他那脚夫，百伶百利，十分乖巧，差神使鬼的，好不作怪。常言道：贼是小人，智过君子。因为越严紧越作怪。原来弟兄们，皆比日本人有所不同，生性燥暴，但有一点些小事故，便发作起来，大惊小怪，说得天一般大起来，再不肯忍气吞声耐烦了，及至后来收煞不住的时节，方才懊悔，这是水手们的病痛，不足为奇，人人都晓得的。你看小可的事情，也尚然如此，何况大事？当下少了一件龙眼箱，偷了许多药材，撬破一块，偷得清空了，合船水手看这般光景，怎生不恼？两个太阳直暴出火星来，怒气冲天，众人七张八嘴，乱嚷乱骂，口口声声说他千强盗万强盗，骂不绝口，像个平空地下了一个霹雳，惊天动地，打雷的一般。船中人声鼎沸起来，好不闹热。那时节，插刀手一口气跑将过来，把夫子一把揪住，没头没脸，尽平生的气力，随手乱打，打得一丝没两气，登时就做个泉下之人，可怜！可怜！虽然如此，这一死不是正真死的，看官有所不知，原来插刀手武艺熟闲，打拳使脚，这等之事，点拨端正，其实非同小可了，所以一拳便是打死人，一手就是摸活人，全然不费一毫气力，着实省力得紧。当下果然把夫子摸活起来，一条索子缚住两手，把贼人跪在头目面前，审问私弊。也有口强抵赖的，也有被头目考问不过，只得招出实情来。捉贼见赃，把所偷的货物，逐件点得明白，依旧交把唐人收下。通事人家，说几句好言好语安慰唐人，方才撒开来。约有午牌时分，方才起完了。前后两处，分起头来，验行李，着实厌杀人家，为何呢？这两年行李太多，各人各有一个家伙，这不必说，或者零星药材，散碎什物，又把绉纱裁断做七八尺长，取名叫做花胶马，借行李的名色，放在笼箱之内，带进馆中，做伙食发卖，做个私蓄。只因王家许他领进馆，所以弟兄们多用几两本钱，买下杂色等件，带许多来，瓦缝参差，不计其数，好不厌烦。譬如起一船行李，只当前年起一只小船的货一般，担阁［耽搁］了工夫，方才起完了。当下头目，看见行李太多，一半便准他领进馆，一半留在货库里，等到清库，再发与他领出去。所以各人要多要少，求长求短，许多人走将拢来，言三语四，过了好一回【会】，验明白了行李，方才起粗货家伙。那时节，搜出许多藏货来。藏得巧妙不过，你看怎么样的手段？说来说去，着实惊杀人家，等我分说。把几斤丝线扎紧了，打在索路里头，外面一些也看不出。大家只认做索路，便是梦里也不曾听这般藏法，正是叫做神谋鬼算的了。他那插刀手，眼快不过，但凡搜货，水来土掩，兵来枪当，他这样藏，便这样搜，唐山有百般的藏法，日本也有百般的搜法。当下看见索路太多，就动起疑心来，把一条索子，略略斩将开来，试一试看，那里得知，露出一些线角来，大家晓得就哩，点头会意，从头至尾，斩做粉碎，果然一条索路，通是丝线了。插刀手连忙禀知头目，打张逐条斩断。将要动手的时节，几个水手乱嚷道：我等走洋的人，只靠着几条索路，这个索路，性命相关的东西，倘若逐条斩断，明日怎么起得身？有船没有索路，岂不是无脚蟹，如何走得一步？这是断然做不得，须要求头目宽容，只好开一面之网，求全责备，略见大意就罢了。头目那里管他三七二十一，便说道：这个说话，分明是掩耳偷铃一样的，究竟偷不过了，大家不可疼热他。说罢，不瞅不采［睬］，不由他分说，逐条斩得粉碎一看，果然三十多条索路，都是丝线，扎得死结，打在里边，信手扯出来，理清了看，约有六千来斤。唐人看见露出破绽来，无言可答，哑口无辨［辩］，心上乱跳起来，眼睁了合不拢来，舌吐出缩不进去，暗暗叫苦不迭。从来脚夫们油嘴搳舌的，极会凑趣，会说鬼话，因为看见搜出丝线来，大家忍笑不住，攧唇簸嘴，取笑说道：好个索路红白丝线，打成得花花绿绿，我不信，天下再有这样一个体面的洋客，便是牙樯锦缆，圣上的楼船，也压倒了。后来出好几句口号来，那口号道：

红索路，白索路，红白争妍，间红间白，不减龙舟锦缆。可以系牢铁锚，若抛于江潭，河伯惊倒，私下把舌吐。

这是后话。却说插刀手搜出系［丝］线来，只说大功，十分高兴，跑到兴头上，无货不搜，无物不斩，逐件逐物，打得七零八落。他那唐人，一不做二不休，还有许多藏货，酒罐里头藏水银，皮箱底下做了重底，藏有人参，灯笼之内藏了玳瑁，卓子里头藏了珊瑚珠，都是搜出来。头目看见如此放肆，忙叫通事，责骂唐人说道：你们领牌的良商，不比得奸商，因［应］该守本分，不该有这样欺罔之举，岂不是有话在前，今朝絮絮叨叨，吩咐了好几十边［遍］，偏生不肯报出来，藏得这许多东西，原来天理昭彰，天不肯替你护短，露出马脚来，如今货已起完了，所以屈法用情，还是惜你的廉耻，存你的体面，今日好端端叫你进馆，改日自有国法处治，或是减派，或者禁革，也不可知，但是其货没官了。这一句话骂得船主垂首丧气，脸上红了又白，白了又红，一味赔个不是，答道：晚生已蒙王令，确守新例，怎敢大胆撒拨［泼］，自来送死了？其实不是晚生晓得底里，只因多带几个新来的弟兄，不识好歹，冒渎了王令，着实得罪。怪道带这几个人来，连累众人，弄得不干净。常言道：一失足时千古恨，再回头是百年人。如今说也没干，骂也徒然，千不是，万不是，究竟晚生不是了，相烦老爹好好求头目，说个方便。大凡唐船有甚藏货入官，头目结封送到年行司的当年那里去收藏，改日变卖了，其价交纳官仓，当下把所藏的货物，逐一点得明白，交把本街街官，差不多到了日头过午的时节，方才起完了货，大家各自下船吃午饭。正是：

可惜采花蜂酿蜜，甜头到底被人收。

当下吃过午饭，一个小头目，一个唐人番，唐年行司，催促唐人请娘娘。十来个唐人，也有拿凉伞的，也有拿旗竿的，也有提着灯笼的，请了妈姐【祖】，一路上敲锣打鼓，鼓乐喧天，到寺里去烧香献花。原来船主福州人，便把妈姐【祖】请到福州寺；外江人呢，便请到南京寺；倘或漳州寺，各有分晓。几个弟兄，请到寺里，把妈姐【祖】安顿好了，摇摇摆摆而进馆。却说学通事，叫船主来，写名夫票，赏与大家。夫票也有定规的，上桅夫、下水夫、便道夫、告示夫、铜板夫、插货夫、茶夫、账箱夫，本船的夫票，货库里的夫票，都写明白了。原来这夫票，也有一个疙瘩账，本街的总官同夫头，尖了一百名夫，便说二百名夫，把一百名的夫钱私下分算，两个讨这个便宜，所以日本是怕不得要加一名，唐人是巴不能勾［够］少写一名，争多竞寡，好不啰唣。原来夫票是看港门有所不同，譬如宁波、上海的船，少则一百七八十名，多则二百来名，广东、广南这等州府船，二百来名或者三百来名，看那货装得多少，多则多写，少则少写。当下赏了一百五十名，夫头那里肯收？连忙作色，口出怨言说道：痴不痴，呆不呆，一无所靠，手里不能拿寸铁，肩背上不能挑寸草，一个没来头的人，也收一名半张，何况小人，央这许多脚夫，尽心竭力，劳碌了一天，另赏十名、二十名不以为过，这一百五十名，当得什么夫钱？还不勾［够］一夜的酒钱哩。说罢，便对学通事说道：劳动相公撺掇船主，再加五十名，方便小人则个。那时学通事，把甜言蜜语，再三再四，劝慰船主说道：今日船上不曾失落一件东西，多是他的留心照管，如今再赏几名，省得讨厌气。可怜船主，看见搜出藏货来，像个把几朵好花，被人家采去的一般，把积年的本钱，一旦付之流水，心下有什么兴头，多赏几名，就是落弟［第］的秀才也不过如此，凄凄凉凉，连说话也懒得开口，虽然如此，这是心腹的话，只是暗暗叫苦而已，难对人家说。后来被学通事催逼不过，没奈何，只得赏他。原来穷苦人家，也有讨夫票为生的，所以你也来讨夫票，我也去讨夫票，几个人，把一个船主围将拢来，围在当中，也有一名夫票，两个人你扯我拽，扯得粉碎，或者挤在人丛中，抢夺了别个人家的夫票，人不知鬼不觉，溜了出去。只是难为唐人写来写去，赏得不耐烦了。岂不闻佛经上说，当初释加［迦］佛祖，在西天说法，许多饿鬼走将拢来，你争我夺，讨个甘露水吃，也不过如此。头目看见十分炒【吵】闹，就责骂一顿，方才走开去。那里节，船主便对头目行一个大礼，拜了一拜，说道：今日天晴起完了货，靠赖头目的洪福，感谢不浅！说罢，连打几个拱，作别进馆。学通事同小头目，把前后各舱结好了封，坊财副把一船所起的货物、账簿上开得明白，各职事人打个花押，送上头目收下，结封的是结封，收拾的是收拾，诸事停当，各色都收拾明白，方才头目下船。这正是：

莫言劳碌耗人力，百万钱财从此来。

话分两头，且说唐山明朝时节，文武百官都是奸狡险恶，贪图钱财，贿赂的情弊，一年兴旺一年，孝廉的道理，一日衰微一日。但凡秀才，应考科场作弊，主考瞎眼，单单会看银子，看不出好文章，东涂西抹的，胡乱抹落了好文章，委曲了真正的才子，寒酸过日子，到把字不字、文不文，一个白面书生，抬举他锦衣玉食。因为满天下虚名才子，铜臭秀才，结尾而走，后来有一个清正的官府，动一本，告诉科场用情的意思，圣上准了奏，再叫礼部官从新覆试一番，这一番覆考非同小可，也有当场出丑的，一个三甲中弟［第］一甲的状元，露出本相来，仍旧落为童生，做了一场的春梦。也有一个伯牙，自从黄泉台上苏醒转来，从【重】新遇着一个知心知己的钟子期，倾心吐胆，出得满腔之气一般。一个五六等寒酸才子，中做状元，身跨白马，头戴乌纱，好不体面。自此以后，大凡秀才赴考，官府吩咐皂隶，把秀才的通身查搜，叫秀才篷头乱发，不许打个鞭【辫】子，又不许穿个鞋子，赤脚走，连衣服也折开来，衣袖上带个破绽而进场，你道为什么缘故呢？恐怕假秀才杂在人中，把文字夹藏在手脚，或者藏在鞭【辫】子里头，掩人家的耳目，私下替主考通同了，所以身子手脚，没有一个不搜。后来大家晓得弄假不成真，无计可施，只得埋头苦读，假得是假，真得是真，好歹都有分晓了，岂不是痛快？常言道：有麝必然香，何必当风立。说话的为何这一段话文呢？恰好日本也有一个科场，考较唐人的好歹。好的中做大洋客，领了牌，一年做得百万生意，歹的落做没账头，革黜了前程，禁了东洋。只因几个恍惘的洋客，借了官卖的名色，私下做不公不法的勾当，所以不许安插街房，把他唐馆里居住，一出一入，着意查搜家伙什物。原来这唐馆，造得铁桶铜墙一般，滴水也不漏，周围土墙，高有百尺，四方角落头，各有一个守办的房子，夜不收在里头，昼夜看守，纵或有个飞檐走壁的手段，也过墙不得。门口也有插刀手，寸步不离，日夜看守，但凡买一尾鱼，买一根菜，都要经他查验，方可进馆。街官房里，也有街官、五甲头、财副、部官等样人，轮流值日，通事房也如此。但凡唐人有甚事故，替他料理了。他那街官，一夜三次，通馆巡消【哨】一回，千叮万嘱，不许唐人炒闹、打架，火烛小心。当日起货的，行李什物，推在大门口，逐件验得明白，方才交把唐人收拾。他那船主、财副千辛万苦，才得进馆来，相见各职事人，姓张姓李，没有一个不拱手，没有一个不作揖，几乎里拱酸了手，曲折了腰，礼数甚周。拜见已毕，方才坐下，各叙寒温，说些唐山消息，问句日本行情。茶罢，大家起身，各人各库里去安顿行李住下。本街街官，买办粗用家伙、屏风、交椅、烟盘等样送来，借把唐人受用。各人扫了房间，打开床铺，是不必说。也有破些小钞，买根木料，雕梁画柱，架起露台来，壁子上或字或画贴起来，好不洁净。也有一个山不成山，水不成水，画得胡粪田土的。也有一个山明水秀、笔法大妙，有个宿生的根器，会画的，或者搦得些笔，涂鸦几个字，便在壁子间东涂西抹的，写了几个龌龊的大字。也有妙手高笔，会写字的，笔资清楚，写得龙蛇飞舞，惊人家的眼目。字有几样，真字、篆字、行字、八分书，各有一体，笔迹不同。或者读得几部书，肚里略通些文墨，凑得出四句头，便赋诗作文，各述客边的光景，题在壁子上，那个诗如痴如醉，意趣萧索，冰冰冷冷，看也看不出。也有博览饱学，见广识多的大儒者，命蹇运拙，寒酸过日子，没处扬眉吐气，便把衣饰变卖，凑了些本钱，附答【搭】人家营运，杂在洋客里头，走洋过活。这个明明是：明知不是伴，事急且相随的了，所以睹物伤情，往往有个客边的感慨，每日做几首诗，消消遣，这个大儒者做出来的诗，句句珠玉，词意宏伟，比平常的不同，着实把人惊倒了。但是可惜不曾发迹，一生做个沧浪之客。看官有所不知，凡有才调的人，偏生盘根错节来，试考他的利器。常言道：玉不磨，不知其坚；檀不焚，不知其香。所以受了许多苦难，方才发迹。倘若时运不通，缘法不凑，便是千里马，劳筋费力，遍走天下，再碰不着一个伯乐，正是踏破了铁鞋子，走到各处也没有遇着好光景。若是时运亨通，机缘凑巧，那时节不费气力，自然飞黄腾达，大大出头的了，此乃叫做无心栽柳柳成荫。所以做一个才子，不要昏昏闷闷，陶尽了气，死搭搭过日子，一个指望前程的念头，不死不休，方才弄得真正大才子了。还有医生，或者报君子，或者看风水的，无所不至，杂色等样人，都在的哩。所以学通事们，到馆中值日，像个在学堂里一般，学话学字，是不消说，要长也使得，要短也使得。一切什么疑难的事情，都可以好请教了。目今世上的后生人家，担了个读书的虚名，不去务本，穿领长衣，插把长刀，自己只说是上等的人，学了一身轻簿［薄］，唐山说话竟说不清，游游荡荡，不走花街，便走柳巷，不是赌钱，便是吃酒，只管花费了钱财，撒拨［泼］得紧，十二分不正经的人是，后来倾笼倒箱，弄破了家私，有下稍时没上稍，只管打妄想。常言道：五谷不熟，不如荑稗。贪图赊钱，失去见在。把这许多好先生瞎七瞎八，当面错过了，不去请教，岂不可惜？你若话也讲得明白，书也读得稀烂，那时节，不必自己计较，人人吹嘘，自然有个前程，丰衣足食，扬祖显宗，岂不是快活？也有一等本分人，虽然不去做那不正不经的勾当，痴不痴，憨不憨，哑不哑，聋不聋，一个无赖子，满脸冻粥，难得相与唐人，要他做一件事情，长也不成，短也不就，顺口波罗蜜，说得不痛不痒，终日没头没脑，呆蹬蹬坐在那里，竟不济事。所以目今长崎，要一个文武兼全的大通事，竟像个节眼里隔出来的一般，着实难得，不要把来看得容易，这正是：

天上神仙容易遇，华音难得口才人。

话休絮烦，再说唐人在馆中，虽有大鱼大肉好受用，原是一个客居，究竟不中意。常言道：在家千日好，出外半时难。又说道：他乡酒不如故乡水。不拘什么事情，比不得在家，所以客边见了知己，只当嫡亲骨肉一般，愈加亲切。三朋五友，聚拢来，讲讲谈谈，赋诗作文，递相唱和。或者收拾几盘肴馔，买备几样时新果子，排了酒席，吃酒儿顽耍。或者猜三【手】豁拳，或者行令唱曲。也有叫几个妓女来，娼帮吹弹歌舞，品竹调丝，你吹我唱，杯来盏去，吃到天亮，方才散的。你看日本这等法度严紧，还亏得不禁妓女进馆，要叫妓女来留宿，随便留宿几天。原来烟花里头的人，极会凑趣，说得人家心猿意马，割舍不下，没有一些败兴。所以不论唐山、日本，浮花子弟，轻簿［薄］少年，大家都贪图花哄，撒漫用钱，弄得后来荡败了家私。常言道：坐中若无油木梳，炮凤烹龙也成虚。悉听你有分把见地的人，也看了女色，点不得名，不知不觉认真起来，迷恋不舍，何况轻簿［薄］的人？唐山有一首好词，叫做《西江月》，那词道：

> 年少争夸风月，风月场中，波浪偏多，有钱无貌意难和，有貌无钱面不和，就是有钱有貌，还须着急风骚，知情识趣占花魁。

这一首词，是风月机关里头撮要的高论。常言道：妓爱俏，妈爱钞。所以子弟中，有个潘安一般的面貌，邓通一般的钱财，自然上和下睦，做得烟花寨内的大王家，鸳鸯会上的大头脑。虽然如此，还有两字经儿，叫做帮衬。帮就是鞋子有帮一般的意思，衬是像个衣裳有衬一般的道理。但凡做小娘的，有了一分所长，得一个人帮衬，就当得十分。若是什么短处，替他遮护，更兼低声下气，送暖偷寒，买他的欢喜，避他的忌讳，将心比心的时节，岂有不爱的道理，这叫做帮衬。风月上，只有会帮衬的最讨便宜，无貌而有貌，无钱有钱了。譬如当初郑元和，在界田院做了乞儿，那时包裹里头，并没有半文钱，容貌不比前头，泥涂无色，看也看不过的了。李亚仙雪天遇着他，便动了一个怜慜［悯］的念头，把绣襦包裹酒食等件供养他，替他做了夫妻，这个难道爱他的钱财、恋他的面貌不成？只因郑元和识趣知情，极会帮衬，所以亚仙心中舍他不得。你看！亚仙病中想吃马板肠汤，元和就把五花马杀了，取了肠，煎汤把他吃。这一件上，亚仙怎生不感激他的美情？后来郑元和中了状元，李亚仙封做一品夫人，好不得意！这是风月里头古今的美谈了。虽然如此，看官们须要晓得门户中的行经［径］，门户中的行经［径］，原来不是正经的勾当。常言道：生做万人妻，死是无夫鬼。终日接客，倚门卖俏，前门迎新，后门送旧，百般风骚，一举一动，都是败坏门风、玷祖辱宗的事情了，所以有了两分靠赖的，再不敢把儿女卖把娼家，不过是家私贫穷，要做经纪也没有本钱，无可奈何，只得逼迫儿女，做个妈妈的养女，不过是时世不好，或者时世反乱，逃难在别岛，举目无亲，没处投奔，所以做妓女。也有父母双亡，没投没奔，没处养活，落在风尘，权且做起烟花的行径来。其中也有大户人家，中户人家，体面人家的妻女，其实万不得已，非所乐为，不是祖上传下来的家业，所以大家巴不得妆出百般的俏来，故意爱风骚，勾搭子弟，从良做个夫妻。他那门户人家靠着粉头过活，穿着女儿，吃着女儿，分明是置了一所良田美产，收了许多花利受用，只是十分利害，没有一些从容所养的身价财礼，不过十年二三十两。若是十分奇货，生得标致，娇艳非常，方才算五十两。若要从良，便说二千两，或者三千两。若是像他的意是［思］，还不知说得多少，分毫也不肯让他。更兼一年不过一件绵袄，一件夏衣，做起来把妓女穿，其余的衣裳、脂粉等件，都要妓女自己买，你道这宗粉田从那里来？那子弟们，送他些人事表记的东西，妆做体面。只因这两年，唐人多送几包糖，所以各人要接唐山的客。正德年间，有一个货客嫖一名妓女，叫做青柳，那客只送一包糖做粉资。那时节，年近岁迫，各库里的妓女，都在馆中过年，唯独青柳不去过年，那货客寂寞无聊，况且有些没体面，写单去叫青柳，青柳回覆说道：有貌无糖意不和，有糖无貌也还可。说得这一句通馆的人听见，没有一个不冷笑、弄嘴擦舌的，说破他好个没情趣的妓女，后来做出好诗来，那诗道：

青柳分明李亚仙，冰糖权作马心肝。
馆中多少无糖送，也来相伴两三天。

闲话少说，只因后来唐人替妓女私通，私下做欺公犯法的事情，所以大门口，或出或入，把妓女的通身摸摩，解带脱衣，无所不搜，看起来，竟不成体面良家的体统，女流一些也没有的了。有一日将近日头落山的时节，几个妓女穿个花花碌碌［绿绿］，娇态[①]万状，带个小杉板进馆。常言道：佛是金装，人是

① 天头注：态，他代切，音贷。

衣装。有了两分颜色的，也是施朱抹粉，做出许多妖娆的模样，露出那些袅娜的行藏来，好不斯文！也有良家妻女，生得容貌非常，眉如春柳，眼湛秋波，只当天仙彩女一般。也有生得齷齪丑陋，自己也看不过的鬼脸，面上虽是涂粉抹脂，几个麻疙瘩，究竟不能涂抹了，头发虽加了髢，一个光芦，不能勾［够］掩饰得过，衣服上虽薰得好香，那一陈［阵］葱管气，究竟臭不过，越妆越丑，妆出许多风流娇态，叫人笑也笑滚了。常言道：丑人越作怪，腊利讨花戴。也有好的，也有丑的，各人轻盈袅娜，妆出女步，走一步，挨一步，每日进馆，所以那后生的学通事们，巴不得早来一步，换番看看耍子。唐人也吃过晚饭，将近黄昏的时节，都到二门外首来，挨肩擦背，聚将拢来，做一堆儿坐着，看的是看，说的是说，笑的是笑，好不闹热。及至鸟兽散了，方才萍分星散，各自进去。

春意满身扶不起，一双蝴蝶逐人来。

再说弟兄在馆中，各自开小店，出卖杂色东西，务本营生，也有守些本分的，也有撒泼放肆的，不嫖便是赌钱，每日到晚间，点个亮来，照耀如昼，或者十来个人，或者五六个人，各库里走拢来，攧钱耍子。怎么样叫做攧钱？或者八个，或者六个，攧出来，或字或背，一色的叫做浑成，也有七个，也有五个，攧出来，一背一字，间花儿的去，叫做背间。赌得你输我赢，争论起来，输急的是输急，欢喜的是欢喜，打的打，走的走，偷的偷，抢的抢，好不炒闹。或者输得精赤条条，无银低［抵］债，被赢家催逼不过，一个铁桶一般的唐馆，没处去躲债，只得去寻死路。一头哭，一头捡起一条汗巾，走到房下，掇个凳子垫脚，把汗巾搭在梁上，做个圈儿，把头套进去，两脚登空，就是呜呼哀哉。那时两个守办，慌慌张张走出来，通知街官同内通头，一口气跑将进去，寻个柄刀来把汗巾割断了，抱起来抱在床上，轻轻儿解开来喉间的死结，嘴对嘴打气，接连打了十数口气，一些也不转，手脚冰冷，牙关紧闭，救醒不得，早已长伸脚去了。大家没法，只得把衣服遮盖尸首。当晚无话，到弟［第］二日，本馆街管【官】禀知王上，王上即刻发两个头目来，查验尸首，验得明白，船主替他备办后事，衣衾棺材，都是准备收拾入殓过了。船主、财副、骨血亲眷、街官、五甲头，共写一张字儿，把他死的始末写在字上，各人打个花押，送上头目收下，回府，留下小头目送丧。原来长崎有一个乡村，叫做对山，有一场寺院，叫做悟慎【真】寺，唐人买了几间空地，做个埋骨的所在。当日在悟慎【真】寺掘开地土埋葬了，又备了羹饭祭奠他，焚花【化】纸钱，大家悲恸不已，一头拭[①]泪，一头回馆。可怜一个好汉，被钱逼死，做个他乡之鬼。这正是：

三寸气在千般用，一日无常万事休。

话休絮烦，却说挨过几天，王府里吩咐出来，叫唐人清货。你道这清货是怎么样一个做法？泾渭自分，皂白难掩，容不得一

① 天头注：拭音识。

点勾当，要知端的，且听下回分解。

卷之四

精粗长短不相乱，正自正兮邪自邪。
查点一经头目手，奸人无奈诡谋何。

话说挨过几天，王府里发一个家老，两个头目出来，在货库里清货。当下开了库封，把货逐件搬出来，堆如高山，一字儿排开来，细货是细货，粗货是粗货，两边分头去理清。看疋头、坊财副、唐人，大家都在家老面前，对面坐定，把货摊开来，数了疋数，认出好歹。譬如一番大花绸，几十几件，每件几百几十疋，二番双连加阔大纱，几千几百疋，或者素绫、闪缎、宋锦、界地绸、素绸、白罗、丝绵、系［丝］线，杂七杂八，都是数得明白，叫坊财副记在账簿上。或者人参、麝香、玳瑁等样，也放在家老面前，几十几斤，秤得明白，除包除得多少，都是记账。一头是看药材，同财副在头目面前，把粗货除包。譬如青糖包有多少，白糖包有若干，大包多少，小包多少，桶是桶，草包是草包，各有分晓，账簿上开得明白，五六个大秤，一头叫唐人秤货，一头叫脚夫仍旧收拾进库，连伙食糖藤麻等样，秤得清楚。约莫过了半日，方才清完了货。那时，学通事叫财副，把伙食账开出来，送上头目，头目主意，准多少把他领进馆，余下来的仍旧结封，放在库中，改日慢慢发与他用。插刀手把所准的东西，逐件验得明白，方才领进馆里去。原来这清货，自从新例才起个头，把一船之货，清得滴水不漏，多则多，少则少，长的长，短的短，精的精，粗的粗，好的好，歹的歹，疋头多少，粗货多少，好不精致。因为一经他清过，增不得半匹绸纱，减不得半斤人参，若要弄鬼，便是神仙鬼怪，也休想缠张。若清过之后，或增或减，便着当年通事问起来，好不啰啰。当下诸事明白，封了库门，头目方才起身，职事人各自散去歇息。这正是：

福善祸奸天有理，泾江难入渭江流。

却说这几只船，挨番清了十来日，方才明白了。挨到弟［第］二日，就在王府里官点。原来，这官点叫做王取，为何如今更改了名？看官有所不知。几年前，将军老爷或者各王家，货取得多。当今老爷，文武全才，仁心宽大，怜才借［惜］学，一味重用孝帘［廉］，身穿粗衣，口甘淡饭，把锦衣玉食，看得泥涂无色，一身俭朴。所喜的是，不过挺枪跃马，不是打猎，便是打渔，一味训练武艺。因为这几年，不十分取什么疋头，他那各王家，看见将军老爷如此清廉，不得不清正。正是叫做上行下效，譬如一阵君子之风，吹在小人之草上，怎么不动？不过是管官点的职事人，取多少货，收藏在官库里头，以待不时之需。其实王取，是只好名色而已，所以改做官点。闲话少说，当日先发两个头目，到货库里去，把细货、古董、什物，逐件搬将出来。几个脚夫，勾了肩，搭了背，两个人扛一件，搬到王府里来。一路上唐人同职事人，前遮后拥，防备偷盗，护到王府里。不多时辰，都是搬到了王府里，早有职事人打点停当，其货一到，便摊将开来，点的点，取的取，好不痛快！原来官点，这一日王府里十分体面，厅堂上，一个家老，两个头目，一个大高木，六个年行司，分位坐定，大小通事，学通事，看疋头，看古董，看椅楠，许多职事人，人众如蚁。王家不坐堂，只在里首，叫小伴当搬长搬短，逐个个查看。职事人一头点货，一头交布施。这送寺的布施，不知几时才起个头。原来，长崎虽有许多寺院，唯独皓台寺、大音寺、光永寺、大光寺、本莲寺，这几个寺场，香火累世相传，房廊屋舍，数十多间，钱粮广盛，衣食丰富，是个有名的古刹。其余的小寺，只靠着过往客人募化些衣食受用。若是十分淡泊，接不得香火的。那住寺自家出来叫街托钵，也有私下破了戒，做出不正经的勾当来，带累得佛面无光，山门失色，这都是败门辱户的贼秃驴。大凡末世的人情恶簿［薄］，都被物欲固蔽了，因为难得教化，整千论万，再没一个真心修行的道情生癸成佛作祖的，不过有几个人，没有许多，都是半僧半俗，会吃几个馒头而已。当今世上的人，出家做和尚，只为荡产败家，没处去投生，没做道理，落发为僧。或者奸淫了黄花的处女，拐带了人家的妻室，一旦败露，弄出事来，没投没奔，只得到寺里来剃度，其实无可奈何，不是至至诚诚归依佛门，只把这个佛门来当做过活的去处了。所以那和尚们，虽然挂名出家，那贪图银子的念头，更觉狠毒，恁你遍走天下，再遇不着一个活罗汉，都是地狱世界的冤家，烟花场中的饿鬼而已。当初长崎有一首歌儿做得好笑，那歌道：

时兮时兮，落花子结，朵朵星耀，颗颗珠垂，圆如僧头，心如利刀，若能生眼添口鼻，金橘香柑，尽僧家。

传出这一首歌儿来，通崎人听见，没有一个不喝采，都道说得好。如今长崎俗家人，到也有几个悟会了大乘之法，看破世态，贪名图财的念头，都消化了，化做一个槁木冷灰，都做青莲居士，手里挂了念珠，口里念了佛经，献花焚香，一心念念佛，正是叫做家家阿弥陀，处处观世音，比僧家胜过得数倍哩。他那僧家比在家人，到也作怪，说得花言巧语，假活【话】儿骗人家。譬如一场寺院，一个住持，自不必说，以下僧众，约有几十个人，一个一个，都分派得有职掌。大凡到寺里游玩的，便有个僧人出来相迎，请到净室中吃茶，后来陪伴去满寺里随喜，一边摆设了茶饭，果品相待，十分尽礼。虽是来的人都是留他管待，其中也有分个厚簿［薄］。若是遇着官府富贵人家，另有一般延款，这也不必细说。大凡僧家的东西，赛过皇后娘娘的延［筵］宴，不是轻易吃得的，这是为何呢？那几瓶清茶，几碟果品，便是钓鱼的香饵，不管贫富，就捡过一个疏簿来，募化钱粮，不是托言塑佛妆金，定是说修造殿宇。再没话讲的时节，便把佛前香灯油为名，定要求人化缘。若遇着肯舍的人，便说道是可扰之家，在他面前千般谄媚，不时去说骗话。又遇着不肯舍的人，就说道鄙吝之徒，一文不舍的看败奴，在背后百般讥诮，走过去还要唾几口涎味的哩。所以僧家得十望百，得百望千，再没有餍足。原来缘簿是人家最不喜欢的，看了缘簿，恁你怎么样硬挣的好汉，也走了。所以长崎有一个笑话说得巧，缘簿是什么菩萨做起的，叫人怕杀，怕到恁样的田地，不但人家怕死死，连那个阎罗王，也看了这件东西，摇头摆尾逃走去了。由此看起来，怪不得人家不肯舍。这长崎有三个唐寺，叫做兴福寺、崇福寺、福济寺，这三寺并不曾开口靠人募化钱来，只靠着唐人送布施，温饱有余，纵或建造殿宇楼阁，不曾求人化缘。那时节，唐人另有布施，叫做修理布施，银额比平常的布施多得十倍，所以香火广盛，山门生光，比别寺大不相同。自从开基以来，世世代代请唐僧做住持，恁你日本有了怎么样大彻大悟的知尚，这一派法脉，粘连不得，这是隐元国师立下的清规了。这三寺各有一个法派，叫雪峰派、紫云派、狮子林。雪峰派的人，至紫云派要付法，也做不得；紫云派的人，至雪峰派要付法，也使不得。你是你，我是我，各有分晓。这三寺各有几个小末庵，叫做灵鹫庵、广福庵、资福庵，还有许多不敢尽说。这末庵也有小布施，供养多少接续香火。当下各寺的和尚们，都来收布施。一个副当年，一个按察，四个学通事，对面坐定，把布施分派明白，送上王家看，王家看明白了，方才交把各寺。粗货是直在货库交与他收。大凡大寺送七件货，小末庵是送五件。寺里收过了，叫商人丢票发卖，到了唐人起身的时节回礼他。你道回礼是送什么东西呢？海苔菜、石花菜、红菜、酱油，不过这几件物事。那回礼是不过回三分之一，这是后话。当下不多时辰，各寺的布施，都交明白了，印花绸纱、补蓬［篷］布、伙食也都准了，船主叩头谢一声，把所余的货，仍旧扎得端正，搬到货库安顿停当，领了几件伙食，回馆不题。当日王家叫当年同按察来，家老出来传话，手拿一张字儿，交把二人吩咐说道：一向唐人安静守法，没有放肆的作为，又没有私货的情弊，一举一动，确守国法，并没有一些口角是非，如是可见大家职事人留心抚慰，王上欢喜了，常言道：庭前生瑞草，好事不如无。今日官点也明白了，即当叫唐人做生意，每船银额几万几千两，开在字上，须要照依字儿上所派派一派，派定了，叫唐人须要记得派数，不可胡乱。那时两个人磕下头来，唯诺而已。两个人一齐起身，袖着字儿，一径进馆来，把从前的王令，嘱咐唐人过了，大家互相称贺。唐人感领王命，只当秀才报喜中举一般，好不得意。有诗为证：

灯下十年苦，文章费琢磨。
今日方应试，初开枯树花。

却说过了几日，唐人用尽了米粮，求王家起米，也有起草泥的，也有起石头的。后来各船上了岛，一日复一日，插办也插完了，王家吩咐批价，看药材，看疋头，大家批定了价，看货好歹，价钱也有高低不同，当下账簿上逐一批得明白，送上年行司的当年收下。挨到弟［第］二日，两位头目、同年行司、大小各职事人，一齐进馆讲价。原来这讲价，不是轻易讲得成，着实出力得紧。三百篇诗里头，弟［第］一个难题目，所以左说右说，许多鬼话，千方百计，劳碌了许多人家，方才明白。如今说一个譬喻的话，把你听着。譬如一个守寡的孀妇，节气高强，看得妇道家一马不跨二鞍，立誓再不肯吃两家茶，不肯睡两家床，若是见说人家撺掇改嫁，便说道：若要奴家改嫁，除非是死在阴世里，请个阎罗天子、催面判官来作伐，他肯做主的时节，自然肯改，托你撮合了美事，不然，在阳间，便是九牛也休想牵得我转。《诗经》上说：我心非石，不可转也。我的心比不得石头一般会转的，下次不要来缠扰我。那人被孀妇劈面一啐，只得下去。你看这样有节有义烈性妇人，更兼说话说得这样斩钉截铁，执意不从，如何做成了好事？看官有所不知，大凡烈女不肯改嫁的时节，叫爹娘劝慰，一定是慰他不转，凭你三言两语，絮絮聒聒，说得几十几天，也守志不从，难得配合，万一勉强逼迫，逼得他紧，倒做出没下稍的勾当来，弄得后来，懊悔不及。这样说起来，那个劝化方才应承呢？常言道：酒逢知己千盏少，话不投机半句多。须央一个知情识趣的知己去讲，方才撮合了。唐山有一个媒婆，专一撮合人家的亲事，靠着谢义［仪］过活。这媒婆天生是一个口才，能言快语，说着长，道着短，全没一些破败，他这一副海口，好不利害，说到天亮，也还不干的哩。所以若是遇着媒婆的时节，花言巧语，说得罗汉思情，嫦娥想嫁，何况凡夫肉眼的妇人，越发动火。譬如讲价通事，替那媒婆比较起来，品级虽然各别，那体面威风，天差地远，不敢做一例相看。虽然如此，若要讲价，那一副利嘴，不得不学媒婆，为何呢？当初杭州西湖上，有一个烟花鸨儿，叫做王九妈，讨一个养女，叫做瑶琴。原来大宋汴梁城人民，一个良家的千金女子，生得花容月貌，标致得紧，更且资性总［聪］明，琴棋书画，无所不通。若是提起女工一事，飞针走线，出人意表，妙也妙得狠。不意命蹇运拙，造化不好，遇着金虏猖獗，打破一空，城外的百姓，一个一个亡魂丧胆，逃命而走。那瑶琴领着爹娘一同逃难，正在乱中，忽被乱兵冲突，跌了一交，爬起就不见了爹娘，不敢叫唤，躲在傍边竹林里头，过了一夜，到天亮，出外看的时节，只见满目风沙，死尸满路，挤也挤不开，逃难的人，不知那里去。瑶琴思想爹娘，痛哭不已。那时只见一个人走来，抬头一看，恰恰是自己近邻相熟的人家，叫做卜乔。瑶琴今日，正在患难之间，举目无亲，见了近邻的人，分明看了亲人一般，即忙收泪上前作揖，求他方便，带到什么所在去投生。那卜乔昨日逃难，被败残乱军抢去了包裹，正没盘缠，心下暗想道：天生这碗衣饭送来把我，正是奇货可居。一口应承说道：远亲不如近邻，况且今日患难之中，应当救急，再走几里，杭州府西湖上有一个相识的人家，且到那里去投奔，漫漫［慢慢］寻你爹娘，意下如何？瑶琴虽是聪明的女儿，听见这话，正当无可奈何的时节，没有思前虑后，竟不疑心，连说几句多谢，就随他而走。到了西湖王九妈家，卜乔哄骗瑶琴，只说相与人家，权时把你寄顿他家，等我从容访问你爹娘的下落。便把好言好语去温暖他，好茶好饭去将息他，瑶琴喜欢不迭。那九妈正要讨个养女，今日看见瑶琴生得标致，十公欢喜，便对卜乔私下商量，讲了财礼五十两，兑足了银子，交把卜乔。卜乔见了瑶琴，只说出外访问爹娘的下落，再来领你回去，说罢，作别而走。过了月余，不见卜乔的回信，瑶琴盘问九妈，方才知道中了奸计，放声大哭。过了几天，九妈劝那瑶琴接客，做起烟花的行经［径］来，那里得知，瑶琴烈性钢铁一般，死心踏地，执意不从，说道：譬如要叫奴家走出外边，杂差杂使，一日不容我一刻空闲，每日限定若干女工针指还你。倘若手迟脚慢，便来捉鸡骂狗，骂一顿打一顿，打破了头，也是情愿受责。若要我会客，宁可一死，决不情愿，这个断然做不得。一头说，一头暗暗去打点寻死路。九妈心下焦燥［躁］，欲把他凌虐，恐怕弄出时［事］来，欲待由他不接客，原来要他撰钱，若不接客的时节，就养到一百来岁也没用。左思右想，无计可施，把手托腮，只管沈［沉］吟，眉头一皱，计上心来，连忙叫一个媒婆来，下个说词去劝他。这媒婆嘴唇簿簿［薄薄］的，十分会说话。那瑶琴起头是咬钉嚼铁，虽说几句硬话，后来被他转湾抹曲，谈今论古，说得推托不得，心下疑鬼猜神的，就像个热锅上的妈［蚂］蚁一般，斩斩［渐渐］地有些活动起来。说到弟［第］二日，不知不觉回心转意，倚门献笑，忍辱接客，后来弄出千金的声价来。可见一言便能成事，一句便能败事，所以会说话的人，往往替人讲和解忿息争，说成了许多好事，正是：

智慧多时无中计，词言巧处能和亲。

闲话休题，当下街官房里船主、财副、货客都叫拢来讲货，那时节，管包头的通事（讲价通事）高声说道：往年所批的价钱也有几分，索价争来争去，一时间撒不得手，今年是一笔批定了，没有几分套价。账簿上所开的是酩酊的价钱，大家须要斟酌，今日必定要讲得落台。说罢，账簿递与大家，大家接过手来念了一遍，先扫了一半兴，开了口半晌还合不下，只是面面相观而已。过了好一回【会】，方才说道：我等大家千山万水受了偌大的苦难冒险而来，不过要撰半文钱养活的意思，就是这几千两的血本折骨头的银两，不是当顽，又不是特特担来撇下水里去。今日所批的价钱，差得老远，着实亏本。倘若划得本来，自然商量，如此批法，大家没做主张。老爹说道是今日必定落台，这个那里做得来？不要说今日，便是讲到一千年，也是这一场戏落不得台。譬如一个昆腔的戏子，声音响亮，更兼打扫喉咙，尽心曲意唱个谩调，自有可爱的所在，自然讨个傍【旁】边人叫一声喝采，相烦老爹替那批价的人讲一声，休把这等无腔的曲儿唱将起来，听见唐人耳根边不干净，凭你唱哑了喉咙，也仍然再没有一个人扮戏，凑他的趣。此番生意做不成了。说犹未了，早有几个货客一齐起身便走。那时讲价通事动个怒，骂一顿，即忙叫回来，说道：来也有礼数，去也有礼貌，虽有不足的所在，且听分解进去也不为迟。话也不曾说明，竟拂然而去，天下那有这样道理？道理是单单一个，蛮法到【倒】有三千，我们又不是黑漆皮灯泥塞竹管，是那样一窍不通的蠢物，既然划不着，必有主张作成大家。古人道：和气生财。须要消磨些燥暴的手脚，凡事讲得入和些，不要轻举妄动才好。那时节，大家没意思，只得坐下。各船主陪个不是，说道：老爹所言，句句有理，只因看账簿批得太低了，大家没些主意，一时间昏迷，顾不到礼貌上，唐突列位，不要见罪则个。通事答道：既到日本，难道不做生意装回去不成？譬如索新不扮戏，就是千错万错便罢了。你既落于下贱人家，叫来应承，便去当场扮演，才见得向来苦心学过生脚，习成几本曲子的了。今日虽不是老爷的圣诞，大头目、年行司都是开筵等候，难道空身索手，扫兴而回去不成？我等在傍【旁】边唱曲，替你打着猎鼓儿，纵或不喜欢，扮了半本戏，也见得情分了。如今再三再四替你争价，每件细货增了一分，大家撒手罢。唐人答道：既然老爹这等苦口相劝，可以翻得本，扯得直，自然领命，但是其实差得远，不是故意做作，如今所增的，莫说一分，就是十分，也还不勾［够］本的哩。通事说道：若像你的意时，这办［番］讲价讲不成了。利我者其货乎？害我者其货乎？批价批得这样烂贱，究起这个根由来，总是在长门做个私货的人害你不浅。为何呢？虽是两年禁洋，本地只有来的七个船，那长门倒不禁洋，生意大兴。京上那边，买卖的私货堆如高山，多得紧。偌大一个京上，倒是消耗不来那许多的货，所以今日的行情，不比两年，贱也贱到脱底头。常言道：货无大小，缺者便贵。怪不得价钱贱，如今一分之外，便是三厘半文也增不得。今年且将这个生意胡乱支吾过去，到明年来，自然补丑。古人道：做生意不着只一时，讨老婆不着是一世。今年不好，明年又好，生意是定局不来。唐人答道：虽然如此，手里那有羡余捱到明年过活？晚生这两年的苦情是老爹俱已明白，不必细说。常言道：坐吃山崩，坐饮海干。又说道：家有千贯，不如朝进分文。只因这两年禁洋，游手游食，不做什么过活，把积年的本钱吃得精空。更兼为那信牌惊官动府，打起官司来，几乎里狂［枉］送了性命，所以借了许多的债，或者变卖了田产，倒了走洋的灶，把来当做个人情贿赂，方才开洋，大家喜喜欢欢，争先而来，指望微利到手受用，那里得知，又添了一层忧愁。岂不闻说：救人偿命，欠债还钱。这番回唐两年所欠的债，都是算还，不然不但债主不肯，挨到明年的时节，只管利上加利，一两年的里头，只怕拔不清的哩！纵或有些小利市，也还了结不清，何况折本？这一番生意关系非轻，不知怎生是好？真个没做理会。若是今日要等回覆，这个做不得，须要漫漫［慢慢］地商量。那时讲价通事，把前头之事一长一短细细告诉年行司，恳求头目宽捱几日，商量停妥，再来讲价，头目准其所告，当下唐人一齐起身作揖，各自进去。大家职事人都扫了兴，一齐起身，萍分星散，各自回家。不知后来怎么样结局，有诗为证：

世事纷纷一局棋，输赢未定两争持。
须臾局罢棋收去，毕竟谁赢谁自输。

过了两日，九家通事都进馆来，便对各船主说道：我们同缭［僚］为你讲价，这两日废餐忘寐，昼夜费心，并没一些闲工夫，东也去，西也去，讲得攧唇簸嘴，几乎里连嘴唇都说破了，昨日在年行司家里，替批价的人，再三争论，方才增得二分，这二分就如筛里隔出来的一般，着实艰难。这番虽是难为大家，据我看来，大家的运气还不转头，无法布摆。常言道：撰钱不出力，出力不撰钱。大凡不劳心的生意，到也顺溜，恰好凑巧，大大烧个利市，那千辛万苦，十分出力的生意，到是千错万错，折去了血本，弄得行囊罄空了。譬如手里有了百万的本钱，更兼其人百伶百利，绝世的聪明人，会得算账盘利，也要等他运气亨通，机缘凑巧，不管在家走水，整千论万的来撰银子。若是时运不通，缘法不凑，要撰三厘半文，费了偌大的精神，还不能勾［够］了，莫说三厘半文，连那自家的本钱，还有折得精空了。所以到明年，或者运到时来，不费一些气力，把两年所折的本钱，尽皆讨得回来，也没凭据。且把闲话撇过一边，今日又增了二分，算得出格的了，大家意下如何？唐人答道：多谢老爹如此费心，作成大家，死也决不忘恩，本该领命，只是晚生的苦情，不对老爹控告，更有何人可告半句？常言道：靠山吃山，靠水吃水。我们唐人走洋过活，专一靠赖老爹，吃着老爹，用着老爹。若遇着一个会帮亲［衬］的老爹，分明是大户人家，置了一所良田美产一般，讲得成时，便是田产成熟，日日指望收割，积蓄些粮米，生我者父母，成我者老爹，所以见了老爹，就是亲人一般，只管哭诉苦情。今日多蒙列位方便，增了二分，多谢便是多谢了，其实还差得许多，不是因见老爹作兴，大家便跑到兴头上，乱说鬼话，希图大利，妄求非福。老爹是明见万里，待我漫漫［慢慢］分说。前年贵国包头的价钱腾贵，一两五钱买了一斤海参，今年一疋大花绸，批得一两六钱。这两日买了酱油，约有二十来斤的小桶，四两三钱一桶，一疋双连加阔的大纱，这遭倒批得三两八钱，难道一疋花绸当不得一斤海参，一疋大纱值不得半桶酱油不成？那批价的人眼瞎，看不出好疋头，只晓得刻薄唐人，东涂西抹的，胡乱抹落了价钱，莫非是他的说话一道圣旨一样，违背不得？所以只管鬼话连天的么？就是圣旨，越发不难为人的哩！如此叫人吃辛吃苦，好生受气。只是没奈何，既到日本，在他矮檐之下，敢不低头？只好忍气吞声，不要替他陶闲气。自古道：恶龙不敌地头蛇，纵或受他的凌辱，料想拗他不过，便让他一分，这也罢了。只是宁出身子血，不出手中银，宁可受了凌辱，不可亏本，这遭的价钱，还亏得许多，相烦老爹帮衬，再加几分，可以扯得直，就撒手罢，也不想希图大利。通事听见唐人这一场说话，说得苦楚，也不忍勉强撒手，欲要替他再加几分。年行司斩钉截铁，一口咬定，并不肯说出一个“加”字来，若是苦苦求加，到［倒］把通事责骂，不替日本争气，一味为唐人，弄得讲价通事进退两难，大家商量一回【会】，对唐人说道：我们不是不晓得你们的苦情，只是遇着时世不好，难得开口，倘然把你苦情多讲两句，人人都说有私弊，为唐人，你说做通事的苦不苦？虽然如此明明把你吃亏，也不忍坐视，我们硬着大胆，再求一番。若加得几分，是你们大家的造化了，万一求不出，那时大家冷了念头罢。我们也无法布摆。说罢出馆回家。只因这一去不知加几分，要知端的，且听下回分解。

琼浦卷之四，叙事止于讲价，作者未毕编而没矣，可惜也！

2.《译家必备》①

说明：江户末期抄本，收入《唐话辞书类集》第20集（汲古书院，1976年版）。封面除书名外，另有"尚有馆藏"字样。末注："《译家必备》终，以静嘉堂文库所藏本对校了。"另，该书亦作《译家秘备》（大庭脩收藏），收入大庭脩编著《江户时代の日中关系资料——近世日中交涉史料集五》（关西大学出版社，1996年版），共25卷，但印刷极不清晰，无法利用。

初进馆

大凡通事到了十五六岁，新补了学通事，头一遭进馆的规矩：到了公堂，看见在馆各船主、财副，坐在公堂上，分南北而坐。厅上值日老爹，同几个学通事（稽古通事）、内通事（小通

① 文中以＊代表通事所言。

事）分个品级，端端正正坐在那里，看见新补通事，施礼过了，*方才值日老爹对唐人们说道："这位是林老爹的阿郎，此番新补了学通事，今日头一回进来，见见众位。"

那时唐人一齐来作揖，说道："原来林老爹的令公子，恭喜！恭喜！贵庚多少？"

*"不敢！属鼠，属牛，属虎，属兔，属龙，属蛇，属马，属羊，属猴，属鸡，属狗，属猪，今年交十七岁。"

"尊姓呢？"

*"贱姓林。"

"台号呢？"

*"贱号某。"

"尊翁好么？"

*"托福！托福！"

"令尊今日为什么不进来？"

*"今日家父本该带小弟进馆，因为早间王府有字儿叫，谅必此刻还在王府里办什么公事。"

"令叔老爹好几天不进来，谅来也是贵忙。"

*"家叔一向病在家里。"

"有什么贵恙？"

*"前日老王家起身，那一天冒夜到郊外去送行，感冒了风寒，于今好是好，还不曾出门。"

"晚生们不晓得令叔老爹尊体违和，不曾写信拜复，得罪！得罪！老爹出去了，烦替晚生上覆。""老爹府上在那一条街？"

*"舍下住在某街。"

"这里走过几条街会到么？"

*"不远了，出了大门，走不多几条街就到了。"

"老爹同令尊一并住么？"

*"正是并住。"

"有几位昆仲？"

*"小弟有两个家兄，一个家姊，三个舍弟，两个妹子。"

"这几位都在府上么？"

*"不是，一个大家兄在别岛王家手里吃些钱粮，二家兄过房到家伯里去，家姊出嫁了，一个舍弟做医生，一个是做生意，一个还在家里，一个舍妹，许嫁敝同僚张某人，一个还是年小。"

"老爹娶亲么？"

*"定是定了，还不曾娶在家里。"

"那一位的令爱？"

*"陈按察的侄女，刘问信的小女。"

"谅来老爹还是读书。"

*值日老爹回答说道："亏得这一位了不得用工夫读书，据我看来，目今后生家，乖巧得狠，到了十四五岁，就不学好起来，读书、学话这两样事，不但不留心，丢掉了，竟不想一味哩不长俊，只为顽要过日子，不肯尊敬长上，后生家礼貌，一点也没有。这一位不比目今的后生家，会做诗，又会讲话，做文章的道理，也略略明白，更兼会写字，他写的端楷，皆是字体端正的狠，时常有人来求他的字。又是做人极忠厚，又聪明，算得一个才子，我们外头照他一样的做人，是罕得见。"

“这个最好了，目前青年的时候[①]，明日大大见功，既然这样，晚生们也信服了。林老爹有了这样好令郎，正是快活，明日做了大老爹的时节，看顾看顾。”

＊“岂敢！说那里话？小弟不敢当了。”

“老爹进馆么？”

＊“就要进馆，拜拜土地庙、天后宫、观音堂，转一转出去。”

“老爹今日头一次进馆，到敝库来顽顽，请三杯寡酒，要贺喜老爹。”

＊“多谢！多谢！就到宝库来拜拜。”

“晚生先一步进馆候驾。”

＊“岂敢？请便！请便！”

“新老爹进来了，晚生陪你走走。这里就是土地庙了，老爹看那正面的牌扁【匾】，‘环带共钦’的四个大字，好不好？”

＊“正是好个字样，这几个对联都好。请教，这个池塘上为什么造起台子？谅来必有用头。”

“那个就是戏台。”

＊“时常做戏么？”

“不是，二月初二是土地公的圣诞，通馆各番主，在这个庙上供养三牲、各样果品，结彩挂灯，又做几折戏文，闹一两天，真个好顽！明年老爹进来看，就晓得了。”

＊“馆里有戏子么？”

① 天头注：“时候”下一有“这样留心”四字。

“有的，弟兄里头会做戏的多，又有几个师父，不做什么生意，单靠着做戏吃饭。”

＊“这个我不信，年里头不过一两会的戏，工钱也有限，那有这样大受用？”

“不是这样说，我们是走洋的人，只靠着菩萨的保祐［佑］，平安来往几担［趟］，有时节在洋中逢着大风暴受苦，许下愿心的，做戏酬谢菩萨，所以没有的时节，几个月也没有，有的时节，一个月三十天也有的，这是尊敬菩萨的道理，那一个敢怠慢？”

＊“那中间一尊有白胡须老者相貌的，就是土地公么？傍边两尊，是什么菩萨？”

“那个不算什么菩萨，就是土地公的判官。”

＊“这里一带几间库都空了，为什么没有人住呢？”

“这几间库都是旧库，楼上都塌了，东歪西倒的，壁子也破坏了，盖瓦也散掉了，几天前还有人住在这里，各各生怕起来，都搬去了，所以才斯晚生开一张公呈，求街官禀年行公重新再要造好，谅来过几天管修理的进来，折［拆］掉了去。那前面几个蓬子开店的，卖杂货、做糕饼、做裁缝、卖烧酒、卖面食，这几间没有楼的，还是耐得住了。”

＊“天后宫前插了红旗，我们也有时节走过墙外，没有看见那个旗。”

“正是，时常没有插旗，今朝十五好日子了，每月初一、十五是插旗。”

＊“天后宫也有香公么？”

“有的，我们通番公司，有辛工雇两个香公，时常照管庙里香烛祭扫。不然，那里管得到？又有募化簿子，叫我们助舍银子，买了香烛，这是比不得别样事情，大家肯喜舍的了。”

*老爹：“你说，娘娘是那里人？”

“是我们福建一个林家的女儿，从小显圣，多有灵感，他一片良心庇护走洋的人，海面上的干系，是他肯保祐［佑］的，所以我们福建人，没有一家不尊奉。福建湄洲地方，有大大一个寺庙，供养娘娘，那个地方是娘娘降圣的所在，所以比别处不同，时常大官府也来祭奠的了。那两傍［旁］边的是千里眼、顺风耳，这边一尊菩萨，头上戴两根鸡毛，面上画有一个蟹样的，是田元帅，我们福建人说他从小狠爱做戏，后来拜做神道，所以做戏的时节，定要供养他。倘若做一天戏完了，第二天再做一天，这叫做谢元师的戏。老爹看这个新样的灯笼好不好？纱灯、羊角灯，从前没有这个样式，目下行起来，这遭新番船带来了，正是好工夫。”

*“我再问你，挂在前面的神帐，有‘皇恩钦赐’四个字，这什么缘故？”

“老爹原来不晓得，前年乾隆皇帝南巡的时节恩赐的疋头，这有一个原故，往常圣驾出去的时节，叫人家闭门闭户，回避了，不许拜驾，这一遭乾隆皇的南巡，不是这样，他的意思，做皇帝的把百姓认做亲生的孩儿，做孩儿的不认得爹娘，那里使得？所以自家骑在马上走，叫百姓都出来拜。更有一样好事不费民间一个铜钱，倒把自家的金银缎疋，恩赐民家，各各欢喜得狠。又叫出外的远商来，赏赐疋头各色，那时一个姓林的在那里，领了这一疋缎子，自己不敢用，所以带到这里来供养菩萨的了。”

＊“那个卓帏也是一样么？”

“不是，这个是晚生大家喜舍银子公做的。”

到了观音堂，老爹拜拜，这地方好干净。老爹看见观音堂，连这亭子大门周围的篱笆的，都是做的。

＊“这个几时造起来？谅来也是公费。”

“正是。旧年造起来，买了树木、花卉种在里头，一次几十两，纸钞一次几百两，都是公派，到今年每一个船千把银子是有的。你看这六扇亮槅好大工夫了，又要这里做栏杆，再要三官菩萨的锡五事，关老爹的玻璃灯、签诀牌、签子筒，也是重新添做。”

＊“这一尊观音菩萨，也是唐山带来么？”

“正是。这个酉年二十二番船主沈纶溪许塑的韦陀天，是姓熊的船主带来的。他起呈子要造韦陀天堂，王家不准，就歇了。”

方才转了观音堂，走到十五番库里来，上了楼，看见小公司，问一问，＊说道：“船主有在么？”

“正是在，老爹请坐。”方才到了里头，看见满楼铺了花花绿绿的毡条，正面挂一幅封侯图，前面排一张卓子，放着香炉、香盆，花瓶里头插起蔷薇花、梅花、菊花、长春花、山茶花、水仙花、兰花，傍【旁】边三四只烟盘，排得齐齐整整。那时船主换了衣服，戴了新帽，恭恭敬敬作一个揖，说道：“失迎！失迎！”

＊“岂敢？今天小弟头一担［趟］进来，不晓得馆里的道理，亏得劳动他陈三官，一周遭带小弟转一转，领教过许多事

情，样样都明白了。”

“这个最好，既是陈三官跟老爹去，谅必无所不至，详细得狠了。老爹请茶！”

＊“有茶，请教唐山茶叶有几样？”

“也不多，叫做珠兰茶，就是于今老爹用的。还有雨前茶、松罗茶、武夷茶，这武夷茶是福建武夷山的出产，会清火，吃得有益了。烟叶是蒲【浦】城的好，也倒不如东洋的有香气好吃。”

一回【会】茶也过了，排出点心来，点心也不止一样，白扁豆、莲子、龙眼、荔枝、珠粉、西国米。过了点心，就排起卓子来，菜数也多，燕窝、鸡鸭小炒肉、东坡肉、烧鸡、烧肉、羊肉、羊脯、火腿肉、猪头、猪肝、鸡肝、鸭羹、蟹羹、肉圆、鱼圆、鱼糕、鱼肚、鹿筋团、河鳗、七星蛋、鲤鱼、鲫鱼、海参、鲍鱼、鱼翅、江摇【瑶】柱、浇头，也有几样香菰、海粉、榆肉、木耳、松菰、冬笋、干笋、大蒜、青葱、葱白、青菜、落花生、韭菜、金针菜。若问小菜的名色，肚蛈、虾米、淡菜、盐小鱼、盐螺、蚶子、蛤子、虾酱、笋丝、盐菜、甜酱、春不老。老船主叫一声：“上菜。”

＊客人说：“不用了，小弟今日头一遭进来，拜识长兄，多蒙错爱，更蒙赐这样美品佳肴，酒醉肉饱，实在当不得，不必再费心。”

“老爹说那里话？晚生费什么心？馆里没有什么新鲜的好菜蔬，不过是照常的印板菜，没什么可口的东西，怠慢得狠！看见老爹酒总不吃，味薄了，不好请。”

＊“岂敢！长兄这样说，小弟要躲避了。”

“老爹，酒冷了，再换一杯。”

*“岂敢？不妨得，照小弟一样量浅的人，热酒难当，冷的倒好吃，这一杯干了，请收杯。”

“这那里使得？晚生看见老爹量好，况且唐山酒是味淡薄了，多用几杯，也不醉人了，再要筛一杯。”

*“不敢，蒙长兄这样爱惜，小弟没有一点客套，放量吃了。既是这样说，递过酒壶来，小弟自己筛一杯吃罢。小弟年轻，得罪太多了！”

“这个老爹谦虚话，那有这个道理？我来！我来！”方才吃了一杯，船主起身，捧了一盘十锦，劝杯筛满满的来说：“老爹自然要大杯，奉敬！奉敬！”

*那时起身，双手领在手里，说：“多谢！多谢！”

“请坐！”

*“小弟敬领了。”方才坐了。

又来劝说：“老爹，这一杯要干！”

*“实不相瞒，虽吃几杯，不过有限，那里敢当这杯子？于今既有了十二分的酒，又吃这一杯，就回敬长兄，就收去罢。”

“是了，于今再不敢劝老爹。”方才两道点心，两道汤也过了。船主又说：“老爹用饭么？”

*“不敢，用酒多了，请收了席。”

席散了，小公司捧出一个面盆，盛满了温温儿的汤，放在椅子上，请老爹洗手。过了一歇，就排出几十样果品来，看见夹砂糕、桂花糕、眉公饼、太史饼、明糖、明姜、黄梨、桔饼、泡糖、荔枝、红枣、黑枣、青果、胡桃、松子、榛子、瓜子、雪梨、荸荠、佛手柑、冬瓜糖、牛皮糖、云片糕、水云片、麻饼、芝麻糖。又排起酒来，船主说："老爹拘缩了，不好坐，请宽外套、裤子。"

*"不妨的，就是这样罢了。"

那时看见把一个东洋的大酒杯，托在托子上，主人吃了一杯，向客人说道："这个是东洋的道理，晚生奉敬一杯。"递了杯子，拿起快［筷］子来，夹一块白扁肉，蘸了酱油，送过客人，说道："奉菜。"客人吃了菜，又把杯子回过主人，*说道："回敬主人。"吃了一杯，要同客豁拳，说道："老爹们会豁拳，晚生要请教，要请教。"方才伸出拳头来一豁，主人赢着了头一拳，第二声又说着了，一连屈了两个指头，那时客人急了，使出本事来，一遭说着了两声，把主人的两个指头，去了一个，又说着了一声，果然赢了。主人摇头说："晚生输得可怜，真个好拳头。"

*"那里？那里？"

"晚生敌不得了，下遭再不敢！"

*"不要见笑，于今日子也要晚了，要告别罢。"

"不妨得，日子还高，宽心坐坐。老爹唐山酒吃不惯，这个是小店拿进来的京酒，再用几杯。"

*"你看这样面孔红了，酒气都不醒，到了二门街管［官］房，看见人家脸面红红的，不好意思。"

"个么不劝了。"方才收了酒杯去，客人立起身来，谢谢主人，*说道："于今要暂别了，今天偶然过来，蒙赐盛席，多多相扰了，多谢！多谢！"

"岂敢？怠慢！怠慢！老爹再坐一回【会】，用用茶。"

＊“不敢多坐了。”

那时主人来送客，＊客人说道：“请便，请留步。”

“岂敢？还要送老爹到公堂去。”

＊“不敢当！不敢当！”出了二门，到了公堂，看刘老爹进来换番，陈老爹已经出去了，公堂上还有几个唐人，把一个新通事围住在中间，你一句我一句称赞他说：“好老爹，正真一个聪明相貌，满面福气，眉毛生得好的狠，说话伶俐，好个清亮的声音，明日一定大大发财了。”

“老爹几时再进馆？”

＊“再过几天进来值日。”

“好！好！你天天进来，同晚生们攀话。又看几位老本的老爹，在这里办事情，只管看看学学，学不如惯，明日老爹帮当年，帮讲价的时节，经过的事情，再没有难办的道理。”

＊“多谢见教！小弟生来性笨，逢着什么事情，恐怕办不来，求各位要指点，要指点。”

“岂敢？老爹太谦了！”

方才起身，向各人作揖，＊说道：“小弟坐久了，恐怕家里悬望，要出去了，少陪！少陪！”

“岂敢！明日又要会老爹。”

＊“是了。”

“再来，再来。”

唐船进巷［港］。

“报！有一只船。”

“那里报来？”

“口外瞭望台的头目，发一个飞跑船来报说，离了竹篙峡有三十里路南头，有一个唐船在那里打闯。”

“乌船呢沙船？”

“还远了，看不出。”

过了一回［会］，王道头管船那里打发人来报说，船进了港，才才抛锚了。那时正、副当年，早在王道头迎接头目，一同到了本船，说：船高了，上不得，架一个胡梯来。方才上了船，叫出船主来一见，就是前年来过的船主。*笑嘻嘻说：“久违了，平安到港，恭喜！恭喜！”

“托老爹的福。”

*“宝舟唐山几时开驾？”

“本月十三日开来。”

*“今年春间的船多，于今列到十五番了，你列在第十六番。三月里七番船进来，据他说，在乍浦五个船一起开，你也在内，他四只船早到了，唯独你一个船，至今不见到，我们好不[①]焦心。洋中一路平安么？为什么来得这样迟了？”

“多谢老爹记挂晚生，也是，同他们一起开到了舟山地方，风大了，把本船的舵坏了些，所以就在那个地方修舵。出口等风的时节，前月十三日，又有大风暴，走了锚，把船打到里头去，重新买了椗索箍了正椗，正真弄了一个月工夫，才得明白了。本月初十出口，十三放洋，这一遭好一路风，昨日早上就见山，过

① 天头注：好不，犹言好生也。

了五岛关，也没有什么难，快活得狠！各位老爹谅来都好？”

＊“恭喜！恭喜！”

“晚生前年搭五番船回去，又要转来，到了乍浦，得了家信，因为家里有一件要紧事情，不得不回去理些疙疙瘩瘩的事体，担【耽】搁了日子，今年正月里才到苏州，着实辛苦得狠！老爹看晚生面孔这样老，胡须都白了。”

＊“原来如此，我们总不晓得，只道是你于今发财了，所以不来。”

“岂敢！那里有这个事？老爹取笑晚生说的。”

头目上了船，＊“你见见头目，头目坐的所在，铺下席子毡条么？”

“晓得，铺好在那里。”

＊“牌照、货册一并拿出来。牌照是那一个名下的么？”

“钱隆盛名下，甲子年当番港门。”

＊“是什么港门？”

“港门是广东，又有一张凭据，这就是旧年李五官求准的一万五千两外卖，本船额外备货来，晚生船小了，装不起，只带七八千两货来，一半是装在后船，也是早晚就到了。老爹，把这个话禀禀头目。”

＊“晓得了。后船有几只？”

“乍浦还有两只。”

＊“同开的也有么？”

“没有，都是在后开来。”

＊“你没听见州府船的消息么？”

“说是柬埔寨有一只，暹罗一只，海南一只，广南一只，港口一只，这都是唐山发船去的，今年都要透到，说是这样说，也不是确实的信。”

*“货册都写好了么？物件斤量写得明白么？”

“写好了，老爹看看。”

*“这个我们不敢看。新例以来，这货册最要紧，不许人家开看，你交把我，我转头目，头目拿到本府，在王府里叫我们通事来翻好了，才把商人抄去，好不厌气！你叫财副来，你们报港册上面，报港的写法，是照前头一样写。”那时看他财副写出来：

子年第十六番广东船主游大财，通船人众共计五十二人，于本月初十日，由乍浦开驾，至十七日收入长崎港内。所带信照，系钱隆盛名下，甲子年当办，所报是实。

年月日　子十六番船主　船主　游大财

全　　　　　　　财副　谢福星。

*“有鸟兽么？”

“有得多了。”

*“椅楠带来了没有？”

“有几十斤。”

*“椅楠这个也要报港。”

“册上面开出来，还有顾振生名下遵依人参三十斤，承办上用的龙眼、荔枝、螺蛔［钿］香机，也开报么？”

*“自然也要开报。”方才看他财副写：

一、孔雀四只；

一、八哥鸟一只；

一、红绿莺哥四只；

一、鸟哥一只；

一、鹦鹉三只；

一、青鸡九只；

一、长尾雉鸡二只；

一、松鼠一只；

一、白鹇一只；

一、滩鹁二只；

一、倒挂鸟十只；

一、相思鸟十只；

一、十姐妹八只；

一、小黄鹂三十只；

一、□鸟八只；

一、猴子一只；

一、鸳鸯一对；

一、锦鸡五只；

一、辽东狗二只；

一、花猫一只。

顾振生遵依：

一、凤凰城人参八斤，计八匣；

一、条参九斤，计九匣；

一、统参一斤，计十匣；

一、白、油熟参三斤，计三匣；

一、白棍参八斤，计八匣；

一、京参五斤，计五匣；

一、参须九块；

一、螺蛔［钿］香机一只，计一木箱。

以上。

方才写完了，交把当年老爹看。*当年老爹说："这几样鸟兽是承办带来的呢？还是卖的？"

"都是自家带来进上王家，恁你老爹主意，王家要呢，只管取去。不要呢，报卖也使得，拿进馆也使得。"

*"是了，我替你禀禀，看是承办的呢，今日就起了，送到高木公那里去；若是你自家带来的，明日上番那一天，一并起去。这几样鸟兽，雌雄公母你认得出么？又是喂养的道理也你【你也】明白么？"

"容易，容易，都明白的。"

*"好了，明（白就）好，问你晓得。这椅（楠）、人参两样搬出来，叫本街来秤秤。"

"明白了。"

*"点了多少块数，多少包数，依旧装好了箱子里，箱子上结封，寄在这里，明日起货的时节，一起搬上货库里去。你收拾好了，不要坏了封皮，仔细！仔细！于今这里事情都明白了，你们躣铜板，念告示。告示挂在大桅下底下，财副，你去念起来，把大家听听，也要仔细，不要糊涂！你们众人听告示，留心听听，不要胡乱看东看西，说说笑笑。头目看见，在这里没有规矩，不好意思。"

"晚生晓得了。"当下财副高声念起来，说道：

谕唐山并各州府船主及客目梢等知悉：

一、南蛮丑类，妄以酋种耶苏伪立天主教，煽法惑民，倡邪逆正，罪恶滔天，难以备述。由是本朝历年严加杜禁，剿绝其党。向有窃附商船而来者，悉经罪诛，仍革阿妈港发舟通商，实为除其根苗。兹尔唐山及各州府商船辐辏长崎，计已有年，互相贸易之道，市贾之便，各宜慎守尔分，入国知禁，恪遵法禁，勿致毫犯。倘有藏匿邪党而来者，不独诛其原恶，祸延船众，合行同罪间。若知情出首者，非啻免罪，另行厚赏。

一、天主教诡谋百出，恐为敷教贻害之便，密附妖书、器物之类，隐藏载至者，原恶处罪有科，仍又将船灭坏，没其货物，必不纤容。间若稍知而出首者，无论同恶同党，合照轻重行赏。

一、各船人众中，或者密受蛮恶贿赂，谋合妖类，诱学唐话，使着唐衣，混载而来，事或有之，尔船主等合就彼地预先查详，设有一二不周，误载而来，及至洋中知觉，续到长崎之日，宜当速首，则不论同谋及船众等，暨恕其罪，并行重赏。

以上条款，特遵上令，就委通事等传示严谕。若是尔诸港来商，各宜知慎，毋违！毋忽！

右谕知悉。

＊“躧铜板，也是要紧，不可乱来，一个一个，除帽脱鞋，正正经经躧过去。原来你们躧铜板的规矩狠［很］不好，你我挤来挤去，各人争先，竟不像样子，一边躧铜板，一边点人，一齐去，不便点了，一个一个，慢慢去。总管，你在傍［旁］边，叫大家齐齐整整，不要乱走乱来。我一时忙了，竟忘记了一件事，财副你来，开个水菜单。”方才写出水菜单来：

计开

一、水三儎；

一、柴火二十担；

一、鲜肉一百斤；

一、蚶子一斗；

一、鸡鸭共十只；

一、鸡蛋一百个；

一、龙虾五十尾；

一、青葱十斤；

一、蛤子五斤；

一、馒头三百；

一、青菜五十斤；

一、大蒜十斤；

一、面粉三十斤；

一、鲜鱼五十斤；

某年某番船主

*“船上事情都明白了，我们且下了番船，等他头目下去了，后头请你们到番船来写甘结，又要问唐山的信，你带笔砚来。”

“晓得！晓得！老爹禀头目，放了杉板，好收拾船面。”

*“我禀过，准了，头目回去了，就放下去。”

“老爹替晚生催催水菜，快送下来。”

*“就要送来。”

“船上一点水也没有，今晚就没有烧饭的水，菜也都吃尽了，不要担阁【耽搁】，要紧！要紧！”

*“晓得，吩咐本街就送过来。”方才大、小头目、插刀手、各职事人都下了番船，船上打起锣鼓来，小船都散了，只有当年老爹的船，同那看守的番船留在后头。那时请下船主、财副，事先把二十个条款给他看看，你说那条款是什么事情？

一、唐船通商之法，业已改定在案，须当遵照条约，毋得背违，务必愈加谨饬，确守法令，以遂生理。其各港每船所载货物银额，开列于左：

南京港门每船银额，颁定银额玖千五百两，换杂色银额三千两，共一万二千五百两；

宁波港门每船银额，颁定银额玖千五百两，换杂色银额三千两，共一万二千五百两；

台湾港门每船银额，颁定银额六千五百两，加额银三千两，换杂色银额三千两，共一万二千五百两；

厦门港门每船银额，颁定银额一万一千两，换杂色银额三千两，共一万四千两；

广东港门每船银额，颁定银额一万三千五百两，换杂色银额三千五百两，共一万柒千两；

广南港门每船银额，颁定银额一万三千五百两，加额银一千两，换杂色银额三千两，共一万二千五百两；

暹罗港门每船银额，颁定银额一万五千两，换杂色银额四千两，共一万玖千两；

占城港门每船银额，颁定银额玖千五百两，换杂色银额三千两，共一万二千五百两；

咬嚁吧港门每船银额，颁定银额一万五千两，换杂色银额四千两，共一万九千两；

东京港门每船银额，颁定银额九千五百两，换杂色银额三千两，共一万二千五百两；

柬埔寨港门每船银额，颁定银额九千五百两，换杂色银额三千两，共一万二千五百两；

以上

一、每船定例银并各色用钱缴礼牵船使费，照船银额一应杂费等项，悉照旧例。

一、已定照船儎来货物银额，则其所带货物，尽行全买，但有时价行情不等，则其货物不能无多寡之殊，虽然除照船银额外，不得无故而多带货物，但在银额不致于缺少，务必按定照船银额确估可也。总之，载来货物或浮出于定额甚是过多，或减少于定额不止于一半者，两相查究，非但追牌，通船人众，永革来贩。

一、领其执照，往来本地舟楫，当由所定五岛以南之海，驶为针路，不当妄驾定路之外，若遇风波不测，漂到以外之地，自有制度在。当其来也，故违定路者，不准该年生理，不给将来执照，通船人众，永革来贩。及其归也，风实不顺，难涉定路，即当驾回本港，以报缘由，容待风顺而启棹。无故港内多日耽阁【搁】，或驾出定路之外者，至其再来之日，不许生理，不给牌照，通船人众，永革来贩。

一、领执照者，届于其期，因缘事故，不能亲赴，将其执照转与同伙，而使之到崎者，验核所载货物，果系其地物产，估其货价，果符定额，其执照不诈冒者，许令交易，再给下次执照。

一、纵带执照而来，其所载货物与前不同，亦非其地物产，或低货，或赝假等货带来者，不许生理，革其牌照，通船人众，永革来贩。

一、往来藏载违禁等项，固不待言。仅如一物之微，私自交易者，纵经岁月而发觉，亦不许生理，不给牌照，通船人众，永革来贩。

一、我国之人，非理相加，至不可忍耐者，陈其情由，控诉本镇，听其审断，不许私自斗殴。

一、杀害我国人者，提出凶身偿命，至若创伤者，从其轻重，纳银赎罪。

一、凡唐人在崎之际，大小通事问讯访察，通事及唐馆街主、五甲头等，其所指挥，切不可有背违。虽学通事所吩咐，亦不得轻慢答话，右【若?】夫凡百事务之所，尤为至要。其视学通事之吩咐，亦如大小通事之指挥而听从之，然而问讯访察通事及唐馆街主、五甲头等之于唐人，其所指挥，若有非理相加，不妨即具事故投之头目者，固所许也。

一、凡目梢在馆，平日买办杂物，闻之或有强夺之弊，甚不是也。向后倘有迹涉抢夺者，即据卖主识认，立行究治。又有目梢等无事之人，妄出二门之外，游手闲走，或挤在大门公署之前，妨碍出入之搜检，或径到大门口张望，如此等弊，固在杜禁所不容也。

一、在馆所须使用，告于员役许之乃领，仍照旧例。

一、金银器皿虽系些须之物，不许买置。

一、原船之人不在原船归去，原船开时，诡迹淹滞，在后私相顶替等弊一概禁止，仍照旧例，原船之人原船载回，倘有背违者，不特本人及本船不许再贩，而彼受搭一船人众，亦如共罪。

一、送寺物件除外，寺庙礼物并人事等项，可照定例。

一、禁定额银头之外，虽细微物，从馆偷卖，若有违者，日后发觉，通船人众不许再来。至于买取之者，处以重罪。

一、起货查验，行李可照前约，然有物件，果系隐藏无疑者，依旧没官。

一、起货之日，行李家伙等件搜验之法，可照旧例。其或诡计百出，巧藏而来，看其势不可免，临其搜验，请求结封者，一概不准，尽行打开严查。如有预先从实自首者，不在其例，自有裁夺。及其归棹，一切载回物件，纤细必查，毋容少松。

一、凡假馆内出入之便，藏匿物件于空船之中及杠具等内者，法在严禁。向后空船所藏物件，无论看船者及外人，但有搜得，即将其物归之其人，以充其赏。

一、目梢上船装货，并开棹之际，其金银夹带之禁，固不待言，且不拘何色，托物贴身，巧藏多端，从馆而出者，向后愈加严查，故预告戒，尔等可体此意，若有干法之事，或罪止于本人，或罪及于一船，察其情由，而后施行。

一、火烛之事，尔等在馆，岂可不小心哉！而无知下辈，因一时之忿怒，不能却顾远虑，以致放火者，间或有之。向后若有失火，查核缘由，倘有忽略不谨情状，即据事实，罚令本船出其赎银，罪或止革其本人，或革及一船，自有明断。

唐人看完了，当年老爹拿出遵依甘结的底子来，*说道："你晓得这个是老规矩，通船佥名花押，船主、财副、总管是打印板，总照一张甘结的写法。"众人画花押的时节，圆圈、十字是不要画了，你说那底子是怎么写法？——

谨奉宪谕条款，敢不凛遵确寸［守］，倘有毫犯，任凭处治，为此某等佥【签】名花押存证。

年　月　日　　　　　　　某年几番某港船主某姓某名。

*"再有两张新谕，也要你看看，就在这里写遵依甘结。"唐人看那新谕道：

谕

一、通年馆中事致轻弛，至及工社人等，不遵法纪，为船主者自当严嘱。向后倘有不谨慎者，虽为异域之人，仍照本国法律处治。

寓中给发伙食等事，近为混淆，嗣后悉照旧例。诸凡查验之事，嗣后愈严饬。

以上晓谕，业经午年施行，尔等知之，今有船进港，即将此谕细嘱船主等，逐款知悉，准令起货贸易。倘或不遵，刻欲径回者，听凭其便，须至谕者。

年　月。

一、前谕唐船进港之数溢出拾五艘，外者列为后年之番，向后无论几艘进港者，皆列本年之番，但准令贸易者拾五艘为限，其余可俟后年贸易。

一、前谕带来货物，不许借贷别船。今闻得尔等呈恳余货带回甚为不便等情，将来或有余货之船，细加查核，准补别船正额之缺，但借贷补额者，定为加二五加头。

一、前谕禁革人辈，或有隐匿再至者，船主罚减铜斤叁千斤，本犯刺墨，严加禁革，等因。将来本犯刺墨，姑容宽宥。至于儎来船主者，原系稽察不精，为此罚减铜斤一千斤，决不轻贳。但本犯者，伊时回棹之便，无论江浙州府之船，即可赶回。

右谕已经前年所示，今为改革，可照此例知悉。

年　月。

唐人看过了，就写出那遵依甘结来。原来这甘结，也有底子：

今蒙谕商法并谕示三款，俱已知悉，敢不凛遵，为此具遵单上覆：

一、凡来贩之船，不拘几艘，列于本年之番，每年限定拾五艘准令贸易，除外船只，俟后年贸易。

一、将来或有余货借补缺额之船，等因，查照伊时制宜，准卖配给，加二五加头。

混带禁革人辈，该船主罚铜一千斤。

宪谕俱已知悉，敢不凛遵，为此具遵单上覆。

年　月　日　　　　　　　　某年几番某港船主某姓某名。

方才写过了两张遵单，交把按察老爹、副当年老爹收去，唯独当年老爹还是留在后头，问唐山的信息。*老爹对船主说道："于今要问唐山的信息，从前问信，是我们同僚里头有个问信的通事，几年前除去了这个缺，再不补，叫我们做当年的兼官。我问你：唐山没有什么新闻么？不但众位通船人众，也有什么新闻，替我讲讲。"

"也没有什么新闻，各省都太平，旧年四川地方反了，是那个苗蛮的所为，原来这苗蛮强得狠，做人了不得凶猛，这苗蛮有生苗、熟苗两种，熟苗是归顺中华，倒也好，那个生苗动不动反乱，抄扰了地方，他旧年出来，打了四川几个郡县，那地方官奏到朝廷来，圣上大怒，会集公卿计议，叫六部宰相选出一个文武兼全的大将军，拜他做经略大元帅，领了二十五万的兵马出征了，所以那一路解马也有，解粮也有，好不闹热！圣上的意思只恐难为百姓，故此开了纳监的例，叫有财的人纳了银子做官，今年春头监生、贡生也好多了。"

*"那经略是那里人？姓什么？名什么？他到了四川怎么样？"

"平静了，他本来不是汉人，是个旗下人，叫雅尔豁，听得说是皇亲旗下。"

*"是什么旗？"

"镶红旗下的人，他到了四川还不到一个月工夫，杀的杀，赶回的赶回，依旧打平了，被他夺去的地方也讨复了。"

＊“既然这样平静，那经略也谅必进京去了？”

“不是，还在那里把守。”

＊“我再问你，江南、浙江文武官员有升转交代么？”

“不多，总督、抚院是仍旧还在，换了一个按察，两个巡抚，苏州的大［太］守年老了，辞职告退，于今新任了一个姓周的，他四五年前为一件事情革了，旧年仍旧起复，他本来清廉的官，不是虐害百姓的人，因为一个巡抚不对的参革了他，后来朝廷晓得他是好官，起他来用的了。”

＊“今年大考有没有？”

“有了。”

＊“不知那一个中了头一名？”

“就是江南人，一个姓程的，中了头一名，他起初乡考、县考、府考都考过，不晓得第五遭呢，四遭落第，又去乡考起重新考过，今会场算他头一个，后来殿试明白了，中了举人，名声大得狠［很］。还有几个状元、进士、探花、傍［榜］眼，也有补缺做官的，也有做侯生的，多也多了。今年主考姓谭的，好得狠［很］。晚生此番带了试卷来了，明日奉送老爹看看，对策里头好文章多了。”

＊“多谢，明日要告借看一看。这遭你来的时节，洋中没什么古性［怪］的事情么？”

“没有什么事，到了普陀前头，有一夜看见海市，果然人家说得不差，海面上明明亮亮，城楼、宫庙都有，人马也来往，大家疑心，说阿呀，守【奇】得狠［很］，这大洋里那里有这样的所在，好不奇怪！后来伙长公看见大惊小怪，对大家说，那个就是海市，绷［碰］着了，你们性命都没有了，快把船驶转了去。晚生们听见他那样说，怕得魂魄也都飞去了，再收不住就转回旧路，人船平安，于今说起来，还是怕得狠！”那时船主一头说话，财副一头展开了问讯存案，写道：

丑年第五番南京船主张金来，通船人众共六十三人，于去岁十一月初六日由上海开驾，在洋中遇飓，飘至五岛地方，于十二月初三日捧出，至正月二十日收入长崎港，所带信照，系李昌运名下壬子年当番代彼带来，唐山各省太平，新闻俱无，所报是实。

一、上用梅花冰片拾片；

一、椅楠鸟兽俱无；

一、后船魏家一只、毛家两只，在后开船；

一、船主张金来系乙亥年二番副船主；

一、所驾本船系丁卯年七番船；

一、唐山各省年成丰登，惟山东荒歉。

年　月。

方才问信，也明白了，＊当年老爹对船主说：“起货的规矩，空了两天就是大后日十三日了，你们早要打点。”

“要打点？老爹，大后日太紧了，晚生船主一时间不得收拾，拜恳老爹求求王家，再宽一天，叫晚生十四起货罢。”

＊“这个那里使得？规矩空了两天，于今再宽不来，但是十分难为呢，要替你禀禀看，只怕做不来。你叫众人赶紧收拾起来，可以推得来呢好得极，十二分捱不来，只好依我罢了。”

“那个自然遵命。”

＊“个么我要暂别，明日下午下船来讨你的甘结、人名册、

货册。”

“晓得了，有劳老爹。”

＊“岂敢！”

到了第二天，当年下了船，＊对船主说：“上番一定要后日，我替你千求万求，要宽一天，王家不肯依你，叫我也没主意。明朝天不亮的时候，头目下来了，赶早收拾停当了，等候等候。人名册、货册有了么？”

“有了，请老爹看。”方才看他货册：

今将本船精细货物开列于后，计开：

一、费行湖绿，六十五包，计三千九百斤；

二、广源湖丝，二十包，计一千二百斤；

三、敬泰湖丝，二十二包，计一千三百二十斤；

四、德隆三套纱，一千一百匹，计二十二卷；

五、咸顺双袍纱，一千匹，计二十卷；

六、大红纱，五百匹，计五箱；

七、白红锦绉纱，二十八匹，计一小箱；

八、连西纱，三百匹，计三卷；

九、严二房大花紬，三百匹，计三卷；

十、锦紬，一百匹，计一卷；

十一、色花缎，五十连，计一箱；

十二、色素缎，五十连，计一箱；

十三、柳条缎，三十连，计一箱；

十四、上广缎，一百令八十连，计四箱；

十五、元青次广缎，三百五十连，计七箱；

十六、女儿绢，三十连，计一箱；

十七、锁袱缎，二百十连，计五箱；

十八、素杭绫，七十二匹，计二箱；

十九、花绫，七十匹，计二箱；

廿、嘉兴纱，五十匹，计一箱；

廿一、素杭䌷，五十匹，计一箱；

廿二、黄绵，八十匹，计二箱；

廿三、姑绒，三十匹，计一卷；

廿四、羯子，一千四百五十匹，计一十九箱；

廿五、蓝哔吱，三十匹，计一卷；

廿六、桃色线，三百斤，计二；

廿七、屑线，一千斤，计十包；

廿八、同兴红毡，一千八百条，计十包；

廿九、贵顺红毡，九十条，计六十件；

三十、补鲁毡，九十条，计三件；

三十一、硃砂，六百三十斤，计六件；

三十二、银硃，六百斤，计五箱；

三十三、奏本纸，三百刀，计三十篓；

三十四、天壁纸，一百刀，计十篓；

三十五、天蚕丝，一千三百斤，计十三箱；

三十六、水银，八百斤，计十六件；

三十七、大黄，六百斤，计四包；

三十八、棋盘毡，三百条，计二包；

三十九、印地，六百个，计一箱；

四十、砂仁，四百斤，计十五件；

四十一、碗青，三千斤，计二十七件；

四十二、儿茶，四千斤，计四十桶；

四十三、肉桂，一万八千斤，计五百二十七件；

四十四、益智，一万零五百斤，计九千七件；

四十五、茴香，五千斤，计五千件；

四十六、枳壳，七百斤，计七件；

四十七、蛤蚧，八百对，计一箱；

四十八、山药，一千三百斤，计十件；

四十九、良姜，五千五百斤，计五十二件；

五十、牛角，五千二百枚，计五十件；

五十一、角尖，五千斤，计十五件；

五十二、山归来，十万斤，计一千一百件；

五十三、贡檀香，五千八百斤，计五千八件；

五十四、木香，一千五百斤，计九十件；

五十五、西附，一千二百斤，计七件；

五十六、桂枝，一千二百斤，计七箱；

五十七、一百部，二千四百斤，计二十三件；

五十八、全蝎，三百斤，计二箱；

五十九、石膏，七万斤，计四百篓；

六十、肉苁蓉，一百五十斤，计一件；

六十一、大腹皮，八百三十斤，计十二件；

六十二、白藤绿，二千八百斤，计二十捆；

六十三、红树皮，四千斤，计四十捆；

六十四、槟榔子，二百斤，计四包；

六十五、玄胡索，六千斤，计五十一包；

六十六、山马皮，五百张；

六十七、鹿皮，九百张；

六十八、獐皮，一千张；

六十九、水牛皮，八百张；

七十、香羊皮，八十张；

七十一、香羊皮，四百张；

七十二、乌药，一万斤，计一百件；

七十三、蕲蛇，二百斤，计三箱；

七十四、佳章皮，三千斤，计三十捆；

七十五、连翘，一万斤，计八十件；

七十六、沉香，三千斤，计十五箱；

七十七、白铅，五万六千斤，计二千一百块；

七十八、速香，三百斤，计六箱；

七十九、玳瑁，五万六千斤，计二千二百块；

八十、沙鱼皮，三百张，计十五捆；

八十一、洁沙糖，二百二十斤，计十九包；

八十二、三盆糖，二万二斤斤，计一百九十桶；

八十三、冰花糖，一万，计八十五包；

八十四、乌糖，一万斤，计八十五包；

八十五、板糖，四千斤，计四十包；

八十六、泡糖，五千斤，计五十包；

八十七、糖饼，三千斤，计五十包。

钱泰来名下遵依

一、麝香，五十斤，一锡筐；

奉币：

圣庙白糖，二包；

一、补帆布蓬［篷］，二十匹；

一、印花缎，六连；

一、印花白布，十五匹；

存领伙食：

一、橘饼，二桶；

一、魁藤，五担；

一、麻皮，拾担；

一、油酒，六十坦［担］；

一、笋干，三篓；

一、什物箱，十只；

一、锡器桶，二只；

一、食米，五十包。

当年老爹详细过了一遍，*说道："这一本货册是照昨日头目拿去的账一样呢？没有什么增减么？"

"昨日头目拿去的是草账，没有精细，这一本是开得精精细细，通船货物，连那零零碎碎的东西也有。若照昨日的账添得好多了，也是大宗货是不差的。"

*"如此，昨日报过账外的东西，要开一个单子交把我晓得。"

"单子写整整端端在这里，老爹看，今日添出来的，是这几件了。"

方才收过单子，又把人名册来：

寅年第九番厦门船主高隆【陛】元，今将通船人数、年貌、住址，开列于后：

计开： 祝【祀】，同

船主高隆【陛】元，年五十岁，有须，上海人，祀妈姐【祖】；

财副冯吉利，年四十二岁，须，闽州人，祀三官。

总管王大发，年五十一岁，微麻，长须，长乐人，祀观音。

夥长陈长茂，年五十岁，白须，湖州人，祀关帝。

舵工刘必中，年七十岁，有须，长［泉］州人，祀灶君。

板主林之荣，年五十一岁，微须，苏州人，祀观音。

工社方得福，年二十一岁，无须，仁和人，祀准提。

游壮观，年四十八岁，微须，宁波人，祀妈姐【祖】。

姜如辣，年二十三岁，无须，闽县人，仝，祝【祀】准提。

潘思姜，年七十一岁，有须，闽县人，仝，祝【祀】妈祖。

卢茂国，年四十九，有须，崇明人，祀三官。

谢有禄，年三十岁，无须，苏州人，仝。

朱如华，年二十岁，无须，苏州人，祀三官。

郑思利，年七十一岁，有须，苏州人，福清，仝。

许有金，年五十岁，有须，福清人，仝。

董永吉，年十九岁，无须，钱唐人，宁波，仝，祝【祀】妈祖。

赵远来，年十八岁，无须，宁波人，钱塘，祀妈姐【祖】，祝三官。

邹如飞，年七十五岁，微须，苏州人，仝，祝【祀】妈祖。

余三观，年四十岁，有须，苏州人，仝。

张祐弟，年五十岁，有须，苏州人，仝。

金五弟，年三十七岁，有须，苏州人，仝。

褚得利，年三十岁，有须，苏州人，仝。

欧亦安，年四十岁，有须，苏州人，仝。

胡有性，年三十四岁，无须，苏州人，仝。

黄星拱，年三十七岁，有须，苏州人，仝。

郁时连，年三十岁，有须，泉州人，仝。

郭兆观，年四十七岁，有须，泉州人，闽县，祀三官，祝【祀】观音。

郭洋观，年三十四岁，无须，闽县，泉州，祀观音。

牛子钝，年三十一岁，有须，闽县人，仝。

李白裔，年二十九岁，无须，闽县人，仝。

随使杜非甫，年十三岁，苏州人，祀三官，妈祖。

宋旺使，年十五岁，苏州人，祀妈姐，三官。

以上共三十二人。

当年老爹看过年貌册，明白了各项，事情停当，方才别了船主回去。

捧送漂到难船

平户地方捧送一只漂到的唐船来，刘老爹同几个帮当年下了船，*对船主说："你们漂到别岛的船，规矩叫你到王府里，王府当面审问漂到的情由，当年也在王府里等你，通船几十个人里头，留下十来个人在船上看船，其余的都要去，留后的就在船上躧铜板。总管，你吩咐他们留在本船的叫拢来，叫他们拢在一个所在，上岸的只管叫他下了小船，一到王道头，走路的时节，一齐走走，不要放肆。街上你照看大家，要正经走！”

“晚生晓得，老爹不必吩咐。”

*“到了王府了，你们都在这个竹帘里头，不要走出来，仔细！仔细！”方才过了一回［会］，叫大家走进官厅前庭里面来，一个一个躧铜板。*当年老爹说：“躧过铜板的，都到这里来。两位船主，在这个席子上，众人都在后面，手里不要拿烟筒，你们不要坐了，都要墩一墩。”

唐人看见，不多时，王家带领家老、用人到厅上坐，*当年老爹教导船主说：“王家出来了，你要一拜两揖。”

船主拜过，*当年老爹传了王令说：“你们唐山在什么地方？某月某日开来？通船几十几个人？在洋中遇着什么风暴？漂到那地方？那漂到的情由，详细报出来。”

“晚生通船五十二人，二月初四日在上海开驾，一路顺风，走了四五天，已经见过山，那里晓得，到了二月十一那一天，忽然间起了一大的西风，把船几乎里打翻了，险得了不得，没奈何回马闯，一径收到普陀山地方。本月念二日好风，放出洋来，走了七天，刚刚驶到口外来，又是一阵西北风，要收也收不进，打到大村地方，才得抛锚。前日早上求小船捧出来，今朝才进了港。”

*当年又问说：“你们众人在那个地方，谅必兢兢守法，不晓得同日本人有什么私下买卖生意的交关么？”

“没有，没有，晚生年年来过，晓得国法要紧。”

*又问："你在那个地方讨什么水菜，有没有？"

"没有，不过讨了三儎水，鱼菜是从没有讨过。"

当年把这个情由回覆了王家，*又传王令说道："王上吩咐你们在河下着实守法要紧，再过两天，叫你起货上岸。"

"多谢王家。"

当下当年叫众人退去，等得众人退去了，船主又起身拜了又揖，就退了去。再叫出打破船的船主来，那船主说道："晚生这一遭受苦，一言难尽。前年发船到暹罗买货，都便了，五月里起身，赶到贵国来，到了半路，竟没有好风，无可奈何，收在福建。今年四月里开船放洋的，第二日起了东南风，那个风大，也大得狠，把船翻来覆去的一样，说起来唬杀人，正直［真］的魂魄都飞散了。后来被风失去了舵，本船只管滚，所以砍断了大桅，丢去了上面的货四五百件，才得船也轻浮了。各人口口声声求菩萨，随风飘流。第三日飘到日向国一个地方，大家才得放心。那里得知那个海洋底下一面的石礁，把船一碰，船底裂破，满船都是水，一霎工夫，船身破开了。那时亏得地方人看见了，也不怕风波，急急忙忙发几个小船来，救活了通船人众，得了性命，不过是空空一个身子，那里还想什么？后来报到那地方的王家，发出许多头目来，拨夫捞起了海里的货，一边搭起蓬［篷］子，给晚生们住了，送米粮，送衣服，看顾晚生们，又叫几位头目护送过来，救有今日，皆出那王家的恩典，晚生铭心镂骨，生死不忘。相烦老爹，把这情由禀禀王家，怜恤晚生受了千难万难的穷商，开个天高地厚之恩，周全晚生，救一救。"

*"我禀过了你的话，王家说你命运不好，一连逢着这样大

难，听你的说话，伤心得狠，还是幸喜得了性命，算得好事。既是这样的难商，自然格外周全你。你且进馆，放心养养精神，倘有什么不便当的事情，只管来讲。”

“多谢！既蒙王家好意，晚生今日重见天日一般的了。”

护送日本难人

“此番晚生的船上，护送十三位贵国的人来了。”

*“我早晓得你带日本人来，不晓得他们怎么漂到唐山呢？唐山是什么地方？”

“晚生听他说是日本仙台人，通船十三个人，旧年不知几月里遇风，漂流到了唐山的地界，依旧料理要回旧路，不晓得针路，走转来，走转去，后来一连几遭，遇着大风，断了大桅，失去了舵，把船打到花山地方去，打鱼的小船看见了船，也是各样的船，人也不是唐山人，渔夫看见，怕起来了，不敢上前。日本人看他不来，拜了哭了，把手势做求捧的模样给他看，才晓得是难船，即忙回去报知舟山，那舟山的讯地官来，捧进他的船收口。后来舟山的总兵衙门报到宁波府，知府叫巡检使押送他们到宁波地方，来知府报到。巡抚、总督上司各宪启奏朝廷，奉了旨意，吩咐晚生的财东信公兴家里收养，拣一间房子给他住了。那十三个人里头八个人旧年六月起害了排子病，官府差个大医来医他，有二十天工夫，才医好了。今年朝廷旨意到宁波，所以总督抚院发文书，知会太守送他们回国。知县衙门发一道咨文，吩咐晚生船上护送过来了，朝廷也有给他皇赏的银子，船主是十两，其余每名三两，是个布政司库里发出来的元宝银，后头至尾看顾他们，无所不至了。老爹好问他们。”

＊“晓得他们船上有什么货么？”

“货是那臭腌鱼、海带、烟叶这三样，里头盐鱼、海带两样是烂掉了，没用头，所以在唐山替他卖了，还了铜钱，把他收了船，也是发漏，修不得，问他变卖，允了六十两船价，把元丝银还了他。那个烟叶是好的，不用卖，就是晚生替他带来。他还有几个行李，一并装在官舱里。”

＊“在唐山替他通话的人，有没有？”

“正是，有一个姓王的。”

＊“个么你们两个人，也同日本人到王府，要见王。这一封咨文我就交把头目拿去。”

“悉听老爹尊裁。晚生再有一句话，此番本船带有万把银子的余货，这个是各衙门替他十三个人办事情，未免多用去了使费，故兹叫晚生带这个货来求卖，要补补自家的空，拜恳老爹周旋周旋！”

＊“晓得了，但是你也知道，这里目下生意狠拘缩，什么事情都是难做，虽然如此，这一遭的事情时常那里有，我想王家也是格外待你，你要动张呈子来看。自然，我也要竭力帮帮。”

“多谢，借重！借重！”

方才船主带日本人上岸，到了王府，唐人同日本人一起跪在厅下，＊当年老爹传了王家的说话道：“此番本国的人漂到唐山，多累了你们留心看视，送他回来，今日平安进港，王家多少欢喜了，你把他们漂到唐山的情由，大概讲一遍，那详细的话，明日再叫你们来问。”

那时，船主把那个情由摘讲几句，当年老爹回覆过王家，叫唐人仍旧回本船去了。

本船起货[①]

天还不亮的时候，到王府里迎接头目，一同下了本船。一到本船，叫出船主，见过头目，叙礼过了，*通事高声叫道："大家点人了，都要走拢来，这里人太多了，要点人也点不来，且把货库里去的分拨几十个人，下了小船，才得好点。"

"是了，老爹。"

*"分伍十个人货库里去罢，你们走到船尾来，点过的船头去罢。通船多少人么？舱里猫篱有人没有？"

"有的。"

*"都要叫拢来，一个一个慢慢来，不要挤紧点错了，再点可不是费事？"

"是了，晓得。"

*"才才点过了人的时节，少了三个人，不晓得在那里，总管，汝去查查。"

"老爹，查有了一个是有病的，在官舱里，不得走出来，老爹叫两个夫子扶他出来。"

*"再少的两个人呢？"

"也在，可恶他两个，晚生一周遭去寻也寻不见，那里晓得困在猫篱才起来了，教晚生气得了不得，于今都齐了。"

① 此处天头注曰："静本以下作卷二。"

＊“总管，货库里去的人不要太多，若是去得人多，后头没人押货，大大不便，先教二十个人去，余者的且停一停。管钥匙的，先去开开箱笼的锁，我再同你商量，你的船货也多，所以船尾两边起细货，水仙门起粗货。你看！左首的水仙门傍［旁］边灶也砌在那里，弓蓬也搭在那里，碍了不便起货，我意思要拆开去，使得使不得？”

“使得的，但凭你放掉了去罢了。”

＊“船主你过来，你叫他们搬出上用物件、账箱、人参，都摆在头目面前。”

“晓得，已经搬在那里了，服用人参也放在账箱里头，那几样带回去的铜钱、银子、镜子、念珠等样，都在上面。”

＊老爹问：“总管，晓得于今你船主、财副正好到货库里去，我要同你去，你且到头目面前来讲两句话，你众位里头留一个老本的在船上，为什么呢？这里起货的时节，粗、细货物起在上面，有记号的好认，没有字号的认不出来，那时好问你认一认。”

“这不用，晚生们在这里，总管留在本船，什么事情问他，都明白。”

＊“个么就好了，凭你去罢。”

“小头目、插刀手等，在那里，有劳老爹，晚生去了。”

＊“总管叫三个人押货去，如今起了三儎的货，你叫三个人分开三个小船押货。”

“晓得，就叫他去。”

＊“这个铺盏［盖］的包皮破了，恐怕夫子偷了去，你寻一个空箱子来装好了去。再问你，那一件箱笼是什么东西？外面看

不出。”

“这个就是衣箱。”

*“那一件是什么?”

“那一件是疋头。”

*“这一包什么药材?”

“这不晓得什么，晚生也认不出来，破一点看看。”

*“总管你看，太阳照在头目的头上，你有布幔遮在上面才好。”

“布幔是有的。老爹叫夫子搬出来遮遮日头。”

*老爹:“于今人都上岸了没有?”

“一个押货，拜恳老爹写信到货库里去通知船主，拨几个人下船来。”

*“才斯我写信去了，还不见回报，怎么样好?”

“罢了，不用押货，吩咐街总管留心照管照管。”

*“这那里使得? 插刀手不肯依你，定要叫你一个人去。”

“这样就没奈何了。”

*“且慢一歇儿头里去的，谅必就转来，略等一等。”

“老爹，于今货物一大半起去了，好请娘娘。”

*“且慢些，上面还有许多细货，堆满在那里，没有所在空着，况且货库里去的小头目，也还不曾转过来，插刀手也不得空，我留心在这里，不必你来催我。这个地方空了些，我就叫你去寺里。几个人去么?”

“六个人去。”

*“街总管问你，说本船几个人吃饭?”

“你通知他好打点了，在货库的不要算，那边另外有的，本船不用多，只要十个人的饭，你老爹吩咐他办了十个人的中饭来就好了。”

＊“你教寺里去的先吃饭。”

“晚生大家早起，还不曾吃饭，肚里饿坏了，一同吃吃罢了。”

＊“请菩萨的吃过了饭，通知我一声，就教你请菩萨。”

＊“上去旗有几条，凉伞几把，金锣几面，都要通知我，这里记账子。请娘娘的时节，要子【仔】细脱了鞋进去，不要碍着头目。”

＊“总管我替你说，他香工束腰边的红纱，那个是整疋的，头目不肯给他拿去，你叫他解开来，放在这里。”

“老爹替晚生禀头目，那个是各船都有得拿去，止是晚生的怎么样不准拿去？”

＊“这个你记错了，各船有是有了，那里是整疋的？不过是五六尺一块的，好做腰带，照你这一疋长的，那里使得？”

“这一条也不是整疋的，也是截断的，千万老爹替晚生禀禀头目，给他带上去。”

＊“我禀过头目，头目好意准他带去。”

＊“你且慢些，那个红纱上面缚一个牌票去。”

“老爹，这里要开开，香工使捧了。”

＊“总管，船上有活猪带来没有？”

“船头第一个舱两边盖板底下有三口活猪。”

＊“这个为何到于今还没有宰呢？当年也不曾通知你么？于

今活猪是不许你带进馆，你们拿进去，养在里头污秽了地方，所以一概禁他，不许带进馆，前番几个船带来的活猪，也赶出外头去了。”

“晚生不晓得，昨日当年老爹也没有什么话，若是早晓得这样的缘故，昨日就宰了。”

＊“既然这样，今日且带进馆，明日就杀了罢了。这一件事，你在这里说也没于［用］，你到货库里同船主商量，禀他货库的大头目，听他的主意便了。”

＊“总管，你来写草包索。据他夫头说，你的船粗货也多，草包、草索比别船用得多，你写草包八百只、草索三千条。”

“岂有此理！那里用得这许多？正真的鬼话，好笑！”

＊“这个依他写，不干你的事情，你们夫费银子，是看港门，都有定例，要少也少不得，要多也多不得。从前这一宗夫费，总归本街收，新例以来，一概归会馆，看他本街用的夫费有多少，明明白白，叫他算清记账上，用一两还一两，用二两还二两，照账上的银额，会馆发出银子来，来把他收去。因为本街的夫头，巴不得要多写去，要多收两分钱，你多写一分把他就是，你一分的情，他不过是讨你的情，不是讨你的银子，你由他写打印板，给他这样就好了。”

“老爹吩咐，晚生不敢不写了。”

＊“总管过来，我替你商量，据他插刀手说，一个夫子在舱口上失脚跌倒舱里，跌伤了一只手、一只脚，满身痛得半生半死在那里，你也晓得，他一天身工不过钱十个钱，回家那能够买药吃、买膏药贴？你做一片人情，送些零碎东西给他，算得大大阴

工［功］，救得一个人了，你可以做得主意么？”

“老爹这句话不是了，晚生不是赶倒他跌下舱里去，自然不仔细，失脚伤了身子，也要教晚生陪【赔】出东西来，是什么道理？”

＊“不是这样讲，他情愿到你船上来，不造化逢着这个田地，那有敢怪你的道理？我也不是强要你的东西，眼见得可怜他伤坏了身子，若不去救他，明旦定废做残疾之人，做不得生活，一家几口，妻子免不得饿死，我想这苦境惨得狠［很］了，所以求你的情分。你也飘洋过海来的人，做下阴工［功］，破些钱钞，也是好事。”

“既是老爹这样说，也罢了。停一回【会】，晚生看看有什么东西给他拿去。”

＊“这样你的好意，连我也领你的情了。”

＊“插刀手说，那中间舱起糖包的所在，几个弟兄围拢在那里，打骂夫子，插刀手不便照看，你去叫他弟兄们退开，教插刀手照看照看，倘有什么夫子们不正经的事情，只管对我讲，我好问他插刀手算账。”

“阿呀！那里？那里？老爹不要听他，他骗你说的，你看，晚生没造化，今日偏偏逢着这样利害的夫子，药材、糖包漫好好的，逐包割破了，你来抢一块，他来偷半包，都是弄得零零碎碎的，可怜唐人用了血本，买几件货来，白白里吃他们拿了去，苦呢不苦？夫子做下这样没天理的事情，插刀手怎么不禁他？自家眼睛也不瞎的，也在那里呆呆的看，竟不做声，又不去骂他、打他，所以弟兄们也啰啰唝唝发作起来，晚生也依不得，老爹也不要管他。”

＊“这正是你道理话，我都晓得，所以我才才对插刀手说，唐人是倒也晓得规矩，凭你什么事情，百顺百依，但是你也想想看，飘洋过海，不是为顽耍而来，只要撰两分钱，单单撰不出钱也罢了，吃亏是实在吃亏不得。我看今日夫子的偷法是凶也凶得狠，你做插刀手的该禁他，不该由他放肆，你怎么不留心照管？因为唐人也闹起来，这怪不得他的了，我若依不得你，你有什么话说？这一遭我且依你，叫总管吩咐弟兄们歇歇手罢，也是仍旧一样的时节，我再不理你。他那插刀手也被我说破了，都会意了，你且依他。”

“好呵！好呵！老爹说得不差了，老爹吩咐夫头说，舱面上有几十块板料，收拢来并在一个舱里，还有船头两边的几根大竹杆，两个椗身，一副椗齿，都要起去。”

＊“晓得了，我也正要问你那两条棕索，也要起去么？”

“一条是起去，一条是留在船上就是了。明日倘有什么风爆【暴】的时节，必有用头。”

＊“也是，留一条罢了。”

“千万老爹吩咐街总管，说这一条索路，万万不要斩断。”

＊“这不用你讲，留在船上的索路，量量看有几十托头尾，教你结一个封皮，交把本街收贮在那里，再没有斩断。再要三条船坞上用的索路，也交把他。”

“这个都有的，相烦老爹说，潮舱里头有水，教守番明日起，天天打水，要紧！要紧！”

＊“总管，我有一句话不好说出来，你依我不依我？你若不

依我，我宁可不开口，一开口的时节，你若肯存我的体面，我也好看。”

“老爹为何这样说？晚生有什么不遵命的道理，只管讲讲。”

*“不是别事，本街的夫头，今日狠用心做生活，所以该两天起的货，一天都明白，我意思要赏他些酒钱，教他买酒吃。恰好舱里漏散的冰糖，有一个草包在那里，一半都是灰尘，你拿去也没用，放在库里，也是明日都散掉了去。你听我说，把这一包赏给他，充得酒钱，使得么？”

“老爹又来了，这个决决做不来，今日晚生的起货最吃苦，夫子偷去了许多东西，夫头有什么留心处？晚生不教他陪【赔】出来，还算得好事，那有赏他的道理？”

*“你说起这话来，我也不好劝你，但是不在乎你一只船，各船总有这个例，你不要看他用心不用心，只看我面上，看破罢了。”

“老爹这般说，晚生也不好强，给他拿去罢了。”

*“个么我要禀头目，你也来讲两句话，于今船上都明白了，你也上岸去，这两捆旧毡条，也有花的，也有柳条的，也有氆氇的，点明白了条数，规矩是交把本街街官送到货库里去，就在那里验验看，才把你收去。”

“正是，晓得。”

*“你过来谢头目。”

“多谢头目辛苦。”

通事传过了话，方才叫唐人下了小船，到货库里去，后头通船舱面盖好了，通舱结封停当，一齐告辞，头目回去了。

货库

“今朝刘老爹这里值日了，晚生今朝出来相挈起货。”

＊“相帮的几个人出馆？”

“是八个人出来。”

＊“这个船是你的伙计船么？”

“也不算得伙计船，这个船是钱家、杨家、毛家合伙三股发的，晚生财东、东家也有分。”

＊“船主那一个？”

“就是旧年八番船主王三官，副船主是新来的赵六官，做财副来了。”

＊“既是他两个老本的来，最好了，你们家信收到了么？”

“还没有收到，所以晚生们出来，一则帮帮他，二则要接家信。本船人上来了，晚生到水门去。”

＊“你到水门，教导他上来的人，说搜子来搜搜身边的时节，凭他搜，不要啰唦。他们众人提在手里的，挑在肩上的这些少家伙，交把夫头，搬到这里头目面前来，就在这里验明白了，仍旧把他拿去。”

“晓得了，晚生通知他们就是了。”

“老爹，那个手炉、红珠两样，为什么不把我呢？”

＊“这个使不得，手炉也旧的是给你拿去，这都是新的，今日一并归库，明日清理起来，卖的是卖，求领的是求领，那时才定的了。你且进馆，教船主开个单子求领，才准给你的。”

＊“船主上岸来了，你过来见见头目。”

“老爹，才才上来的二十个人，都是搭客，其中也有病的，求头目先给他进馆。”

*“我晓得，就叫他去这里，人多了挤也挤不开，何必这许多人？什么要紧。走（退）开！走（退）开！”

*“张三官，你吩咐他们说，开锁的两三个人在傍［旁］边，一面开锁，一面照管就勾【够】了，教大家不要走拢来。”

*“那一个皮箱为何不开锁呢？这两件竹笼也锁在这里，你若没有钥匙，把斧来打开，不妨么？”

“老爹且慢些开，晚生去查这个主顾来。”

*“快去查来，担阁【耽搁】不得的哩！”

“老爹吩咐夫子，箱子里衣服放好些，不要乱放。”

*“我晓得，你不要自己动手。”

“老爹吩咐，他倒在地上的丸药，仍旧装好磁瓶里头，散在地上，正真可惜了。那一件被，为什么不教晚生拿去？”

*“这那里使得？明明瞒人家的眼目，你看被面是一疋正块的缎子，里面是一疋的绵绸，这个手段，冒不得去，你们这样弄巧的做法，不但害自己，就害众人了。”

“为何呢？”

*“插刀手的眼睛里，看见一件被做得这样巧，第二件也只说是这样的，只管留心查验，不用解开的也解开，是你说难为人不难为人？大凡你们的做法，是自作自受，怪不得我们的了。前人这样做坏了，后人难道不受累？”

“正是。老爹说得不差，这做得不是得狠，于今不敢求了。那个扇子、湖笔自家用的，替晚生禀禀头目，给晚生拿进去。”

＊“这两样也太多，这几百把的扇子、几百枝的笔，一时间那里用得起？今日且并在结封箱里头，明日分做几回，慢慢领进去。头目也不是强要你报卖，不过是存个规矩的意思，晓得么？”

“那几套的书，也不准拿去么？”

＊“那个我已禀过，你自家看的书，准是准了。这些书籍，通例送到圣庙里，去叫他验验，验过明白的时节，当年禀王府发一张票儿，才把这书送到馆里来，交把你了。”

“也好，也好。”

＊“今天求领的伙食有没有？”

“有了。”

＊“我把伙食单叫你抄抄。”

“细纱都没有么？”

＊“那里有？你晓得新例以来的船，那一家上番有疋头？没有疋头也罢，还有几样狠【很】仔细的事体，我们替你禀的伙食单的数目，长崎会馆打掉了，样样都是减下来，两包糖减一包，五斤药材减四斤，磁器、锡器是头目看过，旧家伙是准给你，若是新的，不把你拿去，你说子【仔】细不仔细？”

“那两套都盛盘，相烦老爹禀禀头目，给晚生拿去用用。”

＊“我禀过了，头目回你说，不在乎这一件，除了王家准你单外的东西，现在这里所求，一概都不准。头目也是奉了王令在身上，所以不敢擅自做主。明日你求求当年，禀到王府里来，再没有不准的道理。头目回府，也要禀王家，你也催当年赶紧上呈子就是了。”

“阿呀！今日正真不如意！”

＊“你说的几样事情，我替你禀，一样也不明白，好个没体面。”

“这老爹什么话？老爹看顾晚生，什么事情都肯讲。”

＊“头目不肯也没法，目今比不得早年，时候不同，一概事情都是难做。”

“这晚生都晓得的，准就好了，不准就罢了。”

＊“头目叫我说，你们行李里首的斜文布，本该叫你都要报卖，也是其中你们做衣服的，也该有的，所以每一个箱里两疋，是给你拿去，其余的都要报卖就是了。”

“也罢了，由他头目的主意。但是这个是众人的小货，一起乱放在箱子里，明日不好认出来，晚生要记记号，各人一个票，签记在上面就是了。老爹教夫子不要并做一块，等晚生写票签。”

＊“船主、财副过来，你看这里一个小木箱，一个夹板箱，倒出来打破一看，藏货多得狠，箱子四面连底板挖一个孔，塞满人参。又有才斯打破一个酒担，重底里头都是水银，头目看见了，大大疑心，说：这不是弟兄们没有本钱的人所为，一定你们公司里的人。我回覆他说：并不干公司的所为，这总是弟兄们的私弊。头目叫你现要查这个本犯，要报他的名字，来把这本犯寄在你身上，你要留心照管，不要叫他出门，明日王家一定审问。”

“正是，老爹说得不错，弟兄煞野的做出这样歹事，累及晚生，老爹周全晚生。”

＊“回覆头目，这在我，你放心，我替你禀头目，头目说：据你说公司的人晓得国法，守着本分，但是你做船主的不精细，带了这样歹人来，一个稽察不精的条律是免不得的了。也是看你

老实报出来，我禀禀王家，周全你一番，将来要留心，不要胡乱带这样的人来。”

“多谢头目好意！”

“老爹，又生出一件害晚生的事情来了。本船弟兄有三十包人参，五十斤麝香，在河下该报的不曾报，刚才对晚生说出来。昨日晚生叫通船的人，问他你们有什么不报账的小货，都要报出来，若是私下做个不正经的事情，明日露出马脚来的时节，我做船主的不敢做情一周到。教总管吩咐过了，也不开口，到这个田地，自家没主意才来说。老爹，你说气不气人？老爹看晚生薄面，禀禀头目，他本人初来，不晓得法度，老爹方便，教他报卖。”

＊“我禀过了头目，也是一时主意不来，今日且归在库里头，听王家的主意。旧例自诉的人参二八，八分是没官，二分是把你，但不知这一遭怎么样发落，于今还是定不来，连本都没官也没凭据，你也不要做拿稳的打算。”

＊“财副，你叫一个人到验粗家伙的所在去，那个所在没有人，求领伙食里头的杂物箱、食物箱没有人理，凭他们做一起。倘若搬到库里头去，又要搬出来，多一番工夫，早些叫一个明白的去。”

＊“这一包锅飽，也要领进去么？”

“自然要领进去，若是放在库里头，白白儿被老鼠吃掉了去。”

＊“刚才船上的头目写信来，通知这里的头目说，本船的货起到五六分，还有四五分的货不曾起，此刻潮水退了，小船也不得过来，若等潮水长，天要晚了，所以今日且歇了不起货，本船

寡有一个总管在那里，没有人看船，你叫几个人仍旧下了船去。”

“晓得，叫十个人去罢。”

“老爹吩咐本街，本船明日早上吃的饭，也要送过去。验过的行李，于今要搬进馆去。你叫几个人押他去，路上留心照管”。

*“船主你过来，看这一本薄【簿】子，是今天你们领进去的伙食，账上要你自己写个某年某番某港船主某人，打个印板，还要件件东西上头，每样要一个印板。”

*“财副你来，写三张票，这个是各船定例，告示夫十五名，便道夫十五名，值日老爹、管家，也要二十名。”

“这个要问船主才写。”

*“这不用问，前船、后船都有得赏，依我写了，叫船主打个印板来交把我。于今库门也封好了，你们好进馆。你讲两句话，谢了头目，明日出馆几十个人?”

“三十个人够了。”

*“你开一个单子来，我就送到当年那里去。我忘了一件事情，不曾通知你，你承办的玉带一副，《打猎图》的手卷一轴，今日归会馆去了，你也要记一笔账。如今件件事情都明白了，恭喜！恭喜！明朝再要见见。”

“多谢老爹辛苦，晚生进去了。”

清库，又曰清货。

*“开了库门，货都搬出来，你们到库里去清货，例有三个所在，也要分人去。在库边的头目，是管除包，水门上是清湖丝，间壁水门是理毡条。这三个所在，都有人么?”

“都有了。”

* “船主怎么至今不出来?”

“就来了。早晨规矩请大家吃面，因为他陪客，所以迟了一步。”

* “你们过来，见见头目。馆里几个人出来了么?”

“五十个人出来。”

* “你们脱去的外套，一并放在这个箱子里。今日那一位管疋头?”

“是谢子庆兄管细货，请过来坐坐。”

* “这一宗疋头是什么?”

“这一宗是五百疋的三套纱。”

* “看疋头说，一番双袍纱，十捆里头看到七捆，是一包的货。这两捆货色差得远，字号也不同，这两捆要插番，插作二番大白纱就是了。”

“那里差的货?是一色的货。若是说起来，字号就是德隆字号、天锡字字号，自然有两样，货是本来一个行里的，再没有差。”

* “据他说不是这样的，外面看起来，像是一色的货，秤起来看差得多。那德隆号三十八两重，天锡号只有十九两重，差也差得狠!”

“你记一番五十疋纱里头，取样二疋，二番里头取一疋样。”

* 老爹问他说:“一番纱长有几丈?阔有几尺长?”

“有五丈二，阔有二尺。”

* “这一宗新式的纱，也不比两三年前，货色又底【低】,

长阔虽是一样，地素这样稀薄，你不要想前日的价。连西纱是还好些，比前船的货色略高些，看疋头这样口好，必有好价。据他看疋头的说：批价正真难批，旧岁六个船，秋帮的生意有这一宗纱货色好了，所以批出好价钱来买，后来你们得了这个味道，就作怪起来，货色低了一层。今年春间带来的，都是低货，比旧事的差得远，你若想要照旧的价钱，再不能了。”

“老爹不要信他的鬼话，旧年敝伙计带来的，也是一个行里一起买，没有两样。今年几个船带来的，是有一个缘故，因为今年头蚕不好，所以颜色不亮，他说不好，其实不是不好的，那个且不要讲，晚生的并不是今年的新货，就是旧岁买下的，那里有两样？老爹问他这一宗细好不好？”

*“也不大好，这一宗字号陈三房，倒也旧年冬里来的严二房高得多。”

“老爹，这一宗原是同号同货，也要插番？”

*“有几个人的在里面插到五番，才是了。看疋头说：这个不用插番了，价钱没有两样。”

“这个晚生也晓得，但是有一个缘故在里面，明日出货的时节，也有霉的，也有潮的，也有尺头短的，老鼠咬破的，商人退回来，一到那时节，你推说我的，我推说他的，未免多一番口舌。老爹再求他，定要插番。”

*“那一箱缎子，没有箱票么？”

“老爹叫夫子查查，颜色不用分开，照票上都有得记。”

*“个么你念起来，我叫看疋头打抄账。”

“鱼白十疋，宝蓝四疋，古铜五疋，月白三疋，天清九疋，棕色二疋，大红七疋，淡绿九疋，油绿二疋，松花三疋，牙色六疋，元青四疋，官绿二疋，沉香色二疋。”

＊“都抄过了，每一疋拿去做样，你也记记账。姑绒是本色的多，这里本色是不行。羯子是本色多，也使得。砒花线也是黑的多，你看上面是好看，中心都是黑的。你们做得这样巧，大大不是了。明日讲价的时节，不要怪我预先教你看，晓得在这里，明日好对你说话。”

“这个晚生也唐山吃骗来，看了一两包，其余的连大包买了来，原来这样作弊，明日回到唐山，也可以追原主陪［赔］出来，阿呀！正真没有天理！”

＊“天鹅绒是本来算每一尺几钱，量尺卖，这一宗也不用一疋不用[①]一疋量起来，你拣出两疋，商人拣出两疋，共四疋量一量，余者的都要牵算。明日出货的时节，也要照今日的量尺交出去。”

“老爹不要这样算，若是往常带来的，自然这个算法，此番晚生带来的剪绒，不是这样，长短大大不同，一疋一疋要量的。若果然有大小不同，分开大的几十疋，小的几十疋，插做一番、二番，也要牵算。不然，这许多疋数，一疋一疋量起来，一天两天也不得完，也好依老爹的主意。”

＊“如今要秤屑线，这一宗屑线狠［很］不好，潮的多了，包子也是潮的，包子上，你要做些生意，要秤得重些，蚕丝的藤线，也要除一把就好了。他看药材说：这不用秤了，三根藤，两

① “不用”二字疑衍。

根麻索，算二两罢了。”

“没有这样多，这是他漫讲的话，晚生依不得他”。

*“个么，你谋量有多少重呢？”

“据晚生谋量，多也七八钱头一两是有的。”

*“这个你也慢【漫】讲，那里差得一陪［倍］？你说一两，他说二两，竟是走不拢的盘子，让我中间的人做主，一两六钱罢了。”

*“家老说：这一只黄铜的香炉，原是你求领的，因为这个样式好得狠，明日王家要取也论不定，你领到馆里首，且不要动，好端正放在那里。”

“晓得，这个晚生房里用的家伙，那里敢动？若是王家要的，悉听几时取去。”

*“头目又问那一只磁器，青花的花瓶，今日且归在王取箱子里头，送到王府一看，王家不要的时节，仍旧归还。你若是要的时节，取去也不妨么？”

“使得！使得！”

*“我问你，花马是那一宗里头拿去呢？”

“就是这一箱里首，有红纱五疋，还有结封，箱子里的绵纱一疋，绵细八疋，每人一条，六尺算，一共九十条，正够了。”

*“那几疋红纱不报卖么？你在河下开出来的货册上的疋数，是减不来了。”

“这自然晓（得）。”

*“这一宗不是货册上的，河下报是三百疋，六只箱子，五箱是每箱五十疋，又一箱是五十八疋，可不是多了八疋？”

“老爹通知他，这五疋索绫，两疋常紬，一疋绵紬，都是印花的，那大块的崇明布，是补篷的，广缎、羽毛绒、贡紬，这三样原是做衣料的，明日晚生带一个裁缝出来裁断了，领进去。”

*“头目问说：这一块砚石，是好石头么？若有好的十来块，阁老衙门里要取。”

“这几块都是端砚。”

*“是那里出产的？”

“就是广东端溪的出产。”

*“如今要理小家伙，你记记账：菩提珠一百个一串的五串，锡戒指、锡船、锡叫鸟共一千个，寿山石的平安罐五十个，烧料的沙药瓶八百个，磕蓝的四十个。今日求领的伙食单里头，不见了几件东西，一件饮片箱，一捆草纸，一件南货箱，寻不出来。”

“那里有寻不出的道理？老爹吩咐他再去看。”

*“我叫本街财副三五次到库里去寻，至今不见得有。”

“只怕装在货底，那草纸寻不出也罢了，杂物箱里头有几样要紧的东西，是那菜头、快[筷]子、碗碟，平日里少不得用的家伙。”

*“这个你记错了，前日起货那一天，有了这一只箱子，本来伙食单上也没有开出来的，你临时求头目领进去了，你且到馆里再寻寻，本街账上记得明明白白在这里，再没有差的。”

“不差就好了，前日领进去的东西，也还没有清理，或有也不可知。”

*“我问你，这三幅手卷，一幅单条，五匣象牙烟别子，三

个香盒、跳高竿、取耳筒、琥珀如意、白玉界方、宫扇、官笺，文衡山的法帖书画的册页，还有赵子昂的《八骏图》、仇英的《兰亭记图》，这几样是账上怎么样报法呢？”

“这都是龚胳中寄来，预备上用的，晚生倒也不晓得他怎么样报。老爹，本船带回去的大结封箱是什么东西？”

*“是铜钱、银子、鸟枪，不过这三四样，另外没有什么东西。”

“老爹，对他挈理街官说：这十张香牛皮搬到库里去，不要放在底下，这个东西，老鼠狠［很］喜欢的，一看看见就咬，破了不中用的，吊在梁上，才放得了。这几件零碎不要将油纸包，拿一只日本木箱来装装才好。”

*“结封箱都明白了，要对对账。”

“今日对不得，老爹叫他明日进馆来。”

*“他说明日来不得。”

“他的账也还是理不清，且宽一天，后天一定进来。”

*“徐八哥、财副你过来，除包、草包、革索，是照常的斤量，木箱是八斤五合，还有秤白铅的台子，也没有除过，竹篮是三斤半。”

“这不用秤么？”

*“也要秤的。”

“老爹叫他来秤秤。”

*“甘草包、白术包、枳壳包、沉香箱、木香袋、硃砂的纸包，麻线水银的竹筒、磁瓶，都没有除过，我通知看药材就来秤，你在这里除糖包。”

“老爹，那里有这样做法？”

*“这个麻绳，每包那里有呢？丢掉了罢！竹叶也还要叫夫子抖好。”

“好！这个商人大便宜，晚生拣的包子也狠［很］小，又是这样干燥燥的，他的是一大的潮包，潮的湿搭搭的，老爹叫他秤法要公道，不要照前一样利害，这个商人凶得狠！老爹你看，天下那里有这样除包的法则？晚生也不管，单单自己讨便宜，只要不多不少，正经的做法。你老爹也看这个秤头，依得依不得？他也生意人，晚生也是生意人，生意是要公道，不公道就没有天理了。”

*“你且不要性急，我也有眼睛看，在这里叫你吃亏，也做不来，叫他便宜，也使不得，我有主意了。你凭他秤，不要争。”

“老爹不要难为晚生。”

*“我明白，在这里你放心，你放心。茶壶要插番数，大的插做一番，这一宗方的插做二番，六角的三番，圆的有花有八卦的四番，寿山石的孩儿共五百个，还有笔筒、笔架、板画、西洋小刀、红小鞋、棕拂尘子，都记上账么？再有二十枝提笔，一百枝水笔，三百挺［梃］徽墨，这一宗墨也要插番，锦匣子的八仙墨做一番，十锦墨做二番，于彼朝阳做三番，还有朱墨、紫墨、引线、白缨、红缨、十锦标、宜兴调羹、小碟、扇坠、香装、紫金锭，腊丸是琥珀丸、苏合丸、益母丸、宁坤丸、清心丸、乌金丸，也要每样分开包数，玻璃镜十五面，明瓦灯三十只，柳瓢七十个，手炉是双提的八只，单提的二只。”

*“锡提壶暖锅也是报卖么？”

“都卖的。”

“老爹，晚生在河下的时节，货册上也已经报过，有几宗送寺的东西，今日出不出？”

＊“我还不曾禀过头目，不知送那一个寺里去？”

“就是送兴福寺的。”

＊“是什么东西？”

“是一个磬，一件道袍，一个木鱼，一只竹卓，三包冬笋，十套花笺纸。”

＊“我禀过了头目，还没有晓得。我问他会馆执事人，说：送寺物件，几天前年交司禀是禀了，王家不曾准下，若是今天不出，谅必插番那一天出了去。”

＊“王五官，你来看点毡条，这几捆都是三十捆么？若是不差，不用每包打开来点数，点了三四捆罢了，余者照样算罢了。”

“正是，不差的不用点了，晚生拣出两捆，看疋头也拣两捆，共四捆罢了。”

“老爹，这个红毡，原是山西客人拿来卖的，不是照常的洋货，叫他留心看看。”

＊“胡一官，我有一句话，你肯听我么？”

“请教什么话？”

＊“客船通例，把三百斤白糖送本街财副、总管、夫头，你也要照例送给他去。”

“晚生也是，自然送是送的，但是本船的糖有限，给他二百斤肉苁蓉罢了。”

＊“不是，不是，这是各船的定例，有糖的船，那一个不送

糖？若没有糖的时节，或可把别样的东西也送的。这三百斤糖，你元价也有限，他们讨了糖拿去，比别样的药材略有些便宜，所以他们在这里苦苦求我。”

“那个老爹不要理他，这是晚生送的礼，送礼那有嫌好嫌歹的道理？他不要就罢了。前日三番船，是送一百二十斤的山查子，晚生的比他好不好？”

*“三番船是不知什么缘故，我没有晓得详细，前船四、五、六三只船都是送糖，你也要照他的样子，不然我也脸面不好看。你肯看破，当真我受你的礼一样的。”

“老爹这样讲，晚生不好推托，依老爹给他去罢。这个实在看你老爹面上送的。”

*“领情！领情！个么你开一张单子来，那写法是：

一白糖　　三百斤。

以上今欲酬送本街财副、总管、夫头人等，以为谢劳，不敢擅使，切兹上禀。

某年某番船具。”

“老爹吩咐晚生写是写的，一定要今日么？等到出货那一天，给他拿去，也不为迟。”

*“不是这样规矩，清货这一天禀了，等插番出货之日拿去。”

“老爹，晚生经手的事情都明白了，相烦老爹禀禀头目，三个人先进去。”

*“且慢些，一次两个人，一次三个人，累次不好劳动小头目，若要去，再加三两个来。”

"晓得的，晚生寻得看老爹禀五个人去准了，你跟他唐人番去。"

*"船主，你来谢头目，如今库门也封好了，你催他在库边的人一起进去。"

"晓得！就去了，有劳老爹费心。多谢！多谢！"

王取

*"货都搬出来了，你们分几个人押货到王府里去，不用多了，每船三个人去，其余的留在这里，等候王府里去的回来，把货仍旧归库明白，方才进馆。到了王府里了，你们不要走散，拢在一个所在，停一回【会】，搬货到天井里去的时节，你们也要到里头看看，这里比不得外头，大家不要喧嚷，凡事要仔细。用人说一番船带来的字画的屏风，又经准你清货，那一天求领进馆，因为那一天用人允许，你暂留几日，王家看过了，才给你拿进馆。如今看过明白了，准你拿去。过一回【会】，这里明白了，写信到货库里，去通知货库的头目，今日现交你拿去二番船的绣帘，王家要留在府里，明日再看，果然合式的时节就取，不合式的时节，明日就退还你。"

*老爹对唐人说道："各船的货，都看过明白，那排在上面的东西，逐件仍旧都要收拾箱子里，你们也走到傍［旁］边去看。"那时唐人去看他们收拾停当，方才各船的货依旧搬过库里来，归库，封了库门进馆。

过了一回【会】，当年老爹进馆，叫馆里街官会在一处，就叫船主出来，*吩咐道："王家叫我们，吩咐你三个船一起做生意，再过两天，叫你挨番插番，晓得么？”

“晓得了，多谢！多谢！”

插番

*“要开库了，你们都到库里边去看，看药材的到库里首去，件件货物，每样拿去一包做样，排在头目面前，叫进商人来看疋头，是搬到这里来，也是每样取样，拿到会馆里，去叫商人看样，粗货、药材都排齐了，商人从那一首走过来，你们在这一首看，不要同他们混杂。你不要站在头目面前，再要退开一步。如今货都看过了，商人们每样拿一点做样子，他拿了去。”

“老爹，你看他们各人随手拿去，是什么道理？”

*“不是他们随手乱拿，他们几十家的商人，各家要一点样子，所以这几十个人一起来的，拿是拿得不多，这个是每船的例，不得不由他，你给他们每人拿了一点样子去。”

“老爹，毡条的样子，取得狠［很］不是。”

*“为什么？”

“取了两条夹窄的做样。”

*“这你说得不是，才斯打开四捆，看每一捆三十条里头，二十条是夹窄的，若是依你把阔的拿出来做样，明日出货的时节，商人一定退回来不肯收，所以拿了两条夹窄的，论起理来，三分里头二分是夹窄的，该是取了三条夹窄的。于今取了两条夹窄的，二条阔的，是对半的做法，他要为你的，你倒埋怨他。”

“正是！正是！果然晚生笨得狠了。老爹，如今商人也散了，件件货都割破在那里，恐怕夫子偷去了，明日做个空包，老爹吩咐夫头，把草包来补好，搬到库里去。”

＊“晓得！晓得！”

出印花布疋

“我问你，老爹，印花商人来了没有？”

＊“老早来在这里等你，才才剪开的疋头，交他拿去。”

“老爹叫他记账。”

＊“绵细被面五件，颜色是要染做绿色、黄色、灰色，通身印花，花要细花，中间的大花是牡丹花、菊花，多添几样颜色，花花绿绿，要好看，四边起线线，要两条，都是金线。白纱手巾五条，颜色要蒲萄青，要椒子小花绫子包袱，共八件，两块合缝做一件，共十六块了，那十块布，是做幔的花样。”

“依他就是了。”

起米、洗舱、油桅、起石钞、包篷

＊“你今日领几十包米？”

“要起五十包米。”

＊“麻口袋拿来了么？”

“有二十个麻袋，馆里拿出来三十个，叉口袋是米舱里有的。”

＊“米舱是那里，你去教道［导］夫头开开封。”

“老爹，于今起了五十包，舱里还剩的一点点，不过五六包的光景，今天一牵起了去，省得下面又要劳动各位。”

＊“我禀过了头目准了，听你拿去。我有一件事情要求你，是你船上的守番讨些米，你肯听我给他么？”

“老爹讲，晚生给他些罢了。船上的事情，教他留心，早晚打水，船面上也打扫打扫，要干净就是了。”

＊“这个老柴头懒惰得狠［很］，弄得这个样子，没有人所管的一般，可恶！可恶！”

“老爹，那袋子的米，装得还没有一半，再要装得满满的去，恐怕袋子不勾【够】用。”

＊“如今明白了，大家好进馆。”

“老爹，石钞都要起明白，不过十儎的石钞，担［耽］搁两天工夫，正真费事。老爹，你叫夫子用力再起两三儎。”

＊“都明白，明日大潮就好上坞。”

“老爹，叫本街总管，再添几个扫把、吊桶来前头，还有三个舱不曾洗过。”

＊“洗了一舱，又要一舱，几时明白呢？”

“这个就快了，那三个舱也要一起洗。”

＊“都明白了？”

“大桅、头桅都油过了，一个旗竿船尾、妈祖堂上头，不曾明白，于今油都用尽了，前日晚生教船主上呈子的时节，叫他开两埕猪油，一埕桐油，今日票儿上只有得两埕，为什么缘故当年不肯依我禀呢？”

＊“总管，这个恐怕你记错了，为什么呢？别样难做的事情，当年也有不肯禀的，那争得一埕桐油，不肯替你禀？不是你记错，就是船主写差了。阿呀！这小事难道有个不肯禀的道理？

于今没法了，下遭再出来领米的时节，乘便油旗竿罢了。”

“老爹，那一个舱里还有潮水，叫夫子打得干干净净，再要舀新水来，要洗好。”

*“总管过来，通船舱都要开封么?”

“正是，都要开，船尾的舱有几块板，那个猫篱里头有索儿，这两样是油桅，一定要用的，叫他开开。那三十张篾片，今日禀头目拿进去。”

*“我禀过了，据头目说，三十张太多了，准你一半拿进去。”

“老爹原来不知道，这个东西留在舱里都朽掉了去，不中用了。”

*“个么为什么叫船主不开单子呢?到了今日，那个也要，这个也要，那里做得?你老本的该晓得，单单一个叉口袋、一把斧头，也是发发禀儿，拿进拿出，这样拘拘缩缩，做头目的怎么好做主，这怪不得头目了。”

“老爹，于今起了半舱的米，才晓得舱底发漏，米都湿掉了，老爹替晚生禀头目，今日定要起明白了去。”

*“我禀头目，头目说，现今做不得主，你今天且进馆再求，明日一牵好起。”

“这那里等得到明日?别样的事情还可以等得，这个是明明头目也亲眼看过，晓得我们的苦，有什么难做主?这头目好没分晓!叫我白白丢去了这半舱的米，还是什么明日、后日，讲得糊糊涂涂，这值什么要紧犯法的官司，头目难道不晓得这个道理?”

*“目今事情正真艰难，凡事不许头目擅自做主，虽是晓得

道理，也不得做主，就没法了。”

“老爹，潮舱不要结封，开在那里，教守番天天打水，再吩咐本街买一百张套马，要包篷，立刻要叫他拿来。”

*“就有，就有。”

“个么我们要理碇索，索儿理好了，要刮刮船底的砺黄。”

“老爹，这一条索儿旧了，用不着，再要换一条新的，就把这一条换一换，替我抛好了椗。还有一件要紧事情，这船坞狠［很］不好，你看本船歪在一边，今日还好了，若到明日有什么风爆【暴】，间壁那个船碰了，就当不得。老爹教街总管用几个夫子挖泥，把船要坐得端端正正，不要歪了才好，柴头椗是箍好在馆里，明日教条理人搬出来。”

*“我吩咐街总管明白，你们放心！放心！”

领伙食

*“领伙食，非止一遭两遭，除了上番清库出货伙食之外，还有上元、端午、中元、中秋、冬至、过年伙食，这是定规的。还有临时求领，只因近来伙食领得太多，未免在馆里，把求领的细纱等项，私下卖付外头人，弄出事来。所以新例以来，一切什么疋头，都不准给领。目下所领的，不过是日用的东西、食物而已。你若要领一疋疋头做衣裳穿，王家准你开库的时节，带一个裁缝，随带尺头、剪刀，到了货库量一件衣服，多少长，多少短，裁断做几切，才领得进馆。我问你：你们今日领伙食的几个人出馆？”

“每船三个人出来。老爹，晚生伙食单上开出三丈八尺的茧细，要做手巾，为什么不准？”

*“想必当年不肯禀。”

“这有限的东西，也不肯替我禀，好没道理！”

*“不是不肯禀的，你看伙食单上，有是有的，底下有一句会馆的注解，你说怎么样？此宗若果然做手巾，须要裁做三四尺一条，你若肯依他，叫你拿去，若不依他，不叫你拿去，这怪不得当年不留心的了。”

“老爹禀头目，库里有一个头巾项一个（看风鲤鱼）旗坏得不中用，要领进去，仍旧修好，晚生起身在迩，担阁【耽搁】不得，今日顺便拿去做做好。”

*“好，头目回你说：这两件家伙，你现要用的东西，给你拿进去。那十方图书石，一刀毛边纸，并不是什么今日现要的东西，又不曾禀过王家，头目自家不得做主。头目是不过把账上的东西照数交给你的，一概账外的东西，实在求也无益，物件虽小，道理是一样，叫我也没法了。我通知你，你求领里头，三只夹板箱，据他插刀手说：这三只箱子，清库的时节，要打破查验，你说打破没用了，所以禀头目放在库里了，等到起身的时节，要搬下船去。今日又来说，要领进馆，若要领进去，少不得要下手打破，竟是照前一样的做法，也不妨么？”

“使不得！使不得！晚生装装衣服，所以要求领，若是打破就没用了，只好今天歇了，明日起身的时节带回去罢。”

*“你开出来的单子上，有两疋绵䌷，他们把几个结封箱打开来，查到此刻还查不出，谅来你记错了。本街的总账里头，原有三块绵䌷，清库那一天领了进去，于今一定也没有。”

“有是有的，查不出就罢了，下回再来领。老爹，禀头目一疋姑绒，代作两疋绵䌷，给我拿去。”

*“这一块姑绒有多少长？不是双连的么？”

“不是连的，没有一疋长。”

*“个么就好了，准了，拿去。”

*“财副过来，你抄伙食单，我念起来，你抄抄：白糖三包，青糖两包，铁钉十斤，包皮布五十只，羯子袋十只，空竹箱一只，马包三只，帽笼五只，奏本纸一刀，草纸一捆，尿瓶夜不收一只，面桶五只，痰罐一只，马踏子十只，扇坠一百个，笔架十个，水盂池三个，花瓶六只，锡烛台一副，玲珑盖香炉三只，漆卓二只，象牙快［筷］子三百双，磁器菜碗三十个，饭碗三十个，茶钟五十个，五寸盘十个，七寸盘十个，小碟三十个，酒钟十个，杯盘十个，都盛盘一副，螺蛔［钿］盘三张，绢画十张，帖子匣二只，竹篦五百个，明角梳坯三块，引线五斤，帽架三个，帽缨一顶，消息筒八十个，牙笺四十个，西洋镜八面，铜仙人一座，八仙卓一只，椅子十个，火腿十斤，糟鲥鱼一坛，藕粉一箱，红曲一包，冥衣纸一捆，大金一捆，红烛三桶，基盘毡一条，棋子、棋筒一副，角牌一副，灰鼠皮一百张，银鼠皮五十张，羊皮套一张，金星石十块，阿片十斤，鱼胶八十斤，茶叶一篓，面粉一包，斗方三刀，封筒一百筒，葵扇十把，泡酒十瓶，酒娘五坛，豆豉一坛，坐褥一件，睡帽三顶，剪绒衣领三筒，烟包五十个，竹根长烟筒二枝，钮钩二副，帐钩一副。”

“样样都明白了。”

讲价[①]

*“你们九个船，批价账都抄明白了么？”

“正是，抄过明白。”

*“你们都要坐过来，年交司有说话［话说］。此番九个船做生意，王上赶紧的了，不得从来一加的道理，是你们也晓得，不用我多讲。若是前番讲价的时节，三回、四回也讲，或可争出些少的，加是有的，那个时候日子也有从容，所以讲到三回、五回也有的。但在此番，不要把做前番一例相看，前番的批底是你们也晓得，比此番的批底看起来差也差得多，把这批底上再加出来的价，你们可以谋量得出。明日年交司进馆，把簿子一开的时节，卖的是卖，不卖的是不卖，总要一刀两断的意思。到那时节，你们不要想还，要争得出来，晓得么？又替你说，今日批出来的几宗，照前价的是到了，明日也没有加了。你们看，照前价的货，今日就在这里写个‘卖’字，打印板，省得明日费力。”

“正是，晚生大家都晓得，所以照前价的卖了，粗货是比前番相近，细货差得远，若要明日讲明白，太太［大大］儿加出来，晚生才好卖。于今照前价的都写‘卖’字，老爹说得虽有道理，这遭的价杀价本利害，正真可怜！晚生大家狼狈不堪了，不知道明日怎么样加法？看今日的底子加一倍，也卖不得。近来东洋的生意也没趣了，来了一帮，低了一帮，那个想要撰钱？有得本钱就勾【够】了，连本钱都没有的，叫我吃苦不吃苦？苦也苦到极了，老爹，这一遭格外要周全。”

---

① 此处天头注曰：“静嘉堂本题卷之三。”

＊“这不必你说，我们也要巴不能勾【够】叫你众位撰了一分钱，有什么不帮衬的道理，自然替你费心。你众位且进馆，我留在后头，慢慢同他们商量、商量，明日会你众位讲话。”

“个么晚生别了。”

到了第二天，年行司带领会馆总理，并看疋头、看药材、看湖丝、看古董、看鱼皮、看牛皮、看鹿皮、看碗青、看油、看漆、看画、看书，都到街官房里来，叫出几艘的船主来讲价。

＊老爹对唐人说道：“年行司教我通知你们说，昨日在会馆里说过的话，你们也听见？”

“晓得。”

＊“此番正真的一比一加，再没宽容，今朝定要看个明白。昨日你们抄过的批底上加了出来，你们也不要想还有得加，这个加法是比不得往常的加法，尽有得都把出来了，你们再不用争多争少，可以卖得去的只顾卖，十二分卖不得的，也不强你卖，总要在这一场定局，这一帮的生意，年行司也不情愿。”

“为什么呢？”

＊“前番八艘的生意，两三个月前才明白，日子也不多，这遭又叫你们做生意，丢票价，也一定减下来，开头也怕不到十五开。”

“为何呢？”

＊“原来京里的行情大不好，若是此番九个船生意的信息，到了雪上加霜的苦，越发不成模样了，你众位也酌量酌量。”

“老爹，晚生六番船的纱，一番到七番都卖了，寡寡八番一宗，为什么这样批出来？八番原是七番一色的货，同印同号，再没有两样，七番是一疋四两六钱，八番是三两九钱，差得七钱，这个是什么缘故？谅必看疋头眼化［花］了，不留心替晚生看。”

＊“我问过了，据他说不是一色的货，虽然同印同号，货色极低，地素也稀薄，像个漏地纱一样，那算什么绉纱？实在有名无实了。虽是加到三两六钱，其实是不愿买的，明日你带回唐山去，也没人要买，不如在这里卖了，多少便宜。你这一宗金锦为什么不卖呢？前番二番船，也是照这个价卖了，这一宗也是疋数多的时节，没有这样的价，幸喜你带来的少，所以还有照前的价卖去。”

“卖去？老爹好笑话，唐山地本九两一疋的，带到这里去，只得五两银子卖了，这什么生意？索性带回去，送把人家倒也干干净净。”

＊“你说得话干净好听，据我看来，不是这样说，生意的道理，撰钱也有，吃亏也有，你带回去送给人家，干净是干净，只苦是连本都没有了去，不如一看看破卖了，留得一半本钱，不断根子，后来也有生苗的日子。我劝是不劝的，且讲一个道理，不知你通不通？”

“老爹说的是。个么多也不要，只要叫他再加二钱，晚生就卖了。”

＊“你也才才看我争了一个时辰，竟不肯加，他拿硬了主意在那里，叫我也没法，这有限的货，依他卖去罢了，宁可吃亏，不要坏了大丈夫的性子。”

“老爹说的话样样都依的，只这一样万万依不得。这看疋头太凶，叫晚生生气不过。”

＊“个么我也没主意，你写个‘不’字。嘉锦纱卖不卖？”

“也不卖。”

＊“据你说样样卖不得，一船的货都不卖回去么？”

“那里有个不卖的道理？卖是自然要卖，只苦是没有本钱，怎么样卖得？老爹再要同看疋头商量，周全晚生，再加些微农了去就罢了。到这个田地，看这个局面，晚生也不敢做十分的打算。”

＊“你还不信，我早上到于今，争来争去，不算做你的生意，算做我自家的生意，可以求加出来的呢，都自然叫他加出来了。你也晓得，往常讲价的时节，看疋头也留一步、半步是有的，这遭比不得往常，一点的余剩也没有，我看透了他的心肠，故兹劝你卖了，何必又去问他，争他写卖写卖，连西纱、素绫这两样，是照旧的价，也不写‘卖’，等到几时肯卖呢？你也体着我这样费心，这些东西，不要等我开口，爽爽利利卖了去，才是了。”

“老爹也讲这样利害的话，前番六个船，那一家照这个价钱卖了？”

＊“前番的是比你的货高得多，春番头三个船的，比你一色的货，所以价钱也照春番一样批出来。”

“不是，不是，晚生的货，是同他七番船一起买，行家也是一个行家，他若是说起别样的话，晚生也肯听，若说货色差，那肯听得？他这看疋头冒失鬼，没有眼睛，还看什么疋头？卖不卖且搁起，叫晚生气也气死了。他若有良心，看晚生飘洋过海来的人，他也留些好意，也是人情，不要这样漫凶。卖不得！卖不得！一样不卖！十样也不卖！老爹你晓得，晚生口里虽说两句巧话，心是真的，他若是道理上来，晚生也是道理上走，明明这样瞒人家的说话，把晚生做个呆子了。”

*“你不要动气，且听我说，我有一个做法，这宗是他既说货色差，你我怎么样争，也他［他也］不肯认了，只好依他的价卖了。二番纱，这上面再求加二钱，这我的本事可以求得出来，只好切长补短，农农儿去就罢了。”

“这个新式的疋头，为什么不加呢？”

*“这也你不要想，前价据他说货色低得狠。”

“瞎！又来了，贵国定了长阔，教晚生们照样办了来，长阔不差，就说货色低，货色好了，又说行情不好，叫唐人东边去也碰不着，西边去也摸不出，究竟不是饿了，就是死地，宁可白白送他，倒也干净。”

*“这个话，你也漫讲！据他说，这几宗新式的货，比起前番带来的差得多，所以清库那一天，请你过来，当面讲过，这几宗货色狠［很］低，明日一批批出来的时节，只恐你讲长讲短，因为叫你亲眼看过，到了讲价的时节，不要怪我批得低，那时你点点头，吐出舌头去了，你已明明晓得如此，还要说强话。那一个信得你？依他写‘卖’罢了！”

“老爹，给我再求加些才卖。”

*“晓得，加是有的，我有主意，你写过‘卖’字，我才加出来。”

“加多少，老爹且讲一句，看晚生好写。”

*“你只管依我，放心写，叫你走好好的官道路，不教你走

危险的路，快些写起来，你若不写，我替你写么?”

“写得！写得！老爹不要教晚生跌倒大坑里去。”

*“你放心，再没有可怕的。”

“老爹，元线缎从来没有这样批法，看疋头太凶了。”

*“凶也没有什么凶，这一宗比前船该差些。前船的是疋数也少，货色也好，你的是都有霉了，又是油气太重，若要照旧一样卖，你也胆大了。据我看，亏得他这样批出来，此时不卖，更待何时卖去?”

“卖去?老爹劝我卖，不劝他加，没有一点情分在晚生身上。晚生全靠老爹，老爹不方便，那个肯方便?”

*“你还说这样的话来埋怨我，我们通事家同你一个圈子里的人，怎么分个各别?叫你吃苦，我也不忍坐视。但是我心里晓得，他不肯加的，只顾去求加，实在无益。大凡世界百般事情，十分做不来的，也十二分、十三分只顾去讲，也有讲得成的。单单这一样，凭你请得陆贾、随何来，讲得一百年也讲不成。我也是一个人，难道喜欢叫你吃亏?只怪你命运不好，逢着这个局面，不要怪我不留心，留心是我肯留心，也没奈何。他关紧了门户，不容我进去，怎么做法?我们做通事也苦得狠，对你说话，你怪我，对他理论，他骂我，叫我在中间的好不陶［淘］气。于今我的精神也用掉了，理不得你的事体，明日换一个好精神的来，同你讲讲罢，我好歇手了，再不敢替你争论。”

“老爹，你是躲不得的，晚生们一条绳子系的牢牢，再不放你走了，于今疋头是差不多明白了，还要讲粗货。”

*“这个最难，今天且停了，明朝再进来讲讲。你们才才说

的几宗弟兄的货，今晚连夜议议，你今日加出来的价外，再没有什么意思卖得来的，不用我多讲，连那卖不来的，也要你们劝劝他卖。若是此刻不卖，丢在库里首，明日霉烂蛀坏，一发难为他了，是不是？”

“老爹说得是，今晚议定了，明朝回老爹的话，拜恳老爹。”

*“外面也要斟酌，量加内外相和，再没有难讲的道理。”

“仰仗老爹大力周全！仰仗老爹大力周全！”

*“我全晓得，替你留心。”

第三天年行司不进来，寡是一个讲价老爹进来，坐在公堂上，叫出此番生意的九个船议议。

*讲价老爹对众人说道：“昨晚我到了年行司那里，替尔众位争论求加，竟没有什么好意思，他也是晓得你众位的苦情，可以加得来的，都加了出来，于今没有什么再可加的，叫我也没主意。我也晓得众位此番的生意最苦，也是生意的道理，你谋量好的，倒也算做不好，打算不好的，倒也算做好。从古到今，东洋的生意，各各这样的了，这也没法的事情。若是今天有一点好意思，我同年行司进来，我听他本意，竟是照昨日一样，个么要他进来做什么？所以我独自一个进来，同你众位再讲一场，众位只管看破就是了。”

“老爹这样费心，也没有什么好意思，晚生们运气不好，逢着这个局面，没有什么做法，晚生大家勉强卖得去的，只管卖就是了。药材上面可以再加得一二分么？”

*“且不要提起‘加’字来，他看药材还在那里说，此番的价钱批差了，样样药材都有毛病，硃砂是碎的，白芷是蛀的，枣

仁是一半老鼠咬，一半不去核的，山归来是硬的，又不去皮，又是颜色红的，沉香是没有香气，麝香是烂得，不中用，白铅有渣，乌乐不结实，由他说一句没有好听的话，所以今天我再要做一个放胆的主意，你且不用问起，勉强卖得去的，只管写‘卖’字。”

“老爹这样说，叫晚生写‘卖’，也有气力。”

*“于今把我的主意通知你，一说说出来的时节，你若说还是依不得，那个时候我也管不来，你说我意思怎么样？此番各船大宗的货是：第一样是糖，第二件是黄蓍，第三件是甘草。我意思每船的糖，再加二厘，黄蓍再加一分，甘草加五厘，就撒手罢了。”

“老爹，这个那里使得？晚生也不敢想多加，再加一点意思，大家看老爹面上，都卖了。”

*“岂有此理？又是你们的毛病来了，我许你一厘，你就要二厘，我要加三分，你就要一钱，这些话凭你怎么样说法，我再不肯记真。也是，若有天大的造化轮到你们的身上来，或可求得体体面面的加出来，也论不定，但是我也保不来了。”

“个么写‘卖’了，相恳老爹多费一番心，替晚生求求。”

“老爹，晚生的糖比二番船一色的货。”

*“据看药材说，不是一色。”

“晚生不信，一起买、两家分的货，有什么两样？看药材谅来看错了，晚生再求再看，果然比他不同，晚生情愿依他，不然，依他卖了，明日回到唐山，被财东责骂。那个还可以耐得？竟做一场笑话，叫晚生有什么脸面见人呢？”

*“既是你记得这样说，我也强不得你了。你禀禀年行司，

重新再看一遍也好。”

＊“六个船都齐了么？今日讲你们的人参价，我从头至尾解说一番，把你们听听，十三番、十四番两个船的人参，你们账上报羊角的，也不是羊头，若论羊角的货色，又太［大］又长，颜色黄黄的，中心结实，你的羊角，松松的不结实，所以看来一枝谋量有二三钱重的，秤拿起来不过一钱重。凤凰城也是铅插得太多，据你说有二分铅的，其实有五分，还不止的哩。插铅太多，就坏了人参的药性，你说害人不害人？条参颜色不亮，一半是乌黑的，白熟、油熟也货色平常。泡参、京参、白棍参没有一样好的，土木参也比不得早年的金井玉栏杆，小人参都是芦头上面有一层参须，也没有十分之一，你们不用言三语四，照这个价钱都卖了去。况且黄梅天将近了，倘若过了霉，恐怕霉坏了，又打下价钱来，怎么样好？三只船的椅楠价，也今日一起讲，一号、二号照前价九换，三号是不是真椅楠，是个次椅楠，这一宗二套，除了这个价，再没有加了。今年椅楠来的多，比不得往年一样喜欢买，你肯卖，他也肯买，你若不肯卖，他也不肯买，不来强你，差不多的，只顾卖去。”

“正是，干净卖了，省得老爹费力。求老爹四号上再加几钱，这太吃亏了。”

＊“我才才通知你，再不肯加，但是这几宗爽利卖了，叫他赏你一赏，再加四钱，好么？”

“四钱？是原是他的盘子里的，算得什么加？再加二钱，就罢了。”

＊“也罢了，这二钱我有做法，你赏我一钱，我又向他讨一

钱，并做五钱的加，叫我在中间的好脱身走开。”

“也好！也好！”

＊“于今都明白了，年行司吩咐你停了明日一天，后日看板，十三日丢票，十五日就出货，你们也要打点打点。”

出货、交货、秤货

＊“要开库了，你们去看看库边，今日粗货多，要用五六把秤，当秤的、打马的都有人，够了么？”

“有得！有得！老爹吩咐他大秤的秤驼不要拿差了。”

＊“晓得了，这里是那一位管疋头记账呢？”

“张五官在这里了。”

＊老爹问他：“这一箱素缎的箱票，是六十疋。现今有五十八疋，为何少了两疋？他本街的底账，也是六十疋，不知什么缘故，少了两疋。”

“缎子箱共有三箱，差装也论不定，且看两箱的疋数，然后好查一番。”

＊“花缎里头，商人退了三十疋，都是潮的。”

“那里有潮气？老爹看看，里面是好个的，上面机头边有一点潮，这个一见风就好了，老爹叫他拿去，你说是不过上面的潮气。”

＊“不是寡寡上面，通身都潮，况且耳边有个黑霉，果然不中用的货。漏地纱退了八疋，这个花样太大，大花样是东洋不合式，商人看过的样子，也没有这个花样。”

“这那里晓得？看疋头拿了样子，给他看过花样，大不大，是在他的事体，晚生不管账。”

＊“我才才把这个道理驳他，他回我说：自家看是看过，但是这几十件大宗货，那得工夫一疋一疋打开看呢？你们也晓得一概看货的道理，看了一件两件，货色不差，其余的没有看的详细，这也怪不得他，你且依他退回，收在库里，我托他明日再批价的时节，不叫他减前价就是了。绵䌷里头老鼠咬破的、霉的、累油的、泥污的、不照样的，退了一百疋。”

“老爹对他说，破的、霉的退也有理，晚生不响一句话了，但有一点小霉的，要他拿去。又有一句不照样的话，狠［很］不通。他说不照样的，有什么比样子天差地远么？看来不过差得厘毫了，他既做得这样公道生意，其中若有比样子的，也理该退晚生了，这几千、几百疋里头，难道没有几疋比样子的好？”

＊“我再三讲，又叫看疋头劝劝他，元来这个商人了不得凶性，不依人家的说活，竟没奈何他。”

“使不得！使不得！从来没有这样利害的退法，晚生死也不肯依他，他一定要这样来，一总都拿过来退，我罢了，索性不（卖）这一宗货，倒也浩浩臊臊出得些气！”

＊“你说得话虽有道理，但是已经报过账卖过的货，一疋也不出，除了一个名件。”

“这使不得了！”

＊“于今只好公论理起来，把这退回来的一百疋，叫看疋头一疋一疋拣出来，可以去得，只管教他拿去，十二分去不得的，留在这里。”

“没干他看疋头，那里肯替晚生争气？老爹你做主意，拆开给他拿去。”

＊“你意思要几拆？”

“晚生要对拆。”

＊“这那里肯？只好七拆。”

“罢了，也好！也好！”

＊“还有一件最难的题目，就是屑线的说话，清库除过的包，都是小包，今日搬出来看，小包是不过两包，余外的都是大包，所以商人重新再要除包。”

“这那里依得？据他这样讲，清库的账，竟做字纸丢掉了么？”

＊“别样的事情我们也不去听他，单单这一样，他也该讲，各人都有眼睛，他也瞒不得你，你也瞒不得他，你做些主意。”

“老爹这样讲，晚生不好一定执拗，加半斤给他去。”

＊“若说一斤、半斤，他也不领你的情，依我公道的算法，把他加五斤去。你麝香的秤法不公道，要公道秤把他去。”

“老爹，晚生天理良心，秤法怎么不公道？这样秤法也不肯，还要怎样的秤法？晚生不管，凭他自己秤去罢了。”

＊“你不要使性儿，头目在那里看，两下这样争起来，不好意思。你来，再要秤把他好看些，让他五合三十斤，五合就是了，你看，客人还是不肯在那里。”

“老爹，毡条出了八十捆，还有二十捆，为什么不出呢？”

＊“那个不用出，做添退货了。再等一歇，客人拣出破的、颜色退的、浆硬的、窄的，一起退回来，把几十条添补了去。”

“晚生小舟是有糖，把糖不做添退，为什么又要毡条呢？”

＊“大添退是毡条，小添退是糖，留了三十捆毡条，银额差不多了。奏本纸破的多，更有几刀不照样的要退了，你做主，加他每刀十张，出得干干净净去。我同尔再商量，一个买棗的客人，丢错了票，大大吃亏了，他来讨你些情，可怜秤头上做一点好意。况且这一样货，比不得别项，丢掉了梢头根子，中身净的是有限，消也消得多，你也看破些就是了。我替你说秤白铅的盘子上索儿断了，再加十来条麻索，仍旧缚好了，也要重新除台子，狠厌气，你谋量算多少就是了。医取的藿香，每包打开，斩掉了根子，拣了叶子拿去，那个凭他，不干你的事，外头看板那一天写明白，预先叫商人晓得，所以丢票也丢得低了，你们是不用管的。看药材来说，一有宗苍耳子，前日取样的时节，打开的两三包是好的，其余的大有毛病，外面是苍耳子，中心是不认得什么草叶，所以商人不收，堆在那里，怎么样好？”

“老爹让他多少去罢了。”

＊“也做不来，十分里头，或有四五分呢勉强也去的，把一包分开，只有得二分真的，八分是假的，所以看药材即刻要禀禀头目，叫你带回去。”

“个么今日且不用出，等得出货明白了，晚生几个人出馆，逐包打开来，拣拣真的出来，丢掉了假的，到了第二次出货的时节，交把他去，好不好？”

＊“好是好，这个做法倒也不便宜。”

“为何呢？”

＊“这几十包逐件打开，七零八落的，都没有了去，倒不如把原货带回去，回覆［复］东家才好。你凭他禀禀头目结封，贮

在库里首罢。”

“老爹，广东参不要连包秤，要净秤。那个秤法太利害，人参是比不得别项，货差了一合半合也银额大了，你看那个秤头骄起来了，秤得公道才好。”

*“我问你：这个雄黄两包合作一包的，若用一把大秤，二纽、三纽是秤不起，又要用头纽也秤不得，不如用两把秤来秤。”

“悉听你的主意。”

*“船主过来听我说，刚刚头目走过库里边，看见一个弟兄手里拿了一个藤条，只管打夫子，打伤了一个夫子，头目大大发怒，叫我来说：夫子有什么不是，告诉头目听，头目的主意才好，为何自己动手打夫子呢？你们走东洋的人，该晓得这个道理，你做船主的不留心吩咐他们，不该得狠，你叫他本人来，头目有说话。”

那时船主同这个弟兄到头目面前来，通事骂他一顿，*说道：“你既听见，晓得东洋的国法，好没分晓，为什么打夫子？我才才也吩咐你们，夫子倘有什么不是的所为，对我讲，怎么不依我的话？大胆打夫子，实在可恶！你到我东洋来，头上戴的也东洋的天，脚下踏也东洋的地，既在东洋，须遵这里的国法，才是本分，你这杀才，敢做这样放肆，当得何罪？现今赶回你馆里去，明日对你有说话【话说】，你在馆里静候静候。船主，你报他的名字来，不要假冒了别人的名字，老老实实报出来，隐瞒不得的。晓得么？船主你也来倍［陪］罪倍［陪］罪。”

“晚生吩咐是吩咐过的，因他初来，不仔细触犯了头目的威风，看晚生簿［薄］面，高抬贵手！”

＊“头目回你说，本该禀禀王家，要严紧处治，看你这样陪［赔］罪，此番权且宽容他，下遭有什么公事的时节，断断不可带他出来。”

“那个自然，晚生晓得，多谢老爹费心周全，感激不浅！”

＊“岂敢？我也不是冤家，那里喜欢骂他、恼他，只是头目提起‘国法’两个字来，叫我也开不得口。他也无故那里打夫子，夫子做出不正经的事情来，一时的怒气上，该打该骂，这也怪不得他，讲是这样讲，只要太平无事为上，将来也要你们着实吩咐弟兄们，骂是随口骂，打是不要打，仔细！仔细！”

“正是，老爹说得不差！晚生吩咐他们兢兢守法，下遭再不敢教他们放肆。”

＊“我要求你一件事情。”

“岂敢？什么事情？”

＊“这几个夫子在这里点疋头，这里比不得库边，没有什么漏散的东西，冰冷得狠。我闻他说，库里首有一草包的零星药材，都是地上扫拢来的，还要这里有几十个包皮布，里头漏出三四块，一并给他去，使得么？”

“听凭老爹送给他们去。”

＊“我通知你，你众弟兄拿在手里的零碎东西，都要拿过来，一牵禀禀头目，不然，你们要拿进去，门上也不肯放你拿进去。那个空竹箱、油纸、麻绳，都要拿进馆么？”

“相烦老爹求求头目，叫晚生带进去。”

＊“都准了，凭你拿去。于今这里明白了，间壁出茶壶、碗器，不曾交完了，茶壶也有盖不对的，没有提子的，没有摘子

的，有坏的，有露的，讲得一时间不得明白，你做主，每十只加二三只去罢了。”

“好了，好了，老爹，今日秤货的大秤不准的。”

＊“这句话是说不出，这个大秤是官秤，那里有得差？也是，你一定说有差，我有一个道理，外头有秤条铜的大秤，也是官秤，借出这个大秤来较准看。”

“这做法好得狠！快些借来过。”

＊“于今货都出完了，求领伙食也验过了，你们进馆去。”

拜圣

年例，在馆船主到圣庙来拜圣，例有两个正赞礼、副赞礼，各船主在馆预先议定，叫两个人赞礼，那赞礼叫人齐班列班，三两拜、三叩首、跪起、退的礼貌，恭恭敬敬周到来了。各船主拜过明白，都到明伦堂来吃酒，圣庙先生出来劝酒，通事替他通话，＊说道：“先生说，今天众位到来，理该治些好菜，多劝几杯酒，奈因急急忙忙，没有些敬意，怠慢众位。”

“岂敢？多谢先生费心！”

过了一回［会］，席也散了，各人走走顽顽，小头目、插刀手叫通事来催唐人起身，通事出来，＊对众人说：“众位好起身，头目叫我来催，你这里到馆里路远了，要你早一步回去，趁此刻送你进馆，转回王府，天也晚了，各位通知大家好动身。”

拜妈姐【祖】

拜妈姐【祖】，是往年正月初六，在馆唐人每船三个人，或是五个人，外江番是到兴福寺里去，福建番是到崇福寺里去，下南番是到福济寺里去，拜祭妈姐【祖】娘娘，一天在里头，叫做年初拜菩萨，这是旧例，到于今不改了。

看花

看花是三月间，也有四月里，也有不定日子的，这看花一连四天出去，头一天到大德寺里，第二天到正觉寺、清水寺、大光寺，第三天到延命寺、光永寺，第四天松森社起到妙见社、九使庙止的了。除了一个大德寺，其余八个寺庙，各船定例送礼，这叫做八个寺庙看花费。所以这几个寺庙，一年一次请唐人来吃酒。这看花比不得时常的款待，各寺庙多备好菜、好酒款待唐人，唐人也是高兴，未免多吃了两杯酒，酒兴上要唱歌，要做诗，一个说道："乐器带出来了么?"一个说道："有的，琵琶、笛儿、拍板、三弦子是带出来了，只少了一个鼓儿，怎么样好?"一个说："不打紧，打发一个人，跑到崇福寺里去借过来用用。"方才二三十个人拢做一推［堆］，坐得团团圆圆，轮流弹唱。一边三五个人做诗，一边二三十个人围得屏风，一样站在那里。你说做什么事情?原来晓得这一天唐人出来，那寺里的和尚们，连夜打点磨磨墨，预备几十张纸头，或者带出几十把扇子，求唐人写字，一个起手，两个又来，弄得那写字的唐人，要脱身也脱不得身，要走也走不得去，后来手软了，搦不得一枝笔，几乎里昏迷了，才是歇了。更有几个人，走在前庭后园，看见有花，攀上树梢头，随手采断了几朵花，那个堂头和尚，看见自家爱惜如珍如宝的花，被他们采去了，口里不说，心里恼他的了不得。通事晓得这个模样，*禁他说道：“你们好不晓事，这几株的花，和尚用了多少工夫，做个好排式，一个枝头也去不得，半个叶子也动不得，你们随手乱拿，是什么道理？大家歇歇手，不要采花，你们这样没规矩，叫我怎么样回覆［复］和尚呢？快些走下来，若还不依我，我就叫人拉你下来哩！那几个人到后山去做什么？都要走过来，不要转走到林子里去，叫我寻你不着。此刻你们也好进馆。”

“晓得就要去，相烦老爹，有三个老人家，因为今日路烂了走不得，要借三乘轿子，顾【雇】六个夫子抬抬，给他坐轿子去。”

*“且慢些，我同小头目商量商量看。”

“拜恳！拜恳！”

妈姐【祖】会、关帝会

妈姐【祖】会，是念三日天后娘娘的圣诞，三、七、九三个月，三个寺里轮番做。只是一个关帝会是圣福寺做的，五月十三日，那规矩照三个寺妈姐【祖】会一样，那殿里头供养许多东西，排得齐齐整整，好不丰富。这一日唐人到了山门，早是敲起锣鼓，和尚到门外迎接唐人，请到庙里烧香，礼拜完了，各各转到方丈来，脱去外套，宽了帽子，吃茶吃酒。不多时，排直卓子来劝酒、劝菜一回，堂头和尚出来陪话：“穷寺没有什么奉请的好菜蔬，有慢各位施主，正真失敬！失敬！众位居士宽怀，用些水酒。”

唐人谢他说：“多谢师父，多赐好菜、好酒，实不敢当！”

“岂敢？味薄了不好，请！”

“岂敢？弟子们足感厚情了！”

王道礼

王道礼是九月初七、初九这两天，在馆唐人，每船五个人出馆，到王道头来看戏。王道头预先搭起台子，叫唐人坐坐看戏，这也是各船定例送礼的了，这两日各番本街也送酒肴、果饼来，街官房也办了酒菜，请大家吃吃，唯独九家老爹送唐人的受百果最体面。排出这一架受百果的时节，*学通事向各船主说：“这是九家老爹奉送各位申贺佳节。”

那时唐人起身，向九家老爹谢说：“多谢各位老爹费心！”

方才三四条街的戏也过了，第五街的是仿唐山的戏，唐人看见这个戏，喜欢不过，各各伸出头来看，说：“好阿！好阿！老爹，这个戏文扮什么故事呢？”

*“那个就是汉高祖芒砀山斩蛇的故事。”

“是了！是了！不差！这一条街是什么故典？”

*“这个是《三国志》里头的刘玄德三顾茅庐的故事，那个头上戴乌纶巾、手里拿白羽扇的，就是诸葛孔明，那进门来的是刘皇叔。我问你：那翻筋斗、跳狮子的戏，比你唐山好不好？”

“唐山也会做，难得贵国的是才十二三岁的孩儿，学会了那样的本事，论他的本事，还可以有的，若论他的年纪，正真难得！原来贵地的人伶俐，晚生唐山倒不如他这样巧，难得！难得！”

那里各街的戏都明白了，唐人各各要争先起身。

*通事说："且慢些，大家不要动身，于今人多了，要走也走不得路，停停儿等他散了些走下去，还要你们拜拜神道，王府里差个家老在那里，你们要仔细！"

"晓得了！"

*"魏八官，我不曾通知你，今日做唐山戏的三条街，年例有些赏钱，你通知各番赏他就是了。"

诵经

*"众位出来了，今日做什么普度呢？"

"原来林老爹在这里，今日晚生到这里来，日里是礼忏（梁皇忏），夜间是放焰口（施饿鬼），因为小舟这遭在洋中遇风遭难，那时许下的愿心，多谢菩萨庇祐[佑]，人船平安，所以今天出来烧香，酬谢菩萨，本该早两个月出来拜菩萨，只因进港以后，事情狠[很]多，忙了几个月，今日才得出来了。"

*"几位出来了么？"

"出馆三十个人，本船不过十多个人，其余都是众朋友来顽耍的，拜托老爹通知小头目，晚生有几个乡亲故友埋在山上，目今清明节也近了，趁今天的便，二十个人到后山替他过世的各亲友扫坟墓，烧化些冥衣纸。又要随带几十架受百果，几包香烛，去祭奠祭奠。再要告借上头小庵，吃些酒，使得么？"

*"晓得了，我求他们叫你都去。小头目说，你们若要去，一牵都要去，不必留几个人在后，不然，也有去，也有留，到也不好照管。"

"既然如此，更好！更好！小庵是那一个庵里好呢？"

*“资福庵、广德庵、广福庵，打点收拾在那里，但凭你去，都不碍的了。”

“我再要拜恳老爹，回路到竹林院去，要见见伯珣和尚，大家好许多时不见他，要去看他一看。”

*“看也使得的，你们早去早来，若是担［耽］搁了，恐怕头目不喜欢。”

“这个自然，不必老爹吩咐，不过一歇的工夫了。”

上坟，身故

*“我问你：今日还有几个船到兴福寺、福济寺去，是甚么事情？”

“正是三只船，是上坟，一个船是目下起身前了，所以出去打醮一天，昨天写信去托他和尚写疏。”

*“写疏是怎么样写法呢？”

“疏头的文章，是寺里和尚们写的，譬方晚生若要打醮的时节，写那个愿心，就是‘某年某番船主某人，系雍正几年几月几日几时建生，今为什么愿心修设大醮’这样写去，他把这个字样填写疏头上烧化了去。老爹，晚生斗胆拜烦一件事，也要求求小头目。今日天色晴明，正好闲游，回路大德寺后山转到馆里墙外走一遭，都是公司里的人，没有一个煞野的出来，老爹放心，晚生几个人可以保得来的。”

*“正是，我看见今日现在的都是公司，但是这一样事情，只好歇了罢。”

“为什么呢？”

*“目下这些事情，也是小头目不敢做主，一则讲也无益，二则你众位公司里的人，是我也不怕的众弟兄，小厮这些人未免有两分酒气，若是酒兴上放着胆，生出什么事情来，你我都是受累，省得不去，不惹事的好。那个也罢了，最可怕是今日差出来的小头目、插刀手，有酒气的满多，他们虽是正经，他们吃醉了酒，无中生有，惹出是非来，大大不便。况且几个凶怪的在里首，可怕得狠，索性冷去了这个念头，倒也干净，你说是不是。”

“也是了，个么不用讲起罢。老爹替头目讲一声，本寺大和尚送晚生两三样东西，是个橘子、芝麻、豆豉，装在空的受百果里首，要带进馆。还有几朵几盆花树草，也要一并拿去。”

*“我讲过了，他也肯，一并叫你拿去是了。”

唐人身故的规矩，馆里街官同通事禀过王府，王府里差个头目进馆检验尸首，验过明白，本街买一个棺材来盛殓好了，供在二门里首，朋友乡亲都出来拜拜祭送。那时值日老爹叫船主来，问那身故的亲戚，或是侄儿、外甥、堂兄、堂弟等，叫一个来，在街官房里写的甘结上，叫他亲手画个花押，明白了，交把头目收，才定送葬。唐人十个人当面禀了头目，给他出门，到了寺里山上埋葬的时节，几个人口口声声说道：“金井掘得太浅，要再深些，不然，依你埋了，明日有雨一洗，打掉了上头的泥土，露出棺材来，怎么样好？石灰也要放得多些，上面再把几块大石块来盖盖好。”那时，众夫子依他讲，埋得停停当当，走下山来，到了方丈，吃斋吃面，那带孝的亲戚请出和尚来，当面托他说道：“敝亲某人不幸殁了，今日在宝刹买些葬身之地殡葬，多蒙和尚种种费心，生死感激不浅，更要拜恳替他造立一个石牌，那石牌的样式，是明日馆里送出来，一概使费、地租，明日一并照数奉上。再过六天，弟子同朋友又要到宝刹诵经一天追他，少不得打搅宝刹，相烦！相烦！”和尚逐一允诺了，方才各人辞别进馆。

秤椅楠

＊“你们谅来晓得秤椅楠的规矩，一两天前把你带来的椅楠一块块将水洗好了，放在竹篮里头风燥晒干在那里的，今天搬出来，把小刀刮一刮，备一个香炉，逐块刮下一小片，放在火上烧，闻他的香气，方才分个好歹。好的插做第一号，插到二号、三号，看他的高低，插了十号、十二号的，也有插过了号数，就秤起来了。”

“晚生都晓得，原来贵国看椅楠的法则精细得狠，晚生在唐山买椅楠，倒没有这样细细看。譬如，有椅楠的客人来要晚生买，不过看看上面的颜色，嗅嗅他的香气好了，讲多少价，一撒手就明白了，所以从古以来，椅楠的生意最难讲，一点便宜也没有的了。也有人逢着好运气的撰钱，那个罕得有的，各人不过是平平多了一遭的辛苦了。前年晚生也有一场好笑话，晚生到了一个行家买了几十斤的香，看见货色好得狠，心里虽打算撰得几分银子，带到贵国来，把看椅楠的看了，据他说，这几块没用，头上面虽有些好看，本心是香气也没有，不过是柴头了。晚生不信他，那有这个道理？心里冷笑他没本事，后来叫晚生到这里来秤椅楠的时节，把刀一劈，果然本心是用不得，就是柴头，也是没法，只怪自家没有福分罢了。一到批价的田地，可怜三套或有两换的，终究讲不成，只得带回去，要卖给人家，那里晓得那个也不要，这个也不要，把这个货推［堆］在晚生家里五六年，才有人要，仍旧价钱三套，把晚生气得了不得，没奈何卖把他去了。若晓得如此，早早在贵国卖了，倒也不受那个气了，岂不是好笑么？"

＊"三番船的香好是好，也是小块，不中上用，若是中上用的，是要得每块十两以上的，可惜香是好，没有大块头，你说头一号鸭头绿，也不是真真的鸭头绿，算得中品，五号的香，原来好的，只可惜你倒弄坏了。"

"为何呢？"

＊"这一宗你带来的时节浸在水里，吃饱了水，晒干了一看，油气也走了，香气又退了。养椅楠是有个法则，不晓得这个养法的人，胡乱用工夫，不但养不成，倒坏了他的本性了，香气也有几样寡寡，重也没干，轻又没干，重的、轻的、清的、浊的都有讲究，不可一概而论。"

修船、燂洗、修杉板、放船、看舵、看修理

＊"船舱都要开封么？"

"正是，一总要开封，看看里头要修不要修。老爹，叫夫头去拿我的木尺、斧头、凿子来。老爹通知头目，于今船面上看过明白了，再要看外面船底，我们的船在坞里，长久了恐怕船底板坏了，老爹你看，这大桅也要掣的，船头斗盖也要换的，舱面、舱里的灰都去了，桅猪也旧了，寡是龙骨还好的，一修修起来，好大工夫。"

＊“几时起工呢？”

“后日就要修起，相烦老爹通知修理，晚生要用的东西赶早买便，打点好了，不要临期来说，那个有的，这个没有的。”

＊“十八番，你几时起修理？”

“晚生的船，是出月初头起工，本月尽边先要燂洗。”

＊“在那么［个］地方燂洗？”

“要放到对山去，老爹吩咐街总管，把本船早些放出去，今晚的潮水好长，不要误了这个潮信。要紧！要紧！”

＊“街总管说，昨晚要放出来，只因目下冬天的潮水不会长，所以今日挖去了底下的泥，一定要放了你的船，放到那里去修。”

“晚生这个船，大修要牵到大浦地方去一修，少不得三四十天的工夫了，老爹吩咐修理本船，还要栊［拢］在岸边，替我把船歪倒在一边。茅草还少了，再要添买。”

＊“要添买？”

“船底砺黄多，把铲子来铲掉了才好燂。修理说，这所在潮水长得快，此刻先燂船头就是了，不妨得。”

＊“我晓得，还好了，叫他不要管，于今明白了。你叫大家好进馆，回路是水路远了，天色晚了不便。”

“晚生晓得，都去。老爹吩咐他们，本船明朝牵到大浦，去那个修船的所在，是明日晚生出去指点他就是了。晚生的船赶着今晚的潮水，依旧上坞，过两天好出来修修，晚生就在坞里修了。”

＊“小头目等在这里，你们快些出来。”

“老爹且慢些，略叫他等一等，押工带出去的家伙点点看，鉅斧、钻子、鏍子、钉箍、铁槌、墨斗、曲尺、锯刀这几件是有的，还要灰钩、榄槌、木马、灰起，不曾拿出来，老爹禀禀小头目，带三条索儿出去。”

＊“是，小头目不敢做主，你且出去，我叫值日老爹打发人到会馆发一张票儿，吩咐本街送出来就是了。”

＊“到了大浦地方了，小头目说：这里不是长崎管下的地方，法度拘缩得狠，你通知弟兄们着实要仔细，倘若放他们众人到人家屋里去吃茶、吃烟，自在放肆，弄出事情来，大大啰唢，你做总管的约束他们，不要胡乱走来走去。”

“晚生晓得的，老爹放心。”

＊“我问你，船上修什么所在呢？”

“要修得多了，不止一个、两个所在，梁头板、偏舵、水蛇、桅尖、马面、橹棚，都要修了。老爹，这个白灰没干，粗得狠，今日且收三包，明日换做好的带来，往常不是这样的灰，也筛得细细，包子也大，他修理这样巧，骗人家的手段。老爹问他网纱有得带来么？有多少斤量【两】？”

＊“有得！有得！现有五六百斤，再要多少就有的，前日开账给他的。”

“松木、樟木、佳真木、板料、竹头都有么？”

＊“他说都有的，只少十根松木，明朝准有了。”

“也好！也好！老爹吩咐本街，替我这里砌打一个灶套，一个大锅，我们中饭不吃，就在这里煮稀饭充充饥。”

＊“我问他街总管正打点在那里，前日他进馆的时节，你当

面托他，他都晓得的了。”

“老爹通知修理，说明朝出来的时节，乘便到栅埒门外去看杉板，有修没有修，也要看的舵，也要看那理舵的所在，等退潮的时候好去看，明日清早没有潮水，正好了。”

＊“据他修理说，舵是不用你去看，舵牙、舵干没有一点虫蛀，通身好好的。”

“这样就好了，个么不用去看了。”

＊“总管，此刻过了申时，好歇歇手，进馆去。头目只顾叫我来催，你叫大家好回去。”

“说什么话？还早了，前头一个舱里的灰捻过了，就去的，不用来催我。老爹，对他街总管说：放船的时节，要他放得远些，和兰馆前头这一带水浅得极，搁了船底非同小可了，椗索时常理理好，不然椗索交做一处，磨擦了就断了去，早晚留心看看，千叮千叮。还有要紧的事情，倘有什么风爆【暴】间壁的船，碰了一碰，碰坏了，当不起的了。”

＊“晓得！晓得！”

打索路

“老爹，这所在短，那里打得我们大船的正椗？”

＊“这怪不得我了，总是你公司的□在行，若晓得这里打不得，昨日该通知当年老爹禀禀，到了大街上打打就好了，王家是不是强要你在这里打？”

“此刻讲起来也不企，只好今日打几条小索儿。”

＊“我替你就通知当年，即刻禀禀王家，明日起到大街上

打打。”

“正是，老爹说得不差，今日打两条勒肚索，又打十来条缭索罢了。正、副椗索，是明日打罢。”

*“你船的椗索几托长么?”

“我的椗索一百托长。”

*“棕索也要打么?”

“棕索不用打的，都是麻索、藤索，还有两条蔑【篾】索。”

*“我问你，蔑【篾】索也耐得牢么?”

“牢也牢，比不得魁藤、水藤的好。目下要藤也没处买了，没法，把竹丝来代打的。老爹，叫夫头馆里的麻皮索目椗早些搬过来，再烦老爹吩咐修理明日打索儿的家伙也叫他备了来，马头也要带大的来。”

*“我吩咐过，晓得了。”

“今日打的索儿，我们一直带下船么?”

*“不是，今日交把本街，且收在空库里，明日他那边送到本船去，总管依你开出来的账，该打三十条，于今有了三十余，还要打么?”

“老爹，你看这里三四捆余剩的麻皮，添打几条小索。”

*“这也要禀的了，你问他们还要打多少条数。”

“不多了，二十条罢了，老爹。”

*“都明白了，这十根竹头，四根车贯，叫夫子跟我们带进去。”

八朔缴礼（缴礼或曰交礼）

缴礼的规矩，是本街预备帖子上写了礼物的名色，把帖子供在盘上，清晨送当年老爹收了，帮当年的学通事拿到王府里，排好在那里，九家老爹等唐人出来，一齐到了王府，*当年老爹教导唐人说道："你们跟我来看看坐位，少停王家出来，坐在那个所在，我念名叫你出来，你就走过这里，朝着王家一拜两揖。明白了，仍旧退出去，又叫一个出来，挨番拜过去了。"大家都说："晓得，晓得。"方才坐了一回【会】，王家出来坐厅，各船缴礼完了，又到高木公府里去。那时九家老爹是不来，只两三个帮当年带他们去。高木公出来，见了唐人，讲了些话，就转身进堂。方才高木府里明白了，又到八个年交司府里去。年交司在家的出来见，不在家的，是他的主管出来说："今日东人有公干出去，不在家里，欠礼！欠礼！"通事传话了，吃一杯茶，告辞起身，八家一样都走到了，才是明白进馆。

下头番，竖桅，补蓬，下搭客，眼桅

头目进馆，到了街管房，*值日老爹叫出船主、总管来说："头目进来，等你搬出行李要验验。总管你进去，催他们头番下去的行李，都要搬出来，不要只管担阁【耽搁】，叫头目焦燥［躁］。"

"晓得了，晚生进去叫他们搬出来，老爹把先有的，只顾验验，陆续搬出来了。"

*"船主你禀禀头目，先叫开库的出去，货库的头目老早出来了，你今日开库要领什么东西？"

"没有甚么东西，不过是锣鼓、更牌、旗竿、头巾顶、大小索儿，就是这几件。老爹，货库里去的两个人齐了。"

＊“这两个是本船的人么？”

“一个本船的人，一直下船，一个是押货到本船，依旧归馆。”

＊“请菩萨的几个人去呢？”

“六个人去。”

＊“都齐了么？”

“都在这里，老爹禀头目叫他出，再有两个人，门外看伙食的，也要一起出去，我叫他来，老爹预先禀禀。”

＊“我禀过了，你叫他拢在这里，不要走散，恐怕一时寻不着。行李还有么？”

“还有些。”

＊“有的只管搬出来。总管，吩咐大家走到外面去，人多了碍手碍脚，不便做工夫，开锁的两三个人在里面就够了，何必得要这许多人？你们不要站在头目面前，快走下去，退在后面，远远儿看，不可伸出头来，只顾探望。船主过来，头目有说话［话说］，今日什么样子？做下这样犯法的事情！酒桶里头藏了铜钱，竹笼、板箱里头藏有金片、银子，都验出来了，你进去仔细查查这个本犯，即刻要报出来，都是你做船主的吩咐不严，所以弟兄们这样欺公犯法，王家知道了时，怕不肯宽容，必定连累你通船人吃苦的了。”

“不是晚生吩咐不严，只因这几个煞野的，把晚生的说话听做耳边风，不遵法纪，弄出这样昧天的事情来，晚生看见这个样子，正个呆杀了。仰伏头目怎么样一个方便，周全晚生，极感！极感！”

＊“我替你禀过头目，求他周全，且听王家怎么样发落你。”

“静候！静候！”

＊“那本犯的姓名，即刻要你报出来。”

“晓得，晚生进去查查，就来回覆［复］老爹。”

＊“这个小刀、镜子刻字号的，不许你带去。今日行李、笼箱多了，所以一半搬到对门去，分开验验，你打发几个人到那一首照看照看。总管，行李差不多明白了，你叫下船的都走下来，本船二十个人，押工十五个人，搭客三十个人，都齐了么？”

“老爹，搭客里头五个人有病，今日不得下船，必等后日下尾番仝公司一起下去。”

＊“也罢！也罢！你们手里拿的东西，挑担的家伙，一总放在这里验过了，然后把你拿去，这里没事的人走开去罢。”

“老爹吩咐夫头，铜板引条也搬下船去，后天要装铜了，没有铜板使不得的，要紧！要紧！那一门椗也箍好在那里，也要今日叫修理送下去。”

＊“我晓得了，你们补蓬的几个人出去？”

“四个人去，那一捆篷折、一个篷堵、剪刀、篷刀要带下去，老爹问他修理，前日定他买的篷担、箬竹叶有没有？”

＊“有了，过一回【会】就送下船去。你说大桅也要眠的，为什么要眠呢？”

“大桅的铁箍旧了，桅帮也坚固，都要换做新的，春天还好耐得，冬天洋中风浪大，因为船上家伙也要用好的，才是放心。修大桅要得十来天工夫才完工了，通知老爹竖桅的时节，要用两只空船合在一个所在，扯起本船的桅来，才竖得着。老爹禀王家，要放出九番、十番两只船，牵到本船傍［旁］边来竖桅，是要拣好日子，本月十五是黄道吉日，误不得这个日期，相恳留心留心。”

装铜

*“大家拢来，要点人了，船上有几个人么？”

“通共十五个人，五个人是在杉板理椗索。”

*“也叫他上来，点完了，仍旧下去，不过一霎时的工夫。”

“晓得，就来的。老爹，今日我们船上装多少铜？”

*“今朝装正卖铜一千箱，大后日又要装人参铜八百箱零九十二斤七合五。今天公司下来么？”

“下来了。”

*“老大[①]，你叫两个人，拿十枝快【筷】子来，在水仙门过筹照数，不要点差了，仔细！仔细！再拿一根草索打结，每十箱打一个结。”

“晓得了。”

*“舱面的铜，只管装下舱里去。”

“老爹这里放不得的，就要开舱了，要他堆在两边，不要碍了舱盖。”

*“你看，这几百箱的铜，这两边那里堆得起？”

“前面的铜为什么不下舱里去？”

*“前面的舱没有铜板，上头送铜板的担阁【耽搁】了，昨日

① 天头注：“老大谓伙长也。”

才送下来，还没有锯开引条，也不曾钉铁钉，也还没有送下来。”

“怎么样好？铁钉板料是今日公司随带下来。”

＊“前日你们写字儿到王府里，说是还要四□三的铜板一百块，双间长引条三十条，单间引条二十条，我叫修理辨［办］有了，也是今日一牵来的。”

“老爹吩咐夫子不要打破了箱子，你看！都是甩掉了，不中用，是什么样子呢？”

＊“老大，你有一两条索路，借他把铁钩也要的，一并把他用用。船主下来了，你过来，看见头目，铜要秤几箱？”

“秤两箱。”

＊“看要净秤么？”

“一箱要明秤，一箱连包秤罢了。老爹，一箱连包多少斤量【两】？”

＊“一箱净一百斤，包子五斤，就是一百零五斤了。”

“老爹，这一箱要秤秤看。”

＊“这一箱秤不得，你看，箱子那样稀破，里头的铜也漏散了去，若是在小船上破的，你也理该不肯歇足，已经起在本船，打破的箱子，纵然斤量【两】少，也向那个理论？你若还要秤，要拣两箱不破的拿来秤秤看，才是了。我替你说，才新起的一儎一百箱里头少了三箱，于今叫一个人到库里去查查，若是库里查有了就好，倘若库里查不出，谅来这里点差，那时要查通船的箱子有多少，连那装下舱的，也要起在舱面重新点点。”

“若要这样的点法，好费大工夫，你可有什么主意么？”

＊“已经装下去的，是你自己在舱口的，谅必有打马记数，

该有多少数目，你也点点自家的账目看。如今库里去的五甲头回来了，库里是不差，我问他在水仙门的夫子，说话糊涂得狠，刚才来的一载铜夫子，七手八脚，起得糙乱，想来点差，也没凭据，你可以做得主，就歇了。”

“老爹，这自［是］什么话？不差就好了，万一有得差，果然少三箱，明日回唐，那一个肯倍［赔］呢？况且起货、装货，是凭他本街总管，晚生管不来，只好问本街，在他身上怎么样着落。”

*“你若这样讲法，一定要查。船上若是果然少了，自然本街该倍［赔］。你也想想，看他本街也无凭无故，那里肯倍［赔］出这三箱？必要查清了一番，该倍［赔］自然要倍［赔］你，若要他倍［陪］干净，把通船的铜清理一清理看，才好说话，也没法了。”

“老爹叫夫子相帮相帮，重新点点罢了，别样的事情，晚生也好做主，这是东家的关系，不得不仔细。”

*“我通知你说，后面三舱都点过了，都有数目，前面两舱的还没有点完，此刻天也暗了，不得做工夫，今日且歇了，明日再来点点，今日把通船的舱都要结封在这里，等明日头目下船，你们也要一同再点起来。”

“使得！使得！老爹禀禀头目，晚生要进馆，今日带下来的大秤，放在船上罢。”

*“也是很容易的事体，但是票儿上已经写有‘随带下船，仍旧带进馆’的字眼，如今改不来，且拿进馆，明日又带下船就是了。”

看包头、讲包头、秤包头、装包头、秤添退包头杂包。

“老爹，今日看的包头，有多番数?”

*“今日看的番数，一番到七番都有的，八番、九番有是有，还不曾打包明白。鲍鱼一番到三番都有了，你抄抄账。杂色是海带、石花菜、红菜、油鱼、鱼翅、茯苓、小海带，这几件都有的，你库里去拣出两三包样子来，打开看看。一番、二番，比前番的货干得多，八番、九番、十番是照常的糯参、漏子、蜜子，此番的蜜子，是正真的高蜜子了。”

“正是！九番、十番是农得去。老爹你看，这五番满肚的沙，又是大潮，这还要晒几天方好讲价，不晓得包头价今天讲不讲?”

*“自然要讲，你们看过了样子，会馆的职事人同商人一直进馆。”

“也好，个么晚生先一步去，在公堂候候讲价。”

老爹到公堂，*对众人说道：“前我通知你过王家，此番了不得，赶你们起身，竟没有一点宽松，所以包头价，是今日连夜要讲明白，倘若你们照常一例看，一时讲长讲短，明白不来的时节，就是误了王家的事了，你们略觉价钱上差了些，也要看破，我劝商人也让你几分，两下不争来争去，一讲就要落台的了。”

“老爹吩咐，自然遵命，但是今日所看的包头，比不得往常的货色，晒得不干，大大潮气，又是低价。兼且五番、五番挟有小的多在里面，既然王家这样赶紧，晚生大家也要商量差不多的地步，自然看破。老爹吩咐商人不要太强，是了！是了！”

*“个么你众位打起盘子来，才才你们的盘子差得远，若差

些少，还该有的，那里有那样天差地远的？估算若是这个算法，终究讲不成。”

“老爹，除了这个题目，晚生并没有一点主意。商人若不依晚生的主意，但凭王家怎么样，要赶起身也没法。今年唐山包头价狠【很】贱，总要他商人也做主，让我们些，为什么这样漫凶凶的只顾强，晚生总是依老爹，要那样也看破，要这样也看破，那里像他一般，一味摇头，不回顾的。老爹凭在他，晚生也不理的了。”

*“你过来，我同你商量，两边这样硬板板的说话，不要话［说］今晚讲不完，连明日讲到十天、二十天也不得明白，到底你酪酊的价，打一打把我看。”

“晓得，老爹看，这个就脱底的盘子。”

*“这那里去的？罢了，罢了，你的意思也量得出，你不要管，凭在我做主。”

“老爹，这是老老实实，没有半点套话，这价钱上再加一厘半毫，也依不得，若还要再加，可怜晚生的生意狼狈了。”

*“这是我明白，好歹依我，我不叫你吃亏了。”

“老爹十二分要这样的时节，晚生也不好强。个么相恳老爹，有个道理，十番里再加五十包，这五十包的银额，在四番、五番两宗里头扣去。”

*“这使得，我叫他加出来，你撒手罢！”

“这个晚生一个人的主意，不敢放胆做，必要把老爹的意思告诉众人，才好撒手。”

*“何故得这样仔细？你老本的不肯放胆，更有那个敢作

敢为？”

“依我，依我众位有什么说话，我来肯承当的？”那时唐人也被通事逼迫不过，一撒手，就明白，那里晓得那商人看见自己打算大大差了，死定的不依他卖，各人争论鼎沸，究竟不济事了。老爹看他那个样子，*又对唐人说道：“你众位不要笑我铁脸皮的又来放屁，其实他们也苦得狠，你众位看我面上，八番这一宗里头再加五厘，不然正真筑山九仞、功亏一篑的道理，你也看我早上到于今千辛万苦，这些赏我也好。”

“老爹这样说，晚生再没有不依的，只是勉强了，我怎么不晓得你苦？”

*“也是，你若不依我，我的体面都没有了去。”

“为什么缘故呢？”

*“今年讲价的职事，我挑在身上，王家听见今晚讲不完，必定看破我，说单单有限的包头价也讲不清，到了明日，倘有什么大生意，那里当得起？若说起这话来笑我，那时有什么脸面呢？”

“正是！正是！”

*“还有一件事情通知你，此番海带狠【很】少，没奈何寻着街上用的买拢来，这一宗不是做菜吃的海带，货色是你们看过明白，不用我多讲，所以价钱也不是照常一样，你们公议量加多少把他才好。”

“老爹明日秤包头，一直装下船去么？”

*“不是，明日不过是秤，后日装下去。”

“最好了，若是明日装，没有工夫写笺子，只好是后日装的便当。划包头的账，今晚有得来么？”

＊“今晚有也有，迟了些了，明朝到货库里去抄抄。漆器是明日在货库里看，就在那里讲价。小家伙不要每样讲，要几样就几样，拢做一块，一牵讲明白好了。”

“老爹说得不差，包头都搬在这里，你来秤秤，每一包连包一百二十九斤了，今朝秤净包头五千五百两，再要明日添秤四六银七千两，海带要秤不要秤？”

＊“不用多秤，拣出十来包秤秤罢了。”

“老爹，问他管包头说：鱼翅里头，若有了板翅，晚生不要了。”

＊“没有的！没有的！你若不信，解开一捆看。”

“老爹，这两个小包是添退的海参，不用装下船，求头目带进馆。”

＊“押包头的几个人，去五个人是押包头下船，三个人是进馆，我禀过，都准了。”

“老爹，那几包海参且不要搬还，没有押笺。”

＊“晓得了，你过来，收五个寺的回礼海带。”

“晚生记过账，收过了。”

＊“你为什么是眼睛血红的？”

“老爹不晓得，晚生大家起身前的辛苦，这两三夜一歇也没有的困，今天进馆，又要写信揽约，忙也忙得极。”

＊“这个我们也体量得来，也好了，不过今晚一夜的工夫。”

巡船，河下送水菜、柴火。

＊“总管老大，你们船上没有什么事情么？”

“老爹来得正好，晚生船上几天没有鱼菜吃，已经写字两回，至今没有回头，这里又要写一张字儿，催老爹替晚生拿去，那字儿上写：

一、大马鲛　五十尾　　一、白米　　三十担

一、海鳗　　五十斤　　一、菜头　　一百斤

一、一字鲞　五十斤　　一、虾酱　　二十斤

一、粉干　　二十斤　　一一曰示　　一百斤

一、青菜　　六十斤

以上立等应用，速速送下为感。”

＊“这不用你的字，你写字给我，是我不得拿去，规矩留在番船上，小头目递送王府里去。前日你写过来的鱼菜单，我们收过了，已经吩咐本街晓得，因这三四天有风有雨，没有新鲜鱼，所以不曾送下来，我回去再催他，不是今日就是明朝，准有的，你放心！放心！”

“老爹，晚生船上要一百担柴火。”

＊“叫本街明天送下来。”

“请教老爹，馆里几时下尾番。”

＊“下尾番是谅在月初头的光景了。”

“个么相恳老爹一件要紧事情，本船一个弟兄患病，病重得狠，船上药料也没有，又没有人伏侍他将息，老爹禀禀王家，给他进馆，吃吃些药，调养好了，等公司下番一起下来。”

＊“既然如此，实在要紧，你快写一张呈子，我替你拿去，就要禀禀，叫他进馆。”

方才写一张呈子来：

具呈某年某番船总管某，为恳祈转启事。切有本船工社某人，在船患病，日加沉重，意欲暂留馆内，延医调摄，候公司下尾番日一同下船，不敢擅便，为此伏乞当年老爹，转启

王上恩准所求，则感不浅矣！

年月日　　　某年某番船总管某。

*“送下鱼菜来了，看你前日开出的单子上，要山羊一只，猪肺一副，这两样一时间没处买，再等三五日才有的。但是你只管催我送鱼菜，所以且把先有的带来了，你照这个收了，账后写个‘收’字，写法是不过‘以上鱼菜收明’六个字，打印板把他。本街问你，昨日送下来的五儎水，那一宗银额，会在那一番呢？”

“也是会在二十船番算。”

*“个么你写一张会票把他，明日好做凭据。”

“好了，我写给他就是了。”

*“修理问：你说你昨日写字来，要一根大木料，不知你要多少长，多少大的？”

“长要一丈五尺，周围二尺大的才好用，我替你老爹说，今朝的天气，到了晚间一定作风，晚生船大，只有两根锚，恐怕抛得不牢，要借一门当年的铁锚抛一抛，才得放心。又有一件要紧事，这两三个船一起，在这个所在，倘若有了风暴，一碰碰坏了，当不起。老爹即刻禀回王府里，打发十来个小船来，把本船还要牵到上头去。”

*“老大你过来，你的船泊的所在太远，番船的头目不好照

看，再要拢在那一首去。”

“晓得，这时候风大了，动不得，再等风漫【慢】了些，我们自家扯锚，拢在那一头就是了。”

*“今朝当年叫我下来通知你们，你们下杉板，不要到进港船傍【旁】边去，我听见你们昨日下在杉板摇到新番船去，番船的头目阻当【挡】不来，告诉王家，王家晓得，大有啰唝话，亏得当年多少费心婉转，周全你没事了。若是下回再去，那时我也顾不得你，你也怪不得我们，要仔细！要仔细！”

对账

*“会馆的职事人进来，现在街官房等，你要对账，你们也带低［抵］账来对对。”

“晓得，晚生抵账带在身边，老爹请先，晚生就来了。”

*“一番船在么？宝舟是头番，先要对你的账，你来抄抄：头一次出货，银额二万四千零八十八两三钱五分七厘。第二次出货，续卖银额三千二百八十三两一钱三分一厘一毫，两共二万七千三百七十一两四钱八分八厘一毫，内除本船伙食卖三百七十一两四钱八分八厘一毫，加五加一百八十五两七钱四分四厘零五弗，存银二万七千两，内计颁定银额一万一千两，换杂色银额三千两，八朔缴礼连七步银额一百九十一两一钱四分四厘八毫，送寺银一千四百八十三两三钱三分，人事银九百九十两零三钱五分八厘九毫，铜用四百三十五两，夫费四百一十两，余卖银额九千四百九十两零一钱六分六厘三毫，通共二万七千两，不差了。余卖的加五加四千七百四十五两零八分三厘一毫五

弗，上用麝香、茴香、木香回礼八百九十九两八钱七分七厘五毫，加五加四百四十九两九钱五分八厘七毫五弗，这一宗是上用余存的回礼，所以有加头了。上用三样的回礼银三百七十二两九钱二分五厘，这一宗是全铜，所以没有加头。医取六十两零八钱五分，加五加三十两零四钱二分五厘，各船伙食卖银额一千一百六十六两零零六厘八毫，加五加五百八十三两零零三厘四毫，王取回礼银三百一十八两四钱八分，加五加一百五十九两二钱四分，通共原价银三万零一百八十九两六钱二分七厘四毫，通共加头银六千一百五十三两四钱三分四厘三毫五弗，连加三万六千三百四十三两零六分一厘七毫五弗，内开除缴礼铜用夫费人事银二千零二十六两五钱零三厘七毫，坐派八百九十四两六钱三厘，公堂费六百零六两，口外头目便道十两，缴礼盘一两，缴礼夫一两，缴礼使费一两二钱，椗地二两六钱。六月念一日送水二檥，二两二钱五分，船夫六钱，支钞六百两，支米三百五十一两，馆内柴支一百五十两零八钱四分一厘六毫，守番辛工六月念三日起到今年三月十五日止，共二百八十九日，该付银一百七十三两四钱，守番食米五十两。又除本船结账银五百两，共除过五千三百七十二两零二分五厘三毫，尚存三万零九百七十一两零三分六厘四毫五弗，内配版银九十五两，铜筋十万斤，该银一万一千五百两。这个正铜，每一百斤一十一两五钱，算上用回礼铜二千八百六十斤六合五三，该银三百七十二两九钱二分五厘，这一宗铜价每一百斤一十三两，代包头条铜七千五百斤，该银一千八百七十五两，这一宗每一百斤二十两，算六分包头银九千七百五十一两八钱六分六厘八毫七弗四分，杂色银五千七百二十六两二钱四分四厘五毫八弗，都抄明白了么？重新再要对对？”

“不用对，银额不差了。晚生还有一宗王取四两几钱头，不在这个账上，劳动会馆执事人替晚生查查。”

*“晓得了。今日人参账，也还没有结，少不得后日再来结账，一并对对看。”

“也好！也好！多谢，各位辛苦！老爹，今日有什么公干？”

*“今日就是结账了，你不要进去，一直到街官房来。”

“老爹，叫走差讨了笔砚，晚生要抄账。”

*“我念起来，你抄抄：结账银五百两，王取回礼四两五钱五分，加五加二两二钱七分五厘，人参回礼包头一千二百八十八两一钱四分三厘，三共一千二百九十四两九钱六分八厘，内除守番辛工三月十六日起到念五日止，共十天，该付银四两二钱，船坞银十六两，口外神道银九两六钱，三月十七日送水两儎，连船夫二两六钱二分，送柴九千斤，连船十两零七钱，木料银六十八两一钱五分二厘，九番船会过来，柴火一万斤，连船夫二十三两四钱，修理银三十两零二钱零七厘，进港鱼菜二十四两四钱五分五厘，顺风水三儎，连船夫三两六钱三分，顺风柴五千斤，连船夫廿两零七钱五分，下番米二十担，该银一百二十五两，十一番船会来水三儎，三两零五分，送水船夫一两二钱，以上除过三百三十二两九钱四分四厘，实存四六银一千四百六十二两零二分四厘，内计八百七十七两二钱二分四厘，是净包头五百八十四两八钱，是杂色，你抄过明白了，再要对对看。”

“晚生对过不差，有劳老爹！晚生欠陪了！馆里头事情多，竟是弄不明白。”

*“请便！请便！明天小弟怕不得空进来送别。”

“老爹既是贵忙，晚生也怕不会了，冬里头又要转过来相会。”

*“候驾！候驾！老哥回到苏州，见了各亲友，相烦替小弟致意一声。”

“晓得！晓得！”

*“顺风相送。”

“多谢！靠老爹的福。”

“岂敢？岂敢？”

开船，搬库，领牌

开船这一天，头目进馆验行李，那个验法，照下头番一样验过行李，点了毡条、印花细纱、布匹等项，交把唐人取去，一边验了粗用家伙、树木等件。原来唐人回唐的时节，各各买了几株花树，花是茶花、樱桃花、五针松、枫树，唐山没有这几样花树，所以各人喜欢，买去送人的了。

*值日老爹叫船主来说道：“据他栅埒门的插刀手来说，货库边潮水都退了，行李笼箱都搬到大浦这一首，才可以装下小船，要得路上照看的人，你叫几个人出去。”

“晓得，打发十个人去便了。”

过了一回【会】，副当年进馆，将那跳墙的两个人，藏货的三个人，念名叫出来，叫他跪在头目面前，当年手里展开了一张谕文，念把他听，*说道：“王令你要知道，你此番过墙，犯了法纪，所以将来禁革你不许再来，晓得么?”＊又叫出一个说道：“你起货那一天，笼箱里头藏了人参，干犯法纪，所以禁革，不许再来。”方才吩咐明白了，＊又对起身的船主说道：“你们也要知悉，这几个人王令禁革，不许再来，你们回到唐山，通知走洋的各船主，将来断不可误带他们过来。”

船主回说：“晓得！晓得！”

当年告辞，头目回去。那时下船的唐人，也都验过了，看见早是在馆的各船主站在大门前，替他们送行，各人深深作揖相别。那下船的船主、财副意气扬扬，满面带着春风，作别起身去。这一天到本船的头目，先来货库等唐人出馆，开开库门，把存在库里的东西逐件都搬出来，通事逐一对账明白，带回唐的装下小船，倘有留存搬库的货头，点点明白，交付那收管的唐人，搬到那个库里去。若是大宗的货，或者包子破漏散的东西，唐人求求头目说：“这宗不用搬库，连库交把晚生收管。”通事求了头目，听他头目的主意，或在库里点件数收的，或是一包一包秤起来，秤得明明白白，你交我收，交代停妥的通事，＊叫本船的唐人来说：“你过来看看，结封箱子里头，是带回去的东西：唐山银子一封，铜钱二捆，镜子一面，念珠五串，再有求领里首余下来的色细五块，旗布三尺，牛皮三张，库里余存的，是水锤连水锤索三件，大小索路五十条，已经装下小船了。那几包是异种的藿香，还有二十几枝的檀香，这两样也是带回去的。”

“老爹，问一声：今日装的杂色，是什么东西?”

＊“杂者件数多，你怕记不得了，洋绵纸三百刀，樟脑一万斤，硫黄三千斤，四十个一箱的铜古七箱，七个一套的铜锅三

箱，排古两箱，面盆二十箱，黄连十包，茯苓片五包，皮账包一百个，金钱四箱，戛子鱼五十连，香蕈五十斤，漆器是香厨一对，漆盖碗三付，八寸漆盘三付，印笼五十个，三寸观音五尊，玻璃灯十五个，雨伞五十把，还有酱瓜三桶，十锦菜五桶，就是这几样了。”

“乌金器也有么？”

＊“也有。那个规矩搬在王府里验验看，一直到本船来的。”

“是了！是了！苦诉老爹，今日收过的海带太多，恐怕船上装不起这许多。”

＊“一到本船，才说装得起装不起，又是难为头目了。”

“所以晚生的意思，一总六百包，里头二百包是装下去，四百包是留在库里，交把伙计船收存，替晚生禀禀。”

＊“也好！也好！你早为定局，省得后来费多少工夫了。于今这里事情都明白，你们也要下船，押货的人不要上了，本船装过包头，就转回去，头目不许你们上船，晓得么？”

“正是，晓得是晓得，老爹再禀头目，晚生早起出馆，还不曾吃饭，可以容得三个人上去吃些点心，使得么？”

＊“无事不敢多坐了，我禀过，既然这样，放你一霎时间上船，吃过了饭，就起身去，担【耽】搁不得了。”

“多谢！多谢！坐一回【会】就去了。”

＊“大家在这里，我替你们说，看见你船上抛有两门椗，两门一连扯起来，未免多费气力，趁此刻你们闲在这里，先起一门椗，一门是扯得紧紧，停一回【会】牵船来了，就扯起来给他捧，好不便当。”

“正是，我们也这样说的，老爹吩咐他，包头不要搬到船头去，只顾堆满在那个所在，起不得锚了。”

*“我晓得。再问你舵是为什么不曾放下来？”

“老爹你看，还在那里做工夫，就要收拾勒肚索舵，也才得放下水。”

*“总管，你过来，这里有几件东西，我要交代你：版银一百五十两，再有一箱乌金器，里头是帐钓［钩］三十副，手烛［镯］二十副，花瓶一副，香炉全副的共十副，爵杯九个，称收去收去。”那时约莫到了下午，馆里的行李都到齐了，各人七手八脚搬行李。

*“你们搬行李，不要搬到头目傍【旁】边去，且放在底下船上。”

“明白。”

*“快了，等到头目下了番船，慢慢收拾。”只见那时船主才下船来，你说为什么这样担阁【耽搁】呢？原来船主早上出馆，到了王府里领牌，这领牌的规矩，九家老爹一齐到王府，等得好许多时辰，王家出来坐厅，叫出那起身的船主，到了阶下，一拜再揖，王家自己手拿一张牌照来，交把当年，当年老爹传了旨意，*说道：“你的船生意明白，今日叫你起身回棹，所以给付将来的执照。你再来的时节，总照牌票的年限来贩，载货也是照依颁定银额，不得有误。来往洋中，也要兢兢守法，晓得么？”那时，当年老爹传过了王令，叫那船主谢谢王家，就叫他高声念牌照。听他念起牌照来，说道：

信牌

长崎通商

长崎译司　某某某某某某某某某[①]，特奉镇台宪命，为择商给牌贸易，肃清法纪事。照得尔等唐船通商本国，历有年所，络绎不绝，但其来人混杂无稽，以致奸商故违禁例，今特限定各港船额，本年来贩船只内，该某港门几艘，所带货物，限定估价约若干两[②]，以通生理。所论条款，取具船主某亲供甘结在案，今合行给照，即与信牌一张，以为凭据。进港之日，验明牌票缴讫，即收船只。其无凭者，即刻遣回。你等唐商，务必愈加谨饬，倘有违犯条款者，再不给牌票，按例究治，决不轻贷。各宜慎之，须至牌者。

年　月　日给　右票给某港门船主某

译司，限到　　日缴。

又有一张配铜甘结，这个是本来那领牌的船主所具的一张，是留在王府里，一张是同信牌一起带回去，再来的时节，又同牌照一并缴上的。从前没有这一张甘结，只因新例以来，无论什么港门的牌照，在浙江地方发来的船，是总照厦门银额给他做生意，但是州府本港发来的船，是照依该港配铜的了。譬如，南京、宁波港门的牌照，该牌八万八千斤的铜，也照厦门银额给他十万斤的铜。若没有这一张甘结，再有什么凭据，也做不得生意。你说怎么样是那甘结的写法：

---

① 此处天头注曰："本纸作刘叶刘
　　　　　　　　　平熊
　　　　　　　　　熊刘樊。"

② 旁注："本纸作玖千伍百两。"

宁波某年当番牌主某，该贩银额配铜之数，

一、通船所载货物，颁定银额二万柒千两。

条铜限配拾万斤。

内计：

玖千伍百两，载在牌上之额；

壹千伍百两，准厦门补额；

叁千两，换杂色额；

三共壹万肆千两。

贰千肆百柒十三两余，送寺人事神纳寺庙礼物库租等项。

此宗各船定例之额，

壹千零三十陆两余[①]，八朔缴礼铜用夫费。

此宗照厦门定额，

共壹万柒千伍百零九两余[②]，

尚存肆千肆百玖十两余[③]，余卖。

以上银额之外，不敢多带货物，其配铜前已所载拾万斤之数，俱已知悉。日后将某名下牌照发船来贩之际，为船主者，无论何人替代前来，亦照此例，所装货物不敢过多，又不敢少缩，为此具遵是实，但遵单与木牌，合带缴上[④]。

年　月　　　　　　　　日领牌某姓名。

方才念过了牌照，船主起来，一拜两揖，退厅，一直到木船

① 旁注：“本纸作肆拾贰两余。”

② 旁注：“本纸作拾五两余。”

③ 旁注：“本纸作玖千肆百捌拾五两余。”

④ 旁注：“本纸作须与本牌合带缴。”

来，所以这样担【耽】搁。老爹见他船主下船来，*对他说道："你过来，见见头目，谢一声。"船主谢了头目。

*老爹向他说道："我正等你在这里，这一张归帆甘结，一本归帆人名册上打印板。"

船主说："晓得。"方才打了印板，交把老爹转交头目收去，那甘结上写道：

某年第几番某港船主某回唐，具立凭照：

一、遵法所禁吕宋其外毋论何处天主教寄住等国，但不敢前往；

一、再来日本之日，不特拔帖连异尔蛮南蛮庙和尚之徒及天主教门党类，一人不敢载来；

一、日本之人，一人不敢载回；

一、日本军器及武将画像等件，不敢带回；

一、足色纹银并除准带定额银之外及金子，分厘不敢带回；

一、洋中不敢为非劫掠；

一、寓中与日本人并无交加差舛；

一、颁定银额几万几千两，换杂色银额几千两，并送寺、送庙各项人事元价银几千几百几十几两余，卖银额几千几百几十几两，合共几万几千几百两，交易俱竣，内计几百两，准带贩银几万几千两，铜斤几万几千两，包头什色几千几百两，费用合算清讫，毫无差错，并无寄留货物；

一、本港登船以至开驾之后，一如从前甘结确守，倘若遇风飘到意外之地，亦照条约甘结遵守；

一、再来之日，从前条约遵守，不敢违怠；

一、再来之日，带来货物，照颁定银额，不敢少缩；

以上各款，不敢背违，如有毫犯，某等人船再来之日，任凭处治，甘愿受罚，立此存证。

年月　日某年第几番某港船主某

财副某

总管某

看那归帆人名册的写法：

某年第几番某港船主某，本船于某年某月某日，由乍浦开驾，至某月某日收入长崎，其货物交易俱竣，合算清讫，准带版银、铜斤、包头、什色，俱已收明，毫无差错。今欲开棹，理合报明本船客目共几十几人，但开船之日，除准带货物之外，不敢私载违禁之物，又不敢前往吕宋其外天主教寄住等处，来时不敢载天主教门党类及犯禁货物、假药、砒石、班猫、芫青等毒药，并不敢贩日本别处港门，私放人众上岸来往，一如从前条约甘结确守，若有毫犯，人船及货甘愿受罚，为此船主并宿主花押存证。

通船人众，计开：

船主姓名　年几十几岁

财副姓名　同

伙长姓名　同

舵工姓名　同　搭某年某番船回

总管姓名　同

板主姓名　同　身故

客　姓名　同

工社姓名　同

随使姓名　同

以上共几十几人

内回唐几人

身故几人

实存几十几人

各番附搭客目

某年几番船

工社姓名　年几十几岁

　　某年某番船

　　同　姓名　同

　　以上附搭九人。

　　通船共计几十几人。

年月　　　日某年某番某港船主某。

方才船上一概事情，明白停当，老爹叫通船人来点名，照人名册不差。头目、插刀手、各职事人，一起要下番船，*老爹又对船主说：我们下了番船，等你起锚，小船来捧起，才得头目回去，你催他兄弟们快些扯篷起锚，小船到了本船的时节，放出两条索儿，给他捧捧，索儿要放得松些，太紧了不好捧。”

“晓得！晓得！相别了。”

*“顺风相送，恭喜！恭喜！”

口外守风

*“你们的船，为什么不开去？”

“老爹原来不晓得，连日竟没有好风，那里开得去？”

＊“我们看见这两天的风好得狠，不信你说没有好风。”

“正是好也好，只是风不长，日里头虽有些好风，到了夜间就慢了，纵或开出，也是过不得关，必定仍旧转回来，况且过两天有暴，过了这个暴，才好放洋，晚生各船都是想回去，那个肯喜欢担阁【耽搁】？”

＊“今日王家叫我下来，吩咐你们说，你们船上的弟兄了不得煞野放肆，这几日下了杉板，只顾摇来摇去，动不动上山借了打水的名目，到人家屋里去顽耍。小头目、插刀手禁你不来，好没规矩！你们也晓得，这里不是长崎管的地方，万一你们也上岸，惹出什么事情，报到长崎来，那时非同小可的关系了，又是那个火药库的地方最要紧，你们决不要到那个所在吃烟，这个是大禁的了，你们不要看得容易。”

“晚生都晓得的。”

＊“这不用我多讲，早晚风转了，就要开去罢，只管担阁【耽搁】在这里，王家生起疑心来，必定难为你们，大大不便，要紧！要紧！据你呈子上说，是船上死了一个弟兄，果然是么？”

“正是，一个弟兄病了好几日不能好，可借［惜］昨晚没有了去，今日头目下来么？”

＊“我同头目来了，就要简［检］验尸首，入殓埋葬。悟真寺那个棺材，也是本街买下来。你们是比不得河下的船，所以送丧的，也不许你多去，四五个人去罢了。船主你写一张甘结。”

“请教老爹怎么样写法，替晚生打一个稿。”那稿儿道：

具结某年几番某港船主某，切因某船水手某罹患阴虚之症，于昨晚某时在船身故，为此呈恳，蒙令检验，恩准殡葬稻佐悟真寺后山是实，今欲有凭，具结存照。

年月　日某年某番某港船主某。

*“船主、总管下来，有王令你要晓得。昨日番船的小头目报到王府里来，说你船上几十个兄弟下了杉板，上岸打水，一个弟兄走到山林里头去，插刀手看见，早生疑心，跟他去看，果然有个日本人在那里说话，看见插刀手来了，唬了一唬，日本人是走得不知去向。查他弟兄身边，带有一粒金锞、一千个铜钱，插刀手收了报官，所以王家叫我问你这个金锞、铜钱的下落，船上怎么有这些东西？你查他本人着实招出来，万一有一点糊涂，王家是狠【很】精细的，究竟不肯歇了的。原来你们不依我的话，只管放他们上岸，今日果然弄出事情来，你有什么言辩，快去查查，回我的话。”

“晚生去通船都查过了，果然有这一个人，他把一件衣服、一个裤子带下去卖了，他也是起初没有这个念头，他昨日上岸的时节，有个日本人来，问他有什么衣服、裤子等样卖的，我要买去，把这些金子、铜钱给他看了，才动个念头，许他这样东西卖了。老爹，怎么样周全之法，方便方便，晚生同总管时常恼他、骂他，那里晓得弄出这样歹事，累到晚生了。父母养下儿子，不晓得儿子的心，各人各人的心情，实在晚生也管不到，全靠老爹帮衬帮衬！”

*“若果然这样，叫他写一张口供来。”那口供说：

具口供某年某番船工社某，切兹蒙查问，某昨日上岸，身边带有金锞、铜钱情由，委实供招，等因，俱已知悉，敢不凛遵。因某于昨日上山，偶遇日本人，问某要买衣服、裤子等件，某等在船日久，刻乏鱼菜，故欲得此钱财，以充上山觅买鱼菜之用，私自带随一件旧衣、一条裤子，上山卖付，收其价值金镆一粒、铜钱一千文，随欲带下本船，即蒙督员查搜收去。但其日本人素不相识，除外并无交关干犯，无言可辨，惶恐无地，为此具口供是实。

年月　　　　　　　日某年几番船工社某。

*当年老爹说："这一张我替你拿去禀禀看，不晓得王家听信不听信，明日再来回话。有一件最可怕的是王家满心怪你们不遵法令，若是一时怒气上说起，要把你们各船仍旧捧进河下查验船舱，也论不定。不然把你们的杉板都收了去，不把你，那时怎么样做法？杉板是本船的手脚一样，若没有手脚，到了半夜三更，忽然作起风暴的时节，当得起当不起？你们还想不到这个田地，把我的话记不在心，明日到了那个田地，不要怪我预先说你，要仔细！仔细！"

3.《唐话（长短拾话）》

说明：《唐话》一册，现藏日本长崎历史文化博物馆。封面除书名外，另有"长短拾话/全/云珍藏"字样。另，书末有"嘉永三庚戍【戌】五月榖旦"九字，日本嘉永三年为1850年，时当清道光三十年。其中有部分内容，亦见于《唐通事心得》。

闲时不烧香，事急抱佛脚。这一句常言，是要人家往常用工夫的意思，你若日常间没有信心烧香，忽然遇着患难紧急的事情，手忙脚乱，连忙去抱住了菩萨的脚头，要救急，菩萨那里肯救急？譬如你们打常不肯用心学唐话，一下见了唐人，要讲两句话，恁你咬牙切齿的，怎么样要讲，也讲不来。大家当心！当心！

我和你说，你们学唐话，须要背得出，若没有皆在肚里，听凭你每日学了几百句，也用不着。你见了十个人要讲话，人家面前，怎么样好把书本摊开来，看书本可讲的？人家要你讲这一句话，你背不出，说道：你且等一回【会】，我到家里去看书本，少停就来讲一讲，岂不是被人笑破了？你可有脸面讲这等的话么？

这两日天气和暖，况且花开的茂盛，一到乡下山明水秀，桃花血一样红，李花雪一样白，花花碌碌【绿绿】十分好看。昨日我到水观音去烧香，回来的时节，一路上遇着的，都是顽耍的人，男男女女，大大小小，络续不断，挤也挤不开。也有两个人，不带什么东西，单带一个烟筒，一头走一头吃烟，走一步挨一步。携手同行的，也有几个破落户，酒吃得大醉，醉眼朦胧，勾了肩，搭了背，你搀我扶，跌跌滚滚，大蹈【踏】步而走的。也有桃树底下铺了毡条，猜三【手】豁拳，弹弦子，唱曲儿。也有瞎子的，也有瞎婆的。也有一个人，不同什么朋友，带三四个小儿女，自己亲手带食侪，左手拿一壶酒，右手拿一尾黄山鱼，同儿女嘻嘻哈哈走出的，豁拳的是豁拳，唱曲的是唱曲，吃的吃，走的走，笑的笑，叫的叫。也有两个人，把一朵花扯来扯去的。也有悄悄地到人家花园里偷花，被主人撞见了，吃了一惊，三脚两步逃走的。也有几个酒鬼，撒酒风相骂起来，你一顿，我一顿，打来打去的。或者打伤了手脚，睡倒在地上的。或者被人打得头破出血，抱着头叫疼的。也有被人打得晕倒了，过一回【会】苏醒转来，抬头一看，不见的对头，没奈何只得整一整衣裳，蓬头乱发，抹了一脸的血，气愤愤回家去的。也有两分力气的，把人打坏了，毫厘也不曾伤损自己，一头回去，一头满口讲大话说道：我若有寸铁在手上，你这样挑粪蠢汉，斩得粉碎的哩！下遭再来得罪我的时节，一个一个毛都挦光了，腿都打折了。也有烂醉的，东也去冲撞人，西也去冲撞人，拦住了路头，遇着人家卖好汉，要人厮打。人家看见酒醉的，到也不理他，躲开去了。他独自一个在空地里跳起来，揎了拳，掳了袖，正真好笑！好笑！

听见说，今日漳州寺里，唐人做道场，不知保安的呢，还是还愿心的？

今朝我去拜观音菩萨，听见和尚讲，今日做好事的，船主是请大鹏和尚来的吴子明，他这遭东洋来的时节，洋中遇着大风爆【暴】，几乎里坏了船，所以求观音菩萨救命，菩萨有灵感，虽然受了一番的苦难，不曾打坏了船，平安来到长崎，许下这样救命的大愿心，因为今日是还愿的道场，日里是做拜忏，夜里是放焰口。这大鹏和尚，年纪虽然还不老，十分有道德，法门中的事情，能干得紧。这也算不得希奇，做一个和尚，不得不如此，连书画都好，他会画竹头，他画竹的手段是无比无双，妙也妙不过。更有一种最难得，平常喜欢淡泊，清茶寡饭过日子，他吃饭的时节，到斋堂里去，同大众一卓子吃，正真难得！难得！

今日妈姐【祖】娘娘的圣诞，本月是崇福寺做的。大凡这个会，三寺轮流做的。这几年不比得当初，破费大得紧，件件都贵，如今做一两斤玉粲，就要破费十来两银子。你看那个妈姐【祖】殿中摆也摆不起，你说多少银两，可以齐备得这许多果品？照我这样小户人家，倒了一年过活的灶，也还不能勾【够】买备万分之一。还有一件大破费，这一日客人多，唐人通事家，或者当年公馆的财副走差，姓张姓李，大家都去烧香，差不多收拾五六十个卓子。唐人是难得出来，所以怠慢不得，收拾十碗菜蔬，奇品佳肴，丰富得紧。吹琐［唢］呐的五六个人，清早到寺里来，敲锣鼓吹琐［唢］呐，一日吹吹打打，闹热不过，正是叫做锣鼓喧天，笙箫振【震】地，只当是赏灯节的一般，好不闹热。

听见昨日你家里采茶，不知收几斤？

正是！昨日采茶叶，我家下收得不多，不过收十来斤。如今正是采茶的时节，因为满山上，这里一堆，那里一簇，人众如云，多也多得狠了。原来采茶的都是女人家，寡妇孤女们，平常替人家浆洗、裁缝过活的，一到三月里，替人采茶，收多少采茶钱，做脂粉钱。那孤孀妇女，没有丈夫养活，只靠着女工过日子，那里有私蓄买酒，到山上顽耍？所以借了采茶的名色，你二十文，我三十文，各人斗出铜钱来，买一瓶酒，带到山上去消消遣。也有会唱的，也有不会唱的，也有生成会唱的，声音也清亮，腔调也好，傍［旁］边听起来，好不有趣。

我家里昨日央了几个寡妇去，都是没子的，不但歌儿唱不来，会偷力，十分懒惰，单单十斤茶，自从清早采起，靠晚才采完了。

闻得说，昨晚唐馆里唐人相打，打死了一个人，不知有什么冤仇，这样行凶！如今这个凶身，王家怎么样处治他？

昨天就是我值日，看看夜黑了，将近一更天的时节，听见二门里头闹热，后来两个守番，面如土色，慌慌急急，飞也似跑将出来报说，大家听也不曾听完，连忙进去究问来头。原来相打的两个人，都是一番船上的人，一个是总哺，一个是弟兄，往常最相好，结拜兄弟，做个盟兄弟，因为往日无冤，昔日无仇，没有什么恼狠的，两个都吃醉了，撒酒风，忽然没紧没要的事情相恼起来，乘着酒兴，一时间性发，把斧头望头上一砍，砍破了，一边砍开来四五个所在，砍得满头都是粉碎，出鲜血是不消说，连肉酱也流出来，凭你怎生硬挣的，如何当得起？登时就死了，可惜三十二岁的青年好男子，只为着些小事情，枉送了性命，可怜！可怜！

药医不死病，佛度有缘人。这两句是自从当初传下来的常言，大凡人家，一死一活，都是命里注定，再不能勾【够】勉强做得来。譬如你害了一个病，死期还不到的时节，请个土郎中，胡乱吃两贴【帖】药，就是轻轻巧巧全［痊］愈了。倘若阳寿该终，该死的时节，凭你请个医道精通、配药熟闲［娴］的好医生，也不济事。那医生满心想要救得活，把药箱里头的药剂和盘托出，倒出来把病人吃，使出平常的本事来，千方百计，要医也医不来。更兼求神拜佛，烧了好香，献了好花，悉听你怎么样许愿心，也是没相干。虽然如此，请先生不得不仔细，若是医书大不明白，诊候疑难的土郎中，托他调治，配错了药，岂不是死于非命？

有一条街上，有一个寡妇，替和尚私通，起初是人家不晓得。原来做好人，眼前虽然失了些便宜，到后来天可怜见，讨个大便宜。做不好人，眼下纵或讨些便宜，后来天理照【昭】彰，到【倒】失了便宜。譬如做了丑事，东遮西护，怎么样要掩饰，也掩饰不来，这是天理照【昭】彰的所在。因为常言说的好：有麝自然香，不必当风立。这个寡妇通奸的事情，不知那个透风，满街上的人都晓得，没有一个说他好，一人传两，两人传三，只管传开来，不知不觉，吹到儿子的耳朵里，儿子晓得，十分怕羞，心里想说道：我的娘娘，做了这样歹事，坏了门风，被人耻笑。若是在家人还好看些，偏生替出家人私通，丑上加丑，人人都取笑说顽要，我向后有什么脸面出门去走走？那一日儿子正在家里替母亲发恼的时节，只见那和尚走进来望望，那儿子看见，一口气跑将过去，一把揪住，不由分说，把拳头乱打，打得鲜血迸流，后来两只手，把和尚提将起来，望门外只一丢。那和尚昏倒在地上，半日爬不起来。那儿子口里乱骂，说道：你这个贼秃驴，今日我看菩萨面上，饶恕你的性命，下遭再来我家里，一拳打死你！那时节，左右间譬【壁】人家都来劝解，方才撒开来。过了几天，那和尚替母亲私下商量，送三十两银子，托几个破落户哄骗儿子，到一个僻静的所在去，把酒灌醉了他，结果了性命。可怜！可怜！原来杀生是菩萨定下的五戒之一，杀一个小鸟儿，罪孽也大，何况杀人？这个非同小可，这样凶恶的和尚，天下再没有弟【第】二个，一则奸淫破戒，二则人命重情，这样造下大孽障的和尚，阎罗王怎么放得他过？自然落在地狱世界受苦。

今年麦子大丰熟，比旧年差得多，旧岁是荒得紧。这两日正是打麦子，听得收割的人说：往年收五色麦子的，今年收十色，差得一倍。如今这样光景，米价也自然贱下来。先不先米价贵的时节，日子过得艰难，中户人家、小户人家是不消说，连大户人家也盘缠用得多。米价腾贵最苦杀人，为何呢？借一个譬如的话头，说把你听：古人讲：一盲引人盲，相事入火坑。单单一件米贵起来，惹得各样东西都起价，所以五月里下稻谷的时节，天色旱荒，长久不下雨，那时皇帝自己排驾出来，驾幸到乡下，供养许多果品，祭了天地求雨，这是国家的大事，人家的性命，关系非小，不是当顽而戏。国家中，纵或金银钱财，石头一样多，也是没有米粮，怎么救是饥饿？国家弟【第】一要紧的东西是五谷，五谷大熟，那个就算太平。其余的东西，是将就也过得桥。

这几天乡下笋出得多，大家都去顽耍，要买笋吃，在林子边，把簇新的或烧或煮，但随各人的便。收拾起来吃，着实好吃，比在家里吃，味道差得远。

正是这两日出笋的时节，原来吃东西，不论荤菜、素菜，簇新的自然好吃，这个不必多讲。还有一种道理，常言说道：寒不择衣，饥不择食。这里到乡下，说莫说，半天的路，辛辛苦苦，走了危险的山路上，正在肚里饥饿的时下吃笋，所以觉得十二分好吃。

听见说，昨日你乡下去。

正是，去便是去了，我不曾说出来，你如何得知？

我是千里眼，顺风耳，不要人家告诉，明见万里的了。

你不要讲鬼话，捉弄我。你且说那一个通知你知道？

你独自一个快活，不管朋友的死活，不要管人家的间【闲】账。那通知的人，把自己口来说一说，我听的也把自己的耳朵来听一听，不干你的事。

闻得说，这一遭八个船讲价明白，这两日发货，这遭的价钱，虽没有什么大利市，到【倒】也不吃亏，差不多扯得直，把前头六个船是都亏了本。更兼有一件好事，王家听见这几年唐人拆【折】本，开一个大恩，本额之外，每一只船名下，赏新艮【银】子一千两，把这几年所拆【折】的血本，略略替他补一补的意思。因为这几日唐人不比先前，心花都开，欢喜不过，把颦眉皱脸的相貌，变下来满脸春风，遇着人家，都是笑嘻嘻的了。

正是，难得王上恩典，这样周济唐人，这个算得一天大喜事。先不先唐人好呢，就是长崎人也好，唐人的经纪是本地人的性命了，这遭虽然王家好情，赈济唐人，其实不是赈济唐山人，只当救济本地人一般。唐人正在那里开交不来的时节，忽然得了这宗银子，正是一钱当得一两。常言道：来人须求大丈夫，济人须济急时无。这遭的银子，就是甘露水，许多便宜了唐人。

听见说，这一遭八个船里头，第四番、五番这两只船，王上每船赏新银子一百板，这两个船主有什么功劳，王家特特重赏他？

这两只船在何【河？】下的时节，有一夜下了大雨，那一晚本地几个做私货的人，乘着黑夜，大着胆，人不知鬼不觉，悄悄地带二三百块金片，摇一只小船，黑洞洞地到唐船上买货。那四番船故意骗他上来，一船人里都走拢来，把两三个做私货的围住了，剥得一身精赤条条，劈头劈脸乱打，先把金片抢夺了，后来把衣服都剥掉了，推翻水里去。等到第二日，写一张呈词，把所抢的金片和衣服，一起送到王府里告诉。那五番船是拿住了两个做私货的人，绑缚起来，绑在大桅上。第二日早起，请番船上的小头目，交把犯人解送王府里告诉。两个船主，不但是不肯做买卖，遵依王命守法，捉住犯人，解送王家出首，所以王家十分欢喜，赏他一百板艮【银】子。唐人这样本分，王家怎么不赏他？依我看来，这一百板银子，还算得少。

再过几天，端午的大节日，这两年划龙船，不比得前年十分齐整，船头船尾，都搽了红朱，又做了各样奇禽怪兽，放在船当中，各船上竖一条红纱做的旗竿，各人穿了花丽衣服，也有妆做女人家的打扮的，也有披挂了假盔甲，手里轮【抡】长刀，妆做武夫的模样，也有的搽黑了脸，搽红了头发，蓬头乱发，一只手拿一个烟筒，一只手拿一个酒瓶，学做红毛总哺的模样。各船卖弄奢华，悬红结彩，做长做短，妆点了划龙船，凭你费了多少银子，也不惜费，着实齐整得紧。我且问你一句话，别岛也有这个划龙船么？

听见说，别处地方没有这事，单单本地一个所在。划龙船为何呢？原来这一桩事情，唐山的故事，不是日本做起的。长崎这几十万户人家，一半是唐种，先祖都是唐山人，所以不但是这一件做事，还是四时八节的人情里［礼］貌，都学唐山的规矩。

天下有不测风云，人有旦夕祸福。这一句常言，是要人家预先做防备的意思。譬如今日天色好，十分清明，看起来两三日里头，不像个下雨。到了第二日，忽然狂风大作，下了大雨，倾盆乱下，闪电打雷，惊天动地，好不热闹。过了一日，或者过了两日，雨住了，云也散了，天色依旧清明起来，不知几时下雨，这再论不定。人家也是一样的，今日好端端在家，明日忽然有是非缠账人。或者自己正经，虽不曾做坏了事情，命里因该遭瘟，被人板害了，吃一场冤屈的官司。自家正正经经也尚且如此，何况鬼头鬼恼【脑】奸诈的人？不论青天白日，半夜三更，几时节有祸事到身上也不见得。所以做一个人，要晓得“防备”两个字。天色晴的时节，预先做个下雨的准备。平常没有病痛的时节，先要买下生病时节的米粮，完了这一件事，又准备下做那一件事，一举一动留心，纵或有些差错的事情，也不到十二分受苦的田地了。

前遭司马温公幼年的时节，同几个小娃子们，或者骑竹马，或者踢气毬顽耍。那时有一个娃子，忽然一交跌倒了，大家吃了大惊，撇下竹马，三脚两步，连忙去看那地面，一高一低，底下有一个漫大的水镡【坛】，镡【坛】中水满在那里，那个娃子跌落在水镡里头，不得爬上来，爬来爬去，只管挣扎，吃了许多冷水，险些而气绝了。众小娃子看呆了，话也说不出。那时温公一看，就计上心来，救他的性命。那个计神出鬼没，妙得紧。同两三个娃子，慌忙去拿一块大石头来，一打，打破了水镡【坛】，那时水都漏出来，镡【坛】中水干了，后来扶他上来救得活，你道聪明不聪明？若是年纪长大的人，有这样的智慧，那个就算不得大奇。那时节，温公的年纪不上六七岁，还扎着总角，有这等神谋鬼算救急，这样伶俐的人，只怕天下再没有寻得第二个出来。

譬如说，五个指头，大指、人指、中指、小指都好，内中单单无名指，生成曲了一曲，没有毕【笔】直，那时自然怕羞，若有人家说某所在有一个好郎中，会得医直了，不管远近，自然连夜去托他调治。做一个人肚里不通，幪幪瞳瞳，竟不害羞，这个大不是了。若是不识字的人，遇着有学问的人，不管年纪大小，应该求他请教，纵或千山万水，十二分远所在，也应当厚聘厚里【礼】去求教了。但是据我看来，目今世上没有这等爱学问的人，论起里【理】来的时节，无名指是五个指头之内，第一用不着的，这个学问是为人第一要紧的，比不得无名指。你若肚里没有一点墨汁，不晓得忠孝节义的解说，替飞禽走兽有何差别？面貌虽是人家，那心肠是鸟兽一样的了，所以古人讲，不晓得做人家的道理，刁钻的人，叫做人面兽心，算不得人家。做一个人，再不要幪瞳，幪瞳的人，动不动被人轻贱了，所以唐山有一个俗语说得好：宁可替明白的人相打，不可替不明白的人相打。

譬如松树虽是有寿，平常养得不好的时，不过儿【几】年就枯死了。别样的树木虽是没寿，打常养得仔细，种在好土地，早也去浇水，晚也去浇水，只管浇肥的时节，不但没有枯槁，自然耐得久。人家也是一样的，纵或生成康健的，往常不保养，自然寡薄起来。大凡人家，十个倒有九个是恃着壮健，不肯将养，见了吃东西，不管冷热随口乱吃，饮食不节，饥饱过度，伤了肠胃，就害了病。况且为没要没紧的事情，乱费了精神。或者见了人家出头，不晓的自己的命，就起个觊觎的念头，只管打妄想。又是见了金银钱财，生个贪图之心，有了一千两，想要再加二千两，得一望十，得十望百，贪心不足，只管想来想去，时刻烦恼，气气闷过日子，这样打妄想，那里养得精神？你道仙人修炼的法则，另外有什么希【稀】奇么？不过“恬静寡欲”这四个字而已。仙人挨寿延命的道理，只在这四个字里头修行。做一个人，先不先没有贪婪，守自己的分量，清茶寡饭，清清静静，过得日子。又是没病痛，就是下界的神仙了。因为常言道得好：人生没病小神仙。又说有脸面为贵，有精神为富。你怎么样做了大职事，位高爵贵，做了弟【第】一个上等的人，但是肚里没有学文【问】，做人不正经，好嫖好睹【赌】，撒漫用掉了银子，这样做人撒泼的时节，算不得尊贵的人。纵或家私好，锦衣玉食，石崇一般富贵，也是先天寡薄。不健的时节，动不动生起病来。有了好鱼好肉，海水一样多，正是叫做酒海肉山，有了花锦一般的家私，也受用不来。你说有体面的才是尊贵，有精神的人方才富贵，岂不是好话么？

这两日交了黄梅天，一连几日下雨，总不肯晴，要出门也出不得门，镇日在家冷静得紧。原来今年多雨，正月起到本月，没多几时天晴，晴了五六天，就要落雨。及至这两日梅子将黄了，所以更加多雨。常言说：天要落雨，娘要嫁人。譬如天既然要下雨，凭你千方百计，怎么样要阻当【挡】也阻当【挡】不来。下了一两天，也觉得厌烦，何况好几日？云雾遮满山顶不肯散，好山好水，都在黑越越【魆魆】地，看也看不见，好生气闷。大几【凡】黄梅天的规矩是，下了儿【几】日惊天动地的大雨，河里流出大水，各处打棹【掉】土墙、篱笆，或者滩败了石坑，淋倒了旧房子，方才雨住。本月虽是多雨，还没有落这样大雨，溪水也还不十分大，到什么所在，还不见说倒了一个个土墙，半所房子。想来数日之内，还不肯晴，本月一个月是都是雨，不知做什么事情，再耐烦过下半月。这两日好不气闷，闷也闷死了！

原来平户地方是时常唐船来飘流，所以那地方的王家，吩咐做公的人，发几个哨船昼夜巡哨河，但凡别处地方的船，过往自己管下的所在，不论甚么船，都要盘诘，问明白了来头，或者做生意，或者到什么所在去，来历明白，没有私弊，方才许他过去。若是来头不明白，说话里头有半点糊涂，含糊不明白，就拿住他见了官，好不啰唢。

闻得说，前遭捉着了做私货的船，船上单单有三个人，一个人是对马地方的人，一个是肥前人，一个是长崎人，船上有几个头盔、衣甲、弓箭、刀枪这等的军器，还有朝鲜出的人参五十斤，这三个人是三年前瞒了人家，暗暗地买些军器，到朝鲜买人参，在那里担阁【耽搁】了三年，刚刚这遭回来，回路上大着胆，不曾防备，青天白日，走过平户的港口，被那哨船捉拿了。说便是这等话，原来做了不公不法的事情，虽是眼下逃得性命，究竟逃不过，凭你怎生半夜三更黑暗暗地，铁桶一样做准备，也是上天不肯饶恕。因为常言说道：天网恢恢，疏而不漏。又说道：人善人欺天不欺，人恶人怕天不怕。自从当初到如今，犯法的人，再没有逃得过。这遭难为那地方的王家，破费银子，打发几十几个大头目、小头目等，押解犯人，送到长崎来审问，想必早晚解送来了。

闻得说，六十年前，长崎有一个大财主，姓叫做伊东，原来做私货是这个财主才起头，他也带了军器，到朝鲜买货，后来有人首告，露出马脚来，被王家问罪了。唐船上做私货是年年都有，朝鲜去做私货的是，除了伊东，单单这一遭的三个伙计了。这三个人的罪犯，非同小可，重一重到脱底头的了。况且兵器是日本大大犯禁的东西，就是半盔片甲，也不许私下卖与唐山人。

谅来这三个人，明日问了大罪，老大吃苦的了。

原来酒色财气，这四个字大误了人。做一个人，立身在世间【间】，名利两个字，虽然丢不掉，将就些自然没事了，只顾贪图，不肯罢休，所以弄出事来，活活送了一条性命，岂不可惜？他那伊东到朝鲜去，不止一遭、两遭，一连去了十三遭，方才露出来。单单走一待也撰钱不少，何况十三待？老大掘藏了。论起伊东的家事来，长崎算得第一个大财主，家里银子推［堆］放不起，说来坑厕上都是银子的。这样豪富，有什么不像意？又要贪财，做那样欺公犯法的勾当，这也罢了。一遭去撰钱，就是因该歇了。为什么只管累次去，不晓得收拾？若是走了四五遭就歇了，再没有人得知，自然好好过日子，那里死在刀枪之下？这都是自家惹出来的，怪不得人家了。虽然如此，也有一说。古人说道：唐王去求仙，彭祖祝寿长，嫦娥嫌貌丑，石崇谦［嫌］无田。这四句是说人家贪心不足的意思。你也读过书的，不消我解说，自然明白。头一句的意思是，一个皇帝也有指望的念头，譬如满天下里头，除了万岁老爷，还有那个更快活？富贵荣华受用不尽，要长就长，要短就短，那一桩事情不如意？那一件东西不全备？这样快活也是唐朝的皇帝，还要做仙，学做仙人的修炼，驾了云，骑了雾，自由自在要快活。那第二句的彭祖是十分命长，活了八百来岁，也还要人贺寿，再要活得几百岁。据下界的人看起来，这八百岁是长也长到酩酊的了。人生七十古来稀，活了七八十岁也还算得出奇，何况八百岁？整千论万也难得有一个这样有寿的人，虽然如此，那彭祖把这个八百岁，还看得不长。第三句的嫦娥是原来天女，所以面貌生得标致，千娇百媚，美也美得狠【很】透顶，也还说道丑陋，只管抹了胭脂，搽了脂粉，一味梳洗了。那四句的石崇是天下有名的大富贵人，万万贯的家私，家里不知有多少银子，没人晓得，也还想要银子，人家称赞他手头好，他回覆［复］说道：手里没有甚许多银子，不过买的几亩田糊口而已。若是石崇的家私差不多的，人家那里景仰他？自古到今，说一个富贵的话，凭你三四岁的小娃子，也说石崇一般的家私，连皇帝也压倒了。做一个财主，也是照伊东那样犯了法度，何况穷人家，当一件吃一件，过不得日子的，自然思量做歹事了。原来做一个人，不论那一个，都是有良心，肚里通不通，良心是不昧的了。你看那一伙做强盗的人，都是识字，笔下也来得，但是一味打劫了人家的东西，结果了人家的性命，这都是家穷，饿死不得，所以无可奈何，做那样狠巴巴的事情，不是没良心的了。

昨晚有一个朋友，到我家里来讲谈，恰好我也闲空在家，因为留他坐了一夜讲闲话。他那个朋友，做人忠厚，况且十分信佛，烧好香吃苦茶过日子。又会念经，《普门品》、《法华经》、《金刚经》，不拘什么经，都念得来，替和尚一样的。他每日早起到寺里烧香，穿了衣裳，将要出门的时节，只见一个老僧来托钵，这个老僧年纪将近六七十岁，看他的模样，十分贫穷，身上穿了一件腌腌脏脏的旧衣裳，外面穿了一件旧道袍，这个道袍也希破逐缕缕开了在那里。那个老僧原是晓得这个朋友，要替他作揖，争奈那袖子都是只有半截，左扯也盖不来手，右扯也遮不着臂，只得抄着手，口里说道："居士今日为什么寺里去的暗了，莫非是失晓了么？贫僧今早出来托钵，所以失迎了。吩咐沙弥泡一壶好茶，等居士随喜，快些去吃茶罢。”原来这个和尚是有一个寺里住持，他住的寺里香火兴旺，有许多檀越，时常送柴送米，只管供养，所以不消买米粮，寺里虽有几十个僧众，都是温饱有余了，没有托钵，又没有化缘，也过得去，这是菩萨的光明了。但是这个和尚，大彻大悟的善知识，晓得过去、未来的事情，看破了世情，看得世态水一样冰冷不过，往常不论出门不出门，都穿旧衣，不肯穿着好衣裳。若是檀越们送件衣服，送些银子，再没有蓄在手里，银子是把日用的使费扣下来，剩下的无论多少，都散送了，周济穷人家。衣服也是自己穿得不冷不寒，余下来的，都送把人家穿。到方丈里去看，没有什么家伙，不过一件道袍，夜里铺盖的一件被褥而已。他规矩每一个月六遭出来托钵，不是没得饭吃，这是释迦佛定下的规矩了。他这样品行好，所以这个朋友十分归依他。当下看见这个和尚来，连忙出来迎接，请他客厅来坐，请他吃早饭，买了几样时新好素菜，安排几碗，十分管待。那个和尚没有推辞，尽着食量吃饱了，后来一头吃茶，一头把满家中的内眷们，都叫拢来讲经，把他们听。那和尚说道：“贫衲如今劝你们一句好话，大凡做一个人，不论僧家、俗家，要戒烦恼，恼一恼，老一老，笑一笑，少一少，不要多烦恼。”那时节他家里的大儿子，把和尚所托的钵，劈手抢夺了，一拳打碎了。那个和尚看见这个光景，沸翻应天［沸反盈天］，乱说乱骂，大恼起来。那儿子说道：“师父刚才劝我们不要烦恼，这一句说话，说也还说不完，为什么自己这样大恼？”和尚回覆［复］说道：“别样事可以忍耐得，这个钵子是我的性命了，怎么耐得？”岂不是好笑么？

大凡学了福州话的人，舌头会得掉转，不论什么话都会，官话也讲得来，漳州话也打得来。壁［譬］如先学了官话，要你讲漳州话，口里软头软脑，不像个下南人的口气。先学了漳州话，要你说官话，舌头硬板板，咬钉嚼铁，像个鞑子说话一样不中听。这个正真奇得紧，唐人生成的也自然如此，连日本人也是这样了。若是外江人遇着下南人，或者见了福建人，讲官话自然相通。原来官话是通天下中华十三省都通得了，童生秀才们要做官的，不论什么地方的人，都学官话。北京朝廷里头的文武百官都讲官话，所以晓得官话，要东就东，要西就西，到什么地方去，再没有不通了，岂不是便当些？但是各处各有乡谈土语，苏州是苏州的土语，杭州是杭州的乡谈，打起乡谈来竟不通，只好面面相觑，耳聋一般的了。原来言语不通十分不便，所以唐僧到长崎来做三寺的住持，身边跟随的人话说得不明不白，要长要短，吩咐徒弟们做什么事情，唐僧说得【的】话听不出，阴错阳差，做得颠倒了，只当隔靴搔痒一般，搔不着痒处，好几遭落空了，及至弄手势把他看，方才搔着了，岂不是厌烦？因为唐僧是个个想要回唐，没有一个不思乡。原来唐僧家是食禄有方，到处都是自己的故乡了。况且通得佛经，看破世态炎凉，晓得一死一活的道理，比在家人自清高一分，难道同凡夫肉眼一般，只管贪生怕死不成？因为言语不通，心肠里头有什么酸甜苦辣的事情，也讲不得出口，弄得满肚子昏闷了，没处出气，因此上只管思乡了。前遭南京寺里的旭初和尚说一个笑话，他说道：我在唐山的时节，做人朴实，心肠倒也毕直，没有鬼头鬼恼［脑］，听见人家的话，不论好歹，都是听信，恶猜的念头是一点也没有的了，所以动不动被人家哄骗了，借去了衣服穿坏了，或者被人抢夺了银子，好几遭吃亏了。到东洋来，一个好心肠倒变做蛇肚肠了，为什么呢？两边说话不通，因为看见人家发恼，只说道是骂我，看见人家笑起来，只说道是笑我，疑疑惑惑，只管恶猜了，可不是笑话？这个话虽然取笑说，倒是实话了。

据我看来，目下长崎的后生家，担了个通事的虚名，不去务本，只看得顽要要紧，唐山说话竟不会讲，穿领长衣、插把好刀，只说是东也去要子，西也去要子，游游荡荡，买酒买肉，只管花费银子，撒泼得紧，这个大不是了！说莫说，讲话是通事家的本等了，王家大俸大禄，叫你做职事，难道特特送你花哄上用掉了不成？要是叫你养老子、养妻养子的了，你若话也讲得透彻明白，书也读得稀烂，肚里大通，那时节，不消自己做门路，人人引荐你，自然有个大前程。倘或说话糊涂，要长也讲不来，要短也说不来，这样没本事，那个肯抬举你？一生一世出头不得。譬如做经纪人，先不先手里有两分本钱，方才做得生意。若是赤手空拳，没有血本，悉听你怎么样会算盘，单算得三七二十一，也做不来了。通事家的讲话，是买卖人的血本了，你说是不是？

你说得【的】话都是有理，句句打着后生家的心病了。如今学话的人，不论那一个，学了一年半载，晓得两句眼前俗语，将就打得来，只道是尽勾【够】了，就托大起来，听见人家讲话，纵或有些不通的，假活【话】儿妆个都通的多，点头点恼【脑】，胡乱答得两句。若是说话来的多，言来语去，露出破绽来，岂不是失礼面？因为推个有事走开去了，这个算得还好些。更有一种最可怜的，明明在当官出丑了，木头菩萨一样开不得口，被人家耻笑了几遭，也不晓得耻辱，不肯学，依旧懒惰过日子。我们懒惰，倒不懒惰，意思喜欢讲唐话，但是口舌不利辨【辩】，没有口才，况且生性驽钝，一个笨东西了，所以虽然学得两句也讲不来。原来唐话是十分啰唝，言语多得狠了，千言万语，记也记不得许多。平上去入的四声分不清，糊糊涂涂的时节，就不通了。还有开口呼撮口呼，也要说明白。不然打扫喉咙，随便你怎生高声讲，也唐人不通了。日本话是生成的，也还讲不清，何况唐话？原是学学的了，这也怪不得。你看自古倒【到】今，没有几个会讲的，十个倒有九个是不三不四的了。

你不要讲这等农【脓】包一般没志气的话，原来天下的事情，再没有学不成。常言说得好："天下无难事，都来心不专。"你若死心踏地用工夫的时节，自然学倒【到】了。倘若浮浮泛泛，不认真，悉听你掐虱子一般，小过的事情也学不来，不但是唐话，不拘什么事体，都是一样的。读书、写字这等笔墨之事，且搁起不要讲，连那个着围棋、下象棋、打双六、弹琴儿，学这样的技艺也要留心，不然如何学会了？因为做一个人，不要死搭搭做那样儿女的情态，要是志气高强，发起狠来，就是了。纵或有些愚蠢的人，认一分真，聪明自然逼出来。

有一个漳州通事，年纪不过二十二三岁，做人慷慨，志气大得紧，聪明是不消说，百伶百俐，问一知十，凭你怎么样琐碎的事情，半吞半吐，略略说把他听，他就会意了，自然明白，像个经过手的一样。这几天到我家里来学官话，他的主意，自己虽然会讲漳州话，有公干出去，见了外江人，说话不大通的时节，纵或有胆量，敢作敢为，会得料理事情，也是碍手碍脚，未免做得不停当了，所以他学官话，他不过这两日才学起的，但是讲得大好，他学一日，赛过别人家学一年。我教导他第一句话，第二句是就自家体谅得出，只当猜狉［哑］谜一样的了。有一个人问他说道："你原来是漳州人的种，如今讲外江话，岂不是背了祖，孝心上有些说不通了？"他原是乖巧得紧，大凡替人来往的书札，相待人家的说话，水来土掩，兵来枪当，着实应答得好。他回覆［复］说道："我虽然如今学讲官话，那祖上的不是撇下来竟不讲，这个话也会讲，那个话也会讲，方才算得血性好汉。人家说的正是大丈夫了，口里是说什么话也使得，心上不背祖宗就是了。"他今日来学话，一见了我，拜了八拜，口中千恩万谢，还要拜我一百拜的意思，我不晓得这个解说，当不起，连忙扶他起来，抱住身子阻当【挡】他，说道："今日你只管磕头，不知什么道理，没有功劳，如何受你的拜？有甚缘故，倾心剖胆说出来把我听。若是应当受你的大里【礼】呢，就罢了。不然，你如此乱磕头的时节，摸不着头路，坐在椅子上，像个有芒刺一样，坐得屁股也不着实。"那时节他说道："小弟昨日唐馆里值日，人人称赞小弟说，这几日话讲得好，比前头差得大相悬涉。体面上多少好看了，这都是先生的大力。若不是先生的大才请教，如何能勾【够】做得来？因为铭心镂骨，感激不过的了！"

做一个通事，不事【是】轻易做得来，一则讲话，二则学问，这两样要紧，但是平常的人是多得狠了，才艺超过人家，出类拔萃的人，是筛眼里头隔出来的一般，十分难得。虽然如此，这两件是通事家的家常茶饭，不足为奇，单单会讲两句话，会拈笔头也做不得，那算盘上归乘除的算法，生意上拓货营运的道理，世情上的冷暖高低，这等的事情，都要明白，更兼有胆量，才是做得大通事。若是小气鼠胆的小丈夫，梦里也不要想做大通事。有一个大头目，见了唐年行司，问他说道："我看你们同僚里头，也有的人，漳州话、福州话、外江话都会讲，原来才艺，名一艺者少，况且各人各有专门的事情，难道三样的话，都唐人一般会讲不成？其中必【毕】竟也有说不精的。我且问你：你会讲那里的话？会讲下南话呢？"那时唐年行司说道："大人见得极明，晚生从来口舌重钝，说话不清不白，下南话是打不来。"头目又说道："个么福州话会么？"他答也不会。头目又说："既然不会两样的话，外江话自然会讲。"他答道："也不会。"头目听呆了一回【会】，说道："个么究竟你会讲什么话？"这个人原来乖巧，会说笑话，他不慌不忙，恭恭敬敬回覆［复］说道："晚生会讲的是日本话了。"头目听说，笑个不住。好笑！好笑！

常言道：有钱千里通，无钱隔壁聋。这两句话正真说得体贴了。手里有钱，无论大事小事，都做得像意，自由自在，没有什么干碍，死的也活得来，活的也死得来。你把银子放光的时节，凭你有权有威的大官府，也是自家的奴才一般，使得鬼走。你要叫一个鬼杂差杂使，略略送些雪白的东西，就来效劳。譬如你替人打一个官司，明明自己道理不是，破些小钞，贿赂官府的时节，那官府不管有道理没道理，看银子的面上，替你用情判断得不把你吃亏了。若是单靠着两分道理说道："自己没有虚心病，就是惊官动府，有甚么可怕的？况且衙门是朝廷的公堂，公庭之上，礼法之地，那里用得私弊？冤屈是冤屈，诈路是诈路，分个青红皂白，自然老实判断。"这样本本分分，不用贿赂的时节，你怎么样嘴头利便，会得说话，也说不响。那一场官司，应该是赢的也输了。因为人不可穷，穷人十分受苦。譬如食量细，饮啖少，富贵人家这样的时节，都说道："是君子略尝滋味，少吃东西，生成这样贵人相的了。"若是穷人家如此呢，便说道："他命中没有食禄，生成这样穷相的了。"倘若食量大、饮啖多，富贵人家这样呢，都说道："龙餐虎啖，是个贵人相，福也厚，禄也厚，天生与他吃。"穷人家这样的时节，便说道："猪身狗肚，是个贱相。这样吃法，那得不穷？自然茶不茶，饭不饭，寒酸过日子。"一样的相貌，两样评品，你说受气不受气？所以我说，做一个人，再不要贫穷，一穷穷起来，就是亲切的也生疏起来，血脉相连的亲眷也做冤家，就是晓得些义气，心里虽然厌恶起来，但是没甚缘故，不好意思拒绝人，外貌假恭敬，来往几年，后来一步步生疏起来，弄得后其间，你也不来，我也不去，大家都看破了，没有一个亲眷来往，只当土掘坑里头钻出来的一般，举目无亲，好不冷静。

大凡人家一饮一酌，都是前定，没有可以勉强求得来的道理，所以"前定"两个字，冷淡了许多觊觎的念头，消磨了多少爆燥的手脚，不晓得前定的人，一下有了要求的念头，后来指望到手，一下到了手，后来只管要求，不管因【应】该做得、因【应】该做不得，妄求非福，被贪心绊住了，想不到道理上，做出不公不法的勾当来，直到后头收煞不住的时节，方才懊悔，这也迟了。譬如做生意的人，拿了自家本钱，也要等他运气亨通，机缘凑巧，不论在家走水，整千论万来撰银子。若是时运不通，缘法不凑，要撰三厘半文，费了偌大的精神，还不能勾【够】，莫说三厘半文，连那自家的本钱，还有折得精空了。

十年前，有一个姓饱【鲍】的船主，自从东洋动身的时节，洋中遇着大风爆【暴】，打掉了大桅、舵锚等样船上要紧的家伙，十分吃亏，折了许多本钱。因为到上海去雇了一只沙船，一船装了丝绵，从上海到广东去卖丝绵。到了半路上，遇着强盗，强盗那里肯放他？几个好汉，身上穿了战袍，手中提着刀枪，一声炮响，乱哄哄地打将过来。这个沙船上的人，都是生意人，只晓得算账盘利，那里晓得挺枪轮【抡】刀这等武夫的事情？况且没有防备，自然敌他不来，切菜一般，被他轻轻儿杀死了。通船的人，连船也烧掉了，掳掠了一船货物，抱头鼠窜，不知那里去，大家逃走去了。他那船主、财副两个人是十分命好，上海起身的时节，行家那里有些事体，岸路到广东去，因此逃得性命了，不然竟做个水中之鬼，这叫做死生有命的了，造化得紧。

当初有一个秀才，面貌生得标致，不过花容月貌，竟像个美人一般。若是把女人家的衣裳打扮起来的时节，面生的人是不消说，连一家里的人也是认不出。混杂在女人家里头，不知谁男谁女，分别不出，算做天下第一个好人品的美男子。若是论他的人品这样秀美，性格就该温存，不想人品虽然生得齐整，一个性子就像生铁一般，十分执拗。又有几分膂力，有什么不如意，动不动就要使气，动粗起来，等闲也不轻易见他的说笑。倘或交接，富贵的朋友，满面上霜也刮得下来，一味冷淡，却又作怪。若是遇着穷的朋友，满脸推【堆】下笑来，吃酒吃茶，欢欢喜喜，讲到天亮也不知疲倦。更有一段好处，喜欢修善果，积下阴德，一味方便人家。人家若是缓急去求他的时节，不管什么人，一力周济。若是谀言谄媚他，只当不曾听见，不肯方便，所以人多感激他。这个秀才，平常夜里出门，到什么所在去，回家之时，规矩有两个鬼，提着一对灯笼，照耀像个白日一般，一路上护他回去，就是小厮一样的，及至到了门口，火也吹灭了，鬼也不见，好几年如此。有一夜学堂里去做诗会，半夜回家，不见其鬼，黑洞洞地摹闯进去，独自一个回来，到了自家门口敲门。那秀才的老婆，听见有人敲门，晓得老公回来，连忙开门迎接，看他单身回来，就动了疑心，问说道：今夜如何是鬼不送老公？秀才说道：正是！我也老大不过意，往常那一遭不送我？今晚一个也不送，不知什么缘故。一路上左思右想，再想不着。那时节，老婆把手托腮，沉吟了一回【会】，眉头不展，面带忧容，问他说道：今日出门莫非做甚事，难为人家么？秀才说道：我自从幼年，在笔墨堆里生长的，只晓得读两部书，那里晓得歹事？也不晓得赌，也不晓得嫖，又不曾杀人放火，我心里水清月白，并没一点亏心。老婆说道：贱妾打常看见君子做人忠厚，修路补桥，一心修阴骘，因为感动天帝，天帝叫鬼做奴才。今晚鬼不来送，一定是破了阴德，天帝撇下你的了。今日莫不是做了什么损怀【坏】阴德的事情么？秀才见说这话，并不打话，理【埋】头若【苦】想，想到鸡叫时节，方才想出来，点头点恼【脑】，连说几句：是了！是了！老婆说道：有什么情弊，何不早讲？已过去的时【事】情，虽是没做道理，挽回不来，晓得不是，以后多谨慎了。秀才说道：我不是做甚不尴尬的事，今日到一个书画店里去，看今年秋闱的题名录，回路上有一个人要替我说话。我说：有甚话说？他说：这里大街上不是说话处，要我酒店里去吃两杯好讲。我推个有事不去，他不由分说，拖了我便走。后来托我写退婚书。这个人大恍惘，况且有力量，一只手紧紧揪住我，死不肯放。我再三推不托，没奈何写把他，只怕写了这个休书，所以文昌帝撇下我的了。说罢，夫妻两个嗟叹不已。可感！可感！

五月起身的三番船，在五岛地方打坏了，通船人众共总有五十个人，内中掩【淹】死了十九个人，单单活得三十一个人。闻得说，那一日起了大风爆【暴】，被风飘来飘去，碰着礁，把船底碰开了，开了几个大骨珑【窟窿】，潮水打进来，满舱中都是水，所以连船和货头，都沉下水里去，正真可怜！听见说：这个船起初自从蚯蝍岛开船，将近五岛地方，明明是一个好天气，风调水顺，没有什么波浪，忽然变下来，刮刮杂杂地，起了一陈【阵】大风，把盆倾下来的一般，下了一陈【阵】大雨，倏忽之间，天昏地黑，暗暗起来，不见什么所在，莫【摸】不着头路，要走也走不得，无可奈何，只得转回来，泊在口子上，担阁【耽搁】了两日。看看天晴了，扯蓬【篷】起锚开驾，约莫走到五岛地方，又是照前一样，飞沙走石的一陈【阵】大风，从山上卷将下来，把船撕上撕下，争些儿打翻了，所以又转回来。一连五六遭，都是一样的，你说古怪不古怪？这个有一个缘故，我说一个譬喻的话：种瓜得瓜，种豆得豆。大凡果报是免不得。你若方便人家，人家也来方便你。吃亏了人家，人家也来吃亏了你。做了阴德，必有阳报，这个自然之理了。这三番船二月进港，还没有起货的时节，在何【河】下有一夜，有一个海子，带三百片金片，赤条条地浮水，到船上买人参。大家骗他爬上船来，又不问长，又不问短，几十个人把一个人围拢了，把车贯打的是打，把菜刀搠的是搠，不一时杀猪一般，不费什么力气，打死了，把金片抢夺了，肚皮上大大挖开了一块，把石头塞在肚中，索子绑缚了尸首，索子上又把大石头坠定了，抛在水里，所以没人晓得。过了好几天，被波浪打掉了索子上的死结，那石头落在水里，方才浮上来。看了尸首才知道，他那海子的伙计们，起先只说是抢了金片逃走，那里想到这个田地，做了这等没本心的事情，天地如何宽容他？自然遇着风爆【暴】的了，这都是自家惹出来的，又怪不得人家。唐人千山万水，受无数的苦难，到东洋来，只为着生意，要撰两分银子的了。他拿【那】海子，虽然识得水性，会得浮水，万一命运不好，被插刀手捉拿了，岂不是完了一条性命？这样将虎须一船，冒险而浮水去，也是替唐人一样，买了人参，要称钱的哩。兔死狐悲，物伤其类，你也做生意人，他也做经纪人，何不把自家飘洋过海的苦楚，转想一想？你既遵依王令，不敢犯禁，不替他做私货，留一点好情好话，劝他回去，就是有情的了。做了这等刻毒的事情，便是铁石心肠的人，也替他堕了泪。他那海子的魂魄不散，阴灵不远，一心恨着三番船的人，故意起这个大风，打翻了船报仇，也未可知。听见人说，在五岛打坏了船的时节，水面上有一个鬼，现身出来，口出大言说道：你们大家，前日没情没绪，下了毒手，杀我掳了金片，何等快活！今日冤报冤，仇报仇，把我所受的苦楚，转到众人身上，何等快乐？说罢，那鬼就不见了。后其间风爆【暴】比前更大起来，把三番船打坏了。这个话虽然不是亲眼看见，人家传来的话，但是大凡含冤负屈的人，死于非命，十个倒有九个是不瞑目，怀恨在心，自然做鬼也报仇。第一可怜的是，那海子的妻子，听见这个凶信，悲惨痛哭是不消说，当时昏倒了，半日死在那里，吃了人参丸药，方才苏醒了。常言说：欠债还钱，杀人偿命。原来人命是重情，杀了人，必【毕】竟要凶身偿命的，这个妻子们，一下做了无脚蟹，靠着那个养活？偏生儿子也还幼年，手头又贫穷，老大受苦。但是叫凶身偿命，纵或受苦也还出气了。原来这一桩事情是犯禁的，要告状也告状不得，因为无可奈何，只得忍气吞声，七七做功果，超度丈夫。子母两人昼夜十分悲哀，可怜！可怜！

有一个穷鬼一贫如洗，也有时节吃早一餐饭，不吃晚一顿饭，也有时候单吃晚一顿饭，不吃早一餐饭。家里穷不过，因为叫儿子，日里是挑担做买卖，夜里到先生家里去读书，学学字。原来这个儿子生得鹅头鹅脑的鹅羲子，世人都晓得他痴呆的，往常来挑卖东西，讲定了价钱，买了东西，算还铜钱的时节，少算一文两文，他都做梦。譬如本钱一两的货头，做一担儿担出去卖，费了一天工夫，卖得出脱回来。老子闻【问】他说：今日采头好不好？撰了多少价钱？算把我看。那儿子说道：撰了一两。拿出一两银子来，交把老子。老子听说这话，欢喜不迭，说道：这大吉利市，撰了一倍。就是十二分好生意，这是掘藏了！只是本钱在那里？快些拿出来，一发交把我。儿子说道：我空担子里头，只有这一两，我说的一两，是连本都算在里头。老子见说，呆了半晌。好笑！好笑！

前遭江户地方有个吃钱粮的人，生得人材高大，有七八尺，力气大得狠，他一包两包米抬起，只当拿寸铁一般，面不改色，轻轻儿抬将起来，不费一毫气力。譬如一只手提着一包米，望半空一丢，丢将上去，那米包腾地起来，从半空中滚将落来的时节，不把他落地，伸出手来接住了，不慌不忙，放在地上，你说力气大不大？这样力气高强，所以轮【抡】枪刀、使棍子，没有一个人敌得他过。他往常替人较量兵法，使棒子的时节，两个交手，斗不到四五合，凭你怎么样兵法精通的人，也是抵当【挡】不住，卖个破绽走了去。他不但是会使棒子，骑马射箭，挺枪轮【抡】刀，十八般武艺，都学得熟闲【娴】，胜过人家，好不勇猛，正真是万夫不当之勇的了。他不知有什么过失，被王家革了职事，退了钱粮，不在衙门，在街上租了一所狭窄的小房子居住。他原来做人正经，不肯奢华，往常自己身上穿的衣裳，口里吃的东西，都是平常，一厘一毫也不肯丰富，十分省俭，因为手里略觉有些私蓄，当下没了钱粮，更如【加】省用，秤柴而爨，数米而炊，不冷不饿过日子。不觉光阴似箭，过了两年，那手里积蓄的私房，渐渐地消乏起来，又过了一年，用得精光了，分毫也没有，不过留得几个空纸包而已。自古道：坐饮海干，坐吃山崩。只有里水出去，外水不进来，纵然有了万万贯的家私，又是怎么样悭吝，那里当得起？自然用得干净了。他原是刀枪推【堆】里生长的武夫，不比得庶人民家，伏义疏财，义气深重，并不曾开口，替人家讨个半文钱。虽有几个旧相与，也不肯去借银子，把身边所有的家伙、什物、衣裳、铺盖、东西，今日卖一件，明日卖一件，只管变卖，买米买柴过日子，后来把满家中的家伙，倾笼倒箱，都卖完了，寸土俱无，连楼上楼下所铺的席子也搗开来，当掉了。他这样穷到干净，但是不尴不尬的勾当，不但不肯去做，不曾借了人家的银子，又不肯赊了人家的东西。他的意思宁可穷，穷的干净，不要穷得不干净，替人家讨什么衣饭，纵或救得一时的饥饿，究竟不济事，穷到这样的地步，必【毕】竟是一死，宁可死，如何把父母的遗体来点污了？做个诈路的事情，被人家笑破了。自古道：虎死留皮，人死留名。看得义气是天一样大，倒把性命看得不在心上，意思要饿死的了，后来果然一家的人，好几天不吃饭，饿坏了，骈头而死。那时节东邻西壁的人家，都来把家中一看，并没有一件东西，只有一个箱子，打开了锁，里头有三件东西，饿死也不肯卖，好端端秘藏在那里，你说什么东西？头盔、衣甲、腰刀一口，这是武夫要紧的军器，所以死也不肯落手。可感！可感！

嘉永三庚戍【戌】五月穀旦

后　记

1997年1月，刚赴日本东京一周，承所在大学的盛意，安排我们几位访问学者前往冲绳旅行。记得飞机腾空而起的刹那，舱内前方大屏幕上清晰地显现出机身下端的大地，接着是蔚蓝的天空，渐飞渐高，耳畔则传来优美的冲绳民谣——后来我才知道，那就是多年之后风靡华语歌坛的一首名曲之同调，回肠荡气的旋律，以及彼时彼境的情景动人心魄，迄今仍给我留下深刻的印象……

那一次，是我首度踏上东瀛的土地。在日本期间，除了参加有关明清史研究的学术活动之外，绝大部分时间都是在各大图书馆阅读域外文献。其时，从接触到的史料来看，最让人感兴趣的有两个地方：一是长崎，另外一处则是冲绳。

前者与我八九十年代从事的徽商与淮扬区域社会研究密切相关[①]。在清代，苏州铜商曾是与扬州、汉口盐商和河政衙门官员

① 在此前，我刚刚出版了《明清徽商与淮扬社会变迁》一书，该书收入“三联·哈佛燕京学术丛书”第三辑，生活·读书·新知三联书店1996年版。

骈肩称雄、位居中国财富排行榜顶端的一些人，而其中的不少人就来自徽州，他们与长崎贸易有着极为密切的关系。在日本的一年里，我比较广泛地翻阅了江户时代的文集、笔记和档案。终于有一天，在日本内阁文库影印出版的江户时代之《视听草》中，找到了一份《唐土门簿》——这是前往长崎贸易的苏州商人带往日本的一份通讯录，其中提到苏州城内外的许多批发商，根据我的研究，其中有不少人都出自徽州。此后，我又独自一人前往长崎旅行，在长崎县立图书馆、博物馆等处收集汉籍史料，并走访了江户时代的诸多清日贸易遗迹，徜徉于埋葬中国商人的悟真寺墓地，也阅读到了更多长崎学者发表的旅日华商之相关论著，其中，有不少亦与徽商之东西洋贸易密切相关。后来，我利用这批资料，撰写了《〈唐土门簿〉与〈海洋来往活套〉——佚存日本的苏州徽商资料及相关问题研究》，这篇长达数万字的论文，分三期连载于当年“徽学”研究领域较为重要的杂志《江淮论坛》上①。

在江户时代，除了包括徽商在内的三江帮之外，还有福州帮和漳州帮，特别是来自福州府的商人在九州一带具有相当重要的势力，有鉴于此，可以从福州区域文化的背景来考察长崎的一些社会现象。例如，诹访神社与唐人屋敷（唐馆）、阿兰陀屋敷（出岛荷兰馆），是旧时“长崎十二景”中的三景。根据文献记载，诹访神社的秋季大祭称为“おくんち”，与中国阴历九月九

① 该文后收入拙著《徽州社会文化史探微——新发现的16至20世纪民间档案文书研究》，上海社会科学院出版社2002年版。

日的重阳节有关。该神事始于宽永十一年（1634年，明崇祯七年），迄今仍是长崎最为盛大的传统节日，被称为日本的三大祭之一。对此，长崎市役所编纂的《长崎市史》“风俗篇”曾提及：长崎唐人称诹访神事为九使庙祭、九使神会。关于这一点，虽然书中并没有提供更多的细节，但此一线索却弥足珍贵，倘若结合中国的区域史料，可以有一些意外的发现。根据明代福州的民间传说，晚唐福清黄檗山有巨蟒为祟，掇美女刘三娘入洞为妻，所生十一子之一为九使，后为神，“闽中往往立庙祀之”。值得注意的是，福清是许多海商、水手、僧侣和唐通事的桑梓故里，当地历来就有前往日本贸易的传统。清顺治十一年（1654年），黄檗山万福寺住持隐元应邀率众东渡长崎，将中国的建筑、雕塑、书法、印刷、医药、音乐、饮食等传入东瀛，特别是对日本近世佛教的发展产生了巨大的影响。结合此一史实，九使由来之地域背景似乎暗示我们——除了佛教在日本的重大影响之外，道教系统的九使信仰之传播，可能也与福州籍船商水手及僧侣的东渡密切相关。而从九使庙貌、品级以及来舶唐船皆要向其奉献香火等来看，九使信仰在当时具有崇高的地位。对此，雍正时代的苏州知府童华，在所撰《长崎纪闻》一文中提及：长崎除了奉祀关帝、观音和天妃之外，“其道教祀林九舍”，“九舍”亦即九使，“林九舍”也就是九使神的原身。据童华说，吕宋曾欲袭击长崎，有个福建人叫林九舍，他打听到这个消息后，便私下密报给日本人，让后者预先有所准备。及至吕宋船前来偷袭时，因日人早有防备而无法得逞，他们遂激愤地对日本人说：“此必林九舍泄吾国事，若以见，予当全军而退，否则惟有决一死战耳！”日本人起初拒不交出，但林九舍听闻此事，立刻挺身而出，他说：“以吾一身而息两国之争，吾何惜一死！”于是，吕宋人将林九舍处死后便鸣金收兵。此后，日本人对林氏的义举感恩戴德，遂将其奉祀起来，据说一向颇著灵验……童华的这段记载，应源自长崎一带的传说。揆情度理，所谓吕宋袭击长崎的传说，和日本与欧洲罗马旧教国家之冲突以及幕府当局对天主教之恐惧密切相关。在此过程中，福州的土神信仰夤缘际会，随着东渡的僧侣和海商水手，被放在了东亚贸易、东西文明冲突的背景下去演绎……诹访神事的例子，集中凸显了东亚海域的跨国贸易、移民网络、民间信仰、文明冲突等错综复杂的相互关系，同时亦隐含着民间文化交流中极为丰富的诸多内涵[①]。类似于此的事例颇多，这让人联想到——从区域社会史的角度解读域外汉籍，或许是值得尝试的一种方法。

在这方面，对日本汉文小说《孙八救人得福》故事之解读，便是一个较为典型的例子。该篇小说被收入江户时代日本“华音之名师”冈岛冠山所编的《唐话纂要》，通过对小说中的一个情节之解析，笔者认为：此一情节演绎自福建特别是福州府“契兄契弟”之畸俗，它源于明清时代当地海外贸易背景下的人际契约关系，但又因海外贸易的生活实况而发生变态，并由此对于明清时代的“南风”北渐及日本社会，都产生了不同程度的影响。从中，我们可以看出跨文化传通中民俗的传承与变异。我对此一汉文小说的解读，作于 1998 年，曾于当年在苏州召开的中国社

① 参见拙文《长崎唐馆图》，刊《读书》2014 年第 4 期。

会史年会上发表，后修改登载于2000年台湾的《汉学研究》杂志上。

1997年1月至1998年1月在日本的学术访问，让我第一次较多地接触到域外文献，对与明清时代中国社会文化相关的文献产生了浓厚的兴趣。其时，翻阅形式多样的域外文献，在东亚史的视野下瞻瞩中外盱衡古今，令人时常有邂逅佳景、胸襟畅豁之感。除了撰写上述两篇还算较长的学术论文之外，从1998年起，应《读书》编辑部之邀，我在《读书》月刊上开设了“日出而作”专栏，其中，前面几篇都是和域外文献与中日文化交流密切相关的学术随笔。当然，此种兴趣后来被1998年大批徽州文书之偶然发现所打断，此后，对皖南民间文献的收集、整理和解读，耗费了绝大部分的时间[①]，而对于域外文献的关注，只能是偶尔的客串。

2003年，我前往美国哈佛燕京学社访问，当时，最吸引我的是那里收藏的大批韩国文献。哈佛大学燕京图书馆是北美汉籍收藏最为丰富的汉学重镇，当时，在该馆的地下室，不仅整整齐齐地排列着大批韩国的文集、笔记、契约文书，而且，旧时不少珍贵的线装书也都放在那里供人随意翻阅（据说现在这批资料均已移入善本室）。而在善本室内，还收藏着日本学者藤塚邻的大批旧藏。藤塚邻曾任汉城帝国大学的教授，是二十世纪前期清日

① 关于这方面的情况，请参见拙著：《日出而作》，“读书书系”，生活·读书·新知三联书店2010年版；《明清以来徽州村落社会史研究——以新发现的民间珍稀文献为中心》，该书收入首届“国家哲学社会科学成果文库”，上海人民出版社2011年版。

韩研究最为著名的学术权威。他在韩国期间不仅收集了大批朝鲜的珍稀文献，而且还抄录了不少相关的书籍，其中尤以“望汉庐”资料最为著名。1945年日本战败以后，这批资料被转卖到美国，为哈佛燕京图书馆所收藏。其中，有不少研究中韩关系的重要史料。

《朝鲜燕行使者所见十八世纪之盛清社会——以李德懋的〈入燕记〉为例》，是我初读《燕行录全集》的一篇习作，这是2003年应哈佛燕京图书馆韩国部主任Yoon Choong Nam（尹忠男）先生之邀撰写的论文，后收入他所主编的《哈佛燕京图书馆所藏朝鲜资料研究》(Studies on the Korean Materials in the Harvard-Yenching Library，Harvard-Yenching Library Studies, No.3，韩国，景仁文化出版社2004年版)。虽然学术界对朝鲜燕行文献的关注并不始于二十一世纪，但2000年后一百巨册《燕行录全集》等相关文献的出版，为《燕行录》的进一步研究提供了新的刺激。这批当时尚未引起中国学界广泛重视的新史料，无疑是清代社会文化史研究的重要文献。此后，我又陆续撰写了几篇与朝鲜燕行文献相关的论文，其中，《乾嘉时代柳得恭的中国纪行——哈佛燕京图书馆所藏抄本〈泠斋诗集〉研究》一文，就是我利用哈佛燕京图书馆所藏珍稀文献所撰写的学术论文。当然，在哈佛燕京学社的十一个月时间里，我对其他文献的兴趣与收集亦未中断。哈佛燕京图书馆收藏有大批的“榕腔”文献，这批文献是十九世纪美国传教士以我的家乡方言——福州话所撰写，虽然一般认为，方言与宗教是触及地方社会脉搏最为重要的两个要素，但由于方言资料的晦涩难懂，不用说其他区域的外来人，即便是生活在母语地区的学者，因时移境异，对于历史时期的方言也常感难以索解，因此，在区域社会研究中，对方言资料的运用实际上并不多见。2008 年 12 月，由周振鹤教授组织、发起的“跨越空间的文化：16—19 世纪中西文化的相遇与调适”国际学术研讨会在上海召开，我遂以“方言、宗教文化与晚清地方社会”为题，对哈佛燕京图书馆收藏的这批“榕腔”文献作了较为细致的解读，希望藉此近距离地探究晚清时期福州地方社会的实态（该文后收入 2010 年东方出版中心出版的同名会议论文集中）。当然，对于“榕腔”文献的收集、整理和研究，这还仅仅是一个开端。事实上，“榕腔”文献作为一类专门性的方言资料，应当可以作进一步的专题性探讨。

揆诸实际，域外文献对于中国地方社会的刻画，并不始于晚清。在传统时代，福建素有“以海为田”的海洋文明传统，位于东海的琉球国，与福州的关系极为密切，自明初以来，琉球与福州就形成了天然的联系以及密切的交流。2007 年，我赴东京参加日本国文学研究资料馆主持的“历史档案的多国比较研究”学术研讨会，其间，购得日本学者濑户口律子教授编著的《学官话全訳》和《官话问答便语全訳》，初读之下，便觉兴味盎然。回国后，即据此撰写了《清代琉球人眼中福州城市的社会生活——以现存的琉球官话课本为中心》，论文指出：从官话课本反映的内容来看，琉球人以琉球馆为中心，生动地描绘了福州城市的社会生活，其中涉及的诸多侧面，可以从一些独特的角度了解清代中小城市民众的日常生活。由于迄今所见的绝大多数琉球人有关中国纪行的史料，尚无法与朝鲜人的《朝天录》《燕行录》之学术价值等量齐观，只有琉球官话课本对福州社会的集中描述颇为难能可贵——这也就是我们必须重视这些官话课本的原因所在。通过对琉球官话课本所见福州社会生活的研究，可以更好地理解清代的琉球官话课本本身。

2006年，复旦大学成立文史研究院，葛兆光教授推动“从周边看中国”的研究，这与我此前的一些兴趣颇相契合，因此，在过去的数年间，我较多地参与了该院主持的各项学术活动，并曾于2011年夏至2012年冬间短暂兼任该院教授。前述对柳得恭《泠斋诗集》的研究，便是我参加2007年“从周边看中国”国际学术研讨会提交的论文。而对琉球官话课本的研究，则提交给2009年召开的“都市繁华：一千五百年来的东亚城市生活史”国际学术研讨会。2011年，在复旦大学召开的“世界史中的东亚海域：以三个百年为中心”国际学术讨论会上，我又提交了《十八世纪东亚海域国际交流中的风俗记录——兼论日、朝对盛清时代中国的重新定位及其社会反响》一文，论文指出：“18世纪的东亚各国，存在着频繁且复杂的交流与互动。随着盛清时代的来临，东亚邻国日本和朝鲜对于大清国的态度发生了微妙的变化，他们不约而同地对盛清中国作了新的诠释。这使得此一时期中国的物质文化、风俗习惯备受关注，由此在社会上形成的‘慕华’心理以及相关的‘雅俗观’，至乾隆时代臻于极盛。与此同时，在两国又分别出现了《称呼辨正》和《雅言觉非》二书，力图拨乱反正。此种现象，反映了其时对中国文化强势影响的反思与批判，亦折射出日、朝国内强烈的焦虑与反弹。”稍后，由东京大学东洋文化研究所、普林斯顿大学东亚系及研究所、复旦大学文史研究院三方合作举办的“世界史/全球史语境中的区域史：文化史的专题研究”国际学术研讨会，于2011年12月19—20日在东京大学举行，我提交了《东亚视域中的中国区域社会研究》一文，指出：“区域社会史的研究方法，将各种门类的资料熔于一炉，综合运用，因此，域外的诸多文献均可纳入此一视野。……随着研究单位的转换，诸如中韩、中日关系，亦便还原而为具体人群之间的交流，政治史、贸易史以及广义的文化史可以转向社会史的研究。这对域外汉籍史料的研究，提供了一个新的区域视角，使得相关的研究可以更为深入。”这一部分的内容，现在作为本书的前言冠诸卷首。2012年，同样由上述三校合办的“世界史/全球史视野中的东亚”国际学术研讨会上，我提交了《清代前期对江南海外贸易中海商水手的管理——以日本长崎唐通事相关文献为中心》一文。该文利用日本早稻田大学收藏的抄本《浙江嘉兴平湖县给商船示约、崎馆海商条约》，以及《译家必备》《琼浦佳话》《呈词翻案》等长崎唐通事史料，结合《琼浦偶笔》《长崎纪略》《袖海编》和长崎唐馆图像资料等，通过逐条解读《崎馆海商条约》，对江南海商水手的社会生活作了颇为细致的揭示。研究表明，与唐通事相关的文献，不仅是以往习知的长崎贸易史、华侨史的重要资料，利用此类史料，亦可深化江南社会经济史的研究。

除了以上的学术活动之外，2009年11月，笔者曾赴韩国首尔，参加在汉阳大学召开的“北京琉璃厂与中韩知识交流”国际学术研讨会，并在会上宣读了《朝鲜燕行使者与十八世纪北京的琉璃厂》的学术论文。会后，又径赴日本参加第二届广州与长崎比较国际学术研讨会（东京大学与长崎大学合办），提交了《广州与长崎：东西洋贸易背景下的清代徽商活动及其影响》的学术论文。前者亦是有关朝鲜燕行录的研究，该文指出：在中韩文化交流史上，十八世纪是个重要的转折时期。一方面，从这一时期开始，朝鲜人逐渐调整心态，对盛清时代的来临，作了全新的认识。而在另一方面，随着东亚形势的变化，以及朝鲜燕行使者孜孜不倦的公关活动，中国官方对燕行使团成员的限制逐渐放宽。在这一世纪，燕行使团渐渐摆脱了朝鲜馆内序班（中国胥吏）的控制，直接与琉璃厂的书商等展开频繁的交流。由于琉璃厂是当时北京雅俗文化的中心，这不仅极大地丰富了书籍采买的来源，而且，通过持续不断的观察，以及与不同阶层的接触和交流，也使得朝鲜人对于中国社会的了解颇为全面。该文目前收入本文集的第二部分。

最近几年，在中国大陆，域外文献的出版持续升温。仅琉球汉文文献，即先后出版了《传世汉文琉球文献辑稿》[①]和《琉球王国汉文文献集成》[②]两种，其中所收录者，除了以往备受关注的政治史、贸易史资料之外，也收录了一些反映东亚社会生活的历史文献。笔者认为，明清时代，在以中国为中心的东亚朝贡体系中，各国使者络绎不绝地前来北京，留下了大批对沿途

① 鹭江出版社 2012 年版。

② ［日］高津孝、陈捷主编，复旦大学出版社 2013 年版。

城镇及社会风情的相关记录。由于这批文献绝大多数均以北京为目的地，故可统称为“燕行文献”。不过，由于东亚各国与中国的密切程度不同，各国乃至不同使者之间的汉文水准参差不齐，故而迄今尚存的燕行文献之学术价值亦遂极不相同。总体而言，朝鲜使者所留下的燕行文献最为详实、生动。不过，少量琉球文献亦颇值得关注，晚清蔡大鼎的《北上杂记》即是一个显著的例子。蔡氏由福州北上入京，书中记录了沿途所见所闻和观感，对北京的城市景观、风土人情、生活日用既有概述性的描摹，又有近距离接触留下的个性化记录。为此，笔者以晚清蔡大鼎的《北上杂记》为中心，探讨琉球汉文燕行文献的学术价值。

另外，在清日贸易和文化交流中，唐通事曾扮演着极为重要的角色。不过，在中国大陆，有关唐通事的研究迄今仍颇为有限，这自然是因为相关史料多收藏于日本，为国内学者所鞭长莫及。1997 年我在日本访学期间，就曾在早稻田大学图书馆复印到《小孩儿》《闹里闹》《官话纂》等抄本，此后在一些学术随笔中也利用过这样的资料。在我看来，从社会史研究的角度来看，这些唐话课本相当值得关注。类似于《琼浦佳话》《译家必备》《唐话》那样的资料极为生动、翔实，但在以往，即使是在日本学界，历史学家对它的兴趣也远没有语言学家来得浓厚①。而在中国大陆，

① 日本语言学界对唐话课本的关注，近期成果主要有：奥村佳代子编著《唐话课本五种》，收录了关西大学图书馆长泽文库所藏的《小孩儿》《长短话》《请客人》《小学生》《闹里闹》。“关西大学东西学术研究所资料集刊”三十，关西大学出版部 2011 年版。

上述诸书除了偶尔被提及之外，极少受到关注[①]。有鉴于此，笔者将该三份资料全文标点、整理，作为书末附录，希望能藉此推动唐通事研究的进一步深入。

最后，还应当交代一下文稿的书名——本书之得名，源自清人对数度前往长崎的杭州商人汪鹏所撰《袖海编》之吟咏：

> 客自长崎奥畔来，袖中东海一编开。
> 见闻亦似《吾妻镜》，史馆他年好取材[②]。

汪鹏虽然是从杭州前往长崎，但晚清时人郑珍在《辨日本国古文孝经孔氏传之伪》一文中明确指出："乾隆中歙人汪翼沧市日本，携彼国太宰纯校刊《古文孝经孔氏传》以归，付鲍廷博刻之，其书遂遍布海内。"[③]"汪翼沧"亦即汪鹏，由此可见，汪鹏的确是位从事海外贸易的徽商[④]。在明清时代，徽商自新安江东下，便进入长江三角洲，从那里开始，逐渐汇入浩瀚的东海，驰骋于东亚世界。而我个人的研究，也基本上是立足于历史地理的

① 此前，国内学者鲁宝元、吴丽君编有《日本汉语教育史研究：江户时代唐话五种》（外语教学与研究出版社 2009 年版），其中涉及的《唐话纂要》《唐译便览》《唐话便用》《唐音雅俗语类》等，对语言学的研究颇有助益，但基本上没有多少史料价值。

② ［清］吴振棫：《花宜馆诗钞》卷 4。

③ ［清］郑珍：《巢经巢集经说》卷 1。

④ 关于汪鹏（翼沧）的研究，在中国国内，唐力行教授最早介绍了日本东洋文库所藏的《日本碎语》，撰有《关于〈日本碎语〉的碎语》一文（载《安徽史学》1996 年第 4 期）。文中，他将作者汪翼沧定为徽商，不过，当时除了其人姓氏之外，尚未见有直接的证据。今读郑珍之《巢经巢集经说》，则印证了唐氏的判断。

学科本位，以“徽学”为起点，延伸至域外文献与清代社会史的研究，这可以说是该部文集命名的意涵之一。

另外，浩瀚的东海，在当年曾引起无数人不尽的遐思。江户初期日本著名的儒者林鹅峰就有一篇《袖中东海序》，其中写道：

> 袖不广也，海不狭也，袖中岂有东海哉？曰：不然，天地之性人为贵，故方寸之间，江湖可以蟠，渠禄可以吞，何怪袖之海哉？东坡于一盆石，有袖中东海之语，假之以名书，良有以也。……我国在海之东，故先辈所著，有东海之名……①

林鹅峰为幕府儒官林罗山之子，此人编有著名的《华夷变态》。无独有偶，稍早的朝鲜人高敬命在《霁峰先生文集》中，亦有《釜山馆赠通信使黄吉哉》，其诗曰：

> 使节新从日域回，恬波如掌片帆开，袖中东海应输尽，舶上南金不带来。三岛纵观穷胜状，两邦通好伏贤木，知君此去翔寥廓，清跸重闻绕殿雷②。

高敬命是朝鲜壬辰卫国战争中全罗道的义兵首领，后于锦山为国捐躯，他在写给派往日本的通信使诗中，也以“袖中东海”

① 《鹅峰林学士文集》卷86，《近世儒家文集集成》卷12，ぺりかん社1997年版，页300。

② 《韩国历代文集丛书》卷490，景仁文化社1999年版，页494—495。

为典。可见，“袖中东海”早在十六世纪以后，即是中、日、韩三国涉及彼此交流时时常使用的掌故，这与本书中的诸多研究亦颇相契合。如今，我将自己在此一领域的相关成果汇集成册，并定名为《袖中东海一编开：域外文献与清代社会史研究论稿》[①]，既是对此前十数年的研究做一阶段性的小结，亦希望藉此得到学界同好的指教与交流。

甲午新春于复旦

① 该书在申请上海市文化发展基金会出版资助的过程中，曾得到明清史研究专家唐力行教授、范金民教授的鼎力推荐，特此谨申谢忱！

再版后记

《袖中东海一编开：域外文献与清代社会史研究》一书中的各个章节，此前皆曾独立成文发表。除“前言”发表于《文汇报》(2012年1月30日)之外，其他各节依次分别刊载于《安徽大学学报》2010年第4期(后收入复旦大学文史研究院主编的《世界史中的东亚海域》，中华书局，2011年)、台湾《汉学研究》第18卷第1期(2000年6月)、《海洋史研究》第4辑(社会科学文献出版社，2012年)、《中华文史论丛》2008年第2期(后收入复旦大学文史研究院主编《从周边看中国》，中华书局，2009年)、《哈佛燕京图书馆所藏朝鲜资料研究》(韩国，景仁文化出版社，2004年)、《安徽史学》2011年第5期、《社会科学》2009年第6期(后收入复旦大学历史地理研究中心主编《跨越空间的文化：16—19世纪中西文化的相遇与调适》，东方出版中心，2010年)、《中华文史论丛》2009年第4期(后收入复旦大学文史研究院主编《都市繁华(1500年来的东亚城市生活史)》，中华书局，2010年)和《安徽大学学报》2014年第

2 期。各该文中相关的学术史回顾，均分别截止到论文成文的当年。此次收入本书时，除了对标题稍做调整，并订正少量讹误之外，其他的均保留原貌。

本书首次由复旦大学出版社于 2015 年出版，是此前十数年研究的成果汇编，在朝鲜《燕行录》、日本唐通事、琉球官话课本和美国传教士方言文献等方面，都有一些较具前沿性的新探讨。书中序文之日译版《東アジアを視野に入れた中國地域社會の研究》，收入日本东京大学羽田正教授主编的《グローバルヒストリーと東アジア史》（东京大学出版会 2016 年版）；第一章第三节《清代前期对江南海外贸易中海商水手的管理——以日本长崎唐通事相关文献为中心》，被翻译成英文 *The Regulation of Sailors in the Maritime Trade between Jiangnan and Nagasaky in Early Qing China*，收入美国普林斯顿大学艾尔曼（Benjamin A. Elman）教授等主编的 *The "Global" and the "Local" in Early Modern and Modern East Asia*（Leiden Series in Comparative Historiography, Brill, Leiden/Boston, 2017）。2016 年，《袖中东海一编开：域外文献与清代社会史研究》一书，曾荣获上海市哲学社会科学优秀成果著作类二等奖。

在我看来，关于域外文献与清代社会史及东亚海域史的研究，仍有不少尚待开拓的学术空间，值得持续不断的关注与努力。关于这一点，我已另著有新书《明月共潮生：域外文献与东亚史研究》，亦同时收入近期出版的"王振忠著作集"。

甲辰新春于浦东张江

图书在版编目(CIP)数据

袖中东海一编开 ：域外文献与清代社会史研究 / 王振忠著. -- 修订版. -- 上海 ：上海人民出版社，2024.
(王振忠著作集). -- ISBN 978-7-208-19156-3

Ⅰ. K249.07

中国国家版本馆 CIP 数据核字第 2024FP8135 号

责任编辑 马瑞瑞 金 铃

封扉设计 人马艺术设计·储平

王振忠著作集

袖中东海一编开:域外文献与清代社会史研究(修订版)

王振忠 著

出　版 上海人民出版社
(201101 上海市闵行区号景路 159 弄 C 座)

发　行 上海人民出版社发行中心

印　刷 上海中华印刷有限公司

开　本 890×1240 1/32

印　张 23.5

插　页 13

字　数 500,000

版　次 2024 年 11 月第 1 版

印　次 2024 年 11 月第 1 次印刷

ISBN 978-7-208-19156-3/K·3423

定　价 138.00 元